宁夏文化和旅游厅资助项目

北方民族大学校级科研平台非遗创新团队项目

项目主持人：武宇林

宁夏非物质文化遗产保护与研究系列丛书

宁夏文化和旅游厅资助项目

宁夏非物质文化遗产代表性传承人
口述实录

银川卷（上）

武宇林　杜　丹　张　洁　马慧玲　著

黄河出版传媒集团

宁夏人民出版社

图书在版编目（CIP）数据

宁夏非物质文化遗产代表性传承人口述实录.银川卷：
上下册 / 武宇林等著. -- 银川：宁夏人民出版社，
2023.8
ISBN 978-7-227-07854-8

Ⅰ.①宁… Ⅱ.①武… Ⅲ.①非物质文化遗产—介绍
—银川 Ⅳ.①G127.43

中国国家版本馆CIP数据核字（2023）第184351号

宁夏非物质文化遗产代表性传承人口述实录	武宇林　杜　丹
银川卷（上下册）	张　洁　马慧玲　著

责任编辑　闫金萍
责任校对　杨敏媛
封面设计　石　磊
责任印制　侯　俊

黄河出版传媒集团
宁夏人民出版社　出版发行

出 版 人　薛文斌
地　　址　宁夏银川市北京东路 139 号出版大厦（750001）
网　　址　http://www.yrpubm.com
网上书店　http://www.hh-book.com
电子信箱　nxrmcbs@126.com
邮购电话　0951-5052104　5052106
经　　销　全国新华书店
印刷装订　宁夏银报智能印刷科技有限公司
印刷委托书号　（宁）0027514

开本　787 mm×1092 mm　1/16
印张　43.75
字数　620 千字
版次　2023 年 10 月第 1 版
印次　2023 年 10 月第 1 次印刷
书号　ISBN 978-7-227-07854-8
定价　125.00 元（上下册）

前　言

2006年以来，在全国范围内启动了轰轰烈烈的非物质文化遗产保护工程，开始国家级、省级非物质文化遗产项目及传承人的评定工作。2006年至2022年，宁夏评定六批自治区级非物质文化遗产项目，共计224项，列入国家级非物质文化遗产项目22项；评定六批自治区级非物质文化遗产代表性传承人，共计376名，列入国家级非物质文化遗产代表性传承人22人。这些非物质文化遗产传承人是宁夏宝贵的民俗文化财富，很多是宁夏各地民间艺人中的佼佼者。该群体的人生经历反映着近百年来宁夏地区民俗文化的发展脉络和历史，他们各自掌握的非物质文化遗产技艺及其传承现状十分值得记录、研究。故此，对宁夏代表性非物质文化遗产传承人进行人类学、社会学、民俗学等意义上的真实记录和梳理，不仅能够填补宁夏民俗历史研究领域的空白，丰富宁夏非物质文化遗产研究内容，也有助于联合国人类非物质文化遗产代表作"花儿"等世界级、国家级和省级非物质文化遗产项目的保护与传承。这也是我们宁夏非物质文化遗产工作者义不容辞的历史使命。

宁夏的国家级、自治区级非物质文化遗产代表性传承人是中华民族民间文化的宝贵财富，其中年事已高者为数不少，其独门绝技面临失传危机，已有十多人离世，这无疑是极大的遗憾。据统计（2018年），宁夏非物质文化遗产代表性传承人之中，60岁以上的有90多人，约占总数的1/3。可以说，首先对宁夏前四批176名非物质文化遗产代表性传承人展开调查研究，进行访谈、文字记录、图像拍摄等抢救性系统性保护，建立永久性历史资料档案，迫在眉睫、势在必行。为此，北方民族大学非物质文化遗产研究所与宁夏文化馆整合资源，共同成立课题组，于2018年合作展开对自治区级（前四批）176名非物质文化遗产代表性传承人的系统研究。该研究计划得到宁夏文化和旅游厅的大力支持，认为这是促进宁夏非物质文化遗产事业发展、保护宁夏非物质文化遗产代表性传承人的一项重要工程，也是首次对宁夏国家级及自治区级非物质文化遗产传承人的系统性、抢救性记录，利在当代，功在千秋。经自治区文化和旅游厅党组研究，决定支持该课题立项，并给予科研经费资助。

该项目主持人为北方民族大学民族学学院非物质文化遗产研究所负责人武宇林。她曾在日本留学10年，获日本广岛大学文学博士学位，二级教授，国家一级美术师，长期从事中国花儿民歌、民间剪纸、民间刺绣、民间习俗、民间美术等非物质文化遗产领域的研究，发表60多篇学术论文，出版20多部著作，如《丝绸之路口传民歌"花儿"研究》（日文版）、《中国花儿通论》、《中国节日志·春节（宁夏卷）》、《中国花儿传承人口述实录》、《宁夏回族剪纸》、《宁夏回族刺绣》等。其学术论著获得国家级"山花奖"、宁夏社科评奖一等奖等多项奖励。以武宇林教授为首的科研团队由北方民族大学非遗研究所和宁夏文化馆及各市县文化馆多名科研人员组成，共分为五个子课题组，分别承担对宁夏五个地级市非物质文化遗产传承人的实地调研、文本撰写等工作。该课题研究成果为《宁夏非物质文化遗产代表性传承人口述实录》系列丛书五卷：银川卷、吴忠卷、中卫卷、石嘴山卷、固原卷。银川卷负责人为武宇林、张洁、马慧铃，吴忠卷负责人为吴昕，中卫卷负责人为李勇，石嘴山卷和固原卷负责人为武宇林。本研究团队的子课题组负责人及其成员，大多具有正高级或副高级职称，均为长期从事非物质文化遗产保护和研究的文化及科研工作者，他们有着多年的基层文化工作经验，熟悉宁夏各地各类非物质文化遗产传承人的基本情况，并热爱非物质文化遗产的抢救与保护工作。

　　2018年9月，北方民族大学与宁夏文化馆正式签订了项目合同。同年10月，该项目正式启动。各课题组成员以饱满的工作热情和保护抢救非物质文化遗产的责任担当，几年来不辞劳苦，奔赴全区五市山川各地，深入开展非物质文化遗产代表性传承人的实地调研。各县区文化馆工作人员也给予大力协助，共同走村入户，同心协力，对各级各类非物质文化遗产代表性传承人逐一进行认真访谈、图像记录等。每位传承人的文本均以综述、访谈实录及若干幅彩色图片组成，图文并茂，生动鲜活。研究成果以口述实录的形式，真实而生动地反映了宁夏各级各类非物质文化遗产代表性传承人的成长经历、艺术成就、艺术特色和传承方式，以及丰富多彩的非物质文化遗产的艺术形态，具有真实性、可靠性、科学性和鲜活性，并具有永久保存的史料价值。有些传承人访谈实录的内容，追溯清代、民国以来祖传民间技艺世代传承的轨迹与脉络，反映了宁夏地区几个世纪的民间文化的发展历程，具有珍贵的学术价值。

　　该项目研究成果《宁夏非物质文化遗产代表性传承人口述实录》系列丛书陆续出版问世之际，课题组衷心期待这套丛书能够留住宁夏各位非物质文化遗产代表性传承人熠熠生辉的艺术成就，让他们不凡的民间艺术经历及独特技艺在中华文明的历史长河中留下些许印记。期望这套丛书成为宁夏非物质文化遗产代表性传承人及民间文化研究的典籍，无愧于我们的时代，无愧于我们非物质文化遗产工作者的历史使命。

课题组

2022年10月

目 录

贺兰砚制作技艺代表性传承人
闫森林

闫森林，1952年出生，宁夏银川市人，初中文化程度。2012年被认定为国家级非物质文化遗产项目（贺兰砚制作技艺）代表性传承人。

综　述

闫家砚第一代传人为闫森林的太爷爷张云亭，祖籍湖北，曾在湖南当兵。他有着娴熟的石刻手艺，在军营中就从事相关工作。清光绪十八年（1892年），部队长官谢威凤（湖南宁乡人）调任宁夏知府，张云亭也随其来到宁夏，从此在宁夏银川安家落户。闫森林本家太爷爷过世后，太奶奶带着两个儿子嫁给张云亭。其后，这位太爷爷将其石刻手艺传给了闫森林的爷爷闫万庆及其表弟陈保云、二爷爷闫万年和三爷爷张福祥（张云亭与太奶奶的亲生子），他们是闫家砚的第二代传人。早年闫家遵循"传男不传女""传内不传外"的祖训，闫森林的父亲、二叔闫子洋、三叔闫子海、舅舅王金玉，自然成为闫家砚的第三代传人。闫家砚在民国时期就享有盛誉，在银川是有名的"闫砚台"。过去，在没有普及钢笔、圆珠笔之前，人们普遍使用毛笔写字，故而与毛笔相配的砚台便成了文人及大中小学生等社会各界人士必不可缺的文化用具。需求决定市场，加上当时人们广泛使用印章的习俗，砚台及印章的雕刻可谓热门行业。1943年，宁夏省成立了砚台厂，闫森林的爷爷闫万庆因为贺兰石雕刻技艺超群，被聘任为砚台厂领工，总领厂内近二十名工匠进行砚台的加工生产。作为官办砚台厂，出产的砚台全部编号，砚台上有工匠的署名及生产日期，产品主要用作官方礼品。几年后，砚台厂关闭。1949年至1956年，闫森林的父亲闫子江在家门口即现银川市商城北门和新华街步行街路口处，摆摊售卖砚台并兼刻字，挂牌"闫子江生产户"。1956年，随着国家公私合营政策的实施，父亲的小摊归属银川市刻字合作社，父亲从此参加了刻字合作社的工作，既雕刻砚台也刻印章。1960年，北京人民大会堂建成，宁夏厅需要装修，宁夏人民政府计划把贺兰石作为装修主体材料。为此，闫森林的父亲闫子江及二叔闫子洋等被安排赴京承担宁夏厅的装修任务。1963年，他们圆满完成人民大会堂宁夏厅的装修任务而凯旋，得到了有关领导的充分肯定，并于1964年成立银川市贺兰石雕刻厂，父亲闫子江、二叔闫子洋、三叔闫子海、三爷爷张福祥、舅舅王金玉、爷爷的表弟陈保云，家族中共有六位掌握贺兰砚雕刻技艺者，被吸收到石刻厂工作，形成了该厂贺兰石雕刻的中坚力量。当年，石刻厂首次招收了一批学徒，共七八位，包括施克俭及陈梅荣（自治区级非遗传承人）。从此，闫家砚的祖传技艺开始面向年轻人公开传授，结束了"传内不传外"的传承历史。该石刻厂在"文化大革命"期间关停，1972年重新开办。闫家砚制作技艺传承至今已一百三十余年，传承五代，闫森林、其妹闫淑英、堂妹闫淑丽（二叔之女）、堂弟闫生辉（三叔之子）为第四代传人，闫森林悉心培养的若干名徒弟为第五代传人。

闫森林1952年11月出生于该贺兰砚雕刻世家，从小看着爷爷辈及父辈雕刻石头，耳濡目染之下，不知不觉喜欢上了贺兰石雕刻。在他还上小学时，一放学就会跑到离学校很近的银川市石刻厂，兴致勃勃地观看父亲等亲人们如何进行石刻作业。他1968年初中毕业，1969年进入宁夏第二建筑公司工作。1973年9月调入银川市贺兰石雕刻厂，正式跟随父亲闫子江学习贺兰砚制作技艺。父亲既是慈父，也是严师，他从父亲那里得知了早年石刻工匠的艰辛。解放前，艺人的原料都是自己上山采来的。闫森林的爷爷带着父亲和三爷，每年都要上贺兰山小口子去开采石料，雇上毛驴，把生活用品都驮上，从银川走到贺兰山，还得在山上的山洞里住一个多月开采石料。驮运石料更是辛苦，当毛驴驮不完的情况下，工匠还得自己背几十斤重的石料下山，负重跋涉几十里路回到银川。1973年以来，闫森林作为厂里的年轻学徒，也曾上山亲自选过石料、背过石料，故格外珍惜来之不易的石材，每一方砚台的设计制作都格外细致，精益求精。

　　闫家砚艺术风格的形成，经过了几代人的探索和钻研。闫森林的爷爷辈、父亲辈都是以《芥子园画谱》为教科书，其中的山石、人物、草虫、树木、花草等都是制砚的参考。传至闫森林这一辈，不仅借鉴传统艺术养分，也学习现代美术知识，掌握素描、速写及美术理论，在传承前辈技艺的基础上，又有所发展和变化。在构图布局上，改变了过去比较饱满的布局，融入了疏密、远近关系的理念。在表现人体结构、动物结构、树木结构上，运用了素描知识。随着时代的发展，贺兰石雕刻工序上也出现了机器作业。但闫森林及其徒弟在雕刻等方面还坚持传统的手工操作，并努力恪守闫家砚的传统制作理念：一是在砚式上，讲求规范，不论砚台大小，图案占比一般不超过三分之一；二是以砚台的实用价值为重，以砚台的收藏和欣赏价值为辅；三是闫家砚的图案比较内敛，不张扬，追求安静、含蓄，凸显砚台的文化用品特质；四是砚台上雕刻的龙、虎等猛兽的造型和表情比较温和。闫森林所总结的闫家砚技艺特点是：相石俏彩，因材施艺，精雕细刻，打磨精细，题材广泛。最主要是以原材料的自然形态为基础，充分利用原料自身的色彩分布、自然形状、大小薄厚，进行因材设计，所作石砚因自然色彩运用巧妙，图案相互衬托，艺术效果独特，有别于其

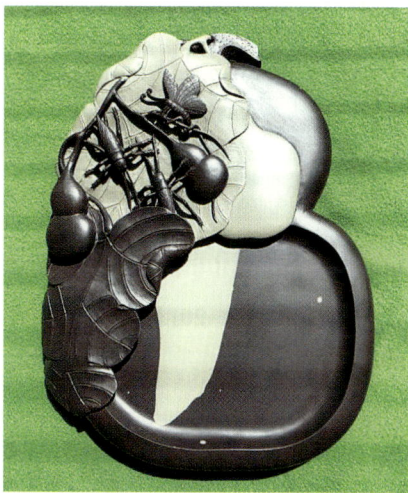

⊦ 闫森林作品《葫芦》
（本人供图）

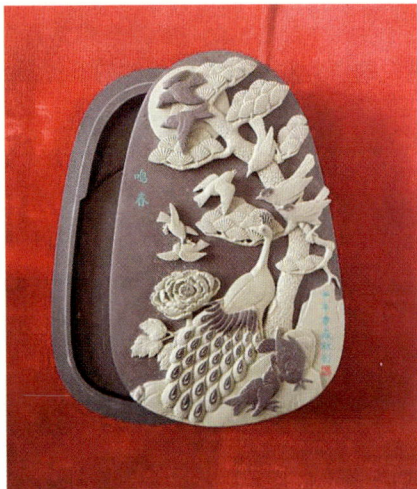

┤ 闫森林作品《鸣春》
（2017年　本人供图）

他砚种，自成一格。

　　闫森林从艺近五十年，继承了闫家砚因材施艺、相石俏彩的艺术特点，以顺势而为的艺术理念，创作了诸多精美的砚台艺术精品，取得了显著的艺术成就，主要作品有《雄风砚》《把酒问青天》《同心协力》《荷塘秋韵》《鱼跃龙门》《葫芦》《鸣春》《和谐》《知秋》《葡萄熟了》《丝路驼铃》等。其中，作品《鸣春》，采用宁夏贺兰山后山老坑上乘石料制作，运用贺兰石的深紫色和豆绿色，巧妙雕刻出孔雀的羽毛，栩栩如生。深浅两色，形成鲜明对比，凸显出贺兰石独有特点。2007年，砚台作品《葫芦》获第一届宁夏工艺美术大师评选优秀奖，闫森林被授予宁夏一级工艺美术大师称号。他的三件作品参加第五届中国工艺美术大师评选，获全国工艺美术优秀创作奖。2010年，作品《黄河情》在中国贺兰石砚设计创意大赛中获"贺兰杯"优秀奖，部分作品被宁夏贺兰砚博物馆收藏。2012年，赴北京参加文化部中国非物质文化遗产生产性保护成果大展，作品获突出贡献奖。2013年，作品获第二届西北非物质文化遗产博览会（银川镇北堡）非遗大赛银奖。2012年，被文化部评定为国家级非物质文化遗产项目（贺兰砚制作技艺）代表性传承人。2017年，当选中国文房四宝协会副会长。

　　闫森林作为国家级非物质文化遗产传承人，认真履行其职责，精心带徒，跟随他学习砚台雕刻技艺的徒弟现有十人，有些已学习多年，成长为闫家砚第五代传人。他还将祖传的砚台雕刻技艺带进高校，于2011年被宁夏职业技术学院聘为艺术设计专业客座教授，为学生传授贺兰砚制作技艺。2014年，受聘于宁夏艺术职业学院，先后为美术系两百多名学生讲授贺兰砚制作技艺。2017年，又被宁夏艺术职业学院聘为兼职教授、工艺美术艺术顾问。进入古稀之年的闫森林，正在为培养新一代贺兰砚雕刻人才而勤奋耕耘着。

⌐ 闫森林潜心雕刻（本人供图）

访　谈

被访谈者：闫森林（国家级非物质文化遗产代表性传承人）

访 谈 者：马慧玲、崔娜、杨杰

访谈时间：2019年4月10日

访谈地点：银川市文化艺术馆贺兰砚制作技艺传习所

访谈录音：杨杰

访谈整理：田瑞、武宇林

综述撰稿：张洁、武宇林

马：闫老师好！我们这次的课题是"宁夏非物质文化遗产传承人口述实录"，
　　需要做一个访谈。

闫：我上次做过……

马：那个是抢救性记录工程。

闫：那个资料你们应该有吧？那个资料就特别详细。

马：这次题材不一样。您的好多情况我们都知道呢，但还需要再补充、完善一下。
　　基本上是一问一答的形式，以前有些没说到的也可以再说一下。首先想问
　　您是哪一年出生的？

闫：我是1952年2月出生，属龙。

马：您是什么时间开始做贺兰砚的？

闫：我是1973年开始的，当时从宁夏二公司调到了银川市贺兰石雕刻厂。

马：那之前有没有接触过？

闫：（自豪地）以前我家里就有啊！小时候我父亲他们干活我都看到过。我父亲、
　　爷爷、太爷爷都是做这个的。

马：那小时候就耳濡目染。

闫：是的。小时候家里就有这些东西。我父亲的厂子离我们学校特别近，有时
　　候放学了我就过去看。他们厂子在银川市老城迎宾楼那个位置，我在实验
　　小学，有个后门，从后门过来，二三十米就走到了。

马：那上完小学呢？

闫：又上了中学，我1968年初中毕业。1969年被分到宁夏第二建筑公司工作，
　　1973年，就调到银川市贺兰石雕刻厂了。

马：那当时您父亲就在这个雕刻厂工作吗？

闫：是的。当时我父亲、我两个叔叔都在这儿上班。当时我家里人多呢，还有
　　我三爷。

马：您的出生地就在银川吗？

闫：嗯。我的出生地就在银川市，就是现在商城的北门和华联商厦的拐角处，
　　我家解放前就在那儿住。

马：当时您家居住环境是啥样？

闫：那叫新市场嘛。这边是柳树巷，巷子顶头就是银川商城的北门，过去叫新
　　市场大门口。这边就是利群街，过去叫南门二道巷，就在那个位置。

马：好的。您1973年到贺兰石雕刻厂正式学手艺时，师父是谁？

闫：就是我父亲。

马：哦。师父带了几个徒弟？

闫：那时基本上没有新徒弟，只有两个老徒弟，他们是1964年开始学的。"文
　　化大革命"时这个厂子不是下马了吗，1972年又恢复正常，他们又回来了。

马：您父亲呢？是跟上您爷爷传承下来的？

闫：对。从太爷爷到爷爷，再到父亲，到我这是第四代传人了。

马：传承谱系很清楚啊。

闫：嗯。很清楚的。我的曾祖父叫张云亭，他是湖北人，在湖南当的兵，当时
部队的长官叫谢威凤，是个湖南人，光绪十八年（1892年）调任宁夏知府，
我祖父就跟着过来了，是他手下的兵嘛。我曾祖父那时就会石刻手艺，在
军营里面就干这个。他来到宁夏以后，也就回不去了，就留在了银川。我
们这个谱系是特别清楚的，《宁夏府志》有记载，能查到的。最近中国轻
工业联合会要编撰中国轻工业史，关于砚史（贺兰砚）这方面就让我来写。
过去我们对年代都不是特别清楚，只是说光绪年间，这次因为要的资料特
别详细，必须要有时间，我就专门去图书馆查了，查到了年限。

马：您的祖籍在哪里？

闫：我们闫家的祖籍是宁夏，我本家的曾祖父过世了，我的曾祖母就嫁给张云
亭，嫁的时候带着我爷爷和我二爷爷。嫁给他以后，张云亭就把手艺传过来
了。后来，又生了我三爷，叫张福祥，也是在雕刻厂，我们一家就是这样的。

马：那你们闫家砚啥时候就在宁夏出名了？

闫：我们比较出名是到民国后期了，应该是在20世纪40年代。

马：也就是解放前的时候？

闫：对。是解放前。为什么说那时候就比较出名了呢？在1943年的时候，宁夏
省还成立了砚台厂，是官办的，有历史作证的。当时那个厂子出的砚台都
编着号，因为是官办的厂子，砚台上还有匠人的名字、民国多少年。当时，
主要是政府为了送礼嘛。请了我爷爷在厂子里当领工，就等于现在的车间
主任，还聘了一个画师。那个厂子的人也不少呢，现有的资料显示，有将
近二十个人。爷爷为什么能当领工呢？就因为技术最好，在解放前，我们
在银川是有名的"闫砚台"。

马：哦。我们想知道闫家砚为什么这些年能够传承下来？

闫：我们闫家砚的传承从清代开始，一直到民国，为什么能传承下来？第一，
过去手艺人过日子都不容易啊，所以，一般的手艺都不愿意传给外人。第

二，还是有需求。过去砚台是每天都要用的，只要是上学的娃娃就得有一个，所有的商店、字号、医院、开诊所的都得用。那个时候，砚台的普及率，不亚于我们现在的手机吧。基本上家里只要有人写字、有人上学，就要有一个砚台。所以首先有这个市场。再一个过去每个人都要用印章，你要签契约，得有印章。有这两点，就有了（石刻）市场需求，卖贵卖便宜，只要你做出来就有人买。再一个呢，为什么能传下来？像我父辈，姊妹七个，有三个男孩儿，我二叔上到小学四年级，我父亲上到三年级，我三叔不爱上学，上了二年级，只要能睁开眼，能写名字就行，过去就是这样的。那到了十三四岁就得学手艺，因为家里的这个手艺又不能传给外人，只要有男孩儿就要学手艺，就这样传下来了。

马：家族式传承。

闫：对。家族式传承，过去都是这种的。我家的手艺，不会传给外人，只传给自己的子女。过去还有一个规矩：传媳妇不传女儿。为什么这么说？女儿到时候就嫁出去了，传给别人了。那么为啥到了1949年以后，我们这个手艺还能传下来？这也是有历史原因的。1949年到1956年之间，我父亲他们自己单干，我父亲在家门口，就是现在商城北门和新华街步行街路口那里，摆了个小摊儿，卖砚台带刻字，当时叫"闫子江生产户"，这个牌子我小

↥ 闫森林给徒弟传授雕刻技艺（2015年　本人供图）

时候都见过。那是新市场，过去那个地方就比较繁华。1956年，国家推行合作化，父亲的小摊就归属到银川市刻字合作社了，父亲就到那里工作了，又刻砚台又刻印章，还做些章料。当时我叔叔还没有进这个厂，因为我三叔当时回农村了，我二叔到青铜峡市税务局（当时是宁朔县）参加工作了。到了1960年，北京的人民大会堂盖好了后，宁夏厅要装修，当时的方案就是要把贺兰石作为一个装修主体材料，这是宁夏人民政府的安排，就把我父亲，还有我二叔给调回来，把他们安排到北京，还有一位关师傅，三个人在北京干到1963年才回来。人民大会堂宁夏厅的装修干得不错，地方领导都知道了，就说给贺兰石制作工艺成立个厂子。1964年就成立了银川市贺兰石雕刻厂，就是现在迎宾楼的位置，也是临街。厂子成立以后，这些人就都又回来了。我二叔也调回来了，三叔不是回农村了吗？又把他弄回来，我三爷张福祥也回来了，还有我舅舅，解放前也跟着我父亲学过，还有我爷爷的一个表弟陈保云、我舅舅王金玉，就把他们全部都弄回来了。我父亲弟兄三个，加我三爷爷、舅舅，还有陈保云爷爷，就等于我们家有六个人在厂里。1964年，厂里又收了一批学徒工，有七八个，这里边就包括施克俭和陈梅荣，从那个时候手艺就开始传到外面，就有外人进来学了，就有了外姓徒弟。以前都是在自己家里传授手艺。

马：先有了这个厂子，然后开始有了学徒，这些年闫家砚传承不息啊。那闫家砚区别于其他砚台的特点或优势是什么？

闫：它的特点与早年的操作程序有关。在解放前，艺人的原料都是自己上山采的，像我们家，每年都要上贺兰山小口子去一次。当时怎么开采呢？我爷爷带着我父亲，还有我三爷，他们三个人上去，就在那个地方每年都得在山上住一个多月。

马：住在山上开采石料？

闫：嗯。必须要住在山上，因为开采石料太不方便了，从银川到小口子，要雇上头驴，上去的时候，把生活用品都驮上。那时候工具都要自己打的，还要带个小炉子。当时自然环境比较好，贺兰山上离采石点四五里的地方都有水，还有山洞，他们就在那个山洞里住下，挤挤能住五六个人。1972年、1973年，我们都上去住过，还是自己采，也雇人采。每天早晨起来，吃完饭，烙点饼，备点水带上去，一直到晚上才下来，因为来回跑路太费劲了。他们不容易啊。上去自己采好料以后，基本上都把它打成坯，现在都是锯的、磨的。那时候都是用錾子打成毛坯，我们现在还有那个东西，还有打好的石料。我现在还有一两块，那都是文物了。打好就减重了，每天下午把它背下来。就这样一个多月，采的东西都是合适能用的，所以能够形成自己的工艺，采料的时候就特别细致，已经精挑细选了，能用的我就拿，不用的我就不拿。

马：上山采石好辛苦。就是说，在前期采石的时候，实际上就是按照你们的需求挑选好了石头？

闫：对。这是工艺程序的第一步，过去没有人专门给你采石头，全都是工匠自己上山采嘛，我父亲跟我讲过这些。

马：包括您自己也去山上采过？

闫：我是因为后来进厂子了，厂子就派我们年轻人上去，在那里陪他们看一下，我们实际不采，最后都是雇的民工采石。我们到那里，说哪个能用就采哪个。就这样，我们要把好第一道关，不好的就不要采。不像后来采的石料，不管什么样的都采下来了。所以说，后来学徒的这些人，就没有经过这个过程，不知道料石是怎么来的。我们当时选的料比较精良，不好的我们就不要嘛。因为你要自己从山上背下来，从采石点要背到小口子，二十多里路，一个人顶多能背七八十斤，每年一家人用，四五个人干活，一个人就要用一吨多，将近两吨料，全是人工背下来的。

马：一个人一年要用一吨多？

闫：一块砚台平均用料十几、二十斤，那每年做一百多个坯子呢。

马：那大家为什么都喜欢你们家的砚台？

闫：因为我们是自己采的料嘛。一般我们做的带雕刻花的都有两种颜色，最少
有两种颜色。自己采料，对石料就比较珍惜，做的时候也比较细致。再一
个呢，我的曾祖父张云亭，他不是湖北人嘛，从南方学来的手艺，带有南
方的成分，南方人要比北方人做得细一些。他到了宁夏以后，结合贺兰石
两种颜色的特点，也结合南方雕刻手艺，发明了俏色雕刻这种方法，然后
传到了我爷爷、我父亲，每一辈都会在雕刻上琢磨点新东西出来，它并不
是一辈人做出来的。

马：就是说，"闫砚台"的艺术风格是在不断传承、创新、发展中形成的？

闫：嗯。我们这个风格基本上是在我爷爷这一辈和我父亲这一辈形成的，我爷
爷那辈就比较成熟了。我曾祖父那一辈是在摸索，把南方手艺和北方贺兰
石结合起来。我们现在也能看到一些比较远的东西，做得还是稍微粗了一
些。到了我爷爷这辈就做得细致了，已经有模式了，他干了几十年呢。到
我父辈这一代，他们又结合了一些新的东西，尤其是他们在人民大会堂那
四年，不光是做砚台，还做了好多的摆件，又结合了现代的元素，就形成
了他们的这种风格。过去是工匠，是为了谋生。因为人民大会堂的要求就
更细了，到人民大会堂，是为国家办事，不要求你做多快，只要做得好，
要求做得精。在人民大会堂的那四年，他们兄弟两人的技艺就特别精了，
也更细致了。

马：那到您这一辈就是传承父亲的技艺？

闫：对。我们家族一辈一辈都是阶梯式的，到了我们这一辈，因为学习现代美
术了，父辈还是传统的，按照过去画谱学的。我爷爷、我父亲都学的是《芥
子园画谱》，我家里现在还有一本清末版《芥子园画谱》，这在中国是很有
名的，包括山石、人物、草虫、树木、花草等。

马：您现在做的砚台里面也借鉴这些传统艺术养分？

闫：是的。我们还是在那个基础上过来的嘛。不过，我们后来又学了素描、速写、
美术理论，和过去的还是有一点儿区别的。

马：您在传承父亲手艺的基础上，也有一些发展和变化吧？

闫：有。要有发展嘛。首先我们在构图布局上和过去还是有些区别的。有的图我们过去都做得特别满，现在因为学了现代美术，对于疏密、远近的关系，包括结构，还有我们学的素描、人体结构、动物结构、树木结构，我们掌握得更多一些，每一代都是不一样的。我会把父辈、爷爷、曾祖父的东西放在一块儿，它是一个阶梯。他们的手艺应该比我们更精湛。

马：因为那时候所有的东西完全都是手工的？

闫：对。他们是纯手工的，我们现在有很多东西都已经偷懒了，用机器了。我们基本上还是坚持手工，直到现在，机器只是做个外形打磨一下就行了，雕刻还全部都是手工，我们家里传承的还都是这些。

马：同样的几方砚台放在一起，怎么能一下就识别出是你们闫家砚呢？

闫：首先我们在砚式上，更尊重传统的砚式。

马：砚式？

闫：就是砚台的样式。我们一般还是保持传统，现在有些新学的，他不讲传统，想怎么做就怎么做，这一看就不是正路子。我后来收的这些徒弟，他们都要拜在我的门下，他们过去就是自由学的。就跟我们学书法一样，是自由体。而我们是规范的，不管做多大、多小，我们的图案占的比例最大都不会超过三分之一，这都是有讲究的。我们一般讲究图案的占比，我用彩最多三分之一，一般是四分之一左右。按照砚的要求，砚本身它是一个实用器具，但现在它成了收藏和欣赏品。那我们把它做成实用器具，再做些图案，照样是可以欣赏的，我是按照砚的标准来欣赏的。

马：你们首先考虑的是实用，其次才是欣赏？

闫：嗯。再一个我们闫家砚图案特点是比较内敛、不张扬。为什么说不张扬呢？因为它是文化用品、文化用器，如果刻得张牙舞爪，刻的是头发乱七八糟的人，一看心里特别乱，心不静。

马：跟砚台使用的那个环境……

闫：对！因为砚台使用的环境就是一个安静的环境，不管外面多么繁杂、纷扰，当你坐在书房里，准备写字绘画时，一看这个砚台，首先就把心静下来了，对吧？我们做东西就是比较内敛、含蓄，包括我们做的龙呀虎呀，猛兽的造型和表情也都是比较温和的。我们闫家和别人的就是不一样，虽然都是龙，他们做的都感觉特别凶猛、威猛，我们的龙就比较温柔、含蓄。

马：嗯。确实是这样。

闫：再一个，我们严格遵循中国传统文化的那个礼制。过去，皇家雕龙为五爪龙，民间雕刻的龙一般都是四爪龙，直到现在我们闫家的龙也都是四爪的，这是传承下来的礼制，是不能越制的。只有我师姐最后她做成五爪龙了，我们闫家其他人做的还都是四爪龙。

马：那您从1973年开始做砚到现在，有最喜欢的作品吗？

闫：（喜悦地）也有呢。我现在就有一块《雄风》砚，就在店里，是那一年（1973年）做的。砚台上做了两只老虎，当时也是一种摸索，我们的贺兰砚从来没有做过老虎啊。那块料也是相当好。

马：你们不是一般不放猛兽吗？

闫：也放呢，龙、虎、牛、马等这些兽类也都做。但是，贺兰砚过去没有人做过老虎，那块料在我那里放了半年，不说做得有多好，关键要在上面动脑筋的。那块石料是五层彩，而且特别薄，考虑了近半年时间，不知道做什么，反复考虑，一直在构思，用了不少心思。

闫森林作品《雄风》
（本人供图）

马：花费了大量的心血？

闫：是的，用了大量的心血。

马：现在作品还在吗？

闫：在呢。那个作品差点卖掉了，有两次都是和买主擦肩而过。现在放在店里，就不准备卖了。2012年在北京，文化部举办非遗生产性保护成果大展览，宁夏就我去了。我们有四个人是做砚的，还有广东的一个。

马：当时您把这块砚台带过去了？

闫：带了带了。去了之后就参加展览，文化部准备工作做得特别细致，展品放在柜子里面，把玻璃放上以后，都用胶封死了。北京有一个老板，是在山西做煤的，是属虎的，他就看上了（这个砚），年龄应该在四十岁左右，他儿子也是属虎的，他说："这方砚就是给我做的嘛！"问我要多少钱。我说了个价，他没有还价，他说："我要，现在就拿。"我说那没办法，还在展览期间，要等展览结束，现在连柜子都打不开，用玻璃胶都粘死了。当时要是能打开，他也就拿走了。等展会结束，他可能回山西了，也就错过了。

马：可是您这个作品留下来了。

闫：嗯。留下来了，再以后就没有了。

马：这可是饱含了您的构思、您的心血啊。

闫：是的。那块砚做好以后，有很多人仿制我的那块虎砚在砚台上做老虎。

马：您还有没有其他印象比较深刻的作品？

闫：其他作品实际上都是按照传统做的。

马：大多数题材是什么呀，是花鸟还是什么？

闫：怎么说呢？现在有些人做砚，说是专攻荷花呀、龙呀，这都是错误的。为什么呢？这本身就违背了这个材料（本身的纹理特征）。像我的父辈，他们做砚的题材很广，包括山水、花鸟、人物、草虫、走兽，只要是能入画的，都能进到这个里面，他是根据料来决定最适合做什么的。比如可以做花鸟，也可以做人物，要根据这个料上面的彩来定。还有一个砚，我也做得比较有

┤ 闫森林作品《把酒问青天》
　（本人供图）

意思。那块料上面的俏彩特别好，有一块黑的不大，在绿的里面裹着，还能露出来一点儿。哎呀，我就反复看，最后就做了一个苏东坡的《把酒问青天》，正好手就握着那个杯子，手是绿色的，杯子是黑色，刚好都能裹进去。当时定这个题材之后，先把手和酒杯定好了以后，从这儿引申下来画过来，再把人物全部画出来，这个是有点意思的。这辈子有三个砚印象比较深，还有一个，但是卖了，就可惜了。雕刻的是"猴子捞月"，我取名《同心协力》，在银川市群艺馆砚展上展过。实际那块料很一般，它上面有一个绿点儿，正好底下（也）有一个点儿。我们看材料都能看出来，知道它像什么形状。它是个半圆，蛋形的，就做了猴子捧着这个月亮，又在上面做了四只猴子，在一棵大树上，一个抱着一个下来。哎！这个月亮最后刚好落到堰塘里面，比猴子的手稍微远了一点点。哎呀！特别巧，上面那个月亮就倒映在这儿。还有个点，就像个云，在上面有，堰塘里面也有，那个太巧了。当时可能被宁夏哪个收藏家看上了，第二天就给买走了。卖了以后我就觉得太可惜了。不过，当时我们都缺银子，都需要钱啊！我卖的很多东西也都很后悔的，但没办法，留不住呀。直到多少年后，我都能想起来。

马：砚台雕刻创作，除了您的手艺之外，这跟您平时的文化积累、文化素养也有关系吧？比如像有些诗的意境。

闫：有。我系统地学过中国古诗词，包括诗词格律，我都反复地研究过。我们那个时候学画画，都是拜老师，不像现在报个班就行，1973年那个时候学画画，哪有这些班呢。

马：您现在拿块石头一看，就大概能看出样子？

闫：（自信地）那一定是这样的。拿上任何石料，都能根据它来设计。我没有什么固定图案，都是根据石头（的具体情况）。因为刻砚是以材料为先导的，不是说我设计个图案往上套，每个（材料）都是不一样的。就像《猴子捞月》，我心里知道大概是这样的。还有那个《把酒问青天》，我知道这个料里面是黑的，刚好能握起来。你肯定要有一定的构图基础，不然怎么能画出来？

马：嗯。这些必须要有各方面的积累，才能达到某种效果。

闫：再者就是，我们那个时候学习要找老师的，包括展览馆的、报社的几位老师，我们都跟他们学过素描、国画，我还参加过报社的两期美术班。

马：您现在还画画吗？

闫：我现在不画了。因为我觉得画画色彩我用不着，我现在写字，从一开始学画的时候就写字，一直写到现在。

马：天天都还要写？

闫：主要是隶书、楷书、行书，直到现在。也不说天天写，每周还得写上两三次吧。

马：那闫老师你们的闫家砚跟别的贺兰砚制作有什么不一样吗？

卜 闫森林作品《同心协力》
（本人供图）

闫：我们的要求不一样，比方说是方的，必须得方方正正。像我们做的方的，最起码有两三种，或是长方形的，或是正方形的。这两种，一种不带盖，一种带盖。尤其是这种正方形的，带盖檐的，直到现在，宁夏会做的没有几个人，除了我们闫家的几个老的会做，外面人不会做。

马：那这就是你们的一个绝技了。

闫：这里面的名堂特别大，这个技艺就是带盖的。因为要把这四面合起来，两块料合起来，要让四个边都是正正方方、严丝合缝的，摁着都不响。我们算过有三十二个小面、四个大面，每个面转一圈等于三十二，合起来要把它磨好，正正方方的，那都是相当讲究的，我们闫家的带盖素砚那都是有名的。这个就是传统的，我们闫家有几个人就专门做素砚，我三叔的素砚就做得特别好。

马：素砚？

闫：就是不带花的，带盖的长方砚。我三叔、我舅做得就特别好。因为他们那个时候刻花不行，主要就是做这个。

马：您做过吗？

闫：那肯定做过，我们当时在厂子学的就是这个，这都是硬技术。现在有些刚开始就让雕花，他没有那个功夫。我们刚来就只能做这些东西，由简到繁嘛。通过做素砚才能了解砚。过去为什么我的父辈学得好？带你上山去采石头，把石头亲自从山上采下来、背回来，就知道这采石是有多辛苦了，对石料也就了解了。现在谁管呢？一下买几吨料回来，裁的裁，干的干，都不知道这个石料到底是怎么来的，他怎么能爱惜这个原料呢？我父亲说，他们过去都要从山上背下来，从采石点背到贺兰山小口子，有路了，再雇上驴，把石头驮到银川，要八十里路呢。解放前没有路，就沙土路。雇的驴也少，那也要花钱呢。还有些料，剩余的不多，还有百八十斤，那也得背下来，不能扔了呀。我父亲半大小子时都背过，背到银川呀。我三爷也都背过呢。你们想，背五六十斤石头，从小口子到银川，屁股都压肿了，所以就知道这个料来得艰辛，做的时候就用功用心呀。所以，为什么我们闫家还做了好多小的印章，带彩的，边角料都不能扔了，那适合做印章啊。指头这么大的，过去用的就这么大。最近有几个收藏家，他们收了好多东西，都是我们闫家的东西，我父亲的，我叔叔的，我爷爷做的，他们三个人做的东西都能看出来呢。

马：那就是说，（指着一些作品）这些素砚应该是闫家做的了？

闫：嗯。素砚是基本功，就是我们闫家的这些人做的，包括他们的外姓徒弟。

马：那现在学砚的没人做这些了？

闫：有是有呢。现在我们教的时候，还是按照这个步骤。不过现在做素砚，都是由师父给切好了，打磨也就大致磨一下。我们那时候的料，都是一个人用錾子把原料打磨成这种样子的，打完以后再磨呢。打的时候如果不规矩，磨的时候就费功夫了。我家里还有两块解放前他们用錾子打出来的料，现在我都不能再用了，都是文物了。

马：这也是一种见证。

闫：对呀！就是一种见证，真正的料就是这么来的。圆的旁边打的都是纹儿，整个这么厚，旁边不要的都打掉，用錾子打的，我们叫刻刀，用它打出来，包括那个长方形的边都是打出来的。通过这种训练，手上功夫肯定厉害了，现在很多人手上功夫不行。我们学徒的时候也是这样，虽然没有像父亲他们这么严格，但是还是按照这种程序来的。我也打过啊，必须得打。我们学徒的时候，包括刻刀都是自己打的。

马：当时那些工具都是自己打的？

闫：自己打的，不像现在有专门生产这种合金工具的。我们当时用自行车辐条、架子车辐条打工具，叫"弹簧钢"。

马：以前最早自己做的那些工具还在吗？

闫：有啊。好像给非遗中心了，现在我手里都没有了。

马：哦。挺遗憾的。实际上作为手艺人很辛苦的。刚才跟您握手的时候，看到手上有很多口子（伤口）啊。

闫：我今天还行。平时我这手上面都（贴）有四五条胶布呢。我年轻时候稍微好点儿，人老了以后，皮肤比较干燥嘛。再一个呢，我们干这个，要常洗手，（因为）要喝水或接电话呀，然后马上又要干了。这么反复洗，皮肤就容易干裂。我跟那些大师握手的时候，就知道这个大师是干活的还是说话的。你看他那个手粗糙不粗糙，有没有力气。有些大师他是不干活的大师。

马：您是干活的大师，做的是千秋大业啊。您现在还带了一些徒弟吧？

闫：（喜悦地）是啊！现在我正式收了十个徒弟，这是通过拜师的。2013年、2014年收的。

马：这十个徒弟学得怎么样？

闫：这十个徒弟他们本身都有一些基础。

马：那么他们现在把您的核心技艺掌握得怎么样？

闫：他们过来以后，主要是想把脉络理清楚，他们过去学的都属于野路子，等于归到我本宗上，比较正统，我们闫家的一些传统技法都需要学一下。

马：现在还一直跟着学？

闫：也不是。他们现在不用天天来学了，就是有时候交流一下，有时候我到他们的工作室去，他们有时候来我家，基本上每个星期都见一两次，经常见面。我现在还在宁夏艺术职业学院代课。

马：非遗进校园这个特别好。

闫：我妹妹闫淑丽和我徒弟蒋喜文，原来还有一个仲生全，他们三个也都代课，他们现在都是市级非遗传承人。今年学校呢，让我每周给他们代半天课，学校可能想给毕业班再强化一下，两个班合起来三十多个人，我是星期四过去上课。这（已经）几年了，从2014年到现在。

马：这个传承做得挺好。那学生们学得怎么样？

闫：这种传承，我实话实说，我们只走了第一步，只走了一个形式，没有后续的手段。这孩子没有一个能留住的。我跟有关部门多次呼吁，我们还应该有第二步，有教育孵化工程。比方说，孩子学习三年毕业了，我给他算了，尽管学校的课程都加强了，但他们三年学的时间加起来不会超过六十天。这也太少了，我们学徒三年呢！整天跟着师父学，他们是一个老师要带十几、二十个学生，三年他们才学了五十多天，学完以后根本就没有办法以这个谋生，连简单的东西都做不了，还要师父再加工了以后，才能成为一个产品。他们最后要想以此谋生，必须得走第二步，有一个孵化期工程，这些老师或者是工厂的师父再系统地带一下，带上一年他可能就会了。2017年6月，银川市非遗中心举办了贺兰砚制作技艺培训班，地点是银川市文化艺术馆贺兰砚传习所，让我去现场进行了指导。

马：实际上非遗进校园最初的一个愿望是什么？还是宣传和普及。大家先来认识了解，但是可能达不到一定效果。

闫：他们要是以这个手艺来谋生，（以他们现在所掌握的技能）是远远达不到的。为什么呢？学校里面学三年，毕业后，工厂把他们收进去，按照大专毕业工资，应该是两三千块钱。但是老板发这么多工资是要亏的呀。因为他们做的活可能顶多卖一千块钱，老板要给他贴两千块。老板贴一个月可以、两个月可以，贴上一年肯定得几万块钱，一般谁也贴不起。我倒是有个想

⌐ 闫森林在银川市文化艺术馆贺兰砚传习所现场教授学员（2017年　本人供图）

法，就是有个孵化工厂，毕业了，学生愿意进这个厂的，就跟厂子签合同，国家有些资金的补贴，哪怕补贴一半，工厂里再拿出来点钱，因为学生们还能做点活嘛！这样到一年以后，你愿意干，继续签合同。你不愿意干了，起码技术学会了，可以自己出去谋生。这就有了后续手段。现在我已经带了几年毕业班了，没有一个人干这个。2011年我在宁夏艺术职业学院带学生，带了十七个学生，现在只有两个在我们这行里。

马：上这个课的学生们都是学什么专业的？

闫：他们都是美术系的，学校把这个课加进去，现在贺兰砚制作技艺还成了一门主要课程，安排的时间比较多，要比其他的陶艺、剪纸、刺绣安排得多。实际上学生也跟我交流了，别看学那么多，啥也不懂，时间太分散，只是一个大概了解。

马：明白了。我们还想知道您的子女传承情况。您是哪一年结婚的？

闫：我是1980年结婚的，有一个儿子。

马：那他现在跟您学雕刻吗？

闫：1998年跟我学过两年，可是那个时候这个行业不景气，靠这个手艺连我自己都养活不了，他一看挣不上钱，也就不学了。我们当时都改行干其他的了。

马：那他现在对这个还有兴趣吗？

闫：现在他三十多岁了，去年刚成家，生活压力也比较大。他会雕刻，中间还搞过一段时间的经营。前几年，石嘴山市在沙湖搞了一个非遗和旅游结合的项目，要请我过去（常驻），还有杨达吾德的泥哇呜，搞葫芦雕刻的。因为我有国家级传承人身份嘛，石嘴山要让我们几个去传承，可那么远，我是没办法去，就叫儿子在那里待了一年。他每天早上开车去，下午回来，可是效果不好，我们最后一分钱也没赚上，还赔钱了，原因也不好说。最后就干了一年，就让我们出来了。

马：不管咋样，闫老师现在可是经常上镜的人物啊。

闫：确实。就像我弟弟开玩笑说："你一天跟明星一样，但是明星都有出场费，你是贴钱贴工夫。一分钱不挣，还耽误工夫。"

马：那您对贺兰砚还有哪些想法？

闫：就是想怎么能把它更好地传承下去。

马：您做了这么长时间砚台，您觉得自己已经做到顶级了吗？

闫：没有。我父亲说过，只有状元徒弟，没有状元师父。我也是这么认为的。肯定后辈人应该要比我们做得好，要是徒弟里面没有一两个超过我的，我就觉得失败了。

马：您现在的徒弟里面有没有这样的人？

闫：嗯。徒弟里面有四五个都是很不错的。

马：有四五个呢？那挺好的。

闫：我的十个徒弟里面有三个是杂项徒弟。

马：什么是杂项？

闫：主要是干其他的，不是雕砚的。雕砚里面有六个徒弟。他们拜我为师的时候，一方面是要学雕刻，另一方面也是冲着我的人品吧。

马：您当时收徒弟的标准能给我们讲一讲吗？

闫：首先，做人要地道，我们现在以德为主，德是第一位的，我们中国传统文化，第一是要有德行。德才兼备，一个人没有德，不能立于天下。

马：确实师父就要像父亲一样，对徒弟还要有教导的义务。

闫：对！要以身作则。我们从学艺的时候，家里面就这么传下来的。过去家里面生活不好，我学艺的时候，跟我父亲的桌子紧挨着，那会都是给公家干活（在石刻厂），从来都不偷懒，一上班就开始干，中间上个洗手间、喝口水、抽个烟，然后又继续干。那时候也没有定额，你想干多少就干多少，但是只要一上班就一直加班，我们就是在这种环境中过来的。不管是给公家干，还是自己干，都习惯这种模式了，我叔叔也是一样。我父亲退休之后，身体就不太好了，基本上就不怎么干了。但是我二叔一直（干）到七十六岁去世。他干到七十三岁时，刻刀掉地下后，低头拿不起刻刀，实际那时候就已经脑出血，拿不起刻刀了，马上把他送医院，脑血管有点破裂了，一个小血管，很快就治好了。但是治好了也捏不起刻刀了，他一直干到最后拿不住刻刀为止。实际上，我二叔不缺吃、不缺喝，有退休金，可他就是喜欢这个东西，就跟我现在一样，每天必须得干点儿活，除非我有事儿，要没事儿我坐家里肯定是坐不住的。

马：闫老师和父辈们都太执着了。那从您打小开始记事起，有没有印象特别深刻的人或事？

闫：有呢。比如我的父亲，他过去是一个工人，要求你做事必须得按规矩来。我记着有一件事，就是我不懂规矩，那时好像还没有上学呢。我们上学都晚，八岁上的学。大概六七岁吧，当时父亲好像还在刻字厂，我大舅不是在农村嘛，大舅妈来银川了，到厂里去跟我父亲说些事情，完了她要回去。我那会儿突然就非要跟着去农村，我父亲就不让去，我舅妈就往前走，我就在后面追，父亲就过去把我打了一下，从小到大就打了我一次。因为他觉得是我不懂事、不懂规矩，从那以后，我就知道了。他是匠人教育孩子的方法，只要错了就要打你。他一辈子就打过那一次，这个印象特别深。

马：没有怨恨父亲吧？

闫：没有怨恨。因为当时不懂事嘛。这说明一个什么问题？就是要给你立个规矩，有些事情不能做的，就坚决不做。1956年我父亲一参加工作，就定了七十块钱的工资，在刻字社，他的手艺是最高的，工资也是厂里第一高嘛。

马：那是相当高了。

闫：但是，他一直到1980年退休时，还拿七十块钱。为啥呢？每次涨工资的时候，人家都说你是单位最高的工资。所以，每次涨工资都涨不上，可他也没说什么。那时我们家的生活确实不好，我们姊妹七八个，在平时生活上，我父亲都比较俭朴。

马：也没有什么抱怨？

闫：也没有。我母亲是个家庭妇女，父亲每天下班回来，也就是家常便饭，米呀、面呀、一点儿咸菜，他从来不说我想吃什么、想喝什么，从来没有。

马：忘了问您父母的名字？

闫：父亲叫闫子江，母亲叫王惠珍，是个农家妇女。我父亲一辈子都穿普通衣服或工作服，有时候，因为他是政协委员，开会时才把平时舍不得穿的新衣服拿出来穿一穿。这就是一个潜移默化的影响。

马：对。实际上，家庭美德的传承，跟家风都有关系。您为什么把手艺传承得这么好，跟良好的家风有关系吧？

闫：嗯。我母亲不识字，但是我一辈子没见父母吵过架，我们姊妹之间也比较团结，直到现在生活上互相都有帮助呢。我三姐五十岁就去世了，当时一家人都下岗了，我们每次去了以后，姊妹都给拿钱，生活不好的也拿，（生活）好的多拿点，不好的少拿点，前前后后给拿了不少钱呢。每年基本上都要去好几次，她最后犯病了，一住院就得上万块钱，每次我们都给凑。我的小弟弟也下岗了，也是身体不好，直到现在，我们姊妹还是给他凑钱看病，或四五千，或两三千。

马：兄弟姐妹相互帮助，家风真好！那今天就谢谢您了！

⊥ 闫森林在指导闫家砚第五代传人（本人供图）

民间乐器口弦代表性传承人
马兰花　马义珍

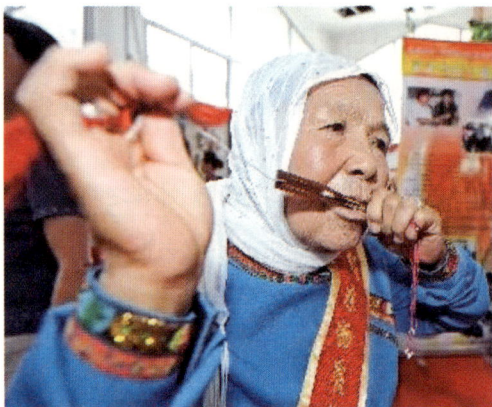

马兰花，1939—2018年，宁夏灵武人。2008年被认定为国家级非物质文化遗产项目（宁夏民间乐器口弦）代表性传承人。

马义珍，1964年出生，宁夏灵武人。2010年被认定为自治区级非物质文化遗产项目（口弦制作技艺）代表性传承人。

综　述

　　"三寸竹片片，两头扯线线。一端口中含，消愁解麻缠……"这首优美的民歌所描述的，正是我国特有的民间乐器——口弦。口弦多竹制或铁制，中有簧舌，簧舌上有拉线。吹奏时，左手扶口弦，右手拉簧线，根据气息长短，即可成调。口弦有着悠久的历史，最早可追溯到新石器时代。《诗经·鹿鸣》云："呦呦鹿鸣，食野之苹。我有嘉宾，鼓瑟吹笙。吹笙鼓簧，承筐是将。人之好我，示我周行。"其中的"簧"即是一种横在口中吹奏的小乐器，和口弦当属同类。此类记载还出现在汉、晋、宋、元等多个朝代，口弦在我国分布十分广泛，云南、四川、台湾、甘肃、青海、宁夏等很多地方都有流传。在宁夏民间，口弦的制作方法、吹奏技艺源远流长，甚至还诞生了有关口弦的美丽传说。过去的岁月，没有太多的娱乐活动，演奏口弦便成了人们闲暇时解闷、排除烦恼的方式之一。宁夏灵武的"马氏口弦"家族，正是以制作和吹奏竹口弦而远近闻名，被誉为"口弦家族"。

卜　马义珍自制的口弦
（本人供图）

ᅴ 马兰花（左二）和母亲（中）
及三位妹妹一起弹口弦
（本人供图）

　　"马氏口弦"最早起源于甘肃。第四代传人马兰花、马义珍姐弟俩的祖父马德海，年轻时从甘肃学得演奏口弦的技艺，后又传授给儿子马金贵。后来，马金贵在一次意外中摔断了腿，无法下地劳动，就靠制作口弦、卖口弦为生。由于他出色的技艺，在当地赢得了一定的名气。马金贵酷爱这门技艺，在几十年中，坚持制作口弦、改进口弦的制作和演奏方式，还将这门技艺传给了女儿马兰花和儿子马义珍。

　　马兰花1939年出生，是马义珍大姑妈的女儿，从小过继给马金贵，成了家里的长女。她自幼跟在父亲马金贵身边叫卖口弦生意，对父亲的口弦技艺耳濡目染。她从六岁起开始学习口弦演奏，由于没有曲谱，往往是父亲吹奏一句，她就学一句，通过这种口传心授的方式去感受口弦特有的音色音调。几十年前的农村生活普遍艰苦，宁夏农村妇女更是罕有娱乐活动，马兰花也没有上过学、不认识字，口弦就成了她聊以慰藉的娱乐方法。马兰花的母亲也会弹口弦，有时候，马兰花及二妹、三妹、四妹会聚在母亲家中，盘腿坐在炕桌前，围着母亲，母女几人一边品着盖碗茶一边弹口弦，其乐融融。小时候，马兰花在帮父亲招揽生意时会吹起口弦，放羊时也会吹奏，一个人在乡村的田间地头也吹奏，进而摸索出了口弦的多种声调，并自己编排了多首口弦乐曲。如今被命名保存下来的有《驼铃》《廊檐滴水》《回乡情》等。

　　2006年，口弦被列入第一批国家级非物质文化遗产名录；2007年，"马氏口弦"被命名为国家非物质文化遗产保护示范点；2008年，马兰花被确定为国家级非物质文化遗产项目民间乐器口弦代表性传承人。同年，在灵武市政府的支持下，马兰花组建了一个口弦演奏乐队，成员有十二人，其中就有弟弟马义珍，还有她的女儿、妯娌和邻居。经过半年的培训，口弦乐队正式开始了演出活动，曾在银川市玉皇阁广场举办的非物质文化遗产展示活动中表演口弦。

马兰花一生贫苦，到了晚年，因丈夫、儿女相继患病而接连遭遇打击。在逆境中，口弦成了她最强大的精神支柱，她往往自弹自娱，纾解愁绪。马兰花于2018年去世，享年七十九岁。她的一生都与口弦有着不解之缘，对宁夏地区口弦的发展和传承作出了重要的贡献。

马义珍是马兰花的小弟，1964年出生，在家中排行第七。年轻时，马义珍是一名木匠，凭借着自己的手艺足以养家糊口，因而对父亲的口弦技艺并不太感兴趣。但是目光长远的父亲认识到口弦是一种珍贵的地方民间乐器，更是他们马氏家族的特色，于是慢慢说服了马义珍。后来，随着我国非物质文化遗产保护工作的开展，口弦技艺越来越被重视，马义珍也意识到了父亲的明智之处，随即开始潜心钻研琢磨口弦的制作及演奏技艺。

马氏口弦是竹口弦，有一套完整的制作工艺，需要用刀具先削好竹片，再用水浸泡、蒸煮，进行软化处理，再晾干、雕刻、油炸、调簧，最后是搭配绳穗的装饰。其中"油炸"这一工序，是马氏口弦的独到之处，炸后的口弦声音更加清脆，也更结实耐用，这都是马金贵、马义珍父子两代人反复琢磨出来的宝贵经验。在曲目上，马义珍除了会演奏传统的《倒卷帘》《苦难歌》等二十

卜 马义珍口弦演奏获得的奖牌
（本人供图）

余首曲子，还将朗朗上口的红歌和口弦结合在一起，如口弦版《东方红》等。除此以外，马义珍还为花儿女歌手伴奏表演过《阿哥的白牡丹》。马义珍不断丰富着口弦的演奏曲目，拓宽着口弦的演奏场合。

2009年，鄂尔多斯举办一个联谊会，接到演出通知的马兰花，推荐弟弟马义珍前去参加了演出活动。这是马义珍首次在重大场合表演口弦，紧张之余，他更是为自己有机会宣传口弦之美而感到兴奋和激动。2010年，马义珍被认定为自治区级非物质文化遗产传承人。2013年，马义珍参加了中国银川第二届镇北堡西部影城西北非物质文化遗产博览会，进行了口弦展演，获得银奖。近年来，马义珍还以非遗传承人的身份参加了上海世博会、海峡两岸博览会、北京创业博览会等多个国家级展会，把马氏口弦介绍给了全国各地乃至世界各地的人们。如今，形形色色的娱乐活动逐渐取代了传统的民间口弦的自娱功能，会弹口弦者大多年过花甲，其中很多擅长制作者也逐渐放下了这门技艺。马义珍为了将马氏口弦继续发扬下去，数十年来致力于口弦的制作，并竭力向社会各界宣传和教授口弦。马义珍在本地多所中小学开办传统技艺课程，向学生们传授口弦技艺；同时深入社区、乡村，向所有对口弦感兴趣的人们介绍马氏口弦。迄今为止，马义珍自制的口弦已经超过五千支，这些口弦都在学生和口弦爱好者手中发挥着它们的作用，为人们纾忧解愁带来欢乐。马义珍的儿子马学军也继承了父亲的技艺，加入到了传承的队伍中，使得马氏口弦后继有人。

⊥ 马义珍为中卫沙坡头景区员工培训口弦技艺（本人供图）

访　谈

被访谈者：马义珍（自治区级非物质文化遗产代表性传承人）

访 谈 者：武宇林、杜丹

访谈时间：2022年1月5日

访谈地点：灵武市文化馆

访谈录音：杜丹

访谈整理：杜丹、武宇林

综述撰稿：杜丹、武宇林

武：马老师好！今天我们是来访谈了解您的口弦制作人生经历的。您和您的姐姐马兰花老师都是非遗项目民间乐器口弦的传承人，可是马兰花老师已经离世，所以还请您一并谈谈姐姐的情况，您也算是最知情的人了。

马：好的。

武：请问您是哪一年出生的？出生在什么地方？

马：1964年5月，出生在灵武市郝家桥镇崔渠口村四队。

武：父母会口弦制作技艺吗？

马：其实，是我爷爷最早接触的这个口弦，他是从甘肃学来的，后来又传给了我父亲。

武：你们祖上是哪里？

马：我祖上……这个还真的是不知道。从我记事就一直是在灵武，我父亲也说是在这儿，我们是宁夏灵武人。

武：好的。家里姊妹几个？

马：一共八个，我排行老七。

武：那么您的姐姐马兰花是（排行老几）？

马：我姐姐是家里八姊妹中的老大。

武：请再说说您家口弦的传承情况。

马：我父亲给我说过，当年爷爷把口弦传给他的时候，他并不想学这个东西。后来父亲跟我母亲找对象结婚之后——也是为了生活嘛——有一次冬天出门去打柴，打好了柴，套上驴车往家里拉柴，要路过一座小木桥，可它上面有个裂缝。驴车从这个桥上过时，一看这个裂缝有东西（水面）来回反光，驴一躲，结果就把父亲从车上甩到了桥下，就把腿绊折了。父亲的腿摔断之后，就算是不想学口弦也得学，因为这个口弦在我们马氏家族也算是养家糊口的一份手艺呢。

武：当时您父亲多大？

马：那时候我父亲才十七八岁。父母找对象时，一个十四岁，一个十五岁，过去三四十年代都是早婚嘛。最后父亲跟爷爷开始学着制作口弦，可是做好口弦之后，没办法出去卖，就在脚的这个大拇指上绑一根绳子，他就走一步挪一步，走一步挪一步。因为他要养家糊口，又没有别的生存能力。不过，周边的妇女们都喜爱他的口弦，那么就围过来，他给大家现卖现教，这样口弦的名气慢慢就延伸到周边一些村子里。后来，我父亲虽然腿瘸，但还是能挑个货郎担，走村串户去卖针头线脑什么的。有人跟他说："你这里有什么能响的声音，好招揽客人呀。"我父亲就摇拨浪鼓。当时他卖口弦，还有七彩线（绣花用）、簪子，包括女人用的胭脂、香粉等。我父亲担着货郎担，满街叫卖，时间长了，大家都知道：有人摇拨浪鼓，就是那个卖口弦的，卖针线的，卖胭脂的，倒是也方便了周边的邻里乡亲。但是，人始终是个瘸子，也没办法治好。最后就赶上国民党抓兵，我父亲正在街头

叫卖时，遇上人家抓兵，就被当兵的抓了壮丁。到了部队，人家一个长官
喊："稍息，立正！"可我父亲站不直，长官就问："别人都能站直，你为
啥不行？"我父亲说："报告长官，我这腿……是个瘸子。"长官就问抓壮
丁的兵："你的眼睛也不看看，抓个瘸子回来？"抓壮丁的说："我看他满
街叫卖，还挑着担子，就把他抓来了。"最后我父亲被放了。可是，就在
回家的路上又遭遇了土匪……回来之后都后半夜三四点钟了，可把父亲吓
坏了。后来父亲一直给我讲这个故事。

武：解放前，老百姓的日子真不太平。好在您父亲会口弦制作手艺，还能维持
　　生活。

马：就是的。过去这个口弦在我们马氏家族有个重要作用，那就是养家糊口。
　　早年，一斤小米五块钱，五把口弦换一斤小米。所以说，父亲跟母亲结婚
　　之后，生活很艰苦，就靠制作口弦去换点钱，有时候五毛钱也卖、五分钱
　　也卖。过去，就是靠这个小小的口弦，救了我们一家人的命。

武：哦。"马氏口弦"养活了一家人。

马：嗯。我母亲生育了十二个孩子，前后去世了五个孩子，剩下我们兄弟姐妹
　　七个。因为我母亲跟我父亲结婚早，十四五岁找对象结婚，按现在的说法，
　　那就是发育不全。母亲十六岁怀了孩子不站（流产），十七岁有孩子不站，
　　那么十八岁是不是就能站了？还不知道。所以就在十七岁时，因为我父亲
　　家里姊妹六个，我大姑妈生的女儿多，就把我大姐（马兰花）过继给我父
　　亲了，我姐姐就成了我们家的"镇山大姐"。过去咱们当地人叫"压胎"，
　　因为我前面的一个哥哥和一个姐姐，两胎都没站嘛。我大姐来了之后，现
　　在的这个大哥就站了。

武：马兰花大姐其实是您姑姑家的女儿？给您家带来了好运。

马：（微笑）哎。是的。她是我姑妈的丫头，来我们家时，才两岁多，还不到三岁。
　　父亲走街串巷叫卖时，一直领着我这个大姐，（父亲）走到哪儿，（大姐）
　　跟到哪儿，后头才有了我的大哥。

⊥　马义珍为宁夏旅游景区游客传授弹口弦技艺（本人供图）

武：马兰花大姐那时候一直跟着父亲走街串巷，也学着弹口弦吗？

马：对。父亲把姐姐领上卖东西的时候，姐姐就接触到了口弦，"门里出身，不会三分"，也就慢慢地学会了。父亲在调口弦、制作口弦时，姐姐也一直在一边看，到出嫁的时候，她已经会弹了。

武：哦。大姐是你们家的福星呢。平时对弟妹是不是都非常照顾？

马：（怀念地）嗯。我姐姐是咱们马家的"压胎大姐"，也是"镇山大姐"。从我妈跟我爹结婚之后，第一个孩子和第二个孩子都没保住。按照当时的风俗，就是借一个孩子来"压胎"。大姐来到我家之后，后面的大哥、三哥、四姐、五姐都活了，带来了家族的兴旺，这是大姐的功劳。过去，我们都喊姐姐"马大哈姐姐"，她是个很开朗的一个人，走到哪里，人还没来，笑声就来了。我记事的时候，姐姐已经嫁人了。因为只有三五公里路，我从懂事起，就爱去她家。虽然我姐姐家境贫寒，但她爱笑，也特别喜欢我。

武：你们也同台演出过？

马：演出过，在银川市玉皇阁那个广场演出的。

武：那马老师小时候读书的情况怎么样？

马：那时候，四个姐姐先后都嫁了，就剩我跟妹妹了。1979年（我）念初二时就不想念了，1980年就回来了，正好赶上包产到户，我就跟随父亲做木工活，同时自己也下地，收入还是很可观的。后来，我还成了电视节目里的致富带头人呢。采访的时候，让我用机器做木工活儿。结果，就把我做活儿的秘密给破掉（暴露）了，别人就都学会了。

武：不过，虽然木匠活儿不如意，但后来的口弦制作又让您有了新的奋斗目标。

马：（欣慰地）对！2004年，国家主席江泽民来咱们灵武的那一次，我们这个马氏口弦还得到展示了呢。过去，咱们农村还没有单干之前，农村刚修上了小广播，讲《岳飞传》《杨家将》的时候，民间小乐器口弦就慢慢淡化了。因为人们更喜欢听广播里说书的，记得还讲什么"内无粮草，外无救兵"，村里人都爱听小广播。过去，有的妇女拿上口弦还在田间地头弹，慢慢地一步一步就不弹这个了。包产到户以后，父亲还是在坚持做这个东西。现在，像五六十岁的人，好多都不知道这个是什么了，会弹的人差不多都七八十岁了。口弦在咱们这边叫"口弦子"，在南部山区呢，它叫"口口"，在咱们非遗项目里，正确的叫法是"口弦"。好多人问这个东西究竟是干啥的？过去有人给它写了四句诗，"三寸竹片片，两头扯线线。一端口中含，消愁解麻缠。"它的意思就是说，这个口弦在三寸之内，它发出来的声音非常奇妙，可以随心所欲地弹，要什么音调它就会有什么样的音调，口弦两边还有配饰，口腔是它的发音体，一到口中就可以随意弹奏，好比一匹骏马任你骑。要是离开口，它只有"嘣嘣嘣"的响声，再没有别的声音。过去为啥咱们农村妇女、老太太弹这个东西？一个呢，它是开动大脑的一把钥匙；还有一个重要的原因就是，过去呢，咱们这里的妇女只能跟父母和丈夫接触，谈心。这就是为什么说，口弦可以解麻缠（烦恼）。比如现在找对象，都是你情我愿，合法合理，合情合意。过去呢，相亲时是帅哥，到成亲时，不是瘸子就是瞎子，女孩子嫁过去之后，一肚子冤屈无法去诉说，就拿这个口弦来消解自己内心的忧愁与烦恼。

武：马老师把农村妇女为啥弹口弦的原因给讲明白了。

马：嗯。最早在贺兰山下，还有一个关于口弦的美丽传说呢。讲的是有个叫哈旦的女孩子，从小天真可爱、聪明伶俐，由于她泄露天机，让奸臣钻了空子，放出毒蛇，把她咬伤了，嗓子发不出来音了。她泄露的啥天机呢？就是宁夏要发生滔天洪水的事情，她告诉了乡亲们，大家全都逃到了贺兰山，躲过了水灾。可女孩子受到了惩罚，被毒蛇咬伤后嗓子发不出声音。她就用木梳背上的竹片片，刻了个口弦，在山上向人们传达自己内心的喜怒哀乐。后来哈旦跟一个叫达伍德的小伙子结了婚，达伍德出门找活儿去了，哈旦留在家里。有一天下大雨，屋里开始漏雨，她就想，要是丈夫在眼前，肯定能为我遮风挡雨，期待丈夫能回来把房子修好，有一个安身之处。哈旦一肚子冤屈没法向别人说，脑海里都是滴水的声音。雨过天晴之后达伍德回来了，哈旦心想我需要你的时候你不回来。达伍德耐心地给妻子解释，我也担心家里房子漏雨，怕你受委屈。但是我也无能为力，拿了人家的钱财，就要给人家干活。人家让回我才能回，不到年头我也回不来呀。哈旦就把口弦拿出来，给达伍德弹了一段用口弦模仿廊檐滴水的声音，这就是后来口弦曲子《廊檐滴水》的来历。那么这个《骆驼铃》又是怎么来的？达伍德说，咱们俩感情虽好，但是还要生活，我挣来的这些钱，你先花着，我还得去挣。后来，他揽了个给人家拉骆驼的活儿，出发的时候，达伍德在门口给哈旦说，我要走了，骆驼走的时候，骆驼铃会发出"丁零当啷"的声音。后来哈旦的娘家人来看她，问你丈夫呢？哈旦想说，我丈夫给人家拉骆驼去了，她就用口弦弹出了骆驼铃的声音。

武：原来如此。以前光知道口弦曲子有《廊檐滴水》和《骆驼铃》，没想到其中还有美丽的传说故事呢。

马：是的。2004年国家领导来咱们灵武，郝家桥文化站就把咱们地方的民间艺人——拉二胡的、吹笛子的、弹口弦的、唱花儿的——一起找去给中央领导展示。灵武市文化馆从那时才知道，黄河岸边还流传有口弦的技艺。最后通过宁夏文化馆到咱们郝家桥镇进行挖掘，"马氏口弦"也就申报成非遗了。2005年申报的，2007年有了眉目，文化部副部长周和平到我家去实地考察。当时我想着，文化部领导为了看口弦来到我家，那口弦这个东西以后肯定是有价值的。我父亲活着的时候，就跟我说过："孩子，你把这个东西学一下，以后会有用武之地的。"我说："一点点竹片片能有啥呢？会听的还有点滋味，不会听的人，老是觉得你就会弹个'嘣嘣嘣嘣'（的声音）。"

武：父亲还挺有远见的。

马：对。文化部领导来之前，我一直都不知道这个东西有那么大的用途。2004年、2005年宁夏文化馆的安宇歌老师去我家，让我父亲做两百把口弦，当时父亲每把才要了一块钱。那时改革开放，农村包产到户，只要勤快就能赚上钱。因为我也有孩子，还要供养孩子上学，当时我用机器做木工活，同样的工夫，做木工活能赚几百上千呢。那时我对口弦真的不感兴趣，觉得这么个东西，一点点竹片片，雕刻了，然后卖掉。做得好的，按现在市场价格能卖一百块钱，给学校批发的，有五十块钱的，还有七十块钱的。还有包装盒，也要十几块钱，一共就是六七十块。一直到后来见了自治区领导、文化部领导，还有2009年去鄂尔多斯演奏口弦，才慢慢开始重视口弦了。

武：请再说说您和姐姐被认定为非遗代表性传承人的情况。

马：本来，2005年这个口弦传承人是以我的名义申报的，到了区上之后，安老师，还有靳宗伟馆长都说，这个东西过去是男的制作，女的弹，你姐姐马兰花年龄大，又是女性，申报的概率高，你的概率可能低一点。

武：姐姐是哪一年出生的？

马：她现在还在的话应该是八十多岁了。

武：她比您大多少岁？

马：应该比我大二十四五岁。所以上面就建议先让我姐姐当非遗传承人。区上给我说了之后，我就到灵武市文化馆改、到银川市文化馆改，灵武隶属银

　　川市嘛。把口弦非遗传承人的认定改到我姐姐名下了。到2008年这个申报基本上就落实下来了，那一年，我姐姐去北京受到总理的接见，还拿到了国家级非遗代表性传承人的证书。

武：2008年咱们宁夏首批国家级非遗传承人得到认定，只有很少的两三个人。马老师成全了大姐的申报。

马：对！过去的申报，不像现在这么规范，现在没那么顺利了，一步一步都要规范化。我姐姐拿到这个国家级证书之后，有一个广场演出活动，那时我姐姐年龄大了（六十九岁），上舞台虽然会弹，但结合不了现代的舞台和音乐。（那次）演出之后，我开始探索，先后进行多次改良，把民歌、摇滚乐、红歌等都融进了口弦，让口弦的演奏慢慢有了起色。我还给很多唱花儿的歌手伴奏过。以前我也没有接触过花儿歌手，他们说："马老师，您这口弦跟别人的不一样。"我说咋不一样，他们说："您这口弦能随机应变，把这个音加进去。"我的伴奏和音响伴奏效果是不一样的。

武：您姐姐什么时候去世的？

马：我姐姐是2018年开春（去世的）。姐姐2008年申报为国家级非遗传承人之后，我也非常高兴，为马氏家族能拿到这个头衔而感到高兴。

武：也是宁夏的荣耀，可喜可贺。那马老师都去过哪里演奏口弦？

马：2009年内蒙古鄂尔多斯市开了个联谊会，上面要让我姐姐去演奏口弦，但那时我姐姐年龄大了，（怕）长途颠簸，饮食方面她也可能有些拘束，就推荐我去。当时我也是措手不及，那时还不是传承人。不过还是去了，可以说那是我这辈子感觉最自豪的一次了。当时让我带了十五把口弦，演奏送人后，还剩五把，给当地文化馆领导送了一把，给印度的两个商家送掉两把，最后剩了两把口弦。在参加活动期间，大学生志愿者带着我去各处参观，还去了成吉思汗的展厅，给我讲了"一箭容易断，十箭折不断"的故事。最后她们说："马老师，您那个口弦的声音特别清晰，能不能送给我们一把？"我就把两把口弦送给两个小姑娘了。结果回到宾馆之后，青铜器博物馆的馆长说："马老师，能不能帮咱们接待一下中央领导？"我一听要接待中央领导，又把给两个小姑娘的口弦要了回来，就说，明天我要是送掉了，那么下一次就给你们寄两把来。要是送不掉，回头再送给你们。第二天，我吃过早饭，就被带去见中央首长刘延东，到了地方后，我就和刘委员聊了一会儿，还表演了口弦。刘委员说，这个东西特别有文化内涵，你要好好把它传承下去，宁夏没有竹子，但宁夏人能把这个竹子做成一个有生命的东西，能把内心的忧愁表达出来，这是一个不简单的思维能力。我顺手就把那把口弦送给刘委员了。刘委员说，这不好意思。我说有啥不好意思，这就是我自己做的，给您留个纪念。我还和刘委员拍了照片，感觉更加自信了。

武：马老师还有这样不寻常的经历呢。

马：（喜悦地）2010年，我还去上海世博会展示了咱们马氏口弦。国内的观众，还有外宾都听得非常稀奇，一位美国女士称我的口弦是"东方口中竖琴"。她觉得这么点点竹片片能发出这么奇妙的声音，是非常令人敬佩的。之后，我又参加了2011年的海峡两岸博览会、2012年的北京创业博览会等等。我觉得像口弦这样的非遗展示的时候，不能光放着，要给人演奏，要让这些东西活起来，要让这个东西展现自己的魅力。

武：说的是，放在那里它就是个静止的展品，一演奏就活起来了。您的口弦都是自己制作的？

马：嗯。全都是我自己制作的。

武：您本身有木匠的手艺，也是使用工具手工操作，和制作口弦有些关系吧？

马：对。父亲传给我的，再加上自己的琢磨，现在我制作出来的口弦，色泽特别鲜亮。我觉得作为一个传承人，不仅要把自己传承的口弦要介绍得有趣，还要弹得吸引人，自己制作的样子也要吸引人嘛。

武：您的口弦主要是用竹子这样的原材料制作吗？请说说口弦的制作工艺。

马：咱们马氏口弦的制作有一套工艺。我这儿制作的全是竹子的，口弦就是两

⊥ 马义珍在非遗宣传活动中展示口弦制作技艺（本人供图）

种，一种是金属口弦，另一种是竹制口弦。最早是先有竹制口弦，后有金属口弦的。我选用的是秋季砍下的竹子，竹子成熟之后，根系上连这个经络它都成熟了，经脉上有这种纹路，一条一条的。本来竹板挺厚的，我光用这个竹皮的一部分。竹板劈开之后，它本来是生竹片，需要先软化，也就是放在水里面，把它浸泡或者煮软之后，刻起来比较好刻。要把它加工成口弦的毛坯，弄成口弦的形状之后，再放在炉子上用高温烤。（这样做）一是高温消毒了一次，二是恢复了竹子的韧性和耐力。它的弹力特别强，发出来的声音清脆悦耳，特别动听。另外，还要用香油（胡麻油）去炸，炸成自己需要的这种红色。要是用生坯子（未经加热的生竹片）它响不响？响。但是声音就像一个铁片，和钢片的声音不是一回事。铁片它就嘣的这么响一下，钢片的回音就特别地多。就有这么个区别。

武：哦？要把生竹片通过高温，加工成钢片一样的音色效果？

马：对。口弦炸了之后，再把细活都做出来，比如调簧、调竹瓣、调声音。

武：您是不是一个一个都要调试这个音色？

马：（微笑）对。都要调这个音色，然后再上个发音纸，就是竹子做的一种纸。发音纸起什么样的作用呢？它就是补漏缺陷的。竹片有宽的缝隙，比如刀子下狠了，或者有不均匀的地方，把发音纸贴上之后，就能挨得近，缝隙小了，产生的这个音就比较好。

武：那然后呢？

马：最后就是在口弦前后扎眼，拴绳子、穗子。

武：在口弦两头打上洞，穿上细绳子及穗子，也是有装饰作用吧？

马：对。"三寸竹片片，两头扯线线。"绳绳就是这口弦两边的配饰，过去都用的是棉线，两头拴两根线线，要两头扯。后来，拴个穗子，就是为了更好看嘛。

武：马老师您自己亲手制作的口弦到现在大概有多少把了？

马：有五千多把了。

武：主要是进校园还是？

马：外面也卖，多数都是进校园了。学校买一部分，给学生奖励一部分。我在2011年和2012年，去灵武回民中学进行了非遗进校园活动，教授了口弦演奏技艺。先后在银川十中、六中等学校都去传承过，都教过呢。

武：真不错！大概教了多少学生？

马：先后有两三千人呢。因为从2011年到现在，一直都在各个校园里传承呢。

武：请您再总结一下口弦都有哪些传统曲目？

马：传统的有《珍珠倒卷帘》《苦难歌》，包括红歌。红歌过去有好多人都弹得不太明显，我一直在改良。

武：到现在您经常弹的曲子有多少首？

马：经常弹的不好说，好多首呢。

武：请谈谈口弦传承的体验和感受。

马：我在这个传承的过程中，遇到了好多阻力，也遇到了好多人的肯定。口弦也给我带来一些经济效益。

武：您现在有固定的门店吗？

马：没有没有。

武：那么您说带来经济效益是指什么？

马：有些部门邀请我过去，接待领导表演口弦，半个小时也好，一个小时也好，反正一次给五百块钱。后来，有个村子还举办了亲子活动，买一把口弦一百块钱，让我给孩子。一般我先教大人，大人学会了也可以给孩子教嘛。先讲口弦的来历、弹奏技巧、手法，教完以后，我再表演一个口弦绝技秀，比如给花儿民歌伴奏。主要是给学员教手法，至于发音，只要手法会了，你怎么捣鼓都行。口弦的手法，就是拇指从这四个指底下撸起来，用拇指一按，四指一收，拇指稍微推一下，食指跟中指的交叉点用拇指一掐，食指跟中指把大拇指包住，稍微的一些动作，声音就出来了。其实用的是一点点巧劲，就像练魔术一样。然后就是口腔，屏气、哈气、吐气，舌头根要憋气。世博会的时候，我用口弦伴奏，受到了好多人的追捧呢。

武：口弦伴奏的音色想必很独特。那您是什么时候成家的？家中孩子也会口弦吗？

马：因为是农村嘛，我媳妇十七、我十八就结婚了。可能因为结婚太早了，第一个孩子发育不全，先天性心脏病，去世了。站了老二和老三，两个儿子，现在都在宁煤集团当煤炭工人，也都结婚了，两个儿媳妇也都有工作，每个月都有工资。说到传承也有难处，非遗进校园还能传承一点，我希望国家能给予一点补助，能让这个东西很好地传承下去。现在让家里孩子学吧，孩子说："爹，你连你都供养不住。我在那边上班，少则挣个五六千元，多则还能挣一万多元。你说我学口弦还是上班呢？"不过，我小儿子还是学会了口弦。

武：那马老师现在有没有培养出来的徒弟？

马：（欣慰地）有呢。第一个徒弟是中学老师，叫马丽。还有一个叫王艳，是个歌手。那一年中阿博览会时，我演奏了口弦，她听到之后觉得特别好听，下台之后，问了我家地址，第三天就上门来找我学口弦。后来弹得非常好，弹着口弦上过中央电视台《非常6+1》节目呢。

武：真好！马老师有这么优秀的徒弟呢！那您对口弦的传承还有什么想法吗？

马：我的理想非常远大，希望能做出更多样的口弦。我希望政策更好、更规范，
　　让每一个传承人都得到实惠。

武：好的。今天谢谢马老师了！

⊥ 马义珍在校园普及口弦技艺（本人供图）

滩羊皮鞣制工艺（二毛皮制作技艺）代表性传承人
丁跃成

丁跃成，1953年生，宁夏银川人。2018年被认定为第五批国家级非物质文化遗产项目滩羊皮鞣制工艺（二毛皮制作技艺）代表性传承人。

综　述

　　丁跃成，1953年出生于宁夏银川市永宁县纳家户村，他家祖祖辈辈都在这里生活。丁跃成是家里三兄弟中的老大，幼年时因为家庭变故，一直跟着奶奶长大。由于儿时家庭贫困，丁跃成没能上学读书，这也成了他一生最大的遗憾。由于奶奶年迈，家境贫寒，丁跃成很小就到生产队干活挣工分养家。如此的成长经历，使得丁跃成从小就明白，凡事都要靠自己的艰苦奋斗，也养成了吃苦耐劳、踏实肯干的好品德。

　　1971年部队征兵，十八岁的丁跃成抓住这个不容错过的好机会，积极地响应号召参军入伍，成为一名光荣的人民解放军战士。丁跃成跟随部队前往陕西、青海等地训练，后来又在云南接受了数月训练，于1973年年底，随部队前往老挝执行任务，在国外一待就是两年多。老挝属于热带、亚热带季风气候区，炎热潮湿，并有很多蚊虫蛇鼠。丁跃成作为土生土长的北方人，这些对他都是不小的挑战。而且，在当时的年代，部队的条件远不如今天，十分艰苦。然而，从小就不怕吃苦的丁跃成，很快适应了环境，勤奋肯干，在部队期间受到多次嘉奖。但由于丁跃成没有读过书，不识字，在部队发展有一定的局限性。于是，在接到八十多岁的奶奶病重的电报时，他申请复员回乡，获得批准。这段珍贵的部队经历，拓宽了丁跃成的眼界，也锻炼了他不畏艰苦的品格。

　　丁跃成真正与二毛皮结缘，是在复员回乡之后。一开始，丁跃成在村里承担维修生产队的拖拉机、推车、农机具的工作。他认真钻研修理技术，工作十

丁跃成加工的二毛裘皮产品
（本人供图）

分投入。尽管他刚从部队回来，家境也不富裕，但同生产队的纳汉兴老人看中了他不怕吃苦、爱钻研、爱学习的好人品，愿意把女儿嫁给他。纳汉兴老人是一位擅长二毛皮制作的民间艺人，丁跃成自从开始跟老人的女儿谈恋爱，就跟着未来的岳父学起了二毛皮制作技艺。此前，他并没有接触过二毛皮，但本着干一行爱一行的信念，还是沉下心来，从头学习这门古老的技艺。经过几年的刻苦钻研，最终掌握了二毛皮制作的核心技艺，成为一名技术过硬的二毛皮制作艺人。

二毛皮是宁夏地区特有的裘皮制品，已经具有数百年的历史。清乾隆年间，滩羊二毛裘皮就已闻名天下，《宁夏府志》载："衣布褐，冬羊裘。"《甘肃新通志》亦载："裘，宁夏特佳。"二毛皮的原材料是宁夏的特产滩羊，原料的选择十分严格，必须是出生二十天到四十天、毛长九厘米到十二厘米的滩羊羊羔的皮。一张品质上乘的二毛皮，毛穗绺绺柔软洁白，提起呈下垂之势，有"九道弯"之称。而选皮只是二毛皮技艺的第一步，传统的二毛皮制作还包括打灰、抓毛、干铲、浸水、洗皮、鞣制、晾晒、定皮、裁剪等步骤。一件裘皮往往需要数月才能完工。

由于传统的二毛皮加工方式比较原始，全靠人工，费时费力，且裘皮产品本身容易受潮、虫蛀、发霉，还存在一些缺陷。为了求变，也为了将这门手艺传承下去，丁跃成对二毛皮技艺做了一系列的改革。如原先用黄米、硝盐鞣制羊皮，如今使用原酶粉去肉、脱脂，这样熟制的二毛皮不仅毛色更加顺滑洁白，而且还没有异味。但如丁跃成所言，这份活计工序复杂，而且过程十分辛苦，又脏又累，赚的钱也不多，能够坚持下来的人寥寥无几。丁跃成结婚后，为了养家糊口，还当过建筑公司的学徒工，从事过种鸡养殖。直到1996年后，岳父纳汉兴的二毛皮生意状况好转，在银川还开了一家二毛皮销售店面，丁跃成也参与其中，进行二毛皮的加工。2000年以来，丁跃成建起了二毛皮工厂，再次对传统工艺和加工技术进行升级，产品种类也不断增加，不仅有服装类的披肩、围巾、帽子、背心、皮裤，还有床上用品、汽车用品、旅游用品等，产品不仅销往全国各地，还远销意大利、美国、韩国、日本、俄罗斯等国。2013年，丁跃成的二毛皮制品在中国银川第二届镇北堡影视城西北非物质文化遗产博览会上荣获银奖。在2014全国休闲农业创意精品推介活动中，其作品荣获产品创意优秀奖。

2000年，二女婿马学勇开始跟着岳父丁跃成学习二毛皮制作技艺。1982年出生的马学勇具有高中学历，作为新一代有文化的民间艺人，他学习能力强、接受新事物快、思维灵活，在岳父丁跃成的悉心教导下，马学勇一步一个脚印，不久就学会了二毛皮制作的所有工序。二十多年来的勤学苦练，马学勇积累了丰富的实践经验，他已经能够独当一面，独立完成二毛皮制品，并能够研发新产品、开拓新业务，俨然成了丁跃成二毛皮事业的继承者。功夫不负有心人，如今马学勇已成长为银川市级非遗项目二毛皮制作工艺代表性传承人。

丁跃成和马学勇都认为，传统的二毛皮手工技艺仍然有传承下去的必要。就算对羊皮的加工可以依靠机械化流水线完成，但设计和缝制仍然依赖人工。如何将几张皮合成一张成品，如何对齐纹路、颜色，都考验着匠人本身的经验和技艺。为了不让这门古老的手工艺面临被机械化生产彻底替代的处境，丁跃成和马学勇继续研究工艺技术，思考产品的出路，努力探索市场的规律，尽力摆脱困境。目前，尽管在疫情的影响下，丁跃成家的二毛皮商品出口和线下零售都受到了不小的冲击，但他们仍然在默默地坚守，并渴望将这门手艺继续传承到下一代人手中。

丁跃成给女婿马学勇传授二毛皮制作技艺（本人供图）

访　谈

被访谈者：丁跃成（国家级非物质文化遗产代表性传承人）

访　谈　者：武宇林、杜丹

访谈时间：2022年1月6日

访谈地点：银川市永宁县纳家户村丁跃成家

访谈录音：杜丹

访谈整理：杜丹、武宇林

综述撰稿：杜丹、武宇林

武：丁老师好！我来过您这儿。前几年跟宁夏文旅厅、宁夏非遗中心的调研组来过，一进院子就感觉挺熟悉的。只是院墙外的国家级非遗的大牌子是新做的吧？

丁：（欣慰地）嗯。做了第三个了，自治区级的换了一个，最后又成了国家级的。

武：咱们宁夏的国家级项目不是很多，您这是多年奋斗的结果。请问（丁跃成身边）这位是？

丁：他是我女婿，叫马学勇，和我一起在搞二毛皮制作。

武：哦。那就是小马老师了。请问丁老师是哪一年出生的？

丁：我是1953年出生的。

武：出生在什么地方？

丁：这儿就是我家的老根，就在这个地方，祖祖辈辈都是在这儿，永宁县纳家

└ 丁跃成和女婿马学勇合影（武宇林摄于2022年1月）

户村。在我们永宁县，这个村是最大的，有五千多口人。

武：纳家户村很有名的。请您接着说，当时父母都是做什么的？

丁：父母过去都是在农村，以种田为主。

武：是不是还搞一点小生意啥的？

丁：我家的老人基本上都是做生意的，主要在改革开放以后。改革开放以前，在大集体的时候，也是有经济头脑的，悄悄地做。那时候都说，要割资本主义的尾巴。我是五几年（出生）的人，那些事我都经过。

武：哦。父母虽然以务农为主，改革开放之前就悄悄地做些小生意？

丁：嗯。改革开放之后就放开了。

武：您家里兄弟姐妹几个人？

丁：三个，我是老大，下面还有两个兄弟。

武：那么弟兄三个小时候都上学了吗？

丁：老二、老三上学了，唯一就是我没上学。我可能上了一年级，那个时候家庭的缘故，我出生几个月，父母就离异了，随我奶奶生活，也是比一般人要苦一点。小小的没人管，就开始吃苦，所以没有上过学，就上了一年学，那会儿就几毛钱的学费都交不起。所以没有文化，这是我一生最大的遗憾。

武：您是跟奶奶长大的，吃了不少苦，一直都在靠自己努力奋斗。

丁：没有什么依靠嘛。

武：那从小没有上学都干啥呢？

丁：我刚记事的时候，从小就去干活。那个时候农村苦，背着书包，满山头拾别人烧过的柴呀什么的，给家里大人帮忙。等到稍微大一点，就在大集体挣工分，一天挣个一分两分。最后到十八岁以后，机会也好，1971年征兵，我就当兵了，那就开始有转折点了。

武：这可是重要的人生转折点。到哪儿去当兵了？

丁：我是野战军，先是到陕西勉县、汉中，又到青海搞训练，又到昆明，最后又出了国。

武：还出国了？

丁：嗯。训练了一年多，第二年出国到老挝。

武：是哪一年？

丁：应该是1974年。

武：那个地方可是比较热、潮湿。

丁：对。那是个亚热带地区。当时从青海出发，先是到云南昆明训练四个月还是三个月（记不太清了）。

武：主要是军事训练吗？

丁：是学那个防空、防滑啥的，重点是让你适应那个国家的气候。昆明还是热一点，怕我们一下子过去受不了。

武：是啊。尤其是北方长大的人。

丁：对。我们全是北方的。

武：过去首先是气候不适应，潮湿、炎热。

丁：对。不适应，潮湿、炎热。还有蚊虫多、蛇多。过去条件都不好，不像现在。我们过去以后，啥都没有，就是竹子多，住在那边真是艰苦。

武：不过，您从小吃过苦，所以在那里能很快适应。还立功了吧？

丁：（谦虚地）功倒是没有立，就是受了五次嘉奖。

武：真不错！那后来还有什么进步吗？

丁：没有。最大的遗憾就是我不识字，没文化。我勤快得很，能吃苦得很。不识字还当了几天通讯员，领导都说，你最可惜的就是没有文化。我到部队才学了几个字，在家里啥都不会。

杜：可惜了。小时候没有上学，对一生都有影响。

武：在老挝待了两年多又回来了？

丁：嗯。我从小跟着奶奶，奶奶年龄大了，八十几了。我收到奶奶有病的电报，就写申请（复员）。再加上没有文化，也没有发展前途，就回来了。

武：算是复员转业吧？给您安排工作没有？

丁：没有。那个时候都没有安排，回来以后就在生产队上干活。

武：那时候多大了？

丁：也就是二十二岁左右，当了四年兵，十八岁当的兵。

武：那回来以后干什么？

丁：回来就在生产队干，那时候是大集体，还苦得很。复员回来，我就搞维修，修理集体生产队的拖拉机、推车、农机具。我就爱钻研，反正干一行爱一行。那个时候，大集体有民兵，我还训练了几年民兵。

武：那么您这个二毛皮是从什么时候开始的？

丁：我复员回来以后，就面临找对象的事。我在家里就是务农，年龄又大了点，家庭又比较困难。可是，我觉得自己从小受苦惯了，不怕受苦，爱钻研、爱学习，虽然没有文化，但同一个生产队的丈母娘和老岳父都看上我了。主要是觉得我人品好，就把女儿嫁给我了。

武：媳妇家姓啥？

丁：姓纳。

武：那就是纳家户的纳，应该也是这里的老村民了？

丁：（喜悦地）对。我从部队回来以后，老岳父就觉得我人不错，虽然没有文化，家庭贫寒，结果还是找了。老岳父家过去是做生意的，从过去到现在，他就是干这个二毛皮的。那个时候，老岳父是资本家，本来在银川，但他的老根子还是纳家户的，后来就搬到纳家户了。当时还没改革开放，他家就悄悄地干这个。我们1977年谈恋爱，我就去她（媳妇）家随着老岳父学。白天去生产队干活，晚上（学的时候）窗子都用床单遮住，怕人家看见，这是投机倒把的事，资本主义尾巴。那个时候环境又不好，都是土办法，全凭手工悄悄地干着，维持生活。老岳父有经济头脑，想办法叫生活稍微好过一点，我就是这么开始学的。

武：就是说，老岳父就是您的师父，手把手地教。当时岳父多大年龄？

丁：嗯。那个时候，岳父年龄都七十过了。

武：他叫什么名字？

丁：他叫纳汉兴。

武：那他又是跟谁学的？

丁：他过去好像祖辈就是干这个的。

武：那就是祖上传下来的手艺。那您是从1977年开始学手艺？

丁：对。1976年复员回来，刚开始谈恋爱就接触这个东西了。

武：一接触是不是觉得很喜欢？您本身就爱钻研嘛。

丁：嗯。关键是我干一行爱一行，从小没有依靠，非得干点啥嘛。成与不成我必须得学它。

武：那您大概用了几年就把这个技术都掌握了？

丁：一直到了1997年、1998年。中间这个时间为啥这么长？学了一年以后，区建三公司招收工人，村上直接叫我去当工人，就去当了一年。结婚时，是学徒，一个月才二三十块钱的工资。

武：你们有几个孩子？

丁：生了三个，都是女儿。

武：三个女儿现在怎么样？

丁：（喜悦地）女儿现在都好，都成家了。孙子最大的都十七八岁了，今年考大学。

武：真好！您有多少个外孙、孙女？

丁：小女儿生了两个，老大和老二都生了一个。

武：那就是四个。那马学勇是？

丁：（夸赞）他是二女儿的丈夫，人特别好，养个儿子都不一定有他好，这个我亲身有体会。我几个女婿都好，人品好。我的确是不识字，小时候比较苦，可是我后半生比较好，因为啥呢？因为遇的女婿好，这也是我的一种幸福。

武：苦尽甘来。您现在有一个幸福美满的家庭。那么当了一年建筑工人又回来，还接着搞您这个二毛皮吗？

丁：回来以后，还是改革开放前，就偷偷地先干着，继续学着干。到1982年，改革开放以后，当时干的规模小得很，一天四五张皮。就是这么大个小缸，一个缸才泡三四张皮。一天或者是挣一两块，或者是挣几毛钱，那全是手工。我觉得这个不行，等有娃了，养家糊口也是个问题。结果我就开始养鸡，养鸡都是在家里面，又不是在外头养的。我就一边养鸡，一边继续干二毛皮加工。老岳父的家也就不到一百平（方）米，房前屋后，鸡也养了，二毛皮也干着，生活就更好了。我和人签了合同养种鸡，就是专门下鸡蛋、抱鸡娃。

武：那可是有技术含量的。

丁：嗯。我是第一户开始养鸡的，带动了我们纳家户好多人。

武：那就是致富带头人了。

丁：（满足地）那个时候，宁夏军区来报道、采访。

武：您是复员军人嘛。搞得很有起色啊。那大概学了多少年以后，就可以独立干了？

丁：1996年以后，老岳父的生意慢慢也好了，在银川开了个商店，我就开始给加工。1996年以后我自己开始干的。

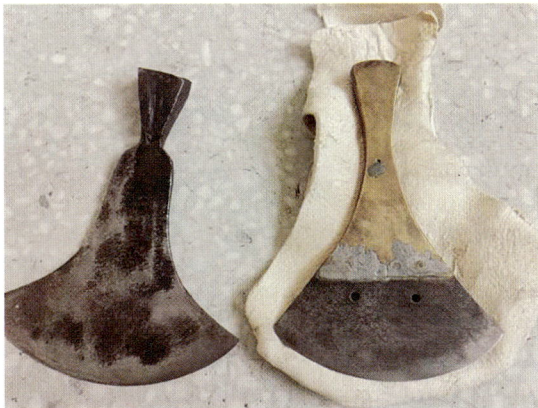

卜　丁跃成加工二毛皮的传统工具
　　（本人供图）

武：那老岳父什么时候去世的？

丁：是2011年。

武：老岳父在世的时候，您一直都跟着他干，把技术全都学到手了是吧？

丁：那个时候，技术含量没有现在的技术含量高，但总归是遗留下来的那个老技艺。现在的起点高，技术难把握。但是它的根源还是从过去一直传到现在的。

武：那丁老师请把过去到现在传下来的工艺，大概跟我们说一下。皮子是收来的吗？

丁：一种是收皮子，一种是买了羊以后，把羊宰完，肉卖了皮子留下。

武：两种方式。您给我们说说，现在做二毛皮都需要什么样的皮子？有要求吧？

丁：有要求。过去一开始干的时候条件不好，就是家里的小缸，用小火烤着，出来（一张皮）都在几个月的时间。土办法的环节慢得很，一个就是用土硝（泡、鞣制），一个就是带点盐，再就是黄米，发酵的黄米，就这三种原料，也没有其他的。

武：要发酵的黄米，把那个皮子上的杂质去掉？

丁：嗯。皮子需要人工去掉肉（残留下的），洗，反正也复杂。那个时候环境就那么个，技术含量也低，要把皮子弄软，全是人工干。拉个小车车，到渠里面，弄个盆，洗了拉回来。那个时候，结婚都穿二毛皮衣，都觉得是高档的。

武：那时候需求量大吗？

丁：一开始能穿得起的人也很少，虽然不贵，但是大家条件都不好。也有做老羊皮袄的，或做个皮裤。

武：那还要缝吧？

丁：对。还要缝，都是手工。

武：你们当时把这个皮子弄好以后，还加工成衣服吗？

丁：那个就是卖衣服。把皮子硝好，再做成成品。缝、拼、接，全是手工。

武：那您妻子也干吗？还是家里面女人都要干，缝、接？

丁：只要会的，不分男女。

武：那你们还要学会做针线？

丁：对。我们都会做，我女婿也会。为什么呢？现在科技越来越发达，但这个东西还得人干，离不了人，机子代替不了。比如说这么大一块皮子，二十公分、三十公分，整体大致钉好以后，再用机子（缝纫机）。纹路还要对上，

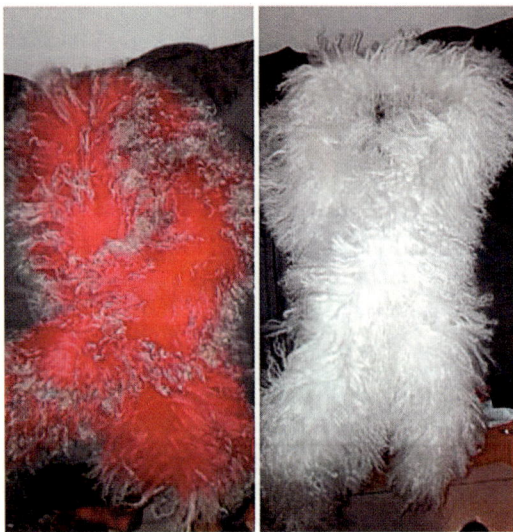

┤ 丁跃成团队制作的二毛皮围巾产品
（本人供图）

毛必须要顺一个方向，还有颜色。实际上它又不是一张皮做的，它是几张皮做的，毛都要选一样长短，它的花型颜色都要搭配一样才能配套的，最后合起来才是一个整体。

武：我参观过二毛皮制作车间，现在清洗皮毛都是现代化的，厂房漂亮得很。

丁：不过，裁活必须还得人工，就比如说钉皮定型，还得手工，用板子铺上，自然风干。前几年生意好的时候，钉好以后车间里头烘干，现在冬天就干得慢得很。

武：您现在成立公司了？

马：现在还是个体。

武：您有多少员工？

丁：二十多个，几方面都要用人。

马：光是加工，成品服装不算。

武：您这儿主要是二毛皮制作？

丁：对。从定型到皮子做好，来回循环。

武：那您现在有多少个产品种类？

丁：现在这几年还少点，以服装类为主，比如说披肩、围巾、帽子、皮裤、背心都有。还有床上用品，床罩、褥子、沙发垫、靠背。汽车用品有方向盘套、坐垫。也有小商品，做个小玩偶之类的。

武：现在年轻人有文化，研发能力很强。这都是你们这些年来自己研发的？

丁：（自豪地）对。

武：那经济效益怎么样？这些产品能远销到哪儿？

丁：有专门的出口公司过来，我们加工好，给他们拿过去，他们出口。

武：他们也订货，按照国际市场的需求下订单？

丁：（自信地）对。

武：现在生意做大了，也做远了。是吧？就是说，不仅仅是宁夏、国内，你们的产品也走上了国际。大概发往哪些国家？

马：出口我们这边不直接参与。意大利、美国、韩国、日本、俄罗斯都有。

丁：现在主要是服装装饰品，比如说毛领子，像前几年女孩穿的靴子的外毛边，或者衣服边子上的大毛条、帽子上的毛条，一种装饰品。

马：我们这边只是粗加工。

丁：保质保量地把原皮按照他的要求给弄好。

武：人家再去进一步地精细化设计、深加工？

丁：嗯。前几年生意好做的时候，深加工的多，一直到服装。这几年比如说羽绒服什么的，这方面的冲击力太大了。服装行业也是受到现代文化还有流行的冲击，从2015年开始就不行了。这个扭转太厉害了，2008年至2015年，银川市解放街那边，你看有多少二毛皮店，现在都没几家了。

武：所以今后你们的生存也是一个大难题呢。

丁：嗯。大难题。2019年底疫情开始，订单基本没了。

武：但愿你们能早日走出这个低谷，好转、复苏。现在女婿马学勇是您的名副其实的传人，还有其他人吗？

丁：要说从过去到现在，徒弟就多得很了，家里面的人基本上都会。

武：经您的手带出来的大概多少人？

马：算我们家的，应该有十个人。

武：基本都能够独立作业？

丁：对。外头来学的更不用说了，太多了。有的干几年以后不干回去了，有的回去自己也干了。

武：那你们今后还有什么计划吗？

丁：我们实事求是地说，生活能维持就不简单了。我们家是想一切办法还得维持继续干。虽然国家大力支持，但首先还得生存，得有收入才行。这一行又脏、又累，都不愿意干。我们过去挣了点钱，但疫情这么严重，也赔了。刚收益改善，一波疫情又来了。

武：所以你们正处在一个最艰难的时候，希望你们能够坚守，国家级（传承人）

评上不容易。

丁：肯定是要坚守。为什么呢？好多都坚持不下去了，我们说实话，这多少年
　　兢兢业业的，还得想方设法把它给维持下去。

武：像您搞这么多年二毛皮，您家夫人也是很支持吧？

丁：都支持的，全家人都支持的，这就是生活来源嘛。

武：现在小马老师也不干别的，专门做这个？

丁：对。这几年，基本上我也不管了。大的方向，有的时候说出来商量商量，
　　基本上是以他为主，他有文化。过去那个皮子弄软就行，现在不行，工艺
　　精益求精，你得想办法，质量还得很好，手感还要好，还要美观。各个环
　　节比过去那个工艺多了几十倍了，各个环节都得把好关。

武：那小马老师是从哪一年参与这个事情的？

马：2000年左右。

武：结婚以后？

丁：就他结婚以后，俺们家就是干这个的。

武：结婚以后有机会跟岳父学习二毛皮技艺。那你是什么文化程度？

马：高中。

武：老家也是这里吗？

马：也是这儿的，兴庆区通贵乡。

武：就是说，结婚以后进入这个家族企业，也二十多年了，都成了行家了。

杜：被评上银川市级第六批非遗传承人了。

武：不错！你是哪一年出生的？

马：我是1982年。

武：很年轻，（希望）继续传承，提高技能。

杜：想请丁老师说一下，这个技艺有什么重点、难点吗？

丁：现在的生活条件都好，年轻人没有吃苦精神。干我们这一行，首先你必须
　　要吃苦，不怕脏、不怕累。为啥呢？厂子缺个啥人才，他招个啥人才，都

是各个人才合起来开一个厂子。二毛皮传承这方面有难度，这个太苦、太累、太脏，从买皮一直到做成成品再销售，各个环节都得学好了，相当难。

杜：那您现在的主要销售渠道是什么呢？您是有一个店吗？

丁：我现在银川还有个店，就在公园街口，"纳家户二毛皮店"，开了好多年了。最兴旺的时候，那个店里头所有的东西都是在我这儿生产的。2015年以后慢慢疲软了，所以那个店我们也不开了。原来银川俩店，还有一个店，现在小舅子经营着，我这边做，他那边销售。

马：这两年疫情亏得厉害。

丁：连十分之一（原来利润）都不到，挣个钱都不够维持房租。

马：2008年至2015年，店里面六个店员，一天最低卖三万块钱。现在一个店员都没了，自己看店，一个月三千块钱都卖不上。

丁：希望这个疫情早点过去。

杜：因为这个不算是基本生存生活资料，不像米面油，大家非得买。

丁：对。你这个比喻太好了。

丁：现在这个羽绒服人家做得又好，又便宜。二毛皮全部是人工费，环节那么长，价格已经提了，无形中就干不下去了。

杜：您有考虑线上销售这样的渠道吗？

马：线上卖的时间早了，最开始淘宝那个时候就有。

丁：不认可，好多都是不亲眼看，真假分不清。

马：二毛皮这个东西，它跟那个貂皮、狐狸皮、獭兔皮是两回事，因为二毛皮区域性很强，也就是宁夏。

马：网上现在抖音也好、快手也好，发过去之后，退货率高，总以为这个东西是人造的。一般情况下，猫也好，狗也好，那个毛都是直的嘛。

丁：这个是弯的，他是以为烫的，是假的。好多南方人东西买回去之后，打电话问这个弯弯，怎么解释他不相信。

武：你们以后可以把羊长得这个样子，拍张照片。

丁：有的。我们有幅图片，是羊在草原上吃草，二毛皮车体广告。

杜：你们有没有把丁老师奖状都放到店里，毕竟是国家级的传承人，他们也能查得到。那网上什么产品会销得比较好？

马：服装类。

武：希望你们的产品能在网上销售得好一些，早日走出困境。谢谢丁老师和小马老师！

民间器乐口弦代表性传承人
安宇歌

　　安宇歌，1957年出生，宁夏银川市人，宁夏文化馆正高级研究员。2018年被认定为国家级非物质文化遗产项目（民间器乐口弦）代表性传承人。

综　述

　　口弦是一种民间小型乐器，多用于自娱自乐，我国西北等很多地区都有流行，在其他国家也可见类似的民间小型乐器。口弦是人类的第一乐器，体现了人类先民最初的乐性思维，具有重要的音乐人类学研究价值。我国口弦艺术发源于母系氏族社会，以女娲作簧的上古传说为核心，形成了代代不绝、传承有序的音乐艺术传统。自汉代金属口簧出现以来，口弦艺术在音域调式、艺术表达等方面更有巨大的进步，并由此形成了"南竹北铁"的演奏和制作传统。2006年，宁夏民间乐器泥哇呜、口弦等入选我国首批非物质文化遗产保护名录。安宇歌介绍，宁夏口弦可分两种：竹制长三寸，扯线发音；铁制长一寸半，拨簧发音。口弦两端亦可系上彩色的丝穗、珠子等缀饰，犹如工艺品。在宁夏地区，口弦主要流行于吴忠、西吉、海原、固原一带的农村妇女之中。她们往往用弹口弦来抒发自己的喜、怒、哀、乐之情。口弦的音调柔美深沉，节奏多变，或如"雀儿舌头"，似枝头鸟雀欢乐明快的啼叫声；或如泣如诉叙述生活场景；或如雨后的廊檐滴水；或如驼铃在旅途叮咚作响。宁夏口弦不仅兼容南北，同时与新疆乃至丝绸之路上的一些中亚古国的口弦艺术传统有千丝万缕的联系，故在世界口弦艺术史上占有重要地位。

　　安宇歌的口弦技艺源于母亲安妮。安妮原为中国歌剧舞剧院的声乐演员，1958年宁夏回族自治区成立之初，是年二十五岁的她义无反顾来到宁夏支边，在宁夏歌舞团工作了几十年。其间，她为宁夏的民间艺术花儿民歌、口弦的挖掘与传承作出了卓越的贡献，把毕生精力都献给了宁夏的民间艺术事业。安宇歌回忆道："我是趴在母亲的背上，听着母亲弹奏着这首流传了上千年的《廊檐滴水》度过了美好的幼年与童年时光。记得1991年的春节专题晚会《神州流韵》，母亲带着我以一首《一路欢笑一路歌》的口弦弹唱，第一次站在中央电视台春节联欢晚会的舞台上；同年我第一次用口弦独奏的形式参加了中国少数民族乐器大赛并获得了银奖；1998年随中央代表团赴广西参加广西成立四十周年庆祝活动，以一首《口弦一弹山回音》第一次参加了大型电视直播晚会。一个个的第一次，是母亲一路带着我，把小小的口弦当作一个伟大的事业向前奔跑着……"安宇歌在母亲的言传身教之下，"十几岁时已基本掌握了竹、铁口弦的弹奏技巧，还深入地学习了口弦制作技艺。随后，在与母亲下乡调研采风期间向当地妇女们学习口弦，掌握了更多的传统口弦令、曲。工作后，先后在铁路、工厂、文化馆担任文化辅导员，从那时起就经常活跃在各类舞台上，向国内外展示口弦艺术，颇受好评，被誉为'口弦皇后'。她是宁夏全面掌握竹、铁口弦弹奏及制作技艺的代表性艺人，近年来，主要致力于口弦弹奏、制作、研究和传承工作。在保持民间艺术风格的基础上，制作了多种形状、材质的口弦，获得三项国家级专利、三项版权，并建立了口弦展示厅，2012年编著出版了《宁夏回族口弦》。"[1]

　　笔者因从事非物质文化遗产研究工作的关系，与安宇歌接触较早。2007年曾聘请她为"宁夏首届中小学音乐骨干教师'花儿'民歌培训班"的五十多名学员授课并现场演示口弦。十多年前，笔者为了解宁夏回族刺绣及剪纸，曾来到安宇歌家中，观看了其母多年收藏的宁夏回族民间艺术品，有回族刺绣鞋垫、服饰、银饰、口弦、剪纸等。多年来，安宇歌潜心于宁夏民间口弦的制作实践与研究，在她家中放有一台老式缝纫机架子，其台面便是她的工作台，上面摆

---

[1] 宁夏非物质文化遗产保护中心编：《宁夏非物质文化遗产项目代表性传承人名录》，宁夏人民出版社，2018年，第14页。

⊥ 2018年安宇歌设计制作的专利组合式口弦（本人供图）

满了各种工具和材料，有钳子、榔头、木板、竹板、弹簧等，在她手工制作口弦的"小车间"里，先后精心制作出了各式各样不同材质的口弦。

2012年12月，笔者等来到安宇歌的工作单位宁夏文化馆进行了首次访谈。2021年1月，又通过微信再次访谈安宇歌，对其近年来的口弦传承活动情况进行追踪调查。2012年以来，安宇歌多次在国际舞台上演奏口弦，先后赴土耳其的伊斯坦布尔、太平洋岛国毛里求斯、西班牙首都马德里、柬埔寨首都金边、巴基斯坦首都伊斯兰堡等参加世界口弦琴展等文化交流活动。也曾到香港及台湾的台北和高雄地区，参加"丝路驿站神奇宁夏"等宁夏旅游推介活动。安宇歌和其子李旭于2016年注册成立的"回响民间乐器工作室"，成为对外宣传民间器乐口弦的窗口。母子俩潜心设计制作了上百件口弦作品及口弦乐器衍生品，多次荣获中国旅游商品大赛奖项，也应邀参加国内的各类展演活动。曾在中央电视台录制了《中国民歌大会》的56个民族"十一"晚会的口弦演奏节目、"中国乐器大赛"节目。参加了北京世界园林博览会的非遗项目展示活动。受邀到北京中央民族大学民族博物馆参加了"大地回声"中国少数民族乐器文化展、北京农展馆的亚洲文化旅游展。到上海参加了"国韵雅乐·丝绸之路上的民间乐器"活动及第九届国际传统艺术邀请展。到山东潍坊参加了第三届中国（潍坊）民间艺术博览会和第十四届中国民间文艺山花奖·优秀民间工艺美术作品参评活动，其口弦作品荣获金奖。参加了第五届四川国际旅游交易博览会·中国特色旅游商品大赛，其工作室的手工口弦作品荣获银奖。还参加了第七届成都国际非遗节，在中国传统乐器技艺竞技中连获四个奖项。到甘肃敦煌参加了2019丝路技艺·西北五省区非遗展演。到陕西神木石峁遗址参加了国际口弦研讨会。到福建厦门参加了第十二届海峡两岸文化产业博览交易会，进行了口弦展演。还参加了2020年上海进博会及第七届中国非遗博览会。

安宇歌作为国家级非遗传承人，时刻不忘自己的职责，不仅在国际舞台上及全国各地进行口弦的演奏和展示活动，也在宁夏本地积极开展口弦传承工作，2016年曾在宁夏艺术职业学院举办的文化部培训班上，给全区民间乐器传承人培训口弦技艺，同时在多所中小学教授传统文化课程，努力推进传统文化进校园活动。2017年，安宇歌在银川举办了国内首场口弦琴专场音乐会，演奏了《廊檐滴水》《骆驼玲》《星月映辉》《心弦》《茉莉花》等十八首口弦曲目，获得观众高度赞扬。

安宇歌热爱口弦、传承口弦，几十年如一日，为守护非物质文化遗产民间器乐口弦尽心竭力、矢志不渝，至今耕耘不止，于2018年被认定为银川市高精尖缺人才。

访谈（一）

被访谈者：安宇歌（国家级非物质文化遗产代表性传承人）

访 谈 者：武宇林、王瑞

访谈时间：2012年12月11日

访谈地点：宁夏文化馆

访谈录音：王瑞

访谈整理：王瑞、武宇林

综述撰稿：王瑞、武宇林

武：安老师好！早就想采访您了。以前，您母亲安妮老师家和我家都住在银川
　　市文化街文艺巷，出来进去总能见到她，但从没有机会交谈。您和母亲两
　　人可都是宁夏民间文化的突出贡献者啊。一定有很多生动的故事，请谈谈
　　好吗？

安：好的，武老师。说起母亲安妮，就得先从我姥姥开始说起。姥姥叫赵尚英，
　　是汉族，老家在东北，是民族英雄东北抗日联军司令赵尚志将军的四妹。
　　姥姥家是烈士家族，家中有三位烈士。姥姥十四岁就考入了医校，毕业后
　　当了护士。她在哥哥赵尚志的影响下，在国难当头之际，二十多岁毅然进
　　入了文艺界，投身于抗日救亡中。后来到上海，考入上海艺术大学戏剧系，
　　毕业后在上海、南京等地从事戏剧工作。20世纪30年代，姥姥曾和著名导

┤ 年轻时的安妮
（安宇歌供图）

演袁牧之等合拍进步电影《桃李劫》。七七事变后，她参加了抗日救亡演
出队，演出了《放下你的鞭子》《祖国的吼声》等剧目。1948年来到东北
解放区，参加了中国共产党领导的文艺工作。先后在东北文教队、东北人
民剧院、辽宁人民艺术剧院当演员。1953年还参加了抗美援朝第三批慰问
团赴朝鲜前线演出呢。她在全国话剧会演中多次获奖，是著名的现代话剧
表演艺术家。姥姥是1980年去世的，她年轻时特别漂亮，我还见过她的剧
照呢。我姥爷是回族，老家是河北乐亭的。姥爷的长相回族特征特别明显，
我母亲和我可能遗传他的基因较多。姥爷也是上海艺术大学戏剧系毕业的，
还当过导演，和姥姥在一起长期从事戏剧工作。我儿子现在也从事艺术工
作，我们家算是文艺世家了，四代人都是做文艺工作的。

武：哦。只知道您母亲安妮老师是宁夏歌舞团搞艺术的，还不知道您姥姥和姥
　　爷都是早年的知名艺术家呢。我印象中您母亲很漂亮，白皮肤、高鼻子、
　　一头卷发，头发还是棕黄色的，挺像外国人的。

安：说到我母亲的头发，我们老家是东北的，家族中不知哪一代有过俄罗斯人
　　的血统，到了母亲这里，遗传基因就显现出来了，体现在头发上是棕黄色
　　的，而且是天生卷发。结果，在"文化大革命"期间，人家说她是资产阶
　　级生活作风，又烫发，又染发。她没办法，只好悄悄找来理发馆的人，想
　　让人家帮她把头发染成黑色。谁知她的头发不容易上色。黑色没染成，反

倒成了红色。呵呵，这下更被人说成是染头发了。

武：原来是这样啊。我们小时候就只知道您母亲的相貌与众不同。那您母亲是东北人，怎么又到宁夏了呢？

安：我母亲是先到北京，后到宁夏的。她家里有姊妹七个，四个女孩三个男孩，我母亲是老大。因为姥姥孩子多，照顾不过来，在我母亲四五岁、我二姨三岁时，她们同时被送到西安的保育院生活了两三年，那是当时天主教办的慈善机构。母亲在那里接受了一些西洋的音乐早期教育，学过小提琴、曼陀林①、钢琴。曼陀林是一种弹拨弦的琴类乐器，样子像半个梨的形状，一共有四组由钢丝制成的双弦，定弦和小提琴相同。可是，那里吃不饱，生活条件差，二姨在饥饿与疾病的折磨中就死在了保育院。姥姥一看不行，在母亲七岁时，把她接了出来。姥姥一直对我特别好，是因为我长得和二姨很像，看到我就能想起二姨，她把对二姨的思念都寄托在了我身上。母亲十四岁就在沈阳橡胶厂工作了，十七岁被吸收到东北文教队，扭秧歌，参加文艺宣传，几年后被选入辽宁歌剧院。20世纪50年代到北京参加调演时，被中国歌剧舞剧院看上了，就被选拔去北京当了声乐演员。

武：就是说，您母亲之所以从事音乐艺术，一是受了您姥姥和姥爷的家庭影响，另外，和很小的时候就接受西洋音乐艺术的教育也有关吧？

安：是的。她从小就具备了一定的

⊥ 曼陀林乐器（引自网络）

---

① 曼陀林，拨奏弦鸣乐器，音色明亮且纤细。琴体呈半梨形，短颈，颈部带品，琴头呈镰刀形，向后弯曲。音孔为椭圆形。

西洋音乐素养。后来，也一直都是唱美声的。当年，我母亲和我国著名男高音歌唱家胡松华、李光曦、王昆等都是同事，和著名歌唱家郭兰英曾住在一个宿舍呢。那会儿，还是供给制，大家都同吃同住。就是在中国歌剧舞剧院，母亲和父亲认识的。父亲是广东人，汉族，他们在北京结的婚，1957年生的我。

武：哦。您母亲到宁夏之前，是中国歌剧舞剧院的声乐演员，都演过哪些剧目呢？

安：我母亲演过著名歌剧《茶花女》《蝴蝶夫人》《草原之歌》等各种类型的国内外剧目。她曾经自豪地跟我说："我怀你五个月时，还穿着掐腰的大裙子，在《茶花女》中跳舞呢！"我还看过她的一些剧照。

武：您母亲真是太敬业了！怀孕五个月还上台演出呢。

安：是的。我母亲个性和事业心都特别强。在1958年宁夏回族自治区即将成立时，她作为一名回族艺术工作者，积极报名要求到宁夏来工作。一开始，可能因为孩子太小，她的请求得不到批准，就一次次找组织，直到获准。父亲开始不想让母亲来大西北受苦。最后，还是拗不过母亲，也只好跟着到宁夏了。宁夏回族自治区是1958年10月成立的，他们四五月份就提前来了。其实，他们当时根本不知道宁夏是啥样，有多么荒凉，有多么偏僻，纯粹是出于年轻人的爱国热情。那时，我出生才五个多月，姥姥坚决不同意把我也带来。于是，我被寄放到沈阳老家，从出生后五个半月开始由姥姥抚养，我从小是姥姥带大的，一直在东北生活。

武：您父母真是令人敬佩，能够放弃北京那么好的工作和生活环境，响应党和国家的号召，志愿到大西北，到宁夏来支援边疆。而且，还忍痛留下年幼的女儿。

安：是的。我母亲说，她到宁夏银川是一路哭着来的。在火车上，只要听到别的小孩哭，她就忍不住掉眼泪。

武：太让人感动了。那您母亲到宁夏时多大呢？分配在哪儿工作？

安：我母亲来宁夏时二十五岁，被分在宁夏文工团，是宁夏歌舞团的前身，还是当声乐演员。

武：那您母亲从此就扎根宁夏了吧？

安：是的。母亲把青春和毕生精力都献给了宁夏的文艺事业。尽管她也受过很多磨难，但始终没有离开宁夏。在1966年"文化大革命"开始后，我姥爷被打成了反革命，和姥姥一起都被"群专"① 了。我母亲也受到了牵连，被当作"坏分子"下放到宁夏最穷的西海固地区劳动改造。她那时在乡下要干很重的活，还吃不饱饭。夏天住在牛棚里，铺上草睡觉。冬天冷，住在羊圈里和羊挤在一起取暖。由于总是和牲畜在一起，不久就感染了一种病毒，当时还不清楚是什么病，也查不出来，差点死在固原了。

武：当时，的确有很多知识分子和文艺界人士都受到冲击。您母亲真是吃了不少苦。那后来呢？

安：多亏当时固原人民医院有个王彻大夫，他也是支边来的，曾经是大连市医院内分泌科肾上腺方面的专家。凭着他的经验，初步判断我母亲感染了病毒，但没有医疗设备来确诊，只好介绍转院到宁夏附属医院，也没法确诊，只好又送到北京医科大、沈阳医科大检查确诊。我那时九岁，还住在沈阳的姥姥家里。接到了宁夏歌舞团发来的电报："安妮病危，家里速来人。"可不知把电报送给谁看，因为姥姥和姥爷都在乡下劳动改造，后来是辽宁歌剧院把电报转给了姥姥。姥姥一手拉着我，一手拉着大我七岁的小姨，从沈阳赶到宁夏附属医院看望我母亲。她已经整整昏迷八天了，我们不停地呼唤她，母亲终于睁开眼睛了，医生说："有救了。"那次要是叫不醒，母亲就有可能永远也醒不过来了。但是，尽管脱离了危险，可医生下结论说母亲活不了三个月。我姥姥决定带我母亲回沈阳老家疗养，临走前想给母亲办理退职手续，按规定单位是要给退职费的。可单位的人说："别退

---

① 群专，"文化大革命"时期用语，指接受群众专门管制。

职了，或许会好了呢？"姥姥跟母亲说："那咱回家吧。什么都不要了。"就这样，把母亲所有能用的东西都打点好，装进两个大柳条包，把重病的母亲接到了沈阳。

武：那您母亲回到沈阳老家后，病情怎么样？

安：我母亲回到沈阳后，就自己在家里待着吃药养病。因为姥姥、姥爷还得接着去农村劳动，也不能照顾母亲，周末才能回来看看。那时候，母亲每天都要吃二十片"强的松"，一瓶药二十一块钱，姥姥的工资一个月只有八十多块钱，算是高工资了。当时，我家就住在辽宁艺术剧院的大院子里，辽宁歌舞剧院也在同一个院内，大家正在排练《白毛女》《收租院》等剧目。有朋友就过来劝说母亲："你就这样等死啊？还不如出来和我们一起演剧呢！"母亲就走出来，和辽宁歌剧院的朋友们一起唱歌、演剧。姥姥周末回来时，（母亲）再老老实实躺在床上养病。没想到三个月过去了，母亲没有死，反而缓过来了。于是，又回到宁夏来上班。从那以后，母亲工作起来特别拼命。她说："生命是有限的，这三个月是过来了，可后面还有多少时间？我不知道。"那会儿，还处于"文化大革命"期间，她又去了西海固农村。

武：您母亲很早就关注花儿民歌，是不是那会儿就开始在南部山区搜集原生态的花儿？

安：是的。母亲再次来到南部山区农村后，住进哈大妈家里，和她在一个炕上睡觉，钻一个被窝，在一口锅里吃饭，听乡亲们唱原汁原味的花儿民歌，跟一些农村妇女学习弹口弦。母亲本来一直是唱美声的，接受的都是西洋音乐，可一听到宁夏的花儿民歌就喜欢得不得了，她也特别喜欢口弦。我也是，特别喜欢花儿，一边打电脑，一边还要放上花儿音乐。我母亲当时和老乡同吃同住，深入乡村，收集了大量的花儿民歌，大约有三百首，后来改编了一百多首，有的还获过国家奖呢。当时，从北京往返兰州、途径银川的77次和78次列车上，经常播放一些新改编的花儿歌曲，就是我母亲

┠ 安宇歌搜集的全国各地口弦
（武宇林摄于2018年7月）

改编的，还挺流行的呢。

武：哦？是哪几首呢？

安：《乐呵呵》《阿哥阿妹比着干》《冻冰十二月》《脚闪空绊了身泥巴》等。最
　　成功的是《新社员下田》，大意是：新社员赶着毛驴去下田，左拐右拐站
　　不住，一跤摔到泥里面。还有《回族姑娘多快活》《公社的羊群上了山》《心
　　里的花儿漫上来》等等。总之，是结合时代新改编的花儿，有的还唱到了
　　中央电视台的《神州流韵》节目中呢。

武：您母亲的确为传承花儿作出了重要贡献，还培养了不少年轻的花儿歌手吧？

安：是的。从20世纪70年代，她一方面搜集花儿民歌，一方面关注对年轻花儿
　　歌手的培养。如今的宁夏花儿名歌手，海原县的回族歌手马汉东、西吉县
　　的回族歌手李凤莲、吴忠市的王德琴都是我母亲的学生。1981年宁夏举办
　　第一届花儿歌手比赛，他们几个人就是那期间我母亲下基层时发现的，后
　　来也一直鼓励和支持他们。他们几个也常来我家里，我母亲给他们上课，
　　不但不收学费，还管吃管住。他们直到现在，都和我保持着深厚友谊，这

其实包含着对我母亲和我两代人的感情。有的现在已经是山花儿非遗项目的国家级传承人了。在花儿的歌声中，我和他们一起成长。1988年跟马汉东第一次合作唱花儿时，马汉东还不到二十岁，他比我小几岁。

武：您母亲不仅对花儿有贡献，对民间刺绣也特别关注和热爱吧？我记得几年前去您家时，还看到了您母亲收集的宁夏民间刺绣鞋垫等工艺品，尤其是红布缝制的鸡爪子套，很精致，也很独特，印象挺深的。

安：是的。那些都是母亲在西海固下乡期间收集的。她特别喜欢民间艺术。就说那个鸡爪子套吧，是她住在老乡家里，看到农家为了防止鸡跑到田里刨食吃、把刚下地的种子刨出来，就制作了鸡爪子套。农民确实很有智慧，很多农村女性都心灵手巧。不过，农家真正用的鸡脚套实物，因为老在土地上刨，很快就脏了。是母亲根据原型，回到家后自己又精心复制的。

武：您母亲真是有心人。好像还搜集了不少民间银饰品吧？

安：是的。比如早年的回族女性的银质耳环上面有"苗儿"，也就是小穗儿，相当于流苏吧，有的好几寸长呢。还有过去回族妇女戴的银项链也很有特色，上面还有小剪子配饰，那是装饰。还有银的小汤瓶，上面装饰有琥珀，还有小盖子，工艺特别精巧。另外还有银质的腰铃、腕铃、脚铃等。母亲说，过去的妇女（穿）小脚鞋，婚前、婚后装饰铃的位置还不一样呢。我们回族女性就喜欢佩戴银器首饰，就像民歌里唱的："耳朵上戴的是银环子，手腕上戴的是银镯子，稀里哗啦一串子，妹是哥的肉蛋子。"母亲收集的这些东西，后来都用在了舞台上，成了回族歌舞剧的演出服装和道具。1978年宁夏回族自治区成立二十周年大庆时，举办了"绿色的黄土地"回族服饰展演，舞台上的很多服装都是她设计制作的。20世纪80年代的春节晚会上，还有我母亲设计的回族服装呢。

武：真了不起！那请再说说您又是怎么从辽宁来到宁夏的？

安：我从出生一直跟姥姥在东北生活，直到十七岁才回到母亲身边。母亲在宁夏一直都忙工作，再也没有要孩子，我是独生女儿。为这事，姥姥、奶奶对妈妈都有意见。因为我爸爸是独生子，奶奶特别希望我母亲再生个孩子。可母亲很有个性，十分独立，事业心特别强，不想因为生孩子耽误工作。

武：那这期间您一直没到过宁夏吗？

安：来过。在我四五岁时就自己来过银川。那时，姥姥把我从沈阳送到火车上，交给列车员，妈妈到银川火车站接我就可以了。我记得九岁后一上火车，列车员就让我给旅客唱歌，还挺开心的。那会儿，旅程好像得三十多个小时呢。

武：您真不简单，在姥姥和妈妈的熏陶下，从小就有艺术天分。那您在辽宁的这段生活怎么样呢？

安："文化大革命"期间，我跟着姥姥和姥爷生活在辽宁盘锦，在那里上的小学，那可算是最穷、最偏远的地方，我记得叫曙光农场，去学校来回得走十八里路，每天早上五点多出门，晚上天快黑时才能回到家，生活挺艰苦的。妈妈几次都想把我接到宁夏银川来生活，这里毕竟是城市嘛。可总是因为这样那样的原因给耽搁下来了。

武：那您是什么时候来的宁夏？

安：我1974年来的宁夏，那年我十七岁了。我最初的愿望是想当一名女兵。可政策有规定，独生子女不让当兵。当时，找工作都由街道居民委员会给分配。最先把我分到宁夏地矿局下属的大水坑地矿队当工人，我觉得离家太远了，妈妈没人照顾就没去。第二次又分到银川第五中学当音乐老师，我还是没去。因为，我觉得自己才十八岁，当不了老师。等到二十岁那年，街道办事处的大妈问我："最近又分工作了，铁路去不去？"我说："去！"当时的铁路是半军事化管理，定了就必须去报到。当时母亲不在家，我自己打了背包就去上班了，被分在银川铁路分局石嘴山车辆段当了一名车辆钳工。主要工作就是等列车进站后，用小榔头敲敲车轮，查看零部件是否正常，进行安全检查。一段时间后，没想到我对火车机油过敏，皮肤起风疹，干不了这一行。就只好调离工种，来到铁路宣传队，沿路在列车上演出。那时候，公共交通很不方便，我有时从石嘴山回银川，曾经还坐过火车头的顶子，火车开起来的速度快得吓人，总感觉人要从上面被风刮下去。到新城火车站后，如果是晚上，早就没有公共汽车了，还要步行十多里路才能回到银川老城。那期间，姥姥来宁夏探亲，一看这样不行，就找了宁夏文化局的领导，把我调到新华印刷一厂工作。可我或许是过敏性体质，两年半后，又对纸毛过敏，血小板减少，还易出血。这是到沈阳职业病医院查出来的职业病，印刷行业又不能干了。到了1983年，在我二十六岁时，宁夏回族自治区政府组织中阿经贸洽谈会，为了配合政府的举措，宁夏歌舞团招人，要成立专门的回族歌舞队。我正好赶上了，通过了歌舞团的考试，成了回族歌舞队的一员。可是，几年后，回族歌舞队解散了。1987年，我又考进宁夏文化馆，从那以后，就一直在文化馆从事群众文化工作。前几年，宁夏非物质文化遗产保护与研究中心也设在馆里，两块牌子一套人马。现在我在这个岗位上已经干了二十五年了。

武：看来您和文艺工作有着不解之缘。您是在文化馆期间钻研民间器乐口弦的吗？

安：其实，我接触口弦比较早，是受母亲的影响。母亲来到宁夏后，很早就在西海固收集并关注口弦，并学会了弹口弦，口弦是她的心爱之物。记得有一次母亲回辽宁探亲，她随身背了一个黄挎包，里面装着刺绣香包、口弦等她喜欢的物件。那时我还小，只有四五岁，好奇心很强。趁母亲不在时，忍不住打开书包，拿出口弦捣鼓起来，结果不小心把口弦的簧给弄坏了。母亲回来，一气之下还把我打了一顿。这是我第一次与口弦的结缘。但是，母亲知道，对于孩子的好奇心来说，越不让动，越想动。与其阻止，不如引导。在我六七岁时，母亲便送给我一个口弦弹着玩。我出于对口弦的喜爱，再加上悟性，还有母亲的点拨，若干年后，就逐渐掌握了弹口弦的技巧。1988年，在中央电视台的《西部之乐》《西部之舞》《西部之声》的大型音乐电视节目中，我弹唱了《尕妹子弹的是口弦子》等。1989年，广西壮族自治区成立四十周年时，邀请我参加了中央代表团赴广西的《美丽的壮锦》大型文艺直播演出。其中有一段是少数民族乐器展演，我演奏的是口弦，还有人演奏蒙古族的马头琴等。我们演出团事先到北京中央电视台录音，之后才去广西参加直播的。

武：哦。安老师的口弦在20世纪80年代就上央视了，真不简单！那请再说说您唱花儿的经历吧。也是和母亲的影响、教导分不开吗？

安：是的。我到宁夏后，就一直看到母亲在家里给民间的花儿歌手上课，这对我的影响很大。其实，我刚开始跟妈妈学的是西洋发声方法，这样不会唱坏嗓子。但我每次听到学生唱花儿，都觉得太美了，心想这要比自己学的西洋歌曲好听多了。我是由衷地喜爱花儿，一看到母亲给学生上课唱花儿，就忍不住在一边听着。母亲告诉他们这儿不对、那儿不对，我都一一记在心里。下课后自己揣摩，母亲不在时，悄悄练习，还试探着用西洋唱法和民歌唱法相结合的方法唱花儿。当时，在好多人看来，唱西洋的就不能唱民歌，唱民歌的就不能唱西洋歌曲，否则会唱坏了嗓子。我却不这么认为，一直按照我的路子练习。母亲一开始并不主张我唱花儿，主要是担心我一直学的是西洋唱法，没有唱民歌的基础，不会用嗓子，一旦把嗓子喊坏了，啥也唱不了。有一天，我给母亲说："我唱一首花儿，您给听听。"母亲奇怪地说："你还会唱花儿？"我说："我老听您给学生教唱花儿，听来听去也就学会了。"我唱了一首原生态的《羊肚子手巾三道道蓝》的陕北民歌。因为咱们宁夏盐池县一带就和陕北交界，宁夏有些花儿民歌中就有陕北信天游的味道。唱完后，母亲愣了，很吃惊。她问我："你嗓子没什么不舒服吗？"我说："没有啊！"她说："那就好。妈妈不是反对你唱花儿，是怕你不会掌握发声方法。"她还告诉我这么一句话："人，要做声音的主人，不要让声音把你拿住了。"我觉得不管唱什么，主要是使用方法。母亲认可了我的唱法，这就是对我最大的鼓励。1988年，宁夏电视台要为中央电视台《音乐之声》选送花儿节目，需要给当地的花儿男歌手马汉东寻找一

┤ 安宇歌制作的各种口弦
（武宇林摄于2018年7月）

位女歌手搭档，还去了甘肃、青海，可都没有找到合适的人。电视台的人来到我家，对母亲说："安妮老师，没办法了，跑了一圈都没找上，还是从您的学生里推荐一位吧。"我正在里屋，就忍不住走出来说："能让我试试吗？"母亲说："我啥都不说，你们先听听她唱吧！"我立刻唱了一首，电视台的老师一听就特别满意，说："行了，明天就跟我们上成都去录音吧。"并埋怨母亲："家里就藏着现成的，还害得我们跑那么远的路去找歌手。"第二天，我在火车上第一次见到了我的搭档马汉东，我在上铺，他在下铺，我们一路上小声练习着对唱。到了成都，进了录音棚，马汉东放开嗓子一唱，我马上傻了眼：原来他大声唱的时候，声音太漂亮了，从来没听过，而且比我高八度。我只好临时适应，戴上耳机听了两遍他的歌声后，就告诉录音师："可以了。"硬是靠着我对声音的悟性，完成了我俩的对唱《尕妹子弹的是口弦子》《上河的鸭子下河里来》两首花儿民歌，配的是广播电视台的合唱。

武：安老师真行，一下子就唱到了中央电视台。那次演出是您唱花儿的一个重要起点吧？

安：是的。我从北京回来没几天，宁夏花儿歌手王德勤等就到我家来了，我就把和马汉东唱的花儿录音放给他们听。他们听后说："谁唱的？太好了！"我说："甭管谁唱的，就说那女声唱的像不像民间歌手唱的？"因为真正的原生态花儿民歌，需要唱出原生态的乡土味儿嘛。他们说："像，太像了！"我笑了，知道自己成功了。要知道，马汉东唱的花儿中间变化特别多，是多拍子结构的，要跟他搭档对唱，不是那么容易的事。从那以后，我就一发而不可收拾了。接下来，连续在中央电视台做了六期专题节目，是《民歌中国》栏目。从2003年我国开始保护非物质文化遗产以来，民歌特别受重视。2004年，我到中央电视台参加了第一期《民歌中国》，唱的是《宴席曲》。当时，温中甲老师作为嘉宾出席节目，他曾是宁夏歌舞团的，后调到北京，是位有名的作曲家。节目做完后，电视台的人很满意，又问我："还有什么和民歌相关的故事吗？我们还有个《民歌故事》栏目。"我说："我带来了民间小乐器口弦。"并给他们演示了一下。他们特别高兴，觉得很新鲜，也很有特色，紧接着又邀请我做了《民歌故事》中的"口弦的故事"节目。

武：就是说，以花儿为契机，口弦也上了中央电视台，二者真是相辅相成啊。后来又参加了不少演出吧？

安：嗯。我手头有二十一张光碟，其中不少是专题演出的。去年评高级职称研究员时，我整理出来的。2005年在西部十个省（自治区）的一百二十九名民歌（花儿）歌手参加的"中国西部民歌（花儿）大赛"上，我的花儿对唱荣获金奖。

武：祝贺安老师获大奖！近年来，安老师的口弦还表演到国际舞台上了吧？

安：嗯。先后去了土耳其、毛里求斯。2006年去的是澳门，文化部在那里举办了陕风宁俗展，也就是陕西和宁夏的风俗展览。设了一个大厅，一边是陕西，一边是宁夏，展示了两个省所有的第一批国家级非遗项目，我在开幕式上表演了口弦。我一般在介绍口弦时，会列举一下传统的曲目，如《廊檐滴水》等。但在真正演奏时，为了引起观众的共鸣，会弹奏大家都熟悉的曲调，比如《茉莉花》，就特别受欢迎。那次，我们在澳门待了三十八天。到目前为止，我的口弦表演已经参加过五届国际博览会，2012年是第八届。

武：那土耳其和毛里求斯是什么时候去的？

安：2012年8月，国家民委等在土耳其举办了"中国年活动"，我作为中国宁夏的代表，和宁夏歌舞团派去的十几位演员一起去参加了这次活动，我表演口弦。去之前，我们做了充分的准备工作。我上网查了土耳其当地的流行民歌，并练习了用口弦演奏。在土耳其，我们的第一场演出结束后，走到大街上，很多妇女都围过来，用阿拉伯语或英语对我说着什么。语言我不懂，但表情应该是想让我再弹奏一下。于是，我就给她们用口弦弹奏了当地民歌，把老太太乐得不得了。同去的领导高兴地对我说："你给中国人争光了！"2012年11月，我又参加在非洲的毛里求斯举办的中非文化交流活动，是由文化部组织，宁夏文化馆承办的。我们在4月、5月和10月一共组织了三次，其中有民间艺术展示：花儿民歌、刺绣、剪纸、口弦等。还在那里的学校为中小学生举办培训班，并且为大使夫人等高层人士举办民间艺术的学习班，由民间艺人现场传授技艺。

武：多好啊！那您对毛里求斯有什么样的印象？

安：毛里求斯自然风光太美了！非常干净，也很安全，几乎是达到了夜不闭户的程度，完全颠覆了我以前对非洲的印象。去毛里求斯的航线很多，我们是从上海、吉隆坡的航线去的，还有从北京到迪拜等航线。

武：祝贺您！把宁夏的民间艺术弘扬到了海外的很多国家。您的人生真精彩！那您对自己的人生有什么感想吗？

安：母亲对我的人生影响很大。她当年给我取名叫"宇歌"，是期望我把歌声传播到宇宙，也就是世界各地吧。今天，我做到了，也实现了母亲的心愿。通过到国外的演出，我也感悟到，以往的音乐演奏是演员演奏什么，观众听什么，但现在我的想法是，观众爱听什么，我们就要演奏什么。只有这样，才能赢得观众的共鸣，才最受欢迎。我非常想念我的母亲，是她把我引导上艺术之路的。今年是我母亲归真十周年，我到东北祭奠了她。母亲是2002年在宁夏归真的，那年她不到七十岁。

武：您母亲太伟大了，几十年抗病，直到古稀之年，生命力太顽强了。

安：是的。我母亲的生命力特别顽强，一直在用激素治疗，几十年和病魔抗争。武老师，我这辈子没有上大学，是因为妈妈身边离不开人。这也是妈妈最大的遗憾。从我九岁陪她上医院以来，她几乎年年都要住院。所以，我不能离开她去上大学。

武：安老师真是位孝女啊。您虽然为了陪伴母亲没有去上大学，但您有一位出色的母亲，她是您最好的导师，您学会的东西不比其他人少。

安：的确。母亲教给我很多很多东西。在她归真前的一段时间，病情反反复复，不断住院。由于她长期服用激素等药物，引起了严重的骨质疏松，碰哪儿哪儿就断。有一个晚上，她昏迷了很久，文化厅的领导都去看望了她。后来，经过医生的全力抢救才慢慢苏醒过来。但她不知道这个过程，失忆了。只是说："我这一觉睡得好舒服。"我暗示医生不要说出抢救的事。深夜两点她彻底醒了，说："我现在精神挺好的，给你讲点啥吧。"直到凌晨五点，她给我讲了不少东西，其中有一套民间传统鼓的样式。我硬是按照母亲的描述，在病房里，用碗扣在纸上画出了民间传统鼓的一幅幅图纸。最后的日子，母亲知道自己不行了，就坚持出院回家，并让我们在家门上写上"谢绝探望"的字样。她说："领导、同事、亲友在我住院期间都已经来看过了，就不要给大家添麻烦了。"母亲是个追求完美的人，她不希望人们看到她最后病重的样子。我母亲在病床上，曾在她的一张年轻时的照片背后用铅笔写下了一段文字："对别人来说，生命可以用天、月、年（计算），但对我来说时间都是用分钟计算，我是在生命的终点拼命踏步来延长它。力所能及能做多少工作就做多少，多为人民为党的事业做些有益的事情。"母亲的临终遗言一直激励着我。父亲是1998年去世的，我很思念我的父母，也感谢他们给我的一切。

武：您母亲太让人敬佩了。那么，您现在的家庭情况怎么样？将来退休后有什么打算？

安：从工作上来讲，我现在取得了研究员的正高职称，很满足。关于家庭，我是1980年二十三岁时结婚的，我丈夫也是回民，河北沧州的，他父亲曾经是铁道兵回民支队的，宁夏有一批回民都是当时留下来的。可是，我的这一段婚姻并不长，因为种种原因破裂了。其中一个重要原因也许是我把所有的精力都扑在工作上了，而他的初衷是找一位能够顾家的妻子。可我对工作特别投入，每做一件事，都必须要做成。这一点像了我母亲。让我欣慰的是，我儿子李旭今年二十八岁了，已经结婚了，我也只有他这个独生子。李旭也是学艺术的，正在跟宁夏电视台的蒋季平老师学习影视后期制作呢。比如咱们宁夏人民会堂上演的大型文艺晚会的电子屏幕，有些就是由他们设计制作的。儿子曾经在北京的韩国游戏软件公司工作过两年，但我还是希望他回到宁夏银川来发展，给买好了房子，他们也就回到了银川，还给我生了个小孙女儿，我已经当奶奶了。呵呵！

武：安老师，您不光事业有成，而且儿孙齐全，多幸福啊！

安：是啊！我特别喜欢女孩儿，等孙女三四岁时，我要把口弦教给孙女。一想到口弦有传人了，能不高兴吗？呵呵！今年10月，我就到五十五岁的退休年龄了。但一时还舍不得放下工作，还是来上班。不过退休以后时间就多了。今后，很想为花儿进校园多做些事情。我现在在宁夏艺术学校、银川市十三中和三中等学校担任花儿校本课程的辅导老师。有位叫"燕子"的老师通过QQ直接找到我的，她加入到我的QQ里，说是喜欢民间音乐艺术，通过别人得到了我的信息，很想把花儿引到初一的中学生课堂中来。就这样，我有时到课堂上为中小学生教唱花儿、弹口弦，希望把花儿、口弦都够传承下去。

武：安老师被大家誉为"口弦皇后"，您的《宁夏回族口弦》专著今年也出版了，有了口弦教材，退休后恐怕也闲不下来。

安：是的。除过传承花儿和口弦，我还有些想法，就是想尝试做出一些民间银饰、二毛皮类的宁夏手工技艺的系列产品。这些都是宁夏独有的好东西，但没有好的设计，很难推出去。我参加过一些手工艺产品咨询论证会，最大的问题是没有好的设计。我梦想着，要是有资金，很想把这些民间的艺术品设计出来、整合起来，为非遗事业作点贡献，这也是我的心愿。

武：安老师都要退休了，还惦记着事业。您精力充沛，又有毅力，祝愿您能够实现自己的梦想！

访谈（二）

被访谈者：安宇歌（国家级非物质文化遗产代表性传承人）

访　谈　者：武宇林

访谈时间：2021年1月25日

访谈地点：银川市

武：安老师好！记得上次采访是2012年12月，当时您说是快要退休了。那安老
　　师是什么时候退休的呢？

安：就是那一年，2012年12月份退休的。

武：退休到现在也八年多了，在口弦的传承方面主要做了哪些事情呢？

┤ 安宇歌之子李旭2017年被认
　　定为银川市级非遗传承人
　　（本人供图）

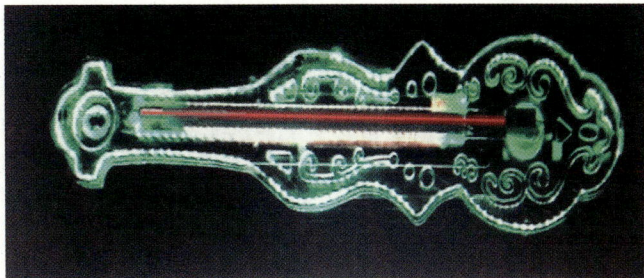

⊥ 2018年安宇歌和其子李旭共同设计制作的电子魔幻口弦琴（本人供图）

安：我退休后，开始专心做与口弦传承保护相关的事情，比如对外宣传、带传承人、口弦进校园、进行口弦的研发和制作等等。

武：说到带传承人，安老师的儿子李旭也主要是这几年带出来的吧？ 2018年7月，我参加宁夏文化馆组织的民间音乐传承现状调研时，跟调研组一行去了您在银川市内的口弦传承基地，也就是你们的"回响民间器乐工作室"，见到了李旭，以及他制作的口弦。到最后那天，在文化馆会议厅举行的区内外专家和宁夏民间音乐非遗传承人对话交流活动时，还听了李旭的现场口弦演奏，还有音乐伴奏，感觉耳目一新，特别优美，印象挺深的呢。安老师的儿子李旭在口弦制作及演奏等方面有进展和突破，这可是上次采访安老师时所没有的新情况呢。能介绍一下吗？

安：其实，儿子李旭从小受到我的影响，十四岁时就基本上掌握了制作口弦的技艺。近年来，我们创办了"回响民间乐器工作室"，他还是发起人呢。这些年儿子和我一起专心致力于口弦的制作研发及演奏。他现在是中国民间文艺家协会会员，第十三届全国青联委员，入选文化部双创人才库。2019年应中国科学院委托，承担复制了陕西神木石峁遗址出土的纯骨质口弦琴（琴身厚度只有0.8毫米），突破了宁夏金属口弦的调音与表面防锈处理技术。

武：哦。当时看到李旭制作的金属口弦，觉得到底是年轻人，敢想敢干，在传统的口弦制作材料上进行了大胆的创新突破。好像在演奏方面也一改传统风格，正在探索和现代音乐相融合的路子。

⊥ 2019年安宇歌与李旭在陕西国际口弦研讨会上同台演奏口弦（本人供图）

安：嗯。就是的。2017年李旭被认定为银川市级非遗（口弦）传承人，现在他也经常参加一些非遗展演等活动，还组建了一支民间乐器小乐队，在舞台上演奏口弦呢。

武：真好！安老师有了名副其实的口弦传人。记得2018年7月，到你们的"回响民间器乐工作室"调研时，看到了安老师搜集的很多国内外的口弦，这些都很珍贵，也都来之不易吧？

安：是的。有的口弦背后还有感人的故事呢。比如，其中还有我国原文化部部长周巍峙和夫人王昆夫妇收藏的口弦呢。著名歌唱家王昆老师和我母亲曾是同事，我们两家很熟悉，我也去过北京他们的家，是他们的儿子周七月老师把他家收藏的口弦转送给我的，他还特意写了一篇文章作为说明（见附录1《口弦引出的回忆》）。他文章里说，他的父亲和母亲2014年秋冬相继去世后，他在整理父亲东西时发现了几个很奇怪的竹制品，工艺比较粗糙，但包装讲究，文字是日文。他猜想它们是乐器口弦，毫无疑问是懂音乐、懂民间文化的日本艺术家赠送的非同一般的小礼物。这就想到了远在西北银川的我这个搞口弦的人，最后转送给了我，让我的收藏中又多了几把来自日本的珍贵口弦。

武：哦。口弦里的故事真感人！想必每个口弦都搜集得不容易，这都是民间音乐的宝贵财富呢。那请安老师再详细说说退休后的这几年中，在口弦传承方面取得的进展和成绩吧。

安：好的。先说说这几年到港台地区及国外的口弦演奏活动吧。2015年到台湾的台北和高雄参加了"丝路驿站神奇宁夏"推介会，演奏了口弦。2017年去西班牙首都马德里参加了世界口弦琴展文化交流活动。2018年去柬埔寨首都金边进行文化交流，这一年是中柬建交六十周年，应柬埔寨金边中国文化中心邀请，由中国国家民族事务委员会组派了"多彩中华"中国西南地区少数民族非遗文化展代表团一行，我是西北唯一特邀成员，我们从9月3日至8日开展了系列民族文化交流互鉴活动，我在活动中演奏了口弦。2019年1月去斯里兰卡进行艺术交流，2019年4月，我还去了巴基斯坦的伊斯兰堡，参加"东方情韵"中国文化IP展暨巴基斯坦首届中国传统文化文创展，在中巴文化交流活动中演奏了口弦。2019年6月，我去了香港，参加了香港国际旅游展的宁夏旅游推介会，演奏了口弦。

武：安老师这些年的外事活动真不少啊！也到国内其他地方演奏或展示口弦作品吗？

安：嗯。是的。近年来我和李旭设计制作了上百件口弦作品及口弦乐器衍生品，多次荣获中国旅游商品大赛奖项，也应邀参加了国际国内的各类展演活动。2016年去中央电视台，录制了"中国民歌大会"的五十六个民族"十一"晚会的节目，表演了口弦弹唱。2017年去上海参加了"国韵雅乐·丝绸之路上的民间乐器"活动，在上海的校园进行了口弦的传承活动。2018年4月到山东参加了第三届中国（潍坊）民间艺术博览会和第十四届中国民间文艺山花奖·优秀民间工艺美术作品参评活动，我制作的口弦获得金奖。2018年9月，我还带着口弦作品到四川乐山参加了第五届四川国际旅游交易博览会中国特色旅游商品大赛，我们"回响民间乐器工作室"制作的手工口弦获得银奖。2018年10月，我个人被邀请到北京中央民族大学民族博物馆参加了"大地回声"中国少数民族乐器文化展，这个展览仅选取了部分具有代表性的少数民族传统乐器，口弦也入选参展。当时我们的口弦作品还参加了北京旅游精品展、外交部搭建的对外各国使馆文化交流平台的展出。2019年5月，我们的口弦作品参加了北京农展馆的亚洲文化旅游展，被作为亚洲文化旅游精品展出。2019年6月到甘肃敦煌参加了"2019丝路技艺·西北五省区非遗展演"。2019年6月到上海参加了第九届国际传统艺术邀请展。2019年8月，我们的民间乐器小乐队作为特约嘉宾，到中央电视台"中国乐器大赛"节目进行了口弦展示。2019年9月到北京参加世界园林博览会的非遗项目展示＋旅游推介活动。2019年9月到陕西神木石峁遗址参加了国际口弦研讨会。2019年10月到四川成都非遗博览园参加了第七届成都国际非遗节，在中国传统乐器技艺竞技中连获四个奖项。2019年11月到福建厦门参加了第十二届海峡两岸文化产业博览交易会，进行了口弦展演。2019年11月参加了北京人民大会堂的第十四届中国中小企业家年会，进行了深度交流学习。

武：安老师口弦演奏、口弦作品展示的传承足迹遍布中国很多地方呢。是不是也经常接受媒体采访或拍摄纪录片？

安：是的。2015年，我参加了大型纪录片《贺兰山》第六集《共生》的拍摄，介绍展示了口弦。2018年6月配合台湾电视台《大陆寻宝——宁夏非遗推介》栏目介绍了口弦。2019年9月参与了浙江电视台《非遗·听见宁夏》的宣传片录制。2019年11月接受了吉林电视台《好久不见》栏目的采访，讲述我与传承口弦的故事。

武：真好！媒体的辐射力很大，安老师的口弦通过媒体的宣传，能够走进千家万户呢。那你们的"回响民间器乐工作室"的情况怎么样？哪一年成立的？是您和儿子共同的工作室吗？

安：嗯。"回响民间器乐工作室"是儿子李旭发起的，2016年注册成立的，是

⊥ 2017年安宇歌在银川举办个人口弦琴专场音乐会（本人供图）

　　我和儿子共同的口弦工作室，也就是武老师您前几年去过的那个地方。我们工作室成立以来，对外开展了很多活动呢。2018年8月接待了银川市政协委员陪同的贵州省政协一行对宁夏国家级非遗项目的调研活动，参观了我们的口弦制品，听了演奏。2018年10月接待了北京中央民族大学社会实践课的研究生。2019年6月接待了由宁夏党委统战部陪同前来的"海外红烛故乡行"宁夏非遗之旅活动的几十个国家的海外华文学校的校长，他们参观了口弦作品，听了我们的口弦演奏。2019年11月，法国世界级音乐大师光临工作室，相互进行了深度交流。

武：真不错！说明你们的工作室影响力不小，也是宁夏民间器乐的一个窗口，发挥着对外宣传的重要作用呢。那安老师也在宁夏开展口弦传承的工作吗？

安：是的。2016年文化部在宁夏艺术职业学院举办的培训班上，我给全区民间乐器传承人还培训了口弦技艺呢，也一直在推进传统文化进校园活动。另外，近年来我还举办了国内首场口弦琴专场音乐会呢。

武：是吗？什么时间？在什么地方举办的？

安：2017年12月在银川遥剧场举办的，也就是李思遥的小剧场，这是我们宁夏首家由文化部门批准并授予资质的民营小剧场。遥剧场的艺术总监是李思遥，他被誉为宁夏戏剧灵魂的践行者。

武：哦。当时的口弦音乐会有多少人参加？

安：本来小剧场只有八十人的座位，结果挤进去了一百二十多名观众，现场演出效果非常好，大家的评价很高呢。真是意想不到。其实原先是想请你们都过去的，但心中没底，就没敢多请人。

武：哦。主要弹奏了哪些曲目？

安：一共十八个曲目，主要有《廊檐滴水》《骆驼令》《星月映辉》《心弦》《茉莉花》等，演奏了近一个小时。

武：太好了！祝贺口弦琴音乐会演出的成功！安老师大半生都致力于民间乐器口弦事业，一路走来有什么人生感悟吗？

安：感悟有很多，我之所以能走到今天，不仅有母亲的教导，还得益于很多贵人相助。我特别感激中国社会科学院的范子烨教授。那是2013年的一天，我接到了来自北京的一个陌生电话，犹豫中我接通了电话，对方自我介绍是中国社会科学院范子烨，我半信半疑。听他在电话里说，是通过宁夏党委宣传部找到我的。接下来谈到了口弦，我感觉他是一位对口弦研究很深的大专家。一周后，他给我寄来两本书，一本中有他论述口弦的文章，另一本是蒙古族作曲家莫尔吉胡先生的专著，里面也有口弦的文章。在范子烨教授的引荐下，第二年我亲自来到内蒙古呼和浩特去拜访了八十一岁高龄的莫尔吉胡先生，我从他那里听到了很多关于口弦琴的新知识。我送给他一把宁夏传统的铁口弦，他和夫人如获至宝，小心翼翼地接受了，让我很感动。我由衷感谢范子烨教授，是他让我打开了视野，2017年他推荐我参加了中国民族博物馆与国家民委组织的世界口弦琴巡展活动，让我在这个领域中结识了世界顶级的口弦音乐家及口弦研究专家。我感恩在我这条传承路上所结识的各界的专家学者及友人，真的感恩不尽！

武：正是安老师的执着精神，吸引了更多人的敬重和支持。安老师多年来全身
　　心投入民间器乐口弦的传承保护、制作研发，在国内外尽心竭力弘扬民间
　　乐器口弦，可以说在保护和传承口弦这一非遗项目方面功不可没！

安：这也是我的职责。谢谢！谢谢！

附录1

口弦引出的回忆

　　我父亲周巍峙、母亲王昆在2014年秋冬之交相继去世。我在整理父亲的东西时发现几个很奇怪的竹制品，包装讲究，文字是日文，是日本东西，毫无疑问。日本朋友送礼非常讲究，几乎都是选非常精美的物品。尤其是手工，一定要精细到毫无挑剔的程度。但这几件竹器，作为礼品似乎粗糙了一些。但包装的精细又说明它们确实应该是礼品。从功能看，工艺品，不像；用具，不像；甚至不像抽象的美术作品。它们是什么呢？我曾经猜想过它们是乐器口弦。但我见过的口弦要比它们小很多，而且做工精细，簧体偏薄。这时我想到了远在西北银川的安宇歌。

　　我母亲生前有时会念叨："歌剧院有一个演员叫安妮，后来去了西北，也不知道怎么样了……她有个舅舅叫赵尚武，就是那个赵尚志的弟弟，是我们西战团（晋察冀战区西北战地服务团）的团员，牺牲了……"

　　我父亲谈起抗日战争时在敌后做文化工作，常常会说：谁说搞文化不死人？西战团的赵尚武就是生生被日本人打死的。西战团的名录中有赵尚武的名字，他是赵尚志最小的弟弟，十七岁参加西北战地服务团，二十二岁为救护战友的孩子被敌人击中头部而壮烈牺牲。那个孩子后来就叫刘思尚。赵家满门忠烈，赵尚志、赵尚武都是安宇歌的舅姥爷。

　　安妮的母亲也很早就参加了革命文艺队伍，安妮十二岁便跟着母亲当小演员，后调辽宁歌剧院。辽宁歌剧院与中央实验歌剧院合并后，安妮调到北京，和我母亲是同事。1958年，安妮响应号召，志愿到大西北工作，离开了北京。安妮和安宇歌母女两人都是回族民间艺术家中的佼佼者。安宇歌最擅长的就是口弦。前几年我去宁夏考察滩羊毛，想试试用在我的透明艺术品中，接待我的恰恰是从事民间艺术和手工艺保护工作的安宇歌。我把这些日本东西寄给安宇歌，她很快回答：这几件都是口弦。我算送对了人。

　　我父亲是中国较早访问日本的人，那是"文化大革命"前，两国还没有外交关系。"文化大革命"后，他和日本的文化往来也比较多。这几个口弦是谁送的、什么时候送的，我没有办法考证。但送他口弦的日本朋友可以用这么"土"和稀少的民间乐器作为礼品郑重送他，他也应该是一位懂音乐、懂民间音乐的艺术家。这些东西现在转到一位中国的口弦专家手中，应该说物得其所，回到了正位。以此短文告慰那位不知其名的日本朋友，也同时向我父母禀告。

　　　　　　　　　　　　　　　　　　　　　　　　　　周七月

　　　　　　　　　　　　　　　　　　　　　　　2016年7月（北京）

滩羊皮鞣制工艺（二毛皮制作技艺）代表性传承人
丁和平

丁和平，1957年出生，甘肃省平凉人，高中学历。2018年被认定为国家级非物质文化遗产项目滩羊皮鞣制工艺（二毛皮制作技艺）代表性传承人。

综　述

　　丁和平，原名丁永俊，1957年6月出生于甘肃省平凉市崆峒区红照壁沟村的一个农民家庭。后跟随父母移居到与平凉交界的宁夏泾源县泾河源镇沟底村，前些年移民搬迁至银川市西夏区兴泾镇。他在泾源县农村度过了小学、中学及高中时代。高中毕业后，阴差阳错，未能如愿被招工招干。父亲劝导他学个二毛皮手艺，将来能养家糊口。他刚开始觉得干这行又脏又累，很不情愿。但最终还是听从了父亲的教诲，走上了二毛皮制作艺人之路，自1973年起，开始跟随父亲丁林普学习宁夏滩羊皮鞣制工艺。该技艺是丁氏家族的祖传技艺，第一代先祖为曾祖父丁吉善，第二代传人为祖父丁明清，第三代传人为父亲丁林普，丁和平是第四代传人，也是家中六姊妹中唯一继承家业者。其儿子丁建国、丁建军是第五代传人。大儿子丁建国1983年6月出生，银川市级非遗传承人；小儿子丁建军1985年出生，银川市西夏区级非遗传承人。

　　丁和平从事二毛皮制作四十多年，总结出滩羊皮鞣制工艺工序有三十多道：选皮、购皮、打灰、整皮、抓毛清皮、下池泡皮、洗皮、清水洗、去油、去肉屑、再泡洗、脱水、熟皮、干铲、晾晒、再喷水、回软、再干铲、清酸、晾晒、回软、定型、去潮、护理毛皮、裁制、制半成品、铺平、缝合、加工、制作成品等。经过丁和平多年来的实践与刻苦钻研，在传统技艺基础上不断改进发展，丁氏家族的二毛皮制作技艺日趋成熟，他们精心制作的二毛皮产品质地优良，皮板薄如厚纸，质地坚韧，轻便美观，毛色晶莹，弯曲柔软，像起伏

┤ 丁和平制作的产品二毛皮大毯
（杨杰摄于2020年9月）

波浪。且不起虫、不变形、无异味，产品甚至可水洗，晒干后能够恢复原样。其二毛皮板纵横倒提，自然下垂，如涟漪荡漾。轻轻抖动，像玉簪缤落，梨花纷飞，用来制作高档服饰的镶边、衣领，色调明快，典雅高贵。随着社会的进步及市场需求，丁和平二毛皮产品种类也在不断创新发展，目前有裘皮装系列、皮背心、皮大衣、小卡衣、女皮袄、皮夹克、皮裤、围巾、披肩、手套、护膝、袜子、护把、沙发垫、褥子、床罩、汽车坐垫、靠垫、二毛皮大毯、装饰挂件等近三十种。其中的二毛皮披肩，既时尚又保暖，还能和服装搭配，深受女性顾客的欢迎。很多二毛皮产品，不仅在宁夏各地销售，还销售到河北、山东、辽宁、黑龙江、四川、安徽、福建、上海等省市，甚至远销至新加坡、加拿大、德国等多个国家和地区。

　　丁和平的二毛皮产品多次在各种展会展示并获奖，主要有：第一至第四届中国西北地区非遗博览会（铜奖、银奖、第一名）、中阿经贸论坛展会、文化部第一届和第三届中国（山东）非遗博览会（金奖）、文化部第二届中国（天津）非遗博览会（参展奖）、陕西文博会（最佳展示奖）、第二届中国（广西）东盟博览会、中国（福建）民博会、中国文化馆年会·文化艺术博览会非遗展（优秀非遗项目奖）、第四十届全国文房四宝艺术博览会等。在第三届中国（山东）非遗博览会期间，丁和平应邀做客山东电视台直播厅，宣传了宁夏滩羊皮鞣制工艺。

　　丁和平是一位优秀的民间艺人，也是一位共产党员，当自身凭借二毛皮技艺脱贫致富后，不忘带领左邻右舍共同增收致富。他曾在宁夏泾源县泾河源乡底沟村担任党支部书记，在兴修水利、改善办学条件、提高儿童入学率等方面做出了积极努力。2009年成立西夏区福兴皮毛厂，2010年成立银川福兴民族服饰有限公司，吸收多名村民就业。丁和平热心公益活动，先后资助农村贫困高中生、大学生数名，为社会弱势群体捐献价值上万元的滩羊皮大衣十多件，为贫困农民捐献价值五千多元的产品一百多件。其公益活动被新华社宁夏分社、《银川晚报》社会·热线、宁夏电视台《老王茶馆》《印象宁夏·留住技艺》等栏目采录、报道。

　　丁和平一直以来致力于二毛皮技艺的传承，不仅将祖传的手艺传授给了儿子丁建国和丁建军，也将积累四十多年之久的宝贵的滩羊皮鞣制工艺及经验传授给了兴泾镇及周边的三十多名徒弟，其中有九名残疾人，让他们熟练地掌握了二毛皮制作手工技艺。丁和平多年来认真学习探索二毛皮制作工艺，研究出了二毛皮防水、防臭的新工艺，并努力进行理论研究，先后撰写《西夏区宁夏

卜 丁和平的儿子丁建国展示家族产品彩色二毛皮围巾
　（杨杰摄于2020年9月）

滩羊皮鞣制工艺可行性报告》《保护西夏区非物质文化遗产扶持宁夏滩羊皮鞣制工艺产业规模》等文章，刊登于《第三届山东非物质文化遗产博览会汇编》《第二届天津非物质文化遗产博览会汇编》等出版物，为二毛皮制作技艺的传承作出了突出的贡献。于2009年6月被认定为银川市级非遗项目（滩羊皮鞣制工艺）代表性传承人；2013年6月，被认定为自治区级非遗项目（滩羊皮鞣制工艺）代表性传承人；2018年，被认定为国家级非遗项目（滩羊皮鞣制工艺）代表性传承人。

访　谈

被访谈者：丁和平（国家级非物质文化遗产传承人）

访 谈 者：张洁、杨杰、梁庆、宋萍

访谈时间：2020年9月29日

访谈地点：银川市西夏区兴泾镇丁和平家

访谈录音：杨杰、梁庆

访谈整理：梁庆、武宇林

综述撰稿：张洁、武宇林

张：丁老师好！今天主要是来采录您，您现在是国家级传承人了。以前有人采录过吗？

丁：没有。

宋：您这房子富丽堂皇的，像是豪宅啊。

丁：（微笑）啥豪宅啊。宋主任夸奖了。我就是个地地道道的农民，知足了。你们快坐。

张：我们这次主要是采录前四批国家级、自治区级的传承人。丁老师，首先想问一下，您是哪一年出生的？

丁：1957年6月22日。

张：那您是从什么时候开始学这个的？

丁：我是从十七八岁吧。

张：当时为啥要学这个？

丁：当时我高中毕业之后没有工作，遇上招干，结果没考上，就差几分。最后镇上有个农场让我去当会计，人家又考试，会计一个账没平，也没考上。一般教师考上了，我不想干。我老爹说，你学门手艺，将来有技艺，能养活一家人，所以我就学了这个二毛皮。唉，开始我也不愿意学，嫌这个苦，也脏，不想干。最后呢，一看这个能挣钱，能养家，就提起精神干了，开始跟着我老爹学。

张：您老爹会这门手艺？

丁：嗯。我们家太爷、爷爷、我老爹都干这个。乾隆皇帝穿的那个小马甲就是我太爷爷给做的，好像泾源县的县志里有记载呢。

张：哦！请接着说。

丁：那时间，我们家非常穷，住在那穷山沟。我们村呢，泾源县沟底村是宁夏全区最有名的穷村。当时毛如柏书记在宁夏当书记的时候，让宁夏一家水泥厂包我们村（脱贫）。乡党委书记说，你是党员，必须担任支部书记。我说，我要做生意。书记说那不行，你是党员，必须服从党的安排。没办法，我就当上支部书记。当时，我想改变村子的面貌，我个人的经济实力没有，人缘还是有一点儿。就到县上找了县长，打了报告。我有三个想法，第一，水泥厂包我们这儿，你们作为国家和各级党委政府，给我们输血。我们还得自己造血，怎么造血呢？就是希望给我们投资树苗，我们在荒地栽上树，过上十年、二十年、三十年，有了绿色银行，就不要国家扶持、供应救济款了。第二，我说银川能有水浇地，我们这山村也能水浇地。怎么浇呢？把那小河域建成小坝。县政府给我们投资水泵，天旱了，把这平地浇一浇。第三呢，给我们这儿把学校办起来，让农民的孩子都能入学，学点文化，文化就是将来他们的财富嘛。毛如柏书记当时不在，秘书收下了我的报告。后来，上面来人到我们那里现场办公，给投资了几十万棵树苗、一百二十个水管子、五十吨水泥，把各村的路都要给修好。那河隔得一个村一个村都不能来往，也要把桥都搭上。这是我当党支部书记做的一点工作。然后呢，把这个支部面貌也改变了，成了全县学习的模范党支部，得到了泾源县党委和组织部的奖励，得到两千块钱奖金。我还在家熟了一点皮子，到处去卖，资助了一户贫困高中生。全村当时还没有解决温饱，我给买粮食，让他（贫困生）能吃饱肚子。那时我贩皮子就有了想法，办了个加工厂，吸收了三十多个人就业，（其中）九个残疾人。后来又注册成立公司，带动五十四个劳动力就业。我挣钱之后，想让邻居也富起来，就帮了三户人家都富起来了。还为孤寡老人买面买米买油，花了两千多块钱。全村孤寡老人三百六十家，买了三百六十件衣服，新闻媒体都报道过。我成为非遗传承人之后，带两个儿子、两个儿媳妇和社会上四个徒弟学习二毛皮技艺。这四个徒弟都能独立经营了，其中有一个现在特别厉害，家产在几百万元呢。我也被选为致富带头人，得到各种奖励，我觉得非常荣耀。我想把传承工作越做越好，将来不只是两个儿子、两个儿媳妇，还想把几个孙子都带成传承人，让他们（把二毛皮技艺）发扬光大。

张：丁老师一下子说了这么多，把有些我们想问的也都提前说了。还想问一下，您的学历是高中毕业吗？

丁：按说我是中专，我去上海参加过培训，拿到结业证。

张：中专结业证？

丁：嗯。搬家丢的没有了。我现在感觉自己就是文盲，虽说多少识几个字，但是电脑不懂。现在科技这么发达，手机不会玩，所以我就是文盲嘛。呵呵！我也想学，但是现在老了，学也记不住。在今后的发展中，希望年轻人好好学习，多学文化知识，希望他们在电子化方面有所成就。

张：你们沟底村情况怎么样？

丁：当时，我家情况在我们村那算是最好的，一个乡八个行政村。乡上的下队干部经常去我们家吃饭，因为别的家条件各方面差。现在，真是天翻地覆的变化，我办了加工厂，挣钱了，资助了四个贫困大学生，前前后后共花

（资助）了将近三十万元，现在都毕业工作了。我作为一个传承人，感谢党，感谢政府，感谢咱们非遗中心，让我加入非遗这个大家庭，到全国去参加活动，我才把这个产品打入九省区市场。我非常感谢领导对我的关心和支持。

张：那你们家除您会这门技术之外……

丁：再没有。我们姊妹六个，四个都是姐姐，有一个弟弟，他们都有工作，就是我没有工作，是农民。这个非物质文化遗产成就了我，使我走出了贫困的山区，走出了贫困的家庭。我有两个儿子，也都让他们学（这个技艺），现在，他们都能独当一面，把这个二毛皮技艺能拿下来。虽说丫头（女儿）出嫁了，但我也让她学这一门技艺，丫头也非常愿意跟着学。当时我还不乐意搞这个，宋萍主任和西夏区领导来我家动员，我说那有啥意思，啥叫非遗？连懂都不懂。然后宋萍主任和那个领导给我解释讲解，我才当上了传承人。到今天我才明白，传承人肩上的担子非常重。现在我是国家级传承人，从大局来说，出去参展也好，搞活动也好，代表的是宁夏。从小的方面来说，我是西夏区的子民，有义务完成我的传承（工作），为政府的工作添砖加瓦，这是我的责任。

张：嗯。站位很高。请问您什么时候结婚的？

丁：哎呀，建国（大儿子）都三十八岁了，结婚四十多年了，呵呵！

张：您有三个孩子，两个男孩一个女孩，也有孙子了吧？人丁兴旺啊。

丁：（笑）对！有五个孙子，一个孙女。

张：真是个大家庭啊。那您结婚有孩子之后，对二毛皮的加工有影响吗？

丁：没有影响。他们小时候，家里比较穷，也让他们上学。特别远，步行要二十多里山路。那时山区学校条件差，土炉子，坐的是土凳子，孩子也不好好上学，到水泥厂去当工人。后来从水泥厂下岗，就跟着我学二毛皮制作。

张：那您除了二毛皮之外，还有其他生意吗？

丁：有。因为这个疫情的影响，各行各业的生意都不景气。我这个家庭的消费还非常大，人口多。老伴有病，我也有病，心脏病、高血压、腰椎间盘突出，家庭花销大。还有人情、乡邻亲戚结婚行礼，人家出两百元，咱家两百元拿不出手，这也花费大。疫情原因，这二毛皮没生意，我就贩起古董了。有（石头）眼镜、玉镯、银圆、香炉，反正生意也挺好的。

张：补贴一下家用。

丁：对。就是这样。住到这（兴泾镇）三村，比银川市的消费还大。我们这亲戚也比较多嘛。哎呀，家庭的开支非常大。建军呢，这也没生意，最后就在城里上班，先出去挣点钱花。建国呢，媳妇开个肉店，他没生意了去帮帮忙。

张：您这些二毛皮的原材料都是从市场上买的吗？

丁：原材料都是从市场上买。

张：二毛皮选皮的时候有讲究吗？

丁：有。首先选皮第一要板质好、毛路好，这两个最关键。如果板质不好，一加工就坏了，等于你把钱白扔掉了。如果毛路不好，加工出来的东西不好，销售是个问题，没人看中。你的产品好，才能吸引顾客。选好皮之后，在处理当中，不能让它生虫，让它没有味。原来那个皮子是臭的，现在（加工后）那皮子没味。

张：处理过了？

丁：嗯。加工成成品之后没味。

张：二毛皮的制作跟季节有关系吗？

丁：这没有，它和季节没有关系。从10月份到2月份，这几个月是收皮的最旺季节。3月份到9月份，这几个月都是淡季，因为皮子不好，第一是夏皮，第二是它的毛路和板质都不行。选皮特别要抓住机会，从10月份开始到11月、12月、1月、2月，这五个月，过了这几个月的皮就不能用了。

张：哦。二毛皮制作一共有多少道工序？

丁：三十几道工序。

张：这么多啊？主要有哪些？

丁：主要就是选皮、洗皮、鞣制、熟制、晾晒、取肉、裁制、缝制，最后打包销售。

张：现在您这个二毛皮的制作主要是靠人工吗？

丁：都是人工。洗皮是人工，原来铲皮的人工太吃力了，现在铲皮是机子。现在我不熟皮了，让青铜峡的朋友熟成皮子，我光是精加工。

张：就是说，现在熟皮这一工序由别人帮忙做？

丁：嗯。厂房的原因，新厂子交工也还不能熟皮，因为污染没法处理，人家也不允许用水。所以请青铜峡的朋友帮忙，他那边可以解决污水排水，就由他加工好皮子，我光来制作产品。

张：他就只有熟皮这一道工序，其他都在您这儿做？

丁：嗯。其他工序还是在我这边。

张：那么，你们的传统产品有哪些？

丁：我的传统产品，过去呢，有老年人穿的皮大衣、小坎衣（肩）。现在的新式产品有二毛皮围巾、二毛皮褥子、二毛皮大毯、汽车坐垫、沙发坐垫、披肩这一类的。现在，做二毛皮的几乎都是这些，它再没啥花样。二毛皮大毯呢，就是有味啊。有的外国人来，人家把那全弄成炕帷子、地毯。所以说，主要是面向新加坡、美国（销售），他们来就是专门买我们这儿的二毛皮褥子、二毛皮大毯。去年有个要狮子的，他来定了二十多个大毯。

宋：二毛皮大毯，这个词还挺新鲜的呢。

张：嗯。您觉得怎么样才能把二毛皮产品做好？

丁：现在的产品，比如二毛皮褥子、二毛皮大毯，关键要把皮子选好才能做出来好的产品，才能做出能够出口的产品。如果皮子选不好，别说出口，内销都没人要。

张：所以说，还是原皮要好啊。

丁：嗯。对！

张：那么，您现在做的和过去做的有什么不一样吗？

丁：不一样。过去做的一下雨这件产品就报废了。现在，我们的产品放到100度的开水里后捞出来，不要太阳晒，放着阴凉阴干就能恢复原状。过去的产品臭，不敢见水。现在的产品不臭，敢湿水。再就是，过去的产品生虫，现在的产品不生虫。

张：原因是？

丁：原因就是我自己发明出来的（办法）。银川那么多做二毛皮的，他那皮一湿水，就报废了。我们这产品就是湿水还能恢复原状。啥原因呢？就是我们老爹有一个秘方，他是土方，最后我改进了，加一些化学成分把它改进了。

张：您做的褥子呀、坐垫啊、背心啊这些产品中，哪一款最满意？

丁：我认为是二毛皮大毯、二毛皮围巾、二毛皮披肩，特别是女同志喜欢。有一次在闽宁镇搞活动，那披肩拿去，顾客一看："哎，这是啥东西？"我说："你们女同志的披肩。"有一个女的披上一拍照，让别的女的一看，说是："真好看，好配衣服。"最后就买了几件。女同志比较喜欢披肩，女同志爱美嘛。

张：既美，又保暖。

丁：（微笑）对！披肩，如果天热了你放那儿。天冷了，它既能当衣服，又能……

张：又能当装饰，还挺好看呢。

丁：嗯。还有二毛皮装饰品，像二毛皮褥子，染成不同颜色，非常好看。我对二毛皮的新式产品还是非常感兴趣的。

张：那您现在的这些产品有没有申请专利或者注册商标？

丁：商标我注册了，专利没有。我注册的商标就是我的名字"丁和平"，任何人都侵犯不了。

张：哦。刚才听您说了，有一道制作环节是您家独有的，就是能让皮子不臭，让皮子不怕淋雨，这应该是个专利，您没有申请？

丁：我没申请。有天，我和文化馆的一位老师谈论这个事，想申请个专利。但那位老师说，研究出来的东西，国家给发啥东西没有？我说没有。人家说，要有政府发的文字性的东西，得到认可，如果不认可的，那就申报不了。

张：那您这个方法是家族中传下来的？在原有的基础上，又把它更新了？

丁：对，传下来的。我买了一本二毛皮制作的书，这么厚（比画），花了九十块钱，把那本书整个看完，就摸索着把我们老爹的那个土方中加进去这个新方。

张：效果还很好？

丁：很好。这个秘方呢，我跟任何人都没说，就给青铜峡那个朋友说了。因为他问："为啥我们这皮子一湿水，一折都坏了。我拿你的一件东西做实验，就是不坏。啥原因呢？"就给他说了，他的那个产品也提高了一个档次。

张：那您觉得二毛皮产品的市场如何？

丁：市场从大的趋势还是好着呢。主要是这个疫情弄得，好像是很多人都不消费了。但是这个二毛皮的出口还是非常乐观，但是我没有出口的能力。青铜峡的那个朋友说，出口的产品量大，他给我分一点儿，我做一点儿让他给我代出口。

张：那二毛皮产品主要是哪些人购买？

丁：这个是大众化的。老年人买的是传统的背心这一类的，年轻人买的都是披肩、围巾。条件好的，人家搞装饰品的就是二毛皮褥子和大毯。

张：那您觉得现在的经营管理和拓宽市场方面，最困难的是什么事？

丁：经营管理方面缺的是人才。虽说我在上海学习了全方位的知识，经济管理、人才管理、市场管理，但一个人的力量是有限的。其二呢，我也老了，就让他们（年轻人）去参加培训，不怕花钱，去学学这方面的知识，将来为传承带徒弟打好基础。如果经济能力能达到，我想把他们哥俩包括丫头送外国去，学习这方面的技术。

张：您的志向很远大啊。三个孩子之外，还带了哪些徒弟？

丁：在社会上带了有四个，最厉害的一个是马春广，现在独资经营，家产可观。还有两个是从穷变富了，这是我最满意的。我打算新厂子政府交工之后，先把设备弄里边，然后再聘请几个老师专门讲缝纫方面的知识，多带徒弟，让兴泾镇所有的下岗职工呀、大学毕业生啊、想跟着我学二毛皮制作的，都来学。这是我的想法，但是一下两下可能实现不了。

张：那您的徒弟都是哪里的人？

丁：咱们宁夏的多，甘肃的有两个。

张：他们要学这门手艺，需要多长时间才能完整地把它掌握？

丁：哎呀！得两年时间掌握全套技术。最简单的收购皮子，也就几个月就可以教会，聪明的一个月就能学会。制作技术得两年。特别是裁皮子，既不能浪费皮子，还要把产品做好，这是最关键的。

张：您对徒弟及三个孩子都有哪些要求？

丁：我对他们的要求就是，首先是做人，人能做好，事也能做好。你的人做不好，产品做得再好，也等于零，也是白搭。所以说首先是做人，要有道德。道德和技术是相匹配的，光有技术没有道德，啥都做不好。

张：不错！您对他们的要求还是很到位的。那么您觉得这门手艺最难的地方是在哪儿？

丁：对我来说好像没有难的。对他们来说，铲皮子是最难的。还有裁制也挺难的，他们也能裁，就是原材料有点浪费。作为我来说，原材料是不浪费的。我想，疫情完了之后，让他们到浙江义乌的小商品市场，找师傅学学，利用二毛皮的下脚料做小工艺品，我看那些小工艺品在市场上非常被认可。疫情期间还不敢出去，那边我都联系好了。

张：那您成为传承人之后，都有哪些方面的影响？

丁：好像没有啥影响。我的想法就是，首先把我的产品做好，把我的徒弟带好，产品能打入市场，让徒弟们发家致富，能挣回来钱。产品再好，手艺再

└ 课题组成员和丁和平家人合影（杨杰摄于2020年9月）

好变不成钱，就不能发家致富。作为一个传承人，既要传承手艺，不能丢失，还要有发展，带动周围的人发展了，社会才能安定。你发展不了，光你富了，周围的人群一看，社会安定不了。我富了，想让周围的人也都富起来。

张：嗯，想法不错。您做二毛皮到现在有多长时间了？

丁：我今年六十五岁，也就是四十四五年吧。

张：哦。都四十多年了。那您打算一直做下去吗？

丁：对。我打算一直做下去，等着疫情没有了之后，我亲自带他们到外地去学习制作小工艺品。光有二毛皮褥子、大毯还不行。反正要把二毛皮传承下去。

张：您觉得二毛皮的发展还有哪些问题？

丁：二毛皮的发展主要就是这个疫情、市场问题。如果没有这场疫情，市场还是好的。疫情不光影响到我们的二毛皮，对各行各业都有影响。现在二毛皮的皮子要检疫，宰羊的人如果不检疫，这皮子不敢要。如果这活羊没有检疫的票据，把这羊宰了，这羊要是有传染病，做成的东西也有传染性，

　　这就是责任啊。这疫情影响得市场都萎缩了。

张：那么疫情结束后，你们还有什么打算？

丁：疫情结束后，如果一切顺利，政府把这个厂子交工使用，我再多带点徒弟，
　　和职业学校联系，搞培训，把传承搞得轰轰烈烈。

张：好的。今天就谢谢您了！辛苦了！

丁：呵呵！不辛苦。

皮影戏代表性传承人
张进绪

　　张进绪，1942年出生，2010年11月去世，宁夏银川人。2008年被认定为自治区级非物质文化遗产项目（皮影戏）代表性传承人。

综　述

　　皮影戏发源于西汉，盛行于明清，是我国民间广为流传的傀儡戏之一。它称呼众多，如"影子戏""灯影戏""土影戏""纸窗影""皮猴戏""牛窑戏""驴皮影"等。早年在宁夏南部山区和平原地区，皮影戏十分流行，有些当地人将皮影戏称为"唱灯影子"。宁夏皮影艺人用牛皮或驴皮刻制成人物、动物等形象，借助灯光照射，在幕布后面控制影人表演传统剧目或历史故事，并伴以秦腔唱段或宁夏道情唱腔，还有二胡、锣鼓等乐器的音乐伴奏，营造出"小电影"的观赏效果，是电影及电视普及前农村中常见的娱乐形式。皮影人物形象多以牛皮和驴皮制成，兼有坚固性和透明性，再用红、黄、青、绿、黑等几种纯色的透明颜料上色描绘，投影到幕布上的影子更显得剔透瑰丽、独具美感。贺兰县张进绪皮影是宁夏这片沃土上的诸多皮影班子之一，历史悠久，表演剧目繁多，内容丰富、特征明显，在长期传承的岁月中形成了自身的独特风格。

卜 张进绪在表演皮影戏
（贺兰县文化馆供图）

　　张进绪的皮影技艺传自父亲张存秀。据考证，贺兰县的皮影起源于一位名叫赵小卓的满族人，他从陕西来到宁夏，也将皮影技艺传播到这片土地。学习传承赵小卓皮影戏的主要有两派，一是刘派——刘存贵（艺名刘有子），但刘家无人继承这一技艺，在刘存贵去世后，这一派皮影表演也随之销声匿迹。另一传人便是张派——张存秀（艺名张小存），即张进绪的父亲。张存秀皮影艺术造诣极高，唱戏、耍线子、制作皮影样样精通。他虚心好学，不断钻研提升表演技艺，除向师父赵小卓学习皮影表演外，还师从老艺人李占海，学习演唱秦腔的技艺。张存秀的皮影表演内容宽泛而包容，极具特色与艺术性。据《贺兰县志》记载，张存秀皮影班子表演技艺高超，在当地颇有名气，是一位在贺兰县很有影响的早年皮影艺人。

　　1942年，张进绪出生，从几岁起，张进绪便跟随父亲张存秀的皮影班子东奔西走，在宁夏各地农村进行表演。儿时的耳濡目染，不知不觉让年幼的张进绪爱上了皮影戏的表演，一次次的模仿练习，更是为他日后的表演打下了坚实的童子功。1962年，二十岁的张进绪正式跟随父亲学习皮影表演，他禀赋颇高，心灵手巧，记忆力强，善于学习，又深爱皮影这门艺术，经过一段时间的实践演练，掌握了很多皮影戏的表演技艺，很多传统剧目唱词张口即来。由于历史等原因，1964年，父亲张存秀经营多年的皮影班子停演，直至20世纪70年代后期，张进绪继承父业，重整旗鼓，促使皮影戏班子重新开张上演，让沉寂了二十余年的张派皮影再次进入人们的视线。几经沉浮，加之现代多样化文化娱乐形式的冲击，张进绪的皮影班子演出场次日渐减少，收入微薄，勉强度日。直到2006年，贺兰县金贵镇文化站将张进绪的皮影戏项目上报至县文化馆，才得到了各级文化部门的高度重视。很快，张进绪皮影被列入自治区级非遗保护项目，随之得到了文化部门的经费资助、添置乐器等多方面的扶持，使得张进绪的皮影艺术重新焕发光芒，曾一度多次应邀演出。张进绪忠实地传承了父辈的皮影表演技艺，加之多年的表演积淀与刻苦钻研，其皮影表演技艺精湛、风格独到，尤其是腾云驾雾、飞刀等，表演得惟妙惟肖。唱腔方面融合了陕西秦腔、宁夏花儿民歌、宁夏道情的地方曲艺唱法，表演生动，节奏感强，地域特色浓郁，在贺兰县及周边地区有极强的影响力，深受老百姓喜爱。2009年，著名民间艺术抢救工作者冯骥才先生来到宁夏银川，观看了张进绪的皮影戏《王翦平六国》，被他独到的唱腔及细腻的表演深深吸引，对其表演水平、唱腔特点给予了极高的评价，称赞张进绪的表演，灯影、乐声、剧情浑然一体，是民间艺术的珍宝。张进绪的皮影戏班子共有十余人，其中两三位伴唱，其他的演奏二胡、板胡、板鼓、笛子、锣、钹等乐器。当地乡村举办庙会或办喜事时，都会请他们去演出助兴，深受乡邻欢迎。张进绪还积极参加贺兰县文化馆组织的皮影戏进校园、进社区、进农村等活动，每年演出二十场左右，让这一传统艺术得到了较大范围的传播与普及，让更多的人欣赏到了传统艺术的魅力。张进绪的二儿子张中秋对皮影艺术颇感兴趣，曾写下拜师帖，正式向父亲拜师学艺，张进绪对此甚是欣慰，并倾尽所学教授儿子皮影技艺。多年来，张中秋一直跟随父亲学习，掌握了一定的技艺，还在继续努力学习之中。

张进绪在民间皮影戏的保护与传承方面作出了积极的贡献，由他完整传承下来的传统皮影戏本近二十部，主要有《西游记》系列的《孙悟空大闹天宫》《三打白骨精》等，以及《封神榜》系列的《姜子牙》等神话主题的剧目。他还精心保存了四百多件珍贵的家传皮影及演奏器具，其中相当一部分皮影道具是清朝后期的作品，是张进绪父亲张存秀购置收藏下来的，还有一部分是张进绪的父亲亲手制作的皮影。如今，这些记载着皮影历史的弥足珍贵的老物件，都已被贺兰县文化馆妥善收藏与保管，并对外展出，正在为传承皮影戏这一非物质文化遗产发挥着积极的宣传作用。

访　谈

被访谈者：贾刚（贺兰县文化馆馆长）

访 谈 者：张洁、杨杰、田瑞、梁庆

访谈时间：2021年5月19日

访谈地点：贺兰县文化馆

访谈整理：卢晓雨、杜丹、武宇林

综述撰写：杜丹、武宇林

张：贾馆长，我们正在做宁夏文旅厅委托的课题，也就是对宁夏自治区级以上的非遗传承人进行抢救性记录，我们是银川组。张进绪老师虽然去世了，但是，他的艺术经历我们还是要了解一下，争取收录到书里。

贾：好的。

张：你们是哪一年发现张进绪老师的？

贾：2006年。

张：我记得好像你们当时是田野调查中发现的？

贾：嗯。我们前期先搞线索征集，由各个文化站进行摸底。然后根据报上来的线索，我们再下去进行重点的普查。

张：那张进绪老师当时是怎么被发现的？

贾：这还是贺兰县金贵镇文化站站长给我报上来的，报上来以后，我们就下去调研。当时去了他家以后，家里有好多乐器啊、道具啊。当时我们就先看

⊥ 课题组成员访谈贺兰县文化馆馆长贾刚（杨杰摄于2021年9月）

了看，让他在家里面表演，还挺不错的，就把他这个作为一个非遗项目报上去了。

张：哦。那么你们现在展出的这些东西是不是就是当时你们看到的？

贾：对！这就是当时他的皮影道具。张进绪去世以后，我听说他家里有人想把这个东西出售，我想这些东西是清朝后期传下来的，还有一批是张进绪自己亲手做的，还有他父亲亲手做的，我们想要把它保存下来，就签了个协议，就说这个归属权归他，每一年就是给他一部分资金，每一年提高一百块钱，当时应该是2010年开始做的，当时给一千块钱一年，那么第二年就成了一千一百块了，到今年已经到两千块钱了。

张：那您现在这个租金给谁？

贾：给邓女士（张进绪妻子）的儿子，合同在邓女士那里。

张：现在依然还在给租金？每年涨一百块钱？

贾：对。

张：那你们一共收了多少件？

贾：应该是四百五十六件吧。

张：四百五十六件皮影，那你们现在展出的这才是其中一部分，这部分皮影就是您说的是清朝后期的？

贾：对，大部分都是。

张：那么你们收来的这些皮影，除了清朝后期的，是不是还有他后来做的？

贾：后来他做的比较少。

张：你们是在2006年发现他的，你们发现他的时候，当时年龄有多大？他是哪年去世的？

贾：这我还真记不起来，2009年时，玉皇阁表演他还参加了一次。

张：你们2006年发现他的时候，表演方面你们觉得有啥特点？

贾：这个表演主要是以秦腔为主，因为还有道情（戏曲类别），道情当时好像我们还组织开展了这个展演活动，主要是在社区，还在村里搞了一次。

张：我记得你们的皮影好像还进校园了，对吗？

贾：对，进过。

张：那么他这个道情是哪里的道情？

贾：宁夏道情，就我们本地道情。从那过来以后，我就觉得这个道情咱也没怎么见过。

张：他当时是不是有一个皮影表演的班子？

贾：对。有一个乐队，包括表演。

张：他这个乐队一共有多少人？

贾：当时应该有十个人左右。翻唱的有两三个，多的时候也有十一个或十二个人。

张：乐队几个人？

贾：乐队五六个人。

张：然后还有表演的。

贾：两三个伴唱，都能扮演不同角色。

张：伴唱的有两三个，那么当时在他这个皮影戏班子里边，他是主要表演者？

贾：嗯。对。

张：边表演边唱，除他之外，还有没有人也有这个水平？

贾：没有啊。

张：就他一个人？

贾：当时我们为了把这个传承下来，还动员他带徒弟带学生，学了以后就传承了嘛。但是张进绪当时是比较保守的，不教外人。然后我们就一直给他做思想工作，但是一直没有做通。到后期了，可能思想上想通了，想带徒弟的时候，身体已经不行了。

张：他有几个孩子？

贾：三个儿子。

张：那他这三个儿子都没跟他学成吗？

贾：学是学了，但是没有学成。

张：那他靠这门手艺能挣上钱吗？

贾：能挣上钱的。当时乐器不齐，我们还给他配了乐器。

张：直到你们发现他以后，组织去演出，这个时候他才开始挣钱的吧？

贾：我觉得也挣不了多少钱。因为十来个人嘛，你想这十几个人有时候租车吃个饭，我们当时给一千块钱一场，我觉得也挣不了多少。

张：那他这个皮影主要是表演方面吧？

贾：对。

张：那制作方面呢？

贾：他不太会制作。他父亲会做，所以这个皮影其实就是他父亲购买的及他父亲做的。他呢，简单地做一些，但是稍微复杂一点的，他就不会了。

张：哦。就是说，最后你们拿来的这些皮影大多数都是前人做出来的？

贾：对。有以前的和他父亲做的。

张：他经常表演的皮影戏曲目有哪些？您知道吗？

贾：比如说《三打白骨精》，还有《姜子牙》等等。

张：这个你们都留有视频没有？

贾：没有的。因为当时我们也是刚开始，设备也不是很先进，就一个照相机，
　　没有摄像机。

张：那他演的时候，就有传下来的皮影，还有乐队使用的乐器？

贾：主要就是秦腔乐器，有二胡、板胡、板鼓、笛子，就这几件，然后配一些
　　打击乐，锣、铙。

张：那这个表演皮影用的乐器还挺多的呢。

贾：嗯。等于是一个小的秦腔班子。

张：他表演的剧目您刚才介绍了两个，那你们当时发掘他的皮影时，能表演多
　　少剧目？

贾：他完整的本子应该有十几部、二十几部吧，还是比较多的。

张：在你们给他扶持的情况下，这二十几部都能表演出来吗？

贾：嗯。都能表演。但是经常表演的，主要是群众喜欢的一些曲目。主要是
　　手法，比如说腾云驾雾呀、飞刀呀等等。在皮影上面表现比较好，它主
　　要体现皮影和秦腔不一样的地方。特别是神话，你像腾云驾雾直接就
　　飞了，但是你在秦腔中这些没法表现。神话故事在皮影方面还表现得
　　比较好。

张：那他这些作品，你们有没有留下那些本子或者什么资料？

贾：当时是张进绪自己写了些文字，但也不是很齐全。我们当时已经复印了，
　　上次你们都看过了，当时这个本子还在他儿子的手里面。因为张进绪不识
　　字，好多字都是拼音，他完全是凭自己的记忆在那记着。本子就我现在看
　　到的有两三部。

张：现在能看到的有两三部？

贾：在他儿子张中秋手里面。

张：那这个本子有没有照片？

贾：照片应该有的。随后我再找一下。

张：行呢。那么他最擅长的就是您刚才说的《三打白骨精》《姜子牙》？

贾：也就是《西游记》系列嘛。还有《封神榜》的神话故事。

张：从你们发现他一直到他去世前，我感觉他也是经常参加活动的。他主要参
　　加过哪些活动？

贾：我们组织的皮影戏进校园、进社区、进农村这些活动，每年能弄个十到
　　二十场。

张：他都能参加吗？

贾：嗯。我们这是专门组织的皮影相关活动。

张：给不给补助之类的？

贾：给。一场给他一千块钱。

张：哦。那对他来说也可以了。

贾：当时在玉皇阁表演，给他四百或六百块，回来了以后，我们又给补了四百
　　或六百，反正就是这样子，不到一千块钱。

张：对，对。我记得当时你们在那个玉皇阁的演出活动。

贾：当时给的少了。我们先动员着去了，去了以后，我们又给补了一部分。

张：从你们发现他，一直都是依靠你们这种扶持在维持生存吗？除了你们之外
　　有没有商业演出？

贾：太少了，基本就没有。那种商业性演出我记忆当中就那么两三场。

张：商业演出也就两三场啊？那景区有吗？

贾：没有，经营非常艰难。

张：我记得他好像去世的时候才六十多岁？

贾：对。

张：他在世的时候有没有那种工作室？

贾：没有。

张：就是在他自己家里？

贾：就是这样的。

张：练戏的时候，（或者）他们的整个乐队成员做什么活动的时候，也都在他
　　家里？

贾：对，就在他家里面。

张：哦。那他那些乐队成员有没有跟他学过皮影表演？

贾：我记得好像是没有的，他们只是操作自己的乐器。

张：那现在他去世了以后，你们办这个展厅专门给他展出，跟他家里人商量
　　过吧？

贾：嗯。他们也同意了，和他儿子商量过。

张：那他儿子从父亲去世后到现在，有没有想再继续学习？

贾：想。想过学皮影戏。但是他的表演技巧呀，还有唱腔这方面，都跟张进绪
　　差得太远了。

张：没有一个人能独立拿下一台皮影戏，一场表演是个系统工程，靠一个团
　　队吧？

贾：嗯。这基本上要有两三个帮腔，比如说女声呀什么的，就是旁边的帮腔。

张：从你们知道他一直到最后他去世，他带徒的情况怎么样？

贾：不行。他主要还是想带自己的儿子，家族传承嘛，结果呢，这个也没带出来。

张：没带出来啊？那他现在在你们这儿留存的资料有多少？

贾：主要还是照片为主，照片和实物。

张：他去世的时候你们知道吗？

贾：知道的，去世之后，好像我们还给过经费，市上给了一部分，我们给了一
　　部分，我去民政上又争取了一部分，有七八千块钱的样子。大概是这个样子。

张：唉。他这个人确实挺可惜的。我记得他在玉皇阁表演的时候，好像北京的
　　冯骥才老师还来看了呢。

贾：对。冯骥才专门来贺兰看他的。当时我们正好搞（皮影戏）进社区，冯骥才就过来看，副县长也过来陪同，人家当时对这个还是很重视的，说是非常好。因为他这个皮影是原生态，原汁原味。不像后期我们对王德贤的保护，直接把人请到宾馆，吃住就在宾馆，我们全部给录像，那时候投资也已经出来了，我们还打算出本书。

张：可惜张进绪老师的时候，你们还没有这个条件。

贾：是啊！要是条件像现在这么方便，我们就可以保存更多资料了。

张：那么目前这个皮影戏在贺兰县，可以说是停滞状态？

贾：嗯。我们有一个秦腔社团，还能表演。

张：能不能表演皮影？

贾：也能表演皮影。前年在青龙村做过几期皮影进社区、进团委活动。

张：那么那位表演皮影的人是谁？

贾：应该是平罗的一个人，不是我们本县的。但是他这个班子是我们贺兰县的，当时注册是在我们贺兰县，是新农村周边找了一帮子皮影爱好者，组了一个班子。

张：表演皮影的这个人是个平罗的人？

贾：我记得好像是平罗的，这个我再了解一下。

张：那现在这个班子还能表演吗？

贾：可以呢。

张：但是不属于贺兰县了？

贾：应该不属于贺兰县。

张：我们现在皮影其实还缺传承人，特别缺。

贾：我们再调查一下，看这个人到底属不属于贺兰，如果属于的话，看看能不能作为传承人。

张：我们现在极缺人才的，张进绪去世了，还有两个自治区级传承人，银川市级就断层了。那天我们专家评审的时候啊，就说现在全国皮影戏都处于低迷状态，特别少，特别缺，有多少，就想报多少。

贾：那行，这个事我就当作重点，然后再看一下。

张：您重点把这个皮影再拉一拉，因为原来贺兰皮影可是很有名的，好像还有个谚语。

贾：那怎么说呢？"长兴的高跷……"

张：对！当时就因为这个谚语一下子觉得贺兰的皮影太有特色了。你们当时的申报文本写得特别好。

贾：当时丢了一部分资料，我还发了一通火，太可惜了。

张：就是的。你们现在还有张进绪的表演照片吧？

贾：嗯。表演的录像不一定有。

张：我在哪儿还看见过，好像是在西夏区文体局楼梯上的走廊里，我看见张进绪表演皮影的那个照片。现在张进绪本人不在了，他的儿子可能对他的情况能有些了解吧？

贾：应该很了解呀。作为父亲和儿子的关系，他应该都知道。

张：他哪个儿子对张进绪了解最多？

贾：张中秋。

张：那是老几啊？

贾：老二，就是他一直想学，但是没学成。老三上大学以后在外面打工，一直对这个也不感兴趣，最有希望学这个东西的就是老三，但是老三不感兴趣。老三聪明啊，脑子灵活。

张：老大老二好像都在务农？只有老三考出去了。

贾：当时我们去了家里面，感觉张进绪这个人特别聪明，是特别精明的一个人。

张：他个儿不高，瘦瘦的一个小老头。他家好像经济条件挺差的。

贾：对。当时条件也是不行，那两口子的低保是我给去跑成的。先是村上，然后又跑镇上，然后在民政上，最后给两口子弄了个低保。

张：现在他爱人还健在？

贾：对。我们原来有数据库，主要就是电脑容易出问题，一出问题，我们以前
　　做的工作全白费。

张：所以我们现在就是纸质和数据同步，不能光依赖数字化。电子版上有什么，
　　然后同样纸质都得打印出来，哪怕费点事费点纸，像视频资料、照片，我
　　们现在也都让刻光盘保存了。这个资料的留存还是要重视，不然人一去世，
　　资料也找不着，还得从头开始搜集资料。

刺绣代表性传承人
赵桂琴

　　赵桂琴，1966年3月出生，宁夏同心县下马关镇红城水村人。2008年被认定为自治区级非物质文化遗产项目（刺绣）代表性传承人。

综　述

　　赵桂琴1966年3月出生于宁夏同心县下马关镇红城水村一个农民家庭，这里位于宁夏南部山区边缘，地处宁夏中部干旱带，自然条件较差。但此处自古流传着传统的刺绣民俗文化，在赵桂琴儿时的记忆里，村子里的女娃娃及已婚妇女在农闲时节都会围到一起，绣鞋垫、绣枕套，而且，还要比赛刺绣技艺。在如此的耳濡目染之下，儿童时期的赵桂琴就对刺绣产生了极大的兴趣。从八岁开始，她就忍不住跟着二姨偷偷学刺绣。因为是农家孩子，有空还得帮助大人干些农活。后来，母亲看她的确喜欢刺绣，而且很有悟性，便开始教她绣花。赵桂琴家中有六姐妹，小时候，小妹上学，大姐二姐一边务农一边为家人做衣服、做鞋，三姐和赵桂琴及五妹三姊妹都学会了刺绣，且一个比一个热爱刺绣，目前都是自治区级非遗刺绣传承人。在母亲和二姨的悉心指导下，在姐妹的相互激励下，赵桂琴的刺绣技艺日益见长。尤其是图案配线，她似乎对色彩有着与生俱来的敏锐，从来无须母亲的指点，便能根据所绣的图案，自己搭配出协调秀丽的色彩。还有对各种刺绣针法的领悟，赵桂琴都要优于周围的姐妹们，正如绣娘们所评论，一样的图案，赵桂琴绣出来的效果，就是和别人不一样。很早以来，赵桂琴就显现出了与众不同的刺绣才能。

　　赵桂琴从事刺绣四十多年，历经多年磨砺，掌握了打籽绣、平针绣、斜针绣、穿插绣、乱针绣、裹针绣、硬褙绣、掇绣等多种绣法，且刺绣技艺日臻精湛，能够得心应手地运用各种刺绣技法，创作出琳琅满目的精美绣品。她的绣品题材非常广泛，有花鸟、人物、山水，突破了西北刺绣以花鸟为主的常规，尤以绣制古今人物见长，具有"精、细、雅、洁"的艺术风格，能够将人物的表情神态展现得细致入微。主要作品有《金陵十二钗》《青花瓷》《九色鹿》《我的母亲河》等。近年来，赵桂琴的许多绣品在各种展会上获奖。2008年荣获宁夏首届旅游产品展示银奖。2010年作品《青花瓷》获全国"七夕女红手工艺大赛"铜奖。2011年获第四届海峡两岸文化遗产博览会交易会最佳文化精品铜奖。2013年作品《九色鹿》获宁夏首届文化创意设计大奖赛三等奖。2013年获第二届西北非物质文化遗产博览会（银川镇北堡）金奖。2015年获第三届西北非物质文化遗产博览会（银川镇北堡）一等奖。2016年荣获中国文化馆年会·文化艺术博览会暨银川"一带一路"特色文化产品博览会非遗展优秀非遗项目奖。2019年在庆祝新中国成立七十周年书法美术摄影民间工艺作品展中，绣品《神奇宁夏雄浑贺兰》荣获三等奖。在"非遗进万家·文旅展风采2020年宁夏黄河流域非遗作品创意大赛"中绣品获二等奖。2021年在庆祝中国共产党成立一百周年民间工艺作品展中绣品《我的母亲河》获二等奖。2021年，宁夏回族自治区党委、政府向福建省委、省政府赠送了题为《闽宁协作山高水长》的宁夏刺绣插屏，以此向二十五年如一日无私援助宁夏脱贫攻坚的福建省表达诚挚谢意，传递宁夏人民对福建人民的深情厚谊，铭记闽宁协作的山海之情。该作品的承担者为赵桂琴团队，选用真丝面料、优质蚕丝线，采用双面绣的手工技艺，用了四十五个日日夜夜精心绣制而成。作品两米多见方，采取薄玻璃夹裱工艺，配以花梨木屏风外框和鸡翅木基座，插屏整体长2.65米、高2.18米，尽显高雅韵致。该绣品被收藏于福建省福州市档案馆。另外，其绣品《金陵十二钗》被中国博物馆收藏，《青花瓷》被广东博物馆收藏。鉴于赵桂琴精湛的刺绣手工技艺，于2019年被评为宁夏一级工艺美术大师。

　　近年来，赵桂琴的刺绣不仅享誉宁夏等地，还随其参与对外文化交流活动，被宣介到海外一些国家。2011年，赵桂琴随宁夏代表团参加阿维斯文化基金会、中国驻迪拜总领馆、中国文化部主办的阿联酋迪拜中国文化周，展示了中国民间刺绣的独特技艺。2012年应塞舌尔文化部邀请、受毛里求斯中国文化中心委派，赵桂琴前往非洲东部岛国毛里求斯授课历时四十天。之后，前往韩国参加

卜 赵桂琴带徒授艺
（本人供图）

中韩民间文化交流活动。在一次次的对外交流交往中，赵桂琴把精美的中国民间刺绣艺术分享给了很多国外的民众。

赵桂琴自身的刺绣事业有成，同时也不忘带领更多的农村姐妹靠手艺脱贫。2008年以来，赵桂琴应邀担负起了培训农村绣娘的艰巨任务。2009年在银川市文化城宁夏非物质文化遗产保护性开发产业孵化基地，赵桂琴正式成立了"桂琴民间刺绣培训班"。2013年"宁夏赵桂琴刺绣有限公司"成立，2016年经自治区扶贫办批准，该公司成为自治区刺绣技能培训基地。为积极响应自治区扶贫开发政策，更好地消除贫困、改善民生、实现共同富裕，赵桂琴十多年来为培训农村绣娘作出了突出的贡献，先后共培训贫困地区妇女及残疾人千人左右，其中具有一定刺绣水平、能够协助赵桂琴承接刺绣订单的徒弟约百人，她们将成为宁夏地区民间刺绣的有生力量。

如今，赵桂琴作为自治区级非遗传承人，一方面积极拓展公司的刺绣业务，努力使公司的手工绣品成为高端艺术品、收藏品、装饰品，并将绣品远销欧美、日本、非洲等国际市场，尽心竭力传播中国传统文化。另一方面，她认真履行所担负的传承职责，在培训众多农村绣娘的同时，也积极培养两个女儿王倩和王婧。在她的言传身教之下，女儿深得母亲真传，刺绣技能进步很快，已经成为母亲的得力帮手，在母亲繁忙的情况下，能够接替母亲完成一些刺绣作品。女儿的成长，自己的刺绣事业后继有人，让赵桂琴感到无比欣慰。

访　谈

被访谈者：赵桂琴（自治区级非物质文化遗产代表性传承人）

访 谈 者：张洁、杨杰、梁庆

访谈时间：2020年10月11日

访谈地点：银川市西夏古城

访谈录音：杨杰、梁庆

访谈整理：梁庆、武宇林

综述撰稿：张洁、武宇林

张：赵老师，我们今天是对自治区级以上非遗传承人做个口述史的采录。请问
　　您是哪一年出生的？

赵：哎呀，我实际年龄是1966年3月的，身份证是1962年。那会儿，家里大人担
　　心年龄小怕结不了婚嘛，（上户口时）就干这个事了，比我实际年龄大了
　　四岁。

张：您是从啥时候开始学刺绣的？

赵：八岁就开始学刺绣了。

张：当时为啥想学这个？

赵：我小时候就喜欢嘛。就像我们家的外孙女，她也喜欢，一放假就让我来给教。
　　那个时候我是相当喜欢的，一见我妈、二姨她们绣花，我也偷着绣。那个
　　时候还不敢光明正大地绣，怕家长不同意，让干活呢。

张：您要一绣，就会耽误干农活了？

赵：嗯。一回来就让我拔草，或是干个（别的）啥活呢。那个时间确实都是偷着学，我二姨来我家的时候，给我打掩护。她说，你弄，我给你看着点。在二姨的帮助下，我把这个偷摸地学会了。

张：那当时主要是跟谁学的？跟二姨？

赵：我二姨指点了一下，最后还是跟我妈学的。我妈看我是真的喜欢，就抽出点时间，让我跟她学了一些。确切地说，是跟二姨和我妈两个人学会的。那个时候，我妈在村前村后都是相当手巧的人，她常帮别人绣花，我们姊妹也多嘛，还要给我们做鞋。农村里姑娘出嫁、娶媳妇，都要绣个枕头、鞋垫、针扎啥的，我妈都会绣，别人给我们再做双鞋，就这么交换着，互相帮忙。

张：您老家是哪儿的？

赵：同心县下马关的。那边的人闲下来，从女娃娃到结婚的妇女，只要冬天没事干，都围在一起绣花呢，还要比着看谁绣得好。可是，都是一样的图案，有人绣出来感觉有点飘，可能是她们的线把持不住，一下紧了，一下松了，就把它绣木了。也许我能把那个线把持住，我绣出来的花，就感觉有点活气吧。那个时候，我就很自信。大家都说，咋一样的花，我绣出来跟她们绣出来就不一样了。

张：哦。那时候您就感觉跟她们有差别了？

赵：对。因为同样都绣一个被单子，我绣出来的被单展展的，她们绣出来的被单子就皱皱的，花也皱到一边，所以就木了。可能线拽得太紧了，没掌握绣花的要领，反正绣得不灵巧。

张：就是说，当时你们村子里会绣的人特别多，但是绣得好的人不多？

赵：嗯。绣得好的不多。

张：那你们家都有谁在绣？

赵：我们姊妹三个，我三姐、我，还有我妹妹老五，我们三个绣花绣得相当好。

我大姐、二姐负责给我们做衣服、做鞋，我们三个特别喜欢，可能是大姐得了我妈的遗传。我三姐有心脏病，但她对绣花兴趣可大了，只要好一点，那个病不犯，到现在还绣呢。病一犯就没心劲了，说她不干了。病一好赶快就又绣起来，那花绣得有模有样的。我们姊妹五个基本上在家里，两个姐姐做鞋做得相当好，挽的那种小疙瘩，古老的水波浪针法，九针、四针，纳的那种鞋底，我到现在都没忘那些针线活。现在我有时想让她们做双鞋，可（他们）都带孙子，没时间。

张：那你们家姊妹几个？

赵：七个，我们是六个女儿，一个哥哥是老大，后面一顺顺生了我们六个女娃娃。

张：那六个女儿都会刺绣吗？

赵：我们五个会，老小上学。不过，让我这十几年也教得差不多会了。她有时候说，以前要是学也早学会了。我说，现在学也不晚。有时候我去哪儿搞培训，就带着她。

张：那赵老师的学历是？

赵：学历说实在，真真切切的是初中。

张：这个学历在生活中也够用了。

赵：够用了。可比起你们，我惭愧得很，差得远得很。

张：你们当时在同心县下马关乡的生活条件不太好吧？

赵：嗯。那时候特别困难，我们那里是南部山区。我以后到这（银川）了，才感觉差别太大了。我记事起，好像温饱都解决不了，勉强能吃饱，穿衣不露肉就行。

张：那就是勉勉强强能吃饱穿暖。后来是啥时候结婚的？

赵：十八岁结的婚。我是我们家结婚最早的。

张：结婚之后生了几个孩子？

赵：三个。一个儿子，两个女儿。一个女儿在红寺堡学校教书呢，她也会绣，

⊥ 赵桂琴在阿联酋迪拜为当地女学生授艺（本人供图）

不会绣大的，能绣鞋垫等一些小作品，像这些大的作品，不会。小作品不
是那种硬褙绣嘛，硬褙绣绣好了也是相当不错的。

张：叫什么绣？

赵：硬褙绣。最早的时候，绣花时，先要打褙子，就是把三四层布用糨糊粘到
　　一起，干了后比较硬，就叫"硬褙子"。然后把绣花图案剪下来，放在那
　　个硬褙子上绣。最传统的那种针扎、鞋垫都是硬褙绣。

张：那您的刺绣主要是属于哪一类？

赵：我的是平面绣和硬褙绣的结合，把古老的、传统的跟现代的都融合到一起
　　了，这样作品就更精致了。

张：那您现在的刺绣都有哪些针法？

赵：我现在主要是打籽绣、平针绣、斜针绣、穿插绣、乱针绣，那就多了，还
　　有就是裹针绣。

张：什么是打籽绣？

赵：就是花结籽的那个籽，打籽绣。

张：什么是裹针绣？

赵：裹针绣就是一针压着一针，是我们那时候的土叫法。它的这个针法不会跳

起来线头，针脚长了，可以一针一针都压住，它的整体平整度非常平顺好看。要是不压的话，它的线头稍微长一点，就会翘起来了，就不好看了。还有掺针绣，我们叫掺花，是掺了进去了，比方说黄豆跟红豆掺到一起。绣一幅大牡丹，要六种色过渡，那就叫掺针绣。

张：您这绣法还挺多的呢。

赵：是的。我现在有十二三种绣法，绣法都是融合到一起的，有时候一幅图案里，有掺针绣，有平绣。一个颜色，不掺其他的，我们叫平绣。我们做花蕊花芯的时候，就用那种打籽绣，把线在针上一绕一绕，打个小疙瘩，打一堆堆小疙瘩，看上去平平顺顺的。有时候绣个小花瓶啥的，用个打籽绣，绣起来挺好看的。这都是绣花过程中一点一滴提炼出来的，怎么好看就怎么绣。以前，打籽绣光绣花蕊花芯，不用打籽绣绣一整幅图案。现在，我们也用打籽绣绣出一幅整体的画来。也还有褨绣，是最古老的，可以说它很土，以前颜色不会配，就是红配绿、青配紫这样。现在把线搭配好了，尤其是褨花绣法的牡丹，毛茸茸的特别好看。我有一幅褨绣，卖掉了。我以后还想把褨绣再拾起来，相当不错的。像是绣牡丹啊、小狗狗、小鸡娃，用褨绣做出来，毛毛的，就像刚出窝的小毛绒鸡娃子，挺好看的。我觉得褨绣不要把它遗失了，都是老祖宗传下来的东西，真是有用的。过去没有那么多的线，作品就感觉有点笨拙。现在，把线再改进一下，褨绣出来的牡丹花就跟刚开了一样。这个真是传统的，也是咱们西北的，别处都没有，出了西北五省，南方就没有。

张：那您主要绣哪些题材的作品？

赵：以前绣的题材少一点，现在基本上山水花鸟人物齐全了。主要还是穿插着硬褙绣、褨绣。像针扎子那样的小作品，都用的是硬褙绣。

张：那硬褙绣需要的材料是什么？

赵：材料简单，比方说穿旧的牛仔裤，把它拆了，放到底层，放上两层，每层抹上糨糊，最上面粘一层能用来绣花的布。比如"迪卡隆"，或发光一点的面料，三层粘成厚褙子，用烙铁烫展。需要绣什么图案，就剪出来贴上，就可以绣鞋垫、针扎子。

张：这原来都是硬褙绣啊。这个绣花的布料相对要厚一些？

赵：对。好几层，硬实一些，也就不用上花绷上花架，手拿着就能绣了。简单，也好绣。

张：那像单层的这些作品是不是都得要用绣花绷子？

赵：对。像这个（软面料）非得上绷架，要不没法绣。

张：这些软布料都是啥质地？

赵：它是锦、帛之类。

张：绣线都有啥？

赵：现在的绣线都是蚕丝线、冰丝线。硬褙绣，一律是冰丝线，蚕丝线就绣不了硬褙绣。蚕丝线有一个好处，不脱色，永远是鲜亮的。蚕丝线绣出花来，妙、好看。但蚕丝线不能见水，一见水它就脱色。冰丝线咋洗咋泡不脱色，冰丝线就有这么个好处。

张：哦。冰丝线是不是不能用于锦啊、帛啊？

赵：对。蚕丝线只能绣锦、帛这一类的。蚕丝线比较细，用在硬褙绣上面，不好看也绣不了，一拉就断了。

张：这个蚕丝线的柔韧度是不是低？容易断？只能绣软布料？冰丝线比较结实？

赵：对。蚕丝线适合薄薄的软布料，冰丝线比较结实，光泽度也好，绣出来的鞋垫啊、针扎子，相当结实，也不怕水洗，水怎么洗都不脱色。

张：比如像我们的服装，旗袍面料一般是丝绸，或是纯棉，那用什么线？

赵：纯棉的就用冰丝线，纯棉的用蚕丝线绣不了。锦、帛，用冰丝线也绣不了，线一拉就毛了，什么面料针对什么线。面料跟线要配套，的确良布，冰丝线一拉线就拉毛了。

张：那您觉得现在用的这些面料和过去的一样吗？

赵：不一样。我们过去用涤纶布、的确良布绣花，不像现在的面料，已经改进得多了，有双面绣的那种布料，透明度相当大，我查了一下，它就是帛，是透明的，手放下面看起来穿透力特别强，那个一定要用蚕丝线绣。蚕丝线还能劈细，把它劈得细细的。要是用冰丝线就太粗了，绣出来就笨得很，它也绣不了。

张：哦。细腻的地方不能用冰丝线。那刺绣工具都有哪些？

赵：也就是针、线、绷架，我偶尔也用小花绷子，方便一点。可是小花绷子对面料有要求，像锦、帛，一定就不能用。一用它面料就会被压坏，就不能用了。

张：那就是说，现在一般都是在绣架上绣？

赵：我现在通通用绣架绣着呢。绣得剩一点点了，绣架绣不了，就用小花绷子补一下。

张：这些工具都是您自己买的吗？

赵：我自己定做的。我觉得哪样好用，就让木匠做，也是借鉴苏州的绣架，再让咱们这边的木匠制作。专门要定做，还要跟他说清楚，要不然做出来也用不成。

张：那些卖的绣架不好用吗？

赵：卖的那是十字绣的绣架，用不了。十字绣的绣架，它只能绣那种相当厚的面料。

张：哦。能介绍一下这件作品吗（指着旁边一幅绣品）？

赵：这是个乱针绣作品，叫《黄金满地》，绣的是秋天景色，太阳快落的时候，把叶子照红了。晚霞来了，黄金满地。

张：这幅作品要有多少工序？

赵：这个简单，用绣架绣，基本上是平针绣跟乱针绣两样，还穿插点打籽绣。因为树缝子里面有斑点，有斑点就用点打籽绣穿插一下，也就绣出来了，主要是乱针绣。树杆子、树皮平绣。树的背叶子，用点打籽，就感觉它快掉了，有点烂叉叉的那种感觉。

张：您这里哪一幅作品绣起来最费功夫？

赵：这条鱼最费工夫了，下面垫的是丝绵，要把它用手拍、拍、拍，拍实了，
　　拍得整整齐齐的。

张：哦。底下垫上丝绵，显得很有立体感。

赵：对，有立体感。我要把它垫到下面，上面就鼓起来了。要慢慢地绣，一点
　　也不好绣，不好掌握那种绣法。

张：您绣了这么多年，觉得要绣出一幅特别优秀的作品，要做到哪几点？

赵：首先是自己的悟性，这绣花好像就在自己心里带着呢。不管绣哪一点，说
　　是手上的功夫，其实也在心里带着。手上的功夫不到位，一样的作品，绣
　　出来效果真是不一样。

张：哦。这还是要多练吧？有的人是不是练一辈子也绣不出感觉来？

赵：嗯。有的人悟性慢，有的人悟性快。就像我这些年教徒弟，有的悟性好，
　　跟她一说就会，有人你咋说她都听不明白。我丫头可能遗传我了，不用举
　　一反三。我自己感觉还没说明白，人家自己就听明白了。我绣的时候，知
　　道咋绣，给她说的时候，又不知道怎么表达了。我还没说明白，她就懂了。
　　我感觉她确实很有悟性。

张：您这么多的作品，都是自己构思的，还是借鉴了一些画什么的？

赵：有些是自己构思的，有些是借鉴了。像这条《真金龙鱼》本来比较瘦，我
　　觉得瘦的不好看，就把它绣得胖了一点，其实它没有这么肥。像有些就是
　　画上去的，好多都是电脑打上去的。因为现在找人绘画，感觉比我绣花还
　　难。我以前认识一个画家，人家画，我绣，一幅赶不上一幅，配合了五六
　　年。现在人家也不画了，画一幅代价太大，人家画一幅现在也卖几千块钱
　　了。所以，我现在绣的都是电脑打出来的图案。

张：电脑打出来图案，自己配色绣出来？

赵：对。配色那真真是在心里带着呢。我就想不明白，有些人，你要是让她拿
　　回去绣，一个叶子能给你配得红的绿的都用上。我就说，生活中观察过那
　　些叶子没有，一个叶子也不可能说是五颜六色的。就算有，也要由深入浅

十　赵桂琴作品《金陵十二钗·探春》

（张洁摄于2008年）

的绿，由深入浅的蓝，要把它艺术化一点。这个配色确实在自己，我从小可能对这个色彩就有灵性吧，配颜色从来都不让我妈给我说该怎么配，自己就不乱配。首先这个色系要配整齐了，不可能说是一棵树上的花，这一枝花开个红色，那一枝花开个大红的，这就不现实。配色那是要研究的。就像绣人物，如果喜欢艳的，配艳一点。要喜欢素一点的，就配个素净一点的衣服。

张：您绣的人物颜色的把握、光线都挺好的。

赵：嗯。现在人也不穿大红大紫的了，娃娃就配得艳一点，绣大人的时候，就要绣得素净。绣大人的肖像，皮肤掌握好了，其他就好绣了。不过，最主要的就是脸形跟眼神，皮肤绣得粗糙一点还没多大关系。但是那个眼神，很重要。

张：眼睛是心灵的窗户嘛，最能展现作品的灵动就在于眼睛。

赵：那天，文旅厅领导来了，建议我再绣一些传统题材的，就像过去卖掉的《红楼梦》人物那种的。

张：是《金陵十二钗》吧?

赵：嗯。《金陵十二钗》卖得早了，都有十年了吧。

张：我记得是2008年卖掉的，其中的《探春》我还给拍照了呢。

赵：我打算等工作室弄好了，要是搬过去了，孙子也不领了，专门再创作点作品，把古老的拾起来。现在都太现代了，再绣些传统的也挺不错的。虽然我感觉传统绣比较粗糙，没有现在的细腻，可是那种的整体看起来也相当漂亮，真的有传统那种美感。我再创作一些传统作品，也会有人喜欢的。最早，织毛衣的那种线我也绣过，有人是五股子线并到一起的，咱把它再劈开了绣。我把那种粗线一股一股地弄开绣好了也很漂亮。它各有千秋，各有各的味道。我这下真的要待在工作室里，好好再创作一些古老绣品、传统绣品。

张：您的工作室是目前这个吗？

赵：我暂时是这个。同安小区那边还有一个，正装修着呢。有这边两个大，想把工作室弄得好好的。

张：您现在成立工作室需要办什么手续吗？

赵：不需要。假如说我要在万达（商场）开个刺绣店，那就需要办手续。工作室的话，就把我这牌子啥的往上面一挂就行了。

张：工作室里有几个人？

赵：我的工作室有四个，我，我丫头，还有两个徒弟。我想着再招两个残疾人徒弟。

张：（赞赏地）真好！

赵：我有个徒弟跟我学好长时间了，她说："赵老师，我想报传承人。"我说："那你争取呗。"她说报个传承人，就更有信心了。那天文旅厅赵厅长来了，还问我丫头咋没来？我说丫头两次报自治区级传承人没通过，受打击了。赵厅长还鼓励说，继续报，一定要有信心，不能放弃。我丫头说："行呢行呢。我继续报。"

张：您这些作品有没有申请专利或者注册商标？

赵：商标注册了，专利还没申请。商标注册有十年了，名称是"桂琴刺绣"，那天人家还打来电话，让我续上呢。我还没顾上。

张：名称也好呢。那您这些作品全部都是纯手工的？

赵：这全是纯手工的。说实在话，这一大半都是女儿的心血，我一有个啥事，就往女儿那里一塞，她就着急地绣去了，女儿一天也挺辛苦的。

张：那像这幅作品得绣多长时间？（指着一幅作品。）

赵：这个要是乱针绣的话，得两周。

张：两周就能绣成？那这幅呢？我觉得这幅作品很复杂。

赵：这个得二十天。乱针绣比较快。你们看这个，它这个线你们看见没？这个线换得不多，绣得快。因为啥？穿上一种线，把它先绣完，再穿另一种线，再把那种线绣完，这个最快。你们端详的那种慢，老得换线，每天除了吃饭、睡觉，所有时间都绣，要二十天。

张：挺不容易呢。那么您这些作品主要都是哪些人购买呢？

赵：从农民到单位领导，哪个层次的都有。咱们卖给农民的还卖得好呢！

张：那销售渠道都有哪些？

赵：现在就是打电话嘛。今天还有人打来电话，要一幅《牡丹》呢。我说，这儿只有一幅大的《牡丹》了，再要就得等呢。现在谁家装修房子啥的，就打来电话。因为我影视城那个店撤了，文化城的店也撤了。那天，区长建议我到西夏万达开个店，我觉得费用太高。但不管是西夏万达也好，影视城也好，就是把人熬得不行，老把人拴到那边，就整天卖东西了，一点创作作品的时间都没有，又不好请假。我也得绣点作品呢么，不绣咋办呢？

张：那您这两年绣的这些作品，说是大部分都是女儿绣的。那么还有徒弟做的吗？

赵：一般徒弟做的那些没有在这里挂着。我要有订单了，徒弟才绣呢。我会去找她们，召集到一起绣。她们要是闲了，就去打工挣钱了。不像我们绣出来攒下。她们不攒，觉得绣上这个，一下也卖不掉，还要等机会呢。

张：您现在固定的徒弟有多少个？

赵：那就多了，固定的徒弟有一百多个。这几年我教徒弟都快要累死了。呵呵！

张：哇！一百多个！您教徒弟那不是一般的累吧？

赵：嗯。刚教熟了，这个班就结束了。再从头来，教另一个班，刚教熟了，又结束了。那不是一般的累，感觉比我收一天粮食都累。2017年我培训了一年，嗓子都哑了。

张：学员都是从头在学？

赵：是。一直都是从头在学，2017年，那就是九百个人。2018年也培训了一点。

张：现在固定的徒弟有一百多人？

赵：对。固定的这一百多个人，我有订单了，有时候特别着急，就把她们都召集起来，跟她们说，你们看我绣的也都攒着呢，你们也绣点攒着，等着急了用。人家说，我不攒作品。有人要了，绣一幅卖一幅。攒的时候也没有工资，要生活呢。她出去打一天工，还挣个一百多块钱呢。所以说，闲了她们就打工去了。我要召集起来绣花，肯定就比打工强了。

张：您觉得这些徒弟，得学多长时间能出徒？

赵：我有一年时间，就能把她们教到出徒。但绣人物不敢保证，那真是要悟性的。有的绣了个人物，一眼能看出来是个人，可就不好看么，有的还有点狰狞。人物跟花卉不一样，花卉稍微放一点都可以，宽一点、窄一点都可以，绣人物一年怕是都绣不出来。

张：您觉得刺绣好不好往下传承？

赵：也好传呢。不过，学的人多，我感觉都学的是皮毛，要学得深奥，把这花绣灵秀了，很难。我有两个得意的徒弟，绣的我能看过眼了，相当不错了，都绣了七八年了。

张：哦，要七八年呢。那赵老师是自治区级传承人了，女儿也培养出来了。今后最想做的是什么事情？

赵：（肯定地）刺绣啊！我喜欢了一辈子，我就想把它传下去，想让那些徒弟传承下去。光我女儿，感觉还是薄弱得很。比方说我女儿的女儿，外孙女要是上了学，不喜欢这个，那不就完了？我就想多多地教给那些徒弟。让她们也把手艺学精，也许她们能往下传，这个几率不是就高了吗？在我力所能及的情况下，只要眼睛还能看见，只要我有一口气在，刺绣我不会把它扔下。我从小喜欢，到现在这个年纪了，还是喜欢。到哪儿看啥东西，别人都没有看见绣品，我一眼就能看见。人问，你咋就能看见？我不知道。真的，我也觉得奇了怪了。绣品跟其他东西一起放着，人都没看见，我就看见了。这可能就是我喜欢刺绣的缘故吧。

张：（感动地）对它相当地钟爱，钟爱了一生啊！

赵：（感慨地）确实是钟爱了一生。我过去为了绣这个，当时生活有多困难，四季的衣服都没有分开过，把那些钱都攒下来，买绣花线就舍得，买衣服就舍不得。给娃买舍得，给自己就不舍得。我记得清清楚楚，有件衣服晒得已经脱了颜色了，过去叫"迪卡隆"蓝色衣服，我也许回到老家还能翻出来。那时候二十岁穿的，脱色以后，我让裁缝给拆了，又翻了一个个儿，我又穿上。我的刺绣从没扔过，我就喜欢到这个份上了。

张：您的前期付出了不少啊。

赵：确实也是。那个时候苦，我要感谢我的孩子，我的这三个娃娃要是不支持我，我也不会有今天。他们念书回来，首先给我穿线。我买了多少根针？开始是一百根针，丢、丢、丢，娃娃穿线，必定会弄丢么。一百根针丢了，我再接着买。有时候忘了给她们做饭，那两个丫头从来没有怨我，就是儿子有时候会吊脸。娃饿了么，连个馍馍都没有嘛。我那时候绣花，啥收入都没有，谁买呢？光是欣赏的，没有买的。多少年了，我绣的活儿，谁来都看一看，赞叹一番，放下了。没一个人说是，把钱掏了买你一幅作品，没有过。（欣慰地）可我这娃们都支持呢。没有说："妈，你这是干啥？我们都紧巴巴的，学费都交不上。"没有一个娃娃这么说的，我特别感谢这几个孩子。真的！

张：你的这几个孩子真不错！现在也都发展得挺好的。

赵：（喜悦地）嗯。都发展挺好。我就觉得，他们要是抱怨的话，我也坚持不到现在。我记得大丫头那时候学费特别高，都欠了一万多块钱了，她没让我看过催款条子。那时我们家条件很差，我给她打扫房间的时候，发现了学校催缴学费的条子，我眼泪都……

张：觉得对不住孩子？

赵：（难过地）嗯。觉着对不住。

张：您坚守了这么多年，最终有了成果。

赵：非常感谢张老师，我这一路走来，你对我的鼓励和各种帮助，我都非常感谢。我一个农村妇女何德何能？真的，我感觉每走一步，都与你们各方面的帮助有很大的关系。

张：也是赵老师自己付出了么，也是国家的政策好。

赵：对！也是国家的政策好。

张：你们也是赶上好时代了。谢谢赵老师了！

贺兰砚制作技艺代表性传承人
陈梅荣

　　陈梅荣，1946年出生，宁夏银川人，小学文化程度。2010 年被认定为自治区级非物质文化遗产项目（贺兰砚制作技艺）代表性传承人。

综　述

陈梅荣于1946年出生于银川市，在兄弟姊妹十五人中排行老六。陈梅荣的父亲是河北人，年轻时从河北来到宁夏，而后在银川市安家立业。陈梅荣的父亲是个知识分子，写得一手好书法。或许正是得益于父亲艺术修养的熏陶中陈梅荣踏上了追求艺术的道路。

陈梅荣小学毕业后，在三姐的带领下前往劳动人事部门寻找分配工作的机会。当初，陈梅荣面临三个可选择的岗位：一是营业员，二是财政厅打字员，三是贺兰石雕刻。陈梅荣毫不犹豫地选择了贺兰石雕刻工作，并在之后的五十余年里与之结下了不解之缘。

贺兰砚制作技艺具有悠久的历史，传承至今，跨越百年的"闫家砚"正是个中翘楚。陈梅荣的师傅闫子江是"闫家砚"的第二代传人，等传到陈梅荣这

卜　陈梅荣跟师父闫子江学艺
（本人供图）

一代时，其贺兰砚雕刻技艺已经炉火纯青。

　　陈梅荣十六岁进入银川贺兰石雕刻厂工作，首先从学徒做起。在进厂前，陈梅荣从未学过绘画和雕刻。当时的雕刻厂也没有机器，雕刻作业全靠手工。面对全然陌生甚至可谓艰苦的工种及环境，年轻的陈梅荣却充满了昂扬的斗志，如她所言："以主人翁的精神，对这个车间就像我的家一样热爱。"

　　当年的贺兰石雕刻厂位于如今银川市民族南街，连师父带徒弟只有十几个工人，陈梅荣在其中算是年纪小的。一开始，厂里还有另外一个女学徒，但是很早就离开了厂子，只剩下陈梅荣这个唯一的女性员工。然而，年龄和性别都没有成为陈梅荣学习贺兰石石刻艺术的障碍。陈梅荣胆大心细，虽是初学者，却极具艺术天赋。手工雕刻非常容易弄破手，但她却总是巧妙而精心地雕刻石头，避免受伤，可见其心灵手巧。一开始，师父闫子江会在石头上先画出简单的图形，让陈梅荣使用工具打磨出基本的砚台形状。然后再画上一些雕刻图案，比如松树、梅花、松鹤延年等传统的砚台图案，陈梅荣再一凿子、一凿子地把图案雕刻出来。就这样度过了三年的学徒生涯，陈梅荣得以转正，成为了雕刻厂的正式员工。在肩负雕刻厂产值任务的同时，陈梅荣的雕刻技艺和艺术审美也在日益增进。"闫家砚"素来讲究古朴含蓄、内敛沉稳的雕刻风格，师父闫

⅃　陈梅荣的贺兰石刻作品《九龙套砚》（本人供图）

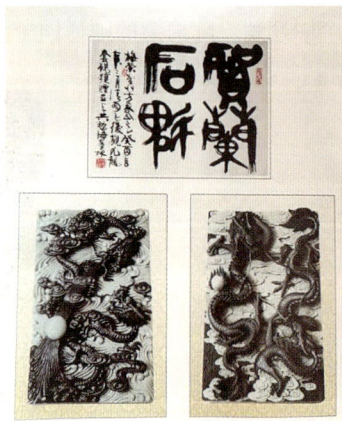

⅃　陈梅荣的贺兰石刻作品及韩美林的题字
　　（本人供图）

子江亦是如此。据陈梅荣回忆，师父闫子江经常给她画一些植物或动物的雕刻图案，但未曾画过龙。这让个性要强的陈梅荣，初步萌生了以龙为主题进行砚台雕刻的创作念头。20世纪80年代，陈梅荣去了北京，在北海公园参观了九龙壁。九龙壁是乾隆年间所刻的影壁，两面各有九条由琉璃砖烧制的七色蟠龙。正是这座清代艺术珍品，为寻求艺术突破的陈梅荣提供了灵感。激动不已的陈梅荣没有带笔，就向路人借了一支圆珠笔，在北海公园足足画了四个小时，终于把九龙壁临摹下来。这份珍贵的临摹画稿，以及搜集到的其他相关的图案资料，被陈梅荣千里迢迢地背回了银川。

其后，陈梅荣开始潜心琢磨创作《九龙套砚》。可惜虽然偶有成品，但都因为要完成车间规定的产值而上交了，这让陈梅荣十分地惋惜和遗憾。《九龙套砚》非常讲究石头的色彩搭配，合适的石材是可遇不可求的，更不必说雕刻制作过程中所投入的精力和技艺。直至1988年，有着更高艺术追求的陈梅荣不再满足于完成车间里的生产任务，她亲自带着《九龙套砚》的作品前往北京参与评奖，最终这尊《九龙套砚》获得了"第八届中国工艺美术百花奖"二等奖，并被中国工艺美术馆珍藏。这充分证明了陈梅荣的贺兰砚雕刻技艺和艺术审美得到了认可，也代表着贺兰砚从车间工艺品走向艺术收藏品的重要变革。1990年第二期《宁夏画报》登载了陈梅荣的《九龙套砚》系列作品，并撰文介绍："《九龙套砚》气势磅礴，为增强云、水、雾、龙艺术造型的透视效果，在刀工上打破了过去贺兰石石刻平面浅浮的刻制方法，采用了深浮雕、半圆雕、镂空等刀法，取得了很好的艺术效果。其中一对带有'玉带'的书画章，在选料上颇具匠心，其石料是贺兰石中罕见的稀世珍品。专家们对这套作品给予了高度评价。"

此后，陈梅荣多次参加自治区、全国乃至海外的工艺美术品展览。对贺兰岩画艺术情有独钟的韩美林大师，曾为陈梅荣题下"贺兰石魁"四个大字。风风雨雨几十年中，陈梅荣从未停止对贺兰砚雕刻艺术的执着追求。至今，陈梅荣的家里仍存放着一吨左右的石料，她总是精心挑选出合适的石材，然后洗净摆放在墙边，过来过去仔细观察，静心琢磨石头的形状、成色，用心构思图案。"灵感来了，赶紧画上，再一刀一刀地去刻。"陈梅荣如是讲述。

2007年，陈梅荣和闫森林、施克俭两位同门被评为宁夏一级工艺美术大师；2010年，陈梅荣入选宁夏第二批自治区级非物质文化遗产代表性传承人。2011年经国务院批准，贺兰砚制作技艺被列入第三批国家级非物质文化遗产代表性项目名录。如今，陈梅荣是贺兰砚制作技艺代表性传承人，但最让她忧虑的是，自己多年辛辛苦苦掌握的贺兰砚制作技艺后继无人。年逾古稀的陈梅荣想在有生之年收个徒弟，将自己的手艺传承下去，却难以做到。学习雕刻创作是一件漫长而寂寞的事，即使是有恒心、有天赋的陈梅荣都学了三年之久，而如今的年轻人，似乎根本耐不住这样的寂寞。据调查，宁夏地区的贺兰砚相关从业者逐年减少，由于市场销路、经济收入等原因，许多学徒即使学有所成，也并不会选择从事该行业。对于陈梅荣而言，贺兰砚制作技艺的传承，仍然是个悬而待决的问题。

⊥ 陈梅荣作品《九龙套砚》的收藏证书（本人供图）

访　谈

被访谈者：陈梅荣（自治区级非物质文化遗产代表性传承人）

访 谈 者：武宇林、杜丹

访谈时间：2022年1月3日

访谈地点：银川市某单位职工家属楼陈梅荣家

访谈整理：杜丹、武宇林

综述撰写：杜丹、武宇林

武：陈老师好！我们是北方民族大学非遗研究所的老师，今天来采访您，是要了解您的贺兰石雕刻艺术人生经历。我们正在跟宁夏文化馆合作进行一个课题，要记录宁夏的一百多位非遗传承人，今天的访谈内容都要收到书里去的，请给我们提供些以前的相关资料好吗？您很早就是宁夏名人，肯定有不少资料吧。

陈：（高兴地）你们是准备出书吗？我有好多资料呢！等等，我去拿过来。（丈夫时先生也帮助找资料。）

武：谢谢时老师！给您添麻烦了。

陈：你们看，这都是资料。（抱来很多图片及报刊资料，摆了一桌子。）

武：太好了！

陈：这是《中国名砚》（杂志），还有《宁夏画报》，上面都有我的作品《九龙套砚》等等。

└ 著名画家韩美林在家与高级工艺美术大师陈梅荣交谈

武：好的。我们需要翻拍一下。

陈：你们知道韩美林吧？（指着其中一页）这是韩美林先生给我题的字"贺兰石魁"。（指着一幅老照片）这是我的师父闫子江。还有我年轻时雕刻贺兰砚的照片。

杜：陈老师年轻的时候真漂亮！

陈：（自信地）人家都说："哎哟，老了都不次，还是那么好看。"

杜：就是就是。

武：陈老师的确很漂亮。记得宁夏二十大庆时，陈老师就是被重点拍摄采访的艺术人才之一，形象好，技艺好，经常会在《宁夏画报》等刊物上见到陈老师雕刻贺兰砚的工作照呢。当年一定有很多记者采访您吧？

陈：（微笑）嗯。就是的。原来《人民日报（海外版）》《光明日报》等几家报纸都登了写我的报道，我都保存着呢。结果前些年搬家都给弄没了。

武：那太遗憾了。

陈：你们看，这是我在北京参加中日联展时的照片，橱窗里有我的作品。还有北京工艺美术展览，也有我的作品。

武：陈老师过去参加过很多展览吧？

陈：嗯。我还参加了中国传统工艺技术百名女能手操作表演，你们看这一页上面还印了我的《葫芦叶》砚台作品，看见了吗？是我刻的这个葫芦叶。

武：看到了。刻得太精美了！

陈：这是在北京参展的《九龙套砚》，评了中国工艺美术百花奖。这是中国工艺美术馆珍藏的《九龙套砚》，不过图片没照好，红底总不如原来的那个好。这是后来我又重新刻的一套。

武：《九龙套砚》是您的代表作吧？

陈：（自豪地）是我的代表作。

武：这是什么作品（指着另一幅照片）？

陈：这是《龙凤呈祥》，这个照不照都无所谓，要叫我说，有那么几张就够了。

武：请把您最优秀的作品给我们介绍一下。

陈：那就是《九龙套砚》。你们看，这就是1993年2月评奖的证书，这是一个主要的奖励，证书是中国轻工业部发的，也算是收藏证书，这套作品被珍藏到中国工艺美术馆了。

武：陈老师太了不起了！

陈：后来我还当了十年的自治区政协委员，参加了（自治区政协）第五届一次会议后，当时的自治区主席白立忱来我家慰问，还看了我的这一套《九龙套砚》。半年以后，我就拿到北京参加中国工艺美术百花奖，就让国家珍藏了。这是我参加世界妇女代表大会的照片资料，那个那时候宁夏把我选上了，人家主动来找的我。因为啥呢？就是那一年我的《九龙套砚》获了全国工艺美术百花奖二等奖，所以那时候这个会、那个会，都叫我去参加。我觉得人还是要好好地努力呢。呵呵！

武：（联合国第四次）世界妇女大会是1995年，陈老师还去了北京参会，人生真是太辉煌了！请问陈老师哪一年出生的？

陈：我今年七十六岁了，是1946年2月14日出生的。那年报户口的时候，给我报少了一岁，报成1947年2月14日，我实际是1946年的。

武：您当时出生的时候父母都从事什么职业？在哪里出生的？

陈：我就在银川出生的，我老父亲是河北人，二十多岁就来到宁夏银川，那是
　　民国二十八年，就一直在银川生活，九十三岁去世的。

武：他是做什么工作的？

陈：我爸过去好像是做什么……（向丈夫时先生问询）哎！原来我爸是干
　　啥的？

时：他在解放前的财政厅和什么厅工作过。

武：那也是个文化人呢。

陈：（肯定地）对！是有文化的人，我爸写毛笔字写得太好了！

武：那父亲对您的成长一定很有影响吧？

陈：（怀念地）对。特别对我这个搞艺术有很大影响。我和他（指丈夫）两个
　　人最孝敬我爸了。记得有一天，我爸坐在沙发上，我坐在床边上，我爸对
　　我说了这么一句话："梅荣你看，你妈养了这十几个娃，我给你起的名字
　　最荣耀。"后来我想，确实是这样的。两年半以后，老父亲就去世了。虽
　　然我文化程度不高，可是我做事非常优秀。我当时就给我爸回了这么个话，
　　我说："爸爸，荣耀的事，我梅荣在人前头干着呢！"这个做事和人的名

┤ 陈梅荣在雕刻砚台（本人供图）

字还有点相近呢。我过去老是去学雷锋做好人好事。

武：陈老师果然没有辜负父亲的期望，凡事都要努力争取荣耀。那你们家姊妹几个？

陈：姊妹十六个，活了十五个。现在活的还有七女四男，我是老六。我上头两个哥哥、三个姐姐，下面三个妹妹、两个弟弟。我是中间的一个。

武：您家人丁兴旺，兄妹都健康长寿。真好！小时候的上学情况怎么样？

陈：我上了高小，也就是五年级。后来参加工作以后，又到一中的夜大上学，从高中开始上的，可是"文化大革命"都给停了。实际那个学业也算我的文凭，可是单位呢，说要找老师写来证明才算。

武：那陈老师是从多大学习贺兰石雕刻的？是什么原因开始学的？

陈：我是十六岁就开始学的。当时想找工作，我三姐就领上我，我们家在银川市羊肉街口这边，原来有个劳动人事厅，管分工作的。工作人员当时写出三个职业让我选择，一个是营业员，一个是到财政厅当打字员，一个是贺兰石雕刻。你看我简直绝了，就直接选了贺兰石雕刻。我选得也对，结果就干这个行业了。

武：当时的银川市贺兰石雕刻厂在哪儿？

陈：当时老一点的雕刻厂就在现在的民族南街，羊肉街口一直往下就是民族南街。银川市不是有个老大楼嘛，老大楼斜对面不是还有个五一餐厅嘛，就在五一餐厅附近，有个贺兰石雕刻厂。

武：当时有多少工人？

陈：连师父带徒弟好像一共十一个人。

武：您是最小的吧？

陈：要说年龄，我算是小一点的。

武：肯定是男孩子多，女孩子少吧？

陈：女的原来还有一个，后来她早早就不干了，就我们两个女的，再就是几个男的。

武：请说一下您的雕刻工作情况好吗？

陈：那个时代，毛泽东主席让我们要向雷锋同志学习，所以我这一生走的这段
　　艺术道路，都在学习雷锋，脚一踏进这个厂子的车间门槛，就爱上了这个
　　工作。

武：那时候基本上全是手工，没有机器？

陈：没有机器，我们那个时候是全手工，到现在我都是手工，我没有学过机器。

武：那雕刻工作是不是也挺苦的，整天拿刻刀，一不小心就会把手弄破？

陈：（自信地）我这个人巧得很。你们看我这手长得巧不巧，朝外翻，大拇指
　　都朝外翻，手比较巧嘛。干活的时候灵巧得很，自己也心细，特别注意，
　　不能把手给弄伤了，那得多疼啊，受伤可咋办？所以我一直很小心。进了
　　这个工厂，我就把这个车间当作我的家，以车间主人翁的精神，对待车间
　　就像对待我的家一样。

武：真好！您的师父叫闫子江吧？请说一下他是怎么教您贺兰石雕刻的？

陈：我跟师父学艺的时候，他先让我找一块石头，给我画一个锥形或鸭蛋形的
　　图形，上小下大，他给我一画，就是个形吧。我就按着他给我说的，把石
　　头放到那个老虎钳子上，就开始锯。锯完了以后，他就说，你把这个边缘
　　要弄掉，还要滚（圆）。我就拿着这个石头，放在那个沙石上滚磨。弄完
　　了（形）以后，师父就给我画上图案，或者是松树、梅花，有时是动物。
　　他先教我刻几下，给我凿那么几刀子。我一看就明白，按着他给我画的图
　　样，一凿子、一凿子地凿呀、凿呀。我在手上放个皮垫子，就往下切。我
　　明白其中的道理，很快就把这个技艺学会了。我这个人学啥快得很，这不
　　是吹牛。呵呵！

武：您用了几年功夫大概就学会了？

陈：学徒三年就出徒，可我出徒快，不到三年就出徒了。反正是人就是要有智
　　慧嘛。

武：《九龙套砚》是您的代表作，请给我们讲讲创作经过好吗？

陈：我先是到北京北海公园看了九龙壁，坐在那里画了四个小时。当时连个笔都没拿，我看到有个路人上衣口袋里插了一支圆珠笔，我就说："同志，你的圆珠笔能借给我吗？对不起，今天我没有拿笔。"人家就借给我，我一画画了四个小时，画完都找不到人了。哎呀，都没法还人家这支笔了。呵呵！

武：您是哪一年去的北京？

陈：当时应该三十多岁吧。

武：那就是八十年代了。

时：应该是在自治区成立三十周年之前，也就是1988年之前。

陈：嗯。差不多就在那个时候，我到了北海公园看九龙壁，在那里画了回来后，这就开始琢磨着刻《九龙套砚》了。当初在石刻车间，给我每个月定产值，比方说一个月定二百五十块钱产值。我干的，实际上每个月都完成任务呢。那时，我的工资一个月就几十块钱，工作很苦，一刀子一刀子很不容易的。三年出徒转正了，就评上了一级工。

武：陈老师，《九龙套砚》是哪一年刻出来的？

时：应该是自治区成立三十周年时刻的。

陈：对！三十周年大庆展览时，都摆了我的《九龙套砚》呢。

武：宁夏回族自治区是1958年成立的，三十大庆应该是1988年。

杜：这报刊资料里写着1988年雕刻了《九龙套砚》。

陈：对的，1988年。后来，我还刻了一套，车间要算产值就给我收走了。当时他们卖《九龙套砚》不是整个一套出售，有人来要买一套里的一对书画印章，厂里就把《九龙套砚》里的两个印章给卖掉了。过些日子，厂长说："陈梅荣，你再给我补一对印章吧。"其实，《九龙套砚》它是一整套，不是随便就能拆开再搭配的。这个作品用的石头需要搭配好呢。紫龙加豆绿，我本来配好的一套，都是紫龙，水浪是绿的，你给我这么一拆散了，我哪能找那么合适的一对印章石料呢？他们都不太懂，让人有

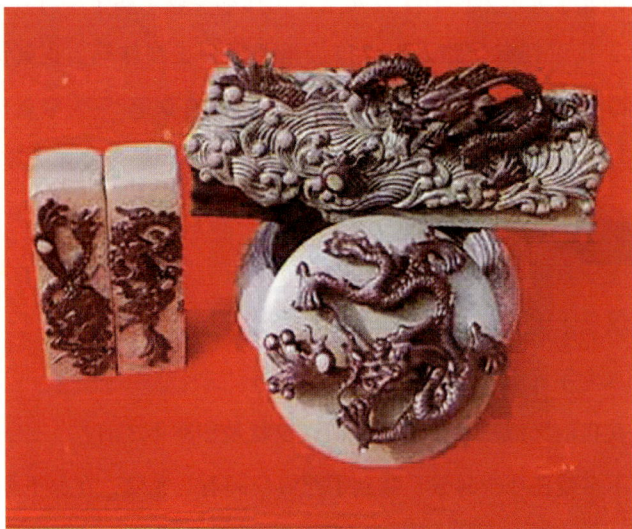

⊥　陈梅荣作品《九龙套砚》部分（本人供图）

时心情也不好。但不管怎么样，我对艺术的执着追求，谁都挡不住，也把我打不倒。最后，我就又刻了一套《九龙套砚》送到北京参加评奖，第一年不顺利。第二年我自己拿到北京，评了个全国的二等奖，算是给自己争了一口气。

杜：您真是太厉害了！您先去北京找到灵感，然后创作了《九龙套砚》，这是您独创的吧？

陈：对啊！这可是我自己刻苦钻研出来的。那年得了这个奖以后，银川市广播（宣传）了我一个星期。现在有人跟我交谈的时候还说："陈老师，那个时候在银川市那真是太有名气了！"那倒是真的，谁能抹掉呢？呵呵！

杜：陈老师的《九龙套砚》是不是做了好几套？

陈：嗯。它非得凑料呢，没有那个料做不了。

杜：就那些石头的颜色也得合适。是吗？

陈：是的。得调色，得调彩。你们看，这是紫龙，这个书画印章也得是紫的。绿龙，印章也是绿的。这个都得要配套的，都是紫中加豆绿。

杜：那您是先看那个石料，根据它本来的颜色，然后在上面设计？

陈：嗯。我设计的时候，不是说我今天从石头堆里挑出一块石头就能刻，不是的。就跟作家写小说一样。把这个石头洗了以后，它不是有夹层吗？石头里有绿色，或者上面是紫色。我要把它立在那个墙边上，今天过来看看，明天过来看看，这都要靠灵感。也许得半个月构思设计，最后灵感来了赶紧画上，那就是一刀一刀地刻，可是不容易了。你们看这个《九龙套砚》，八件组成的一套。

武：哦。这一套挺复杂的呢。那您学过画画没有？

陈：没有的，我们干这行的，谁画画呢？都是进了厂以后，师父给画上去，然后我们去刻。那个龙是我到北京买的（相关的）资料，我不是在纸张上画，要在石头上画，就慢慢地琢磨。那我为什么这个龙就能够画出来？我去北京，千里迢迢的，买了好多关于龙的资料。结果可惜了，我买来的这些龙的资料，还有人物、花鸟、梅花、松鹤延年等资料，搬家都弄没了。我三叔活着的时候，刻过这么宽的砚台，就留了这么一方，长方形的，还是豆绿的，上面是紫的，紫的上面又是绿的。他刻的是《松鹤延年》，松树还是圆松呢。我们那个时候，老闫师父给我们画的是扇形的，我三叔刻的是圆形的，相当漂亮。

武：陈老师，您在这个行业干了多少年？

陈：五十年。

武：后来就在雕刻厂退休了吗？

陈：不是。最后把我调到九三学社了，成了民主党派。

武：您调到九三学社以后，贺兰砚雕刻没有停吧？

陈：停是没停，但五年没有给我发工资。"巧妇难为无米之炊"，不给石料，我咋干呀？最后我跑到贺兰山上弄来了石料。有一次，我散步走到南门外的那个路边，顺手找了个长木棍，写了大大的"奋斗"两个字。我当时就是希望把工资发了，因为我爱人的工资也不咋高，他在报社工作。我没工资，还有三个儿子，我们咋生活呀？

武：还真不容易。您家三个儿子学习雕刻手艺了吗？

陈：没有。三个儿子他们也不爱，我就是叫他干，他也不会干。他们不愿意干，我也不想硬把人家弄来。

武：也只能顺其自然了。不过，您家时老师特别支持您的事业吧？

陈：（欣慰地）嗯。他一直支持我。

武：那你们是啥时候成家的？

陈：我们是1968年成的家。我二十二岁，他三十二岁。

武：时老师是文化人，能感觉到对您很理解，也很支持。

陈：（微笑着调侃）理解是对着呢。可支持的地方一点都看不到，全凭我自己。谁给我搞个家务？谁给我拖个地？谁给我擦个桌子？不可能。还都是我把他给惯的。呵呵！

武：您太能干了。那么后来您还干石刻吗？

陈：不是我干不了，我还能干呢。你们看我这个劲儿，我可不是吹牛。我原来住在一楼，有一百多平方米，放了一吨多石头，有机会还是想搬到一楼干，石头都在一楼呢。

武：还想继续搞创作？

陈：嗯。我这个人性格还是这么豪爽，我有时候心情不好的时候，边收拾着屋子边唱《洪湖水浪打浪》，我还爱唱刘欢的《几度风雨几度忧愁》，想激励自己。

武：对，对！多激励自己，多想些开心的事。

陈：我现在连资料都没了，我咋搞创作？我在银川走了多少个书店，走了五天，连一本资料都买不来。过去的那些资料再见不到了，我这个人眼光又好，我是干这个的，我买的那些资料，图像漂亮得很，现在买不上。

杜：那陈老师要是有了参考资料，您就可以在石头上画出来，然后再刻成砚台？

陈：对啊！只有自己先设计出来，总不能照搬呀。要设计一个作品不是那么容易的。我今年都七六十岁了，他都八十六岁了，我们原来一楼住得惯惯的，感觉很轻松。结果脑子一热又买了这个三楼，光线好，养个花也漂亮，我就爱花。可是我后悔了。我还想住在一楼，我还要带徒弟呢。

武：那现在带了没？

陈：还没呢。现在这个徒弟那么好带吗？太难了。真正要爱，才能把他带上。

武：陈老师还惦记着带徒弟，真是要给您点赞呢！

陈：想带呢。银川市非遗中心的领导每年来慰问我的时候，也老催我。我也把他们领到一楼看了那些石头，可现在房子还有人住着呢。

武：陈老师，您手头有刻好的砚台作品吗？

陈：砚台都是半成品，就不用看了。

武：您家里有自己的工作室吗？

陈：有呢。就在那个屋，也有桌子。但我害怕影响二楼邻居，你老敲得咚咚咚地响，桌子也震动，不行的，还是得到一楼。不过马上就年底了，可以领工资了，只要我们存够一笔钱，就有希望把一楼的房子弄回来。我们俩工资现在还行，月月存，每个月还能凑个一万块钱，今年差不多就能存够了，我存钱存得可快了。呵呵！

武：陈老师既坚强，又乐观。希望我们下次来的时候，能看到您教徒弟。

陈：（笑）对啊！那当然了。要是有人喜欢学我这个，一定给我介绍来，我培养他，我要培养得都像我这种思想，学习雷锋好榜样。

武：好的，今天就谢谢陈老师和时老师了。

鱼尾剑代表性传承人
王 樑

　　王樑，1962年生，宁夏银川人，大学本科学历，北方民族大学教授。2010年被认定为自治区级非物质文化遗产项目（鱼尾剑）代表性传承人。

综　述

　　王樑，祖籍山东济南，1962年出生于山东一个武术世家。其父王新武自幼跟随祖父学武，曾任宁夏武术协会主席、中国武术协会副主席等职，是我国知名的武术家。1958年，为支援宁夏建设，王樑的父母响应国家号召，从山东远赴宁夏。父亲王新武在宁夏回族自治区体育委员会从事武术教学训练相关工作，母亲从事街道办事处行政工作。王樑出生时父母按照家乡习俗回到山东，出生后不久，又被父母带回银川，自此扎根于此。

　　在父亲王新武的熏陶下，王樑六岁起便开始接触武术，子承父业，从此踏上了钻研武术的专业道路。小学毕业后，王樑一边学习文化课，一边进入体校训练，十三岁正式进入宁夏体工大队，成为正式的武术运动员。在十余年的运动员生涯中，王樑随队出战宁夏回族自治区比赛、全国比赛不计其数，十三岁时就在第三届全运会的赛场上，与队友们荣获武术集体项目第一名的好成绩。之后，王樑又在1985年的全国武术锦标赛中，获得刀术单项第三名、棍术单项第五名的优异成绩，向全国人民证明了自己的武术天赋与实力。

　　作为运动员，儿时的训练往往是异常辛苦的，各式体能和技巧的训练占据了一天中多半的时间，多少都会有些耽误文化课的学习。好在当时国家对于此类的特殊人才，有着相应的优惠政策，王樑凭借在全运会及全国锦标赛中的优异成绩，于1986年被上海体育学院特招，成为了一名武术训练专业的大学生，得以进入高校接受更为先进和系统的训练。在大学里，王樑不仅系统学习了武

⊥ 王樑编导的《鱼尾剑》由大学生演示于全国体育竞技舞台（本人供图）

术专业课，接触了田径、足球、体操等体育系学生的普修课程，最为重要的是，掌握了体育教育相关的一系列理论知识，如运动心理、运动医学等，这为他后来回到宁夏从事体育教育训练行业奠定了坚实的基础。

1990年，王樑大学毕业，由于毕业论文及各科成绩优秀，母校拟将他留校任教。但王樑还是选择回到银川，投身家乡的体育事业，接过父亲的接力棒，将武术项目传承给下一代运动员。当时银川市青少年宫建成不过几年，正需要一位武术专业的老师担负起选拔、培育武术人才的重担。王樑当仁不让地接过了这个担子。虽说青少年宫的培训从零开始，但其中也不乏有天赋、能吃苦的孩子，他们经过正规训练，极有可能成为专业队的一员，这对王樑来说是莫大的挑战和机遇。事实的确如此，王樑的得意弟子高静、吴璇二人，就是从青少年宫走向专业运动员道路，最终成为了世界冠军。

由于王樑自身有着深厚的武术功底，家中又素有武学渊源，自小生长于宁夏，对于宁夏的民间武术自然也有着浓厚的兴趣。父亲王新武便建议王樑去尝试挖掘宁夏的民间武术项目，力求保护、保存那些失传或即将失传的民间体育技艺。因此，1999年以来，王樑陆续挖掘了西夏王刀、鱼尾剑、六盘鞭杆、鸡爪连映月等民间武术项目。2005年王樑调离了青少年宫，在北方民族大学体育学院任职。而正是高校的教学与科研平台，促进了王樑的鱼尾剑研究。他曾组织本校体育学院的大学生学习和演练由他编导的鱼尾剑表演套路，并参加了世博会及全国体育赛事。2007年，参加全国第八届少数民族传统体育运动会获得金奖；2010年由他编导的集体武术表演项目《鱼尾剑》荣获第七届宁夏少数民族传统体育运动会一等奖，王樑被自治区体委授予"民族传统体育优秀工作者"称号。2011年被国家民委和国家体育总局评为"全国民族体育先进个人"。

鱼尾剑起源于宁夏当地的民间传说。据传古时鱼尾剑为士兵所用，与其他剑器最大的不同点是剑前端分叉，状似鱼尾。为了使这种古老的民间武术不致失传，根据鱼尾剑的历史传说、剑器实物的外观，王樑整理创编了鱼尾剑的武术套路。他结合宁夏民间武术的特点，在鱼尾剑的演绎中加入了一些独特的武术动作，并以劈、撩、刺等剑术动作为主，汇编出一套完整的武术套路，得以展示鱼尾剑的剑器形貌，并突出其灵巧多变、柔中带刚的特点。除此以外，王樑还对鱼尾剑的外观形制做了调整，加长了剑柄，在剑柄、剑身都增加了鱼鳞状的装饰。如此种种，再配以音乐服装，使得鱼尾剑成为一种极具观赏价值的武术表演项目，不仅能够强身健体，还弘扬了民间体育竞技。

王樑对于鱼尾剑的抢救性挖掘和创编，使得这一具有悠久历史的武术项目重新回到了世人的视线中。2009年鱼尾剑被列为自治区级非遗项目，2010年王

⌐ 王樑在演示鱼尾剑（本人供图）

樑被认定为自治区级非遗项目（鱼尾剑）代表性传承人。这无疑是对王樑多年来致力于挖掘保护宁夏民间武术工作的认可。

如今，鱼尾剑的教学和传承主要在银川市青少年宫和北方民族大学等学校进行，主要的教学目的还是强身健体和武术表演，在2009年至2012年期间，北方民族大学曾开设鱼尾剑相关体育课程。现在，鱼尾剑一般作为具有地方特色的表演项目而登台展示，而非正式的竞技武术项目。对于王樑而言，作为非遗项目的鱼尾剑，传承工作仍然任重而道远。

武术，作为我国历史悠久的传统文化的一部分，在现代社会依然发挥着独特的作用。学习武术不仅可以强身健体，还可以提神健气，涵盖着中国独特的运动形式和思想文化。王氏父子同为武术专家，不仅仅授徒育人，还整编保护民间武术，父子二人对于武术项目和体育文化作出了积极的贡献。现如今，王氏的武术传承还在继续，王樑的子女皆从小练习武术，跟随前辈的脚步，传承武术。相信在不远的未来，武术还会在下一代人之中继续传承、发扬光大。

访　谈

被访谈者：王樑（自治区级非物质文化遗产代表性传承人）

访 谈 者：杜丹

访谈时间：2022年1月7日

访谈地点：北方民族大学体育学院

访谈录音：杜丹

访谈整理：杜丹、武宇林

综述撰稿：杜丹、武宇林

杜：王老师好！请问您是哪一年出生的？

王：1962年7月份。

杜：出生在哪里？

王：我是宁夏银川人，老家是山东。父母是1958年成立宁夏回族自治区的时候支边过来的。我听父母讲，老一代山东人有个习俗，就是孩子出生时必须回老家去生。所以，我们家三个孩子，哥哥和我及妹妹，都是回到山东生下的，一岁以后又带回到银川。意思好像是你的根在山东，所以要出生在山东。有时候我会写出生地是山东，但事实上，我是在银川长大的。

杜：就是说，您在那边只待了一年？

王：一年。就是出生的时候在山东，然后就被父母带回来了。我妹妹也是回山东生的，生完一年后，又把我妹妹带回来了。

杜：您的父母要在那边陪一年吗？

王：我母亲陪一年，父亲还在这边工作。

杜：那当时父母是做什么工作的？

王：我父亲从山东过来以后，直接到自治区体委，从事武术教学训练工作，我母亲是在街道办事处当书记，做党政工作。

杜：您现在是教授吗？

王：教授。

杜：那您的学习经历是什么情况？

王：我上学是这样的，小学一到五年级是在我们这里的学校上的，那时候没有六年级。初中以后，成立了宁夏体校，现在它升格成了自治区运动技术学院了。那时候体校都是业余体校。我五年级以后就去上那个业余体校，在那吃住、训练。到银川四中上（文化）课，上完课以后，下午就在体工大队训练，等于半职业化了。

杜：体育生？

王：对。一直到了1975年，我还初中没有毕业，就转成正式运动员了。所以我现在填我的工作经历的时候，从1975年开始工作经历。国家有个规定，比如说艺术体育项目的人连续计算工龄，就是从你在从事这个项目时候的一开始计算，所以我是从1975年元月1日开始计算工龄的，所以我的工龄比较长。

杜：那个时候虽然您在上学、训练，但是已经开始计算工龄了？

王：对。上初中的时候就开始计算工龄了，属于那种上午上学下午和晚上训练，吃住都在体工大队的形式。一直到1986年，从专业队退役了。那时，国家体委下了一个文，就是北京体育学院和上海体育学院可以特招获得过全国前三名的优秀运动员。那时候正好也退队了，我就参加了这个特招生考试。当时北京体育学院给我发了通知，上海体育学院也发通知了。我为什么要选择去上海体育学院？因为当时考虑到两个学校的教学，虽然北京体育学院的名气可能要比上海大，但是通过了解觉得上海体育学院当时已经有武术研究生的硕士点了，所以觉得那边的教学质量可能会相对好一些，所以就去了上海，读了四年大学。

杜：前面您说，特招的要求是国家比赛前三名。那您能说说从1975年入队后的得奖情况吗？

王：这十一年期间，自治区比赛的获奖咱就不说了。全国比赛1985年获得过一个单项第三，一个单项第五，这是主要的成绩。再一个就是第三届全运会的时候，我们集体项目获得过第一名，这又是一个成绩。

杜：集体也可以算，个人也可以算？

王：嗯。当时我们从体校运动员学生转到专业队正式运动员的时候，就是靠着第三届全运会集体项目的成绩转成正式运动员的。

杜：您刚上初中，就参加了全运会？

王：（喜悦地）对对对！然后就拿了集体项目第一的成绩。当时，我们练的是大刀，全队一共有十六个人上去比赛。

杜：武术的评分标准是怎样的呢？

王：新中国成立以后，武术当时主要还是以传统为主。后来国家体委成立以后，就对中国武术有了一些新的指示和研究方向，更名为新武术。新武术的评分标准参考了很多项目，因为最早武术就是以技击而著称的，没有打击的过程就不叫武术。但是在冷兵器结束了以后，怎么推动全民健身、弘扬中华武术这个国粹呢？就参考了体操项目的评分——十分制评分标准。里边有武术的动作规格，比如说弓步、马步、扑步标准不标准，然后还有我们武术的一些特色，比如说速度、精神、气质等等，还有武术套路的编排，把武术分成了二、二、六这么一个评分方式。裁判坐在五个角，根据你演练的水平、动作的标准、精气神、功力等等，给你一个分值，比如八点九分。它对技击方法有要求，比如拳术里面几种拳法、几个掌法、几个肘法、几个腿法，你必须要出现。刀、枪、剑、棍四个器械项目里边，都有规定的八个器械方法。根据你自己的风格特点和条件编排动作，合理地、有机地把它们合到一起展示出来。

杜：是比一次吗？

王：我们那个时候比赛是每个人必须比六项。长拳是必须比的，短器械里一个刀一个剑，你必须比一下；长器械里边有一枪一个棍，你必须比一下；传统拳术要比一下；传统器械你要比一下；第六项是对练。对练虽然是你编排好的，但是你必须要逼真。还有一个就是集体项目比赛，有很多实力比较强的队就不重视集体项目的比赛。而我们宁夏一直比较落后，当时一个是我们年龄小，第二考虑到我们整体水平比较低，第三这个全国锦标赛集体项目参与的队比较少，比较容易获得成绩，所以我们当时的重点是在这个方面。

杜：宁夏建队就是从你们开始的？

王：整体建制队的时候是从我们开始的。建这个体校的时候，把我们这几个项目就放进来了，也是从小培养。

杜：您1985年获得的奖项中，第三和第五都是什么？

王：1985年全国锦标赛的个人单项赛，一个是我的刀术第三名，一个棍术第五名。

杜：哦。只要在全国运动会上获取前三名的名次，就能参加特招的考试。那考试是什么情况？

王：比如说我要报考哪个学院，先把志愿书填好了，给学院寄过去，根据你的成绩，学院同意了以后，会发一个电报或一个函。我记得是收了个电报，要求我们3月1日报到。因为我们这批特招生运动员的文化水平都很低嘛。我经常跟学生开玩笑，说我进大学的时候，连一元一次方程都不会做。那个时候，我们上初中出早操，是五点半到七点，七点半吃完饭就赶到学校去上课。实际上课的过程中，我们这些体校的学生都是在睡觉，四节课都在睡觉。我自己对英语、物理这两门课比较感兴趣，还听一听，其他课也是在睡觉。老师一进教室，"老师好！""坐下。"然后，就趴那儿开始睡，一直到最后，老师说"下课！"自己醒了站起来，说："老师再见！"我们体校的学生去四中都是每个班插两三个，不是整个班进去。老师刚开始也管，后来看过我们一次训练，这些老师说："这帮孩子太辛苦了，运动量太大了，又那么早起来。"后来就不管我们睡觉了。也知道我们最后可能会转成专业队员，跟学习再没有任何关系了。

杜：那你们也是只听上午的课？

王：嗯。下午我们就不去了，就去专业训练，半天不在，课程也衔接不上。

杜：特招申请通过之后还需要考试吗？

王：要考的。3月1日到6月1日这四个月期间，我们一直是在学校补习初一到高三的文化课。集中补课，天天上午、下午、晚上。礼拜一到礼拜六都在上课，只有礼拜天我们武术系的专项老师给我们上一节训练课，活动一下，因为还有专业技术要考试。6月份我们数学、语文、历史、物理、化学都考了。我们考完了以后回到家，后来等到录取通知书，9月份就去学校报到。

杜：那您这个考试是跟普通高考一起吗？

王：没有，在学校里考，学校里单独给我们考试。

杜：在宁夏吗？

王：没有，在上海学习完了，补完课了，就进行考试。当时的特招就是，学生在你这儿复习，在你这儿考试，达到你这个及格标准，就可以录取了。

杜：您在大学的专业还是武术吗？

王：嗯。武术训练，按我们体育学院的说法，叫"体育教育专业"，或者叫"体育训练专业"。我们上海体育学院一开始分运动系和体育系，后来就分成了武术系、体操系、田径系，各个项目更细了。大二下半学期的时候，我们就到了武术系。武术系里边一共应该是八个项目，武术、散打、摔跤、拳击、击剑、游泳等。国外很多学院也是这样的，叫重竞技系。

杜：重竞技系是？

王：重竞技就是能摔能打。毕业证上面是运动训练专业，实际上从属于武术专项。但是我们其他科目也学，田径、体操、足球我们叫普修课，还有一些什么心理学、运动医学、运动训练、学校体育、体育教育等等，这些理论课都在学。

杜：您是1990年毕业？

王：1990年毕业，我从体工大队刚退役的时候，银川市新建了青少年宫，青少年宫当时就想让我去，因为他们想开展武术项目。当时也开展了武术项目，请了一个教练，但这个老师不是武术出身，所以带孩子带到一定程度就带不了了。当时想让我退役以后就过去，但后来我上学去了，人家也理解。由于我毕业论文、学科成绩都很优秀，上海体育学院就想着把我留校。现在这个文还在我手里，当时因为宁夏还属于边疆地区，他们给宁夏教育厅大学生分配办公室写了一封信，就说王樑怎么优秀怎么好，然后我们学校想把他留校。但是鉴于宁夏属于边疆地区，还要经过你们的同意。后来我父亲就说："你看你是宁夏的第一个武术本科，那个时候上本科也是很荣耀的事，宁夏把你培养这么多年，你出去了，到大上海上学，毕业了你留在上海，那到时候，人家在我背后指指点点的。你还是回来吧。咱这里也有发展的天地，也有你大有作为的机会。"我就回来了。当年体工大队想要我，还有就是青少年宫。

杜：是想让您去当教练？

王：嗯嗯。后来想来想去，还是进了青少年宫。当时思想境界很高，宁夏的武术基础很差，咱们说塔越高基础也要越大，就想到青少年宫重新抓一批好的、优秀的小孩子，培养完后送到专业队，当时我是有这种想法。父亲也是这样说："你还是从基层做起，你别看是带孩子，孩子什么也不会，经过你两年三年的训练，他能在自治区比赛中获得成绩的话，你最后所获得的成就感和荣誉感是非常强的。"我最后就在青少年宫担任教练，干到2005年，成了青少年宫的副主任。干了一届，觉得干这个行政以后，就把专业基本上撂得差不多了，一上训练课，这边就开会，一上训练课，领导来了，要怎么怎么样。后来我给我们那个团市委书记（青少年宫归属银川市团委）也说过，我不想做这个主任。人家说，你是专业老师，现在专业老师就你一个人，有些工作让行政上的人去做。因为青少年宫开展的培训项目很杂，什么都有。

杜：我小时候感觉少年宫就像一个兴趣班？

王：类似于兴趣班，一般礼拜六礼拜天培训。有规定的时间，有规定教学内容，比较规范的班。我们那时候叫培训班，有武术培训班、舞蹈培训班、艺术体操培训班等等。

杜：您有培训出来得奖的学员吗？

王：（自豪地）有呀！现在咱们自治区武术世界冠军的两个运动员，都是我从六岁培养出来的。

杜：哦。当时他们都是家在银川，父母送去学武术，当作一个兴趣爱好培训一下？

王：是的。他们学出来以后，专业队看上了，我就把他们送到专业队培训。后来在全国拿名次、全国拿冠军，还代表咱们国家参加世界级比赛，拿世界冠军。去年我这个学生结婚的时候，他说了三个感谢：一是感谢父母生了他；第二个感谢是教练王樑老师从六岁开始训练他，一直到今天，有这么好的成绩，这么好的人生轨迹，教练起了决定性的作用；第三个感谢是，他现在也是教练员了，感谢专业队的教练员和领导对他的帮助扶持，他才有今天。所以，我觉得这个荣誉感是很强的，在青少年宫教武术就是这样，一个就是弘扬中华武术，另外就是给有天赋有兴趣的孩子提供一个专业训练的机会。

杜：那您这两位优秀学员的名字是？

∟ 王樑获奖证书（本人供图）

王：一个是高静，安静的静，是个女孩子。还有吴璇，是个男孩子。都是对练世界冠军。

杜：2005年之后呢？您不干行政岗位了？

王：我们青少年宫属于团市委下属单位，还让我继续做。在这个过程中，从事幼儿训练的时候，也出现了一个业务发展方面的问题。因为我是专业出身的，或者说是竞技武术出身，父亲就说，你不要把重心放在幼儿训练，武术毕竟是从传统转过来的，民间武术种类繁多，好多都是失传的和即将失传的东西，所以你应该从这个角度去多挖掘一些宁夏境内优秀的民间武术项目。后来就挖掘了西夏王刀、鱼尾剑、六盘鞭杆、鸡爪连映月。前两个项目，西夏王刀和鱼尾剑，在咱们全国的民运会上、宁夏第七届少数民族传统体育运动会上，都拿的是一等奖。因为获得这些成绩，自治区授予我"民族传统体育优秀工作者"称号，国家民委也授予我"全国民族体育先进个人"称号。但是鸡爪连映月难度太大了，难度大在哪里？在这个器械上面。你要把它真正展示出去的时候，要体现这个器械的威力，让大家看到就挺害怕的，有一种真的是一个怪兵器的感觉。后来因为各种各样的原因，这个项目最后就没有再推向全国，也没有进行这么一个展示。

杜：那这个挖掘的整个过程中您是在哪儿工作？

王：西夏王刀是在少年宫挖掘的，鱼尾剑和鸡爪连映月都是在咱们学校（北方民族大学）工作期间挖掘的。

杜：那您2005年之后是离开了少年宫吗？

王：嗯。2005年离开少年宫，调到咱们学校来了。咱们学校体育学院有一个体育教育专业，体育学院的所有的学生必须进行武术普修课。第一年学完了以后，第二年开始就要选专业，有十四个学生才能开这个专业。

杜：那这些年开这个专业的情况？

王：一直都开，从2013年开始招生，只有2016年停了。停了一届以后一直在招武术专业，一直没断过，武术专业还是比较热门的一个专业呢。体育学院的学生在教室里学理论，在场馆里面或者操场上学技能课，因为学生学棍学枪的时候器械太长了，集体学要去操场，一个人一个人演练就去场馆。因为武术是技击出来的，所以我们在第四个学期的时候，还有八周到十周的散打课的训练。

杜：体育教育专业无论是哪一个项目毕业的，其实对其他项目都有了解？

王：对。所以我们体育学院的学生考教资的时候，他去抽题，你是学篮球的，但你可能抽到武术的题。

杜：您进北民大的时候是什么职称？

王：那时候叫中教高级，也就是副教授。我们青少年宫走的是中教系列，进了学校以后要转成高教系列，怎么转呢？必须要参加职称英语考试。我就把英语捡起来，第一年就没过，第二年没过，第三年才过的。

杜：因为已经放了很多年了吧？

王：嗯。大学毕业了以后不用英语了，说、听还行，写、看已经是不行了。因为上大学时，跟老外接触得多，所以口语听力比较好。我在大学的时候，学校不是想让我留校嘛，（学校里有）英国来的留学生啊，还有澳大利亚来的留学生啊，我们院长就有意让我接触。

杜：您是当助教吗？

王：让我单独给他们代课，我们老师说："王樑，去给他把那个刀术教了，去给他把棍术教了。"给他们教的过程中，就得交流。一开始乱七八糟，慢慢的时间长了以后，口语和听力就比较好了。包括我在大学时候认识同济大学的两个留学生，一个是澳大利亚的，一个是新西兰的，两个女孩子喜欢武术。她们汉语非常好，上海话都会，都没问题。后来跟我聊天的过程中就说，你看怎么收费。我就说，第一我是学生不可能收你的费；第二这个传播武术、把武术推向国外，是我自身应尽的一个职责，我觉得是很荣幸的一件事；第三更主要的，从我个人来说（想学英语），除了上训练课，我教你们武术的时候讲汉语以外，其他我们在一起的任何事情，你全部讲英语，我听懂听不懂你都讲。后来我们有时训练完吃饭，或者出去玩什么的，她们都在讲英语，一开始我根本听不懂，后来随着时间的推移，因为我们接触一年多，基本上知道她们是什么意思，她们也能适应我说英语回答她们的这种方式，后来交流得非常好。

杜：那您这个副高转评成功大概是哪一年？

王：应该是2007年。

杜：那您什么时间当的教授？

王：2012年就是正教授了。

杜：就是五年之后。那您评教授的时候，成果是？

王：各种获奖啊、论文啊，有那么一两个课题啊，还有一两本书。

杜：那您今年（2022年）就要退休了？

王：今年7月份退休。

杜：那您这个传承人是什么时候评上的？

王：我是2010年评上的，是第二批。

杜：那评传承人是文化馆找上您，还是？

⊥　王樑指导的大学生在演练鱼尾剑（本人供图）

王：是这样的，兴庆区旅游局和文化馆的人找到我的，先是兴庆区的（传承人），然后是银川市的传承人。第二年申报自治区级传承人，整个申报过程都是咱们兴庆区文化馆在做前期工作，后来采访拍视频，拿出一些资料、一些依据。我中间参与了很多，包括视频的拍摄什么的，然后成为自治区级传承人，前年我又成为宁夏非遗中心的评审委员。

杜：第五、第六批，您就是评委了？

王：对。我主要是在少数民族传统体育项目这块儿。

杜：那您的这个传承项目是因为您最擅长这个，还是什么样的考虑去报的？

王：当时是这样，没有考虑去报什么非遗传承，只是想把父亲说的民间传统武术多挖掘一下，经过我们挖掘整理展示出来。最关键就是创编过程中，要怎么通过武术表演的这种方式，通过音乐服装能展示这个项目的风格特点。也可以说是保护性地去挖掘拯救在宁夏消失和即将消失的一些民族传统体育项目。

杜：您是怎么从这些项目里挑出了一项进行申报的？

王：因为当时的鱼尾剑比较有特色，剑大家都知道是一个尖的，鱼尾剑的尖是分叉的，有点像鲨鱼的尾巴。

杜：杀伤力大吗？

王：杀伤力非常大，普通剑这么扎进去，拿出来就是一个口子。鱼尾剑的特点在哪儿？它所有的攻击姿势里面带有两种方法，它是在刺的过程中必须刺、绞。普通剑一刺一点，就很简单，然后再往出一拉，这在我们武术里面叫点剑。而鱼尾剑劈中带着点，先劈，然后对方架的过程再形成一个点，它有一个钩一个尖，劈中带点。撩剑的时候，要是拉不住，对方往后一闪，我们的剑尖一挑，勾一下。它的特点是在这里。

杜：它是我们这个地区特有的吗？全国其他地方没有吧？

王：嗯。全国其他地方没有的。我们参加全国民运会比赛的时候，要有解说，讲鱼尾剑的来历，是怎么回事。其实，它是中国的一个典故，一个很神奇的传说。但是我在网上搜索资料的时候，发现鱼尾剑就是一把匕首。剑身上面有鱼鳞，剑的把手的地方是鱼嘴，从嘴里伸出来的一把剑。

杜：一开始它是普通的宝剑被劈了的样子，后续大家是不是看到它像鱼尾，再对它进行了一些鱼的装饰？

王：不是。因为最早搜到的实物，就是一把匕首，和它的传说相差很远。而且相传鱼尾剑威力非常大。我想这么一个小匕首和这个传说是对不到一起的，那最后怎么办？我们就以传说为主，挖掘整理创编，按照传说的这段话，我把鱼尾剑放大放长。你看，这就是后来根据传说做出来的这么一把剑。

杜：您在哪儿找到了鱼尾剑的根据？

王：是在网上找到的，因为鱼尾剑当时挖掘出来以后，需要找到实体。我按照传说把这个剑重新进行创编。

杜：您是家传武术吗？

王：家族四代传承，我的爷爷，我的父亲，我和我的孩子。

杜：有几个孩子？

王：我有两个孩子都在习武，一男一女。我的父亲从小跟我的爷爷练，我从小跟父亲练，我的孩子从小跟我练。

杜：从几岁开始练呢？

王：我是六岁跟父亲练的，我的孩子也是五六岁跟着我练。

杜：您其实基本上的武术都得会？

王：基本上不能说都会，至少说大部分会，一部分去了解。大部分的专项技能、技术、风格特点，一些套路都会的。但是，不可能有那么大的精力去学那么多，有的就是自己翻一些书，了解这些项目的风格特点、技术特点是什么，需要知道。

杜：也会简单地演练一下？但是自己还是有优势项目吧？

王：嗯。我最有优势的还是刀啊、棍啊、九节鞭啊、翻子拳啊这些项目。

杜：鱼尾剑您有徒弟专门学吗？

王：有徒弟在学，传承了好几年。也在咱们学校进行过教学，有这么一个平台。永宁回民中学也把项目引进去了，我的徒弟去教学来进行传承。

杜：正式的徒弟大概有多少？不包括学生类的。

王：那也多呢。但是有几个重要的学生，技艺啊、品德啊，这些方面都好的，也就是五六个。是自己比较重视的学生，能理解师父的一些想法，在传授武术过程中，或是其他的和武术相关的东西的时候，他们都是比较正能量的。

杜：鱼尾剑在什么大型活动中展示过吗？

王：是的。鱼尾剑在上海世博会上进行过展示，在新疆的会议上也进行过展示，咱们自治区各级表演会演中都有展示。

杜：您未来打算继续传承鱼尾剑吗？

王：因为年龄大了，他们年轻人有时候会按咱们地方性特色武术项目去教授。

杜：就是说，您的徒弟，其实已经开始在教自己的徒弟了？

王：嗯。他也在教这个。因为这个项目是咱们民间传统项目，不属于国家规定的武术传统项目，中国现在认可有理论体系的武术项目，就一百二十九种，像鱼尾剑，很多后来挖掘出来的项目，不一定是在一百二十九种里边。

杜：那你们是在民运会上的表演项目吧？

王：我们是民运会上的表演项目，但只能作为地方项目，不被国家认可。比如说宁夏武术比赛，我们只能把这个项目设到地方性特色器械的这个规范里面去，参与比赛。

杜：最后想问一下，一般情况下，武术如果要上台表演的话，黄金年龄一般在多少岁之间？

王：黄金年龄应该是在十八岁到二十八岁这么十年期间。

杜：所以您在这个时期就退队了。武术运动员基本上二十八岁退役，然后就转做教练啊教师啊？

王：也有一些运动员会延长年龄，但是黄金期就这十年。为什么说十八岁？因为五六岁开始习武，练基本功的时间基本上都在四年到五年，然后再进行套路训练，又要四年到五年，才能形成技术风格特点，才能达到一定的高度，这时候才能在参加全国比赛的过程中，慢慢地崭露头角。所以武术界里永远没有黑马之说，必须按这个规律一步一步地走。

杜：您的孩子多大了？

王：一个是1990年的，一个1995年的。大的结婚了，小的还没有。

杜：那计划传承吗？

王：应该继续，因为毕竟传承四代了，以后如果有条件，孩子喜欢，那还是要传承的。对吧？

杜：武术对身体真的有好处？

王：（肯定地）确实对身体有好处。就说我们的民间传统训练的这种东西不是专业的训练，对身体绝对也是有好处的。

杜：那您身体怎么样？

王：（自信地）我现在身体内脏都好着呢，就是肌肉骨骼关节时不时地出现小
　　问题，毕竟年龄大了，肌肉的功能在减退嘛。

杜：好的，谢谢王老师！您多保重身体。

民间乐器咪咪代表性传承人
景国孝

　　景国孝，1941年出生于宁夏同心下马关。2010年被认定为自治区级非物质文化遗产项目（民间乐器咪咪）代表性传承人。

综　述

　　"哇呜唱，庄稼长；咪咪吹，牛羊壮。"咪咪的源头可以追溯至汉唐时期，是"故本四孔"羌笛的遗存。千百年来，咪咪这一传统民间乐器一直流传在宁夏民间，以它深沉悠长的曲调抒发着人们的喜怒哀乐之情。

　　景国孝是宁夏非遗民间乐器咪咪的代表性传承人之一，1941年出生，家中兄弟姐妹五人，他排行第五，是家中最小的孩子。景国孝出生时，新中国尚未成立，国家动荡不安，民不聊生。为了躲避国民党抓兵，父母带着八岁的景国孝颠沛流离，从同心辗转至吴忠，投奔二叔家，一家人相对安定下来。但好景不长，母亲和父亲分别在景国孝九岁、十二岁时相继去世，景国孝成了孤儿，饱受人生的磨难。

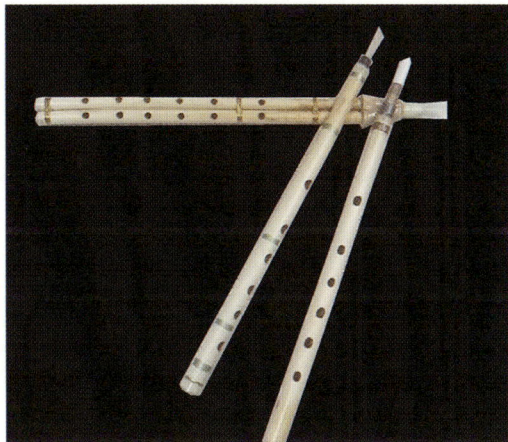

卜 景国孝制作的咪咪等乐器
（宁夏文化馆官网）

尽管如此，景国孝生性乐观开朗，自幼喜爱音乐及手工制作。他八九岁在吴忠上小学的时候，有缘接触到了当地民间小乐器咪咪。那是一个暑假，他来到舅舅家，遇到一位被雇来麦收打场姓马的小伙子，他在农忙之余，随手取根芦苇做成小巧的咪咪随意吹奏。咪咪发出的特殊响声是那么不可思议，给喜爱音乐的少年景国孝留下了终生难忘的美好印象，从此他深深爱上了咪咪，与这一古老的民间乐器结下了不解之缘。

小学毕业后，景国孝进入民族中学（吴忠师范前身）学习。在音乐教师杨晓梅的悉心指导下，景国孝先后学习了二胡、笛子、口琴等乐器，一步步踏入了音乐之门。由于师范学校的学习经历，景国孝后来成为吴忠利通一小的数学代课教师。景国孝一直保持着对音乐的热爱，1960年6月，凭借自身的音乐才能，被招进宁夏秦腔剧团乐队工作。

景国孝不仅擅长演奏各种民间乐器，也非常喜欢琢磨研究乐器，尤其在咪咪的研制与改良上投入了很多精力。先后研制了各种式样的芦苇咪咪及相近乐器。2001年，景国孝用芦苇研制了箫、口笛，还仿制了汉代的篪，凭借这三种乐器，他获得宁夏第一届旅游商品设计大赛一等奖。以此为契机，当地文化馆相关人员发现了其才能，委托景国孝尝试制作宁夏当地的小乐器咪咪，以保护传承这一即将失传的民间乐器，景国孝踊跃地承担了这一研制任务。然而，他童年见到的咪咪是用新鲜绿色的芦苇做成的，样式简单，只能吹出响声，但没

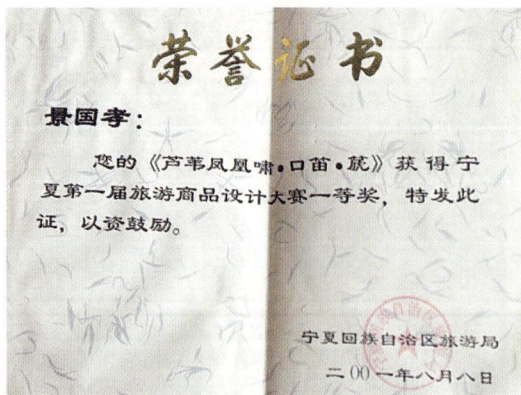

┤ 景国孝获奖证书（杨杰摄于2019年4月）

卜 课题组成员和景国孝合影
  （杨杰摄于2019年4月）

有曲调。善于思考的景国孝认真琢磨，尝试用干芦苇管做出了功能更为齐全的咪咪。改良后的咪咪，其音色与前者别无二致，还有单簧、双簧等不同样式，并能吹奏多（do）、来（re）、米（mi）、发（fa）、索（sol）、拉（la）、西（si）、七个音阶，以及 C 调、F 调、G 调等调式。如此，咪咪成为一种正式乐器，参与乐队的配乐演奏。多年来，景国孝对咪咪进行了孜孜不倦的改良研究，取得了丰硕成果。经过数十年的实践与研究，景国孝总结出了咪咪制作的宝贵经验。一是咪咪制作最合适的材料是干芦苇，采集时间一般为年底，此时湖面冰冻，芦苇经过一年的成长及风化变得干黄，软硬适中。二是采摘芦苇的部位为比较结实的根部，并可采集粗细不同的芦苇，以便后期用于制作高、中、低不同音域的咪咪乐器。而且要保留芦苇两头的节，这样不容易开裂。三是制作咪咪的工具，需要自己琢磨自制。四是制作咪咪时，需要极度专注，避免前功尽弃。五是咪咪的养护，每次演奏前需要浸泡软化才能吹响。由他制作的葫芦咪咪、单管、双管芦苇咪咪和芦苇排箫、笛等成为国家级名录项目申报样品。鉴于景国孝在咪咪传承方面的成就与贡献，于2010 年被认定为自治区级非物质文化遗产项目（民间乐器咪咪）代表性传承人。

近年来，景国孝将自己的咪咪制作及演奏技艺毫无保留地传授给了徒弟魏杰。魏杰本身具有吹奏笛子的专业技能，通过跟随景国孝潜心学习研究咪咪，目前已经全面掌握了咪咪的制作及吹奏技能。青出于蓝而胜于蓝，这也是景国孝所期待和欣慰的。

　　如今，景国孝已年过八旬，但始终心系咪咪的改良与传承，只要有机会他就会积极参与咪咪的宣传展示活动。他期望更多的人喜欢咪咪，愿意尝试吹奏咪咪、研究咪咪，让咪咪更好地传承下去。

访　谈

被访谈者：景国孝（自治区级非物质文化遗产代表性传承人）

访　谈　者：马慧玲、崔娜、杨杰、张洁

访谈时间：2019年4月8日

访谈地点：银川市文化艺术馆

录音整理：田琳、杜丹、武宇林

综述撰写：杜丹、武宇林

马：景老师好！今年多大年纪了？哪一年出生的？

景：我今年七十八岁了，1941年出生的，属蛇。

马：请简单介绍一下您父母的情况好吗？

景：我父亲叫景汉章，母亲光记得姓徐。我九岁时母亲去世，十二岁时父亲去世，
　　我就成了孤儿。我还有个哥哥、两个姐姐，我最小。我父亲在国民党抓兵时，
　　从吴忠金积跑到同心去了，我是在同心下马关出生的。快解放时，家才搬
　　回吴忠金积的。当时家庭很穷，只有几间烂房子。到吴忠以后，我叔叔在那，
　　（他家）生活好一点，（我们）就住下了。1949年解放，第二年我母亲就去
　　世了。母亲生我的时候年纪大了，都四十多岁了，我是老疙瘩（最小的）。

马：当时就在叔叔家了？

景：对。当时我父亲还活着，他是个锥鞋的，在街上摆一个摊修鞋。1953年我
　　父亲也去世了，我就住在二叔家。当时刚小学毕业，根据学习成绩，把我

分到宁夏民族中学。

马：是初中吗？

景：对。民族中学，人家都是少数民族，可能因为我是孤儿，就分到了这个学校。当时这个学校管吃管穿还管生活，特别好，每个月还发几块钱，就这么一直念书。这个学校本该是培养民族干部的学校，在银川。我到校一年后，学校就搬到吴忠了，改成了吴忠师范。因为我哥哥在银川干武警工作，我就从吴忠师范转到了银川师范上学。

马：哥哥叫什么？

景：叫景国忠，父亲按照"忠孝仁爱"给我们起的名，老三是景国爱，我是景国孝，吴忠还有个景国仁，现在还在。当时因为家庭情况，我就从银川师范退学了，中师没上完。后来到吴忠利通一小代课，教数学，我在学校数学一直非常好，不管几何还是代数都比较好，擅长数学。半年后，曲艺团开始招人了，我那个时候爱好文艺，在学校我就能拉二胡、会吹笛子。

马：您是啥时候学的这些？

景：我到吴忠师范就开始学了，在学校的时候我就喜欢这些东西。

马：是跟着学校的音乐老师学的吗？

景：嗯。跟着叫杨晓梅的音乐老师学的，是个特别好的老师。

马：对您影响挺大的？

景：对。影响挺大。当时她教我吹笛子，我还喜欢二胡、口琴，爱唱歌。

马：您爱好这么广泛啊？

景：还有舞蹈，她的舞跳得非常好。我有个表姐在宁夏秦腔剧团，现在还健在。她说是剧团乐队要招一个人，那时候要有指标才能进。我就赶紧过来，1960年6月我就进剧团了，一直在乐队。一开始有个弹三弦的年龄大了，他姓李，让我学弹三弦，我就跟着这个老师学三弦。乐队还差人，我就开始拉二胡，薛老师指导，拉的二把，不到一年我就顶上去了。之后，又吹笛子，演样板戏的时候弹月琴，反正这些秦腔乐器我都能够应付。

马：后来又怎么接触到咪咪？

景：因为笛子和咪咪有关联。我在吴忠上小学的时候，有个舅舅在吴忠，他家
　　生活好一些。麦收以后，我放假过去玩，他家雇了一个碾场的小伙子，这
　　个小伙子就会做咪咪。

马：这人的名字您还记得吗？

景：姓马，叫马主麻。我就从此爱上咪咪了。

马：那才几岁啊？

景：已经是小学生，八九岁了，我喜欢这个，小学的时候就喜欢做手工。

马：当时的咪咪是什么材质的？

景：芦苇，他那个芦苇很简单。

马：他吹得好不好？

景：他那个时候没有调子，就有个声音，有音阶的咪咪还是我做的。他们那个
　　就是芦苇还绿的时候做的。我的是芦苇干了以后才做的。

马：那他的音色和您这个？

景：音色都一样。那个时候到处都有湖，可以过去休息，在湖边随手摘一根芦苇，
　　把那个东西抠一下，抠薄了打上两个眼，就是那个声音。小娃娃们就这么
　　学会了，吹着耍呢。到后来，国家开始重视这些东西，我还没退休，文化
　　馆李老师来找我，说是景老师会不会做咪咪？我想起来小时候做过那个玩
　　意。他就说，你能不能把这个东西给做出来？我就答应了，反正我小时候
　　玩过。后来，自治区搞了一个旅游产品比赛，我还得过一等奖呢。

马：当时做的是咪咪吗？

景：倒不是咪咪，是排箫，就是用芦苇插成一排，做了个排箫，还做了个篪。
　　我从音乐杂志里面看到的，汉墓里面那个篪，几千年的，古时候的名字叫
　　篪。我当时做的时候，用芦苇做的箫，还做了口笛，还做了一个篪，当时
　　得了一等奖，做了三个，那是2001年。得奖以后，李老师就发现我能做这
　　个东西，就问我能不能把宁夏的咪咪做出来。因为李老师也是从资料里看

到的，这个咪咪的前身是芦笛，也是中国很有名的乐器，唐诗里有这个乐器。芦笛是唐太宗到灵武的那个时候就有这个乐器。就这样，我开始做这个。我这个人爱动脑子，因为那时候这个光是个响，没有调子，我就想怎么改改。我小时候还用柳树枝，也就是一到春天，柳叶刚一长出来，那个（树枝）秆秆就能做，把那个秆孔抠出来，就能够吹，这就是咪咪的来历。过去用小麦秸秆也能做，这些都统称咪咪。文化馆的人说，你能不能把这个东西做出来？不然这个东西就失传了。我从那个时候就开始做了，进行了好几个变动，有单簧的，有双簧的。单簧的就是那个斜面，把芦苇片弄上去，搞个七十多度角。我做的基本上是按照双簧的，用柳树叶做的。就这样，越来越会做了。几年以后，我就把咪咪的调子搞出来了，就有音阶了，多（do）、来（re）、米（mi）、发（fa）、索（sol）、拉（la）、西（si），七个音，就能吹曲子了。有音阶以后呢，我又想办法把它搞出调子，吹的时候是 C 调 F 调 G 调还是别的，一般来讲，大都是在 F 调和 G 调，我就在这上面下了点功夫，就能吹了，跟乐队能够合起来了。

马：您当时吹咪咪有曲目吗？

景：曲目就是我自己吹，我没写，有个咪咪调。

马：表演就用这个？

景：对。表演多了以后，秦腔里面有一个调，它就比较合适，它那个音域刚好，就经常吹吹那个。

马：不是说什么曲子都可以用这个吹？

景：是的。因为它音域有限，最多七个音，没有高音，这个问题没解决。本来一开始想把这个事情解决一下，或者再增加两个音，结果人就病了，后来就没做了。对我来讲，这个东西我想解决，我想做个高音的，做个中音的，做一个低音的，那么这高中低三个可以搞合奏，但没精力了，就把它他放下了。放下好多年，就前三年，心脏出问题了，又支了两个支架，所以虽然有这个想法，但身体不行了。

马：现在有人在跟您学这个吗？您带徒弟了吗？

景：这个咪咪带徒弟不好带，必须喜欢才行，而且难度比较大，要懂音乐，还
　　要能调高低音，并且还要会制作。因为我们都是自己制作，自己采芦苇，
　　自己在湖里挑选，麻烦得很，别人不愿意弄，我也找过，有些不合适。

马：也就是说，一直没有找到合适的人？

景：嗯。你白费力气，他还学不了。钱朝晖那个艺术团有个魏杰，吹笛子的，
　　吹管乐的，他到我家来了，可能就是钱朝晖给他说的，你把咪咪学会，将
　　来搞一个宁夏特色音乐。他来了，这个人还不错。

马：他掌握了您的制作和演奏技艺？

景：嗯。制作他没有问题，他整个都很好，也能做。

马：他现在多大年龄？

景：四十几岁。

马：他是比较合适的人选？

景：嗯。他也做出来好几个咪咪。

马：他吹奏怎么样？

景：他吹奏也好，他吹笛子的口风特别好。

马：就这一个？还有别人吗？

景：也就这一个，他吹的时候，用笛子的技巧，放在嘴里面吹起来很好听。有
　　一次，咱们馆里面搞了一个非遗录像，要存起来，就到我家里去录，那次
　　他也吹了，跟我合吹，都录到资料里面去了。

马：我想问这个咪咪器乐的制作就是用芦苇，还有柳树的枝条、麦秆。还有啥
　　材料？

景：定性的只能有芦苇。柳树枝只能当是玩，玩完就干了。芦苇采的是一年以
　　后的干芦苇，做出来永远放在那里，只要不压，一直保持不会裂，跟竹子
　　还不一样。竹子做的笛子，空气要是干点就裂开了，这个就不裂。

马：芦苇咪咪就跟当年马主麻用的材料是一样的？

景：一样的，就是芦苇的。想起来了，这个咪咪的前身就是羌笛。

马：对对对！"羌笛何须怨杨柳，春风不度玉门关。"

景：对。就是那个羌笛，最后演变成中国的管子了，木管，这个也有资料，我过去查过，查过一个唐诗，它是这么过来的，木管子。

马：景老师，在制作方面请教您几个问题，制作咪咪要选什么样的材料？每次怎么选？制作的工序？请介绍一下。

景：这个我讲一下，在我制作的过程中发现，有些东西不能随便拿过来用，用了不行。一直到年底，过年的时间，湖上冻了冰了，这个时候去采芦苇，安全不费事。还有芦苇通过一年的风化，干了、黄了。另外，采集的部位是根部，上面不行，上面薄。选粗细也有讲究，比方说粗的得选一些，中粗的也得选一些。我原来有个想法，想搞个低音管子，这么粗的芦苇都有，它长的这个根，粗的做低音管子还是很不错的。因为高低音跟这个管子的粗细有关系，细了它出来的音自然而然就高些，要中间（粗细）它就中音，要一粗，咪咪这个哨片大，它的音就低了。所以选材还是很重要的，因为它在湖里面生长的位置不同。那年车拉着我，到那个保护区专门去选材，都录过像呢。一次就要多选一些，回来放在家里面。一年里，错过这个时间就再没有选材的机会了，那就又到第二年了。那个时候是粗选，只要是靠着根部的就往回捡，这个也捡，那个也捡，拿袋子捡一大堆。回来以后，做的时候就开始细选，看它的粗细，哪个比较合适，还有它的长短。芦苇是一节一节的，一般我做的时候，会尽量保持两头不动，两头的节都让它在。这样有啥好处？它不容易裂，你要是一头有节，另一头没有节，它容易开裂，稍有不注意就烂了。所以说，回来自己做的时候，这个材料要选最适合的。比方说做个 G 调、做个 F 调，需要多粗的，这就靠选材了。

马：制作咪咪都需要什么工具呢？

景：工具都是我自己弄的，没有卖的，靠自己琢磨出来的。我想过好多办法，一个是细的小钢锯。芦苇跟竹子不一样，得一点一点弄，稍不注意就劈了，前功尽弃，做了半天，最后一用劲，完了。所以特别费事，有时候看着容易，做起来太难。比方说这个哨口，关键部位就是咪咪哨子，有单簧哨，有双簧哨。单簧哨还比较好做，把芦苇切个四十五度角，然后就把那个硬一点的、靠根部的芦秆搞成这种薄薄的，要细心地搞，搞出来要能吹响。然后把这个贴在上面，固定在上面，这就是单簧的，它就能吹响。光响还不行，用劲大了也不对，用小了口风也不对，一定要用劲大小合适吹响这个音，比较难。所以有时候，说你那个东西随便做做就行，其实不是那么容易。再就是双簧的，用芦苇的根部，先把这个芦苇外皮刮干净，外面那层皮是特别结实的，就是发亮的那层皮，一定要用刀子把它刮掉，刮了以后就用开水煮。煮完以后捏，就往扁了做，它本来是个圆的，你要把它搞成扁的，能发出声音，这个扁要定形的扁，不能一放开，它又回去了。我就想办法，用那个电炉子加工。这个电炉子也有意思，那年我去香港买的电炉子，是德国的，可给我帮了不少忙。烫完以后就放在那个电炉子上，再用一个器物把它压住，那个地方已经通上电，它有一定的热度，压住以后觉得差不多了赶紧拿起来。时间再长它就糊了，就烧焦了，这个时间也要掌握好。它这个哨子，做起来难度就更大了，做完还要修剪，要看长短剪到哪个地方最合适，剪到一定的时候，它的音就出来了。再修一修，哪里厚了，再改一改，这样子我们咪咪哨口就有了。因为芦苇那个秆，把头给截了，都是买非常细的小刀、钢锉，圆的，把它锉掉，这个咪咪就能够放到里面去，这也要合适，胖了也不行。音高了、音低了咋办？我就想把它搞成活的，就是能够放下去，能够提起来。音低了我往下放，调整一下，音高了往上提一点。调整它的音的高低。这哨口一定要先做好，哨口做好以后才能打眼，你要打早了，音没办法控制。

马：那这个咪咪一共几个音？

景：一共七个音，所以说它音域有限。打眼也难得很，比方说我要搞一个 G 调，那第一个眼就要打好，第一个没打好，下边的就不好弄，这个哨子已经定型了。它做一个哨子就一个音，这个哨子定型以后你就要开始打眼，先要找一个另外的芦苇把这个音要调好，插上以后打，打好以后这音有这个位置了，然后把我精心做的这个，按照这个眼子的距离再打。那就等于先做一个草稿，这样咪咪基本上就做好了。调音，打眼的时候也要注意，眼不能过大，要先从小的开始，音要是低了再往前打，音要是高了就往下打一打，这样子音非常准。这个咪咪才算做好。所以做一个咪咪很难。

马：做一个大概多长时间？

景：有时候做好几天，有时候做一个星期。咪咪的制作，徒弟也不好带。我做一个咪咪都这么难，找一个人也难得很，我要考虑能不能教出来，一定要考虑，都来想学那不行，你要学不出来，我白投入这个精力。你有没有这个条件，也就是看你耳朵好不好（辨别音色），还要看你有没有制作方面的能力。有的人还不错，但没有制作的能力，也不行。

马：您刚才介绍了制作，请再讲讲咪咪演奏的过程中需要注意些什么？有什么技巧性的东西？

景：咪咪演奏某些方面跟葫芦丝有点相似。葫芦丝好像比咪咪多一个音，我本来想解决这个问题，让它多一个音或者超出原来的音。葫芦丝超出也不行，因为它那个簧是定死的。结果我现在身体也不太行，就撂下了。吹的时候基本上没啥，它跟那些管子基本上一样。只要制作的音准好的话，吹奏就没多大问题。我不是搞秦腔的，有时候跟秦腔他们也要呢，用这个东西加些悲曲子，有些悲哀感觉也特别好。

马：再问问您家里的情况，现在有几个孩子？传承了吗？

景：没有传承给孩子，我有四个姑娘，都大了，孙子好几个，重孙子也好几个。

马：重孙子也没有人学的？

景：没有。人家都上学，不爱这个东西。我孙子都工作了。

马：以前您制作或吹的过程中给他们讲过吗？

景：没有。我制作的时候聚精会神，害怕影响制作，也怕人打搅。尤其这个音准，稍微不干啥（注意），一高再也没办法把它弄下来。因为你已经把那个地方打开了，所以它比较难。我做的时候，不让娃娃在跟前，再说他们都大了。

马：也没有人学音乐？

景：我老三唱歌呢，唱了多少年了，唱得不错，但他做的就不行。

马：那孙子孙女都没有？

景：都没有。现在都是一个孩子，谁把孩子给你弄来学这个？

马：那现在传承的徒弟也就是魏杰了？

景：现在基本上就是魏杰了，将来也是。而且他能做，本身就是搞管弦的。

马：您的一些技艺他都掌握了？

景：他都能行呢。而且比我吹得好。因为我老了，嘴上肌肉不行了。

马：我上次去看您，夫人身体也不太好。

景：不太好。她以前是小学老师。

马：那你们是哪一年结婚的？

景：1962年，那时候我在秦腔剧团，我是1960年到秦腔剧团的。

马：您夫人怎么称呼呢？

景：她姓马，叫马桂兰。我们是吴忠师范的同班同学，她毕业后分到银川了，那时候我在秦腔剧团，她在五小当老师。

马：她也很支持您吧？

景：（欣慰地）我做这个，她也支持呢。

马：在咪咪制作演奏技艺的传承方面，您有什么期望呢？

景：这个问题实际上一直困扰着我，我对咪咪的发展想法时间也长了，因为我做这个东西，就要传承这个东西。而且希望把它改造得好一点，能够提升，是有这个想法的。但现在看来，我觉得还确实很难。

马：您想解决咪咪超吹的问题？

景：嗯。笛子七个孔，它能超吹这个东西。能把超吹解决就好了，我一直想还是哨子的问题。

马：您做的咪咪大概有多少个？

景：好多咪咪都有人要去了，留下来的也就那么两三个，没送人。

崔：我在想，怎么能把这个做成大众也可以吹的。因为很多人感兴趣嘛。

景：其实那都好办。如果说，不想把它再提升，就这个样子，也很好。因为我
　　也有个想法，我发现小孩的玩具里面也有个咪咪，里面的哨子我拿出来看
　　过，那个倒是可以利用。找一个厂家，把那做成一个现成的哨子，哨口问
　　题就像现在泥哇呜一样。

崔：您可以跟贺兰县有一个做哨片的联系，是传统技艺。

景：那倒也可以。如果解决了哨子问题，以后不一定用芦苇，可以用竹竿之类的，
　　而且它结实，就当咪咪玩具一样去玩。笛子那种吹法，拿出来就吹，大人
　　小孩老人都能吹响，只要能吹响，就能玩。这倒是很好。

崔：还是要让人多了解，他才会喜欢、感兴趣，然后开始入门、开始学。这是
　　一步一步来的，有个培养兴趣的过程。目前确实存在一些传承的问题，最
　　主要的还是要培养这样一个群体，先要对它感兴趣，喜欢了就愿意来做。

景：这倒可以，因为啥？刚才你说那个做唢呐片的，有好多实际问题在里面。
　　我要弄，我早都弄了。咱们不是展示的机会也多吗？我做一大堆，一块钱
　　两块钱五块钱都可以卖。但是我没这么弄，我老想把它搞好。我现在做这
　　个哨子也用芦苇做，但是芦苇的问题多得很，吹的时候，首先要把它泡软，
　　才能响起。塑料做的不用泡，拿起来就吹，吹完放下，第二次拿起来，放
　　多长时间拿起照样响，我就想往这个上面发展。

崔：那塑料的您做出来了吗？

景：塑料的好做，只要我用这个办法随便一整就能做好，只要响，不要求音准。
　　其实要这个很简单，眼子一打，小孩就吹去了嘛。我做的东西，就是希望
　　参加到乐队里面。所以说是两条路。马馆长也说了，如果这条路也好，那
　　就把它先弄出去，让大家都喜欢、了解。

崔：您的这个技艺，如果只有魏杰那么一两个人掌握，就有可能丢失。应该让

更多的人去喜欢，愿意去吹。只要他吹了，就会去琢磨，是不是可以利用现在什么更好的技术去解决问题。

景：这倒也是条路。

马：您在身体允许的情况下，请多参加多宣传这个技艺，让大家都知道、认识、了解咪咪。今天就谢谢您了！

杂技飞叉代表性传承人
张树林

张树林,1948年生,宁夏银川人,小学文化程度,国家二级演员。2010年被认定为自治区级非物质文化遗产项目(杂技飞叉)代表性传承人。

综　述

　　杂技，古时又称"杂伎"或"杂技乐"，起源于秦代，是我国民间传统的表演艺术，具有悠久的历史和广泛的受众。杂技飞叉，属杂技中的耍弄类节目，始于明代。飞叉应当是古代兵器钢叉演化而来的，表演时，通过舞弄飞叉，借惯性使飞叉悬空、旋转，在表演者的肩臂、腿部、腰胯处滚动飞舞，形成行云流水、花样繁复的表演效果。由于飞叉技艺可以强身健体，且极具审美观赏性，逐渐成为广受老百姓喜爱的娱乐表演项目。在1936年举办的第十一届柏林奥运会上，中国武术队员郑怀贤在出场式上表演了飞叉，为中华儿女赢得了世界的瞩目和赞誉。

　　在宁夏银川市，就有这样一位将飞叉技艺掌握得炉火纯青的人物，那就是国家二级演员、宁夏自治区级非物质文化遗产传承人张树林。张树林1948年出生于河北省沧州市东光县，在三兄弟中排行老二。在其故乡东光县，过去很多家庭都以杂技表演谋生，张树林的父亲张金顺也不例外，自幼就跟随舅舅学艺，习得了飞叉、水流星、鞭技、口技等多种杂技技艺，走南闯北赚钱谋生，是小有名气的杂技艺人。张金顺最为拿手的技艺就是飞叉表演。在新中国成立后，张金顺凭借着娴熟的飞叉技艺，被吸收进中华杂技团（后改名"中国杂技团"），从一名江湖艺人成长为中国第一代杂技演员。20世纪50年代，张金顺跟随中国杂技团多次出访各国，展演中华传统民间艺术，通过杂技向全世界宣介新中国。他走遍了欧洲各国，仅在苏联各大城市就连续巡演

一百二十多天，一次又一次完美地展示了飞叉技艺，被誉为"飞叉王"。

　　1958年宁夏回族自治区成立之际，全国各地许许多多的有志之士，纷纷踊跃报名支援宁夏建设，张金顺也积极响应党中央的号召，携次子张树林来到宁夏，与中国杂技团的其余九位演员，共同组建了宁夏有史以来的第一个杂技团（后改名"银川市杂技团"），飞叉技艺也由此传入宁夏。从此，年仅十岁的张树林作为杂技团的一员，正式跟随父亲学习飞叉等技艺。1960年，张金顺的三子张树国也来到宁夏，小兄弟俩都成了张金顺的徒弟。张树林主攻飞叉技艺，弟弟张树国则掌握了父亲的水流星等技艺，父子三人往往一起训练，同台演出。刚刚组建的银川杂技团，训练条件十分艰苦，没有专业的排练厅，只能和京剧团、歌舞团、越剧团、话剧团等其他几个团的文艺工作者们，共同挤在一个文化大院里练功。许多艺人吃不了苦，返回了大城市。但张金顺父子三人却初心不改，凭着对杂技艺术的执着和热爱，一直坚持了下来。20世纪60年代，为了丰富基层的文化生活，杂技团承担了下乡慰问演出的重要任务，常年深入宁夏各地农村、部队、工厂及矿山演出。在过去经济落后的年代，道路崎岖、交通不便，下乡演出时，往往是生产队派马车拉道具，演员们步行到演出场地。而演出场所或是一座土台子，或是一块土场地。有的地方还没有通电，只能点上几盏汽灯进行表演。但这些困难从未浇灭张树林对舞台的热爱和渴望，面对场场爆满的观众及追着杂技团赶场子的老乡，年少的张树林无数次鼓足干劲，表演自己最熟悉的飞叉，把最佳的状态展示给观众，也将欢乐传送给每一位热情的观众。20世纪60年代，银川市杂技团成为宁夏最受群众欢迎的演出团体。

　　由于"文化大革命"的影响，60年代末，银川杂技团解散，张树林和其他演员被分配做其他工作，几乎没有了演出机会。本来张树林想调到外地杂技团另谋出路，但最终还是留了下来，一边在样板戏里跑龙套、演配角，一边等待表演杂技的机会。1975年，杂技团终于恢复，二十多岁的张树林再次回归杂技表演，并担任演员队队长，活跃在杂技舞台上，不仅表演飞叉，还表演爬竿、排椅、皮条等杂技节目，并自创了惊险刺激的飞车项目，一度极受欢迎，不仅在银川上演，还应邀到新疆等地演出。80年代前后，张树林多次随杂技团到宁夏各地及甘肃等地演出，受到广大观众的喜爱。张树林在1983年宁夏全区青年演员大奖赛中荣获三等奖。为了更好地培养传承人，他打破了家族式传承，向更多喜爱武术的人传授技艺。1983年他培养周笑天为传人，周笑天先后获得过西北大赛三等奖、西北五省一等奖。

　　1986年以来，张树林根据上级的安排，先后调任银川市文化稽查大队、市文化局等单位，从事行政管理工作。然而，在杂技舞台上施展才艺三十年的张树林，对杂技情有独钟，总是难以割舍这份事业。1996年，年近五十的张树林又重新回到银川市杂技团，担负起培养下一代杂技新人的重任。他和其他教师共同深入农村招生，寻找到三十多个具有天赋和能吃苦的孩子，组成了一支学习队。张树林主要负责指导孩子们学习"皮条"技艺，其表演形式为表演者双

┠　张树林带领学生前往俄罗斯演出杂技
　（本人供图）

手持悬挂的软皮带，利用软皮带飘忽不定的特点完成一系列高难度的技术动作，具有极强的力量美感和欣赏价值。2000年，张树林率队参加全国杂技比赛，获得宁创文学艺术基金奖二等奖；2002年，他编排的《皮条》节目荣获自治区第六次文学艺术作品评奖二等奖；2002年，他撰写的论文《杂技学员训练心理初探》在第六届宁夏艺术论文研讨会获得二等奖。张树林曾带着学生应邀到北京人民大会堂演出，也曾和他的学生被公派至俄罗斯参加演出交流活动，为宁夏乃至我国的杂技事业作出了卓越的贡献。

如今，张树林年逾七十，但身体健硕，雄心犹存，他依然心系飞叉技艺的传承。他由衷表示，只要杂技团需要，他随时可以回去指导和教授飞叉项目，将这门具有悠久历史的传统技艺传承下去。

访　谈

被访谈者：张树林（自治区级非物质文化遗产代表性传承人）

访 谈 者：武宇林、杜丹

访谈时间：2022年1月6日

访谈地点：银川市某小区张树林家

访谈录音：杜丹

访谈整理：杜丹、武宇林

综述撰稿：杜丹、武宇林

武：张老师好！我们不熟悉您的这个杂技飞叉项目，请先让我们见识一下您的
　　杂技表演道具飞叉好吗？

张：好的。（指着客厅正面陈列的一柄道具）这就是飞叉。我家里这个飞叉可
　　值钱了，这可是1958年我父亲带来的，到现在都六十四年了，特别结实，
　　我就是拿它来表演的。

武：那您和它太有感情了。飞叉挺长的呢。大概有一米七吧？木柄上面还有三
　　股叉，银光闪闪，舞动起来一定很有气势吧？这样吧，请张老师手握飞叉，
　　拍张照片好吗？

张：没问题。（拿出飞叉，握在手中，配合拍照）

武：谢谢张老师！那我们就坐下来，开始访谈吧。请问您是哪一年出生的？

张：我1948年出生。1958年5月份跟父亲过来支援宁夏。那时候，咱们自治区还

┤ 张树林及其飞叉
（武宇林摄于2022年1月）

没成立，9月份才成立的。我父亲叫张金顺，1950年考入咱们国家第一个杂技团——中华杂技团，后来改成现在的中国杂技团。1958年宁夏回族自治区成立，没有艺术团体，包括我父亲总共来了十个人建团。其中就有我，当时我是最小的。

武：您当时才十岁。您出生在什么地方？

张：河北省沧州市东光县，我家是河北回民。

武：哦。出生的时候，父亲母亲都是做什么的？

张：我母亲是个农民，农村的家庭妇女。

武：飞叉是您家的祖传技艺吗？

张：是的。我父亲是跟着我舅爷爷学会的，我舅爷爷家没有男孩，只生了个女孩。我奶奶生了两个男孩、三个女孩。我舅爷爷就跟我奶奶爷爷商量，想过继一个男孩。因为这个祖传技艺当年是传男不传女的。所以就把我父亲过继给我的舅爷爷了。我父亲从小就跟我舅爷爷学飞叉、水流星，这两项杂技都是我舅爷爷家祖传的。

武：那您是从几岁开始学的？

张：我从十岁开始学的，1958年随父亲到这儿以后就开始学了。

武：您家姊妹几个？

张：我们家就哥仨，我是老二，我弟弟1960年也到了杂技团，他学的是水流星、椅子顶倒立，还学了个鞭技。我哥哥没学，我父亲当时有个观点，就是觉得要是打起仗来，还是在农村保险（安全），要在农村留个根，就没让我哥哥学，让他扎根在农村。后来我母亲也来银川安家了。

武：1958年以后，父亲和您，还有弟弟、母亲都陆陆续续来到宁夏银川安家落户了？

张：对。就把我哥哥留在河北老家了，他身体不好，七十八岁就去世了。

武：哦。那请张老师讲讲到银川以后的经历。

张：那时候，咱就很苦了。当时的文化大院，就在鼓楼往北走那个文化街路口。没有排练厅，京剧团、歌舞团、越剧团、话剧团、杂技团，都在院子里练功。

武：当时杂技团有多少人？

张：一百多人。那时候组建宁夏杂技团，天津的、上海的、河北的都有。但因为条件太苦，很多人都走了，回到大城市去了。但是我父亲他们中国杂技团的这帮人，挑的都是思想好、技术好、出身好的，那时候讲究扎根少数民族地区（就没有走）。后来培养了一个学员队，有三四十个人到内蒙古了。现在内蒙古杂技团就来自中国杂技团的。

武：中国杂技团当年为宁夏和内蒙古作出了很大贡献呢。您父亲最擅长的是什么？

张：飞叉、水流星、口技表演，还有旧社会那个跑马上杆，我父亲技术比较全面。60年代老爷子是银川市人大代表，后来是自治区政协委员，工资高，六几年就一百九十多块钱，文艺六级，相当于现在的一级演员呢。这是他出国的时候，国家给他定的。刚参加工作的时候没工资，建团了以后给的工资。那时，一百九十多块钱相当高了，我们参加工作时，才四十块钱。

武：您父亲是哪一年出的国？都去了哪儿？

张：那个时候出国任务重，1950年到1958年，我父亲根本没在国内待，全都是出去宣传新中国，整个欧洲我父亲都走遍了。后来就支援宁夏来了。

武：父亲是中国第一代杂技演员，去国外表演为国争光。那到这儿以后还出过国吗？

张：没有。当时那个年代出不了，都是文化部直接规划演出。比如说我们到甘肃去演出，文化部要先有一个计划：宁夏杂技团今年计划去甘肃演多少场。还不能自己乱跑，不像现在随便走，改革开放以后，咱们团就出国商业演出了。

武：1958年您来到银川后，就开始跟着父亲练功了？

张：对。当时我属于国家学员，算工龄，从1958年开始计算工龄，到2008年退休，五十年工龄，还是国家正式干部呢。呵呵！十岁起就算国家干部，现在是国家二级演员。

武：请讲一下这段经历。

张：到了1962年，因为银川市一个文艺单位都没有，自治区就把我们杂技团放在银川市，变成了银川杂技团了，还是国家团体。后来又建了银川市秦腔剧团，建了一个曲艺队，就是说唱艺术团。原来曲艺和我们杂技在一个团里头，后来分分合合，现在秦腔没了，银川市就有杂技团、说唱团和一个新的歌舞团。

武：那您学会以后，是不是要经常表演？都去过哪些地方？

张：咱们那时候有演出任务，要下乡、下工厂、下部队，这是每年必须要做的。下乡演多少场，到工厂演多少场，到部队演多少场，这是国家给规定的。过去，有的地方没电，比如固原、吴忠，就点几盏汽灯挂在那儿表演。一开始也没剧场，就一个土台子。当时，我们下去演出，把宁夏所有的乡镇及生产大队都走到了。每年都要去，去了好几年，我现在闭着眼，都知道怎么拐弯怎么走到那些地方。再一个就是文化部任务，去外省演出，像甘肃，基本都走过了。

杜：下乡是义务演出吗？

张：那个年代都是卖票，那时候一张票才两毛钱，经济不发达的地方一毛、五分也都有。前边有工作人员联系好，演员去了，吃的住的安排好，然后跟剧场一说，摆个广告牌子卖票。那个年代，票卖得相当好，有剧场的地方，剧场里头最少坐一千人，场场爆满。等观众人数下降到一半了，我们就换地方了，要不然，吃、住、路费这些成本就不够了。那时候，农村没汽车，生产队就给派辆马车来，把道具装上去，人走着。常年下乡演出，必须得完成任务，永宁、吴忠、同心、中宁都要去的。

杜：那您当时参加的下乡演出，包括杂技，演一场大概多长时间？

张：顶多两小时，到农村演出必须得两小时。

杜：好多节目吧？

张：十四五个，有长的，有短的，有高空的，有低空的。我们下去补助费才两毛钱。

杜：您大部分的杂技都会吗？

张：我基本上都会。飞叉是我的主要节目，皮条得上，爬杆得上，狮子舞集体节目得上，地圈得上，车技、武术集体节目得上，两种飞人我得上。你说我占多少？有的节目是主要的，有的节目我是陪着走的。

杜：但都会？

张：嗯。像集体节目，不需要会所有动作，你会这个动作，我会那个动作，节目就交叉编排起来了。不像飞叉，它就在你身上，必须把一套学会。有一个变化，就是根据剧场的高低，我使高动作的时候，这个高度不够就把动作掐掉，自己脑子要有个数。因为一刹那时间，要明确我做哪个动作。但是有的时候高了，使漂亮了，全部几十个动作都使出来了。但是倒数第二个动作必须永远在。因为啥？乐队要变音了，最后这个动作一给他，乐队指挥就知道了，我要给他时间，中间他不管，掐动作也没关系，添动作也没关系，但是要给他最后的结尾这个动作。

杜：那张老师您每次表演是即兴发挥吗？

张：飞叉？不，套路是死的。为什么我父亲叫"飞叉王"？为什么我传承的这个东西他认？是有套路的。五六十年代的时候，飞叉这个节目全国各个团都有，这个东西它带起来方便，又一拿就走了，很普遍，但又很吃功。它有一个南派，一个北派，别看都是叉，用的不一样，耍的动作有的也不一样。往小说，河北和沧州吴桥这边是一种耍法，北京是一种耍法。

杜：那您父亲是？

张：他从我舅爷那里学的是河北范儿。但是他1950年参加工作以后，他又把北京范儿放进去。他把这边的优点和那边的优点融到一块，编排它就又不一样了。

杜：融会贯通了？

张：对。效果好。我父亲加入中国杂技团以后，就开始在舞台上演出了，难度就大了。为啥？在大广场里头观众围一圈，我就可以随便耍，前后不分。但舞台上不行，它只有一个正面，后面没有观众，所以你耍到这个位置的时候，你必须得给观众交代清楚，我变动作了，这就厉害了，要让观众看得清清楚楚、明明白白。我们编排的动作，有高的、有低的，有脚上的、有腰上的，还要合理衔接，考虑观众视野，它的难度就不一样了。还有一个，你要这个飞叉，得叫这个飞叉听你的，不要叫那个飞叉赶了你，最后你听它的。这就看你的技能了，到身上这个速度不能让它快，不能跟它跑。它在你手上，你叫它听你的，我想让它立起来就立起来，我想让它横着就

┤ 张树林在舞台上表演《飞叉》
（本人供图）

横着走，让它怎么走就怎么走，这叫功夫。而且在身上不能快，要慢，动作一慢，一年功夫未必能出来。这是内行。

武：飞叉表演挺不容易呢。你们一直演出到哪一年？

张：演到1969年，我们杂技团就解散了，那时我才二十多岁，把我们全团和秦腔剧团拉到现在的银川芦花台园林场接受贫下中农再教育。那时候刚刚5月份，我们去给农民干活，每个队分几个，在老乡家吃住。我们去了几个月，回来团就解散了，把我这个身体壮实的小伙儿，分到银川老大楼卖化妆品。我待了一年就回来了，当时组织了一个"毛泽东思想文艺宣传队"，就是后来的市文工团，我们调到这个市文工团的杂技队里，但是不让我们演出。我们基本功好，就在话剧《南征北战》里面演扛枪的，有两句台词。芭蕾舞剧《白毛女》中，我们演狗腿子。还有《红灯记》里，演磨刀人。后来我们就要走，当时我们二十多岁的十几个人，既然这边不搞杂技了，我们就想到现在的陕西杂技团，当时人家陕西杂技团没解散。因为当时陕西杂技团的军代表是原来总政干杂技的一个演员，人家就把这个团保留下来了。我们去表演了几个节目，人家说好，你们回去等调令。等人家团长和搞人事的来叫我们了，宁夏这边不放人。

武：这段时期之后呢？

张：没把我们放走之后，杂技就可以演出了。话剧还继续演，杂技就去慰问部队演出。当时，宁夏政协主席感谢部队给咱固原地区救灾，那时，固原人穷得吃不上饭，二十一军，六十一、六十二、六十三师就给固原运粮食，自治区就派我们去慰问演出，杂技节目在部队里是最受欢迎的。到了1975年，上面搞了个全国杂技调演，那时候还带乐队，加上演员、舞美，我们去了五六十个人。

武：演出什么了？

张：那就多了，十几二十个节目，挑好的办了一场晚会，那是1975年，回来以后就恢复了我们杂技团，和歌舞团彻底分开了，我们开始招杂技演员，培养新人。

武：您那时候是老师了？开始带学生了？

张：没有，我那时候还是演员，1971年开始我就是表演队队长了。1986年，市
文化局人事科科长找我，他说，你能舍得离开这个舞台不？我一考虑，我
都快四十了，我说可以吧。这个东西也不能干一辈子。他说好，那把你调
到局里。当时改革开放不久，国家要管理文化市场，就是现在的文化稽查
大队。当时，文化局调我的目的是啥？因为南门那个地方有些摆摊（杂耍）
蒙骗人的。他们不懂，我懂，让我过去关注文化市场。实际我才上了两年
小学，没文化，我是凭经验干这个工作的，当时叫社会文化管理专治办
公室。在机关几年里，1988年我就入党了，比科长入得还早呢（自豪地）。
1990年，银川市文化部门实行改革以后，成立了一个马戏团，里面就有我
们杂技团的一部分人。他们团长请市文化局给派个书记。我懂这个专业，
又能做做思想工作，出去演出时有个书记也显得更正规。我就被调去当银
川市马戏团书记。三年后，我又回到文化局，当时是为了评职称。1986年
我调到文化局，1987年开始评职称。虽然我在舞台上已经三十年了，但国
家政策不允许（机关干部）有这个职称。所以，1996年我就回团当老师了，
就在现在的银川大剧团。

武：张老师一心想评上职称？

张：对。当时评职称还有一个政策，那就是要在专业岗位上两年以后才能评职
称。1998年，资格和贡献我都有，文化局就聘了我一个三级演员。当时，
团里把学员队和演员队合在一起了。

武：请您再讲讲培养学生的经历，培养了哪些孩子？具体有哪些节目？

张：我培养他们练"皮条"（节目）。团里每年有个投资计划，"飞叉"这个节
目没上。因为学生头两年是练基本功，腰、腿、顶、跟头、形体。当时有
三十个孩子，娃娃都七八岁，有七八个老师培养他们。都是从农村招上来
的孩子，城市招不来人。当时农村人就考虑学点技术，将来还能转个城市

户口。

武：那这三十个孩子都是咋教的？

张：跟着上课的需要两个到四个老师。因为啥？老师得保护他们。他们练倒立，这我们叫"顶"，还有跟头、腰、腿，也就是掰筋，再加上形体课、舞蹈课，还有一个文化课。练完功以后，晚上上文化课，不过不是主课，因为是专业人员嘛。孩子们练习翻跟头，你得扶着他，你得教他怎么练，那就比较累了。还有顶，就是打倒立，这是基本功。腰就是要练下腰。我们还让孩子练腿，形体课，形体上要美，从小教给他们身板要直。

武：有没有女孩子？都是男孩？

张：有女孩，一半女孩一半男孩。在培养上，我们是下了很大功夫的。因为（练杂技）很苦，不过农村孩子还有点能吃苦的精神。但是，老师还得引导他，一直给他讲。后来我们带着这些孩子去北京大会堂演出过，还公派去了俄罗斯演出呢。

杜：请张老师说说去国外表演的情况。

夫人：（踊跃地）2000年文化部让他们出国表演，是他带着团去的。

张：（自豪地）嗯。我们是代表国家去的，那是文化部给的任务，安排我们杂技团代表国家出行，也就是访问。到了白俄罗斯、摩尔多瓦和阿塞拜疆，一个国家待十天，一个国家连续演出六场。

杜：您这个飞叉演出一场多长时间？

张：顶多五分钟。因为它的动作很多，几十个动作要连接起来，它一直在身上走，各种动作，各种走法。

武：培养学生太有意义了，把中国传统杂技表演到了国外。

张：（欣慰地）嗯。我们培养了三年，就把全部老师和孩子都转到现在东方红（剧院）那个地方，也就是我们原来的排练厅去了，就不在农村里头练了。杂技队的孩子开始和演员队里的孩子们合在一块，磨合练习，就开始分节目了。团里规划练"坛子"，还有"踢碗"什么的，我就上了"皮条"（节目），带着十个男孩，这个比吊环还需要力气，动作还要灵巧、还要快，它要在空中完成动作，当时给我的任务是一年（完成训练）。

武：然后就要演出了？

张：对。最后演出非常成功。因为我从小是练"皮条"的，我脑子里头知道怎么练。

武：您是有童子功的。

张：嗯。我那时候练单杠、练爬杆，那都是我的强项。"皮条"还拿过西北五省三等奖呢。

杜：那这一批学生里面就没有人传承飞叉吗？

张：我给你们讲，原来记者采访我，问我为什么这个节目您没传下去？但是我有徒弟，1983年教的学生，有个孩子跟我学。九几年我回来以后，就有老师提出来，让我上飞叉，我说这个节目有点吃工。然后，副团长说，我给你一年时间，你把飞叉拿出来。我给了他一句话："一年？你教？没三年根本不可能的事情。"因为我自己练我知道，它的动作很多，三年未必能达到我这个程度。后来他再没有说上这个节目。后来一位团长，他的父亲是我的老团长，让我当的演员队队长。演员队在演出当中也好，训练当中也好，是个主力队，我当时年龄有点大，精力也跟不太上。再一方面，这些演员队的孩子不是我带出来的，不认识，就不太想干。演出队的队长要管训练、节目，还有日常管理什么的，是一线最苦的一份工作。团长非得让我干，说我有经验，希望我帮帮忙把工作抓好一点。书记也跟我说，说我是党员。我就答应了，我说我就干一年，给你们从小年轻里头培养俩。这段时间，"皮条"也好，还有我们三个老师的女子七人排椅，拿了西北五省一等奖。

武：很了不起啊！

夫人：他还带着演员上新疆演那个大圆球里面飞车呢！

张：那时候是八几年，我才三十多岁，一共搞了两年，后来不让演了。我那时是队长，我也骑（飞车），自行车、摩托车都有。银川这边演完以后，我就在东方红（剧院）里边演，还有球场里面，因为剧场的舞台搭不了。很激烈，关键是速度，再一个就是会晕，你得先克服这个晕的问题。

武：那练这个飞车的时候，是不是也很危险？

张：一开始拉保险绳，到后来就撒开了不要了。高空的杂技开始练的时候都得有保险绳。当时，周总理就是这种观点，高空节目必须带保险，外国人不带保险，他不管你是不是会摔伤，但是咱们国家必须把演员保护好。

武：张老师真是很有创造性，飞车是自己琢磨出来的，还有"皮条"是祖传的，也带出了徒弟。

夫人：还有爬杆，他师父带着他学的。

武：排椅也是您带着练出来的？

张：排椅是我们三个老师看着练的，一个老师看不了，需要助教老师。助教老师在节目当中最重要。排节目肯定会遇到各种问题，助教老师就要观察整体的节目，还有每一个孩子，给他们指导、解决问题。老师要一直看着，比如高空动作，学生上去之后，他不知道自己有什么位置之类的问题，但底下看着的老师肯定会明白。如果有问题，很可能就会出危险，老师就要跑去接住他。

武：对对对。舞台上能看到总是有人在守护着。老师不光是教，还要时刻呵护着学生。

张：嗯。就像我们教翻跟头，老师一开始都在这儿扶着，慢慢地这个劲就不给了，就撒手了。撒的时候，不要跟学生说，还要他继续走，实际上你已经把这胳膊撒掉了，他还这么走着。我弟弟到大连、广州、太原都当过老师，你一搭手，人就知道你这个老师的水平。

夫人：他弟弟的孙女也是干杂技的，我们丫头跟着他也学了点魔术。

武：那夫人和张老师是什么时候成家的？

夫人：我跟他是重组家庭，他前妻是北京知青，1990年离婚了，回北京了。我们是1997年才结婚的。

张：我前面的老伴原来是知青，他们北京来的几十个人普通话都说得好，就在
展览馆当讲解员，我们俩就认识了，后来我们谈成了也不想结婚。到了
1969年，杂技团解散了，父亲说你结婚吧。本来不应该结婚这么早，我才
二十一岁。

夫人：他们生了一儿一女。

张：老伴跟了我二十年，那时候最后一批人可以回北京了，当时的政策就是，
要不就离婚，要不就退休，我又不到退休年龄，就选择离婚，人家就只好
带着女儿回去了。

武：那挺遗憾的。给您留下了儿子，儿子后来跟您学这些没？

张：留下了儿子，儿子是1970年出生的，后来当兵，复员回来安排到东方红电
影院，也挺好的，可是后来生病了。现在政策好了，原来我背的包袱很大
的，因为给儿子看病要自己掏钱的。现在对他有个政策，因为他当过兵，
还在东方电影院工作了几年，享受低保，可以报60%医药费。他是复转军
人，民政厅还批准以后再给报销40%，我负担就没了。

武：国家政策真是不错。那女儿也没学这个？

夫人：他女儿在凤凰卫视上班，搞后期制作的，去北京的时候才十七岁。

张：（满足地）女儿挺厉害的，1974年出生的，现在经常带着我孙子来，生活
条件比我还好呢。呵呵！

武：您孙子跟您学了没？

夫人：太远了，来的少。

武：今后还有什么打算没有？

张：我也想带学生，但是得有孩子学。现在就不上这个节目嘛。

武：如果团里面上这些节目，聘请您去当老师，那是没问题的吧？

张：（肯定地）这个没问题。

夫人：我给你们讲一个笑话，他从文化局到杂技团评职称的时候，评了个三级。

等评二级的时候，评委多嘛，要把材料整理好印五十份发下去。他大名别
人不知道，有人出了个点子，后面备注"张小二"，人家一看，张小二咋
报上来了？应该评国家一级呀。结果才享受国家二级。他弟弟都没评上。

张：我弟弟退休得早，他赶上那个三十年工龄（政策）了。我那时候没有这个
政策，必须到六十岁。

武：为什么大家叫您的别名？

张：我是我们家老二，我们家老三叫小三，我叫小二。评审的时候，有个我的
小师弟，评审会一念张小二，他马上意识到是我，把材料拿过来一看，照
片就是我。他说："这不是我大师哥吗？才报了个二级，我以为要报一级
呢。"因为我们从小一块练功，他知道我的基本功，还有那些获奖什么的，
因为其他评审员也不都是杂技这边的，听他一说就让我过了。我现在是副
高，一级就是正高，要评正高得再等十年。我年龄也大了，就没有继续去评，
2008年退休回家了。

武：张老师从小来支援宁夏，工作五十年，为宁夏杂技的起步、发展和传承，
以及培养杂技新人都作出了很大贡献，还评上了副高职称，也算是事业圆
满。那今天就多谢张老师和夫人了。

羊羔酒酿造技艺代表性传承人
唐世俊　唐　震

　　唐世俊，1950年出生，宁夏灵武人，初中文化程度。2010年被认定为自治区级非物质文化遗产项目（羊羔酒酿造技艺）传承人。

　　唐震，1976年出生，宁夏灵武人，大学文化程度。2017年被认定为自治区级非物质文化遗产项目（羊羔酒酿造技艺）传承人。

综　述

　　"银烛生花香雾收，中堂密坐促貂裘。羊羔儿酒浮琼斝，牛尾狸酥映玉舟。"这四句诗出自宋代诗人虞俦的《冬至后五日夜雪复作再用韵》。在寒冷的冬夜里，诗人与三两好友烛下聚饮，就着筋道的狸子肉，喝着酒杯里浓厚爽口的羊羔酒。字里行间无不透露着雪夜聚饮的清雅、愉悦。与此同时也向后人证明了羊羔酒早在宋代就已存在，并深受当时人们的喜爱。

　　羊羔酒的起源应早于北宋，唐朝可能就已存世，频繁见于宋朝文学作品中，可见是当时文人雅士宴饮常备之酒。明朝后，冯时化《酒史》载："羊羔酒出汾州孝义县"，李时珍《本草纲目》亦载："羊羔美酒健脾胃、益腰身、大补元气。"可见羊羔酒之流传深远及其功效。清朝时，羊羔酒逐渐成为进献宫廷之御酒，大大提升了其价值和知名度。

　　在宁夏灵武市，亦有一户有着上百年羊羔酒酿造历史的人家，那就是唐氏家族，现年七十二岁的唐世俊及儿子唐震为羊羔酒酿酒祖业的传承者。唐氏家族的酿酒历史源远流长，上可追溯五代人，甚至更早。据悉，唐世俊的曾祖父辈就一直经营自家的酒坊，但由于连年战乱等原因，唐世俊的爷爷及父亲后来都以中医谋生，家族的羊羔酒酿造一度中断。直到唐世俊1999年退休后，父亲将唐氏家族的酿酒配方传到他手上之后，唐家古老的酿酒技艺才得以重见天日。

　　唐世俊，1950年出生于灵武市，初中毕业后，进入灵武市罐头果酒厂工作。在20世纪70年代，罐头、酿酒都是新兴产业，全国各地都争先恐后地培养这方

灵州唐氏羊羔酒文化传承展示馆
（武宇林摄于2022年1月）

面的技术人才。1976年，宁夏得到了天津轻工业学院的两个进修名额，一个是酿酒专业，另一个是罐头专业。作为果酒厂技术骨干的唐世俊有幸被选中，前往天津轻工业学院进修学习。由于当时罐头产业兴盛，罐头班学习名额紧缺，唐世俊被分配到酿酒班学习，阴差阳错，恰巧和家族羊羔酒技艺不谋而合。学习归来，唐世俊在罐头果酒厂积极推进葡萄酒项目及芦笋罐头研发项目，几乎从零开始。两项产品开发出来后，取得了良好的经济效益。通过研发、化验、生产等各个环节的实践，唐世俊积累了酿酒技术及食品加工方面的丰富经验，为他日后恢复羊羔酒酿造技艺打下了坚实的基础。

　　后因工作需要，唐世俊被调入灵武市经贸委从事行政管理工作，先后任过工业科科长及工会主席。1999年唐世俊辞职申请退居二线，时年四十九岁，为的就是实现恢复唐氏羊羔酒酿造祖业的夙愿。因为这既是家族传承下来的一份基业，也是父母希冀所在。唐世俊认为，作为唐氏后人，有着传承的责任和义务。正是唐世俊义无反顾的决心，加上他在灵武果酒厂工作的经历，有着酿造葡萄酒的经验，父亲便郑重地把祖传的羊羔酒秘方传给了他，期望他能够发扬光大这份祖业。

　　与唐世俊共同担负传承唐氏家族羊羔酒祖业的还有儿子唐震。唐震出生于1976年，即唐山地震的那一年。他从宁夏林业学校林果专业毕业后，曾做过一段时间的教师。1999年，父亲唐世俊着手恢复羊羔酒祖业时，是年二十三岁、年轻力壮的唐震毅然全身心投入其中，成了父亲的得力助手。由于羊羔酒酿造已经间断多年，真正的酿造技艺还有待于研究。唐世俊便专门建立了实验室，和儿子唐震两人不舍昼夜地尝试研究配方中各种材料的性能及比例。从1999年到2002年，唐世俊父子经历了无数次的失败和挫折，耗费了大量的金钱和精力，终于在2002年成功恢复了羊羔酒的酿造技艺，并于2006年拿到了国家发明专利证书。

"羔肉鲜，黍稻齐，药精准，曲蘖实，湛炽洁，火候得，瓷具良，水泉香，童无欺，叟不傲，人品良，酒乃佳……"在唐氏家族的酿酒祖训中，"羔肉鲜"是第一位的。在过去，唐氏羊羔酒所用的羊羔肉是灵武当地河滩出生四十天左右的滩羊羊羔，这种羊羔的皮毛顺滑、肉质鲜美，所酿的酒也最为甜美可口。除此以外，唐氏羊羔酒还要用到灵武长枣、枸杞和糯米及灵芝等一些中药材，这些基本的材料都必须是当地所产，所酿出的酒才最正宗。但可遇不可求的材料和酿酒所需的时长与精力，导致传统酿制的羊羔酒必然成为不可多得的稀罕产物。

在恢复羊羔酒技艺的同时，追根溯源，查访唐氏家族酿制羊羔酒的历史佐证，是唐世俊的又一大心愿。唐世俊自儿时起，就常听家里大人念叨，早在雍正年间，自家的羊羔酒就是宫廷御酒，在酿造期间，曾被官府人员严密监督，酿酒材料及数量都严格把关。对此，唐世俊决意一探究竟，带着儿子唐震四处查访，耗时三年，先后去了甘肃、山西、陕西、北京等地的档案馆，最终在中国第一历史档案馆里，找到了雍正皇帝关于羊羔酒进贡的相关文字记载。雍正向年羹尧下密旨，旨意云："再：宁夏出一种羊

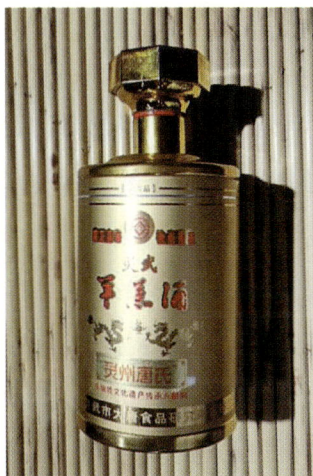

⊥ 唐氏羊羔酒产品（武宇林摄于2022年1月）

⊥ 唐氏羊羔酒产品获得的奖牌（武宇林摄于2022年1月）

羔酒，当年有人进过，今有二十年停其不进了，朕甚爱饮他，寻些送来，不必多进，不足用时再发旨意，不要过百瓶，特密谕。"可见唐氏家族内关于羊羔酒上供的传说确有其事、证据确凿，这让唐世俊父子感到无比的欣慰，更是增添了打造羊羔酒的信心和勇气。

随着羊羔酒酿造技艺的逐渐恢复，灵武市、银川市及自治区非遗部门，都对这门古老的技艺给予关注和重视，政府曾通过拨款资助、申遗等方式对唐氏家族的羊羔酒项目进行保护和支持。一开始，唐世俊并不理解申报非遗的意义，他始终认为恢复羊羔酒的酿造，只是完成父母的愿望、继承祖宗的手艺。然而，只有进入大众视野，融入当今市场，得到社会各界的支持，才会有利于羊羔酒的传承。在各部门相关人员的劝导及协助下，唐世俊最终进行了羊羔酒酿造技艺非遗项目的申报。2010年唐世俊被认定为自治区级非遗传承人，2017年唐震也被认定为自治区级非遗传承人。唐氏父子曾带着羊羔酒产品，应邀参加了安徽卫视、央视7套的节目进行宣传介绍。2010年世博会期间，他们父子代表宁夏参加了展会，向许许多多不了解羊羔酒的人们介绍了这种古老的药酒功能。2012年，羊羔酒在中国（银川）西北地区非遗博览会荣获银奖；2013年，羊羔酒在中国·银川第二届镇北堡西部影视城西北非遗博览会荣获金奖。

2015年以来，唐世俊父子俩建起了"灵州唐氏羊羔酒文化传承展示馆"，成为了宣介唐氏羊羔酒文化的一扇窗口。无论是整理文史资料、对外宣传销售，还是申请非遗、申请发明专利及参加展览，正值壮年的唐震显然已是唐氏羊羔酒传承的中坚力量。而唐震的儿子唐晓宇正在大学攻读生物酿造专业，将成为唐氏羊羔酒的新一代传人。古法酿造的羊羔酒营养丰富，曾是清代皇帝的御酒，但由于原材料的局限及漫长复杂的酿造过程等原因，尚不能大量生产。但其独特的酿造技艺，反映着古老的传统文化，颇有传承价值。相信在下一代人的努力中，唐氏羊羔酒酿造技艺将继续得以传承。

访　谈

被访谈者：唐世俊、唐震（自治区级非物质文化遗产代表性传承人）

访 谈 者：武宇林、杜丹

访谈时间：2022年1月5日

访谈地点：灵武市灵州唐氏羊羔酒文化展示馆

访谈录音：杜丹

访谈整理：杜丹、武宇林

综述撰稿：杜丹、武宇林

武：唐老师好！你们父子俩都是咱们自治区级非遗项目羊羔酒酿造技艺代表性
　　传承人，今天就一起做个访谈。这位就是儿子唐震吧？

唐：是的。他是唐山大地震那年出生的。

武：哦。那您是哪一年出生的？

唐：我是1950年出生的，今年七十二了。

武：您出生在什么地方？

唐：就是灵武市。

武：1950年的时候，刚刚解放，父母当时都在做什么？

唐：先说说我的爷爷，清末宣统年间，1910年他到北京赶考，给他给了个官，
　　陕西直隶州的通判。后来辛亥革命把清政府推翻了，前面那个都不认账了，
　　他就回到灵武当中医，还任过灵武县教育局局长、灵武参议会的议长。我

的父亲就跟爷爷学中医，学了二十三年。辛亥革命时我们家里的作坊啥的全部被烧光了。

武：你们家很早以前就有酿酒作坊了？酿酒历史很悠久了。

唐：嗯。最起码能追溯到我太爷，做酒的家里有钱，才能供我爷爷念书，才能去北京赶考嘛。一般贫穷的家庭是不行的。

唐震：过去我们家都是私塾，自家请的老师，就教自家两个孩子。

武：就是说，你们家祖上是文化人，也是很富裕的人家？

唐：不算很富裕，但是过得去。

唐震：你们看我太爷爷的那个照片（指墙上陈列的老照片）。

唐：是解放前照的这个照片，一般人是照不了的，没有机会照相嘛，能照的那都是大户人家。

唐震：（父亲）他们这一代好多人，小学时候连个照片都没有。

武：唐震很年轻啊。

唐震：嗯。我是1976年唐山大地震的那年出生的。

唐：唐山大地震那天，我在天津的火车上，火车翻车了。

武：那很惊险啊。很难忘的经历，所以给儿子起了这个有纪念意义的名字？

唐：嗯。我的经历比较复杂一些。

武：那就请给我们讲讲您的经历吧。您还没有出生的时候，从太爷爷起家里就有酒坊了。那么到您这一代，家里姊妹几个？

唐：我母亲生了十个，活了五个。我们弟兄三个，下头有两个妹妹。

武：您父亲是中医？

唐：我父亲跟我爷爷学中医，因为这个羊羔酒本身就是属于医药这个范畴，它是强身、保健的，它有好多好多功能在里面。

武：还有中药在里边？

唐：对。有好多中药。所以家里酒坊开不了了，就当中医。三个指头就可以号个脉，我的父亲抓药，我母亲是炮制药材的。

武：那一家子都是中医，中医世家？

唐：对对对！也应该算。我们过去吃中药，抓了回来以后，我母亲先要看过。她一看就能挑出来这个药不对、那个药不对，有的药没有炮制，有的是用酒炮制的，有的是喷醋的，这个药不炮制，吃上就等于白吃。

武：哦。那您母亲也是行家。您在这样一个家庭长大，念书情况怎么样？

唐：这就要说起唐震了。我在天津轻工业学院进修的时候，唐山地震那天，把我也震到里面了。本来唐震出生证的名字是"金"字旁一个"争"，结果老岳母说是不行，入户不能这样做，说是有唐山地震，你在唐山待过，唐山地震那年出生的，就叫"震"。因为那年是龙年，雨字下面一个"辰"。"唐震"就这么来的。

武：很有纪念意义，含义还深刻，有望子成龙的寓意。这名字起得好。那么您小时候读书一直读到？

唐：初中，我是六六届的初中毕业生，毕业的时候，老师和校长都被打倒了，没拿上毕业证。后来就上山下乡，参加工作。

武：在哪个单位工作？

唐：灵武罐头果酒厂。

武：罐头果酒厂，跟您现在的做酒也有一定关系吧？

唐：其实，好多事情都是阴差阳错，那个时候罐头是很兴盛的一个食品行业。

唐震：看病人都提那个东西。

武：的确，过年过节才能吃到。

唐：当时企业的技术人员断层了，全国各地的厂子都没有技术人员。天津轻工业学院属于轻工业部的一个院校，在这种情况下，就专门开了罐头班和酿酒班。

武：您去学习了？

唐：到了我报名的时候，因为罐头是新兴产业，全区一共两个名额，一个给了银川酒厂，一个给了灵武罐头厂的我，就我们两个人。去的时候，银川酒厂那是个专业酒厂，我这边是罐头果酒厂，就给我报的罐头班。结果到了天津轻院报到的时候，因为这个罐头班是个热门，就把我挤掉了，我只能去酿酒班。

武：这可真是阴差阳错、歪打正着，您正好有机会学习酿酒？

唐：嗯。宁夏的葡萄酒是谁搞的？是我搞的。那个时候，大家文化程度普遍低，像我这样老三届的初中毕业生，就算是拔尖的了。在这种情况下，我在厂子里从学徒工开始干，一直到车间成本核算、到化验员。那时候厂里没技术员，我就是技术员，葡萄酒老的商标我都有保留。当时的自治区党委书记叫李学智，有一次在灵武开会，就说灵武必须种五万亩葡萄、五万亩芦笋。这个当时都是我立的课题，灵州大曲也是我的科研项目。我过去一心在罐头上，全国所有的食品出口，只有芦笋罐头是赚钱的，一听一美元。当时国家没有外汇，主要是想赚外汇。2000年的时候罐头厂没了，芦笋也不搞了，没人种了。

武：那后来您怎么又转到这个羊羔酒上面了？

唐：羊羔酒是我们家过去就有的，配方啥的都有。1999年，我四十九岁的时候退二线了，我决定干家传的羊羔酒，我父母都很高兴。

武：当时从哪个单位退的？

唐震：灵武市经贸委。

武：当时是什么职务？

唐：我一开始是灵武经贸委工业科科长，到后头在经委当了两年工会主席，我就写了个辞职报告退二线。我们家"世"字辈弟兄十三个，我父亲就说："你选了酒，又在酒厂待过，别人谁也干不起来，谁也干不了，方子就给你了。"

武：父母都是啥时候去世的？

唐：母亲2012年，九十一岁去世。父亲是2004年，去世的时候八十四岁了。

唐震：我奶奶去世之前，每天半斤羊羔酒，起不来了就用吸管喝。

武：就是说，喝这个羊羔酒能长精神，还能长寿呢？

杜：羊羔酒多少度？

唐震：三十度。我爷爷、奶奶在世的时候，天天吃饭时都喝酒。

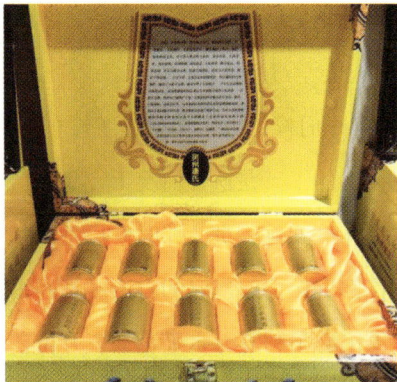

唐氏羊羔酒小包装产品
（武宇林摄于2022年1月）

武：过去，酒好像有"百药之首"的说法吧？

唐：（赞许地）对，对！这个羊羔酒它好不好？雍正皇帝为啥要喝它？它对身体非常有好处。

武：1999年您退居二线打算搞羊羔酒时，家里有作坊吗？还是就在自己家里做？

唐：你们看这个照片，这个有砖墙的是我家，这个房子最大，对面那个是化验室研究所。在这个后面，我还有一个院子，一片房子，那就是作坊，面积有四五百平方米。因为我化验员也干过，啥也会，就弄了一个化验室。过去，老先人他们都是在自然状态下（干）。我们现在有这个条件了，从这个自然的状态向必然的状态要迈一步，我就弄了个化验室。我就开始琢磨，因为中药材它有不同的药性，你放得多了，是一种什么样的感觉，少了又是一种什么样的感觉，都要实验的。还有羊羔酒的温度很重要，粮食成熟度、肉的品质都有很高的要求。发酵过程中，什么时候放什么药，药加多少，都必须厘清。方子上有工艺方法，但是不够精确，还得实验。安徽卫视还给做过一个相关介绍呢。

武：为什么要叫羊羔酒？

唐：它是用羊羔肉发酵酿制的。过去灵武马家滩镇，只有两个地方的羊羔能用。为什么？这两个地方在山里头，羊羔子吃的甘草啥的，肉好、不膻气。一般羊皮子一个毛孔长出一根毛，这两个地方羊的羊皮一个毛孔可以长出两根毛，这就意味着它这个毛就细就软，弯曲度就好，它的肉也不膻。现在没有了，我们就用宁夏滩羊的羊羔子，要求十四到十六斤的，这是先决条件。

武：羊羔酒原料里边要加羊羔肉，那羊羔肉是生的吗？

唐：要煮熟。

武：其他材料还有哪些？

唐：羊羔酒为什么出在灵武？它的原料用本地的羊羔肉已经介绍了，再一个就是灵武的长红枣，再一个就是红果子，也就是枸杞，再一个就是糯米。这些东西都必须是当地产的。过去想到别处做，没有原材料的运输条件。

武：这个羊羔肉是煮得全熟呢？还是几成熟？

唐：肉全熟。我们一开始做羊羔酒的时候，我和儿子也是到处找人收羊羔肉。钱多出一点，也就有了。

武：唐震是1976年出生的，1999年的时候二十三岁，就也跟着您干了？

唐：嗯。1999年就开始了。

武：那时候唐震已经从学校毕业了吧？在哪儿上的学？

唐震：嗯。过去叫宁夏林校，现在叫葡萄酒学院。我是林果专业，我和我爸都是那种阴差阳错的，不管咋都是在食品这边绕着。我母亲原来就是在园艺场工作。

武：1999年父亲干的时候，你也开始跟着干。那学校毕业以后，在哪儿工作了吗？

唐震：嗯。以前是老师，没干多久，我爸这个事情也多，就回来主要做家里的事。当时不觉得，现在觉得我和我爸这个应该叫文化自觉。

唐：因为要干这个事情，就要自始至终专心盯着干，不能边干工作边干这个。

武：唐老师家几个孩子？

唐震：我还有个姐姐，我们两个。

武：姐姐学没学这个？

唐：没有。家训上面这个事情传儿不传女。我孙子在天津读生物发酵，又接上了。

武：多大了？

唐震：二十二岁，刚毕业。

武：那也跟着干了吗？

唐：（欣慰地）干。现在重体力活我干不了，这个桶我拉都拉不动，我就看着，
　　他们俩干。

唐震：这个活真的很重，一天的工序都是穿插着干的。

唐：好不容易把它保留恢复下来了，一定要传承下去。

武：原料感觉都特别养生。那么羊羔酒的功效是什么？再加上你们的中药的话？

唐：《本草纲目》李时珍的原话，羊羔酒大补元气，健脾胃固腰肾。我父亲老
　　说的一句话就是："老先人做酒的时候，凶险得很，紧张得很。"那时候官
　　府派两个人在我家吃住，看着我们做，我们家只知道是给官府做酒，不知
　　道做的是朝廷贡酒。当时官府的人看得可严了，有人来我们家，都要核实
　　身份，还不让随便走动。酒做好了，让我们家人先喝，然后官府的人喝，
　　喝完了封条一贴。旁边还有一个空屋子专门放酒，放进去门一锁，封条也
　　是一贴。

唐震：假如羊羔酒里头没羊羔肉，就是欺君之罪。人家就是要看看，你到底有没有。

唐：到了2004年还是2005年，原来宁夏档案局的一个人，给我说他查档案的时
　　候，在兰州还是哪儿，看到了雍正皇帝要灵州羊羔酒的一个资料。我说，
　　你这是胡说呢。俺们家给官府做酒，哪有给皇上做的？没听过这个话。人
　　家说我看了一个小报上登的资料，我们爷俩就去查。宁夏没查到，甘肃查，
　　甘肃没查到，陕西查，陕西没查到又到北京去查。

唐震：这里有个线索，就是年羹尧，我们把年羹尧待过的地方都跑了。一开始
　　是大海捞针，后来逐渐缩小范围。我爸2003年申请了发明专利，我们当时
　　想着自己先保护起来。

唐：最后，这个文献在中国第一历史档案馆（找到了）。那个人说是在《文摘报》
　　上看到的，但是《文摘报》改名成《兰州晚报》了。我们先去的国家图书馆，
　　我们推了一大车子报纸啊，书啊，没查到。我俩当时也没经验，人家不让

带东西，也没有卖食物的地方，借出来的不能还回去，还回去，再借就很困难了。所以我俩中午饭也没吃，渴了也没水喝，就跑到卫生间，在洗拖把的水龙头那儿，灌一肚子冷水，回来接着查。查完出去，找了一个小馆子，人已经开始颤抖了。再有半个小时，我可能就晕了。

唐震：中国第一历史档案馆在故宫西门口，门口站着当兵的门卫，啥都不能带。

武：哪一年找到的？

唐：2004年。（指着一幅照片）你们看我那时候很年轻。

唐震：找这些资料，我们来来回回花了十几万（元钱）。找这个的过程，也是思考的过程，线索要分析。

唐：中国第一历史档案馆有个退休的李研究员，他会电脑，我跟人家聊天，把报纸上雍正皇帝和羊羔酒相关的资料给他看，说我想找原件。人家说，我是从这里退休的，我们这个地方清宫档案有多少，我们都说不清。这些原件从甲箱子、甲包袱拿出来，再换一个箱子或者换一个包袱就找不到了。他说，你找这个东西太难了。我们又给留了联系方式，请人家帮忙找。我们去北京的时候，灵武档案局还给开了介绍信。最后人家找到了，通过电脑发给我儿子了。

杜：从开始找一共找了多久？

唐震：大概三年。

杜：那在北京的这个档案馆你们大概待了多久？之后找到了吗？

唐震：我们去了好几次，每次找到点线索就再去。

杜：最后这个文献是什么内容？

唐震：当时年羹尧是川陕总督，他在我们这地方任职。奏折上，年羹尧奏了金启复这个人，说这个人上班不工作不认真，贪污受贿什么的，年羹尧想安插自己的人。雍正后来批示，别人都说这个人特别好，就你说不好，你再重新给我汇报。点完他之后，又说你去帮我找灵州羊羔酒。我们都找到（资料）十年以后，自治区档案局才弄了一个复印件，现在在展览呢。

武：这个项目是哪一年报上去的？

唐：2004年我们灵武有人写了一篇关于雍正皇帝和灵州羊羔酒的文章，发在了
　　报纸上，之后灵武文联一帮子人都跑过来要见识见识，这个事情就被大家
　　传开了。自治区非遗中心的人，2006年就拿文件来找我了，要签（申报）
　　协议。协议里面说，国家有报道的权利、宣传的权利。我说，不报。这个
　　是我们家自己的一个东西，我也不需要宣传，我就想按照老先人、老祖宗
　　的这个方子，把它恢复出来就行了。

武：后来什么时候又想通了？

唐：2008年。我们灵武搞非遗的专干张洁，现在是银川市非遗中心副主任，是她
　　给我报的，我都不知道。春节那会儿，我去单位拿了一点报纸回家，一看上
　　面有个新评定的非遗项目公示，里面就有我和羊羔酒。我很纠结，就给张洁
　　打电话，我说，我不想让人知道。她说这是好事，之前开全区的非遗工作会
　　议，各县市人家都有项目，唯独灵武剃光头，她抬不起头来，回去就把我给
　　报了。这一报，银川市的、自治区文化馆的、宁夏非遗中心的都来了，问我
　　要家谱，还有雍正皇帝那个资料，灵武文史资料记载的我们家过去做酒的资
　　料也给他们看了。看了之后，领导就给张洁说，明天就给报过来，这个项目
　　是不得了的事。他们都说是大好事，要把这个放到第一批扩展项目里，最后
　　没放成，就放到了第二批，当时自治区传承人一共二十来个。唐震是第四批。

武：唐老师，您这个酒，消费群体都有什么样的评价？

唐：唐氏羊羔酒放心喝，大家都清清楚楚，一喝就知道了。之前有十三年是政
　　府用酒，不让我卖。除非关系特别好，实在没办法了，卖上两瓶给你。最
　　早卖酒的时候，我还要给政府打电话。卖两个钱，备点料。不让我卖，这
　　东西成本又高得很。

武：总之羊羔酒是祖传下来的，而且营养价值非常高，能够把这个技艺传承下
　　来，就是一件很了不起的事。刚才我们也听到了，不仅儿子，孙子也都介
　　入了，而且他们所学专业也都相关。孙子叫什么名字？

唐震：唐晓宇，天津现代职业技术学院，生物发酵专业。

武：真好！那唐震之所以走入酿造羊羔酒的行当，有什么想法吗？

唐震：冥冥之中，总感觉自己家的这个东西，不舍得轻易就消失了，也就是一
　　　种文化自觉。1999年开始恢复弄研究所，为了找文化史料东奔西跑，后面
　　　又申请发明专利，现在就是一直做传承。商标、外包装、宣传册，基本上
　　　都是我设计制作的。

武：哦。唐震已经能独当一面，是名副其实的羊羔酒传人了。

唐：（指着展柜里的一样中药材）这东西讲了吗？

武：没有没有。这是什么？

唐：灵芝，灵芝草，鹿角灵芝。

武：鹿角灵芝？平时见过那种圆盘的灵芝，这个也是你们酒里面的原料吗？

唐：（自豪地）当然是。

杜：你们这几年运营的情况怎么样？

唐震：现在市场上对我们（的酒）好像有一种神秘感，好多人理解不了羊羔酒
　　　是什么东西。现在各方面的报道也比较多，之前不是有一个电视剧《知否》
　　　（《知否知否应是绿肥红瘦》），那个里面就有羊羔酒，还有一个电视剧里面
　　　也有。中国现在是传统文化热，到处挖掘。之前我们去电视台参加过一些
　　　节目，比如安徽卫视的《中华百家姓》。通过各种宣传，销路变好了。但是
　　　限于要保证我们的本真性，要在保证稳定性的基础上逐渐地发展，不需要
　　　大规模工业化。工业化的话，容易营养流失，温度各方面控制就不是那么
　　　好，会影响品质。我们现在一直在探索看，是不是要迎合市场，打个比方说，
　　　现在市场上都能买得起三百块钱的酒，那我们就按比例把原材料往下降。

杜：那你们现在一斤卖多少？

唐震：现在是两千六百元。我们有些工作可以请人，有些工作还不能请，要保
　　　守秘密。传统家族做的时候也是这样的，配料的时候那都是掌柜的，一个
　　　人在一个密室里配料。

杜：所以没有办法实现大规模生产。对吧？

唐震：嗯。那种不是我们现在追求的东西，我们现在追求的是高品质的一个标准，按照自己最理想的一个标准在做，最好传承我们自己家的东西。要走向市场，或者是要大批量地工业化生产，那是一个商业运作。那我就得做策划，去找那个调研公司，先去调研，市场上大概能接受的羊羔酒是三百元还是五百元，大概百分之七十都能接受这个价格，广告的费用多少，最后能投入到原料是多少，对不对？但是商业化和我们的理想不是一个东西。

杜：那你们这两年利润怎么样？

唐震：就是能活着吧。能传承下去，能保证我们的本真性，这就是基础，其他都是后话。

杜：比如说，如果论斤的话，一年你们大概能生产多少？

唐震：生产的话，我们过去那个作坊，连续做的话，一年做个十几吨酒没问题。但现在灵武市搞这个城乡规划，把我们的作坊给拆了，现在我们没地方。2013年拆掉了，2015年我们来到这个"灵州唐氏羊羔酒文化传承展示馆"。现在这个房子太小了，只能小批量地做。现在就是赶紧存料，卖一点酒，都是缸里面的原来的酒。

杜：那您对未来的传承发展还有什么意见和建议？

唐：首先政府得给一个场地。作为非遗这一块，政府本身就是要提供场地、提供资金的。应该还给我一块地，我再建也行。

唐震：而且要符合非遗的具体要求，有些传承人给了房子，但是不符合人家的生产规律，给了房子也没法继续生产。还有希望地方更加重视非遗宣传，这才能更好传承。你像南方人说乾隆下江南坐在这块石头上，然后就围起来，搞宣传，竖个牌子，就成了网红景点。我们这真实史料御批都在，但是宁夏人都不知道。

武：好的。我们会尽量向有关部门反映你们的意愿。今天就谢谢两位老师了。

附录

《川陕总督年羹尧奏陈金启复居官甚劣等情形折》摘要

雍正元年八月十三日

云南按察司金启复向为云南驿盐道，臣为四川巡抚，深知其居官贪滥，是以今年臣在京师奏其做官甚劣。迨臣回陕以后……臣细加探问，俱云金启复自升臬司一年以后，居官有声，办事亦甚明白。臣又问其何以前此做盐道时名声不堪，俱云"金启复初到盐道任时，道库有二十一万亏空，巡抚吴存礼勒令接受交代，是以极力要钱弥补此项空"等语。……臣愿甘误奏之罪，且喜按察司内又得一人矣。

御批：

云南按察司金启复，布政司鄂尔泰回来谈此人做官声名异常出色地好，又清又明，又勤又慎，你怎么错奏了此人了？有何所见，奏来。

再，宁夏出一种羊羔酒，当年有人进过，今有二十年停其不进了，朕甚爱饮他寻些送来。不必多进，不足用时再发旨意，不要过百瓶。特密谕。

山花儿代表性传承人
赵福朝

　　赵福朝，1951年出生，宁夏固原市泾源县人，中专学历。2010年被认定为自治区级非物质文化遗产项目（山花儿）代表性传承人。

综　述

赵福朝出生于宁夏泾源县泾河源镇马家村一个农民家庭，父亲是木匠，擅长制作各种木器。儿时的赵福朝在帮助父亲拉锯子、锯木头的过程中耳濡目染，也喜爱上了木器活儿，为他日后潜心制作民间乐器打下了木工基础。赵福朝上小学期间，经常在暑假期间去给生产队放牛。在山上放牛时，从一些年纪大的放牛人那里听到了淳朴的山花儿民歌，从此对花儿产生了浓厚的兴趣，并渐渐学会了唱花儿。赵福朝自十一岁开始学唱花儿以来，一直没有舍弃这一爱好，他最喜欢唱的花儿有《山上打了个梅花鹿》《打马的鞭子闪断了》等。如"上山里打了个梅花鹿，下山里打了个野狐狸；娘家维了个亲姑舅，婆家维了个姐夫。""树树儿栽在渠沿上，树叶叶儿落在水上；好看是在眼睛上，老实人是在脸上。"

赵福朝小学毕业后，考入固原六盘山林业学校学习，中专毕业后，被分配到六盘山腹地的二龙河林场，成为一名林场职工。酷爱骑马的赵福朝，每当骑在马背上，在林场巡逻或下山办事时，总会对着空旷的山野或树林，扯开嗓子唱上几首高亢嘹亮的花儿。在林场工作期间，有一批从青海来的转业军人被分配到林场工作，其中不乏花儿歌唱高手，赵福朝虚心向这些来自花儿故乡的职工学唱花儿，歌唱技巧有了显著的进步，很快成为当地有名的"花儿王"。

赵福朝还十分喜爱民间乐器，2000年从林场退休之后，就迷上了民间乐器的手工制作，他的初衷就是让更多的年轻人了解早年的民间乐器的模样及声响，让相关的传统文化得以传承。近二十年来，他根据儿时的记忆，以及在外地见到的一些民间乐器的样式，利用儿时从父亲那里习得的木工手艺，凭借在林场工作时对木头材质的熟悉程度，努力摸索钻研制作出了百十件传统的民间乐器，有单弦琴、圆心琴、桦树皮鼓、木头梆子等。还探索出了边敲击或弹奏民间乐器，边歌唱花儿的新模式，让本无音乐伴奏的古老的花儿民歌绽放出了新的光彩。"2008 年，他在传承花儿原有特色的基础上独创'手鼓花儿'，用历史悠久且民族特色浓郁的手鼓为花儿伴奏，边唱边击，将花儿的原生态特色表现得淋漓尽致，形成了自己特有的演唱形式。他在继承传统花儿的基础上加以创新，给传统花儿加入了更多的现代气息，其中不乏表现宁夏山川、民俗风情及爱情亲情等题材的作品。他的原创花儿作品在多次演出中屡屡获奖，吸引了很多年轻人前来学唱花儿。"①2010年，赵福朝被认定为宁夏自治区级非物质文化遗产项目山花儿代表性传承人。其后，有许多花儿爱好者慕名前来向他学习，赵福朝热心地用其独到的先听后学、口口相传的传统方法辅导花儿新人。

赵福朝说："我从十一岁开始学唱花儿，唱了五十多年。我就是喜欢它，唱起来觉得舒坦。有花儿相伴，这一辈子才活得自在。"他早年唱花儿，中年以后制作民间乐器，并将乐器伴奏和唱花儿相结合，对花儿一往情深，孜孜不倦。特别是退休后，他有了大量的时间，不仅潜心手工制作民间乐器，也经常和其他花儿歌手切磋交流，从而接触到了甘肃庄浪及宁夏固原、泾源、西吉、海原等地的花儿歌手，听到了许多不同风格的花儿。作为自治区级非物质文化遗产传承人的赵福朝，以传承花儿为己任。这些年来，他一直坚持从民间收集花儿歌词，将各处听来的一首首歌词都抄录在本子上，前后记了七八个笔记本，有近两千首。2008年以来，赵福朝还经常参加区内举办的非物质文化遗产展演活动，并走进校园为中小学生教唱花儿，积极投入各项非

---

① 宁夏文化馆数字公共服务平台：https://www.nxggwh.cn/nx/user_peopleDetail/21427。

物质文化遗产传承活动。2020年11月，近七十岁高龄的赵福朝，作为宁夏代表队成员，参加广东中山中国民间文艺"山花奖"演艺活动，集体表演"夯歌"节目，为非物质文化遗产传承不遗余力。

⊥ 赵福朝手工制作的各种民间乐器（王瑞摄于2019年7月）

访　谈

被访谈者：赵福朝（自治区级非物质文化遗产代表性传承人）

访 谈 者：武宇林、卫力勤、王瑞

访谈时间：2019年7月19日

访谈地点：银川市西夏区兴泾镇农贸市场赵福朝家

访谈录音：王瑞

访谈整理：王瑞、武宇林

综述撰写：王瑞、武宇林

武：赵老师好！我们北方民族大学民族学学院非遗研究所和宁夏文化馆合作，正在完成宁夏文化和旅游厅的委托项目，对全区的自治区级以上一百多名非遗传承人进行抢救性记录。今年4月份还跑到泾源县去找您访谈呢。县上的人说，您家早就搬迁到银川市西夏区兴泾镇了。费了好大周折，今天课题组总算是找到您了。

赵：就是的。我现在就在银川西夏区呢。也好找了，我家就安在这里了。

武：我们是舍近求远，绕了一大圈在银川找到赵老师了。这是个什么地方？好像是市场？

赵：对！我家院子外面就是西夏区兴泾镇农贸市场，其实我家就在市场里面呢。

武：哦。那您家是啥时候搬到这儿的？

赵：哎呀，那就早了，是1988年搬上来的。那时候这儿还荒凉得很呢。在九十年代的时候，这儿还是一片沙漠，啥都没有嘛。

武：您家当时是从哪儿搬到这里的？

赵：从老家泾源县泾河源乡（现在叫泾河源镇）马家村搬过来的，我们那个村
　　上姓马的多嘛。不过，我家姓赵。

武：那您家是外来户吗？

赵：嗯。在那个村上算是外来户，我们是陕西人的后代。不过，现在和老家都
　　没啥联系了。

武：请问您是哪年出生的？学历？

赵：我是1951年3月出生的，中专学历，是固原林业学校毕业的。

武：您当时出生的时候新中国成立不久，家庭情况怎么样？父母都在干什么？

赵：我父母都是农民，那时候生活艰难得很呢。老家那边不通车也不通电，偶
　　然来一辆汽车，人都跑出去看稀罕，老的小的都跑出去看汽车呢。

武：可见那时的宁夏泾源县山区该有多落后啊。

赵：嗯。就是的。当时，我老家的人主要是务农，再就是放牧。不过，我父亲
　　是个木匠，比起其他人家，日子还是比较可以的。

武：那您今天做这些木制的民间乐器，跟您父亲会木匠手艺有关系吗？

赵：（微笑）有关系啊！我从小就帮父亲拉锯子锯木料。最起码这个锯子会用，
　　一般人手上没工夫，那木头就锯不直，都是斜的嘛，七扭八歪的。

武：可以说，您今天的这些木工手艺是从父亲那里传承下来的？

赵：对啊！我现在用的木匠工具就有父亲手里用过的呢。就像那个檠子还在，
　　这是唯一保留下来的父亲的工具。

武：现在还经常用吗？

赵：对对！那是父亲留给我的念想，也是个纪念嘛。还有父亲给我留下的这个
　　炕柜子，也是他当年用过的。

武：您父亲是木匠，那他的手艺又是从谁那里传下来的？

赵：他的手艺是从盖房子的陕西木匠那里学来的。

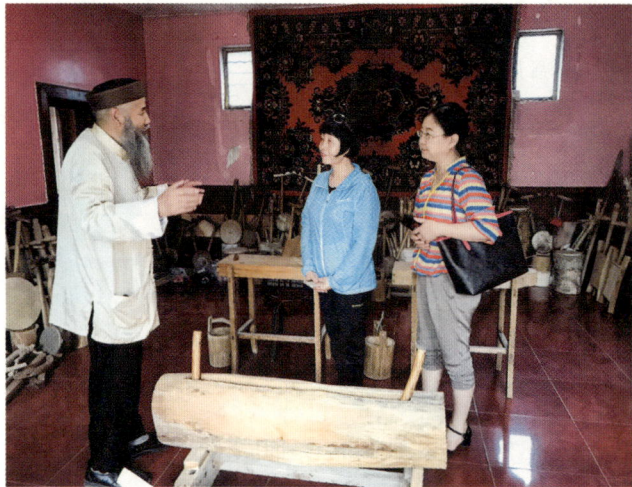

赵福朝向课题组成员介绍民间乐器（王瑞摄于2019年7月）

武：哦。父亲干木匠活儿，母亲务农、干家务吧？家里兄弟姐妹几个？

赵：嗯。就是的。我们弟兄四个，老大已经去世了，现在还有老二、老三，我是老四。

武：那你们兄弟四人都上过学吗？您是中专，三个哥哥呢？

赵：他们都没上过学，一天也没上。老三也上过几天学，可是被老师打了几回就再不去了，那时候要求得严嘛，毕竟是刚解放。

武：那您算是家里的知识分子啦。上林业中专学校是自己选择的吗？

赵：不是，那时候没有选择权。林校是四年制，小学上出来以后，包括初中、中专的课程都一起上的。那个时候，小学毕业就上的这个职业学校。现在是初中中专和高中中专两种。

武：过去小学毕业后就能上中专？

赵：对。我的学生证上是六盘山林校，那年我十六岁。学生证我还保存着呢！请你们看看（拿出一个很小的学生证）。

武：（接过小小的学生证）这可是六十年代的学生证，挺珍贵的呢。我看看。上面落款是"中国人民解放军西北林业建设兵团，第三师第一团"。是军校吗?

赵:当时林业局交给林业建设兵团了嘛。林校由建设兵团管。

武:发证日期是1967年元月15日,这是您上林业学校的时间吧?

赵:其实是上了一段时间后,才发的这个学生证。

武:那您从林业学校毕业后,从事林业工作了吗?

赵:没有。我的那些同学都搞林业工作了,但我那时候比较活泼,参加工作后就做后勤工作了。就在林业局,也就是固原地区二龙河林场。

武:好多年前我去过二龙河林场写生,在山上呢。

赵:嗯。就是的。我在那里干了十一年,还放过马和骡子呢。我为啥不搞那个专业呢?当时,我对学的专业也不太喜欢,就喜欢动物,就喜欢骑马。我们林场有一群马,我就一直缠着领导,要求放马,就可以一直骑马了。

武:哦?赵老师年轻时还有这个爱好呢!

赵:呵呵!我可爱骑马了,那时候还能倒着骑马呢。马直着跑,我就能倒过来骑。一般人倒过来骑马,就会摔下来,可我倒骑马也没有啥事。

武:真厉害!那您作为山花儿传承人,是从多大开始唱花儿的?

赵:我是从十一岁时开始唱花儿的。上小学时一放假,就到生产队里干活,要挣工分呢。那时间,队里分粮、分菜、分洋芋,全都靠工分给各家分着呢。去队里挣工分,我干不了别的,就只能放牛,给队长一说,我就去放牛了。

武:到山上放牛的时候,是不是就听到花儿民歌了?

赵:(笑)对!放牛的里面也有几个年龄大的老放牛娃,会唱花儿呢。其中有个人厉害得很,当时五十多岁了,过去他被国民党抓去当兵,跑过青海、兰州、内蒙(古)这些地方。他会唱很多花儿呢。

武:他的阅历丰富,人生故事多,所以花儿也唱得好?

赵:嗯。就是的。他有时候闲了就一个人唱,他一个人唱时,你去他后面要离远点,要是到他跟前,他就不唱了。我就老远听着他唱,听着听着也就听会了。他有时也领上我们这一群小娃娃一起赶牛,一起唱花儿。

武：他那时候唱的啥？您印象比较深的一首花儿是什么？

赵：印象最深的是《遇见个梅花鹿》。其实是《上山打了个梅花鹿》。

武：请您把这首花儿歌词完整地说一下，王瑞老师就可以记下来了。

赵："上山当见梅花鹿，下山当见了个野狐；娘家离了个亲姑舅，婆家维了个姐夫。"那时间离老远听，你到跟前他就不唱了。现在，我也是那么做的，正唱着呢，进来个人，那我也不唱了，不好意思嘛。

武：当时还唱哪些花儿？

赵：还有一首，歌词是："对面是山上拐疙瘩，不让动了踹一下；对面是山上疙瘩拐，不叫动来也不叫踹。"最后我才知道这个调子是《送大哥》的调子。

王：拐疙瘩是啥意思？

赵：拐疙瘩就是山上一个疙瘩一个坑的，就形容那个山形。我个人现在（教花儿）也还是这么做的，有的人想到我这儿学唱花儿，我就说，你站到窗户外面，我在里面唱，你先听上两遍，然后再进来，我唱，你跟上唱。我不可能给你一句一句教嘛。这不符合最古老的传承办法，你要用耳朵去听嘛。宁夏文化馆六七年前还给我安排上花儿课呢。我的办法就是我唱你听，听上两遍后，我唱，让大家跟上唱。结果这些学员就抗议不学了。

武：为啥不学了？

赵：他们说："人家张老师、王老师都把花儿歌词和谱子打印好，发给大家，然后给我们一句一句地教，回去再一看也就学会了。赵老师的这个办法啥时候能会呢？记都记不下，不学了！"我说："我如果要识谱子的话，我早都不当科员了。"当时，我们林场几百个人中没几个能识谱子的，北京来的知识青年里有一个识谱子的，别的也都不识谱子。我们那个公社里面也都没有一个会识谱子的，都是大老粗嘛。

武：您是在哪里教花儿？

赵：就在宁夏文化馆办的花儿培训班，都六七年前了。

武：明白了。在宁夏文化馆举办的花儿培训班上，请了几位老师去给学员教唱，轮到赵老师了，就用传统的口口相传的方法教学，年轻学员们不太适应？

赵：嗯。我去了就是这么教的。过去，那些识谱子的人不唱花儿，唱花儿的人
连字都不认识。反正就这么个事情，行就行，不行就拉倒，我再没别的办法。
要我给搞（谱子）这个东西也能搞出来，但是这么搞，不符合传统的传承
办法嘛。传统的办法就是用耳朵听嘛。

武：说的也是。传统的传承办法就是这样的。有一次，我们到青海大通县的老
爷山花儿会现场，舞台上有打擂台的，两边的花儿歌手你唱一首，我唱一
首，看谁的歌词更有趣。台下黑压压地坐了一大片观众，都是靠耳朵听，
很多都是喜欢花儿的民间歌手，大部分都不识字。他们从大老远来听花儿，
耳朵就是录音机，听完了回去就自己练着唱。赵老师说的是实情，过去，
会识谱的不唱花儿，会唱花儿的不识谱。

赵：对啊！我是上中专以后才知道啥是谱子，上小学时都不知道，那时候的音
乐教育还没到那个水平呢。

武：嗯。就是的。那我们接着说，您从十一岁起在山上放牛时，就开始跟着老
一辈放牛人学唱花儿，然后就一直都没间断吗？

赵：嗯。小时候就是耍着唱呢。不过，我一直也都很喜欢唱呢。

武：那您最喜欢的是哪几首花儿？

赵：我最爱唱的一首花儿就是《打马的鞭子闪断了》。

武：那请您唱一遍，让我们都欣赏一下。

赵：好的。（开唱）"打马的鞭子闪断了，走马的脚步乱了。二哥出门三天了，
一天赶一天。"现在这个年轻人都不知道啥叫走马，就是走得特别稳的马，
马走起来一点都不颠，这叫走马。一般的马骑上都会颠的，这个走马一点
都不颠。走马有两种，一种是先天性的，一种是人工训练的。把木头摆
上（等距离摆在地上），（人牵着马来回跨木板步）让它打着转圈圈训练呢，
一直到骑上去就像坐到车上那样特别稳当。

武：走马要靠人工训练？

赵：是的。除了马，还有骡子。我在林场搞后勤运输，就是靠骡子和马。当时，林场进出要骑马翻一座山呢。我上坡时都不忍心骑马，就下马来，把马尾巴一拽，翻过山后，才骑马呢。我一生最爱骑马、骑骡子。不过，为了能从事骑马的工作，还要伺候好那几匹骡子和马呢。早上如果要出去，天不亮就得喂马，得给它吃饱才行呢。一早上把马喂好，我才去吃饭，饭吃完后，还要把马拉出来，就像就用梳子一样为马清理，用个小笤帚一扫，然后才走呢。还有经常要给马钉后掌，都是自己钉的。

武：马掌是铁的吗？过去是铁匠铺的师傅干的事吧？这您都能干？

赵：嗯。在铁匠铺把马掌买好，掉一个随时换一个。马蹄子有时候也得修，有时候它歪着呢。你要会钉马掌，就能把那个马蹄子矫正过来。

武：这可是个技术活儿呢。记得你们林场在山里面，上山下山都得骑马吧？

赵：对！就是在那个山沟里头，往南走有一道沟，翻过山就平着呢。有时候骑上马到泾源县上买东西或取材料，我早上骑一匹马再带一匹马，晚上就把材料带回来了，特别有意思。

武：那您是什么时候成家的？

赵：我成家时二十五岁了，她也是那个二龙河林场的职工，她是小学文化。

武：那您从事民间乐器制作又是从啥时候开始的？

赵：我从2000年，也就是我五十岁的时候。那时候五十岁就可以退休了，我不爱上班嘛。就是喜欢唱花儿，喜欢制作民间乐器。

武：那夫人对您唱花儿啊、做民间乐器啊，是不是很欣赏、很支持？

赵：她不支持也不反对，都由着我呢。呵呵！

武：你们几个儿女？

赵：一个儿子一个女子，儿子上大学学的是临床医学，在医药公司工作呢。女子从宁夏大学毕业之后当了狱警，她上大学学的是音乐，报考公务员考上的嘛。

武：哦。音乐专业在这个部门也能发挥作用呢。

赵：对啊！逢年过节排节目，这些活动都由她来负责搞呢。

武：女儿之所以选择学习音乐专业，是不是从小受了您的影响？

赵：她在大学学的是黑管和钢琴，都是西洋乐器，其实我都不喜欢。可是我又
　　没办法，她上高中的时候，班主任是从上海来的，黑管吹得好，就给她们
　　教了。

武：那也很不错，学这个的女孩子很少。那女儿传承您的花儿了吗？

赵：我把啥都给准备下了，还有些花儿歌词。

武：是有意识让她学吗？

赵：嗯。我有个孙女还爱学。儿子的女儿，四岁半了，上幼儿园呢。

武：那您算是隔代传承了？

赵：也就是先教着耍一耍嘛。我那个大孙女，现在弹古筝已经到九级了，明年
　　就要考十级了。

武：多好呀！您的大孙女多大了？

赵：大孙女十二岁了，她从幼儿园就开始学古筝了。

武：真不错！我还想知道一下，您退休后为什么搞起了民间乐器的制作？

赵：这个其实也没有个啥想法，那就是喜欢嘛。我就想着把记忆中最早的东西（民间乐器）让年轻人见识一下。它是个啥声音？啥时候产生的？就出于这么一个想法。

武：那还是出于对民间音乐的喜爱。另外，您是搞林业的，一直在林场工作，对木头也很熟悉吧？像您做这些乐器都选择什么木头？

赵：在六盘山地区的话，桦木比较好一点。然后就是松木，松木一般结疤大一点。

武：那结疤大，就会不完整，乐器表面会有结疤吧？

赵：对。你们看，我的这些琴上都有疤呢。（指给大家观看木质琴）没办法。我的这些材料还要是干料，湿料的话它会变形，还会裂开呢。以前好多人不理解我，说我年轻的时候不琢磨，这都老了再做这个，有啥意思嘛。我说，你这就不懂了吧。年轻的时候又要上班，还要供家里学生上学，那点钱哪能够啊。一张羊皮四块钱，做一个琴要买十张羊皮，哪来那么多钱？经济上、精力上都不允许我做么。退休了以后，儿女都大了，我经济宽展了，时间也有了，能买得起木头、羊皮、各种工具，那都要花钱呢。

武：有道理。那么您做这些乐器都是依据什么做的？您说有些是古代的乐器，很古老，有什么根据吗？您又是怎么知道这些东西的？

赵：总的一句话来说，这些古代乐器都是从丝绸之路过来的。现在，有的人提起丝绸之路不太感兴趣。像这把琴，我在西安、郑州见过呢。当年，单位把我派去参观人家林场，林场里有个车间，就有个工人在弹那个琴呢。我很好奇，就没去参观别的，一直听人家弹这个琴。以后我就琢磨人家那个琴头，我记得最清楚的是和尚头。但是，我做的话，做和尚头就不太适合，就改了。再比如这个单弦琴，还是从丝绸之路上过来的，我小时候听老年人说过一根弦的事，也说独生子女是一根弦，独苗的意思，就有这么个印象。那时间没见过啥乐器，也不知道弦是个啥东西。在2012年的中阿论坛会上，我一进大门就看到了一个阿拉伯人在那里弹琴，是单弦琴，这应该就是老年人说的一根弦吧。弹琴的人也就五十多岁。我说我想买呢。翻译

帮我一问，结果人家说那是他的心爱之物，不卖。还说这个单弦琴在他们
国家也已经不太多见了，只能在博物馆和展览馆能见到。

武：您也算是见到单弦琴的实物了？

赵：嗯。人家不卖嘛。我就拿过来拉一拉，然后就把这个尺寸大致量了一下，
记下来了。回来第二天，我就开始动工，琢磨制作这个琴了。

武：哦？第二天就动工了？其实，也就是很短的时间里见了那么一下。

赵：就是的。我回来之后就开始准备制作材料了。

武：是羊皮吗？

赵：是的。有羊皮、木头啥的。

武：明白了。那赵老师制作的这个单弦琴能拉什么曲子？

赵：我用这个单弦琴能拉好几首花儿曲调呢。比如《下四川》《上山挡了个梅
花鹿》《活要活到人前头》。

武：您是边拉边唱吗？请演唱一下《活要活到人前头》好吗？

赵：行呢。（边拉琴边唱）"三层木笼蒸包子，肉包子打在了后头；活人要活到
人前头，不要落在人后头。"

武：嗯。不错，不错！请再介绍一下这个乐器（木头梆子）好吗？

赵：这个木头梆子最早是部落之间传递消息的，或吓唬狼、豹子等动物的。把
它"哐哐哐"一敲，它（动物）就跑了。最后用于部落之间传递信息，后
来又发展到民间舞蹈中。

武：好的。还有那个桦树皮鼓，又是依据什么做的呢？

赵：这个桦树皮鼓，在咱们宁夏历史上可能有记载，这是用真正的原木制作的。
我七八岁的时候，看见那些大娃娃把油膀胱用绳子拉上，是在一张桦树皮
上缝起来的，那时制作的皮鼓比较粗糙。我退休以后，就根据小时候的记
忆，找了木桩把它掏空，再拉上皮子制作的。

武：这桦树皮鼓很沉啊！敲击起来能感觉到里面空灵的声响。

赵：就是的。这桦树皮区别于其他的树皮，这个很薄，但它不裂。它在我手里

　赵福朝等演唱"手鼓花儿"
（本人供图）

都十多年了。

武：根据小时候的记忆就能制作出来，真了不起！那个圆形的琴叫什么？

赵：这个叫空心琴。

武：这又是根据什么做出来的？

赵：这是在北京吗还是天津见到的，记不清了。当时是在一个旧货市场里找
　　到的。

武：哦？在旧货市场见到了这个东西，然后观察一下，就记住了它的特点？

赵：嗯。那时只能反复地转着看，人家都不让你拿到手里看。

武：是吗？那您现在一共做了多少把琴？

赵：单弦琴有三四十个吧。空心琴也有二十八个。

武：还有其他的种类，加起来有百十来件呢。那么您做完这些乐器以后，还经
　　常演奏吗？

赵：没有。我这些乐器没有露过面，只有这个单弦琴，2015年宁夏文化馆组织
　　活动，我拿着它走了一回福建，其他的都没露过面呢。也就是自己闲了耍
　　一耍（弹唱），或者打着手鼓唱花儿。有人要买我这个单弦琴，但我不想卖。
　　为啥呢？做这一把琴真的不容易，纯手工制作打磨，有时候，锯子一不小
　　心就弄到指头上了。虽说有手套呢。可是这手套戴上后，就没有感觉了，

琴面的粗、细、光滑度是感觉不到的。

武：那倒也是。那您做这些民间乐器，就是想给年轻人留下一些印象？

赵：是的。留一个印象就可以了，最起码对这些古老的民间乐器有印象。

武：平时来您这里参观的人多吗？

赵：不多。也就介绍给几个大学生来看一看。

武：那您还有什么想法吗？好比说，有这么多的民间乐器，要不要搞一个展示
　　啊？有没有这样的愿望？

赵：有呢！我有这个愿望。但是，我不是想展示我的乐器制作艺术，也并不是
　　展示我唱得有多好。我的意思是四五十岁以下的人们，对这些个乐器有些
　　印象就对了，我的目的也就达到了。

武：哦。您被评定为非遗传承人是哪一年？

赵：2009年上报的，2010年批下来的，是山花儿传承人。以后过了好几年，我
　　以为没有传承费。问了一下宁夏文化馆，说一直给我发着呢。后来才打听
　　到，是给我弄到泾源县去了，现在算是转到银川市西夏区了，转了有三年
　　左右了。

武：也难怪，您家最早是泾源县的，后来搬迁过来的嘛。那儿女对您唱花儿民
　　歌和制作民间乐器有啥想法吗？

赵：（笑）那都可支持了。一直以来，孩子们觉得我高兴就好。

武：真好！儿女都上了大学，有文化，也很理解父亲，他们肯定也都为有一位
　　非遗传承人父亲感到自豪吧？

赵：呵呵！就是的。

武：那今后您对于培养传承人有啥想法呢？现在所在的兴泾镇这边的小学、中
　　学，有没有请您去传承花儿？

赵：嗯。小学去过一回，是兴泾镇小学，偶尔去一下。

武：那您周围有没有喜欢花儿来找您学花儿的年轻人？

赵：有呢！有年轻人。

武：对，对！您刚才说了，有人愿意来学，就让他们先在窗户外面听。

赵：是的。你要想学两首，那你就在外边听。在外边听时，注意力就集中嘛。
我在里面唱也能放开一点，要是面对面，我还唱不出来呢。

武：原来如此。有一定道理，您这个教学方法还挺特别的，也很传统。

赵：就说这个唱花儿吧，它的味道和你说话的发音有关系呢。不会方言的话，
肯定唱不出原有的味道，就像我刚才唱的"拐疙瘩""疙瘩拐"，都是方
言嘛。

武：就是说，要尽可能保持原生态的语言。

赵：对！不能加别的东西。因为啥，这花儿是个世界级非遗，再加上乱七八糟
的东西，它就没有自己的特点了。

武：说到方言，若干年以后，有可能它也是非物质文化遗产。所以还是要尽量
用方言唱花儿。

赵：嗯。有些歌词里面有"面面散团""面面搅团"，这个就是宁夏当地的一种
小吃名称，一般人都不知道这个"面面散团"是个啥、"面面搅团"又是
个啥。但它就是不能变嘛。这一变，把这个食物的名称都变了，翻成普通
话，那就成了"莜麦稀饭"了。是吧？它就不对劲了嘛！还有宁夏农村人
喝的"罐罐茶"，要是罐罐茶是个啥都不知道，那咋唱呢？"罐罐茶熬成
牛血了，想你的眼睛都化成水了。"有的人说，可以加一些减一些，那是
他不懂，这样的话还能传承啥呢？这个大方向一定还是把握住的，传承就
是要把这个传统文化传承下去。对不对？

武：对。说得有道理。赵老师还有什么要说的吗？

赵：对了，前阵子宁夏档案馆还联系我，要我去开会呢。就是上个月的事，他
们说要来我家考察，就看人家啥时候来呢。我收集的花儿歌词都快有七八
本了。

武：您是啥时候开始收集花儿歌词的？

赵：我退休以后，也就是2000年到现在。

武：哦。快二十年了。您是怎么收集的？

赵：也就是平时听人家唱，自己把它们都写在本上，我不会打印嘛。

武：赵老师真是有心人啊！好多老歌手都是手写歌词。有文化的人就是不一样，
您为后人做了一件大好事，不愧是非遗传承人。大概收集了多少首？

赵：估计快有两千首了吧？没数过。

武：好的。那今天就先谈到这里。谢谢您！

赵：我都没想到你们能来。也谢谢你们！

擀毡代表性传承人
王玉成

　　王玉成，1952年出生，宁夏银川人。2010年被认定为自治区级非物质文化遗产项目（擀毡）代表性传承人。

综　述

　　"擀毡"是西北地区特有的一种手工艺。据记载，宋末元初时期，擀毡技艺由蒙古族游牧部落传入中原，距今已经有上千年的历史。在高寒的西北地区，羊毛是老百姓的重要物资，羊毛制品也就成了不可或缺的家庭必需品。擀毡便是通过特殊的加工步骤和加工方式，将蓬松细软的羊毛擀成结实耐用的毡制品，如防潮保暖的毡毯，防水御寒的毡衣、毡帽、毡鞋、毡靴等，可谓西北人民智慧的结晶。在过去的西北农村，尤其是窑洞人家，几乎家家户户都要在土炕上铺毛毡、穿戴毡衣毡帽，对于下矿作业的工人来说，一双防水的毡鞋也是必不可少的。正是因为人们对于毡制品的需求量极大，专业的擀毡匠人——"毡匠"就应运而生了。

　　王玉成1952年出生于宁夏固原寨科乡的一个毡匠世家，在家中九个子女中排行第五，他的祖父、父亲和其他长辈大多具备擀毡技艺，所以王玉成自儿时起，家里除了种地，还兼做擀毡的活计以补贴家用。由于家境贫寒等各种原因，王玉成及兄弟姐妹几乎都没有读过书，从懂事起就跟着父母干一些力所能及的农活，有时候父亲擀毡时，他们也会在一边观看、打下手。

　　擀毡是纯手工的体力活，有洗毛、弹毛、铺毛、喷水、喷油、撒豆面、卷毡、捆毡连、擀连子、解连子压边、洗毡、整形、晒毡十几道工序。所谓"风吹马尾千条线，羊毛见水变成毡"，正是指擀毡"喷水"这一步骤。由于擀毡的工序繁重，往往需要三个毡匠分工合作才能完成。然而即使是三个好体格的毡匠，

⊥　王玉成的擀毡作品奖牌（本人供图）

干一整天也只能擀出一条毡来，可谓相当辛苦。少年时的王玉成对这样的苦活并不太感兴趣，但十七岁时父亲因病去世，面对生活的重压，王玉成还是本能地选择了这门祖传的手艺。

二十一岁时，王玉成开始正式跟着老家的表叔学习擀毡手艺。当时已年过六十的表叔也正需要年轻力壮的帮手，王玉成便有机会成为擀毡技艺的传人。他首先从相对简单的制作毡衣学起，再到擀羊毛毡，边干边学，好几年才学成。到了20世纪80年代，毛毡作为一种家庭必需品，农村中家家户户娶媳妇嫁闺女几乎都会做上几条新毛毡，王玉成则跟着表叔走村入户，到各家去擀毡挣钱，生意倒也红火。后来，随着社会的发展，很多人离开了农村，农村的土炕也大多改成了床，毡制品的需求量也就越来越少。

2006年，我国非遗抢救与保护运动兴起，银川镇北堡西部影城积极推进民俗文化项目建设，打造民俗文化街，吸纳了部分民间艺人到影视城来经营门店、开办工作室，正巧缺演示擀毡技艺的毡匠。当时正在影城打工的内弟王绍西（擅长二胡及唱戏，后成为自治区级皮影戏传承人）得知消息后，告知了王玉成，并告诉他到影城表演擀毡技艺，每日都能有三十二块钱的补助。王玉成欣然答应，很快来到银川镇北堡影城的"毡房"，给游客表演、展示擀毡的一些基本技艺，也出售自己的擀毡作品，不仅丰富了影城游客的民俗体验内容，也很好地宣传弘扬了擀毡这一非物质文化遗产。

王玉成来到影城工作，赚得自然比在乡下擀毡要多些，但辛苦也是在所难免。前三年，家人尚未搬迁过来，王玉成过着简单粗糙的单人生活，每天一大早骑着电动自行车来到影城，换上工作服，等待游客们的到来。王玉成吃不惯外面的饭菜，也是为了节省开支，每天都自带干粮，中午就啃馍馍喝点水，直到晚上六点才能回家，家里冷锅冷灶，得自己生火做饭。王玉成每日兢兢业业、忙忙碌碌，全身心地热情接待南来北往的游客，最忙的时候，一个月只休假四天。和王玉成一起干活的另一位毡匠，由于受不了影城工作的辛苦，干了几个月就离开了影城。而王玉成却坚持了整整十二年。其间，由于他工作成绩显著，不仅多次获得过奖金，2012年，在镇北堡举办的"中国西北（银川）非物质文化遗产博览会"上，其擀毡作品还获得了铜奖。

有耕耘就有收获。王玉成自2006年来到影城工作以来，在向广大游客展示自己擀毡才艺的同时，不仅收获了自尊自信和满满的成就感，也获得了满意的经济收入，极大地改善了全家人的生活条件。正是得益于他的擀毡技艺，他在镇北堡附近的德林村，建起了一个新院落，盖了几间新房子。2009年，把妻子、儿子和儿媳及两个孙子也都接到了银川，一家人其乐融融，幸福美满。影视城的十多年工作经历，给王玉成留下了美好的记忆。

2010年，王玉成被认定为宁夏自治区级非物质文化遗产传承人，这对于王玉成来说，代表着自己的手艺和祖辈几代人的传承得到了认可，十分地自豪和骄傲。也正是这份荣誉及责任感，让他执着地坚守着这门手艺，也深深热爱着自己的擀毡演示工作，一干就是十多年。几年前，由于影城经营思路的改变，王玉成和其他一些民间艺人都离开了影城，没有机会再进行擀毡表演，让他十分遗憾。

如今，随着社会现代化发展的进程，城乡人民的生活方式发生了很大的改变，原来家家户户必须的生活必需品毛毡，随着土炕变床铺等变化，已经渐渐不再被人们需要。但王玉成还是割舍不下祖祖辈辈传下来的擀毡技艺，近年来，他通过制作毡帽等，想方设法把擀毡的技艺传授给了儿子，希望有机会再把擀毡做起来。

访 谈

被访谈者：王玉成（自治区级非物质文化遗产代表性传承人）

访 谈 者：武宇林、杜丹

访谈时间：2022年1月3日

访谈地点：银川市镇北堡镇德林村王玉成家

访谈录音：杜丹

访谈整理：杜丹、武宇林

综述撰写：杜丹、武宇林

武：王老师好！你们德林村属于哪个乡？

王：属于镇北堡镇。

武：原来只知道镇北堡影城，没想到这附近还有一片村子，有不少村民居住在这里呢。像是规划好的民房，整整齐齐，一排一排的。你们是移民过来的吧？

王：嗯。我家是从固原市原州区寨科乡马渠村西湾队移民过来的，村子里的农民差不多都是从南部山区各县移过来的。

武：您是什么时候搬迁过来的？

王：2006年移来后我就到影城了。

武：您是哪一年出生的？

王：1952年，马上七十岁了。呵呵！

武：身体挺好，还很精神呢。您出生的时候，父母是干什么的？

王：农民。

武：你们家兄弟姐妹几个？您是？

王：兄弟姐妹九个，六男三女，我是老五。

武：那时候，日子过得怎么样？

王：（难过地）父母成分不好，是富农。你们知道那时候的富农成分吗？

武：知道。成分不好，所以日子也是不好过……

王：嗯。那时候农民就是在农业社种地嘛。

武：那您上学了吗？

王：学校那就从来没进去过。兄弟姐妹里最小的属马，上了个初中，其他的基本都没念过书。

武：没念书在家里干什么呢？

王：挣工分。那时候在生产队背粪、收麦子、除草，什么都干。

武：那您学擀毡是出于什么原因？多大开始的？

王：我是二十一岁开始擀毡的。那时候，我爸已经去世了，跟上我姑舅爸爸，我爸的表弟。我十七岁时父亲就去世了，得的是肺结核。我母亲是七十几去世的。

武：那您二十一岁跟着表叔擀毡，他多大年龄？

王：他比我大三十多到四十岁，六十几岁吧。以前我爸、我姑舅爸就一起做这个活。后来我爸生病去世了，我就跟着我姑舅爸干这个活了。

武：那父亲干活的时候您见过没有？

王：见是见过，那时候还小呢。

武：对您父亲干活有什么印象吗？

王：就觉得那活苦得很，是个苦活。

武：您一开始看父亲擀毡的时候，感兴趣吗？

王：那时候是不是感兴趣还不知道。当时，咱们是给生产队干活，搞副业挣钱。

我们自己打点粮食，就放在家里，兄弟姐妹几个就能吃，能节省点粮嘛。

武：那你们出去搞副业擀毡挣钱后，给生产队还要交吗？

王：那是全交。有时候晚上还要加班，也给自己多少能留一点。队上委托你干活，赚上两块、一块半，给队上交上一块钱，自己一天还能留五毛钱。

武：那么，您跟着表叔擀毡，是喜欢这个手艺吗？

王：那时候他要给农业队交钱，需要帮手，要几个帮忙的，我们好几个人呢。

武：好几个帮手，您也算一个，那他就是您的师父了？

王：对，他是我师父。

武：那一开始是怎么学的？

王：那以前就是看着人家干活，我就跟着学，没要钱也就学会了。

武：学了多长时间？

王：那也学了好几年呢。之后包产到户了，自己家有羊了，家家都有羊。到夏天的时候，小麦种上以后，就出去给人家干这个（擀毡），大概一个半月多，再回来收粮食。等这个粮食拉回家，我家也有粮了，就又干活去了。有些人家出嫁女儿或者娶媳妇，都需要擀几条毡，我就去给做这个活。以后我就到影城去干了，我到影城做了十二年。

武：您到影城之前，各家娶媳妇嫁女儿，您是到人家里去擀毡吧？人家给提供羊毛？

王：对。到人家里，羊毛都是别人的。假如有人要做毡，羊毛、毡料是他们的，有些工具也是人家的，我只到家里去做，（自己）拿那些东西麻烦得很。

武：您那个擀毡的用具是不是特别多？

王：嗯。要在院子里支一块木板，谁家要擀毡，就得给我架好了（木板）。

武：这个木板必须跟毡一样大吧？

王：对。弹羊毛一般在房子里面，羊毛也是放在房子里面，因为外面有风它不能弹。但洗羊毛的话，要在外面，用水方便。

武：还要洗毡吧？都要用水，都在院子里面干？

王：对。那时候，我们擀毡的有个口头禅："风吹马尾千条线，羊毛见水变成
　　毡。"擀毡的时候，羊毛上面铺一层纸，拿那个东西要碾压，这叫"八角扇"，
　　把它给碾实。然后就是泼水工序，喷水的工具我都有，现在找不到了。那
　　时候的人要做毛毡的话，还要撒面粉，是让那个毡硬，和做鞋底一样。

武：哦。做鞋底需要用面糨糊一层层粘布。做毛毡也放面粉，都是为了硬一些。
　　那么一个毡大概多大？

王：以前叫四六毡，老家我们住的是土窑，过去土炕上都用的。

武：所谓的四六毡，是四尺乘六尺吧？

王：对。现在是两米乘两米。

武：那四六毡大概得用多少斤羊毛？

王：那得二十斤羊毛。

武：一般都是白色的羊毛吗？

王：用白色的羊毛做完就是白色的毡，用黑色的羊毛做完就是黑色的毡。

武：对。过去的毡有白色的，也有黑色的。一般白的多一些吧？

王：对，白的比较好。

武：像过去娶媳妇、嫁女儿，这毛毡都算是嫁妆吧？

王：对，嫁妆。

武：那家家都要擀毡，那个时候是不是生意还挺好的？

王：（笑）那时候生意好着呢！不过，也没有靠那个来维持生计。

武：您是二十一岁学的，学了几年就学会了这些手艺能自己擀毡了？

王：我基本两年的时候就全部学会了。

武：那么擀毡大概有多少道工序？

王：先是剪羊毛，羊毛剪了然后收拾一下，第二步就是弹羊毛了，拿弓子弹。
　　弹好了要铺平，都铺在这个帘子上。还要洗毡，讲究折边子，先要把这（铺
　　好的羊毛）折成正方形的整个大块。我就说这个也费劲嘛。要把边子叠齐，
　　还要折正确。洗的时候放在门板上，拿脚踩着洗的时候，要倒头，不倒头

就洗不到，有些洗到了有些洗不到。有个口诀："九投十八次，三十六倒头，七十二窝脚。"

武：哦。这是你们总结的方法诀窍。就是说，要把这个铺好的羊毛边缘折起来，还要折过来折过去，反反复复的，听上去这工序还是挺复杂的。那么像一块四六毡，做成要多少天？

王：从第一天开始，需要的人也挺多的。弹羊毛的弹羊毛，铺羊毛的铺羊毛，洗羊毛的洗羊毛。铺成后，就开始洗，一天有三个人，三个人一天差不多洗一条到两条毡。那时候人干活，煤油灯一挂，就铺开毡了。早上铺上一页子，到上午之后，可以铺两页毡。下午天气就变得暖和了，铺成的毡，就得放在院子里面，把两块毡都洗了。家里还有伺候的人，烧水的、提水的。白天在这里弹着、洗着，晚上的时间三四个人就把那个羊毛，放到竹竿上，打了，抖了，抖到基本上捋着都打滑了。到第二天，有一个摊（羊毛）的，两个洗的，最后三个人倒着换着就可以了。

武：那也不容易呢。一天三个人不停地干，也才能擀上一条。

王：所以我说要熬夜嘛。不熬夜，干活能挣几个钱呢。

武：夫人对您这个手艺支持吗？

王：（笑）那她咋不支持呢？这是能赚到钱的嘛。

武：她也给您帮忙吗？

王：那她帮不了。不过，在老家的时候，她会把炕烧好，把羊毛放上面，羊毛稍微一潮，它就不好用了，要放在炕上（烘干）。咱老家的话，羊毛上的那个油（油脂），放在炕上一炕（烘烤），撒点黄土，就能把羊毛的这些油去掉了。

武：那夫人也是在帮您吧？给您打下手，帮着烧炕，烘烤羊毛去油。

王：（微笑）对。她还要烧水，要烧好几锅开水。羊毛脏，要去油。以前做的时候，还没有洗衣粉，就用开水烫着去油。或者用煤油，把那个煤油倒在羊毛上，也可以洗净油脂的。现在的社会发达了，有了洗衣粉，就用洗衣粉洗羊毛。

武：擀毡的清洗羊毛环节挺复杂的，但是过去的土办法也不少，把羊毛放到热炕上烘干，用黄土去油，还用开水烫去油，或者煤油去油。这都是擀毡匠人的智慧。

杜：擀毡要一遍一遍地洗，还要用开水洗？

王：对啊！洗的时候，就像刚才我说的口诀，那个毡要成功的话，"九投十八次，三十六倒头，七十二窝脚。"要把这些口诀背熟的。如果洗不够，就洗不成个毡。

武："九投十八次"大概是说洗水、投水得九到十八次吧？

王：嗯。必须得多洗。洗好的毡稍微放点面粉晒干，它就能立住。我有次在影城里做了四条毡，卖不出去。游客说，这是干啥用的？我说铺床的。游客说这能铺床？比床板都硬。后来咱就不洗"七十二"了，游客就喜欢软软的海绵一样的东西嘛。其实，毛毡是隔潮的，他们是不知道，洗不够数，毡就容易散了。

武：就是说，作为擀毡的毡匠来说，越硬越能站立到墙上，才是高质量的、结实耐用的？

王：对。毛毡硬了好。

杜：那种高质量的毡一条能用多久？

王：以前咱铺在炕上，啥都没有，就弄这么一个，能用好几年。现在做上一条毛毡的话，在中间（上下都铺着其他东西）放着，一辈子铺得好好的，几辈子都铺不烂。

杜：那这个毡的好处是什么？

王：隔潮的，还挡风，冬暖夏凉，铺上个毡，腰也不疼，腿也不疼。

武：那您2006年到影城是什么原因？是被选来的？还是自己想过来的？

王：我有个女婿那年在影城打工，他会拉二胡会唱戏，那时候我还在老家做活呢。他听说张贤亮（影城负责人）的这个影城要招两个毡匠，毡匠算是民间艺人，当时已经有了一个毡匠，我女婿就说我也会，给我打了个电话，我就去影城了。

├ 在影城身着擀毡表演服的王玉成
（本人供图）

武：那您当时并不知道影城是什么情况，就答应了，也就来了？

王：我女婿说了，一天给三十二块钱。

武：这比您在乡下挣得多吗？

王：（微笑）对啊！我活干多干少，一天都是三十二块钱，一个月九百六十块呢。

武：那时候您觉得就算高工资了？

王：（满足地）对。所以我就到影城来干活了，一共干了十二年时间。

武：当时，你们在影城是怎么给游客表演擀毡的？

王：我们在表演的房子里铺上展示的毡，有时候我就坐在那里洗，游客就看着。

武：就是说，没人的时候也不一定干，来人了就表演？

王：（拿出一幅照片）对。你们看，这张照片就是我表演弹羊毛的，是我和游客的合照。

武：照片上是"老邵毡房"，你们在这里展示，游客也跟着学吗？

王：嗯。有时候也学一下。

武：照片中擀毡表演时穿的这个衣服，是影城给您准备的？有点像陕北人的皮毛背心。

王：嗯。他们给准备的，我一直穿着，夏天热得很。以前做毡的时候，基本就穿这个皮毛背心。在影城为了表演就得穿这个衣裳嘛。

杜：这个衣服里面还有毛毛吧？

王：嗯。有毛毛的，是真正的羊毛皮子。六月天穿这个烧得呀。可你不穿就扣钱，一天挣三十几块钱，罚款五十块，领导抓住就得罚五十块钱。这衣服就等于是工作服，我穿了一年，第二年我就提意见。然后，夏天就给做了一件薄的，冬天就是这厚的。

武：您在那儿能够见到全国各地的游客，是不是也很开心？

王：哎。一天见游客，一点不敢得罪游客。游客说什么，咱就随着他说。他爱开玩笑，咱也开玩笑。影城进去要说还是很开心的。

武：影城里都有哪些民间艺人？

王：打铁的、蒸馍的、纺线的、做醋的、唱皮影戏的，像我们这些都是发工资的，还有一些个体户。有些是真正自己做出来的，有些是从外面批发来的。

武：那您在没游客时，也能慢慢做出来一些毡？

王：是的。不过也没有很多。

武：那做完这个毡再卖了？

王玉成和游客合影
（本人供图）

王：卖。钱要给影城的。

武：等于你们是给影城加工，影城给你们提供羊毛原料？

王：他们没给我提供，羊毛是我到农村收的一些好羊毛。因为我以前也收过，
他们就给钱让我去收，他们有时候也会自己收。我做了一些样品，还有毡
鞋啥的，就都被拿走了。

武：那么，在影城全国各地的游客都有吧？他们看这个手工擀毡，是不是都觉
得很新奇？

王：（兴奋地）新奇！你看这游客，有的跑过来还要学一学呢。旅游就是为了
高兴嘛。你看这游客照的这个像，高兴得笑着呢。

武：的确。游客也很开心。您在影城干了十几年，大概接待了多少游客？

王：（喜悦地）有时候一天几千、几万人呢。导游领过来的。每天早上八点上班，
一直到晚上六点多，我吃饭都没时间，那还得接待，游客要看，我们还都
给人家要表演呢。

武：那一天就光吃个馍馍？

王：对。光吃个馍馍，早上就过去，中午都不能回来。我吃了十二年馍馍，早
上那个饭我不吃，中午（盒饭）米饭，肉少、油大、辣子多，吃得难受。
我就从家拿些馍馍，弄点水一喝一吃。

武：吃了十二年馍馍，真的很不简单。您为什么能坚守这么长时间？是特别喜
欢这手艺吗？

王：（由衷地）喜欢。你们看国家给我这个牌子（指着非遗传承人的牌子），
你要给人家传承呢。后来，工资涨了，一个月上二十六天班，能拿到
三千二百块钱。

武：周天还休息吗？

王：周天不休息，周天周六都不让休息，游客多嘛，不让休息的。到星期一、
二还能休息，一个月四天假，除过周天周六不让休息。

武：你们当时有两个毡匠？

王：那个人只干了几个月的时间，怕苦就不干了。

武：那么您来影城的时候，是把家都搬到这里了吗？

王：没有。我做了三年的时候才搬的家。那时，儿媳妇都娶回来了。

武：您一开始从这里去影城是骑自行车还是走着？

王：先是骑自行车，觉得不行，就换摩托车。在影城还丢了两个摩托车，都是好摩托。一个才骑了三年的时间，丢了。再也不买了。后来就骑着小电动车去。

武：来影城之前不认识张贤亮吧？

王：嗯，以前不认识的，到影城后才认识的。那是个好老汉，好得不得了。

武：您擀毡的房子有多大呀？

王：小房子，我刚好能弹羊毛，我之后做个小帘子铺放在地上表演。铺毡的话，得有一个大房子。

杜：那您做出来毡之后，影城会多给一点工资吗？

王：（幸福地）给呢。以前影城老汉（张贤亮）活着的时候，奖金高。我拿九百多块钱的工资，一个月还有奖金，奖金比工资还高呢。别人要是买上几条毡，每月的二号开个评议会，谁家的人干了啥，奖金就下来了。但后来工资高了，就没奖金了。

杜：王老师您是怎么成为非遗传承人的？

王：当时我到影城，影城缺个擀毡人。我在影城表演擀毡，宁夏文化馆来抽查，他们问了我好多擀毡和我学这个手艺的问题。后来还给我打电话，让我去开会，主任还让我换了衣服（在影城穿的工作服），开车带我过去了。当时我吓了一跳，人多得不得了。以前采访我，我还能说呢。这一次，一下子七八个话筒，还有摄像机，我一下子啥都不知道。咱们一字不识，我就说，采访还是去毡房吧。你这儿跟我说啥，我啥都不知道了。过了一会儿，叫我上台领牌子，拿了这个牌子，我才知道是传承人了。我是宁夏第二批自治区级的非遗传承人。

武：多好啊！那您家几个孩子？

王：四个，三个丫头，一个儿子。有的在固原，儿子、儿媳妇两个人都在这里，都带过来了。

武：您现在跟儿子儿媳妇一起生活，从固原来到银川影城，您觉得生活有哪些变化？

王：（满足地）那变化大得很，那时候在固原一天挣个十来块钱工资，别人在影城打工，才拿着二十八块钱，我一天就能拿到三十二块钱呢。

杜：一个月也能挣不少工资呢？

王：（微笑）是啊。而且对我做毡的数量没有要求，咱们其实两天就能把这个毡做出来，但在这里，四五天，十天八天做出来也可以。因为主要是表演，没有分任务嘛。生活那整个好得多了。以前没啥吃的喝的，咱老家冬天新鲜菜都没有。现在到这儿了，冬天就算吃西瓜都没有问题。

武：生活是完全不一样了。那居住条件呢？

王：这是我自己盖的院子。2005年盖了那边一个房子，我一个人先在这里住下了，老婆在老家带孙子。刚来的时候，夏天回来后，天还亮着。冬天的时候，六点下班，回来天都黑了，还要做饭。屋子里是没有人的炕，一个人艰苦了三年。

武：但还是坚持下来了，日子也越来越好了。那您的儿子、儿媳妇是哪一年搬过来的？

王：2009年来的。他们在这边打工，我有两个孙子，大的是个儿子，十九岁，上高中。小的是个女子，十四岁，上初中。

武：生活环境改变了，孩子们在这儿也享受到了优质教育。就是因为您的擀毡，有这个手艺，把一家人的生活都改变了。那几个儿女里面有没有跟您学擀毡的？

王：儿子现在是没地方学去，现在也没人铺毡了。

武：那么他学过没有？

王：学了一段时间，我在家里做了几个毡帽。我做的时候让他跟我学，在影城也没办法学。

武：就是说，儿子已经学会了手艺，就是现在没有机会了？

王：对。没有机会。

武：那您除了儿子还带徒弟了没有？

王：还有呢。我家有个侄儿，还有一个远侄儿，那时候都在老家做活呢。他们都要学，说是一家子的活，大家都干就对了。不是我一个干，我弟兄几个都会呢。我一个哥还比我学得早，还是跟上我那个姑舅爸，我这姑舅爸人好。

武：姑舅爸也带了不少徒弟呢？

王：那带的不少。

武：现在您还去影城擀毡吗？

王：现在不干了，已经三年没干了。因为影城把这个毡匠给取消了。

武：为什么要取消呢？

王：不要民间艺人了。因为张贤亮去世了，他家儿子现在要做现代的，老汉（他父亲）要做那古老的。

武：哦。父子两代人的经营理念不同。像你们这样的民间艺人有十来个吧？三年前是不是都停了？

王：那些人停了四年了，他们不是传承人，把我一个人留了一年。我停了三年零三四天。

武：您是不是出来以后还挺想念那样的生活？

王：（怀念地）哎。我到现在家里待不住，感觉在家里坐着挺无聊的。

杜：那您现在在家还做这个擀毡吗？

王：没做，没劲了。我从固原带上来的工具都还在家放着呢。将近一百斤羊毛在那房子里放着都浪费了。

武：那多可惜。您这精神还好得很，不像七十岁，您这个手艺还是不要把它丢了。

好像在藏族地区，毡帽有市场，很受欢迎，有白毡帽，也有黑毡帽。有机会的话，可以继续把您的擀毡、制作毡帽的手艺传承给儿子、孙子。您能坚持到现在也是很难得的。今后有什么打算没有？

王：以后还是可以做的。

武：那好。今天就谢谢王老师了。

剪纸代表性传承人
洪秀梅

　　洪秀梅，1953年出生于宁夏泾源县。2010年被认定为自治区级非物质文化遗产项目（剪纸）代表性传承人。

综　述

中国剪纸艺术历史悠久，是中华民族民间文化的瑰宝。宁夏剪纸是中国剪纸艺术百花园中的一朵奇葩，内容丰富，地域特色鲜明，不仅丰富了人们的文化生活，更是记载古今社会生活的活化石。

宁夏地区自古以来就有着民间剪纸的传统，特别是农村地区的女性，从小就接触剪纸。她们用精美灵动的民间剪纸装饰窗户，装点日常生活。每逢节日、婚礼、乔迁等喜庆之时，都少不了红彤彤的剪纸来做装饰点缀。宁夏女性将艺术性与实用性巧妙地结合在剪纸构思上，并将她们对美好生活的追求与祝愿寄托在剪刀与纸张之中。小巧的民间剪纸丰富了人们的精神文化生活，同时也体现了宁夏女性的审美与智慧。洪秀梅便是一位勤劳质朴、心灵手巧又深爱剪纸的宁夏女性，她是宁夏民间剪纸的代表性传承人之一。

洪秀梅，1953年出生在泾源县白面镇余家村。在她的家乡，很多女性都会在农闲时聚在一起，信手拿起剪刀和红纸，随心所欲地剪一些花样图案，或用作刺绣图样，或用作窗花，将剪纸作为娱乐消遣的一种方式。在洪秀梅的记忆中，奶奶、姑姑总是坐在炕上，手持剪刀和红纸，在她们的说说笑笑中，一朵花、一棵树便在她们手中绽放、生长，让她羡慕不已。神奇的剪纸在洪秀梅幼小的心灵中播下了一颗种子。

洪秀梅家中有兄弟姐妹十二人，在她上小学三年级时，为了帮助母亲照顾幼小的弟弟妹妹，不得不辍学回家干活。有一次她和姑姑的女儿一起玩耍时，

偶然看到了姑姑技艺高超的剪纸作品，洪秀梅喜爱得不得了，端详如何下剪，忍不住跃跃欲试。但当时姑姑洪林英觉得洪秀梅年纪太小，并没有教授她剪纸的技法，反而不让她再动剪刀。然而，出于由衷的热爱与执着，剪纸已经在洪秀梅心中生根发芽。她就等姑姑剪纸时，在一旁默默地观看、默默地学习。剪刀与红纸虽不在她的手中，可剪纸方法及技艺却刻进了她的脑海。终于在她十四岁时，姑姑正式教她学习剪纸。她最初的剪纸纹样都取材于农家田园生活，地里种的大白菜、水萝卜，庭院里养的大公鸡，都是她的剪纸对象。从简单的图案入手，到自己能独立完成一幅幅作品，洪秀梅一头扎进了剪纸世界，硬是把家传的剪纸技艺学到了手。有一年，在乡村集市上，她剪了一只栩栩如生的大公鸡，得到了村民的赞赏，让她对剪纸更是充满了信心。她这一剪，就是五十多年，再也没停下手中的剪刀。

洪秀梅对剪纸有着与生俱来的悟性和灵气，爱琢磨，勤动脑，加上刻苦用心，很快便剪得有模有样，得到了周围人们的喜欢和认可。农家的生活忙碌而清苦，但再苦再累，洪秀梅始终割舍不下剪纸。白天没时间，她就利用晚上的休息时间剪纸，常常会不知不觉一剪就是一夜。有时为了省下灯油钱，她就借着月光剪。久而久之，剪纸成了洪秀梅生活中最大的乐趣。如她所言："喜欢，心里老装着，感觉干啥都没有剪纸好……"有了剪纸的陪伴，再苦的日子也能酿出甘甜。在那个艰苦的年代，小小的剪纸，不仅是洪秀梅的精神食粮，同时还会给她带来些许经济收益及收获的喜悦。她有时会应邀为村里结婚的人家或工厂剪窗花卖点钱，积少成多，每年卖剪纸的收入，成为洪秀梅一家的一项重要经济来源，一定程度上改善了她家的物质生活。

　　洪秀梅的家乡泾源县位于宁夏南部山区，自然条件较差，常年气温较低，气候阴湿，不利于农作物生长，早年当地群众的生活十分贫苦。为此，几十年前，宁夏政府实施了南部山区贫困地区群众的搬迁政策。1985年，在洪秀梅三十二岁那年，她家和乡亲们一起，从泾源县白面镇余家村搬迁到了银川市西夏区兴泾镇泾华村，开始了新农村的创业征程。近年来，又搬迁到居民小区。洪秀梅把在家乡练就的剪纸技艺也带到了新的环境，无论多么忙碌，都要抽空剪上一阵。2004年的一天，外出打工的洪秀梅听说当地文化部门要搞非遗展览，来不及回家换衣服，穿着干活的补丁裤子，就风风火火地赶到政府大院报名。可工作人员看着这位衣着不整的打工妇女，质疑她："就这么个人能干啥？"然而，人不可貌相，海水不可斗量。洪秀梅说道："你不要把我小看了。"她自信满满地当场要来一把剪刀、一张红纸，转眼间剪出了生动传神的剪纸作品，顿时技惊四座。从此她和她的剪纸进入了当地文化部门工作人员的视线。随后，她获

├ 洪秀梅剪纸作品《五福图》
（武宇林摄于2009年2月）

┤ 洪秀梅演示剪纸技能

（武宇林摄于2009年2月）

得了参加银川市玉皇阁非遗展演的机会。会场上，质朴的洪秀梅和她的一幅幅生动、极具乡土气息的剪纸作品格外引人注目。

洪秀梅的剪纸作品题材广泛，小到花鸟鱼虫，大到节庆、自然美景等，内容多样、造型别致、风格古朴，既有北方剪纸的浑厚粗犷，又具南方剪纸的细腻生动。她在构图方面颇有天赋，剪纸时不用提前描画图样，擅长脱稿剪纸，无论是电视上的画面，还是身边的场景，只要看过一遍，就胸有成竹，通过她那灵巧的剪刀，一幅幅多姿多彩的剪纸图案跃然呈现。洪秀梅出生在腊月，故格外喜欢剪梅花作品，如《梅花朵朵》《蜡梅与喜鹊》《梅花雄鸡》等。这些年来她创作了大量的作品，主要有《梅兰竹菊》《怒放的菊花》《金鸡报晓》《蝶恋花》《五福图》《孔雀东南飞》《猛虎生威》《黄河水车》《奥运2008》《塞上江南》等。2005年，洪秀梅的作品荣获兴泾镇首届剪纸类作品二等奖；2008年其作品获西夏区"迎奥运迎大庆　颂四德倡清廉"大型书画展三等奖。

2010年，洪秀梅被认定为自治区级非物质文化遗产项目（剪纸）代表性传承人。对于剪纸技艺的传承，洪秀梅不遗余力。她积极参加有关剪纸的宣传与展示活动，努力让越来越多的人感受剪纸的魅力，关注、喜爱进而尝试剪纸。

她还在银川六中、兴泾回中开设了剪纸课程，将剪纸文化带进校园，耐心细致地为同学们讲解握剪刀的姿势、纸质的选择、折纸的技巧、纹样的描画等知识。同时根据学生的喜好，引导学生进行剪纸创作。洪秀梅作为非遗剪纸传承人，她热心鼓励未能考入大学的当地女孩子前来学习剪纸技艺。同时还积极思考剪纸创新的传播途径，她期待开设剪纸专题培训班，希望通过为结婚新人剪制合影等相关剪纸图案，让民间剪纸更好地装饰美化人民群众的生活。

访　谈

被访谈者：洪秀梅（自治区级非物质文化遗产代表性传承人）

访　谈　者：张洁、杨杰、梁庆、宋萍

访谈时间：2020年9月28日

访谈地点：银川市西夏区洪秀梅家

访谈整理：卢晓雨、杜丹、武宇林

综述撰写：杜丹、武宇林

张：洪老师好！您是哪一年出生的？

洪：1953年1月份，老历十二月初八嘛。我是那个腊八节生的。

张：哎呀！您这是个好日子呢。那您的文化程度？

洪：我上了三年级，学的啥，已经忘光了。1962年我就不念书了。我脑子比较
　　灵活，到哪里去，人都比较喜欢。邻居也好，亲戚朋友也好，他们有个啥
　　事就找我来了，都把我叫"洪大姐"，都说"我有个难事了，你帮我解决
　　一下"。我搬到在这儿八年了，没有和一个人有矛盾的。

张：确实，洪老师特别随和，性格也很好。老家是哪儿的？

洪：老家在泾源呢，白面镇余家村。

张：你们是后来搬迁到这儿的。那您是从啥时候开始学剪纸的？

洪：我不念书的时候开始学的剪纸，从1962年，就是从那时候就没去学校，开
　　始学了剪纸。父母养了小孩，就在家里面带弟弟妹妹了。

张：家里有几个兄弟姐妹？

洪：兄弟姐妹十二个。

张：那个时候为啥会想起来学剪纸呢？

洪：喜欢嘛。

张：就因为喜欢啊？您是从哪个地方看见了，所以开始喜欢的？

洪：从我一个姑姑那里。我那个姑姑干啥都好得很，我跟姑姑的小女儿一起玩耍。有一天，我姑姑干活去了，我就把她的剪纸拿上，看她从哪里开刀剪的。反正我一直都不会拿刻刀刻。

张：不会用刻刀刻，只会用剪刀剪？

洪：嗯。

张：当时会剪纸的人很多吧？

洪：会的也不多。那个时候，生产队的人都去干活了，就剩我一个在家里，哄着弟弟妹妹。

张：哦。您一个人在家，带弟弟妹妹的时候就顺便去剪纸？

洪：嗯。之后，我姑姑发现了，就骂我爸呢，不让我学了。以后她剪下的都不让我看了。（后来）她剪的时候我就看着，（看着）那缝缝都是咋弄的。我那个时候没结婚以前，家里亲戚朋友嫁人时，我给做枕头套啥的卖钱。结婚后，乡上有报纸糊的那个窗户，我就看着了。那时候窗户不是一格格吗？

张：对！过去的窗户都是一小格一小格的。然后您就给每一个小格都剪了窗花？

洪：嗯。我剪了以后，就把那一个窗户上的（窗花），卖上两块钱、三块钱。卖完以后，我爸又给我买来红纸，让我再剪。

张：哦。您啥时候结的婚呀？

洪：我结婚的时候，也记不起来了，十八岁结婚的。那个时候，还有十五岁结婚的、十六岁结婚的，我十八岁结婚还算迟的。

张：还算晚的啊？

洪：我爸舍不得啊，舍不得（把我）给别人家。结婚前，我给窗子上剪了窗花，也给我大兄弟媳妇，算是妯娌家去给贴上（窗花）。

张：您当时结婚的时候，老公干嘛的？

洪：也就是干农活嘛。

张：那他现在干嘛呢？

洪：现在就是，我老公在这"捉麻雀"呢。知道吗？

张：我不知道。

洪：就是贩牛贩羊呢。

张：哦。当经纪人。那您生了几个孩子？

洪：生了四个，两男两女。

张：唉呦，您生得好啊！儿女都有了。

洪：呵呵！生得太多了，也算是儿女双全了。

张：对呀！您是有福之人。那么您结婚之后，也有了孩子了，这对于您的剪纸
　　有影响没有？

洪：刚开始剪纸也困难，没有吃的，没有喝的，那时候困难也剪着呢。白天出
　　去干活，晚上剪呢。晚上一晚上不睡觉地剪，也是为了生活。

张：当时剪纸是为啥？就那么困难的时候，还在坚持？

洪：嗯。我一直没有停。

张：当时剪纸就是因为喜欢吗？

洪：（微笑）喜欢。心里老装着，感觉干啥都没有剪纸好。那时候厂子里一个
　　窗子上就给两块半钱，两个窗子给上五块钱。那还能卖钱呢。

张：哦。您当时的那个剪纸还能换钱啊？

洪：嗯。为了生活嘛。

张：当时那个能卖多少钱？

洪：（自豪地）那个时候，一年能卖两百块钱呢。

张：那是哪一年？

洪：1972年，那时候，我大丫头刚刚出生。

张：哦。大女儿是1972年出生的？

⊥ 洪秀梅剪纸作品《春色满园》(本人供图)　　　⊥ 洪秀梅作品《塞上江南》(武宇林摄于2009年2月)

洪：对。我儿子是1975年的，我二儿子是1977年的，我小女儿是1980年的。

张：好像是很规律的，三年一个孩子。您结婚以后，除了剪纸，还干过哪些挣钱的活？

洪：之后不是搬迁了嘛，就出去打工了。后来有人说，搞非遗展览呢。我就去报名。当时，我穿着干活的裤子，补着补丁，干了活，我连手都没洗，就跑到政府报名去了。人家说这么一个人能干啥？我说，你把我别小看了，你给我一张纸，还有剪刀。那年刚好鸡年，我拿她给我的张纸也不大，就在她面前，连一个凳子都没给我，我就站在那，也没画，十年没剪纸了，我就直接剪了个鸡，就给我把名报上了。过了三四天就是三八妇女节了，提前要开啥会，还剩两天时间，我晚上没有睡，剪了一个草原鸡。那时候不是开奥运会嘛，我就剪了五个福娃，五个奥运环。

张：哦。跟奥运会相关的剪纸。

洪：从那开始，西夏区政府一个姓刘的老师就把我注意到了。第二年在玉皇阁开会的时候，我就把（参加）会议的牌子领上了，我也不认识其他人。别人说，这个乡巴佬，才一年多就领上牌了。

张：就是说，那会儿您被西夏区政府工作人员重视，其他人很羡慕。那您一般

　　剪纸都用红纸吗？

洪：都是红纸，油（光）纸也有。红色做出来好看。

张：那这些纸都是自己买的吗？

洪：我一般都自己买，政府也给，文化部门给我给得多。不够的话，我还在网上买呢。

张：现在还能从网上买？

洪：嗯。我现在都是自己装裱呢。

张：哦。真不简单！现在自己剪的都会自己装裱了。

洪：原来不会也不懂。现在看着也懂也会了。

张：您觉得什么样的红纸是好的？有没有讲究？

洪：哎呀！只要是红色的，啥样式都行啊。

张：那您觉得现在用的这个纸和过去用的纸一样不？

洪：好像不一样。现在这个拿到手里，摸起来磨砂的。过去的那个是光的，油光纸嘛。油光的那个不太好用。

张：过去的纸就是表面有一层油光。不太好用，是吧？

洪：嗯。现在的纸，摸上去就沙沙的。我们年龄大的还继续干呢。她们在家里不休息，还是拿个纸到我家玩（剪纸）。

张：你们都剪了一辈子了。

洪：嗯。（拿出一幅作品）你们看，这个就是我昨天剪的。

张：这幅作品您给它叫啥名？

洪：那个作品是一个花盆，牡丹花和兰花。

张：您这幅作品大概有多大？

洪：八十厘米宽，九十厘米长。

张：哦。您这是要装框子吗？

洪：嗯。装的框子是这么大。

张：您剪这些作品的时候，用的都是剪刀吗？那剪刀是自己买的，还是？

洪：我从网上买的。

张：您觉得质量怎么样?

洪：网上的一般吧。

张：不如您以前的好用?

洪：嗯。我以前在宁夏风情园干过，那儿有个老太太剪纸，我们一起干过。她那有个剪刀就好，从上海给我也带了两把剪刀回来，两把剪刀八十块钱。我哥的儿媳妇在阅海那里办了一个商铺，让我过去剪一剪，我拿了一把剪刀，就留在那儿了。现在就剩这一把，一直用呢。新买的剪刀还在那扔着呢。

张：您刚才的这幅牡丹剪纸，花了多长时间剪出来的?

洪：这个复杂些，有点繁琐。去年剪了一幅，用了八天，往出一拿就卖掉了，在家里就卖光了。

张：您这一幅作品卖多少钱?

洪：一幅五十块钱。

张：哦。不装裱的五十块钱，装裱好的八十块钱。一般剪这样的一幅作品，有几道工序? 还需要设计吧? 大概分几步走?

洪：我剪的都是自己想的，这个牡丹花（作品）就是我心里想的。简单点的半个小时就剪成了，像这个大花就比较简单。

张：那您觉得剪了这么多年了，对于剪纸，要想把它剪好，有啥经验没有?

洪：我剪纸，比方说剪一个人，先剪脚，这个脚在哪里，这个腿在哪里，从底下先剪。

张：哦。人物是从底下先剪。比如说，这幅作品，先剪出花盆，然后一点一点往上把花都剪出来，画图就在您脑子里?

洪：嗯。我剪的这个画面，图纸就在我脑子里。你看我剪的这个梅花，看哪里能找上一样的图? 复杂一点的要画，一是快，二是好剪。

张：那您画了再剪的时候，是不是剪的时候还有变化呢? 就是说，您不是画了一个圈就只剪一个圈，有时候还会调整啊?

洪：嗯。

张：您这屋子里挂的所有的作品中，最满意的是哪幅作品？

洪：就是这幅《梅花》。

张：当初，您为啥会想着要剪这么一幅作品？

洪：哎呀！我是腊月出生的嘛，蜡梅是腊月份开的，我就最喜欢梅花了。

张：哦。您最喜欢梅花，名字里也有"梅"字。这幅作品的名称也挺好啊！

洪：名称是别人写的，别人按照我那个花型给编造的。

张：《龙腾共春运　九梅展宏图》。真不错！

洪：嗯。二月二龙抬头嘛。这个梅花树还是个龙的形状，代表二月二龙抬头。

张：是吗？这棵树的枝干是一个龙的形状？

洪：你还不能剪得太像，太像就没意思了。

张：对对对！太像了是没有意思。您这样一说，我们再仔细一看，确实有点龙的感觉在里面。这幅作品是您自己琢磨出来的？就是因为喜欢梅花，又是腊月里出生的？我们单位的展厅里也有您的一幅《梅花》？

洪：嗯。就是这个。

张：我觉得不是这个，您这个比我们那个好。

洪：（微笑）那咱们换，你把那个给我，这个给你们。

张：我觉得您这个好，尤其是这棵梅花树的枝干，看着欣欣向荣。

洪：装裱没有装好。中间那个鸟的头被压住了，有只鸟在抱儿子呢，被我（装裱时）压住了，都看不出来了。

张：对，展现不出来了。

洪：在公园参展的时候，我把这些全部拿出去。

张：您这家里边，现在算是工作室吗？

洪：上次开展会，政府领导过来，我给说，这个小区是不是能办个学习班？他说可以，让我给教一教。政府部门支持让我教一教。现在孩子上大学没有考上的，全部都在外面逛着呢。尤其这些女孩子，你给她找上活（剪纸），父母领过来，要给自己做个准备嘛。

张：嗯。有些女孩都在外面打工。

洪：打工都是小事。现在有些女孩子念书没考上学的，这几年她父母都没见过面，就被外面男孩子骗着去了。你办一个学习班，她父母领过来，我就有办法了，纸和剪刀我提供着，让她过来剪。可就是没人学。

张：那现在谁跟您学着？

洪：现在就是我这个小女儿，闲了跟我来学一学。我还教了个徒弟，是永宁那边的，上了兰州大学。

张：还上兰州大学？

洪：嗯。我给她在我家把样品画到手机上，让她赶快学去。她外婆是我邻居。

张：哦。原来她外婆是您邻居啊，所以她就知道您了。

洪：还有我这个小区的几个，办学习班的话，让几个丫头赶紧来学。到我家里来学，也不方便。我家里也有老人，就是我老伴，他回来了要休息。如果这几个丫头去了，叽叽喳喳的，他也休息不好嘛。

张：哦。学生去了会影响您老伴休息？

洪：嗯。我实在是心急得没有办法。我在中学教了几年，还教了几个学生。

张：是在那个兴泾回中吧？教了几年？

洪：教了四年。

张：是不是其中有几个孩子学得挺好的？

洪：嗯。还是可以的。

张：那么您觉得教这个剪纸，他们需要多长时间才能达到您的要求？

洪：在于我了，我要催得紧，有两年的时间就能学出来。我在中学，从初一到初三，有几个今年都在这儿学出来了，都把成绩考好了。

张：您一般都是怎么教他们的？

洪：小娃娃就是没有办法嘛，就耐心教嘛。把样品画到手机上，连上微信，然后发到手机上。

张：她照着那个样子去剪。是吧？

洪：嗯。她就按照那个样子，她自己画去。

张：自己去画，自己去剪。那么您在学校教的时候，他们拿剪刀的姿势呀，还
　　有如何折纸呀要教吗？

洪：在学校我还是画的样品，还有些不会用剪刀。剪了有两个礼拜，后面不画了，
　　样品给垫底下，自己画。

张：那您一般给他们画的都是什么样的图案？

洪：一般的话呢，都是画一只小鸟啊，小动物呀，一朵小花啥的。以后边剪边画，
　　有些学生就不用我画了，自己画。

张：那您现在主要就是剪这类花花草草吗？其他的也剪吗？

洪：啥都剪呢。就是不剪人物。动物眼睛也不剪。

张：现在您是自治区级传承人了，还一直打算这么剪下去吗？

洪：嗯。自己想剪嘛。一直剪下去。

张：那您觉得现在的剪纸，跟您过去的剪纸比较，有什么不同？

洪：比过去剪得好得多了。过去是生产队劳动的那个（场面），随便剪一个就
　　行了，完了以后，你给我给钱，我给你随便剪一个就过了。现在不行，我
　　本来就是一个细心人嘛。

张：现在是一定要把这个作品剪好？

洪：嗯。你看我剪的那个（作品），特别细。

张：社会发展得特别快，现在好多剪纸，剪刀和刻刀结合着呢。

洪：我因为没有刻刀，也没有那个刻板，用不习惯那些。

张：那您觉得现在的生活怎么样？

洪：（欢喜地）现在好嘛。你们也管着我呢。政府给我养老，也好着呢。

张：那您今后特别想干的事情是啥？

洪：特别想干的就是剪纸。这是我的专业，睡梦里边都在剪纸。我从小的时候，
　　梦见到处都是花，走到哪里都是花，花就把我围了。从那时起开始剪花，

从十四岁开始剪的。

张：您从十四岁剪到六十八岁了，剪了好长的年代啊。那您觉得现在有没有想做但是还没有做的事情？

洪：有呢。

张：您这种剪纸在过去都是用来干什么的？是贴窗花用吗？

洪：嗯。小的时候就是贴窗花用嘛。中间剪一个大的，四个角剪四个花。

张：那么现在这些剪纸是用来干嘛？也是用于装饰吗？屋子里边挂上好看。是吧？

洪：对，用于装饰。我还想搞个培训班，教大家剪结婚时用的窗花。结婚的时候，给这对新人剪一些剪纸作品。比如说，有意义的一些剪纸图样，人家的相片啊。如果需要，我就用剪纸剪个新人像，把你两个用手机拍个照，我一画，穿啥衣服一画，剪个合影照。我想干这个。

张：您想干这么一件事情，完全可以尝试一下呀！

洪：好的。谢谢！

⌐ 课题组成员和洪秀梅合影（2020年9月）

宁夏小曲代表性传承人
徐明智

徐明智，1954年出生，宁夏银川人。2010年被认定为自治区级非物质文化遗产项目（宁夏小曲）代表性传承人。

综　述

　　徐明智1954年出生于银川市，上小学三年级时，被老师推荐参加了银川市文教局举办的中小学暑假文艺训练班。十岁的徐明智在该培训班学习了快板，从此开始接触到民间说唱艺术。经父亲介绍，少年时期的徐明智得知宁夏有一位民间说唱艺人夏花花。她是一位从小失明的盲人，经常敲一对撞铃或打着竹板演唱，其表演在永宁县和贺兰县一带非常有名。徐明智也曾在银川南门广场亲耳聆听过夏花花演唱的陕北民歌《兰花花》，也观看过民间艺人张有贵弹着三弦的说唱表演。两位说唱艺人生动感人的表演，都给徐明智留下了终生难忘的深刻印象，对其后的发展产生了很大影响。两位老一辈民间艺人也成了徐明智终身从事民间说唱艺术的楷模。特别是夏花花老师，正巧和徐明智的舅舅、姨妈居住在同一个生产队，使他能有较多的机会接触学习。

　　1970年，初中文化程度的徐明智进入银川新城橡胶制品厂当工人。1974年经人介绍，他跟随自治区秦腔剧团一位老师学会了弹三弦，掌握了宁夏小曲的乐器伴奏技能。其间，他经常参与银川市文化馆的业余文化活动，开始注意搜集宁夏小曲的一些资料，文化馆的一些文艺工作者在收集花儿、小曲唱词的时候，也会为他提供相关资料。20世纪80年代初，文化部及中国文联等部门联合发起了中国民间文学"三套集成"的运动，徐明智见证了文化馆的老师们带着刚刚流行的砖头块式样的松下、三洋牌录音机，骑着飞鸽牌自行车，下乡普查采录宁夏小曲等民间文学艺术的情景，这些都激励并坚定着徐明智从事民间说

⊥ 2018年庆祝宁夏回族自治区成立60周年之际徐明智作为中国文联文艺志愿者
　赴宁夏石嘴山市慰问演出（本人供图）

唱艺术的信念。1981年，徐明智凭借自身所具备的弹三弦、说快板、演唱宁夏小曲的才能，在天津的由文化部组织的曲艺会演中荣获创作二等奖和表演二等奖。由此，他被调入宁夏曲艺团（宁夏说唱艺术团的前身），正式走上了从事宁夏小曲创作及演唱的艺术道路。

　　20世纪70年代开始，徐明智尝试宁夏小曲的写作。如他所言："因为我们搞说唱的人，没有人给你写本子，只有靠自己。"在徐明智的记忆中，20世纪60年代在民间流传的宁夏小曲，主要是反映解放前军阀混战的《打宁夏》、调侃类的《风搅雪》（俗名《男光棍女寡妇》），艺人们的唱段基本上大同小异。新社会、新时代，宁夏小曲必须有反映时代风貌的创新内容。徐明智大胆尝试，在传统曲调的基础上，改编出一些短小精悍的唱段，在句间、尾部加入衬腔、拖腔、甩腔，增强了宁夏小曲唱段的艺术性。1976年，"四人帮"被粉碎后，他改编出《除四害》和《饲养员》唱段，创作有《年轻的老汉》《红色的种子》唱段。1976年他曾代表宁夏参加了全国曲艺调演。徐明智在创作方面，加强了宁夏小曲的故事性，使得表演更具曲艺特色。比如《年轻的老汉》，根据自身所在居民大杂院的亲身体会，选择了创作原型，编写了一位年纪不大的男士，因为早婚、早育、多子女而手忙脚乱、焦头烂额、生活一团糟、未老先衰的说唱段子，风趣幽默，引人入胜，具有正面的宣传意义，在银川地区家喻户晓，颇有影响力。

20世纪70年代起，徐明智在创作宁夏小曲的同时，也亲自登台表演，经常跟随宁夏说唱艺术团深入厂矿、部队、农村演出，将创作的曲目搬上舞台，为广大城乡群众带来欢乐。多年来自创、自编、自演宁夏小曲七十多首，其中《白字经》《渔奶奶回家来》《除四害》等深受群众欢迎。在长期的宁夏小曲说唱演艺生涯中，他积极探索研究，规范了宁夏小曲的伴奏乐器，主张主唱用弦子、搭档用渔鼓和撞铃等。并在多年对宁夏小曲、眉户及当地方言整理、挖掘的基础上，首次提出了"宁夏坐唱"的观点，重新命名了具有宁夏本土风情的这一地方曲种。宁夏坐唱集创作、弹奏、演唱于一身，表演时二人合演，主唱操三弦边弹奏边说唱，搭档手持简铃及渔鼓边打击边帮腔，形成捧哏和逗哏的关系，增加了艺术感染力和表现力。宁夏坐唱由于器具简单、形式活泼、语言诙谐，至今为广大群众所喜闻乐见，常见于宁夏的各种大型文艺演出活动。徐明智1997年创作的《白字经》，通过和搭档的精彩表演，荣获全国舞台表演艺术最高奖"文华奖"。除外，其他作品曾获"牡丹奖""群星奖"等国家级奖项。

∟ 徐明智和儿子徐晨在2021年中国民族春节联欢晚会上表演宁夏小曲《弹起弦子唱丰收》(本人供图)

作为自治区级非遗传承人，徐明智积极履行传承职责。一方面，他带徒传艺，曾在宁夏艺术职业技术学院给自治区文化部门举办的曲艺培训班的学员传授演技，对他们进行基础的宁夏小曲演唱训练，这里不仅有年轻学员，还吸引来了几位高龄的宁夏小曲爱好者。而且，徐明智常年在银川市文化艺术馆宁夏小曲传习所教授学员，其中不乏六七岁的小学员。另一方面，徐明智积极培养独生子徐晨传承宁夏小曲（宁夏坐唱）。徐晨本来对传统的宁夏坐唱不感兴趣，比起古老的表演形式，他更喜欢时尚的吉他及流行音乐。但在父亲徐明智的言传身教下，徐晨最终爱上了宁夏坐唱，且刻苦学习三弦等相关技巧。宁夏大学音乐舞蹈学院毕业后，徐晨报考了宁夏文化馆，成为了一名文化工作者，立志踏上父亲所走过的民间艺术道路，把传承宁夏小曲作为人生的努力方向。如今，深得父亲真传的徐晨，已经能够在舞台上熟练地表演宁夏小曲，并且和父亲同台演出，配合默契，成了新一代能弹会唱的名副其实的宁夏小曲传承人。看着儿子徐晨的不断进步成长，徐明智深感欣慰，也衷心祝愿宁夏小曲新人能够青出于蓝而胜于蓝。

访　谈

被访谈者：徐明智（自治区级非物质文化遗产代表性传承人）

访 谈 者：马慧玲、崔娜、张洁、杨杰

访谈时间：2019年4月8日

访谈地点：银川市文化艺术馆宁夏小曲传习所

访谈录音：杨杰

访谈整理：田瑞、武宇林

综述撰稿：武宇林

马：徐老师好！今天我们过来做个访谈。

徐：行呢。

马：先自我介绍一下，我叫马慧玲，宁夏文化馆馆长，宁夏非遗中心主任。这
　　位是银川市非遗中心副主任张洁，这位是宁夏文化馆创研室主任崔娜，还
　　有杨杰老师，负责拍照、录音、摄像。请问您今年多大岁数？

徐：我是1954年出生的，六十五岁了。属马，生日是3月8号，妇女节那天。

马：哦。属马，马的寓意非常好，一直都在奔波奋斗。那您出生在哪里？

徐：我就是在银川市出生的。

马：父母的一些情况能说说吗？

徐：我父母都不在了。

马：父母亲叫什么？

徐：我父亲叫徐兆祥，瑞雪兆丰年的"兆"，祥瑞的"祥"。我母亲叫高凤英，她去世得早，1974年就过世了。我们家姊妹五个，我排行老三，上面两个姐姐，下面一个弟弟、一个妹妹。

马：那你们家学宁夏小曲的就您一个人吗？

徐：嗯。就是我。现在儿子徐晨也一起在干这个。

马：那您是跟谁学的？

徐：哎呀。真是孩子没娘，说起来话长啊。

马：那就慢慢说吧。

徐：我是自学的。1965年，我十岁的时候，一个偶然的机会，放暑假的时候，银川市文教局搞了一个中小学暑假文艺训练班，老师就让我去了。那时候，我在银川七小上学，我们的老师叫宋艳波，现在还健在。当时，我学的是快板儿。

马：宋老师是音乐老师吗？

徐：不是，曲艺，也就是说唱。后来我慢慢接触到曲艺了，也就很关注全国各地的曲艺。我问父亲："全国各地都有自己的曲艺，我们宁夏怎么没有？"我父亲虽然不是干这个的，但他见得多。我干说唱这么多年，父母一直很支持我。那时父亲就说："有啊！宁夏小曲。永宁县的瞎花花老先生，女的。"

马：瞎花花？

徐：瞎子的"瞎"，大家都这么叫（她是盲人）。瞎花花在我们宁夏川区，特别是永宁、贺兰县都很有名。现在为了表示尊敬，大家都改叫宁夏的"夏"，"夏花花"。她跟我舅舅、姨妈住在一个生产队。（20世纪）70年代的时候，我经常听她唱（宁夏小曲）。

马：她当时是一个人演唱吗？

徐：是一个人。在我们宁夏小曲子的这个阶段，他们唱的唱段基本上大同小异。比方说，唱《风搅雪》，俗名叫《男光棍女寡妇》。再好比说《打宁夏》，这个曲子在我们西北，大家都知道，陕北说书的也在唱。为什么叫《打宁夏》? 唱的是当年孙殿英打宁夏,就是盗慈禧太后墓的孙殿英。他带兵打银川,当时在青海任职,蒋介石让他到青海上任的。他因为盗了慈禧太后的墓,遭到全国讨伐,好像是把慈禧太后嘴里含的夜明珠送给宋美龄了,还有一把古剑,后来传到戴笠那儿去了。孙殿英打宁夏、马仲英打宁夏,还有枪毙郭栓子,他是宁夏的一个大土匪。

马:把这些历史事件都串在《打宁夏》那个曲子里了?

徐:哎。当时,宁夏曲子就唱这些故事。那时,我们宁夏小曲就一个曲子,从正月唱到腊月:(唱)"正月正来正月正,马鸿逵出山东,他的老哥马鸿宾三民主义呀,一家人呀来到了宁夏。呀哈咿呀嘿。二月里来刮春风,宁夏的世道乱哄哄。磨盘安到路当中,上面站着警察兵,老百姓走路受了惊……"那时候有交通规则了,为大家好,叫人都走人行道。马鸿逵到宁夏后,银川(过去叫"宁夏城")开始有交通规则了,有警察了,有十字路口了,警察站在马路中间的圆盘上(指挥),马车、驴车走马路,行人都往台阶上走人行道。刚开始老百姓接受不了这个,说是"磨盘安在路当中"。

马:那时候的岗亭像个磨盘吗?

徐:不是不是。

马:那是什么? 确实有个磨盘吗?

徐:嗯。是有个磨盘。那时候的岗楼子不是现在这样的岗楼子。过去,十字路口放一个墩子(磨盘),警察站在上面。父亲说是这么回事,地下挖一个坑,像碉堡一样,支四个石头,上面把从乡下拿来的碾盘盖在上头,警察站在上面指挥交通。晚上(磨盘)底下挂一个马灯。

马:哦。那是照明用的?

徐:对。就是让晚上走夜路的人看到。

马:那时候还没有路灯什么的,可能就靠那个照亮?

徐:嗯。没路灯。后来马鸿逵把慈禧太后故宫里用的发电机,用火车拉到包头,又从包头用牛皮筏子运到银川,这才有了电灯。

马：那走的是水路？

徐：嗯。半截铁路，半截水路。火车运到包头，再用黄河上的牛皮筏子运来的。现在发电机在盐池放着呢。从那以后宁夏才有了电。那个（磨盘）底下挂着马灯，警察晚上干什么呢？去给那个马灯加油。

马：哦。那过一阵就要去加油？

徐：哎。要加油。早年，我们这个小曲艺人唱的就是这些事。孙殿英打宁夏的事，马鸿逵的哥哥马鸿宾，宁夏和平解放人家立了大功，解放以后，兰州军区还给（马鸿宾任命）了副司令呢。反正就是这些打仗的事。

马：当时，那个夏花花也在唱《打宁夏》吗？

徐：对。

马：唱的这几个事件，从1月唱到12月？

徐：对。过去小曲子的词儿格式都是这样。唱的这些段子都大同小异，我们三个人都是唱宁夏小曲的，反正故事是这故事，你编你的词里边，我编我的词里边。

马：当时就是清唱呢还是手里拿一些乐器？

徐：表演的形式不一样，没有一个固定的形式。比方说会弹弦子的，塔桥的张有贵老先生他会弹弦子，他就弹着弦子唱。

马：就跟您现在一样？

徐：对。有的呢，会拉二胡，就拉着二胡唱。还有的会打戏剧的板鼓，就打着板鼓也唱。夏花花不会，因为她从小就是盲人，她就敲一对撞铃唱，有时候也打着一个竹板唱。但是夏花花除了这些说唱，她还唱一些民歌。她的一生很坎坷，很苦难的一个老太太。

马：她是不是通过卖艺来维持自己的生计？

徐：她嫁过好几个男人，眼睛瞎着呢。我大前年年初二，还带着儿子、哈喜喜找到她女儿的家里看望。她的小女儿就是三女儿，过去这个丫头，她妈老拉着她卖唱，我认识她，她已经不认识我了。她讲了她妈的眼睛是怎么瞎的，说她妈娘家是贺兰常信的，从小得天花，长麻子，眼睛瞎那是必然的，现在已经没那个病了。她小时候瞎了一只眼睛。过了几年，有一年冬天特别冷，她就在外面捡了点树枝子放在炕洞生火取暖，结果一个火星就崩到另外一只眼睛里，把好眼睛也崩瞎了。

马：哦。您跟她女儿聊了这些往事。那她母亲又是跟谁学（唱小曲）的啊？

徐：有师父，名字我记不住了。

马：师父给她教的，那后来没有传给女儿吗？她女儿也会唱吗？

徐：她会唱，可能会唱一两段。我让她女儿唱，可她女儿一直不愿唱。

马：不愿意唱？

徐：嗯。人都不愿意提起那些辛酸的事嘛。

马：她小女儿还健在？

徐：在在在。

马：多大岁数了。

徐：属羊的，比我小一岁，六十四岁了。她还问我："为什么我得糖尿病呢？"我说，糖尿病是普遍的，到年龄了，得糖尿病很正常的。现在生活过得挺不错的。

马：能不能说夏花花这个人对您是有一定影响的？

徐：对啊！还有在南门广场见过张有贵卖唱，塔桥的那个。她（夏花花）唱陕北民歌《兰花花》，我听到今天好多人都唱过《兰花花》，但是没有一个赶上夏花花的。因为什么呢？她有那个苦难的经历。

马：当时她都在哪些地方演唱？

徐：永宁、贺兰。她除了唱这些段子，还有什么呢？编新词儿。别说她还能紧紧跟着共产党走呢。

马：您是通过这个人了解的宁夏小曲？

徐：不是。我刚才说，我父亲说还有小曲，我就想起她了。她跟我舅舅在一个生产队，我姨妈也在那个生产队，叫胜利公社、胜利大队，就是现在的村。

马：您父亲当时从事什么呀？

徐：是工厂的工人，当过炊事员，这个讲起来太长了。

马：您父亲当时在您学宁夏小曲的时候也给了一些引导？

徐：对。不管是我学快板，还是学小曲儿，我父亲总是很支持我，也经常给我提出意见建议。

马：那您母亲有没有工作？

徐：我母亲一直干临时工。

马：当时您是一个什么机缘巧合，开始学宁夏小曲的？

徐：这不是我父亲说有宁夏小曲吗？我就想，宁夏小曲有弹弦子的，有拉二胡的。

马：您见过这种的吗？

徐：我见过啊。经人介绍，张树珍老师就是自治区秦腔剧团弹弦子的，我就是跟他学的弹弦子，还有就是挖掘宁夏小曲。

马：当时您一个人去学吗？

徐：一个人。那时候我在新城橡胶制品厂，70年代至80年代。

马：集体单位？

徐：集体经济。为什么我们家姊妹五个都到了集体单位？因为国营单位进不去呀。进国营单位要查祖宗三代，查出身。我父亲虽然是个炊事员，但他见识广。当年马鸿逵跑的时候，我父亲跟着跑了。宁夏人出去想家啊，跑出去一年又跑回来了。我们家是富农，有证明人。就是这个原因。

马：哦。你们几个姊妹就只能在集体单位，那为什么就您学了这个？

徐：（笑）谁知道呢。我到人间就是应该干这个吧。呵呵！过去我们唱宁夏小曲的，就我知道的有几十个，从永宁到贺兰，中宁也有几十个。

马：您当时是什么学历进了集体厂？

徐：初二。

马：那就是初中没毕业啊。

徐：嗯。就因为1969年那会儿，在学校里面也讲出身什么的。

马：初中没毕业就进这个厂子了？那您学快板儿是？

徐：我学快板儿是在小学的时候学的。学弦子是1974年。

马：1974年，您已经在这个厂子里了？

徐：是的。我1970年到这个厂子的，1980年离开的。后来跟张老师学了弦子，经常在银川市文化馆搞业余文化活动，我自己也收集了一些（宁夏小曲相关资料），还有老一拨的文化馆老师（也收集相关资料）。

马：这些老师都带过您，教过您？

徐：他们当年都收集过宁夏民间小曲。比如说有些花儿、有些小曲唱词儿，他们也给我提供。到了1976年粉碎"四人帮"，1978年文艺得解放，文化部搞了一个民间文艺集成。那时候就出现了砖头块子（式样的）录音机嘛，什么"松下"的、"三洋"的，文化馆的王（杨浦）老师就骑个破飞鸽自行车，拿着那个录音机，下去采录（民间文艺）。可是经过十年"文化大革命"，张玉贵都八十多岁了，有些词儿想不起来了。王老师去录了三次，张玉贵就去世了。夏花花，他去录了一次，第二次去夏花花也去世了。我还跟他开玩笑："王老师，您是录音呢还是录命呢？您去录谁，谁就去世了。"

马：那就是说，这些人当时还是采集上来一些？

徐：对！当时王老师录了三纸箱子的磁带，现在还在。

马：这个磁带您听过没有？

徐：我听过啊。那时，我当副团长，王杨浦去世的时候，我就想买这个东西，可他不搭理我。后来，他们家把房子卖了，又给我打电话说要把这个磁带卖给我，可我那时候已经不当团长了。

马：您当时是哪个团的副团长？

徐：说唱团。

马：您1980年从工厂出来，到说唱团的？

徐：对。

马：哦。那您1980年以后来到说唱团，还把三弦学会了，经历了宁夏小曲的集成普查，应该是一个打基础的阶段吧？

徐：在这个时候我也在写作。因为我们搞说唱的人，没有人给你写本子，只有靠自己。你不会写作就完了。

马：搞创作，也有演出吗？

徐：夜里演出。

马：都在哪些地方演出呢？

徐：那时候市文化馆经常组织到乡下去演出，还去老体育馆，像红旗剧院、银川剧院、东方红剧院，我们经常去呢。

马：您一个人吗？弹着三弦？有搭档吗？

徐：有！我当时跟阎陆璟老师是搭档，这个人已经不在了。他没有文化，但是张嘴就来（能唱）。那时，他还在生产队呢。

马：那你俩一直是搭档，那时候都有些啥曲目？还记得吗？

徐：我记得呢，但是词儿我记得不多了。

马：您就说说当时演唱的曲目。

徐：有粉碎"四人帮"之后的《除四害》，还有《饲养员》,《年轻的老汉》是1978年写的。

马：这些都是您创作的还是原来就有的？

徐：《除四害》和《饲养员》是我改编别人写的。《年轻的老汉》是我自己写的。还有《红色的种子》,1976年（写的），还是样板戏。

马：那现在这些本子还留着吗？

徐：留着留着。《年轻的老汉》这个段子，应该是家喻户晓了。

马：那您现在还能来两句吗？让我们听听。

徐：（唱）"老汉婆娘并不老，二十八岁还不到，人人都把我这小老汉叫哎。提起来，我这个脸上就发烧，啊哈咿呀咿呀嘿。你要问这是咋回事呀，听我慢慢儿地做介绍。我十七岁年龄小，俺们爹给我把婆姨找。（念白）你等等，你叫别大家听听，十七岁就娶婆姨，孬孬傻傻的知道个啥！（唱）四年我有了四个娃娃。（念白）你等等，四年就有了四个娃娃，你看你人不是很大，还麻利得很嘛！四年有了四个娃娃，把我忙得是不得了，晚上睡得迟，早上起得早，家务多得我紧忙活儿呀，还是屋里屋外乱七八糟。下了班我往回跑哎。一进门我把火捅着，围上锅我就把水挑，扔下扁担把米淘，淘好米我要下锅。娃娃们又要吃面条，我的动作慢一点，娃娃把锅给你扳倒。大的喊、二的叫、三的敢在炕上尿、四的把屎用手刨，我的双手正和面，这下让我可咋好哎？忙的我吃饭不知道饥饱，睡觉不知道点到，连娃娃的名字都顾不上记，全都是顺嘴随便叫。（念白）都叫啥事儿？大的叫奇奇，二的叫毛毛，三的叫狗狗，四的起了个名字叫啥呀？叫面糕呀，哎哈嘿，阿哈咿呀咿呀嘿。今天我大赶早，奇奇喊、毛毛叫、狗狗嚷着要面糕，那个面糕偏要……（念白）干啥呀？他要吃糕糕那么啊哈嘿。我拿块饼子那么一撩，娃娃们那是你抓他抢像猫叼。娃娃多，营养少，一个个那是黄皮瓜瘦细苗苗，到了晚上睡一堆。那么啊哈嘿。"

张：（课题组成员鼓掌）徐老师不仅创作得好，唱得也好，词都还记得呢。过去的记忆都保留着呢。我们以前也老听呢。

马：《年轻的老汉》很有生活气息嘛。

徐：那个时候呀，银川市的电线杆子底下不是都有高音喇叭吗？经常放"工人广播""农民广播""听众点播"，这段子家喻户晓，好多人碰见我还能唱几句呢。

马：当时怎么想起创作这个作品？

徐：当时不是搞计划生育嘛。那个宣传画，就在我们住的大杂院很显眼的地方贴着，一个漂亮的女娃娃，底下的字是"最好生一个、最多生两个"，这是那时候的口号。现在还真是看不见那种画了。我说，那就写计划生育吧，我们最有生活了。我们住的街上，家家都是五六个（孩子），还有七八个孩子的。到了吃饭的时候，爹妈站到马路牙子上喊着娃娃回家吃饭。那时候，给娃娃起的名字可不像现在的名字那么高雅，那时候就是"大球、二球回来吃饭"，就是这种的。

┤ 徐明智在电视剧《灵与肉》拍摄
现场给剧中人物郭谝子替身演唱
宁夏小曲《灵均秀芝配成婚》
（本人供图）

马：嗯。随口叫个啥就是啥。实际上这个作品就是为了宣传计划生育。1980年
您已经到说唱团了吗？

徐：1980年我为什么到说唱团了？实际上是借过去的。文化部搞了一个全国曲
艺优秀节目观摩演出，是头一次，文化馆就把我从厂子借调去了。借调去
了以后，就给发工资，四十二块钱。当时我写了一个《遇亲人》，还写了
一个《巧遇红领巾》。当时我们叫曲艺队，都在鼓楼上班。说唱团的前身
叫曲艺团，曲艺团的前身是曲艺队。当时报了十二个节目，什么相声、山
东快书、快板，结果就选了我一个。当时在天津搞的。那时候姜昆也刚出道，
我跟他同台演出。结果获了文化部创作二等奖和表演二等奖。

马：哦！那是非常好的成绩了。

徐：那时候已经是1981年了，就凭这个奖，文化局给咱们人事局报告，要了一
个进人指标，（我）这才调到曲艺团了。办手续已经是1982年了。

马：从那您就正式创作和表演宁夏小曲了？

徐：（自豪地）对！是我把宁夏小曲给规范了，刚才没讲到这点。就说过去唱
宁夏小曲的民间艺人，他们没有一个表演的形式，就是没有固定的模式。
后来就是我主张主唱用弦子，搭档用渔鼓和撞铃，简板上头安的撞铃。为
什么安撞铃？因为夏花花老先生就用这个。

马：到曲艺团后，演出活动就比较多了吧？

徐：是这样的。我干业余的时候，专业文艺团体还没恢复呢，全部都解散了。虽然说是业余的，但演出大多还是在剧院里，当然有时候也下乡慰问。那时候是"农业学大寨"，挖沟挑渠的人山人海，下去慰问这些农民。同时下去跟民间喜欢宁夏小曲的，（或者）碰上艺人了，跟他们聊聊、扯一扯，

马：不断地采风，对您的创作是有帮助的。这个期间又创作了哪些作品？

徐：我没到这个团的时候，就创作了《年轻的老汉》，在全区首次文学艺术评选中获奖。还有《娶儿媳》，在《宁夏文艺》上发表过。《年轻的老汉》是唯一的一等奖，那时候奖金不低啊，还给了一百五十块钱，那时候我刚生老大。

马：您几个孩子？

徐：我两个孩子。儿子上面还有个姐姐，大十岁。

马：一儿一女啊。您当时在说唱团创作了一些节目，一直工作到退休吗？

徐：没有。后来说唱团改入银川艺术剧院了，现在又成为银川艺术剧院有限公司了。

马：对。都改企了。您是哪一年退休？

徐：2011年。文艺团体不是都改企了嘛。三十年工龄的一刀切，我工龄都四十年了，也就退了。

马：当时正好是文化体制改革啊。

徐：我们是头一家。不过，从2011年退休一直到2017年，一直聘任我为艺术总监，之前我是艺术剧院的副院长。

马：您当副院长是哪一年？

徐：2006年或者是2007年。

马：那《白字经》是您创作的吗？

徐：对。是我1997年创作的。那年允许我们曲艺参评"文华奖"。《白字经》是我事先就创作好的。

马：就直接去参加那个评奖。我记得当时是两个人表演？

徐：是的。有个搭档。

马：当时您参评"文华奖"是跟赵杰搭档吧？他是哪里的？

徐：赵杰也是说唱团的，后来是说唱团的团长。

马：您把小曲子的表演形式又变了变，可以和男的搭档，也可以和女的搭档。

徐：嗯。为什么要变呢？艺术的生命就是创新嘛。后来还加入舞蹈了，就是为了能吸引一些年轻的观众，不能老是我们两个人说唱嘛。70年代到90年代初期，宁夏小曲出去演出的效果，那是山崩地裂的，曾经在体育馆，观众要求返场唱了六段呢。呵呵！

马：的确。大家都非常喜欢这个宁夏小曲。

徐：但随着改革，娱乐的方式多了，小曲的演出效果就差一些了。后来就要改了，过去写的那些段子《娶儿媳》《年轻的老汉》，都是儿女情长，揭露讽刺不孝敬老人的。

马：那徐老师，我想请教您一个问题，我们后来证明它叫宁夏小曲，有一段时间还叫宁夏坐唱。是它的别名吗？还是因为这种形式就是两个人坐在一起的弹唱？请把宁夏小曲的名字再给我们好好讲讲好吗？

徐：如果是仅供参考我可以说一下。我干的时候，为了让宁夏小曲走得更远，把它改成宁夏坐唱了，我把它的表演形式给规范了。

马：哦。以前一直叫宁夏小曲？

徐：嗯。以前统称宁夏小曲子。

马：统称？那就是说，除了您这种形式，还有别的几种形式也放在这里面，都叫宁夏小曲？

徐：对啊。不过，到目前为止，也就这个形式还活着。要不我说前面好几十个唱小曲的，到了我这儿，就剩我一个人了。

马：您传承得好，现在让您儿子徐晨也跟着唱呢。

徐：对。是我把宁夏小曲给规范了。刚才我说到，张永贵老先生不是用的弦子

　　吗？还在庙会上唱，用的是渔鼓。过去唱《数花》，用的是简板，简板上面有两个花。但我的简板上面是撞铃，因为夏花花老师用的就是撞铃。

马：哦。这都是有历史渊源的。徐老师，刚才我们说到您初中没有毕业就工作了，那您是哪一年结的婚？

徐：1979年。

马：今年是2019年，都四十年了。那徐晨妈妈是做什么的？

徐：他妈妈在信访厅。原来在老西门，现在信访厅不存在了。

马：那就是机关工作人员了，和您学小曲坐唱没有什么直接关系吧？

徐：我那时候在文化馆开始搞文艺演出的。

马：还想问一下，您出生在银川市哪个地方？

徐：我记事的时候，就是在羊肉街口东边，老市政府的对面。

马：哦。那是比较老的一个地方。当时您家居住在一个什么地方？

徐：大杂院。

马：是一个像四合院那种的吗？

徐：哪是四合院呀，过去那些院子，进去以后，门对门的两排房子。

马：哦。您是哪一年评上自治区级传承人的？

徐：2010年，第二批。

马：您出生时，家庭情况好像也不是太好？

徐：就是父亲的那点问题，很苦的。60年代我还跟着父亲被迁移到彭阳，差点没有饿死。

马：哦。我们把刚才说的顺一下，在您学小曲的过程中，有几个人的影响比较大，主要有民间艺人，包括父亲对您的启发，让您开始了解宁夏小曲。

徐：是的。那个时候，我家三间平房，我就在最里面的屋子里练，也没有什么规定的练习。就是下了班了，按照老师规定的，每天必须练两个小时。那时候上十二个小时的夜班，下了班，自己煮点挂面吃了。先练两个小时，再睡觉。睡起来再练一会儿。逐渐地能跟上唱了。自己一开始是瞎唱。

马：您那会儿生活在大杂院，有没有对您学宁夏小曲有关的印象特别深刻的事？

徐：那时候在学校里头，特别是"文化大革命"那些年，很受歧视。那时候
　　虽然年龄小，但我就觉得不比同龄人差。我说，有一天我肯定要比你们强。
　　还真是的，干到今天，我有我的事业，要比我们院子和我差不多年龄的
　　人强。

马：您一直在做这个传承，而且做得很不错。

徐：我有事干嘛。有一件事，我印象特别深。我们大杂院旁边住了一个吴伯伯，
　　还参加过抗美援朝呢，在石油上工作。我记得很清楚，他开了一个吉普车，
　　到我们院子门口一停。娃娃不是都好奇吗？去摸人家的车，人家就通上电。
　　一摸，"啪"就打一下（笑）。吴伯伯的生活在我们院子是最好的，每天下午
　　摆个小方桌，倒二两酒，小方凳一坐，咸鸭蛋捣开一个口，拿筷子夹点鸭蛋，
　　喝一口小酒"咂咂咂咂"。我们就想，怎么就那么香？我们还真是没吃过咸
　　鸭蛋。一直到了1983年，我们说唱团到湖北去演出，晚上走到街上，一个老
　　太太卖咸鸭蛋，我问多少钱一个，老太太说两毛六一个，我说你给我来十个。
　　那时候，那边卖的最多的酒是绿豆烧，我就买了一瓶，回到房间，找了两个
　　人陪我坐着，我们一块喝酒、吃咸鸭蛋。我学着人家的那个样子，也拿筷子
　　捣个洞，把鸭蛋弄出来，感觉也没那么香嘛！呵呵！确实没那么香。

马：那时候，您作为孩子是一种想象，但人家做出来的那种表情、动作啊，可
　　能也确实特别香。

徐：这是我印象最深的一件事。

马：实际上还是跟当时生活条件比较艰苦有关。

徐：对！有时候吴伯伯做一条小鱼摆在那里。那时候我们也经常吃鱼，银川不
　　差鱼，拿个杆子出去，也能钓几条，但是没人家做得好。

马：还有什么难忘的事吗？

徐：还有一次，我们去外地演出，在来佛寺，那儿的观众特别喜欢听我唱，就
　　让我唱，都唱了三段了，我也累了，我说歇会儿再上。一个老头跑上来，

给了我十块钱，还在这么大（比画）的红纸上写着："感谢！"

马：哦。那时候十块钱还是不小的数目呢。

徐：嗯。他说："我们几个老人给你凑了十块钱。"

马：那也是表达他们的喜爱之情嘛。

徐：我说："谢谢您！感谢信我收下，钱你们自己拿去买烟抽吧。"把钱还给他们了。我挺感动的。

马：这应该说是在您创作表演生涯中印象很深的一件事了，各种这种很质朴的表达，也是对您表演的一种认可和喜欢。徐老师，请再说说这些年怎么带儿子、带徒弟这方面的传承情况。

徐：我干了一辈子、唱了一辈子，我就感觉现在啊，真正是国家重视了，从上到下都重视我们的非遗。为什么过去的许多资料留不下来，照片都很困难。是过去单位条件都不好，连照相机都买不起。

马：对、对、对，没法记录下来。

徐：现在干我们这行，真是文艺环境最好的时期。我也经常跟学生们说。

马：您现在带了多少徒弟？包括平时给上课的。

徐：十四个，因为年龄差异很大。

马：有年轻人吗？

徐：小的六七岁，大的六十四岁。为什么呢？因为他一直很爱好这个，他唱《抱弦子》，上去抱着弦子就那么唱了，他在录音棚里录好，我就是给规范一下。从练弦子开始的，也有那么三四个。咱们唱宁夏小曲的，眼看着三个（老的）就没了，跟我头一个搭档的闫璐老师，还有陈公东、陈华也没了。

马：他们都和您搭档过？

徐：陈公东没和我搭档过，陈华和我搭档过，陈华年龄还比我小呢。陈华还带了几个学生，是银川市的传承人。有几个小的都是朋友的孩子，没有从社会上招。去年7月份，自治区办了一个月学习班，在宁夏艺术职业技术学院，一个月学不了什么东西，只能是唱一下过去的小曲子。有意思的是，来了

上　徐明智宁夏小曲传习所的部分学员（本人供图）

四个老先生，年龄都比我大。呵呵！

马：他们也要跟您学？

徐：他们都是下面各县市派来的，这是一个全区的学习班嘛。问题是年龄都太大了，我说，他们胆子也太大了，一个月那么热的天，还算身体好，如果不好，住在那儿，搞不好，高血压都犯了。呵呵！

马：还有一个问题，您当时怎么想让儿子也学习宁夏小曲？徐晨是从小就开始学的吗？

徐：徐晨上小学的时候，宁夏电视台负责人叫石小龙。

马：对、对！（制作）少儿节目的。

徐：对。少儿节目的。到"六一"的时候，他不是要搞晚会嘛，后来还搞的是全国的，叫《欢聚在宁夏》。当时，徐晨上三年级还是四年级，他就和我说，你跟儿子搞一个说唱节目。我跟徐晨排练了一个，还挺好。但是徐晨不爱这个，他的流行歌曲唱得好，他还会弹吉他呢，那个多时尚啊。我说，现在在银川，你找弹吉他的，随便找，找几万都没问题。拉小提琴、拉二胡的，这些年也多了，你找弹弦子的，那是太少太少了，因为这个太难了。

马：您是不是一直在影响他？

徐：人家徐晨瞧不上我这个，他总是唱流行歌曲。我说，你就爱唱这个，咱们也学点文化艺术涵养高的。吉他是外国的，流行歌曲跟走马灯一样，流行歌曲歌手也跟走马灯一样，一两年出现一个走红的，过一段时间就没了。他问我什么技术含量高？我说，你听听京韵大鼓、听听三弦、听听西河大鼓，我还没说你听听宁夏小曲呢。人家还真的听，现在网上什么都有，有时候还问我那一段故事是怎么回事？后来他说："爸爸，我跟你学。"还跟我开玩笑说："我还追星呢！这个星就在自己家嘛。"呵呵！

马：真好！爸爸成了他崇拜的明星。

徐：（欣慰地）这小子很刻苦。

马：很有悟性？

徐：嗯。他无论是唱的，还是弹的都比我强。

马：您平时当他面没这样说过吧？

徐：（笑）说过说过呢。为什么呢？我学的时候已经二十一岁了，再加上在工厂里天天干活，还是体力活，我们是做汽车的蓄电池盒子的，原始的制作方法，螺丝很大，是四棱的螺丝，我们用的管钳子比我的胳膊还粗，我当时体重才九十八斤，按道理说，拿铁锹干活都会影响手功能的。所以，我到现在（弹弦子）抢指没有徐晨快。徐晨可以抢八下，我只能抢四下。后来他考的是宁夏大学音舞学院，毕业了，正好自治区文化馆招人，他就自己去了。

马：去年，青年人才艺术基金项目也只有他一个人入选。实际上就是应了您那句话，那时候如果学吉他、学流行音乐，不一定有现在的成绩。就是因为学了宁夏小曲。

徐：对啊！我经常跟过去的搭档和学员说，宁夏小曲、宁夏坐唱不亏人，已经唱出来五个国家一级演员了。

马：那徐老师，今天就谢谢了。有需要补充的地方，随后再和您联系。

魔术仙人摘豆代表性传承人
杨国强

　　杨国强，男，1939年出生，宁夏银川人。2013年被认定为自治区级非物质文化遗产项目（魔术仙人摘豆）代表性传承人。

综　述

　　"仙人摘豆"是中国传统戏法"剑、丹、豆、环"四门绝活，即"吞宝剑""月下传丹""仙人摘豆""六连环"之一，属于中国杂技中奇幻类节目近景魔术范畴，被誉为戏法之源。后来流行的"大变金钱""平地拔高"等戏法皆源于此。"仙人摘豆"起源于春秋，在汉代已经普遍流传，民国时期更是盛极一时，在民间非常流行。其小戏法的道具简单，表演引人入胜，以手彩为主，表演时手法灵活，套路繁多，幽默风趣。早年是一些江湖艺人的家传绝技，极少外传。表演时，一般用两只碗三颗豆或五颗豆来变，最多可用五只碗十颗豆。名目繁多，主要有《一粒下种》《二龙戏珠》《三仙归洞》《五鸟归巢》等，变幻莫测。

　　杨国强，1939 年出生，宁夏银川人，祖籍河北辛集，是宁夏"仙人摘豆"的主要代表性传承人。杨国强的"仙人摘豆"是家传，其技艺传自大祖父杨怀林。杨怀林为晚清河北辛集人氏，当年是个跑山货做买卖的生意人。由于时局动荡，外出做买卖时，货物及牲口遭遇抢劫，加上战火纷飞，无奈之下，躲到一座寺庙避难。尽管老家有家眷，但弄丢了货物，无法向家中老人交代，故滞留庙中，以打理庙里的庄稼和蔬菜为生。在此期间，杨怀林结识了一位同龄的出家僧人，跟随他习得了不少戏法，其中就有"仙人摘豆"。1947年，杨怀林返回老家，但不久妻子过世，他只身一人，孤苦伶仃，靠在市集上当掮客为生，备受族人歧视。杨国强从小热爱文艺，喜欢说快板、顺口溜，上小学时就加入了学校宣传队，深受大祖父杨怀林的疼爱。看他如此喜爱文艺，大祖父杨怀林不仅给他讲

├ 杨国强表演"仙人摘豆"
（本人供图）

故事、说快板，还主动向他展示自己的绝活"仙人摘豆"。第一次接触小戏法表演，杨国强就被深深地迷住了。两只手，几颗豆，在他看来，魅力无穷。在浓厚的兴趣与强烈好奇心的驱使下，杨国强跟随大祖父刻苦学艺。然而，当杨国强能够熟练掌握"仙人摘豆"技艺时，大祖父杨怀林已是食道癌晚期，无法再将"口吐仙丹"等传统戏法传授给杨国强。

　　1958年，杨国强在老家河北石家庄辛集市参军，进入中央军区战区文工团，成为一名文艺兵，"仙人摘豆"技艺也被他带到了军营，闲暇时光为部队官兵表演，获得好评。1960年，杨国强被派到北京军区战区文工团学习班学习山东快书，师从山东快书表演艺术家、中国曲艺家协会副主席高元钧。1965年以后，随着文工团的变动，杨国强响应国家号召，从部队转业到宁夏，进入十三师文工队，随后又调入暖泉文工队、农五师文工团，从事地方群众文艺活动。1973年后，杨国强先后在贺兰县文化馆、银川曲艺团（后更名为说唱艺术团，现为艺术剧院）工作，1989年退休。退休后，杨国强一直不断地学习和钻研，博采众长，技艺精湛，使"仙人摘豆"的表演技艺不断成熟，并形成了自己独特的风格。

　　杨国强原本的主业为山东快书和快板，扎实的曲艺功底和丰富的表演经验，为他"仙人摘豆"的表演助益良多。杨国强充分发挥曲艺演员"说"的特点，说演并举，手法灵巧，出手稳健，形式独特，套路繁多。"仙人摘豆"一般人只能玩转三颗豆，但杨国强能耍九颗。两只碗、几颗豆，小豆忽来忽去，杨国强的表演出神入化。1994年，杨国强参加首届全国电视魔术大赛，获得优秀表演奖。哈佛大学教授观看完他的表演后，赞叹"仙人摘豆"是展现在观众眼前的魔术世界。而在杨国强的理解中，中国戏法与西洋魔术有着诸多不同。西洋魔术主要是靠道具，而且表演魔术时，观众只能从正面观看，侧面和后面都不能让看到。而中国戏法靠过硬的技法，禁得起观众的随意观看。尤其是过去表演时，观众围在四周，可以在其正面、侧面及后面随便观看。杨国强极重视与观众互动，表演场面幽默热闹，深受群众欢迎。他在艺术表演方面，对自己要求极为严格，对于表演内容总是再三推敲，精益求精，主张表演必须要高质量、有把握，否则宁愿不登台。2013 年，杨国强被认定为自治区级非物质文化遗产项目（魔术仙人摘豆）代表性传承人。

杨国强为人正直，艺德高尚，谦逊低调，不慕名利，重视"仙人摘豆"技艺的传承。他本着对艺术负责、对徒弟负责的精神，在收徒上慎之又慎，既看重能力，更看重人品。他认为，作为他的徒弟，不仅要爱魔术、懂艺术，更要热爱中国传统文化，同时要稳重、好学、不张扬。从他五十岁开始，就一直在物色徒弟。终于在2011年1月，正式收李国强（现就职于银川市艺术研究室）、王狂二人为徒，使"仙人摘豆"这项技艺后继有人。

┡ 杨国强的弟子李国强
（杨杰摄于2008年9月）

访　谈

被访谈者：杨国强（自治区级非物质文化遗产代表性传承人）

访　谈　者：马炳元、李国强、季妍、杨杰

访谈时间：2008年9月12日

访谈地点：银川市杨国强家

录音整理：罗杰、杜丹、武宇林

综述撰写：杜丹、武宇林

马：杨老师好！市里给挂牌成立了银川市非物质文化遗产保护中心，是专门从事非遗保护的。去年您那个"仙人摘豆"项目列入市级非遗名录了，市政府的文件已经正式公布了。听说现在您身体不太好？

杨：我就是心律不齐，究竟怎么回事呢？它跳一阵，停一阵，这毛病大了。

马：《华清日报》和《新桥日报》的记者说是要采访您一下。我说杨老师现在在家里，身体不太好，不方便接受采访。这个项目我们申报以后，还要申报自治区的，赶这个月弄完就要申报。自治区弄完，再申报国家的项目。所以我们今天来，就是再把基本情况了解一下。它的要求比较多，之前呢，您已经送给我们一份资料，我们又去找了艺术团去查，也没查到其他资料。还到区里把人事档案又调了一份，要填的表格特别多，十几份，比较复杂。表格做完，我们就要进行相应的调查，还有影像资料。

杨：实际上，我的专业并不是这个，因为这个学得早。我呢，到部队以后啊，从事的是曲艺。因为我会这个"仙人摘豆"，所以在部队里也演。后来1964年全军文艺会演以后，市文工团就解散了，我就回来了，回到团俱乐部当演员。我在文工队的时候，后来到北京军区战区文工团去学习，主要业务就是山东快书。有时候也和其他同志去说书，这是我的业务。后来转业以后，我也是到曲艺馆。

马：您还会相声吧？

杨：相声我倒不熟，有时候（其他人）顾不上，就让我替上去。

马：杨老师您是啥时候参的军？

杨：1958年。

马：当时在哪儿参军的？

杨：在老家河北石家庄辛集市。过去叫束鹿县，后来改成了辛集市。实际上束鹿县就是辛集市的市政府所在地，它是个大的集镇，自古以来是北方的一个皮货集散地。到咱们宁夏来的啊，到口外啊，到东北啊，上包头啊，有好多皮货都是从这里出去的，最后都到皮革厂了。

李：就是从口外各地收来，到那儿去加工，再分散到全国各地？

杨：对对对！

马：参军当时在北京吗？是北京军区？

杨：我是属于中央军区。当兵以后，我没有在连队待很长时间，就调到团部去了。后来呢，师部宣传队缺人，就把我调到战区文工团了。以后又把我送出去到北京军区战区文工团学习班，学习山东快书。这是1960年的事。后来回来以后又在文工队。1964年全军文艺会演，会演完了以后，整个师一级的文工团全部解散，又成立了各个团的演出队。

马：山东快书师从谁？

杨：山东快书表演艺术家高元钧，中国曲艺家协会副主席。把我调到了这个新成立的一个演出队。原来各个警队啊，就是公安部队啊，有个总队，就是北京的武警总队，原来都有小文工团，后来合成了四川总队、广州总队、沈阳总队，还有北京总队这四个，四个合到一块儿了。他们也缺曲艺，正好把我们就调走一批。时间不长啊，"文化大革命"就开始了，搞"四清"就开始了，整个就都停下来，让我们到江西搞"四清"。完了以后，我们还没有正式调过去，只是借调。搞了有半年多，这是1965年。

马：就是调到武警总队了？

杨：不是，那叫公安部队文工团，属于中国人民公安部队政治部文工团，它有四个总队。成立以后又没多长时间，不知道什么原因又各回各地，四川的回四川，广州的回广州，沈阳的回沈阳，北京军区的又回北京军区。我又回到北京军区文工团。这个时候有规定，所有1959年以前参军的没有提干的，全部转业。所以必须向外疏散，这个青海一批、东北一批、宁夏一批。我也就来到这儿（宁夏），到了十三师文工队，后来没几天又散伙了。我就到了暖泉文工队，到那儿也放电影。后来成立了农五师，又在农五师文工团。我们上贺兰县演出过，演出完了之后，我们也就散了。

季：当时的文工队还挺多啊。

⊥ 杨国强接受课题组访谈（杨杰摄于2008年9月）

杨：多呢。1973年，我们在贺兰文化馆那时候，出来不少人才呢。

季：就是的，贺兰出来的宣传队的人才多呢。

李：当时京剧团的、歌舞团的、越剧团的，他们都是属于在北京出身不太好的，专业、文艺都挺好的。

季：被下放的。

杨：农五师有几个平反的，后来都调回北京了。

李：有个吹笛子的是？

杨：吹笛子的是我妹夫，他是越剧团的。老莫你们知道吧？莫建成，他是吹唢呐的。他本来是上我这儿来的，说是夏天来我这儿看看，结果也没来，就查出肺癌嘛，说就能撑八个月。他搞了一个越剧《红楼梦》，是民族交响乐，在北京、上海、宁波演出，很受欢迎啊。他又准备搞一个《白蛇传》。他会作曲啊，原来是越剧团的乐队队长，是搞配器的。这个刚搞完，可能也是累的，就发现这个肺癌。

马：杨老师在贺兰县文化馆工作了几年？

杨：五年。

马：哦。五年。是1973年到1978年吧？

杨：哎。1978年农五师宣传队又叫我回来，我就回来了。有好多都是老同志，说你过来吧，这有房子，比你的房子好。回来以后呢，到1979年以后又发生一个变化，改革开放以后啊，知识青年返城。天津的也撤走了，北京的也撤走了，我没办法（撤走）。正好（自治区成立）二十周年大庆的时候，我们在公园里演出，那公园里的人和我们文工团的老牛都很熟。

马：牛书礼？

杨：嗯。那都很熟。这一帮人在自治区来说，那都是很厉害的。

李：那阵搞啥活动不像现在，你们团是你们团，我们团是我们团。那阵都是区市不分。

季：区市不分？就是自治区和银川市合到一块儿搞了？

李：嗯。参加全市会演的时候，银川市选了一台节目，把自治区的人也借上去。自治区的选上了，把银川市的再借上去，那搞得很好的。

杨：因为我没有调来银川以前，还在贺兰县文化馆呢。自治区1976年参加了全国曲艺调演，那会儿正是粉碎"四人帮"的时候。调演我参加了，我是山东快书嘛。1976年参加的全国曲艺调演的那个规模可大了，各个省的，那都是很优秀的。但是，他们都唱的是一个调。什么山东剧书啊、山东快书啊。那山东快书厉害得很，高元钧领着那几个老徒弟全上去了，六人的山东快书，那个本子整个是一部书啊，特别漂亮，那词也写得好。调演完了以后，自治区文化厅说要成立一个什么组织，最后也没搞成。到1979年，市上有这个打算，最早调来的有我还有谁，那时候是附属于杂剧团的曲艺队，我们在杂剧团又待了几年。后来到1980年才独立出来，还叫曲艺队，后来改为曲艺团。我退休以前，又叫说唱艺术团。

李：咱们市上搞这个曲艺也是经历了很久啊。

马：杨老师是哪年退休的？

杨：我退休早，1989年。

马：哦。1989年退休的。

杨：因为我牙掉了，说不成了，加上我心脏也不太好。这以后啊，说是要承包，折腾了好几回，好多观点不一致。反正那一年好多人都没心思干了，我看这形势不太好，我身体也不太好。

马：现在好了，现在成了艺术剧院了。就目前来讲，"仙人摘豆"在全国其他地方都还没有申报国家级非物质文化遗产项目，网上就是我们银川市申报了这个项目，已经在网上了，市级已经列上名录了。

杨：全国都没有申报？

马：嗯。没有。

季：包括在北京和天津都没有。

马：我从网上查出来有一个河北的，也姓杨，参加了墨西哥、加拿大的比赛，表演的"仙人摘豆",还获了个奖。

杨：杨小亭,我认得。

马：获了个金奖,但是他那个东西呢,没有申报非物质文化遗产项目。还有一
　　个辽宁的,也没有申报。还有一个就是在河北,姓朱还是姓啥,他现在旅
　　居美国了,在美国,他把这东西传到那边去了。

杨：那东北呢？东北的有一个我知道,1970年在上海调演的时候,哦,不不不,
　　1994年,那个小伙子叫什么来着。

马：名字我一下给忘了。他在美国了。

杨：他是借参加旅行团出去的,他提前联系好了,就再没回来。

马：他就是因为这个手艺出去的,人家才接受他的。

李：中国传统杂技里面有五绝,这五绝看样子都没有（申报非遗）,其中杨老
　　师应该知道,像"吞大铁球"。

杨：剑、丹、豆、环,四大金刚。

马：现在这个变戏法,提到一个最主要的应该是"仙人摘豆"。

杨："仙人摘豆"是鼻祖。

马：鼻祖嘛,它是戏法之源嘛。后来那个什么"大变金钱"呀,还有一个"平
　　地拔高",都是根据这个（仙人摘豆）来的。所以这个起源比较早。

杨：这个在汉代就有了。

马：它应该是在春秋,慢慢地已经很普遍了。

李：汉代已经很普遍了。

杨：基本上从传统上来看,它的套路变化不大。变来变去,万变不离其宗,仍
　　然还脱不了那个套路。咱们这个"仙人摘豆"好的地方是什么呢？一般演
　　杂技的是一面瞧,我都是在这儿（随意瞧）。

季：不敢让看后面？

杨：后面不能看。

李：只能看正面。

马：它是跟国外近景的（魔术）有些像。

杨：侧面都不让看。

马："仙人摘豆"是近景。

杨：我们"仙人摘豆"属于是近景魔术，这是后来才定位的。叫近景魔术，上海1994年我是第一次参加的。给哈佛大学的教授表演完，他说"仙人摘豆"是展现在观众眼前的魔术世界。这是他亲自说的，我有名片，他还给我签了个字，他画了个什么名字我不知道。1994年，（问李国强）那名片还在你那儿吧？

李：在呢，在呢。呵呵！证书也在呢。

杨：有证书，有评语，有报道的一些资料，得有根据嘛。我这一辈子最烦吹牛皮说大话的人了，把那没有的事编一套，我不去干这个。我觉得作为一个人来说，作为我们这个岁数的人来说，从家庭啊到我们从事的这些行当的老师啊，像高先生临阵不危，在曲艺界那是有口皆碑，是吧？谁见了都是这个（竖大拇指）。

季：就是的。

杨：人品好，艺德高。

马：将来我们要申报国家级（非遗），要把这个历史啊信息啊都了解清楚。申报的时候，我们要把材料写得丰富一点儿，让人看了心服口服的。是1994年才定格为近景魔术的吧？

杨：嗯。他所谓魔术，定义还是从国外传来的。实际上中国的叫戏法，大的小的都叫戏法。从国外传来的才叫魔术，所谓魔术，观众都是一面瞧，后面不让去（瞧）。

季：一看就露馅了。

杨：中国的戏法是四面瞧，围成一圈，你想怎么瞧就怎么瞧。

马：过去看的人多。

季：随便瞧都瞧不穿到底是咋回事。

马：区别就是啥呢，是零距离。

杨：（魔术）观众是定死的，我这舞台是定死的，不让你靠近。

季：不让人靠近哦，后台全是人自家的。

杨：合同上都签好的，受法律保护的。

马：我从他们那个定位来看，国外的西洋魔术主要是靠道具，可是中国的魔术靠技法。

杨：靠手彩，全凭手法。所以，让我待会儿给你们比画两下。

季：就是的，太好了！

杨：当然了，整套的比较能拿出手的东西可能来不了，我现在手不太好了，这个手法得过硬。一招失误就全翻了。

季：一环扣一环。

杨：就是说我的这个节目是从祖父也就是爷爷辈得来的，父亲辈都没有干这个的。爷爷辈是清朝的，活到现在有一百多岁了。刚解放，1951年他就去世了。那会儿我还小啊，我才十一岁，我这个爷爷实际上不是我直系的，不是我爸爸的爸爸，是我爷爷的哥哥，我们叫大爷爷，是我父亲的大伯。他过去都是跑山货，跑买卖的，骑的牲口到天津港口去批点货，再到县城去加工，倒买卖。只言片语嘛，因为那会我小，也不当回事。他就说他跑口外，这口外是什么地方，当时我也不知道。听他讲，那时候军阀混战，什么奉军张学良啊，互相打啊。可是他小买卖，雇镖局雇不起啊。有一次走到什么地方，东西就被抢了，把牲口也抢了，倒没把他怎么的。到最后这个战事很频繁啊，他就回不去了，是个道观把他收留了，并没有让他出家。人家也有土地，种菜啊、种庄稼啊，他就在那儿给人干农活。让他出家呢，他不答应。他还有家眷呢，刚结婚没几年，我还有个大奶奶。他说我还有家眷，我还得回去。可是他回不去，加上战乱，军阀混战，另外货也被抢了，给家里的老人交代不了啊。就不敢回来，就留在这个庙里给人干农活。据他所说，认识了一个同龄的出家人，这个出家人的状况是什么，我都不太清楚。但是据我估计他家里有这个江湖买卖，人家就把这个传给他了。他等1947年回去以后，就演这个。不久我大奶奶就去世了，他单独一个小房住着。但在家里，好像都不太理解他，就好比我的奶奶也看不起他。

季：孤苦伶仃一个人？

杨：嗯。孤苦伶仃一个人，就靠在集市上当掮客（为双方介绍生意的人）（谋生）。

季：现在来说就是经纪人。

杨：摸手啊，在大棉袖子里摸手指头，不说话。他后来就得癌症死了。他经常给我讲笑话、讲故事，我是我们家里的老大，我们哥儿五个，他对我挺好。然后就教我什么呢，教技术啊，他都是保密的。你看他写的是中国字，可是你不知道是干什么的，他都是密语。我那阵上小学呢，我1947年就上学了，在学校里宣传什么胜利消息啊、打倒蒋介石啊。后来抗美援朝保家卫国啊，都是说快板、顺口溜，就在学校宣传队里。后来他看我挺喜欢这个，他说我教你戏法看看。一个手这样，另一个手那样，就把手里的东西变过去了。我当时那个好奇心啊，冲动得很，就想要学会这手，那在学校里就露脸了，所以这个东西它有一定的魅力。当你不知道的时候，它特别容易激起你的好奇心，一定要明白这个，他兴趣就大了。当你明白了以后，你一旦教他的时候，他就没兴趣了。明白怎么回事了，他就不愿意练了。这个全是手上的功夫，你光知道怎么回事，这个不行。人人都能看明白，一看就露馅了，他就说你这个养不住人，因为你那个手法不对，方法不对。说这叫障眼法，你不能把观众的眼睛蒙上，你得一步步来。完了他又拿出豆来，"仙人摘豆"小巧玲珑，变化无穷，道具简单，随处可演，妙趣横生，它不受场地限制。我这个豆练会了，他已经是食道癌了。其他的他也不让我练了，说是旧社会养家糊口没办法，有些像"口吐仙丹"，确实不容易练，就把这个豆练好就行了。就这个豆能单独留一项，1994年我去参加那个（首届全国电视魔术），也很有意思，几乎所有的老辈都去了，我算是中等的，评价还不错。我们是优秀表演奖，广东的那个表演得也很简单，他是三等奖，天津的是二等奖，一等奖让河北那个老先生拿走了。它要有传承啊，你对你的艺术要负责任，你不能到处乱讲。咱们魔术也好，（其他的）什么也好，周总理就讲过，你出国不能乱讲，你把你这个变脸全都卖了，你不能这么搞，它泛滥了，其他人看着也就没兴趣了。收徒弟是什么意思，我收了你，我得对你负责任，这建立了一个责任的关系，你要爱惜这个。你不能随便给人讲，讲完了人再不看了。

季：对着呢。

杨：在过去，并不是说收徒很严什么的，从传统上，并不是很严。我到这个岁数了，我对什么都看得很淡，我是什么也不争，争什么？我是一辈子坎坎坷坷过来的，虽说是没遭什么大磨难吧，但是一辈子也不容易，咱见的世面也多，所以有好多（节目），我也很少（参加）了。

季：上次曲艺节，杨老师演了。

李：回来以后杨老师再没演了。玉皇阁上次宋老师还在演呢。

季：宋老师比您岁数小吗？

杨：他比我老，七十五了。

季：他好像传给他孙女了。那个娃挺不错的，悟性挺好的。

杨：从我这个角度来说，我退休了就退休了，我是与世无争的人，我不愿意去露面。咱们艺术界有好多这个闲话，我也不去管，我一闭眼一蹬腿，我也没和你们争过什么。我往往是一个人，我跟别人合作时很不容易的。因为我这个人是很严谨的，这个他们都知道。

李：按行话讲，杨老师是属于完美主义者，这个事必须要搞得好好的，搞不好不演都行。

杨：我给老宋说，咱们有把握的拿出去，从咱这儿都过不了关，你别说别人了。有好多名家啊，咱们不能说啊，牵扯的方方面面的东西比较多。

马：因为这个申报牵扯的东西比较多。

杨：第五届全国曲艺节参加了。

李：正好赶上全国曲艺节，咱把全部奖项都收回来了。

杨：那次演完了以后，我就和他们说，咱们都是经过再三推敲的东西，还不错。我现在就给你们比画比画。

马：好，比画比画。

杨：老宋头说什么，还有一个什么报社要来采访我，我说我不弄了。那现在我直接就演了。豆得放嘴里润一下。

季：吹口仙气，哈哈哈！

杨：拿起这个来，这手把这个碗扣了，那手把那个给扣了，一手拿起一个。过去，把这俩扣好，另外一个也过去了。

季：呵呵！太神奇了！

马：手太快了。

杨：这是一种手法。

季：碗都没动，太神奇了。

杨：中国的戏法就是这么奇妙，这东西你要明白还行，你要琢磨就难了。两个碗你们看起来眼花缭乱的，这回我用一个手演。

季：哈哈哈！好啊！

杨：空手演。

季：真是眼花缭乱了，太神奇了！

李：确实应该成为国家级非物质文化遗产。

马：的确太神奇了！

杨：其实这东西为什么这么宝贵，你这个手没办法交代（说清楚），实际上就是这个手挪的一个过程。我有个过程，我直接拿起来就不行，我拿起这个，弄这个，弄那个，一说话就把你声东击西，在无形中，你就麻痹了，你麻痹了我就捣鬼。

马：也太快了，呵呵！

季：离这么近都弄不明白。

杨：实际上明白了也没啥。

马：今天太谢谢杨老师了！

宁夏小曲代表性传承人
陈公东

　　陈公东，1947—2014年，宁夏银川人。2013年被认定为自治区级非物质文化遗产项目（宁夏小曲）代表性传承人。

综　述

　　宁夏小曲，俗称"小曲子"，又称"宁夏说书""宁夏相书"，在清代末期即已形成，距今已有一百五十多年的发展历史。它以宁夏方言加说唱进行表演，以唱为主，兼有道白，长于叙事、抒情。传统演出方式通常为一人自击梆子站唱，另一人操持三弦或其他乐器伴奏。早年，说唱艺人多为盲人、腿脚有疾的穷苦人，在街头即兴表演，以此维持生计。其内容有抨击黑暗社会、讲述历史故事、调侃逗趣等。新中国成立后，该民间艺术得以新生，新一代艺人们不断推陈出新、去粗取精，逐渐将其发展为一种乡土气息浓郁的舞台表演艺术，成为宁夏广大群众喜闻乐见的地方性文艺形式。随着时代的进步，其表演形式也由单人

卜　陈公东在演练宁夏小曲
（杨杰摄于2008年8月）

ㄴ 课题组成员张洁采访陈公东（杨杰摄于2008年8月）

发展到多人同台演出，甚至还融入伴舞、摇滚乐等诸多现代艺术元素。宁夏小曲以汉族、回族、满族等民族的曲艺为主要内容，广泛流行于银川、永宁、贺兰、中宁、同心、平罗、惠农、吴忠、固原、灵武、盐池等地，它不仅丰富了流传地域民众的精神文化生活，同时也具有历史文化价值和学术研究价值。

陈公东，宁夏银川人，是宁夏小曲的自治区级非遗代表性传承人之一。他出生于1947年，2014年12月去世，享年六十七岁。他从九岁开始跟随父亲学习拉胡琴、学唱地方小戏，父亲的言传身教对他日后从事宁夏小曲表演产生了重要影响。小时候，父亲对他的管教很严，除学校的日常功课外，每周都要求他写一篇作文。年少的陈公东并不擅长写作文，只好编写一些顺口溜应付了事。几次三番，父亲发现了儿子的兴趣所在及天分，便因势利导，不再让他写作文，而是让他进行不同主题的快板书写作，从而激发了他的创作热情和兴趣，为日后的快板创作及宁夏小曲的创作奠定了基础。

陈公东天赋极高，始终对民间说书之类的曲艺有着旺盛的好奇心和一腔热诚。十四岁时，陈公东跟随父亲从兰州回到宁夏郊区农村，有着曲艺才能的他，很快就被吸收到所在郊区的文艺宣传队，并结识了宁夏相书民间艺人杨舵和韩有福。当时，并没有年轻人愿意学习宁夏相书的表演。但陈公东觉得相书表演特别有趣逗人，发自心底喜欢。于是，陈公东拜两位艺人为师，开始跟随他们学习宁夏相书。两位老人当时均已是花甲之年，除了杨舵的大儿子杨森科跟着父亲学习了拉胡琴外，陈公东是他们唯一的徒弟。出于内心的喜爱，陈公东学习认真、刻苦钻研，不久便成了宣传队的文艺骨干，他还经常带队代表宁夏去参加各种文艺演出及比赛。1964年，十七岁的陈公东因吹拉弹唱样样精通，被市文化馆认可和赏识，将他从农村调到银川市参加自治区组织的观摩演出。

　　宁夏相书的老段子内容陈旧，其中一部分唱词低俗，难登大雅之堂。渐渐地，宁夏相书处于低迷境况，不再有人愿意表演。陈公东针对这一现状，对过去相书里的老旧内容和不文明用语进行了大胆的删改，并用心观察和感受新生活，不断创作出展现新时代、新气象、新内容的新作品，深受人们的认可和喜爱，在业界享有了一定的知名度和影响力。为了让传统的宁夏小曲的表演形式更加丰富多彩，陈公东还跟随市文化馆的赵玉库老师学习歌舞表演。赵老师严于教学，每当陈公东练习出错时，在一旁打鼓的赵老师就会拿起手中的鼓槌击打他的胳膊。然而，即使他的胳膊被击打出一道道痕迹，他仍知难而上，决不退缩，咬牙一遍遍练习。严师出高徒，陈公东最终成为赵老师的得意门生。学无止境，陈公东觉得作为一名活跃在宁夏曲艺舞台上的艺人，不仅要会说快板、会歌舞，还要会唱秦腔，这才是"两条腿走路"。于是，他暗自拜苏文第为师学习秦腔，让自己更加多才多艺，不断提升民间艺术表演的造诣，把更多的精彩展现给观众。

　　陈公东经过多年的勤学苦练、不断追求，掌握了多种才艺，二胡、板胡、扬琴、笛子、唢呐、三弦都能演奏。而且，他善于进行宁夏小曲、短剧本、小品的创作。多年来，先后自编自演宁夏小曲、方言快板剧五十余个，获各种创作和表演奖数十个。陈公东创作的曲艺作品，内容贴近生活，健康向上，语言生动活泼、通俗易懂，代表作品有《知荣辱改陋习》《赞宁夏》《三进银川》《党风廉政建设就是好》《人人讲卫生》《城市农村都在变》等。2013年，陈公东被认定为自治区级非物质文化遗产项目（宁夏小曲）代表性传承人。

　　陈公东生前非常重视宁夏小曲的传播和传承，一直活跃在宁夏小曲的表演舞台上。在宁夏小曲面临现代多种文化的冲击、演出场所缺失、后继乏人的困境下，陈公东以高度的责任心和使命感，积极参加各类演出，努力将一部部宁夏小曲的经典剧目展现给观众，并凭借记忆整理留存的宁夏小曲的老曲老调资料，进而重新改编上演。同时，他也开班授徒，努力将毕生所学的技艺传承下去。为了让年少的学员对宁夏小曲产生学习兴趣，他耐心地循循善诱。功夫不负有心人，在他的良苦用心及热心教授之下，孙子陈佳豪渐渐喜爱上了宁夏小曲，并好学上进，小小年纪就能够跟随爷爷同台表演。陈公东去世后，孙子陈佳豪继承了爷爷的遗愿，正在继续着宁夏小曲的传承事业。

访　谈

被访谈者：陈公东（自治区级非物质文化遗产代表性传承人）

访 谈 者：张洁、杨杰、张东旭、季妍、马炳元

访谈时间：2008年8月20日

访谈地点：银川市陈公东家

录音整理：牟瑞、卢晓雨、杜丹、武宇林

综述撰写：杜丹、武宇林

张：陈老师好！您是宁夏银川本地人？

陈：是的。一九七几年的时候，我父亲平反了，光把我大妹妹一家和我母亲的户口转到城里了，我的户口就一直没上来。

张：那时候您加入了农村文艺宣传队吧？

陈：对。那时候，银川郊区的文艺宣传队代表全区去参赛什么的，全都是我带队。当时，银川郊区芦花乡每年的文艺节目都是我在搞。

张：过去您就是文艺宣传队的骨干呢。

陈：因为我从小就学过乐器嘛。三岁随父亲到兰州，八岁开始跟父亲学拉二胡、板胡，十四岁回到宁夏的。结识的老师叫杨舵，我那时候拜杨舵、韩有福两位民间艺人为师，学习宁夏相书，他们叫"相书"，现在叫"宁夏坐唱"。

张：就是说，您真正学习"宁夏坐唱"是跟着杨舵和韩有福两位老师学的？

陈：对。

张：他们已经去世了吗？

陈：去世了。要活着都快一百二十岁了，我都六十多岁了嘛。

张：当时您跟他们学的时候，他们年龄多大？

陈：当时我学的时候，他们两个都六十多岁了。

张：他们带的学坐唱的学生多不多？除了您之外还有吗？

陈：没有。那个时候宁夏已经解放了，开始搞公社化了，搞群众文化，我就是在乡里组织的文艺宣传队跟着他们学会的。

张：哦？那时候就有文艺宣传队了？

陈：对。有一个文艺宣传队，还有一个灯影子班，也就是皮影班。

张：您就跟随他们边学习，边演出？

陈：对。

张：也就是说，您是他们俩唯一带出来的学生？

陈：也就我这么一个，唯一的一个，其他的没有人学这个东西。我当时很好奇，为什么呢？这个唱词全都是，用现在的话说，就是比较低俗的那些东西，可逗人了，特别逗人，我现在还会唱好多段子呢。后来走上文艺道路，1964年不是参加了自治区的官方演出嘛，我才十七岁，市文化馆赵玉库他们这一帮子人把我从农村调上来，参加了1964年的观摩演出。参加完演出之后，就开始"破四旧，立四新"，这些东西就不能唱了，一直窝到现在也不敢唱。我就把有些东西，比方说有些词是当时我学下的，是关于吸毒贩毒危害大的老段子，有一段是骂清朝的（不由自主地开唱）："清朝是干啥的嘞，坐了个北京城呀，外国的王子他把洋烟进，进来了洋烟害咱们老百姓。哎嗨哟，穷，穷，穷穷穷，人人都说是我人穷，我穷酸还有些坏毛病。吃、喝、嫖、赌、抽，还把个洋烟烘。自从二老爹娘去了世，我万贯的家产一脚蹬，穿的衣服，是大窟窿那个小眼睛，补丁摞补丁。到夏天我还好抽，到冬天，冻得个我上牙又把下牙磕耶，嗫得个哩个啷。"

张：根据这个东西，您重新改编了？

陈：对。根据这个，把它改编了一下，就是改成现在的吸毒了。它这里面有些原来的词就没办法听。原来的词是（开唱）："女人吸毒犯了瘾，披头散发的不像人，只要有钱把毒吸，跟谁睡觉都愿意。"原来是这么个说法。现在因为要搬到舞台上去嘛，我就改成了"卖儿卖女都愿意。"

张：对，要注意传播效果。

陈：嗯。还要文明一点。

张：您一直跟着两个师父学习？

陈：嗯。他们家的后人现在还在。他们的后人一个都没有学，就他大儿子……

张：谁的大儿子？

陈：就是杨舵的大儿子，活着的话今年也七十岁了，他也去世了。他父亲还给他传了一点东西，学了一点东西。当时他父亲就传了他的大儿子和我两个人。大儿子叫杨森科，去世有五年了吧。

张：那大儿子去世以后，也再没有传人了？

陈：没有。他当时一共养了三个儿子，其中一个现在搞杨氏骨科，也就是他的孙子。

张：哦。他的长孙成了骨科大夫？

陈：嗯。现在年轻人根本都不学那些（宁夏坐唱）。

张：现在就存在这个问题。

陈：现在没人学，尤其是这些东西。像我刚才拿的这个胡琴，他们家里早都烧了火了。他们家压根没人管。杨森科后来当了农具厂的厂长，他也会拉胡琴。但是说的这方面，他一样也不会。

张：他没学？

陈：他没学。受父亲的影响，他那个时候年轻，跟着学了点东西，（只会）拉胡琴。

张：您学的坐唱、小曲那些他都没学？

陈：没有。他也不知道。因为当时他父亲传我的时候，看我这个人好奇得很，就偷着传，那个时候已经不让再传了。

张：那您现在除了自家孙子之外，还带徒弟吗？

陈：现在也就是我孙子了。领着其他的小孩来，人家就要学正经东西，这些不学。不学我就没辙了，我现在就是搞这个，哄着人家娃娃学我这个东西，结果人家家长知道了也不高兴。比如说人家来了，我正在教两个曲艺演员学曲艺着呢，也就这些方言的东西。家长们都说，陈老师，算了吧。您给教相声或者数来宝（类似快板的曲艺形式）吧。那我就只能教相声或者数来宝。有三个小孩是学二胡的，我说这儿有三弦，教你们点三弦？人家说，不学三弦，学二胡呢。我想教了三弦以后，就可以把宁夏相书往里头融了。

张：因为您弹三弦的时候必须配词吧？

陈：对。要配词呢。哄着人家学呢，人家不学嘛。其实，我们这个演到现在的社会上去，老百姓挺认可的。

张：对。都喜欢，大众口味。

陈：对。大众喜欢。尤其是说我们宁夏的这个方言，比如（开唱）："老汉我今年九十八，再过两年整一百，耳不聋是眼不花，身体健康精神发耶，噔噔哩个嘞。"这个就是宁夏真正的，也就是现在的"坐唱"吧。它的曲子其实不是这个曲子。

张：我们现在把它定为"宁夏小曲"。

陈：过去这叫宁夏相书。比方说（开唱）："当啷当啷当啷当，当当哩个当了当，哎嘿吆，哎嘿吆，弹起了弦子呦，弹起了弦子唱起了歌，哎嘿吆。今天不把别的弹，今天唱段什么什么什么。"这个唱完了，就开始讲故事。

张：和说书的一样。

陈：和说评书是一模一样的。实际上就是评书带快板，这个年代，可以追溯到清朝时期，从我这就能追溯到清代。

张：就说这个曲种可以追溯到清代？

陈：嗯。没有文字考证，但是我用曲子、唱词去考证。

张：就是您传下来的这个曲子？

陈：嗯。比如说，我唱一段，这个就能说明它是清代的东西。（开唱）"细溜看，你细溜忙，你细溜瞧，外国进来一个疗汤，三个闺女来洗澡啊，一下澡堂闹嚷嚷，大姑娘说是好热水啊，二姑娘说是就烧得慌。丢下个小三年纪小，浑身上下脱了一个精光光。"你们听听，有没有北京西河大鼓的韵味？

张：对啊。

陈：北京的西河大鼓怎么到宁夏的，就是清朝年间满族带到宁夏的，宁夏的老艺人把它融入宁夏的相书里去了。这个我可以说清楚，我就是走到哪儿都可以把这个年限给他们说出来。你们说这个相书传承的年代是久还是不久？就像我刚才唱的那个骂清朝的，为什么他们敢骂政府呢？过去说宁夏相书的，不是瞎子就是瘸子、要饭的，尽是些可怜人。这些人没人抓他们，也不怕得罪政府，他们就想怎么说就怎么说。还有宁夏的数花，宁夏的数花唱起来更难听，数花都是相书里面的东西，过去数花有头有尾巴，相书就讲究的这个，一个头一个

⊥ 陈公东使用的宁夏小曲演唱道具
（杨杰摄于2008年8月）

尾巴，中间全是快板。我给你说一段宁夏的数花，数花解放后被一些文艺工作者改编了。（开唱）"哎咦呦哎咦，朗格里格朗，当当。"根据第一句的韵味，加进去，加长了。我给你们唱一段，你们听，宁夏数花是这么唱的（开唱）："到处都开花亮赫赫（这一句唱两遍），到处都开花亮赫赫，人都笑话张豁豁。豁豁子张上不分流，吃饭流那个脚，喝茶流，清鼻子流那个嘴里头。正逢花儿开哎哟，花儿开，花开叶叶落。"每次都说"叶叶落"，它有个头有个尾巴，中间伴奏过去没有，就是说，相书的特征就是这个。它前面加个头开始说，头加完了，比如说（开唱）："吃完你们的咸菜，说说你们的员外。今天不说别的，说一个张三的，件件不离他的坏事。"就说这个张三的事情，这就是一段评书，宁夏评书。

张：现在就是改编了一下？

陈：对。比如现在我们两个人说的时候，就有对话，聊天。对话要是写好了，也特逗观众。

张：那您家孙子现在跟着您同台演出吗？

陈：同台演出，主要是以方言快板为主。

张：您和他现在说的还是以快板为主？

陈：以快板为主。因为快板就是宁夏坐唱里面的一部分，方言快板过去没有方言。宁夏过去没有四块瓦，这是从陕西传到宁夏来的，从戏曲上过来的。过去宁夏说相书的是这样的（弹奏三弦），它在这打板，它的板在这里，老艺人就是这样。后来我们有了这个东西就更文明了，文明了一步，这就是四块瓦。后来这个到现在，经过各方面的改变和尝试就成了（打四块瓦）。

张：原来拨弦，现在不用了。

陈：社会在进步，东西也在进步。

张：那演出时如果不小心把这个瓦子拨碎了？

陈：这个一般来讲，拨不坏。

张：那这个四块瓦子是打着吗？

陈：嗯。那天我见了郭局长，我们都熟，郭局长把坐唱搞了个宁夏的非物质文化遗产。但是我有看法，他就说这里面有争议，你也不要说了。我认为宁夏坐唱，应该叫宁夏相书。如果叫宁夏说书，还能说得过去，但准确说法应该是相书。因为有些地方是两个人坐在一块，弦子也不弹了，胡琴也不拉了，两个人纯属就是在说相声。为什么呢，这都有考证，如今你到农村去，有些上年纪的老人，你要说话他听不懂，听着你说话前言不搭后语，人家就会说："诶，你这是说相书着呢？"

张：这是从老人的嘴里反映出来的（相书）？

陈：嗯。过去的说相书的都是瞎子啊瘸子啊，他们胡说八道啊，嘴里面想说什么就说什么，这就是宁夏真正传承下来的相书。

张：要是这样的话，那还是相书的名称还比较准确。

陈：相书里面包括宁夏的各种小曲，它也唱，可以这么讲吧，现在文明的讲法，坐唱念打它都有。

张：都在相书里包含着？银川小曲也包括在内？

陈：也包括在内。后来的人根据这一句，（开唱）"老汉今年九十八，再过两年整一百。当嘚里当啷。"在这个相书里面，音乐只有这么一点点。后来的音乐部分根据这个，把它形成了一个完整的东西，从八几年才开始形成的，形成了宁夏坐唱。形成宁夏坐唱的，有黄霑周、苏明细他们这些人。过去文化馆的人都知道，这都是业余（曲艺）里面的尖子。他们搞的第一个宁夏坐唱是什么？就是《孕老汉》。第一个创作出来的作品就是那个。我学歌舞这一块，是赵玉库的关门弟子。

张：哦。您还跟着高师学过歌舞呢？

陈：赵玉库骂我可不少呢，赵玉库脾气可坏着呢。我当时十七岁，打得我的眼泪唧呱唧呱。他不是打鼓的嘛，我拉错了，他就拿着鼓槌"啪"的一下，然后他接着打鼓。过去，把我打得胳膊上都是印子。不过赵老师确实教了我不少东西，那次在银川市搞业余秦腔大赛的时候，首席琴师就是我，当时赵老师还在呢，他给一排评委说，这是他一生当中最信任的徒弟。

张：赵老师的得意门生？

陈：（自信地）得意门生。因为当时赵老师是不愿意教我学秦腔的，我发现了这一点，作为一个艺人来讲，在宁夏生活，不会秦腔光搞歌舞是一条腿。我就偷着和苏文第学，他现在还在，八十多快九十岁了，他就给我偷着教秦腔。当时赵玉库和苏文第为收徒弟闹起了矛盾，就是为我。赵玉库要教歌舞，苏文第要教秦腔。

张：那您两项都学了？

陈：结果我两项都学了。

张：那您现在成了全才了，什么都会。

陈：那个时候还要搞创作。我小的时候，在学校念书，我爸人严得很，除了学习以外，每一个礼拜让我写一篇作文，他要检查。但是我写作文不行啊，那个时候就写顺口溜呀、谚语呀这一类。哈哈哈！我爸一看这小家伙净写这些玩意，以后干脆让我写快板书，他就开始教我写快板书了。

张：这就是您的爱好啊。小时候就能写顺口溜了。

陈：我写出来的作文，每次都是那些。我爸看得很生气，不过关。就说，干脆以后我给你出题，给我写快板书，慢慢地就对这个创作有了兴趣。

张：您现在很多作品都是自己创作出来的？

陈：嗯。刚才他们录的那两部电视剧，就是我创作的两部短剧。

张：那您现在有没有演出作品，就是您把老一辈的作品拿出来重新唱的？不是您自己创作的，是从师父那里学来的？

陈：有。暂时还没有排出来。比如《余通林审鸡》，余通林是宁夏清朝时的一个州官，老年人上八十岁的人都知道。他审芦花鸡，是一个小短剧。

张：这个短剧作品大概是什么时候形成的？

陈：这个作品是这样，当时他们在这个灯影子上，皮影上唱。我也很喜欢这个东西，后来虽然没有见到过这个剧本，但是我当时经常看（他们）演出，也去跟着拉胡琴，这大致的唱词我就记住了，再写出来，就把这个东西按照回忆写出来了。

张：那记下来以后，还没有排练演出过？

陈：没有排练过。为什么呢，现在要排这个戏有一些困难。过去这个皮影戏是骂余通林审鸡的，戏的主要内容就是宁夏人的这么一句话："溜沟子拍马屁，我赏你二两油。"这个里面的审鸡就是这样的，里面有一个余通林，有一个员外，有一个锥鞋的，有个卖鸡的，四个人，还有两个衙役。有个小孩子的妈有病，小孩拿了个芦花鸡去卖。到这个员外的院子外头跌了个跟头，小孩的鸡跑到员外的鸡里面了。小孩准备抓鸡呢，这个员外就是说谁让你抓我家鸡。小孩说我刚才追鸡，那个锥鞋的看到了。可锥鞋的不承认，说我没看到。这就是锥鞋的给员外溜须拍马。正好碰到余通林私访，就让人把所有的鸡都给抓到堂上，开始审鸡。审鸡他怎么问呢？审鸡是假的。余通林先问这个员外，你家鸡经常喂什么东西？员外说，我们家喂的黄米。然后问小孩，你家鸡喂的什么？小孩说，我早上剁了菜，拌上麸子粮糠，给鸡吃饱了。然后问鸡，你们都吃的啥东西？大家伙都笑了，鸡不吭声啊。余通林就说好啊，你们不吭声，通通判你们死刑，来啊，把鸡给我都宰了，就把两只鸡都给宰了。宰了之后余通林叫衙役把这只鸡扒开，把肚子里的东西都掏了出来。这只鸡是糠和菜，那只鸡是米和面。然后就把溜须拍马的锥鞋的拉下去，让他舔干净。又发给小孩二两白银，给这个娃娃拿着，回去给妈妈看病。就断了个这么个官司。

张：您这个戏，是不是把它改编成宁夏坐唱了？还是想把它弄成一个小剧的形式？

陈：我准备弄成秦腔的形式。已经有人看过这戏，觉得挺好，想给我五百块钱，把它买走，但我没给。我有时间了想自己弄。

张：这个内容我觉得挺不错，而且这也算是古戏。

陈：这个短剧还有一定的教育意义，让人还是要说实话，不要溜须拍马。这个本子我都弄出来了。

张：那挺好的。希望能够早日排练演出。今天就谢谢陈老师了！

宁夏文化和旅游厅资助项目

北方民族大学校级科研平台非遗创新团队项目

项目主持人：武宇林

宁夏非物质文化遗产保护与研究系列丛书

宁夏文化和旅游厅资助项目

宁夏非物质文化遗产代表性传承人
口述实录

银川卷（下）

武宇林 杜 丹 张 洁 马慧玲 著

黄河出版传媒集团
宁夏人民出版社

目录

山花儿代表性传承人
唐　祥

　　唐祥，1957年出生，宁夏贺兰县人。1979年毕业于宁夏大学化学系，曾任宁夏银川回民中学"花儿教室"专职教师。2013年被认定为自治区级非物质文化遗产项目（山花儿）代表性传承人。

综　述

　　唐祥出生在宁夏贺兰县丰登乡永丰村，父亲和姐姐是唐祥的音乐启蒙老师。父亲是参加过抗美援朝的复转军人，乐观开朗，喜好唱歌，参加农业社劳动时歌声不断。姐姐曾为小学音乐教师，歌声优美。唐祥从儿时起，就迷恋上了唱歌。其少年时期赶上"文化大革命"，他从学唱京剧和秦腔革命样板戏开始了音乐之路。当时，他经常参加农村和学校的文艺演出，所演唱的现代京剧样板戏中李玉和、杨子荣、郭建光等人的唱段惟妙惟肖，深受当地群众和驻地部队干部战士的喜爱和欢迎。上大学以来，李双江、吴雁泽等歌唱家的音乐歌曲磁带连续发行，让他有了学习榜样，开始了从样板戏向民歌

唐祥《宁夏花儿》演唱专辑
（武宇林摄于2014年12月）

方向的探索，他也经常参加各种文艺活动，登台演唱。大学毕业后，他曾经在贺兰县常信中学、体育中学、农民中专任教，工作之余，始终没有放弃对民歌的热爱和追求。2000年他开始学唱陕北民歌，经过坚持不懈的刻苦练习，演唱水平日益提高，尤其擅长演唱《天下黄河九十九道弯》《三十里铺》《白肚肚手巾三道道蓝》等陕北民歌。2001年10月，宁夏电视台拍摄了《一个爱唱陕北民歌的人——唐祥》专题片，在宁夏、河南、上海、深圳等电视台播出。2002年8月，唐祥参加第三届中国西部十二省（区）"沙湖杯"民歌花儿歌手邀请赛，演唱陕北民歌《这么好的妹妹见不上面》获铜奖。2004年被推荐参加湖南卫视《陕北信天游之大比拼》节目，与来自陕西省的几位民歌高手同台演出。他作为宁夏的一名业余歌手，把陕北民歌唱得像模像样，也一次次上了电视，得到了众人的赞誉。

　　然而，唐祥意识到，作为宁夏歌手，就应该会唱宁夏的花儿民歌。于是，从2004年开始，他立志学唱花儿。他先是通过花儿民歌的录音磁带和光碟学唱青海花儿，同时也努力拜师学艺，宁夏歌舞团国家一级演员邓星明、宁夏花儿学者刘同生、宁夏花儿名歌手马生林等，都曾是他的老师。唐祥积极参加花儿民歌大赛，与西北各地的花儿歌手广交朋友，连续十多年应邀参加了青海的花儿歌手大赛等演艺活动。由于他具有扎实的陕北民歌基础，加之勤学苦练，进

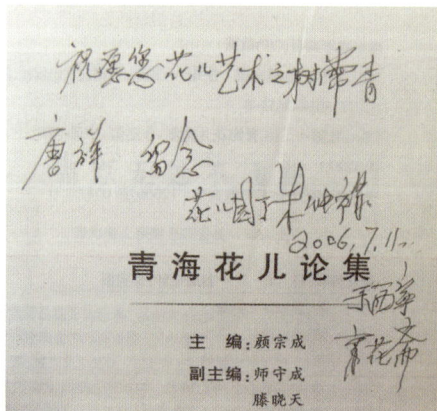

∟ 朱仲禄赠书及题字（武宇林翻拍于2014年12月）

卜　唐祥与朱仲禄合影
　（本人供图）

入花儿歌坛以来，取得了丰硕的成果。2006年获西北五省区花儿大赛金奖；2007年获中国西部十二省区（重庆）民歌大奖赛银奖；2013年获全国花儿大奖赛（甘肃临夏）二等奖。如今，他终于成为西北地区有名的花儿歌手，于2012年出版了《宁夏山花儿·唐祥演唱专辑》。

　　唐祥也是花儿大师朱仲禄先生的关门弟子。2005年以来，唐祥利用到青海西宁参加花儿大赛的机会，数次登门拜访朱仲禄老师，讨教花儿的唱法等。通过交往，朱老师认定唐祥是一位有文化、高素质的花儿歌手，于2006年7月11日，在西宁的家宅中，正式提出收唐祥为关门弟子，并赠书《爱情花儿》，在书上题字、盖章为证。朱仲禄先生同时赠送给唐祥《青海花儿论集》一书，在书上亲笔书写道："祝愿您花儿艺术之树常青。唐祥留念。"师生二人合影留念。唐祥在四十九岁之际，有幸成为朱仲禄老师的最后一名学生，也是朱老的弟子中年龄最大者，故格外珍惜这份荣誉。不承想，一年后的2007年12月22日，恩师去世，唐祥悲痛万分，连夜乘火车从银川赶往西宁，与恩师最后告别。在往返的火车上，他酝酿了四首小诗，表达了对恩师的悼念和敬仰之情，并于朱仲禄先生逝世一周年时被约稿登载于青海《群文天地》2008年第12期。《之一》："去年六月菜花黄，花斋拜见花儿王。言谈字字花儿语，歌声句句少年腔。铁骨铮铮底气足，容光焕发人慈祥。欢喜前辈身体好，花坛常青有保障！今年又见花儿王，身体矫健声爽朗。上去高山望平川，嗓门高到云尖上。谁料今日西天去，地上花儿皆无香。从此天庭不寂寞，人间花儿满天上！"《之二》："八十六岁少年郎，一生清贫心气旺。喜乐哀愁都作歌，天地万物皆吟唱。借景喻事说世界，比兴明理话万象。情真意切唱众生，功德无量花儿王！"《之三》："百年花坛常青树，清贫一世少年狂。今日驾鹤西天去，花开万朵羞太阳。勤劳一生苦耕耘，名利全不放心上。天天高声漫花儿，平凡生命放光芒！"恩师对花儿终身追求的执着精神，成为了他永远的榜样。

　　唐祥作为长年工作在教育战线上的一位中学教师，先后教授过化学、地理、历史、数学、音乐等课程。在银川五中校长的支持下，他从2005年开始，把花儿民歌引入到本校音乐课堂，为初中学生教唱西北各地的花儿民歌，十多年来，先后为银川五中和银川市回民中学的五千多名初中生教唱花儿民歌，使广大学生从没听过花儿、不了解花儿，到会唱花儿、知道花儿，甚至喜爱上了花儿，让学生们在上学路上、校园里、操场上，都会情不自禁地漫几句花儿。唐祥所在学校的庆六一等各种文艺演出活动中，独具民族特色的花儿歌舞也成了最耀眼的亮点。他所在的银川市回民中学作为宁夏非遗中心确定的非遗保护传承基地之一，学校设置有专门的花儿教室，配备有成套的音响等教学设备，花儿校本课程被正式列入全校的课表之中，唐祥被确定为专职花儿教师。笔者先后到银川五中及银川市回民中学对唐祥老师的花儿课堂进行了现场观摩与访谈，得知初中生们对花儿民歌很感兴趣。他们认为，花儿民歌有地域特色，淳朴、抒情，更富于生活情趣，很愿意学唱花儿。

　　唐祥在唱花儿、教花儿的同时，也重视花儿理论方面的研究探讨，曾多次参加甘肃、青海、宁夏和新疆的花儿研讨会，并发表相关论文，《花儿进校园·塞上歌声甜——对宁夏花儿进校园教学活动的思考》被刊登于《群文天地》第7期；《心中的花儿唱不完》登载于《银川回中校报》。2019年，唐祥参加甘肃岷县花儿研讨会，并发表论文《心中的花儿唱不完——宁夏花儿〈绿韭菜〉的采集和传播》。他还主编了银川市非遗中心花儿进校园教材《花儿的浅译与赏析》①一书。他既是一位名扬西北的优秀花儿歌手，也是一名奋战在教学一线的花儿教师。他的心愿就是让更多的孩子学会唱花儿、知道花儿，让校园之花蓬勃绽放，让中国花儿后继有人。他同时也是宁夏音乐协会、宁夏民间文艺家协会、宁夏诗词学会会员，兼任宁夏银川市非物质文化遗产传承人联合会会长。

　　笔者作为花儿研究者，多年前就认识了唐祥老师，并有过多次合作。2007年宁夏教育厅举办宁夏首届中小学音乐骨干教师花儿培训班时，笔者作为发起人邀请唐祥为花儿教员。2012年，笔者与唐祥等老师共同编撰出版了《花儿综艺》②一书，为宁夏中小学提供了花儿进校园的教学参考书。唐祥作为该书副主编，发挥了熟悉西北各地花儿歌手的优势，收集提供了重要的资料。近年来，笔者应邀到宁夏大学、北方民族大学等高校进行花儿讲座时，都邀请唐祥老师现场演唱并教唱花儿，收到了良好的效果。2014年10月9日，笔者邀请了美国印第安纳大学的中国花儿研究专家Sue Tuohy（中文名字：苏独玉）教授前来北方民族大学进行学术交流，在"中美花儿研究座谈会"上，应邀出席的唐祥老师唱了一首原生态花儿民歌："高高山上红日头，红呀日头晒得莲花抬不起头……"歌声高亢嘹亮，使得美国女教授夸赞不已。

　　唐祥老师自2005年以来，致力于对青少年的花儿传承。2013年被认定为宁夏自治区级非遗传承人之后，更是将传承花儿视为神圣的历史使命，不仅在中学开设花儿课堂，也多次深入大中小学、机关单位和社区举办花儿培训班。笔者于2014年12月15日与研究生支继丹前往银川市回民中学，对唐祥老师进行了专访，并来到该校的花儿教室，现场观摩了唐祥老师的花儿教学。约四十名初中生在唐老师的指导下，兴致勃勃地跟随彩色大屏幕中的青海歌手索南孙斌演唱的花儿歌声，高声练习了一首首花儿。课后，笔者还随机采访了六位学生，

① 唐祥主编：《花儿的浅译与赏析》，阳光出版社，2013年。
② 武宇林主编，韩宏、唐祥、张爱琴副主编：《花儿综艺》，阳光出版社，2012年。

⊥ 唐祥在花儿教室指导学生们唱花儿（武宇林摄于2014年12月）

了解了初中生对学唱花儿的真实感受。

2021年1月，笔者通过微信又对唐祥老师进行了追踪访谈，了解到唐祥作为自治区级非遗传承人，从没有停下传承花儿的脚步，他竭尽全力履行着自己的职责。六年多来，他几乎每年都有三四十项演唱花儿、讲授花儿的活动，先后为银川市文广局群众艺术团、宁夏老干部艺术团、宁夏艺术职业学院、灵武市职教中心、灵武市文化馆、固原民族职业学院、重庆荷花中学等举办花儿讲座或花儿培训班。他把花儿民歌唱到了宁夏许多学校、企事业单位，也多次参加青海省、甘肃省、内蒙古等地的花儿民歌演唱活动。他还多次为外国友人演唱花儿，数次参加中央电视台等媒体的音乐节目。他把花儿的种子撒到了宁夏山川及全国各地，为花儿民歌的传承作出了卓越的贡献。

访谈（一）

被访谈者：唐祥（自治区级非物质文化遗产代表性传承人）

访 谈 者：武宇林、支继丹

访谈时间：2014年12月15日

访谈地点：宁夏银川市回民中学

访谈录音：支继丹

访谈整理：支继丹、武宇林

综述撰写：武宇林

武：唐老师好！请先介绍一下您的基本情况，是哪一年出生的？出生地？

唐：我1957年3月出生在宁夏贺兰县丰登乡永丰村，父母都是农民。

武：您觉得自己的音乐特长跟家庭有关系吗？

唐：我觉得有很大关系。家里有两个人对我起到音乐启蒙作用。一个是我父亲。他曾经是个军人，1954年参加抗美援朝，因伤致残后从部队回家务农。父亲是个很乐观的人，性格开朗，上工下工的路上都在唱歌。

武：哦。那伤残严重吗？

唐：是三等甲级残废军人。当时，参加马良山战斗①，在坑道里，遭到美国鬼子飞机轰炸，把脑袋伤了，相当于脑震荡，但不影响体力。父亲抗美援朝回来，

---

① 马良山战役是抗美援朝十大经典战役之一。

用部队发的转业费买了头骡子，加入了农业社。他是共产党员，很积极的。父亲是个乐天派，我从小就是听着他的歌声长大的，他当时唱的是抗美援朝时候的歌曲。

武：唱的是"雄赳赳、气昂昂，跨过鸭绿江……"吗？

唐：（微笑）对！还唱50年代解放军兴修川藏公路时的《歌唱二郎山》（唱"二呀么二郎山，高呀么高万丈……"。到后来"文化大革命"时，唱的是《大海航行靠舵手》。随着时代的变化，他的歌声一直不断。

武：父亲那时唱的歌，唐老师都还记得，还真是您的音乐启蒙老师呢！

唐：是啊！我还有另一个启蒙老师，就是我姐姐，她的歌声非常好听。在我上小学时，她是贺兰县的一名小学教师，也教音乐课。我家在农村，她每一两周回来一次，我总缠着让她唱歌。她那时唱《听妈妈讲过去的故事》（唱）"月亮在白莲花般的云朵里穿行……"，还有《唱支山歌给党听》。我姐夫当初看上她，就是因为我姐在舞台上唱歌太好听了。呵呵！我就是得益于父亲和姐姐的影响，从小就痴迷于歌曲，对音乐很敏感。

武：家长果然是孩子的第一任教师。家人的影响，让唐老师从小就和音乐结缘。

唐：（微笑）是啊！我九岁时，"文化大革命"开始了，那正是演革命样板戏的时候，我们家就住在大队部的院子里，天天听样板戏。这里面还有故事，父亲因伤残复员回来，带的那点钱都入社了，成了穷光蛋，也没房住，就只好给上级领导写信。结果，国家专门拨款，在大队盖房的时候，给我家也在旁边盖了住房。从此，我家就住在了大队部院子里，"文化大革命"时，从早到晚都能听到样板戏，我就跟着唱。

武：能听到样板戏，是看演出还是听广播？

唐：就是听高音喇叭里播放出来的样板戏嘛！我十二三岁时，京剧样板戏《红灯记》里的李玉和，《沙家浜》里的郭建光，《智取威虎山》里的杨子荣、邵建波，《杜鹃山》里的雷刚，《奇袭白虎团》里的严伟才……几乎所有人物的唱段我都会，而且唱得惟妙惟肖。所以，我十几岁就是大队文艺宣传队队员了。呵呵！记得我还上台扮演过京剧《红灯记》里的李玉和呢！就是说，我一开始唱歌，张口就是样板戏。我还参加到部队、县上、农村各地的演出，在当地还是个小明星呢！（笑）样板戏也有用秦腔唱的，我还接触到了秦腔，是一种苍凉的感觉。我给唱秦腔的人打锣伴奏，都能打到点子上，对音乐的感觉很细腻。不过，我真正痴迷上唱歌，应该是上大学的时候。

武：哪一年？

唐：我是1976年上的宁夏大学化学系，是工农兵学员，县里推荐上大学的，那时十九岁。当时，流行的是李双江、吴雁泽的盒式录音磁带。我记得吴雁泽唱的《一湾湾流水》甘肃民歌，广播上称他开创了民歌的新纪元。

武：就是说，当时吴雁泽的《一湾湾流水》民歌对您特别有吸引力？

唐：是啊，那个吸引力真的很大！（唱）"一湾湾的那个流水，一道道梁哟，一朵朵彩云下山冈。巧嘴的那个山雀雀，你咋不唱了，牧羊的哥哥哟，酸溜溜的好心伤。黑鹰儿的那个黄鹰儿，打了一仗哟，闪坏了黄鹰的个翅膀……"

武：感觉这些歌词有点像花儿的歌词。

唐：是啊！它本身就是甘肃民歌。现在一回味，黄莺和黑鹰打了一仗，黄莺折坏了黑鹰的翅膀，可不就是类似于花儿的歌词嘛！大学期间，我主要是从广播上听歌曲。记得我还代表宁夏大学在银川中山公园的五四广场，演唱克里木的歌《塔里木河》。（唱）"塔里木河呀啊故乡的河，多少回你从我的梦中流过。无论我在什么地方，都要向你倾诉心中的歌……"当时还领上对象（女朋友）去了。她后来成了我媳妇。呵呵！

武：是唐老师的歌声把女朋友打动了？

唐：（笑）哪里！那时候才是初级水平。我媳妇说："你唱的时候，开始听的人多，后来就没人了。"呵呵！现在想想，那时只是能把歌词顺下来，情感上达不到那种细腻感人的程度，也没有新疆那个味道，也难怪吸引不了观众。

武：只是形似达不到神似？

唐：对！1979年毕业，我被分到县上的中学当教师了。买了录音机，李双江的盒式磁带、吴雁泽的唱片，我几乎都有。最喜欢的就是他们的歌，比如《船工号子》《红星照我去战斗》《雪花》等，整天跟着磁带唱。当时那个痴迷，都到了让同宿舍的人讨厌的程度。呵呵！

武：那个时候是几个人一间宿舍？

唐：工作以后，是两人一间宿舍，我的声音特别响亮，又大声唱，挺吵人的。那时还唱《洪湖水浪打浪》。我是学化学的，根据教学需要，也教数学、物理、生物、体育、音乐。在音乐课上，我就教大家唱李双江的歌。那时，我开始从唱京剧转到了唱民歌，还是自我摸索阶段，也是我的第二个阶段。

武：哦。第一阶段是样板戏，第二阶段是一般歌曲。那第三个阶段呢？

唐：就是兼音乐教师以后，开始对民歌产生了浓厚的兴趣。天天唱，连做饭、扫地也唱，家人都讨厌了。这时我接触到了陕北民歌。1989年我调到银川市工作，从小县城来到首府市，视野也开阔了。那之前，有位北京的音乐名人来银川讲座，很多人都投石问路，我只是听说，可就是去不了。到银川工作以后呢，认识的朋友多，接触的面也广了。我夫人是畜牧工程师，在宁夏农牧厅工作，她单位一位司机朋友带来了"陕北歌王"王向荣的录音盒带，唱的是《满天星星》《天下黄河九十九道弯》《三十里明沙二十里川》《蓝花花》《三十里铺》等。这些民歌接近于我们宁夏的山花儿，让我喜欢得不行，以至于去钓鱼时都在唱。一起钓鱼的朋友说，你是唱歌才把鱼吸引来的吧？其实不然，钓鱼也是有间歇的，别人钓鱼时，我唱歌。鱼歇够了，自然就来了。呵呵！也还是因为我的痴迷，别人走了，我还在呢，正好赶上鱼来了。那时周末到野外钓鱼，可以改善一周的伙食呢！呵呵！一直到太阳落山才收杆，骑车回到家，晚上十点了。一路上骑着自行车，一遍一遍大声大声地唱我喜欢的歌。这个唱歌的毛病直到我有摩托车、汽车了，也是一路走一路唱，还开着车窗大声唱，路人还当我是傻子呢。哈哈哈……

武：唐老师啥时候有车的呢？

唐：我是1992年开始骑摩托车的，1996年有汽车的。从自行车到摩托车再到汽车，还是喜欢一路唱歌。呵呵！这时候，我真正尝到了唱歌的乐趣，那就是陕北民歌信天游，并达到了一定水准，以前唱歌只是学点皮毛。有意思的是，我第一次崭露头角是在饭桌上。我朋友多，聚会多，可我天生就不会喝酒。但我呢，觉得自己唱歌好，可以代替喝酒嘛！我无形中悟到了这一点。那是我们学校军训之后，校长答谢部队领导的一次晚餐会上。

武：当时是在哪个学校？

唐：银川市第五中学。那天，不知道哪儿来的勇气，我说我不会喝酒，我唱歌。一开始，部队领导不相信，说："你的歌就那么好听？"我说您先听我唱。结果，我刚唱两句，大家都使劲鼓掌，我就有自信了。结果，我们划拳比输赢，我输了就唱歌。

武：当时唱的是什么歌？

唐：《羊肚肚手巾三道道蓝》《满天星星》《三十里铺》……唱到最后，我自己都陶醉了，也喝醉了。这次呢，使我认识到自己唱歌还挺有水准的嘛。呵呵！之后又有一次，更让我增加了自信。那是2000年9月的一次朋友聚会，其中有位陕北人，知道我爱唱歌，非叫我唱一首歌。结果，我一唱，周围吃饭的人都跑来了，围在我们的半封闭小雅间外听歌。当时，在宁夏电视台经济频道工作的高武也在场，他惊讶地说："我在宁夏这么久，怎么就不知道有个叫唐祥的陕北民歌唱得这么好？我要给你拍个片子！"我没当真。可没过三天，高武打来电话说："唐老师，明天有一个摄制组要到你们银川五中给你拍片，请准备一份个人音乐方面的简历。"当时把我激动得啊！

武：这在你们学校也挺轰动的吧？

唐：对呀！第二天，宁夏电视台经济频道"经视人物专栏"摄制组的人带着摄像机等器材，开着一辆越野车，浩浩荡荡地来了。学校轰动了，校长也不知道怎么回事，其他人更好奇。摄制组的人先拍了我开门、查资料等镜头，然后开着车带我一起去了贺兰山。高武在山里寻找最佳位置，让我在这儿唱唱，在那里唱唱，最后拍了一个七分钟的专题片《一个爱唱陕北民歌的人——唐祥》。一播出，那个轰动啊！呵呵！高武还被中央电视台请去介绍片子是在哪里拍摄的，是哪个录影棚制作的，其实我们就是在我们银川附近的贺兰山苏峪口拍的。

武：苏峪口是国家森林公园，景色美，山峰高，有自然的回音，就像是在录影棚摄制的吧？

唐：（笑）是啊！电视传媒的力量真大，短片播出后，好多音乐家就在我不知道的情况下认识我啦！可以说在音乐方面有了一点声响。

武：对啊！也算是在公众面前正式亮相了。

唐：那时候是2001年，我就开始想要拜老师。当时有朋友推荐宁夏歌舞团的闫青霞老师，是唱花儿民歌的。可我当时已经四十多岁了，还有些拉不下面子，挺犹豫的。后来，又听说宁夏歌舞团的歌唱演员邓星明也了不得。这算是我开始知道了宁夏音乐界的两位老师。可心想我就是一个中学老师，和这个圈子不搭界。想拜师吧，又羞于出口，干脆先打电话联系吧！那一年，我家办了个农牧场，可还没有手机。朋友就借给我一个带线的手机，来到宁夏歌舞团门房，要了闫青霞和邓星明老师的电话号码。可闫青霞老师的电话没人接。又给邓星明老师家打电话，打通了。邓老师说，你到家里来吧。我特别紧张害怕，骑着摩托车，来老师家拜访。老师让我唱两句，我唱了《草原上升起不落的太阳》。邓老师说："你的嗓子比我高多了！"这是音乐家对我的鼓励啊！我就拜他为师。拜师后，邓老师推荐我参加2001年的西部十二省区民歌大赛。

武：那是不是在宁夏举办的"沙湖杯"花儿民歌大赛？

唐：对！就是"沙湖杯"民歌大赛。通过参加这次比赛，认识了好多人，陕北歌王罗胜军，还有其他省区的歌手，可激动了！我是一个新人，把别人都当明星一样看。我主动给大家照相，可兴奋了。我还拍了沙湖的沙雕，拍完后洗好照片，给别人一一相送，为的就是认识歌手们。从参加"沙湖杯"民歌大赛，我算正式登上了舞台。

武：在舞台上唱的什么歌？

唐：我当时还没有唱花儿，唱的是陕北民歌《这么好的妹妹》。我第一次登台唱歌，也没有演出服装，就花三十块钱租了一身衣服。台下都是专业歌手，我特别紧张。那天风也大，衣服被刮成这样（比画，衣襟翻了过来），可我还不知道。上去刚唱了两句，我还忘记歌词了。呵呵！

武：太紧张了。

唐：嗯。我作为一名业余歌手，第一次登上舞台，不紧张是不可能的。不过，我那次拿到了金奖。

武：啊？忘词了，还能拿到金奖？

唐：我是宁夏回族自治区选拔的嘛！之前，邓星明老师推荐我去宁夏群艺馆参加选拔，还说我比其他人水平高。我上去唱了一下，群艺馆的孙国权老师认为还不错，就让我参加比赛了。那次是十二省区嘛，平均给奖的。我骑摩托车抱着奖杯回来，不管咋样，那是我第一次得奖，很激动，也使我融入花儿歌手里面了。五六年之后，我又拿到金奖。宁夏文化馆的雷侃老师告诉我："唐老师啊，你都不知道那一次给我们丢的那个脸，上去之后，走不会走，唱两句忘词，衣服还刮成那样。我们都说：怎么会选你来？"呵呵！

武：后来又得了金奖？

唐：嗯。拿到了花儿大赛的金奖。这期间，我还参加过宁夏的花儿研讨会，认识了宁夏花儿研究前辈刘同生老师，我在这个圈子里也算是挂上号了。这下在学校也有影响了，有时被推荐参加教育部门的文艺演出。2003年有件大事，我记忆深刻。银川市教师会演，让我代表兴庆区演出。以前我也常参加教育系统会演，记得1992年银川市教育系统文艺会演中，我饰演的是京剧《沙家浜》中的刁德一，还获得二等奖呢。这次我就想唱陕北民歌，可那时没有乐队伴奏，我急需一个伴奏带。通过罗胜军知道陕北"黄土歌王"雷军那里有《天下黄河九十九道弯》的伴奏带。我立马就坐上长途班车去了，天寒地冻，路上特别危险。过了靖边到横山的路上都结冰了，车老是往下滑，我觉得这次完了……晚上12点才到横山。为了见雷军，还怕人家不给伴奏带，我带了二百斤大米，一袋五十斤，带了四袋放在班车上，那是我家农牧场自产的。一下车，雷军看我带了那么多大米，感动了，安顿我住下，当然也给了我伴奏带。可是，第二天大雪封山，我是21号出发的，学校把演出服都定做好了。就算封山了，无论如何我都要回去呀。22号走不了，我们唱了一晚上。23号天放晴了，我跟雷军说："不管怎么样，我都要走！"因为24号晚上，就要在银川人民会堂演出。雷军是工会主席，我请他帮我安排。

武：雷军是哪里的工会主席？

唐：横山县（现横山区）总工会主席。雷军是"黄土歌王"，1998年上过春晚呢！厉害得很！他的《走三边》很出名。（唱）"一道道水哟，一道道湾啊……"他一看我坚决要走，就找到一个老司机，先把我带出横山的冰雪路，花了一百八十块钱，当时带的五百块钱都快花完了。车把我送到靖边，我又搭了一辆大卡车，因为路面结冰，半路上不走了。只好又拦车，到23号晚上十点终于到了定边，花二十块钱，找个小旅店住下。一路上千辛万苦，终于在24号早上坐班车从盐池回到银川，准时参加了当天晚上人民会堂的演出。这是我学歌过程中，感觉命快丢了的一回。

武：唐老师真是执着啊！为了唱好一首歌，历经艰险，太感人了！

唐：不过，我越来越觉得，宁夏民歌中花儿是主流，我是宁夏人，要想在舞台上走得远，就应该唱花儿。

武：对呀！

唐：那时候开始，我有了唱宁夏民歌的意识和愿望。2004年5月参加了首届"小灵通杯"歌唱宁夏歌手大奖赛，演唱了一首宁夏民歌《牧羊哥哥上了山》还获得二等奖。从这个时候，我开始慢慢练习唱花儿民歌，先找来青海花儿歌手张存秀、索南孙斌的光碟跟着学。可是，一些青海方言听不懂。我就跑到大街上，找从青海来卖灵芝草药的人问：哎，这唱的啥？那唱的啥？有的他们也听不清楚。2004年到湖南卫视的一次演出，也促使我必须要学花儿。是大兵主持的叫《谁是英雄》栏目，要搞一期"陕北信天游之大比拼"，歌手现场直接唱，没有伴奏。这一次，可以说是我走到了中国的大舞台上。

武：那唐老师是怎么被湖南卫视发现的呢？

唐：是陕北歌王罗胜军给我提供的机会，我们是在宁夏"沙湖杯"比赛中认识的。他曾约我到陕北榆林去参加一个民歌培训班，在那里知道了雷军，才有了到横山拜访雷军的故事。2004年湖南卫视邀请了罗胜军，还有山西的石占民，都是实力派。本来还有阿宝、陕北歌王赵大地，这都是大腕啦。但是阿宝没去，到澳大利亚演出去了，赵大地也没来。摄制组在讨论人选时，考虑到"陕北信天游之大比拼"要是有其他省的歌手参加就丰富了。罗胜军就推荐说：宁夏唐祥唱得好。那天，我正上课着呢，湖南卫视电话来了。他们说：鉴于你是教师，我们特批你坐飞机来。哎哟，我那个高兴啊！我这是第一次坐着飞机去演出，太兴奋了！

武：在湖南卫视，唐老师唱的还是陕北民歌？比拼结果如何？

唐：对！唱的是陕北民歌。那一期，罗胜军是英雄。一共四个人唱，三男一女。这个节目播出以后，宁夏文化厅文艺处的贺亚平处长也关注到了。他问我，别人也问我："唐祥，你好不容易唱到湖南卫视，为什么不唱花儿呢？"我说不行，那个节目是"陕北信天游大比拼"。话虽如此，但我意识到，我必须学花儿。

武：那就是说，唐老师学花儿是从2004年开始的？现在刚好十年了。

唐：是的，十年了。我决心从唱信天游转到唱花儿。这时候，我在学校遇到一个知音，他是个体育教师，也是音乐迷，吹拉弹唱都会。我不识谱，到现在都不识谱。我唱，他伴奏，还给我评价，天天都评。

武：他是您演唱花儿的第一位观众。

唐：对！我的第一个观众，每首花儿都是他先听。结果呢，出现了一个走上花儿之路的机遇：2005年，宁夏党委宣传部搞了一次"宁夏文化北京行"活动，组织宁夏花儿演唱团体到清华、北大去宣讲宁夏文化、演唱花儿。前面提到的宁夏花儿学者刘同生老师就把我选上了。组织者还请了专业人士在北京给我们培训，系统地把花儿知识讲了一遍。那时候，我唱花儿才算入门。到北京后，我们到北京音乐学院、清华、北大都唱了花儿。我特别激动，我一个从宁夏大学毕业的农村孩子，能到清华、北大校园来，感觉就像在天上。

武：当时，好像是刘同生老师进行花儿讲座，你们在现场配合演唱？

唐：对，对！是在现场演唱的。

武：你们面对的是大学生吗？人多吗？

唐：在中央音乐学院听讲的是研究生。北京大学、清华大学有百十来个人听讲。2005年，我才四十八岁嘛，今年我都五十七岁了。那时候，能到这些名牌大学表演，太荣幸了！

武：的确很值得自豪！那后来呢？

唐：这时呢，宁夏歌舞团也正好到清华大学去参加国庆演出。我的老师宁夏歌舞团的邓星明，宁夏文化馆的孙国权老师，宁夏回族花儿歌手马生林（后被评为国家级非物质文化遗产传承人）、王德琴、李凤莲、马慧茹都来了，他们都是宁夏有名的花儿歌手。从这时候，就有了我和马生林的一段情感。我看老人的穿着太可怜，就给买了皮鞋、棉衣、棉裤，他很感动。回到宁夏后，我也一直对马生林挺好的。他家里没电视机，我就把我家里的电视机给了。他家里没有录像机，我还给买个录像机，还给老汉送了大米。我还有和马生林一起拍的合影照片呢。但那时候，我就没有想到拜师，其实我应该拜师的。不过，在大家眼里，马生林就是我的老师。

武：说到马生林老师，原生态的宁夏山花儿唱得真好！我是1999年7月到宁夏海原县拜访他的，看上去就是一位地道、朴实的农民，当时应该五十多快六十岁了，可唱起花儿来嗓子特别亮。和我一起去的几个日本朋友都惊讶得不得了，说就像是年轻女孩子的声音。

唐：是啊！我从马生林老师那里学到不少原生态的东西，刘同生老师教给我文学方面的花儿知识。通过参加北京之行活动，算是把花儿整个捋了一遍。

武：系统地学习了花儿的基础知识。

唐：对！花儿是啥？什么是洮岷花儿？什么是宁夏花儿？记得我们2004年在中央音乐学院，有研究生提问："宁夏花儿和河湟花儿究竟有啥区别？"我当时还不是很清楚。但是，我今天就能讲清楚。我们宁夏的六盘山花儿应该有两类：一类是地地道道从甘肃、青海传承过来的河湟花儿，是随着移民传来的，马生林原本就是东乡族，把东乡族花儿带来了；另一类是在河湟花儿的基础上，借鉴了陕北民歌的音乐元素，形成的一种四不像的花儿，青海人说不是花儿，宁夏人说是花儿。那为什么我们说是花儿呢？因为信天游的歌词不具备花儿歌词的格律，词格上不对。而我们唱的这些花儿，比如说《绿韭菜》《尕马儿令》，这里面已经有了完完全全的花儿歌曲的格律，我们宁夏花儿受到了陕北民歌的影响，这完全说得过去嘛。可以说，从那时起，我就算真正走到花儿的艺术殿堂中了。

武：哦。唐老师近些年好像年年都去青海参加花儿歌会？刚才看到你们的花儿教室的墙上，贴了很多青海花儿演唱会的海报，歌手照片里几乎都有唐老师。

唐：（笑）是的。我连续九年被邀请去青海参加西北五省区花儿大赛，也得过金奖。我年年都被邀请，也想让别人去，可人家那边还不干，说是（别人）没有我这个实力。另外，他们觉得我这个人没毛病，为人和气，比较谦虚，让干啥就干啥。也不计较演出费，不讲吃，不讲穿，啥都不讲。呵呵！连续九年的花儿会，才真的使我融入花儿圈子里了。现在，西北五省的花儿歌手情况我都清清楚楚。谁是什么程度，我都了如指掌。

武：唐老师不愧是教师，为人师表，待人真诚，谦虚和善，所以也受到青海花儿界朋友的欢迎。请再说说被朱仲禄大师收为关门弟子的事好吗？

唐：我到了青海，肯定是要拜访"花儿王"朱仲禄大师的。而朱老师也特别希望喜欢花儿的人去找他，让他见一见。2005年，我们第一次见面就谈得非常融洽。我去时买了些礼物，一看那个家里光景不行，临走时，就把身上带的钱都放下了。确实我的生活条件要比他好。到了2006年7月份，我又来青海参加西北五省区民歌大赛，得了金奖，到了西宁，我约了宁夏文化馆的孙国权老师又一次去朱仲禄老师家拜访。朱老这次呢，夸我有文化、有修养，还主动提出来："我愿意把你收为关门弟子。行不行？"哎哟，我一下子就蒙了。我本来只是打算拜访一下花儿前辈，至于拜师，完全没有思想准备。结果呢，孙国权老师就接话说："好啊，好啊！"然后，还没等我行拜师礼，老人家就送了我一本书，就是他的《爱情花儿》那本书，在扉页正儿八经写了："唐祥先生，我愿收你为关门弟子。"落款是"朱仲禄"，还盖了红印章。

武：哦？那本书在吗？让我们看看。

唐：（沮丧地）丢了。结果，送完书后，我和朱仲禄老师合影。我如获至宝，高兴得不行。我后来反复琢磨，才明白了老人的心思，为啥要在他的《爱情花儿》书上签字盖章呢？因为老人家心里知道收过关门弟子了，是怕后人不认，所以非要给我写字盖章证明。老人特别谦虚，在送给我的《青海花儿论集》上写了"祝愿您（称我这晚辈还是'您'）花儿艺术之树长青。唐祥留念。"我拿着朱老送我的两本书，宝贝似的。我当时就激动地对朱仲禄老师说："哎呀，应该给您拍个片子啊！"老人家也特别希望有电视台来拍他。

武：结果拍片子了吗？唐老师是不是想好了联系人？

唐：对呀！我一回到银川，就找了宁夏电视台的高武，把这事说了。高武也说：
"拍一个！"我就给高武拿去了有朱仲禄签名盖章的那本书。当时，有朋
友还提醒我："你得拍个照片留下。"哎呀，我说给高武没关系。同时，还
带了张君仁的《花儿王朱仲禄》那本书，都给高武了。高武也挺当回事，
他说，要是在宁夏拍，立刻就能拍。可是，要到青海呢，车马费啥的还需
要申请经费，比较麻烦，直到2007年还没有拍成。2007年7月，我又去青
海参加花儿大赛，地点不在西宁，我就给老人买了个皮夹夹（背心）、羊
皮裤子，我看家里穷嘛。托人都给带过去了，就没见上老人的面。高武这
边呢，拍片子的经费一直申请不下来，三弄两弄，一忙也就没拍成。没想到，
2007年12月22日，老人就去世了。

武：那太遗憾了。

唐：是啊！我一听到青海那边打来的电话，就连夜坐着火车上了西宁。一路上
就辗转反侧，想了很多悼念恩师的话，但当时没有写下来。第二天上午，
我来到朱仲禄老师家里，放了一千多块钱，表示了心意，人家里还招待我
吃了一碗粉汤。因为学校有事，我又连夜坐火车回到银川。在返回的火车
上，就把这些腹稿记在一个小本子上。一年后，青海征集纪念朱仲禄先生
的文章，我就把草稿拿出来，写了四首小诗寄过去，《群文天地》杂志就
在第一页上全部登载了。这都是我的真心话。其中第四首是《六盘山令·花
儿王走远了》："走了走了者，朱老师走远了；花儿的源泉水断了，花儿的
眼泪把心淹了……走了走了者，花儿园丁走远了；花园您精心浇灌了，花
儿的枝芽饱满了……走了走了者，花儿王走远了；遍地的花儿灿烂了，花
儿与少年更艳了……"

武：写得真不错！那唐老师计划给朱仲禄先生拍片子的事也成了永久的遗憾。

唐：可不是吗！朱仲禄先生去世了，片子拍不成了，我就去电视台找高武要资
料。谁知三本书就找回了两本，偏偏那本有朱老师题字的书怎么都找不到。

高武也奇怪，为什么就这本书不见了？就这样，把一个历史证据给丢掉了。不过，当时，青海文化馆的颜宗成馆长、李茂才老师陪着去的，孙国权老师也在场嘛，他们都是见证人，事实总归是事实。后来我才知道，在我之前，朱老师收了一位关门弟子，是土族歌手张朵儿，著名女高音歌唱家，国家一级演员。之后，又破例开了一次门，把我给收下了。

武：那唐老师真幸运，也是您的诚心及文化素养让朱老动了心，所以才又一次开门收徒的。

唐：在朱老家里，我们谈得非常投机。我说，《上去高山望平川》我是这样唱的，您看对不对（唱："哎……，你上去个高呀……山"），这样唱行不行？老人家说，按道理说，"上去高山望平川"我们都是这样唱的："哎……上去个高呀山"。我一听，还真是有区别。人家唱的是"哎……嗨……哎"，上滑音嘛。我是"哎……你……"。朱老说："你这个唱法是对的。因为花儿的每个第一句拉长音都是打招呼的意思。你打招呼跟对方说'哎……你'，可以是上扬，也可以是下拉。"朱老的教诲让我很受启发。只是，把他送我的书丢了，是永久的遗憾，那是我所有资料中最珍贵的，高武也非常非常难过。

武：说不定什么时候能找着呢。

唐：也对，说不定在旧书摊啊什么地方。所以，我现在总往旧书摊跑，说不定哪天就能找上这本书。不管咋样，朱仲禄大师金口开了，直接把我收为关门弟子，我在花儿界就有名分啦！呵呵！朱老的弟子里，有两个马俊，一个是东乡族马俊，一个是撒拉族马俊。还有张存秀、范晓蓉、华松兰、索南孙斌、张朵儿，我是最后一个，也是年龄最大的一个。他们都比我年轻嘛。呵呵！

武：祝贺唐老师！成为了朱仲禄大师的最后一位弟子，这可是我们宁夏花儿歌手中唯一的。那再请问您是从哪一年把花儿引入课堂的？

唐：2005年，我在银川五中王建民校长的建议下，开设了音乐欣赏课。因为校

卜　唐祥在演唱花儿
（本人供图）

长认为我是一个爱唱歌的人，那时就开始在全国演出了，原来教地理、历史、化学课，既是主课又是中考课，不方便请假外出。学校就照顾我当采购管后勤，再带个副课音乐欣赏课。当时，校长就意识到，应该把花儿引进来。但那时，花儿进校园还没形成气候，就先叫"音乐欣赏课"，让我愿意讲啥就讲啥。一开始，我就讲信天游呀，还有其他民歌。那花儿的爱情歌曲能不能教呢？开学时，我做了一次问卷调查，发了三百零三份问卷，收回三百零一份，设计了二十个问题。包括："你知道花儿吗？""你会唱花儿吗？""学校能不能教花儿？""花儿的爱情部分可不可以教？""教了花儿，怎么练习？"等等。其中，学生十个问题，家长十个问题。问卷收上来后，家长的肯定率为百分之九十二，学生的肯定率百分之九十四，比家长还高呢。于是，从2006年开始，我就偷偷摸摸在课堂上教花儿。真正的花儿进校园的机遇，是2007年武老师在宁夏高师培训中心举办的"宁夏首届中小学音乐骨干教师花儿培训班"。其实呀，我们宁夏的花儿进校园，功劳在武老师。

武：哪里，都是大家的功劳。当时，唐老师就是我们培训班的教员嘛。

唐：那时，武老师做的工作，现在想起来呀，真是令人感动。培训班请了不少宁夏的花儿歌手来教唱，我也是其中一位。正好青海的索南孙斌和卓玛来银川了，武老师一听到这个信息，赶紧说："索南孙斌能不能请来？"我就一个电话，又开车把他接过来了，给培训班的学员们演唱了青海花儿。人家唱得真好，我们比不上人家。

武：那次，让咱们宁夏的中小学音乐教师们开了眼界，知道了什么是地道的青海花儿。

唐：人家青海那种纯纯的花儿味道，的确使得培训班的师生们大开眼界。最值得称赞的就是花儿培训班的结业演出。对吧？武老师组织花儿培训班的学员到石嘴山大武口的厂矿、到驻宁部队（青铜峡坦克团）演唱花儿。第一呢，是对音乐教师花儿素质的一个测验。第二呢，展示了培训班的成果。从此以后呢，宁夏山川大地，花儿进校园蓬蓬勃勃开展起来。我们银川五中从2007年开始，正式把花儿纳入校本课程。到2008年，宁夏文化馆给我们颁发了非遗传承保护基地的牌子，2009年这项活动（非遗进校园）达到了高潮。2009年6月1日，我们银川五中在金凤区电影院举行了隆重的庆六一暨非遗保护传承基地揭牌仪式。我当时邀请了宁夏教育厅和文化厅的领导，还有宁夏文化馆的安宇歌老师、雷侃老师等几十位嘉宾出席。我们组织了一场盛大的花儿演出，全台节目都是由学生唱花儿，十六个节目。台下坐的是学生和我帮助培训的几期社区老太太花儿歌手，她们穿着演出服也来助兴。贺兰县的人大常委会领导，以及我的好多朋友也都来了，还有银川阳光那波里餐饮公司给我们送来两千元的贺礼，我们购置了教材。银川市文广局给我们赞助六千块钱的设备，以示祝贺。当时，我们的揭牌仪式很轰动。可是不久，银川五中就拆了。

武：什么？银川五中不存在了？

唐：嗯。"六一"活动结束，7月10日放假，银川五中就拆迁（撤并）了。

武：那后来唐老师又到哪个学校了？

唐：我先调到银川十二中，可是那里不开花儿课，我只好教地理。虽说银川五中学校散了，但我们的花儿扬名了！2009年10月，宁夏（回族自治区）成立五十周年庆典，有一个"千人漫花儿、万人升国旗"的大型文艺活动。银川回民中学接受了排练花儿方队的任务，他们就找到我，让我去回中给师生教唱花儿，还让我来领唱。

武：我们刚才在楼道的墙上，看到了唐老师穿着演出服在回中方队中领唱花儿的照片，场面挺宏大的。从那次活动后，唐老师就调到回民中学了吧？

唐：是的。费了好些周折，算是正式调到了回中。这里现在也是花儿非遗保护传承基地。

武：这下又有用武之地了。

唐：对呀！我们和宁夏文化馆商定，把原来银川五中的花儿保护传承基地移植到银川回民中学来了。

武：原来是这样。那宁夏的花儿保护传承基地一共有多少？包括中小学和大学。

唐：应该有十四五个吧。你们大学也是吧？

武：是的。北方民族大学、宁夏大学也都是花儿保护传承基地。每个传承基地每年能有多少补助经费？

唐：宁夏文化厅每年给两万元钱。但是，没有哪个学校像我们搞得这么实实在在的。

武：的确。你们的花儿教室建设得真不错！有专门的教学场地，现代化的音频和音像设备，前面是电子大屏幕，墙上布置有花儿歌词，还有西北花儿会的海报，气氛营造得很热烈。唐老师的讲桌上，准备了那么多的花儿教材和光碟，墙上还贴着课程表。看来，你们真是把花儿校本课程落到了实处。

唐：就是的！花儿课程排在课表里，一到时间，各班学生都来到花儿教室上课。你们刚才也看到了，我这里西北花儿名歌手的光碟都有，何清祥的、索南孙斌的、张存秀的……直接在大屏幕里播放出来，学生们跟着学，我在现场教。而有些学校只是把教师请去搞搞讲座，有的实际上并没有专人上课，有的学校还把我请去上课呢！

武：那唐老师从2005年到现在，在花儿课堂上一共教了多少学生？

唐：银川五中十二个班，每个班四十个人，一个年级四个班，（这几年下来）将近一千人。银川回中学生多，从2010年开始，四年时间，教了三千多人。两个学校加起来，还有其他的，一共五千多人吧！

武：唐老师真是名副其实的花儿传承人。尤其是教在校青少年，很有意义啊！

唐：是的。我们的花儿课程，每个班保证一周一次。每一学期，最多的班可以上到十五节课。

武：刚才，唐老师在花儿教室给学生们上课，我在后边参观时，这个班的班主任多莉老师也进来了。我问她："你们班的孩子们喜欢上花儿课吗？"多莉老师说："孩子们都特别喜欢上花儿课，我想占用一下上节自习课，学生们都不干！"请唐老师也说一下，学生们对花儿课的反应，还有自己的感悟。

唐：（欣慰地）学生们可爱上我的花儿课了，一到时间，都呼啦啦跑来了。音响一放，课堂也有气氛，学生们都喜欢。我多年的教学下来认为，我们要传承花儿文化，不是局限于会唱几首花儿。花儿是一个庞大的体系，包括生活的方方面面，被称为西北劳动人民的百科全书。从花儿的传承角度来说，教一首花儿，首先要从起源、渊源、流传区域入手，还要告诉学生，花儿为什么这样唱、它的变化等等。比如《下四川》这首花儿，我要找很多资料，先从朱仲禄先生唱的资料开始，再到其他人的变迁，最后是我自己唱的，还有合唱的光盘曲目等。总之，就像我在校报上发表的《心中的花儿唱不完》文章中写的：花儿进校园，就是要让花儿深入学生心中。我在教室里贴的海报，实际上就是为了激发学生们学花儿的兴趣，并不是为了显摆我自己。只有在他们心里撒下一粒种子，才有可能发芽生根。

武：说得真好！唐老师十年前从唱陕北民歌转到唱花儿，一路走来，收获多，感触也很多吧？

唐：是的。记得有一次参加宁夏的一个花儿座谈会，我发了个言，宁夏音乐界的一位专家说了一句话："我们首先要向中国的鲍罗丁①致敬。我还从来没有听谁把花儿介绍得这么透彻。我要向你学习！"这一番话，把我弄蒙了。这是说谁呢？身旁的刘同生老师说："说你呢！"鲍罗丁是谁？我也不知道。后来，看到了你们北方民族大学的一座雕像，这才知道了，原来鲍罗丁是俄罗斯的一位化学家，也是音乐家。就是说，人家是对我的褒扬，让我受宠若惊。

武：是赞誉唐老师从一位化学教师成为了花儿专家。十年了，唐老师一直执着地坚守在花儿传承第一线，精神可嘉！

唐：无论在歌坛上，还是花儿的研究领域，我之所以能够达到一定的境界，是这些年来跟西北各地的花儿歌手摸爬滚打的结果。如果只有理论，根本就不知道花儿歌坛的现状。近些年来，我跟各地三十个花儿歌王、歌后相识相知，每个人唱得怎么样、什么唱法、唱了什么、根基是什么，我都清清楚楚的。回顾唱花儿的历程，我挺欣慰的。通过唱花儿，我接触到很多人，也学到不少知识。2006年，有幸坐飞机跟着当时的宁夏回族自治区领导一行到福建、广州考察，我都是唱我们宁夏花儿。现在，银川这边的大学音乐教授也请我去，说我是宁夏的花儿歌唱家。呵呵！我可荣耀了！是陕北民歌让我从讲台走到舞台。其实，我从一个默默无闻的教师，成为还有些知名度的花儿歌手，并不是我个人的魅力，是花儿的魅力。实际上，我们宁夏的小燕子艺术团，已经唱着花儿上了春晚。我们回中的学生，上一节课也上宁夏电视台了。上上周，电视台来拍我，是中国都市文化交流，题目是《从一个化学老师到花儿歌王》。结果那个班才上了两节课，就被拍了片子，学生们可高兴了！

武：随着花儿成为"联合国人类非物质文化遗产代表作"即世界级非遗以来，

_____

① 亚历山大·鲍罗丁，俄国作曲家、化学家。

越来越被人们重视。唐老师又是花儿名人，这几年，电视台会经常来拍片子吧？

唐：是的。我现在已经不主动联系电视台了。前几年，香港阳光卫视来拍摄了《香港漫花儿歌集》，分为上下两集，各二十五分钟。人家拍得真是好，有花儿怎么走进校园等等，这个也成了我的教学片，现在开学讲课就放这个。今年（2014年）6月，咱们去青海开花儿研讨会，文化部有位领导说："你就是唐祥？我就是因为一个月前看了香港卫视的片子，才知道什么是花儿，什么是漫花儿。看过之后我才敢来参加这个会的。"那位领导还说，他是南方人，在这之前就不知道什么是花儿。

武：唐老师在花儿方面相当有知名度了。祝唐老师的花儿事业红红火火，祝校园花儿更加繁荣昌盛！

唐：谢谢！那我的花儿课就要开始了。

武：好啊！咱们一起去参观一下吧。（唐老师带笔者及研究生二人来到花儿教室，现场观摩了一节花儿课。）

武：唐老师，你们下课了，我们能访谈几位学生吗？

唐：行啊！其他同学可以走了，孔超越（班长）、杨洋、刘竞瑶、王雅、谢燕、丁丹妮，你们几位同学留一下，和武老师谈几句话。

┤ 银川回民中学花儿课堂的学生代表
（武宇林摄于2014年12月）

武：(向着几位学生) 你们好! 把大家留下来, 是想听听你们学花儿的感受。先请班长自我介绍一下吧。叫什么名字? 哪一年出生? 学习花儿多长时间?

孔：我叫孔超越, 出生于2000年12月26日, 今年十四岁, 学习花儿三个月了。

武：你对花儿的感受是什么?

孔：花儿曲调轻盈, 感觉喜悦, 有地方特色, 让人忍不住想听。

武：哦, 有地方特色, 忍不住想听。那花儿和你们平时听的流行歌曲有什么不一样吗?

孔：流行音乐速度快, 花儿速度慢, 花儿是方言, 主要是歌唱生活的。

武：对! 花儿贴近生活。很好! 请坐。其他同学想说吗?

杨：我叫杨洋, 出生于2001年10月18日。我对花儿很感兴趣。我从唱花儿的人那里, 能感觉到他们的淳朴。

武：说得真好! 感受很真切。说过的同学可以先走 了。(指另一位同学) 你也说说吧!

刘：好。我叫刘竞瑶, 出生于2002年2月27日。我学习花儿快四年了, 我从小学就开始学习花儿, 我是从回民小学毕业的, 那里也有花儿课。我觉得花儿和流行歌曲最大的不同是：普通流行歌曲比较快, 有节奏感, 唱的都是自编的, 还有想象；而花儿唱得声音淳厚, 也有方言, 而且唱的都比较真实, 唱的是生活。花儿体现生活的乐趣、悲哀, 很有学习的价值和意义。

武：你原来是在哪个小学?

刘：银川回民一小。

武：哦, 回民一小也是花儿传承基地, 你已经学习花儿四年了。是从几年级开始的?

刘：我们从三年级开始, 四、五、六年级都学。我还参加过花儿演出, 还做了演出服装呢。

武：那你这方面已经很有经验了, 到银川回中后又接着学习 (花儿)。那你到现在已经学习过哪些花儿?

刘：我学习过《绿韭菜》《上河里的鱼儿下河里来》《小哥你把远处的水烧着来喝》《白牡丹》……还有很多呢。我们小学老师还出了本书呢（《花儿校本课程教材》）。

武：你们小学老师是谁？

刘：是康冬青和杨娟老师。

武：哦，康冬青和杨娟老师，她们的花儿都唱得挺好的。那你今后还有什么打算？

刘：今后就是我们要把花儿学好，把花儿传承下去，不要让流行歌曲把花儿取代。

武：说得很好！（向其他几位同学）你们也说说吧！

王：我叫王雅，生于2001年12月24日，我个人比较喜欢花儿。唱花儿，又叫漫花儿。感觉以前的花儿，是男女之间表达爱意的方式，就是那种玲珑剔透的女孩子。那时候，女孩子不擅于表达自己的爱意，所以就唱歌。花儿就体现生活中处处的细腻，有体现那些农牧民生活疾苦的，有体现浓浓爱意的。我希望更多的人学习花儿，也要学习唐老师的那种执着精神。

武：说得对，唐老师对花儿的执着精神很值得同学们学习。好，再请一位同学接着说。

谢：我叫谢燕，出生于2001年5月12日。我在没有进回中之前，还没有亲身体会过花儿。进校后，我就渐渐地听到这种花儿。花儿很有民族特色，能够唱出农民的喜怒哀乐，特别真实。我对花儿也特别感兴趣，希望自己一直学下去，对花儿有更深的了解。

武：嗯，很好。请最后一名同学再说说吧！

丁：我叫丁丹妮，出生于2002年5月3日。我从小就喜欢唱歌，喜欢唱民歌。我觉得花儿每一句歌词，都表现出重要的意义，唱的是真实的事实。

武：那你家长呢？知道你在唱花儿吗？是什么态度呢？

丁：（笑）知道呢。我妈也喜欢唱民歌，她是西安人。我奶奶也会唱民歌，在家的时候还教我唱歌。我家人都喜欢民间音乐，都喜欢唱歌。

武：真不错！谢谢几位同学！

访谈（二）

被访谈者：唐祥（自治区级非物质文化遗产代表性传承人）

访 谈 者：武宇林

访谈时间：2021年1月30日

访谈地点：银川市

武：唐老师好！记得我和一位研究生去你们学校采访是2014年12月，又过去了
　　六年多，很想知道这期间您都有哪些花儿相关的活动？现在疫情又有所抬
　　头了，咱们就用微信访谈吧。

唐：好的。自从我步入花儿歌坛，这些年就从没有闲过，就算退休了也一直在
　　忙着唱花儿、讲花儿。

武：您是什么时候退休的？

唐：2017年4月。已经好几年了。呵呵！

武：哦。请唐老师大概说一下2015年以来每年主要的花儿活动。

唐：那先说2015年吧。这一年先后给银川市文广局群众艺术团、宁夏老干部艺
　　术团、宁夏艺术职业学院举办了几场花儿讲座，还给贺兰县九十多名文艺
　　骨干举办了三十课时的花儿培训班，还到重庆荷花中学举办了花儿讲座并
　　演唱花儿。

武：哇！光是讲花儿就有这么多活动。那唱花儿呢？

唐：2015年从4月开始，几乎每个月都有演唱花儿的活动。比如，在咱们宁夏出

| 2020年8月唐祥为固原花儿传承人培训班学员授课
（本人供图）

版的《中国花儿集萃》首发式上演唱花儿，为来宁夏的湖南韶山冲毛主席家乡的宾客演唱花儿，在银川市光明广场演唱花儿，在贺兰县文联"纪念毛主席延安文艺座谈会上的讲话"活动中演唱花儿，参加青海省西宁互助丹麻西北五省花儿演唱会四场，为宁夏武警总队八一建军节演唱花儿，在银川市兴庆区庆祝教师节文艺演出中演唱花儿，在中粮集团宁夏基地葡萄酒节文化活动中演唱花儿，为韩国学生访问团及沙特阿拉伯国际友人和马来西亚国际友人演唱花儿，在永宁县"全国普法日"文艺演出中演唱花儿，为银川市康泰医院年会演唱花儿，在贺兰县影视传媒协会年会演唱花儿。

武：唐老师太厉害了！从开春开始，直到年终，一年四季都在忙着唱花儿。不仅在宁夏各地唱，还到青海省去跨省演出，并且把花儿唱给了外地游客和外国宾客，把花儿传播得很远很远，太有意义了！

唐：这一年还有个值得一提的事，那就是我在2015年4月的青海省《群文天地》杂志上发表了论文《心中的花儿唱不完——浅说脚户令〈下四川〉的改编和传播》。

武：难能可贵。唐老师那么忙，还在坚持花儿的理论研究。那请再说说2016年吧。

唐：2016年从元月份就开始唱花儿和教花儿的活动了。1月主持了全国百位名家送春联活动并演唱花儿；3月为灵武市职教中心五十多名学生举办了为期一周的花儿培训班；4月去了内蒙古卓资山演唱花儿，参加了固原市精准扶贫专家行活动并演唱花儿；5月参加了中央电视台中文国际频道西班牙语花儿拍摄活动，为灵武市文化馆文艺骨干五十多人的花儿培训班讲课，还参加了灵武市职教中心花儿进校园文艺演出，与四十多名学生共同演唱花儿，还参加了银川三小非遗活动校园花儿演出；6月参加了非遗日银川玉皇阁的花儿演出活动；7月去青海省参加了西北五省花儿演唱会，还参加了贺兰县文联慰问灵武和盐池及平吉堡雷达部队的花儿演出、全国慈善扶贫认种枸杞活动的花儿演出；8月为宁夏灵武白芨滩国家沙漠公园开园活动演唱花儿，参加了全国文化馆馆长非遗展演出活动；9月参加了贺兰县如意湖中学庆祝教师节花儿演出；10月在全国汽车拉力赛颁奖晚会演唱花儿；11月和12月为文化和旅游部非遗人群花儿培训班五十多名花儿传承人讲课并在培训班结业演唱会上演唱花儿。

武：唐老师这一年太忙了，可以说月月唱花儿、讲花儿。只有二月份过年没有活动，几乎没有空闲的月份，有的月份还接连好几个活动呢。

唐：嗯。就是的。一年忙忙碌碌，月月都有活动。

武：那2017年呢？这一年退休了，是不是外出活动就更多了？

唐：对！这一年大大小小的活动有四十多个呢。也是从元月份开始，在中央电视台"吉祥中国2017"农民春晚永宁分会场演唱花儿，在红子鸽餐饮集团新年团拜会演唱花儿；3月参加花儿歌手海原采风活动，并在海原回民中学演唱花儿；5月去甘肃临夏参加了西北花儿名家演唱会等活动，给宁夏交通学校学生举办花儿讲座并演唱花儿，在宁夏晓鸣禽业阿拉善盟签约仪式上演唱花儿；6月敖包节为内蒙古阿拉善盟牧民演唱花儿，参加甘肃张家川县关山花儿演唱会；7月接受宁夏旅游广播电台采访并演唱花儿，参加青海省海东市花儿演唱会，参加盐池县花儿演唱会；8月参加贺兰县影视传媒协会稻渔空间花儿演出，参加青海省同仁市"纪念朱仲禄大师花儿演唱会"；9月先后参加了银川市实验小区、兴庆区回民小学、永宁县望远中心回民小学、银川三中、固原民族职业学院的非遗进校园活动，为师生授课及演唱花儿等，为阿根廷贵宾演唱花儿；10月到江苏南京栖霞社区演唱花儿，为来银川回中交流学习的韩国学生演唱花儿，为农业农村部兽药外资企业宁夏会议代表演唱花儿；11月到四川蒲江中国农业有机产品大会上演唱花儿，赴甘肃临夏参加花儿演出，到固原民族职业学院举办花儿培训班，为十二个幼教班五百余名学生授课；12月为固原民族职业学院毕业学生招聘会演唱花儿。

武：2017年又是忙碌而充实的一年，不光是去了宁夏海原县、固原市、盐池县和永宁县，还去了甘肃临夏、张家川县和青海同仁市，以及江苏南京和四川蒲江等地进行花儿演唱和讲座等传承活动。唐老师提到的南京栖霞社区经常去吗？

唐：对！南京栖霞区的郎诗社区是女儿家住的地方，经常去呢。

武：唐老师走到哪儿都不忘记弘扬花儿。真好！想必2018年也同样丰富多彩吧？

唐：是的。2018年1月主持贺兰丰登十里香餐馆开业仪式并演唱花儿，在贺兰县文联文化展示活动中演唱花儿；2月参加宁夏邮政速递公司文艺会演并辅导该公司员工演唱花儿，在宁夏文化馆大阅城非遗展示活动中演唱花儿；3月参加宁夏电视台交通音乐台花儿现场演播活动；4月参加银川市实验小学非遗进校园活动，为学生授课并演唱花儿；7月为宁夏邮政速递公司联谊会演唱花儿；8月参加山西朔州十六省区民歌展演活动，为湖南兽药企业联谊会演唱花儿，给全国文化系统艺术科研技术业务骨干和管理干部培训班讲授花儿；9月参加了银川市实验小学花儿传承教学活动；10月为银川回中迎接韩国学生观摩团演唱花儿；2018年12月至2019年1月给银川市非遗中心花儿爱好者讲授花儿。

武：唐老师太有知名度了！不仅应邀在教育和文化系统传承花儿，也应邀到企业及民间活动中演唱花儿，也说明花儿越来越被社会各界认可了。请唐老

⊥ 2020年8月唐祥代表宁夏在内蒙古呼伦贝尔大草原参加中国北方民歌那达慕展演活动（本人供图）

师再说说2019年的花儿传承情况吧。

唐：2019年的全年活动有三十多个，拣主要的说吧。1月参加了银川市文广局文化过大年开幕式演出；3月参加南京市栖霞区社区文艺活动并演唱花儿；5月应东方卫视"中国达人秀"节目组邀请录唱花儿，在茅台酒宁夏推介会演唱花儿；6月参加市银川市文广局非遗日西部影城演出，在内蒙古阿拉善苏木图嘎查举办花儿演唱会，参加甘肃岷县花儿研讨会并发表论文《心中的花儿唱不完——宁夏花儿〈绿韭菜〉的采集和传播》，举办银川五中花儿传承保护基地复牌仪式及花儿演唱会；7月主持宁夏大学化学系四十年毕业同学会并演唱花儿，参加宁夏声乐协会沙龙花儿演出，参加宁夏民协（民间文艺家协会）组织的《宁夏民歌》编撰花儿采风固原行活动并在梁家文化大院演唱花儿，在隆德六盘山长征纪念碑景点演唱花儿，陪同全国兽医病理学会专家固原行并演唱花儿；8月参加银川市金凤区三角公园花儿演出，与银川市文广局领导考察"山上人家"花儿大舞台事宜并演唱花儿；9月主持森林公园社区中秋联谊会并演唱花儿，录制自己填词改编的花儿《十朵莲花九朵开》，参加中国民协（民间文艺家协会）湖北武当山吕家河民歌演唱会，自筹资金6万元举办西部五省花儿名家宁夏行永宁站演唱会。另外，2019年到2020年，我先后收了几位花儿弟子：宁夏艺术学院毕业生杨雪，录音师李永斌，同心县的马瑞峰，甘肃临夏中学教师赵永山，北方民族大学毕业生吕涵韵。

武：真好！唐老师有花儿弟子了，可喜可贺！那2020年的情况呢？这一年可是有新冠肺炎的疫情呢。

唐：就是的。2020年前几个月因为疫情，基本上没啥活动。5月为宁夏旅游集团指导花儿大赛；6月到同心县组织开展高龄花儿传承人采访活动，为自治区文化馆全国公益云课堂进行花儿讲座；7月在银川市文化馆接受中央电视台纪录频道对宁夏小曲及花儿相关情况的采访；8月在固原市参加宁夏民协花儿培训活动，为五十多名花儿传承人进行花儿讲座，并参加了培训班在固原社区的花儿演出，在六盘山森林公园凉殿峡景区参加花儿演出，参加中国民协呼伦贝尔大草原民歌展演活动；9月到甘肃临夏演唱花儿，赴青海西宁研讨花儿，参加南京栖霞区朗诗社区庆中秋花儿演出；11月在闽宁镇棚湖湾演唱花儿，在金丰酒业推介会上演唱花儿，参加中国民协广东中山市第十二届中国民间文艺"山花奖"演艺活动，还组织完成了九万多字的《2020年全区花儿采风同心县花儿小调资料汇编》。

武：唐老师这些年来的花儿传承活动太精彩了！把花儿民歌唱到了各个学校、企事业单位、宁夏南部山区等市县，甚至甘肃省、青海省、内蒙古、南京市等地，还唱给了外国友人，把花儿的种子撒到了很多地方，真是名副其实的花儿传承人，为花儿民歌的传承作出了突出的贡献。

唐：哪里哪里！这都是我应该做的。

武：那今后唐老师还有什么打算吗？

唐：今后想完成宁夏文化馆的一个项目，也就是去年开始的同心县花儿的采风调研。这个活动历时四个半月，共采访了三十二名花儿歌手，采集到花儿小曲作品一千三百一十二首，经严格筛查，最终在资料中选用三百七十五首。说起这个活动，开始是我自己发起的，想对宁夏民间的一些高龄花儿歌手进行抢救性记录，就找了几个志同道合的花儿朋友一起做这个事。后来得到宁夏文化馆的认可和支持，并纳入馆里的项目。所以，我们现在是代表宁夏文化馆进行采风活动。打算今年完成另外四个地区传承人的采访活动，并且出书！下一步计划在六盘山、闽宁镇举办两场西北五省区花儿名家原生态花儿会，同时在闽宁镇举办花儿研讨会。这项活动已经得到文旅部非遗司原司长马胜德、青海省文化馆原馆长颜宗成、甘肃省花儿歌唱家何清祥等领导和众多花儿名家的支持。另外，还准备在闽宁镇红树莓基地筹建花儿展览馆和花儿传承基地！这些设想都还在洽谈和推进之中呢。

武：好啊！唐老师有好多推进花儿传承的宏伟设想呢。想必2021年又是不平凡的一年。祝唐老师牛年万事如意，心想事成！

唐：谢谢武老师！

⊥ 2020年11月宁夏代表队成员唐祥参加广东中山中国民间文艺"山花奖"演艺活动，表演"夯歌"节目

刺绣代表性传承人
李凤琴

　　李凤琴，1967年生，宁夏银川人，小学文化程度。2013年被认定为自治区级非物质文化遗产项目（刺绣）代表性传承人。

综　述

　　刺绣是我国的传统手工艺，在我国民间有两三千年的发展历史。刺绣兼具实用性和装饰性，不仅可以使织品更结实耐用，而且大大增加了织物的美观度。刺绣图案多半与民间生活的风俗、时尚相关，承载着中华民族朴素的审美取向和美好的生活愿景，具有独特的文化传统和象征意义。在我国西北地区，刺绣形成了该地区独有的豪爽大方、鲜艳跳跃的地方特色，而作为西北地区诸多刺绣女性之一的李凤琴，正是一位佼佼者。

　　李凤琴于1967年出生于甘肃省庆阳市镇原县，是家里三个子女中最小的。庆阳地区具有悠久的刺绣传统，在李凤琴的记忆中，儿时村里家家户户的妇女都会刺绣，她的外婆、母亲、舅妈都是刺绣好手，母亲还是村里有名的裁缝。外婆去世后，母亲就靠给人缝制嫁妆及刺绣等手工活计，把两个弟弟拉扯大，养活了全家人。李凤琴就在这样具有浓厚刺绣文化氛围的家庭中长大，从小耳濡目染母亲的刺绣手艺。

　　李凤琴的母亲擅长滚针绣，这种绣法常适用于花朵叶脉、动物毛发等图案，能突出绣品的自然形态。母亲时常给李凤琴缝制鞋垫、袜子，所绣的梅花、蝴蝶等图案皆栩栩如生。李凤琴从母亲那里学得了滚针绣的技艺后，对刺绣充满了浓厚兴趣。到了十几岁，她开始跟着村里的婶婶学习刺绣的其他针法技巧。面对错综复杂的走针穿线，李凤琴一看就懂、一学就会，可谓极具天赋。十七岁时，李凤琴给哥哥的孩子绣了个老虎枕头，得到了全家人的喜爱和称赞，在村里也逐渐有了名气。十八九岁时，李凤琴就已经能够在市场上出售自己的绣品，并以此补贴家用。可见其刺绣技艺已具有一定的水平和特色。

结婚以后，李凤琴一边和丈夫耕种家中的田地，一边持续缝制绣品出售。有一年山区遭遇了干旱，颗粒无收，李凤琴和丈夫就决定离开老家，前往宁夏银川打工，以谋求其他生计。打工的同时，李凤琴继续缝制鞋垫等绣品拿到商城出售，可惜销量并不如愿，李凤琴便放弃了以绣品补贴家用的念头。过了两年，李凤琴得知老家有人因为擅长刺绣而参加了庆阳香包节，对此颇为动心，重拾了对刺绣的信心。

李凤琴四处寻找关于刺绣的花样图案，终于在一本介绍古代花卉图案的书中确定了自己想要的花样。李凤琴找人帮忙把书上的图案喷绘出来后，自己再用复写纸把图案描到布料上，然后一针一线地绣制出来，这便是李凤琴刺绣代表作《梅兰竹菊》的诞生。李凤琴和丈夫一致认为，这才是她真正可称得上"作品"的处女作。从此以后，李凤琴又陆续绣制了《春夏秋冬》《昭君出塞》《八仙过海》等传统题材的作品，也创作了《万家乐》《欢度国庆》等当下时兴的刺绣作品。她还尝试在传统图案上加入新的元素，如太阳神岩画、中国柱、月亮门等，并缝制成香包挂件等用以参展和销售。

┤ 李凤琴刺绣作品·挂件

（本人供图）

├ 李凤琴潜心刺绣
（本人供图）

后来，一次偶然的机会，李凤琴在电视上看到了宁夏刺绣名人赵桂琴老师的节目，几经辗转终于得以联系。当时已是刺绣名家的赵桂琴和李凤琴一见如故，二人互相帮衬绣制作品、一起参展站台，结下了深厚的友谊。通过赵桂琴的引荐，李凤琴参加了大大小小的民俗文化活动，所绣的作品也得到了更广泛的认可和称赞。在一次非遗展示活动中，李凤琴结识了宁夏的"口弦皇后"安宇歌，在安老师的鼓励下，李凤琴提交了申报银川市非遗传承人的申请，从此加入了刺绣非遗传承人的行列。

通过自身的刺绣技艺，李凤琴不仅为刺绣的推广传承作出了卓越的贡献，更是借此一次次实现着自身的人生价值。2008年，李凤琴绣制的《三八快乐》作品在西夏区手工艺术作品展中荣获二等奖；2010年，李凤琴被认定为银川市级非物质文化遗产刺绣代表性传承人；2013年，李凤琴被认定为自治区级非物质文化遗产刺绣代表性传承人；2016年，在银川"一带一路"文化艺术博览会上，李凤琴荣获优秀非遗项目奖；2017年获第六届北京国际旅游商品及装备博览会"优秀旅游商品奖"。除此以外，李凤琴还参加了深圳文博会、上海世博会，以及西北五省非遗博览会，向更多的人介绍和宣传了刺绣。

2016年，李凤琴收到镇北堡西部影视城的邀请，正式入驻了影视城的民俗文化街，在这里开起了自己的工作室。由于来者多是影视城的游客，李凤琴的创作重点都放在游客易携带、愿购买的小型文创绣品上，比如香包、袜子、挂件、头花等，还有儿童的虎头帽、虎面肚兜等。李凤琴对自己的作品要求极高，当她琢磨刺绣技巧时，往往顾不上家里的事，一心就想着要绣出完美的图案。其中李凤琴最拿手的老虎，无论是虎头枕、老虎香包这样立体的绣品，还是威风凛凛的老虎挂画，李凤琴都手到擒来。特别是在虎年，这些老虎绣品受到了广大游客的青睐。

　　如今李凤琴还肩负着农村妇女刺绣技艺培训的工作。李凤琴认为，再简单的刺绣图案都需要两三个小时的久坐和专注，如果培训的内容不能变现，那么对这些农村妇女而言，这些时间和精力就浪费了。因此，李凤琴专挑一些好上手、有用处的布艺作品来教学员们缝制，希望她们的所学都能派上用场。李凤琴希望将来能有一个真正的刺绣培训基地，能把自己的刺绣技艺手把手地教给学员们。在传承西北刺绣的同时，也能让这些人通过一技之长走上脱贫致富的道路。

访　谈

被访谈者：李凤琴（自治区级非物质文化遗产代表性传承人）

访 谈 者：武宇林、杜丹

访谈时间：2022年1月4日

访谈地点：银川市漫葡小镇民俗文化街贺兰石工艺店

访谈录音：杜丹

访谈整理：杜丹、武宇林

综述撰写：杜丹、武宇林

武：李老师好！今天挺冷的，还麻烦您来到任振斌老师的店里，一并接受我们
　　的采访。

李：（爽朗地）没事的。这样你们也就不用再跑到影视城我那个店了。

武：好的。谢谢了！请问李老师是哪一年出生的？

李：我是1967年出生的。

武：看上去好年轻啊！性格真好。您出生在哪儿？老家是？

李：我老家是甘肃庆阳的，镇原县中原乡，我就出生在那里。我们老家人都爱
　　做这个刺绣嘛。

武：甘肃庆阳的刺绣是很有名的。那您父母那时候都是做什么的？

李：父母都在农村，我们是农民。我娘家在一个小山区，跟平原上的人不在
　　一起。那个时候，女人都爱纳个鞋底，有九针的、有方块的，还有梅花

的，我对这些花花的鞋底针法特别喜欢。我们村上一个女人比我大，不知道谁给她姐姐教的纳九针的鞋垫，还有十字绣的那种鞋垫，可好看了。那个时候也可怜，都是用尺子一个一个地先打好格子，然后再做十字绣，不像现在直接可以用那种十字绣布。我小小的时候就喜欢这些。当时我就去要人家的鞋垫，人家也给我看怎么绣，但人家比我大，不爱和我说啥。不过，我脑子灵，一看就会。一看她这个针法咋走，我就会了，纳了好几双鞋垫呢。

武：那时候您多大？

李：那个时候好像十五六岁吧。

武：当姑娘的时候，村里那些婶婶、大妈、姐姐都会刺绣吗？

李：（肯定地）对！那个时候人们的穿戴全部都是手工做的嘛。我妈是裁缝，还给我做布袜子，城里人穿洋袜子（尼龙袜子）。那个时候布袜子要有后跟的，要不然袜子穿上它就溜得很。我妈就给我画个小梅花呀、蝴蝶呀，让我绣袜子后跟，也都绣的是滚针绣。不过那时候，我妈又顾不上注意我，不管绣得好不好，做成就行了。

武：妈妈是个裁缝，肯定也会绣花，手很巧。妈妈又是跟谁学的？

李：是的。我妈会绣花，是跟我外婆，还跟我舅母学的。我舅母的花也绣得好，绣的那个枕头顶子我见过。我妈说我外婆那个时候，我外爷去世得早，我妈拉扯我两个舅舅，一家加上我妈三个人主要是依靠手工活维持生活。

武：当年做针线、绣花还能维持生活？

李：对对对！那个时候就给人家做个嫁妆、做个小娃娃肚兜这些，但也不能靠这个赚钱，就是给人家做个啥，换点米换点面，这是我听我妈说的。我舅舅家是地主成分，刚解放时，娘家把财产给分了，这不就没办法生活了吗？所以就给人家做点这个、做点那个，靠做些手工维持生活。

武：哦。当时靠这个刺绣手艺还维持了生活，把两个弟弟也都拉扯大了。

李：对。后来我妈结婚了，就只给自己做，不再给别人做嫁妆了。那时候包产到户，也就没时间做了。不像我外婆那时候，是大家闺秀，也有时间做。家里还雇着做活的人，外婆就没有太多家事，有时间就学着绣花。等到我妈结婚的时候，解放了，开始吃大锅饭了，没时间做了。

武：那您最早也看过妈妈绣花吗？

李：对。那个时候我妈就给我绣，她给我教滚针绣，绣袜子后跟，再就是掇绣。

武：您做刺绣有多少年了？

李：（微笑）我正儿八经地做刺绣是从十八岁开始的，1985年结婚以后开始做刺绣，还在街道上卖过，那时候已经开放市场了。

武：当时有人买您的绣品吗？

李：（喜悦地）有呢！我记得十七岁的时候，给我哥哥的孩子做了个老虎枕头，他们都特别喜欢。我十八岁结婚的，那时候农村结婚也早嘛，我有空就会做一些刺绣。当时一看到别人做的那些刺绣，就喜欢得不得了。我有个婶婶会刺绣，我就请她教我做。我结婚第二年就生孩子了，到第三年，儿子才刚会跑，我就想给孩子做个什么，就在我儿子穿的衣服的两个肩膀上，钉两个扣子一扣，还想做个花花子。后来，别人给我画了个鸳鸯，那时候我还不会绣（鸳鸯），才开始学那个滚针绣。（拿出手机，找出图案）我给你们看，它这个针法就叫滚针绣。

武：这是谁的作品？

李：这个我不知道。不过，这个枕头顶子的那个杆儿的绣法就叫滚针绣。我当时就把那个鸳鸯照这个线路（绣法）做出来了，我挺满意的。我婶婶也说，师傅画图画得好，你这个针法做得还好。我说："那做完这个再做个啥？"婶婶说："那你再粘个鞋垫，你去做去。"这就慢慢地学着做。

武：您老家是在甘肃那边，怎么又到了宁夏？

李：是因为家乡那一年天旱，家里没有收成。所以我和老公就到宁夏来打工了。那年我们把地包给别人了，就一心想出去。

武：那时候您多大？

李：那个时候二十多岁，我们孩子两岁多了。

武：您跟丈夫结婚也是在甘肃？

李：是的。结婚是在甘肃庆阳，一直到孩子两岁。那时候我就跟着婶婶做刺绣。婶婶让我做鞋垫，先给我画好，我就做上。我们村上好几个人都是会绣花的，但是没有我那个婶婶做得好。有人问我，你这媳妇绣的花这么好看，能卖吗？那个时候，街上已经有市场了，在市场可以把自家的农产品拿去卖。我说那我试试，一下子粘了五双鞋垫，拿去请我婶婶给我画上图，结果我做成之后，一天就卖完了。

武：那时候一双鞋垫卖多少钱？

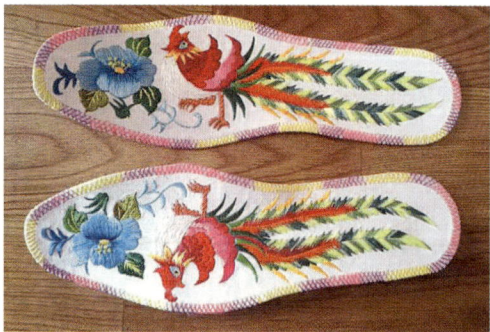

┤ 李凤琴刺绣作品·鞋垫《锦鸡·花卉》
（本人供图）

李：三块钱。我当时就想不通，我做的针线活居然还能卖钱？然后我想，不能光卖鞋垫，还可以卖点儿和绣花相关的东西。我就想到绣线，我知道线是从哪儿来的后，就找到卖毛线的地方去买了些绣花的线，有一种细线，叫"膨体纱线"。

武：膨体纱，见过，就像是细毛线，流行过一阵。

李：我买了些有点粗的线，绣花也快，就把这个绣花的线也带上卖。有人说，你这线太粗了。我说，你稍微把毛毛撕一下，捻一下就能穿过去针了。别人一试还真是这样，就愿意来我这里来买绣线。那时候，人们都开始做鞋垫了，我是又做绣花鞋垫又卖绣线。后来又想着做个老虎枕头，也拿出去卖。我做了三个老虎枕头，人家都说，这媳妇老虎枕头做得这么漂亮。我的老虎枕头本来样子就特别漂亮嘛。呵呵！老虎枕头做成了之后，我们村上的人就都来要样子，到现在我们村上还有人在做老虎枕头。后来有一年我回去，看到别人做的老虎，还是我的样子。

武：是您当年留下来的？

李：呵呵！就是的。当时我想找老虎枕头的那个样样，因为好像在哪里见过。但是问人家要，人家没给。我就自己剪了一个，想着人家那个样子，剪了两天，总算是把那个样子剪成，也做成功了。

杜：我好像在您的朋友圈里看到过。

李：哦？朋友圈里面有吗？有时候我就忘了。

武：老虎枕头挺难做吧？要把它拼起来、合起来，还是立体的，需要事先好好设计。那您的刺绣品后来卖得怎么样？

李：我们老家人就时兴这个刺绣，我跟老公一边打工，一边在家里面做一些刺绣鞋垫，还拿到商城里去卖过。结果卖得不是很好，就再没做。撂了两年，我们老家里有人做刺绣香包，人家比我做得迟，但是都参加香包节了。

武：庆阳的香包特别有名。

李：对啊！我看了人家绣的香包，那个时候我还没见过墙上可以挂这种东西。人家拿来我一看，做得这么好。回家之后我就想，我就只能做个鞋垫，人家做得这么漂亮，我也要换个大图绣！就在银川到处找图样，还买了几本书，上面有老花样子，传统的书，那种古老的。我记得有梅兰竹菊图，就想着怎么能把这个画下来呢？我有个小奶奶会做装裱，就请她给我想办法把这个图画下来。因为我不会画，对美术一点都不懂。

武：那您上过学没有？

李：我就念了个二年级。我们那个时候念书比较可怜。娘家是山区，上去一道坡，坡上还要走一条岭，岭过去还要走好远好远，走到学校就太远了，也就不念书了。当时，我妈骂得不行，因为我哥哥没有伴了，也念不成书了，以前我们早上一起走。我记得有一次天很黑，我一个人在雪地上爬。

武：姊妹几个？

李：姊妹三个，我姐结婚了，我哥上初中，我不念书他也就没伴了。我最小，没上成学。我妈骂我："你不念书，以后别后悔。"我说："我不怪你。"我妈还说："别人都念不起书，我叫你念书你还不念！"我没有念书，是因为一个人害怕，有时候一个人爬一道岭，山里是有狼的，就算没把人冻坏，也会把人吓坏的。山上有三十几个娃娃，都叫着一起走，有时会等一等，跟着撵上也就走了。有一天，是我妈听岔了还是咋回事，我出去一个人都没有，还以为人家都走了。我想我妈肯定是睡梦中惊醒，听见有人叫着走呢。因为父母为两个学生娃娃起床上学担心，老惦记着，晚上就操心这个事。结果，我妈一叫，我就起来了，我想是不是因为我哥走了，人家就不带我了。

武：当时住在山区，上学条件也太差了。但并没有影响您以后搞刺绣，后来还来到银川发展了。当您一看到家乡庆阳人做的香包，就受到启发了？

杜：（笑）对啊！我先买了一本梅兰竹菊的图样子书，可是这个图弄不到布上去嘛。我找了那个小奶奶，她在广告公司工作。结果她把这个布给我喷成图，然后拿复写纸印在上面。我拿回家，买了一沓复写纸，在纸上把复写纸铺满，再把布压上去，一笔一笔照这个图描下来，我那个老虎也是这么做的。

武：《梅兰竹菊》作品绣成了？

李：（欣喜地）绣成了！我老公说，这是我的处女作。有天晚上看电视剧，有人说那个电视剧是处女作。我问老公："处女作是什么？"我老公说："就是第一个，《梅兰竹菊》就是你的处女作。"这就是我的第一幅作品。

武：那后来呢？请接着说。

李：后来，我又绣了一幅《昭君出塞》，还有《八仙过海》。有一次，李夏音还买了我的两个《如意》。我特别喜欢做如意的东西，李夏英就喜欢我那个如意，说是我这个如意真做得不错。

武：李夏音也是自治区级非遗传承人，也算是刺绣高手了，愿意买您的东西，说明您绣得确实不错。

李：我在《如意》上面有的还绣个月亮门，有的绣上贺兰山的太阳神岩画。这都是我自己设计、自己制作的。

武：您现在会设计了吗？

李：我现在设计的也就是这几个小花花，像那个影视城的月亮门是我自己设计的。为了绣这个小东西，绣了十几天呢。我还特别喜欢绣《中国柱》，这个图也绣了十几天。绣了拆，拆了绣，针法用不对，就做不出来那种效果。我慢慢做，才摸索出了这个效果，感觉还挺不错。像我们做这些东西，首先自己要能看得过，你自己都看不过，别人也看不过呀。对吧？我前些年跟老公出来打工，搞装修贴瓷砖，我老公要是贴得不好，我必须让他贴好。我这个人不喜欢受气，我可不喜欢前面干完了，后面人家来叨叨我。我给你把活干好，你要叨叨我就发火，我就是这么个人，就是这么个性子，这么直。呵呵！不管别人怎么样，我把我该做的做好就行了。

武：做事一丝不苟，挺好的呀。那您是什么时候评上传承人的？是文化馆的人发现的吗？

李：是这样的。有一次，我在电视上看到了赵桂琴的刺绣电视直播。心想，妈哟，这个人名气咋这么大？还能上电视！我就觉得她肯定花绣得好得很。我很想见这个人，这咋办呢？回家就想着，每天都看这个电视，最后在那个角落，终于看到一个电话，就给电视台打过去。那时候的人真好，电视台的人说：我们是这个（某某）节目的主持人，不是那个（赵桂琴）节目的主持人，但可以给你介绍一个人。那个主持人说是没有赵桂琴的电话，但还是想办法给我问来了赵桂琴的电话。我就给赵桂琴打电话说："我在电视上看见你刺绣了，特别喜欢。因为我也喜欢做这些东西，咱们两人是不是认识一下？"两人互相留了电话，她说有时间来银川了见面，那时候赵桂琴已经到影视城开店了。可是，后来我换了手机，电话号码丢了，就没办法联系了。三年后，赵桂琴给我打来电话，说是好长时间没联系了，她有个展览，让我过来给她凑个人气，咱们两人见个面，我把做的东西拿去给她看一下。我就去了，做了个猴子拿过去给人看。赵老师说："你这猴子做得真不错，以后有啥事联系你。"没想到人家给我打电话。又过了一年多，赵老师说有几幅作品，我帮她做一下，咱们宁夏景点的一个图案。我就帮她做了十幅，都是小作品。

武：就是说，赵老师的活很多，自己做不完，请您帮着做？

李：就是，做不完，我帮她做了。后来，她说有个展览，我就去了镇北堡影视城，还带了十几幅作品。当时，有几个记者看了，说是我这作品做得很好。那以后，我们两个就慢慢开始来往，她有个啥事，我给她做。她还说："我这儿有个店，你有作品了就拿来，挂到这儿，我给你卖。"我绣了一幅《花开富贵》，她帮我卖了五百块钱。后来有一次也是搞活动，人家还通知我参加，两人互相就这么帮衬着，关系也就慢慢地更好了。有一次文化城搞活动，她也叫着我，一天还补助一百块钱呢。那时候，我认识了宁夏文化馆的安宇歌老师，她说我刺绣做得也好，赶紧报个传承人吧。我说那行，我又不懂，这传承人是个做啥的。她说我给你操心，找人帮我申请了传承人。好像是2013年第三批的。文化馆还叫我参加深圳文博会、上海世博会，是同一年。

武：真好！就因为绣花，还有幸参加了深圳文博会、上海世博会。当时是第一次坐飞机走那么远吧？

李：（兴奋地）对！是第一次。我这辈子最感谢的人就是安宇歌和赵桂琴，这两人给了我人生最大的帮助。不管你干啥，后面得有人把你帮一下吧。赵老师只要张嘴，我能帮就尽量地帮。赵老师也说：你要有啥事，我能帮也帮你。有一次赵老师搞一个培训，请我帮忙，她把人安排好就走了，我就帮她完成了这个培训。

武：说明赵老师对您很信任。

李：只要我愿意干，就能吃苦。王淑萍你们知道吗？她在盐池也开了一个刺绣班，叫我帮她培训，让我教学员绣动物图案的鞋垫。因为我们这个圈子里，大家都说我动物的毛绣得特别好。她说："我就看上你绣的老虎，你绣的动物的这些毛，一根一根的，能体现出来动物毛的质感。"我做出来的就是有毛乎乎的感觉。

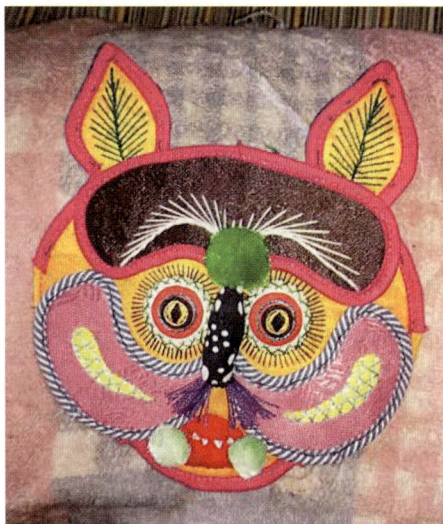

┠ 李凤琴刺绣作品·虎头挂件
（本人供图）

杜：我想问一下李老师，您觉得自己的刺绣作品里，最满意的、最有特色的是哪个作品？

李：我感觉就是那个老虎的刺绣图案，我自己也满意，也是我最拿手的。我们圈子里的李夏英、王淑萍、赵桂琴她们对我的老虎刺绣评价都很高，说是做得活灵活现。

武：能得到同行的认可，不简单。还应邀去盐池县的刺绣培训班，教授了动物绣法。那您帮赵桂琴老师在银川培训刺绣学员，参加那个班的有多少人？

李：五十个人。

武：赵桂琴和王淑萍都是自治区级非遗传承人，您一直在帮她们培训农村妇女吗？

李：（自豪地）对对对！

武：那么，您现在有自己的门店吗？

李：有呢！我的店在镇北堡西部影城，跟任振斌老师的年画店都在一条街上呢。

武：哦。您是什么时候开始搞的这个店？

李：2013年，我们在影城参加西北五省区非遗博览会。后来，影城招人，有人给我打了电话，我就报名去影城干这个。我想赵老师能卖，我应该也是可以的。可是我觉得跟赵老师放到一起应该不行吧？工作人员说，你们两个没在一条街上，虽然都在影城，但是两个人互相不影响。我说不影响就可以，2016年进入影城开店的。

武：到现在也有五六年了，生意怎么样？运营情况还好吗？

李：运营情况还好。但是去年到今年因为疫情，游客少了。

武：您的产品种类主要都有哪些？

李：我主要做点小东西。今年主要做小挂件，因为大作品好像走不动。就做些小东西，人家过来旅游，买个小东西留个纪念嘛。

武：绣花鞋垫还卖吗？

李：鞋垫好像买的人少，挂件多，主要以挂件为主。

武：在旅游景区买东西的话，如果太大，人家没法拿吧？

李：那也是可以拿的。有的人要镜框，那就带上。假如不带框子的话，就用布直接一卷，一个软裱就拿走了。

武：原来可以这样啊。游客多吗？

李：今年不多，也没赚上钱，就是混个生活。我们买卖的旺季就是假期，学生放暑假是最好的时候。结果刚卖了十来天，疫情就来了，街上就没人了，生意也就不好了。一直到国庆节期间，心想着又有人了。结果国庆节才过了四天就没人了，然后又是疫情。

武：疫情也是没办法的事。那今后有什么想法？收徒弟了吗？

李：徒弟有呢，可都是上班的，还没有真正跟着学的。因为我们这个不太好办，开着店，是把人家当个店员呢还是当个学徒呢？

武：那倒也是。

李：因为没有地方，要收学徒得正儿八经有地方。要叫我自己弄个学徒店，房租费很高的，再加上其他各种费用，我还没有那么大的能力。

武：影城那个房子每年需要交多少钱？

李：一年租金一万八千元。不按面积，就看卖的东西多少。这两年从大前年到今年，我们都只能维持生活，全部都是。今年就赚了两万块钱，交房租得一万八，是不是维持生活都难？

武：确实很难。只能希望疫情早日结束了。

李：今年我们这两万块钱都给儿子装修房子了。我这两天都没有钱交房租，连暖气费现在都没钱交。

武：您有几个孩子？

李：有两个男孩。大儿子娶了媳妇，今年又生了孩子，我都没有钱给，媳妇肯定不高兴。

武：真不容易。那李老师觉得搞刺绣对孩子教育、对改善家庭生活有帮助吗？

李：对改善家庭生活还是有帮助的。对孩子的教育嘛，好像帮助不太大。做刺绣很费时间的，一天到晚都不得闲，也没有时间教育孩子。媳妇让我一个礼拜休息上一天。我说哪有时间呢？就趁这个时间赶紧做点针线活，一到假期，就要想挣钱的事了。每天我老公做饭、洗碗，我也不管，就做针线。这两天做了一些头花、胸花这些能卖的小东西，家里事就不管了。

杜：今年元旦这段时间游客咋样？

李：我们小儿子那天帮我开店，总算卖了一百多块钱。他过几天要走南方去打工，我就叫他赶紧去看店，叫他爸再做点头花，我老公也会做呢。他能给我裁个布，做点简单的。因为前几天金凤区有个文化部门要我下乡给移民培训刺绣，我就去给培训了十节课。

武：有多少人参加培训？

李：只有十几个人。现在要是听说发东西，就有人来。要说是来学手工，就没人来，还得给人家送点东西哄着来学。

武：您主要给学员都教啥？怎么教？

李：因为一节课只有两个小时，我就教些布艺，做个手机包、钥匙包，做个头花花。做这些小布艺的刺绣特别慢，像一个小花花，没有两三个小时绣不出来。而且学刺绣还需要先学习基本针法，所以只能先给她们教简单的布艺。如果两个小时就在布片上绣个小花花，那人家拿回去就成了垃圾了。所以，上课的时候，要做个手机包，学员还觉得有收获。我是希望给每个村都通知到，找老师给大家把这些手工教会，每年再搞一个比赛。要想着让农民富裕，必须得这么做。要是一比赛，村上肯定要抓。我给金凤区文化部门的主任也说了，让村上女性都来参加培训，每年开展比赛评奖。还要考虑这些绣品的销售渠道，跟商场的人联系，免费给农民一个摊位，叫他们至少能有些收入。这样的话，我们这些传承人也就有用了，希望村里抢着让我们去给妇女培训，传承人也就忙起来了。我提的这个建议还行吧？

杜：能让农民见到实惠确实拿到钱，才愿意去好好学、好好做。

李：说实话，没有人来学，我们心里也不好受。真的。国家叫我们下去培训，看到人来得多了，感觉心情还好一点。没人来，就感觉心里不是个滋味。我们还拿了人家给的讲课费，心里很不过意。

武：李老师作为传承人，还是很有责任心的。

李：记得有一次我下去搞培训，一个月时间，我把一个放羊的女人都教会了。你们信不信？大家都说："你居然能把这样的人都教会？"人们总觉得放羊的人，天天在外面跑，静不下来，也没有做针线的思路。但我就是能教会，只要大家好好地学，我就会好好地教。

武：李老师经常下乡培训，都有经验了，可以根据时间长短，确定刺绣课的教学内容？

李：嗯。就是的。我过来教大家刺绣，最后不能让人家拿上一片绣好的布布回家，有的人绣成了拿回家不会用，不知道这个布布能做个啥。我作为老师，还不如直接教会她们做成一件东西，比如绣花手机包，拿回去就可以直接装手机。两个小时只能这样，所以，我总是急急忙忙催着人家赶紧做成，一下课，培训结束就做不成了。

武：您刚才说到建议，希望村上办完培训班后，搞展览、办比赛活动，挺好的。还希望今后继续把传承工作做好。

李：我真心希望，上面能给我们建一个培训基地，把农民真正地带动起来，把她们培训出来，她们的东西真正能卖钱，生活富裕，这才是我最大的愿望。

武：愿望真好！李老师心直口快、实实在在，给我们讲了很多。今天太谢谢您了！

李：没事。我要谢谢你们，这么冷的天，大老远地跑来采访。

山花儿代表性传承人
王德贤

　　王德贤，1940年出生，宁夏银川人，祖籍甘肃临夏。2013年被认定为自治区级非物质文化遗产项目（山花儿）代表性传承人。

综　述

　　王德贤，土族，1940年出生于甘肃省临夏回族自治州积石山保安族东乡族撒拉族自治县石塬乡宋家沟村。爷爷是青海人，后搬迁至甘肃。本人及其家人于1996年从甘肃临夏来到宁夏，定居贺兰县。在王德贤的甘肃老家，花儿是深受当地人喜爱的民歌，无论男女老少，都爱在生产劳动中演唱花儿。王德贤自小就对花儿充满了兴趣，爷爷擅长花儿演唱，这给予他很大影响，家中六个兄弟姊妹中，唯有他学会了唱花儿。王德贤的老家流传有这样一首花儿："花椒树你别上，花椒刺把衣服割哩。遇到庄子你别唱，老年人听见是骂哩。"当地还有着唱花儿的讲究："家里面不唱，亲属跟前不唱，血缘关系不唱。"王德贤的老家在山区，山上有很多牧羊人，每当放羊的时候，都喜欢哼唱花儿。当时山区生活十分困难，七八岁的王德贤上不起学，就跟着爷爷一起放羊。在放羊

⌐ 王德贤20世纪80年代的获奖证书（本人供图）

的过程中，王德贤跟着爷爷和其他牧羊人，自然而然地学会了唱花儿。花儿中有很多表现现实生活的歌曲，因为小时候缺衣少食，王德贤印象最深的，就是他爷爷在其十岁左右时教给他的一首花儿："哎……哎嘿呦……早上吃了个稀散饭，哎呦稀散嘛饭呀，啊哈嘿，中午吃了个拌饭，啊嘿。哎……啊哈……柜柜里没有个半升呀面，啊的诶嘿，宽心了者漫个少年。啊的诶嘿呦，少年。"1956年人民公社时期，十六岁的王德贤开始上台表演花儿。凭借着对花儿的热爱和勤学苦练，短短的几年间，就成为了当地有名的歌手。据积石山县县志记载，王德贤从小酷爱花儿，20世纪50年代末以来，一直活跃在省、州、县的文艺舞台和"花儿会"上。1980年以后，王德贤连续在松鸣岩、莲花山花儿大奖赛上夺魁。他编词演唱的土族花儿，以土族味浓、嗓音亮、添加的衬词衬腔多而独具风韵。当时，日本大谷女子大学教授水原渭江来临夏考察花儿，王德贤演唱的十多首花儿和其他民歌被录音录像。其代表曲令是《土族令·尕草驴下了个骡娃》《河州二令·说话是心动弹哩》《三起三落令·没法子离开个你了》等。

　　王德贤年轻时也曾拜过师父，但当时花儿的演唱多是"不传之秘"，好在王德贤极具天赋，他能根据别人的演唱，自己哼唱几遍就能记住调子，然后根据曲调自己创作歌词填进去。他演唱的花儿歌曲中，约百分之九十的歌词都是自己原创的。花儿虽然有固定的曲调框架，但歌词及添加的衬词可以根据演唱的具体情境产生不同的变化。在王德贤的老家，有很多会唱花儿的人，但一般

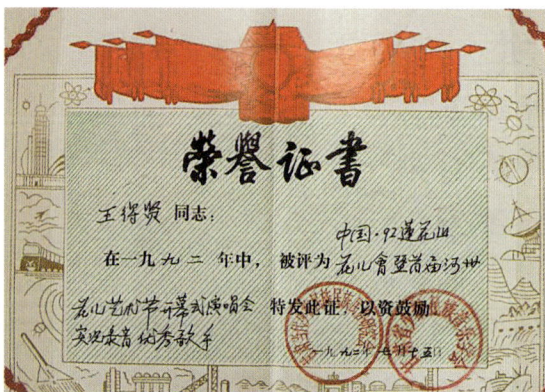

┤ 王德贤20世纪90年代的获奖证书
　（本人供图）

人只能唱固定的四句歌词，而王德贤却可以在演唱中自由而巧妙地加上衬词衬腔，让花儿歌曲更为丰满，不仅延展了花儿的长度，还能拓展花儿想要表达的内容和情感，更富有表现力和感染力。王德贤把自己几十年来创作的花儿歌词辑录成册，捐献给宁夏非遗保护研究中心存档。在多年花儿歌唱的实践中，王德贤不仅练就了创作歌词的本领，还能创作歌曲。尽管他不认识简谱，也不会当代的记谱方法，但依然尝试创作出了自己谱曲和填词的花儿《看看咱们的新宁夏》，并教给精心培养的女弟子张翠萍，由她将这首新编花儿展演在了舞台上。

　　王德贤的花儿演唱有两个突出特点。一是自由发挥，想怎么唱就怎么唱。正因如此，也很难找到相匹配的乐队伴奏，多为清唱。"我高一点他们也上不去，我把衬词加上他们就不会了，就停下来了。所以我就不要音乐，我自己清唱，没有音乐我自由嘛。"由此可见，王德贤的花儿的确是源于生活、源于劳动的原汁原味的花儿，其演唱没有任何条条框框，折射出西北大地独有的、自由的、无拘无束的辽阔和豪迈。二是音高且回转自如。他不但高音的音高超过一般演唱者，还能在高音和低音、真声和假声之间自由转换，嗓音条件极佳。他既擅长演唱传统花儿，如《河州大令》《白牡丹令》《大眼睛令》等，又创作并演唱了许多反映新时代生活的花儿作品，如《金山有那甜瓢瓢瓜》《心里亮堂堂漫花儿》等。

　　王德贤从七八岁到八十岁，唱着花儿一路走来，花儿已经成为他生活中不可或缺的重要组成部分。如今，虽然年纪大了，不再上台表演，但在日常生活中，王德贤无论在家还是出门，依然喜欢哼上几句花儿。在其人生道路上，王德贤参加了多次花儿大赛，也获得了诸多荣誉，有着辉煌的过往，无论在甘肃还是宁夏，都为花儿民歌的传承作出了积极的贡献，其生平事迹亦被载入其家乡积石山保安族东乡族撒拉族自治县的县志中。近年来，他先后被认定为贺兰县级、银川市级、自治区级非遗（山花儿）传承人。

　　经过七十多年的花儿演唱及钻研，王德贤对花儿有了更进一步的认识与思考。他认为花儿这一艺术形式，不是某个人创作或编写出来的，而是在千百年的历史中，我们的先祖在不同的地域、用不同的方言土语歌唱生活、歌唱爱情，在西北大地上经过长时间的流传和演变，最终形成了花儿民歌。所以，王德贤觉得自己唱的花儿，不光是唱着自己，也唱着身边的人，唱着金星村、红光镇、贺兰县、银川市人民的精神世界。他希望有一天，花儿能被全世界的人听到。

王德贤作为自治区级非遗项目（山花儿）代表性传承人，为花儿的传承尽职尽责。贺兰县申请设立了"王德贤花儿传承保护点"，对王德贤的花儿演唱进行了保护性记录。近年来，王德贤一共培养了七八名徒弟，其中有三位已经能登台演唱。贺兰县文化馆的张翠萍就是其得意门生之一，已成长为自治区级非遗（山花儿）代表性传承人，并且频频活跃在舞台上，为观众展示着优美的花儿歌声。王德贤还将自己的女儿托付给张翠萍指导，希望她能够教会女儿演唱花儿。王德贤还是一位有着多年党龄的老党员，在中国共产党成立一百周年之际，八旬老党员回首人生，觉得在花儿传承方面，为党和国家交上了圆满的答卷，倍感满足和欣慰。

⊥ 课题组成员和王德贤合影（梁庆摄于2021年5月）

访　谈

被访谈者：王德贤（自治区级非物质文化遗产代表性传承人）

访 谈 者：张洁、杨杰、田瑞、梁庆、李娜

访谈时间：2021年5月18日

访谈地点：王德贤家中

录音录像：杨杰、梁庆

录音整理：卢晓雨、杜丹、武宇林

综述撰写：杜丹、武宇林

张：王老师，我们今天来主要是访谈自治区级非遗传承人。您是自治区级花儿
　　传承人吧？

王：对。2013年认定的传承人。

张：请问您是1940年4月出生的吧？

王：是的。

张：您祖籍是哪儿？

王：祖籍是甘肃省临夏回族自治州积石山保安族东乡族撒拉族自治县，我家是
　　土族。

张：哦。您是从那边过来的。哪一年过来的？

王：我是1996年就来到宁夏贺兰县，一直到现在。

张：是什么原因搬迁到宁夏这边来的？

王：听一些亲友说，这边挺好的，也就搬迁过来了。

张：那您原来在积石山保安族东乡族撒拉族自治县的时候，是不是花儿已经唱
　　得很好了？

王：哎呀！我唱花儿唱得很早了。

张：几岁开始唱的？

王：从七八岁就开始了。

张：在您七八岁的时候，周边的其他人是不是都喜欢唱花儿？

王：（深情地）嗯。周围的人都喜欢唱，我们那个地方是山区，也是唱花儿的
　　地方，山区有很多放羊的人都唱呢。山区那个时候困难得很，学也上不了，
　　我七八岁的时候，在跟着老人放羊。这个时候，人家唱，我就哼，人家哼，
　　我就跟着唱，逐渐我就唱起来了，也就不由自主地学会了。后来去上学，
　　然后我从十六岁就上台唱花儿了。

张：哦。十六岁就开始上台表演了？那应该是1956年。

王：对。那时候是人民公社时代，我就上台去演唱，从那时候就开始登台唱花
　　儿了。

张：那么您唱花儿是不是受了家庭影响？

王：怎么说呢，也是有一定的影响，那时候，我爷爷就很会唱花儿。

张：爷爷会唱花儿？

王：嗯。这个花儿一般是"家里面不唱，亲属跟前不唱，血缘关系不唱"。

张：血缘关系不唱？

王：对。花儿是在野外唱的。流传有这么一句话："花椒树儿你别上，花椒刺
　　把衣服割了。"意思就是花椒树你不要爬上去，花椒刺要把衣服割烂了。
　　花椒刺就是花椒树枝上面的尖尖。"遇到庄子你别唱，老年人听见是骂咧。"
　　花儿遇到庄子跟前就不要唱了，老年人听见要骂呢。

张：哦。就是说，唱花儿在你们老家有这个讲究？

王：对！在我们老家就是有这个讲究。

张：那您从小跟着爷爷唱，都是到山里面放羊的时候才唱？

王：对！都是放羊的时候跟着他唱。

张：那您十六岁上台表演的时候，唱的都是爷爷教给的？

王：其实，他就给我留了一首歌。

张：哦。是哪一首歌？

王：我记得最清楚的就那一首歌："早上吃了个稀散饭，中午吃了个拌饭。柜
　　柜里没有半升面，宽心者漫了个少年。"散饭，就是稀汤汤嘛，也就是稀饭。
　　我们那时候困难的嘛，稀饭里哪有米呢？就是麸皮皮做的糊糊稀饭。

张："中午吃了个拌饭。"您的发音是"判饭"，有意思。

王："柜柜"也就是一个装面的小匣匣，里面没有面了。可是，还是给自己宽心，
　　漫了个少年。"少年"就是"花儿"。只要自己开心就行。我记忆里面就这
　　么一首。

张：大概明白了。这首花儿说的是，过去生活苦难，没有粮食，吃不饱饭。尽
　　管如此，还是要唱花儿，为自己宽心解忧。请给我们唱一下这首花儿吧。

王：（点头默许，深情地开唱）"哎……哎嘿呦……早上吃了个稀散饭，哎呦稀
　　散嘛饭呀，啊哈嘿。中午吃了个拌饭，啊嘿，哎……啊哈……。柜柜里没
　　有个半升呀面，啊哈嘿。宽心者漫个少年。啊哈嘿呦，少年。"

张：真好听！您这是几岁学会的？

王：十岁左右吧。这一首歌对我的影响很大。当时，我们是困难人家嘛。

张：所以，这首歌印象非常深刻？

王：嗯。很深刻，吃不上、穿不上的时候嘛。

张：那您家当时几口人？

王：当时家里面有八口人。不光是我们一家人困难，全村都那么个环境嘛。

张：哦。那您跟爷爷就学了这一首歌？

王：爷爷走得早嘛，其他的我也没记住。

张：除了跟爷爷学之外，还跟谁学过？

王：后来就是自己学的，自己唱。印象最深刻的就是有一个青海的朱仲禄，他是青海的花儿王，他在来我们临夏回族自治州的时候啊，和我们一搭儿（一起）演唱，那时候我还不承认他是师父。

张：哦？您为什么不承认？

王：你听我跟你说嘛。因为，他是从青海聘请来的，我是临夏回族自治州的著名花儿歌手，对吧？我演唱的时间很长了。可是这个人非常聪明，为什么说聪明呢？人家来了之后不唱，光听我们临夏的花儿歌手唱，他一听就知道我唱得比较好。我演两场唱了八首歌，结果就把我的嗓子唱哑了。

张：唱得太多了。

王：嗯。唱得太多了。那个时候年轻嘛，气力也足，唱就唱了，没克制嘛。这之后我自己也想了一个技巧，第二天是对阵嘛，要竞赛的。花儿竞赛就要评奖，我一唱他就不唱了，唱不下去了。到了最后评奖我就是一等奖，（用手指墙）就是那个奖（王德贤家中墙上挂有奖状）。

张：哦。（看奖状）这个奖是1985年5月颁发的。

王：最后，他才唱开了。然后我就跟着他学，学他的音调，还有其他的一些。然后就称呼："朱师傅啊，你当我的师父吧，把我收了做徒弟吧。"

张：那他教了您些什么？

王：哎呀！那就在演唱会上唱了那么一次嘛。

张：那就是名义上的师父？

王：哎。也就是名义上的师父。不过，他们唱的一些音调我记得呢。基本上他们唱一遍，我就听下来了。

张：您这等于是偷偷学艺吗？

王：就是的。张主任，我和你说，我的花儿都是我自力更生学会的。他们唱，我就听着，听着听着就记住了，百分之九十的歌词是我自己编的。

张：哦？主要是听他的音调？

王：对！主要是听音调。我就先听着，然后慢慢跟着哼，一边哼，然后我慢慢地就把词都带上，唱出来。这样就自然而然地好像就会了。其他的事情我也不懂，但是一唱花儿的话，我觉得好像是很方便的。

张：很自然就能唱出来了，真不简单。那您从小就对唱花儿非常感兴趣吧？

王：（兴奋地）嗯。兴趣很大。

张：听完了就能哼出来，哼的时候，自己能把词填进去。那您小时候是在放羊的地方唱，长大一点，除了在舞台上演出之外，还在什么情况下唱？

王：除了舞台，我们那里唱歌很方便的。在田里面唱，我们那个地方不仅男的唱，锄草的时候，女的坐在堤边，一边拔草，一边也唱呢。

张：锄草的时候也唱呢？

王：对。干活的时候都唱。如果几个人一搭（一起），还对唱呢，一唱一答的。

张：一唱一答的形式，那歌词都是不断地在变化吧？

王：对。互相变着呢。有固定的样式。但是，有些框框是可以变的，走到哪个地方，会根据那个地方的情况编唱词。

张：哦。也就是即兴发挥。比如说，您在锄草，就唱锄草？

王：嗯。放羊，我就唱放羊。你身上穿啥，我就唱啥。

张：就是随时在变化着唱，但调子是不变的？

王：随时变着唱，调子是不变的，这就是最原始的花儿。中间（过门）的地方，一般人唱的时候，光能唱那个曲调调，衬词加不进去。

张：哦。还要加衬词？

王：对。他们唱四句就是四句呗。可是，我唱的中间，拐弯抹角加的衬词多嘛。

张：刚才您唱的那首花儿就加了很多衬词，显得更丰富了。

王：对啊！加上一些衬词，就更好听了，也有味道了。

张：那您唱了这么多年，那些歌词自己有记录没？

王：（自豪地）有记录啊！我拿出来给你们看，（拿出笔记本）就这些你们给发的笔记本，我一共写了三本呢。一本给你们，上次打电话也说了，还有一本自治区文化馆的人要去了。他们一看我记录得好，就要走了。原来的文化馆好像已经搬到文化街去了。

张：对。宁夏文化馆搬到文化街的老文化厅那里去了。

王：还有一本，就在那儿放着呢。（王德贤找来记录歌词的本子）

张：（看笔记本）您记录了这么多歌词啊。那这本就是给我们的了？

王：嗯。我的任务完成了，这也算是一个圆满的答卷。我也老了，今年是中国共产党成立一百周年，我是个老党员，也算是给党的一个圆满答卷。我的徒弟已经培养成了，徒弟中的两三个都能上台了。

张：一共培养了几个？

王：三个能上台了，上不了台的我就不算。培养了有七八个，听上几天就走了的这个不算数。为什么不算？一直上不了台面嘛。有些光听一听就算了。我的意思是，你学嘛，就得认真地学。

张：您记录这个歌词的时候，有没有记录曲谱？

王：谱子我不会呀。

张：哦。您现在的曲调完全是过去听别人唱的吧？

王：对。听别人唱的。

张：然后根据这些调调，创作歌词？

王：对！我就把这些词再往里填就行。

张：那您家里兄弟姐妹几个人？

王：兄弟姐妹六个人。

张：六个都会唱吗？

王：不会啊。

张：就你一人会。那您唱的花儿主要是流传下来的，有没有自己编的？

王：（自信地）有啊。有流传下来的，也有自己编的。就比如我唱过的《看看咱们的新宁夏》。"我家在宁夏，美丽可爱的新宁夏。"这个本子里，把它也编进去了。

张：我听说马金忠（贺兰县非遗中心主任）老师给您录过花儿？

王：对！马金忠主任给录过一次，录了七八天呢。不过，实际上录的时候，有些歌词和这个本子上还不一样。

张：是不是唱花儿的时候，比如说，今天给我们唱的词是这样的，明天给他唱的时候也许就把这个词给变了。

王：这个要看当时的情况。

张：是不是每次唱，这个词都有些变化？

王：有些老的是不变的。不变是什么原因？比如这个爱情花儿吧。我唱的《葡萄的叶子一碗碗水》，这个就不能变，如果变的话，中间拐弯抹角的（衬词）多了，话是讲了四句话。

张：这个我们能听不？《葡萄的叶子一碗碗水》，是不是有些歌我们还不能听？

王：能听呢。就是我给你首先说清楚嘛。你们都是工作人员，有些我也不太好唱。花儿本来爱情的比较多，你们都是小女子，我八十多岁了，怎么唱（都行）。但工作需要到这个地步了，那我就赶鸭子上架，你们也不要见怪。

张：我们不见怪。随后给您把这个歌录一下。

王：这个歌我记得你听过呢。是不是听不懂？

张：就是听不懂嘛。

王：你记，我给你们说歌词。

张：歌词还能记住吗？这个记录本里有吗？

王：有呢，这里面有呢。歌词是"葡萄的叶子里一碗碗水，风吹水水动弹哩。

毛冬冬的眼睛你窝窝嘴，说话时心动弹哩。"就这么四句嘛，直来直去唱下来，人一听没滋味嘛。我经常说，这好像做饭，还要把调料加进去。盐太大了，咸着吃不成，对吧？唱出这首歌，是要感动人心的嘛。就这么唱着，干巴巴的，衬词没有就没有一点味。

张：就是说，您给我们的这个记录本中所有的歌词都是干货，如果再把衬词加进去，等于是把这首歌给丰满了？

王：（赞同地）对！丰满了。人听了感觉比较好嘛。光有歌词只能直直地唱。我的徒弟学能学会唱，但是衬词加不进去。

张：哦。您这歌词就好像一个枝干，衬词就是花叶。那什么叫衬词？

王：衬词就比如说：啊、哎、呀、呦。

张：您那个笔记本里光有主词？

王：对呀。唱的人也唱不上（衬词），看的人也看不懂（衬词）。

张：明白了。那您现在除了这些徒弟之外，家里的孩子跟您学了吗？

王：孩子都上学去了，怎么学呀？

张：哦。孩子都没学？

王：也学呢，唱得也挺好的。贺兰县文化馆的张翠萍，就是我的徒弟。

张：张翠萍是您的徒弟啊？她这次评上市级传承人了。

王：对！评上好啊！现在，我把女儿给她教去了，希望她能把我的女儿培养出来。

张：这个想法挺好的。您觉得女儿咋样？

王：可以。我不知道她具体能唱几首，但她的声音好着呢。

张：那您听她唱过吗？

王：听过。在广场上，广场舞比赛时候唱的。可是有个问题，她不识字，这是个关键问题。

张：女儿不识字？

王：我们家那个时候的条件差着呢。

张：她多大了？

王：三十多岁了。你可不知道啊，我们那个时候的苦日子，都让人害怕，还吃树皮呢。没想到我八十岁了，还能享今天这个福。

张：您现在徒弟中，张翠萍属于专业的演唱花儿？

王：她是专业的演唱方法，但是对花儿不太会。正因为这样，后来我们就交流起来了。有一个非物质文化遗产专干，录了我唱花儿的视频，张翠萍就天天跟着学。最后的话，是贾馆长（贺兰县文化馆馆长）和马金忠说，你们把张翠萍培养一下，带上教着唱。我问她唱得怎么样，她就在我这里唱了一下，我就把我编的一首花儿教给她了，她就给搬到舞台上了。

张：搬到舞台上唱了？

王：就是《我家在宁夏》这首歌，她上去唱了，人家把肉也换了，汤也换了，不是那原汁原味的样子了。不过在舞台上表演，可能原汁原味的也不适合吧，可能也唱不上去啊。

张：您的这个花儿，音高能唱多少度？花儿应该是没有固定音高的。

王：哎呀，说起这个了，跟你说个玩笑话也是实话。有一次在甘肃省演唱，人家说，把老师们都请上来，要和伴奏，跟着音乐唱。音乐一出啊，我都不知道要怎么唱了。因为我从来没跟过这个音乐，音乐他们也演奏不出来啊。我高一点他们也上不去，我把衬词加上，他们就不会了，就停下来了。所以我就不要音乐，我自己清唱，没有音乐我自由嘛。

张：自由发挥，想怎么唱就怎么唱？

王：对！想怎么唱就怎么唱，这是我的一个特长呀。

张：那您上次的演唱，别人有没有说音高能够达到多少？

王：他们对我的评价是很高的，高音一般人唱不上去。还有一个满口音，他也发挥不出来。

张：满口音？

王：（唱）哎哟，哎嗨咦哟，哎，哎嗨哎嗨呀，哎哟。他的满口音从喉咙里面发不出来。

张：这个叫满口音？

王：对。有些人唱花儿，高音唱了下不来，下来了又上不去。花儿有些地方是很难唱的。

张：您唱花儿是上上下下、游刃有余？

王：也就是唱得自由嘛。我说的就这意思。

张：所以您更喜欢清唱，不受限制，不需要再加个伴奏？

王：对。加个伴奏那就被控制住了。就那几个字（音符）嘛，我不懂，谱子我不懂。他们就在这几个字（音符）上转，但是高音上不去，低音下不来。

张：那您现在还经常上台表演吗？

王：不太唱了，老了么。

张：那以前您参加花儿比赛获过多少次奖？

王：那我得给你拿本子去，我记不住。（拿来一些东西）这都是我的荣誉证书、获奖证书。

张：让我看看，有的证书年代很早，有1985年的、1992年的。这儿还有花儿歌会的奖牌，第十二届花儿歌会，永宁2014年的。您这荣誉还不少呢。

王：县志上也写上了我，人物介绍部分里。

张：（拿过书）这是1998年的积石山自治县县志，还有关于您的记载呢？

王：嗯。在人物介绍里面，那一道红线是我画下来的。

张：看到了，看到了。您名字中的"德"原来是"得"啊。

王：原来就这个"得"嘛，也不知道怎么写的，身份证上写错了，拍照也拍了，一看字错了，他们说是派出所弄错了嘛。

张：《没法子离开个你了》这首花儿也是您唱的啊？

王：对，这也是我唱的。一本书让张翠萍拿去学了，也学了这首歌，那本书上多着呢。

张：这首《土族令》也是您唱的呢。这张获奖证书是2013年的优秀奖，2014年有两个奖，一等奖和铜奖，怎么回事？

王：这个是在永宁的歌会，其中一个是总决赛奖。

张：哦。这可是文化部的奖状，是国家层面的奖励呢。

王：是吗？我也没认真看。这还有贺兰县文化馆的，贺兰县政府给盖的章。

张：那个是传承人证书，您现在是三级传承人，贺兰县级、银川市级、自治区级，是吧？您作为自治区级传承人，自治区有相关政策，每年能收到五千块钱的补助金吧？

王：（喜悦地）对，对。能收到。

张：这是自治区文旅厅给的。贺兰县还设立了"王德贤花儿传承保护点"。

王：对！我这儿是个传承点。

张：贺兰县作为保护单位，我们前期也资助了一部分资金，要求保护单位合理利用。我听说把您唱的花儿录了一遍？

王：对。他们来录了几天呢。

张：那么，您觉得成为传承人以后，有什么影响没有？

王：我的最大感觉是，当上传承人，一开始有些负担。具体来说，我是个共产党员，党给的任务必须要完成的，对吧？就算在村里面，知道也好，不知道也好，我的直接领导是文化馆。这是上级给我的任务啊，就是要培养传承人，对不对？你们还发给我这些记录本，我要给子孙后代传下去呢。

张：您现在的这项传承工作做得挺好的嘛。作为自治区级传承人，是不是觉得以后任务更重了？

王：自治区级传承人的任务完成了，以后还想申请主任上次提及的，报国家级。

张：这个我们肯定会积极支持的。那么，现在还需要政府给提供一些什么帮助？

王：政府好着呢，各方面都好，我是拍手欢迎的。

张：现在的生活还比较安逸吧？平时是不是还会再唱一唱花儿？

王：每天都唱，闲了出去，要是转到田里面就唱唱。

张：那您给老伴唱吗？

王：有时候也唱。俩人干着干不动活了，还是唱呢。

张：那老伴会唱吗？

王：老伴不会唱。

张：那您在家不经常唱吧？经常是出去转的时候才唱？

王：家里面没有人的时候，我也哼着唱呢。

张：那您唱的花儿老伴能听懂吗？

王：那能听懂呢。呵呵！

张：您今年已经八十一周岁了，对未来还有啥打算和期望？

王：打算就是，我精精神神地能多活几年，把花儿教给徒弟，徒弟学好以后啊，唱遍全球。我唱的不只是花儿，我展现的是金星村、红光镇、贺兰县、银川市、自治区人民的文化素质。有一次，一个日本教授还来采访我，最后他还录了好几首花儿的录音呢。

张：是吗？真不错！那您唱的这些花儿是哪儿的？是甘肃的，还是宁夏的？

王：这个咋说呢。宁夏过去是甘肃的，1958年从甘肃分家出来的，所以说，宁夏的花儿也是甘肃的花儿。

张：您现在唱花儿的方言大部分也都是甘肃的？

王：对。甘肃的青海的都有，花儿多半流传在甘肃、青海一带嘛。

张：那您的这个花儿到了宁夏以后，有没有改变？

王：我到宁夏以后，我的花儿照样没有改变，原汁原味的。

张：一直延续的是甘肃那边？

王：也有青海的一点影响。我是土族嘛，土族多半是青海的，我的祖籍就是青
　　海的。我们甘肃和青海在一条线，这边是青海，那边是甘肃。

张：就是说，你们是在两省接壤处？

王：对。我太爷的祖籍在青海呢。我祖籍在甘肃，从爷爷开始搬到甘肃的。

张：到您这一代又迁到宁夏。现在的生活也比较好吧？

王：（满足地）好着呢！你们也不要挂念。领导们对我们很关心，在生活各方
　　面都挺好的。

张：那就好！谢谢王老师了。

刺绣代表性传承人
于包包

于包包，1963年出生于宁夏泾源县。2013年被认定为自治区级非物质文化遗产项目（刺绣）代表性传承人。

综 述

刺绣距今已有两千多年的历史，被看作是中国古老手工艺的"活化石"。宁夏刺绣根植于宁夏这片沃土之中，在宁夏妇女中代代相传。宁夏刺绣工艺古拙朴素，配色明快艳丽，施针、用线、配色不拘一格，体现出源于生活又高于生活之美。它集民族文化与地域文化于一体，有着极深的文化底蕴。"以布为纸，以线当墨，以针作笔。"宁夏刺绣用细密的针脚保留着民间记忆，表达出宁夏人民对美的不断追求。

于包包，1963年出生于宁夏固原市泾源县兴盛乡红旗村，在这片乡土上，家家户户有绣绷，村里的妇女几乎人人会刺绣。于包包的奶奶、妈妈都很擅长刺绣，嫂子更是村中的刺绣能手。每逢农闲，村中的女人们便坐在炕上绣花样、聊家常，于包包从小看着她们飞针走线，刺绣的种子也悄悄根植于她幼小的心中。于包包三岁时母亲去世，嫂子便成了她刺绣入门的启蒙老师。十一岁时，于包包开始跟嫂子学刺绣。学习刺绣的过程是辛苦而枯燥的，尤其是初学时，掇绣中的带针技艺，是她面临的最大困难。起初，她总是不得其法、不得要领。但于包包心中盈满了对刺绣的热爱，持之以恒，一遍又一遍地练习，终于渐渐琢磨出了其中的窍门。十二岁时，于包包已经能够制作绣花鞋，正式完成绣花作品。

日复一日，于包包的刺绣技艺越发精湛，并逐渐形成自己的艺术特色。于包包熟练掌握了刺绣技法，尤以掇绣见长。掇绣需使用特制的针头，从布料的

⊥ 于包包绣品《富贵牡丹》（武宇林摄于2009年5月）

反面下针，一个个小线环便在绣布正面簇拥堆积成毛茸茸的图案。掇绣作品绣面厚实，极具立体感，是广泛流传在宁夏地区的一种特色针法。于包包的每一件绣品都是她的心血之作，一针一线中凝聚着精益求精的工匠精神。

于包包对于绣品的质量要求很高，为了确保每一件作品的美观效果，首先是对原材料及工具十分讲究，所使用的掇绣针都由她的丈夫手工制作；绣线与绣布也专门从固原、西安等地采购。她的作品以枕套、苫被单、沙发巾、围裙、盖头等生活及婚嫁用品为主，用色大胆、浓烈。在题材上，于包包擅长各类花卉主题，尤其喜欢绣牡丹和玫瑰花，家乡山坡上白色的、黄色的、蓝色的、红色的、粉色的野牡丹花，都是她的刺绣原型。她总是随心所欲地构图设计，把小时候心中记忆的五颜六色的美丽花卉，尽情地展现在绣布上。所绣出的花草简练、夸张、饱满，立体感强，整体图案自然逼真，颜色明朗艳丽，针法粗犷豪放，画面鲜艳喜庆，带有强烈的乡土气息和生活风韵。金杯银杯不如群众的口碑，于包包精湛的刺绣技艺得到了当地群众的赞赏，经过口口相传，很多村民都认定了她的绣品，但凡嫁闺女、娶媳妇的人家，都要到她家来购买绣花枕头套、苫被单、门帘、沙发套等整套的绣品作为结婚的嫁妆。多年来，她先后为周边村民制作了千余件刺绣作品，代表作品有《双喜图》《牡丹图》《荷花图》《玫瑰园》《牡丹争艳》《荣华富贵》《花篮》等。

2013年于包包被认定为国家级非遗项目（宁夏刺绣）自治区级非遗代表性传承人。从一位普通的农村妇女到非遗传承人这一身份的转变，使于包包的思想认识也发生了巨大变化。她不仅收获了外界对于她刺绣技艺的肯定与赞赏，激发了她对宁夏刺绣更深的热爱，同时也使她更加感受到了传承非遗的责任，加上家人的理解和全力支持，于包包全心全意为宁夏刺绣的传承作出了积极的贡献。2015年3月，于包包的刺绣坊成立，并挂牌"自治区非遗传承保护基地"。从此，这里成为她传授刺绣技艺的大本营，尽情施展着刺绣才艺。周围有很多对刺绣感兴趣的村民及学生慕名前来学艺，于包包都热情接待。即使是五六十岁的学员，她都耐心教授，从画绣样、构图到配色、针法，她都一一认真细致地讲解，手把手传授技艺，并不厌其烦地对学生的作品进行指导、修改。值得一提的是，于包包热心公益事业，一直免费教授学员刺绣技艺，还为学生免费提供绣线、绣布等。跟随于包包学习刺绣者五十多人，其中有二十多人已经掌握了刺绣技艺，能够独立完成绣品，实现创收增收。能够让民间刺绣助力农民脱贫致富，这让于包包感到十分欣喜和欣慰。

于包包积极投身非遗进校园活动，在银川六中等学校，开设了系统的刺绣课程，使许多中学生有机会全面了解和学习到这一传统技艺。于包包还克服路途遥远等困难，应邀到宁夏女子监狱开展刺绣教学活动，为服刑人员传授刺绣技艺，帮助她们用民间艺术洗涤心灵，并掌握自食其力的技能。在于包包的言传身教下，女儿、侄女都从小接触并学习了民间刺绣，小孙女从五岁起就跟着她的"刺绣奶奶"学习。"只要有一天还能动，就要一直做下去，不能叫这手艺失传。"于包包用最朴实的语言，表达出对宁夏刺绣的满腔热忱，以及她对传承宁夏刺绣的强烈责任心。

⊢ 于包包和她的两个女儿
（武宇林摄于2009年5月）

访　谈

被访谈者：于包包（自治区级非物质文化遗产代表性传承人）

访 谈 者：张洁、杨杰、梁庆、宋萍

访谈时间：2020年9月28日

访谈地点：银川市西夏区兴泾镇于包包家

录音整理：卢晓雨、杜丹、武宇林

综述撰写：杜丹、武宇林

张：于老师好！请问您是哪一年出生的？

于：反正是属兔的。我妈去世，我才三岁，我不知道这些。生日是老历六月
　　二十三。

张：那身份证上是？

于：身份证上的年龄，我爸那会儿给我报的大。当时大人不是考虑到以后要领
　　结婚证吗？年龄太小的话，领不上结婚证，好像就把我报大了两岁。

张：哦。那我们回头再看一下身份证。也就是说，您的身份证上的年龄比实际
　　年龄大两岁。那您是从啥时候开始学刺绣的？

于：十一岁吧。做鞋啥的都是十二岁开始的。

张：那您当时为啥要学这个？

于：那个时候，我嫂子做那些（刺绣），我看着觉得挺好看的，心热的，就说
　　我也想学，最后就是越做越爱做。我妈也会，我奶奶也会做，她们都会做嘛。

那时候，我们上山去干活嘛，那山上有啥颜色，回来就要做出来那个颜色。

张：您当时学这个的时候，妈妈已经去世了，那您是跟谁学的？

于：跟我嫂子。

张：嫂子当时有多大？

于：我母亲去世那阵子，我嫂子才三十岁。

张：那就是说，您跟她学的时候，她也就四十多岁吧。那您老家是哪里的？

于：老家是宁夏泾源县兴盛乡的，兴盛那会是公社，现在是兴盛镇红旗村。

张：当时你们那个地方咋样？

于：开始都不行，最近几年都好了。

张：那个时候，你们红旗村里学刺绣的人多不多？

于：人也多着呢。有人做着做着就都不做了，嫌那个麻烦得很。

张：是不是家家户户几乎都会？

于：基本上十个人里面有五个人会，其他不会的也都学着呢。

张：不会的也在学？只不过这五个人是绣得好的，十个人当中有五个人学得很好？

于：确实是。

张：那普及面很广了，几乎大家都会了嘛。

于：嗯。就是的。

张：那您家当时兄弟姐妹几个？

于：兄弟姐妹一共六个，三男三女，我有三个哥哥、一个姐姐、一个妹妹，我排行老五。

张：那你们姐妹三个是不是都学了刺绣？

于：都会。我侄女也会，反正我家这都是传统嘛。

张：侄女都会啊。只要是家族中的女孩子都会这个手艺？

于：对。还包括我的孙女也会呢。

张：哦。您孙女也会绣花呢。我上次来就看到孙女在跟您学着呢。那会儿才五岁吧？还管您叫"刺绣奶奶"。

于：（笑）就是的，孩子叫我"刺绣奶奶"。那时候我还卖过冷饮雪糕，她就喊我"雪糕奶奶"。后面教她刺绣，就叫我"刺绣奶奶"。呵呵！

张：那您在学校里读过书没有？

于：读过。学历也不高，也就小学二三年级。

张：哦。读了两三年就不读了？那您啥时候结的婚？

于：我是十六岁。

张：十六岁是您的真实年龄还是身份证上的年龄？

于：那时我结婚，反正还小着呢，也不知道啥，说媒的就来给说上了，周围女子也都是十六七岁就结婚了，我也就十六岁结了婚，十八岁就养孩子了。

张：十八岁就生孩子了？

于：嗯。我那老大是我满十八岁的时候生的。

张：那当时您丈夫老李是干啥的？

于：他那时候在庄上种种庄稼，也出去打工。

张：那您一共生了五个孩子吧？老大是儿子？

于：对。老大是儿子，老二是丫头，老三是个儿子，老四是个丫头，老五是个儿子。

张：一儿一女、一儿一女一儿地生着呢。哎呀！您这生得多好啊！

于：（微笑）老李那个时候在村上当主任呢。在村上管老百姓的这些琐事。上来到这以后，还是在村上给当主任。

张：对了。你们原来在泾源县兴盛镇红旗村，后来搬迁到这里，也就是银川西夏区兴泾镇。那您结婚以后有了孩子，还经常绣吗？

于：（自豪地）我绣着呢。孩子一睡着我就绣。农村都有炕嘛，孩子在炕上玩着，我就在旁边绣着，有时候针一放下，孩子把线头一拽，就给你拆完了。

张：看来您的生活还是比较悠闲嘛。您一般刺绣都用哪些材料？

于：也就是布和线。

张：布是什么布啊？

于：有纯棉布，也有那种尼龙缎。有的布太薄，带不住线，要皮实些、厚一点
　　的那种布好绣。

张：哦。布要皮实点，还要厚一点。那您用的线呢？

于：线就是一直在固原、西安那边买来的。

张：它那个线跟这儿的线不一样吗？

于：这儿的线好像就是瓷实，就跟毡一样，厚实。那边的线（颜色）就是活泼些，
　　看去就像那花开了。

张：那边的线是什么线？棉线还是？

于：有棉线也有腈纶的，还有丝线。反正我一直就在固原那边拿线。

张：那您用的这个材料，布也好，线也好，在选材料上有什么讲究没有？

于：有的。我一般就喜欢五颜六色，白布绣出来的花鲜艳一些。布主要有五种
　　颜色，红布、黄布、雪青布、绿布、白布。

张：一般选五种颜色的布。那线呢？

于：线（颜色）就多了。绣一个牡丹花的话，要五种线到六种线，线也就十几
　　种吧。

张：那您现在的技法和过去一样吗？

于：那不一样。我开始学的时候，是来去转的那种绣法。现在越绣越精了嘛，
　　知道咋好看咋漂亮就咋绣，一层一层往下掺，一寸一寸插下去，那个花看
　　上去就活泼好看。那个转圈圈绣的花不活泼，看起来不好看，反正就是咋
　　样好看就咋绣嘛。

张：您的作品主要用哪些针法？

于：大部分都是掇绣，刺绣也有。

张：掇绣就是针一直扎在布里面，刺绣就是针从布里面穿过来？

于：嗯。刺绣就是在布的明面上，掇绣就是从布的下面扎，在里面，反面。刺
　　绣在正面呢。我主要是掇绣，在中学回中都教的是刺绣，掇绣少。

张：就是说，您是刺绣和掇绣都会，最擅长的是掇绣？

于：对。给孩子们教的是刺绣，也有掇绣，两种都给中学的学生教着绣着呢。

张：我看看，您那个绣绷上是掇绣还是刺绣？

于：（拿过绣绷）这个是掇绣，还有一个是刺绣。

张：这两个绣绷子上的，都是正在做的作品？

于：嗯。这个是刺绣，那个是掇绣。这个是正面，那个是里面。

张：看上去掇绣的效果很立体，绣完的一面是毛茸茸的。而刺绣的都是平面的。请给我们展示一下绣法，有的还没见过您的掇绣方法呢。这个针好像一直在布里面走。那这些工具是自己做的吗？

于：对。绣花工具都自己做，也就是给牛羊打针的那个针头嘛。我丈夫就用那个做鞋的针打的眼，就做成这个样子的（绣花针）。

张：哦。就是把给牛羊打针的针头拿回来，自己再打上眼？

于：对。

张：真行！那这是一个绣花枕头套吗？要完成这么一件作品，需要几道工序？

于：反正先得准备好布、线、剪刀。

张：最关键的是哪一步？绣吧？

于：关键是绣，线还有针也很重要。

张：您绣了这么长时间了，怎么样才能算它是好作品？

于：反正绣出来的那个树、那个花，一个一个的花瓣瓣呀、叶子呀，绣得精致一点，看起来才好看。

张：您的标准就是好看，只要好看，这个东西就算是好作品？

于：是的，好看。

张：我看您的作品还挺多的，主要是花花草草。还有啥？

于：主要就这些，人物还有鸟之类的不多。

张：人物和动物基本上不绣？

于：嗯。凤凰这些我还是绣的。

├ 于包包在自己服装上绣的《凤凰牡丹》
（武宇林摄于2009年5月）

张：哦。凤凰还绣一绣，寓意美好。那您过去做的和现在做的有区别没有？

于：有区别。那会儿绣得好像有点心粗，现在绣得比较心细。

张：现在的看着就很精致。这么多件刺绣作品，您对哪一件作品最满意？

于：反正我最喜欢牡丹、玫瑰。老家山上的那个兰花花、野牡丹这些东西都好看呢。

张：你们老家还有野牡丹呢？

于：有呢！白色的、黄色的、蓝色的、红色的、粉色的都有呢。反正我们山区那边，野花多得很。所以我这自打绣开了，就把小时候出去干活看到的好看的花儿都绣一绣。我最喜欢的是牡丹，《富贵牡丹》。

张：现在挂的这些里边有吗？

于：这个是玫瑰，红色的是玫瑰。那个上面都是牡丹，那个是凤凰。

张：《凤凰》那个作品是干什么用的？

于：那个《凤凰》是盖在被子上的（苫被单）。

张：哦。那这些都是枕套吗？

于：有枕套、沙发套，还有门帘。这个是绣花门帘，白色的是小门帘，这个绿色的是大门帘，就是外头门上挂的。

┤ 于包包绣的门帘

（武宇林摄于2009年5月）

张：那这些作品都是您自己画上去再绣的吗？

于：嗯。自己画上去绣的。缺东西的话，我就随时补上了，这个东西我都自己做。

张：就是说，您是随画随绣，一开始先画上去，后来要改的话，直接就改了，就不用再画了。大致的轮廓有了，里边那个精细的部分，自己再随时调整，是吧？那您现在这些绣品卖得咋样？

于：（喜悦地）卖得可好了！家里有女儿呀、儿子呀，结婚时都过来买。儿子结婚，就得买个枕套，还有给儿子买个盖被子的。这女孩结婚，这些枕套呀、沙发套呀、门帘呀，都要买呢。冬季生意就好了，夏天就平常一些。

张：就是说，夏天干，冬天卖，冬天结婚的多嘛。那现在人们结婚除了您介绍的这些，还要买哪些东西呢？

于：还有抱枕，这几年女孩子结婚还都要买抱枕。我不用出去卖，就在家里面，都熟悉了嘛，一个传一个，都上家里来买。

张：那您这一套卖多少钱？

于：那一套买下来的话，就是两千多块钱。东西多了就是三千多，一般就是两千多块钱，拿的少了就是一千块钱，最少就是一千块钱。

张：一年卖这些大概能收入多少？

于：一年八九万块钱。

张：除掉那些布和线等材料成本，还能挣个八九万块钱？

于：嗯。我们附近出去打工的人多，秋季到冬季这会儿，基本上活也就完了，这些妇女就都来这边学一学，我给教一教刺绣，反正都是免费教着呢。我想人家学了要创业，都可怜着呢，所以我不要学费。

张：不要学费，免费教，还免费提供线、布，真不错！您这个传承基地是哪一年设立的？

于：2015年3月8日挂牌的。那天自治区领导都来了呢。

张：对！我当时也来参加挂牌仪式，还是自治区级的传承基地呢。那时候您家这个房子是一片空地。

于：嗯，是我家的菜园子。

张：哦，是菜园子，还养了一群鸡呢。

于：嗯。后面挣了点钱，盖了新房子。

张：那么您这儿平时有多少人来学刺绣？

于：（自豪地）三四十人呢。

张：这么多啊！她们跟您在这儿学，然后，是不是把刺绣的线呀、布呀再拿回去绣？

于：就是的。学完了就拿回去绣，有的就绣成了，拿来让我看哪里不对，哪里缺东西。我就在旁边给画上，拿去一绣完，她就又拿来，拿来绣得好一点的，就给我放下。毕竟师父要有一些好一点的徒弟嘛，也要留下她们的好作品。再有绣得好的，就自己拿去卖钱去。布和线，我都给你提供上，你就卖钱去，只要你能卖出去，我也高兴嘛。她们说，师父一教，还能变出钱呢！都就高兴了。最后她们自己能卖出去了，就开始自己做。我给提供绣绷，布和线她们都自己去买。

张：真好！那您觉得跟您学这个手艺得多长时间才能出师？

┤　于包包绣品《富贵吉祥》
　　（武宇林摄于2009年5月）

于：有心灵手巧的学得好的，一个作品到两个作品就能成功。

张：大概得多长时间？

于：大概得一个月，最不行的就是一个月，快一点的，二十多天就自己会了。反正我给教的一样，教得扎实着呢。我给认真教着呢。她不会，我就手把手地教，反正对她们都有信心。就算是年龄大点的，稍微慢一点的，一个月到两个月也能学会。

张：感觉刺绣技艺还是相对比较容易的。那么您觉得学这门手艺最难的地方是啥？

于：最难的是刚学的时候不会带针，那个线带针就都上来了。最后缓一缓，就能带针了。有的高兴地给我说："姐，姐，我能带住针了，这一圈都是我掇的。"我说："那就好。能带住针了，那就好。你就慢慢做去。"

张：那到现在您有多少徒弟了？

于：徒弟反正多了。学得好的，可以独立干的有二十多个人。

张：那现在还有跟您学的吗？还有多少？

于：这儿还有二十七个。

张：还有二十七个，算下来都有五十多个了。

于：这几年也有些中学生都学成功了。

张：您在中学教了多长时间了？

于：五年了。

张：都教了五年了？有做得好的学生没有？

于：有呢！有的能做出来呢。有一个学生，应该还没毕业，我从初一带到初二，到初三课程就完了，我就不给教了。我说，你去买个白背心或者打底衣服来我给你画上，在毕业前你要绣成。最后人家买了个白色打底衣服，我给她画了一朵花，都绣成了。绣了一些兰花，可漂亮了！还有一个学生的作品，拿来在这儿放着呢！我说，把那个装上框子给你留着。我给银川六中教的这些学生的作品，都给装框子里了。学生过来学成了，我都让给我留下这么一件。

张：对啊！也是您的成绩啊！看您教得多好啊！那您这些徒弟学会之后，尤其是可以自己干的，她们现在都在干啥？

于：她们一天到晚就出去打工，要是没有活了，就做刺绣，冬季就拿出来卖，冬季结婚的人多，还是能卖的。要说是卖不出去，就先放在我这儿，我给代着卖。我把我的不卖，要先把徒弟的给卖完。

张：您现在这些徒弟的作品也都挺好的，也好卖吧？

于：嗯。大家做出来的都挺好的，虽然没有我做得那么细，反正我看都还可以。我还给女子监狱的服刑人员也教刺绣着呢。我给她们说，天一冷我就不去了，一下雪，路上滑得很，也远，我丈夫不放心。有时候如果五点半下班，回来天就黑了。有时候到晚上六点，路上就打不上车，回来就九点、十点多了。娃娃还在街道等着，看有没有我，来一个车没有我，来一个车没有我。那阵可怜的，也没有个电话（手机）联系。最后他们就坐在十字路口那里等我，把人都急死了。最后，我一看不行，要是天天去，家里人根本不放心。最后我就给领导说了，冬季我就不给教了，夏季我给教。他们说行，冬季有啥活动，他们给我打电话，我就过去。有时候车就过来接了，车忙了，我就自己坐个公交走了。坐公交也方便呢。

张：那您给她们那儿教了几年了？

于：今年四年了。

张：监狱里的服刑人员学得咋样？

于：有的学得快，有的学得慢。

张：那她们绣出来的作品怎么办呢？

于：我给她们教的都是刺绣，不是掇绣。我给她们说，给自己衣服上绣上花。她们在服刑，不能穿其他衣服。我说，你给你的小背心啊啥的，绣上一个花样。你要是有东西，拿来我给你一画，就可以自己去绣。就都绣成了，还挺好看的呢。

张：这是很有意义的一个传承教学活动。那您觉得成为传承人之后，有啥改变吗？

于：有改变的。对我的人生来说，有很大改变呢。

张：在评传承人之前是个啥样？

于：那会儿不是传承人的时候，在农村就像个傻傻的瓜女人，啥都不懂，光管孩子，给孩子们也绣上个枕头啊啥的。这些（传承）没考虑，也没那些思念。最后一到这儿，我觉得文化上一下大改变了。现在觉得自己也不瓜了，以前傻了吧唧的。

张：那您现在当上传承人之后，是不是产品也好卖了？以前大都是自己家里用？

于：对。就是自己家人用，还有亲戚，都给拿去送人。现在一下子成了传承人，也有了心劲，越做越开心。我给老公说，我拿布没有钱了，你有钱了贡献一点呗。他就说，你哪点不是我给你贡献的？你就拿去用呗。就给我把钱一给，我赶紧拿些钱去买东西。他还要支持我呢。老公要是不支持我，娃不支持我，我也是不行的，缺这缺那，哪来的钱呢。

张：您现在是不是不用依靠他了？

于：（欣慰地）嗯。不用依靠他了。不过，有时候他还要帮我识字，我识字少。人家啥事上都给我帮着呢。

张：我觉得您家里人确实对您挺支持啊！您的传承保护记录，是儿子给搞的，写得多好啊！都成范本了。

于：（感激地）也谢谢张主任，领
　　导也都支持我。

张：那您今后还打算一直做下去？

于：嗯。一直做下去，不能叫它失
　　传了。除非我老得走不动了，
　　那就没办法了。我要把这几个
　　徒弟都带出来。是各级文化部
　　门的领导把我培养起来的，我
　　要对得住各位领导，应该一直
　　做下去。

△ 课题组成员和于包包合影（2020年9月）

张：那您对现在的生活很满意吧？
　　今后最想做的事情是什么？

于：嗯。最后，还是想把我这刺绣给搞大一点。

张：您想怎么大？

于：我想把这再给搞大一点，学生找多一点，刺绣都让学会。还有五十多岁的，
　　跟我一个年龄的，还有六十多岁的，都来找过我，问我还收不收徒弟。我
　　说教呢，只要你来，我这地方大着呢。我楼上也给弄好了，年龄大的都在
　　路边那房子里，儿子也给我把空调都装上了。学生来了都在那儿，给我装
　　了两个空调呢。

张：家里人对您的帮助很大呀。

于：（满足地）嗯。儿子和老公都支持我。

张：您有五个孩子，那孙子有几个了？

于：儿子和女儿的都算上，孙子有六个了。

张：那您是儿孙满堂啊！现在的生活多好啊！那今天我们就先聊到这儿。谢
　　谢了！

皮影戏代表性传承人
王绍西

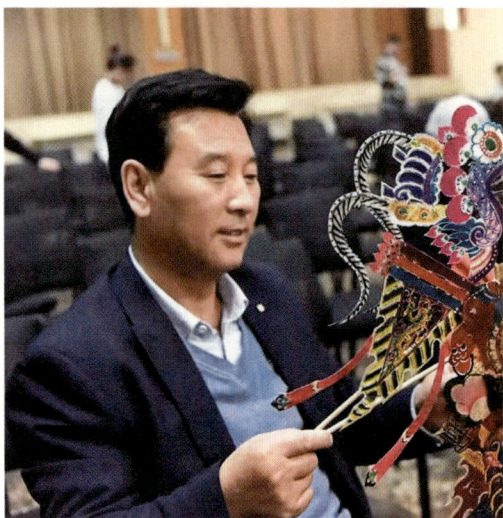

　　王绍西，1965年出生，固原市原州区寨科乡人。2013年被认定为自治区级非物质文化遗产项目（皮影戏）代表性传承人。

综　述

　　"一口叙说千古事，双手对舞百万兵。"皮影戏是中国宝贵的非物质文化遗产。皮影戏类属道具戏，通过灯光把用牛皮或驴皮、纸板制作的各色精巧人物、动物的影像投射到幕布上，艺人在幕布后面操纵影人，配合打击乐和弦乐及唱腔，表演秦腔折子戏等地方戏剧。皮影戏在民间流传极广，深受广大群众的喜爱，是电视、电影出现前群众重要的娱乐方式之一，也是一些地区百姓祈福求平安的一种重要仪式。

　　王绍西于1965年出生于固原市原州区寨科乡，自幼对皮影戏充满兴趣。当时村上有一个戏班，师傅叫秦世贵。每逢戏班到各个村庄去演出，王绍西总是紧跟其后，兴致勃勃地观看戏班的人拉乐器、唱秦腔，十分入迷，甚至自己制

卜　王绍西在皮影戏演出中
（本人供图）

∟ 王绍西表演皮影戏的皮影道具（梁庆摄于2020年9月）

作了一把胡琴，自学拉琴。王绍西极具音乐天赋，仅仅靠着听来的曲调、观察别人拉琴的动作，就能模仿拉出当时流行的《绣金匾》等歌曲。他的天赋和勤奋终于打动了秦世贵，十一岁时被收为徒弟。在其后的十七年，王绍西作为戏班的一名成员，经常到宁夏、甘肃及内蒙古各地演出皮影戏。当时，能够满足群众祈福求平安心愿的民间皮影戏，在甘肃环县、庆阳，宁夏吴忠、同心一带非常盛行。戏班成员除农忙时节要打理家中庄稼之外，其余农闲时间大多在周边各地演出。每年正月十五到清明是"春台"演出，八月十五到腊八是"冬台"演出。戏班外出表演，虽然赚钱不多，但对于家境贫困的王绍西来说，参加戏班的乡下演出，能够吃饱饭，当地群众像对待亲戚般地拿出新被褥热情接待戏班演员，让他感到无比幸福和满足，也从中感受到了老百姓对皮影戏的由衷喜爱，王绍西备受激励，从而也更加勤奋钻研赖以生存的皮影戏表演艺术。

　　长年外出表演皮影戏，让王绍西开阔了眼界。为了让家中三个孩子能够进入银川的学校读书，享受更好的教育资源，1996年王绍西带领全家从老家固原市原州区寨科乡自发移民到银川镇北堡。然而，那年遇上大旱，面向基层农村群众的皮影表演一时没有了演出市场。为了度过灾年，在政府的组织下，王绍西和其他部分农民一同，被安排到石嘴山煤矿当轮换工。由于王绍西擅长吹拉弹唱，被借入工会，负责给老年人教唱秦腔、表演歌舞等。三年期满，王绍西谢绝了煤矿老年协会的挽留，返回镇北堡和家人团聚。为了抚养家人，王绍西除种田，还来到不远处的贺兰山岩画管理处打工。王绍西还有着娴熟的木工技艺，承担了为贺兰山岩画景区建筑物制作门窗的活计。其间，王绍西唱皮影戏的才能也被发现，被推荐到银川玉皇阁表演皮影戏。在这里，他有幸遇到了银川地区的一位皮影名人张进绪，有机会得以交流。在银川地区的皮影演出，使得王绍西在当地皮影艺术界有了一定的知名度。

2002年，镇北堡西部影城董事长张贤亮邀请王绍西加入影城民间艺术部，专门表演皮影戏。后来，他凭着唱秦腔、拉二胡等多方面的才艺，当上了皮影戏班班主。王绍西感言："古人说，人挪一步活呢，草挪一步死呢。现在活了。"影城为王绍西等民间艺人提供了展示民间艺术的平台，王绍西如鱼得水，尽情展示着传统皮影戏的魅力。2008年，王绍西跟随张贤亮组织的民间艺术考察团，到河南洛阳、郑州，山西王家大院、平遥古城等地参观，这使王绍西萌发了将小规模的皮影戏拓展为多人合作的"大皮影戏"的想法。得到张贤亮的认可与支持后，王绍西招纳皮影艺人，组建了较大规模的皮影戏团。2008年以来，王绍西带领皮影戏团，活跃在镇北堡西部影城及宁夏沙湖等景区舞台上，也曾应邀到宁夏永宁县、贺兰县、银川市，以及内蒙古包头、额济纳旗和左旗等地演出。2012年，镇北堡西部影城建成"老银川一条街"，为了再现原汁原味的老银川生活，很多民间艺人都在此表演。王绍西也借此机会组建了一个综合性的传统民俗文化展演的戏园子，并以银川早年的一处娱乐场所"承天戏园"命名，加大了皮影戏的推广与传承力度。

王绍西在四十多年的皮影戏艺术生涯中，练就了高超的本领，可谓"能拉会打，能敲会唱，能说会道"。他有一副天生的好嗓子，有着深厚的秦腔演唱功底，其演唱风格古朴、沧桑、豪放。王绍西最擅长传统剧目的表演，他能完整地表演二十多个剧目，其中以神话剧和历史剧居多，有《天官赐福》《刘海撒钱》《金沙滩》《周仁回府》《窦娥冤》《刘备祭灵》《花亭相会》《孙安动本》《西湖遗恨》等，他还收集整理了一百多个传统经典曲目。王绍西的二胡、三弦等弹拨乐器的功底也很深厚，并能够掌握唢呐吹奏、锣鼓打击方法，其操作影人

⊥ 王绍西为小学生表演皮影戏（本人供图）

的技艺更是灵巧娴熟、活灵活现。除了全套的皮影表演技艺之外，王绍西还掌握了皮影戏人物的皮影道具制作技艺。王绍西对皮影戏的热爱经久不衰，他热衷于收藏皮影和皮影戏相关的乐器，不仅有民国时期的皮影，还收藏有年代久远的龙头板胡、高音板胡、秦腔板胡、三弦、唢呐等中国传统乐器。

如今，王绍西年过半百，热爱皮影戏的热情不减当年，依然坚持皮影戏表演，并专注皮影戏的传播和传承，他将自己整理的皮影戏曲目和表演技巧，毫无保留地传授给杨国栋等八位徒弟。令他欣慰的是，三个儿女都有一副好嗓子，他们也渐渐理解了父亲对皮影戏艺术的热爱之情，开始跟随他学习表演皮影戏。王绍西还经常深入到校园传承皮影戏传统文化，为小学生表演皮影戏普及皮影知识。2013年，他被评定为自治区级非物质文化遗产项目（皮影）代表性传承人，2019年成为宁夏文联音乐家协会会员，并担任中国民间艺术家协会皮影部副部长。近年来，王绍西多次应邀到银川市各大商场、学校及社区展演皮影戏，每年都和各大旅游景区建立表演业务合作关系，正在为传统皮影戏的传承而辛勤努力。

访　谈

被访谈者：王绍西（自治区级非物质文化遗产代表性传承人）

访 谈 者：张洁、杨杰、梁庆

访谈时间：2020年9月29日

访谈地点：银川市镇北堡镇华西村王绍西皮影戏工作室

录音录像：杨杰、梁庆

录音整理：卢晓雨、杜丹、武宇林

综述撰写：杜丹、武宇林

张：王老师好！我们今天来是要进行自治区级以上非遗传承人口述史的采录。

　　咱们就以聊天的方式，我们问啥，您说啥就行。您是哪一年出生的？

王：1965年4月。

张：您是从啥时候开始学皮影戏的？

王：十一岁就开始了。

张：刚开始先学啥？

王：刚开始是学拉胡琴。

张：皮影戏里需要拉胡琴吧？

王：对。那时候，我们村上有个戏班，我师父姓秦，他们一家子都会这个东西，
　　拉胡琴的，唱的。庄里其他人几乎都不会，那时候也都没学过这个东西。
　　我就爱听他们的乐器声、鼓声，就觉得我要学这个东西。只是那时间温饱

还没有解决，学习也有点困难。当时师父也不愿教，年龄也小嘛，家长肯定要让在学习上用功，觉得学这个也没有啥意义。那时候，家里大人对孩子的学习也不是抓得那么太紧，因为太贫困了嘛，就说你想学，你就好好在学校学，不想学了我也拿你没有办法。我那时候只有两本书，一本语文，一本算术，也没有啥课外作业，回家还要上山捡干树枝、干树叶子、干草、羊粪豆豆等用来烧炕。那时间家庭状况太不好，就把山上那个草胡子（草根）都拔没了，还要干一点农活，家长哪里管你这个事（学皮影表演）。反正人家唱到哪个庄里，我就跟到哪个庄里，就后头那么跟着。我特别爱这个东西，最后就自制了一把胡琴，模仿着先拉，也没人指点。小时候听过那个《绣金匾》呀，一些红色革命歌曲，灌过耳音的、听过的，就能把它拉出来。师父说，这个娃还灵着呢，那就把你先带上吧。这一带就带了十七年，我就成了他们戏班子的一员了。

张：哦。您就这样一直跟着他们干了十七年皮影？

王：对。当时也不是一定要跟着学艺，没那个想法。就是农村生活太苦了，吃不好，活不好。跟上师父以后，出了门（去演皮影戏），在生活待遇各方面确实好。晚上，新被子都拿出来给我们戏班子的人盖上，以往都是亲戚来了才能盖到他们家的新被子。也能吃饱，还能挣两块钱。我师父在同心县预旺镇莲花山画押着呢，画押就跟咱们现在签合同一样，他签了十几年合同，每年都要在春节、正月十五到山上唱皮影戏，也叫灯会，还有七月十七的水会，还有一个香烟会，莲花山一年三次会。我们这个皮影会是最小的一个会。皮影就代表还愿嘛，祈求平安的意思。那时，我们就拿一个本子，在我们这行中叫"书头"，把书头一拿，今天在这个场子一演，会长给我们签个字。明天再到哪个庄子自己找上（演）。我们自己挑着担子，或者拉着驴、驮着箱子，到村上以后，（村民）也都知道晚上演皮影戏，就接待我们。结果我们这一唱就是三个晚上。那个时候，祈求平安的人多，每个村庄都要三晚上呢！每年的正月十五出去，一直到清明过后才能回来，是晚晚不断。这是春台子，冬台子八月十五开台。粮食都收上碾场了，我们这些戏班子的人，抓紧把家里的农田收了，就要出去唱戏去，还是求神还愿，祈求平安，风调雨顺，丰收了以后就要给神唱戏呢。我们一块儿出去，一直唱到腊八。那是每个村庄不可缺少的。

张：哦。你们每年正月十五出去，清明回来，这叫啥？

王：这叫春台。

张：八月十五出去，腊八才能回来，这叫冬台，一年有两台？

王：对。就在咱们周边的甘肃到宁夏，包括同心县一直到吴忠这一带，甘肃的环县、庆阳地区这一带。那一年应该是1996年，大旱了，农村这个戏唱不了，政府组织我们农民轮流到石嘴山煤矿做农民轮换工，就把我安排到石嘴山一矿，但我没有下矿，在老年协会。工会一听说这个小伙子唱得好、拉得好，就给我们采煤队说了一下，把我借出来，在工会里面给老年人唱秦腔、搞歌舞，三年一满我就回来了。那时候在煤矿挣到了一点钱，就在镇北堡买了一块地，是自己开发的，算是自发移民，至今上面也没有管我们。现在，我们把户口转了，自己掏钱买了十五亩地。后来，地和房子也被征收了，给了四五十万，又给了楼房。我心想，来到这个地方，就像古人说的：人挪一步活呢，草挪一步死呢。现在就活了。呵呵！

张：多好啊！过上好日子了。

王：对。非遗又给了我这么一个平台。我那时学的时候，确实没有想到以后要传承，就是想解燃眉之急，为了自己的生活需求，主要是爱好。党组织给了我这么一个好的平台，要传承技艺。以前没有谁跟你说，把这个好好学完以后传承，没有这个词。我一直没间断这个东西。首先，按我们的行话说，你要有筒子，你没有筒子，就说不成。筒子是啥？就是嗓子。你没有嗓子唱，就学不成这个东西，也就半途而废了。再一个皮影要唱的话，你要吹拉弹唱都要会呢。你不会一样子，戏班子就用不成你，就是个半成品。这个戏班子哪个人头疼脑热或者有病了，你就要立马去顶上，男女都是一个人兼唱的。

张：哦。吹拉弹唱都得会？

王：嗯。作为一个皮影班子的班长，你在乐器上不会的话，那个东西任何人都拿着比画两天，比画得坏呢好呢都能动。要看你到底有多大本事，必须是嗓子能唱出来，能说出来，能说会道，能调音。我们这个行话叫"能拉会打、能敲会唱、能说会道"。敲就是敲锣打鼓。

张：还有这么多讲究呢！要具备这么多本事才能表演皮影戏？

王：对。这个皮影戏，虽说你会唱，现在会秦腔的人也非常多，但是你乐器不会啊，你不懂这里头的传统乐器，就是半途而废。所以说这里面的三弦、唢呐都要会，也要懂这个呢。行道，这个叫内行。如果说，你啥都不知道，那你就是没有学通。所以说，你先要有个爹娘给的好嗓子。

张：要具备先天条件？

王：嗯。先天性条件具备齐全，才能学这个东西呢。

张：哦。您是十一岁开始学拉二胡的，师父是谁？

王：秦世贵。

张：他是不是就是您刚才说的那个皮影戏班子的师父？

王：对。他们是祖传三代，他父亲就有个大戏班子，叫秦德，在我们固原很有名气。

张：那您老家是哪儿的？

王：固原寨科乡。

张：你们那地方以前是不是自然条件不太好？

王：我们那个地方在周边来说条件还可以，有井水吃，周边有窖水、沟水。因为我们在大路边，交通还可以。在我们大队来说，我们庄里的条件最好，我们的眼光比他们强一点。因为我们出去唱戏呀、打工呀，到处跑。外头到底好嘛，所以那时我说咱们还是走吧。

张：哦。见多识广，早早就开始往外走了？

王：对。早早就开始走了，我们是1996年走的。我们走了以后，有人说，镇北堡这个地方能生存吗？但凡是能生存的话，那早就坐满了。那么宽的一个滩，根本生存不了。我们来了（镇北堡），后来整个村都走了（离开固原寨科乡）。现在国家把老家建成草原防护站了。我去年回去，都不让我进庄子看一下，要有手续，没有手续不让进。首先一进村，有护林员来问你，身上装火（火柴、打火机）吗？把你身上的火先没收了。我跟护林员开了个玩笑，这山壕里、山里的树都是我植的，我可以把它砍了。人说那不行，那是犯法。现在不属于你自己的了，属于国有了。我们是自己搬走的，户口到哪了就是哪的人。那时是为了娃娃上学、考大学，户口不在的话不让考，就把户口迁到镇北堡，现在老家没有户口，所以人家就不让你进。五十年的土地合同在那，人家也不让你动一锹土。还说你们把户口迁走了，土地就不属于你们了。

张：哦。这是有政策规定的。你们离开的年代也比较久了。

王：嗯。久了。我在煤矿上干了三年以后，老年协会留我呢。我说不行，得回家种地去。因为有三个孩子，我一走的话，老婆一个人看不住，娃娃有时候不听话，学习上也不用功，我还是回吧！回到镇北堡以后，就到贺兰山岩画那边打工。当时的馆长贺吉德找到我，因为我是木工出身，给他们做门窗，我电锯啥都有呢。做着做着我就唱开秦腔了，他说，你还会唱秦腔啊？我说我就是个唱皮影的人，我明天把皮影戏拿来，晚上咱们唱。我就在岩画那个土炕上，唱起来了。当时，银川玉皇阁有个唱皮影的平台，他们叫我去唱。在玉皇阁唱的时候，认识了张进绪，他还说，这个小伙子唱得好呢。还说，哎呀！你还会拉呢！他说他不会拉。来来回回我和张进绪在玉皇阁唱了十来场。后来，张贤亮就来了，他说你是哪的人？我说我是固原人，现在在镇北堡。他说影视城是我开办的，你来影视城上班行吗？我当时心里很高兴，那时候我在岩画那边住着呢，这（影视城）打工离家近。我说那行。他就问我一个月多少工资？我说你一天给我多少？他说一天给你二十五块钱，一月七百块钱，行吗？我说行行行！

张：那是哪一年？

王：2002年。

张：2002年您就进了影视城？

王：嗯。我进了镇北堡影视城唱皮影戏。那时候人少，人少有个"过万费"，一天卖够一万元的话，就给这些员工每人五块钱奖金，定死的，这叫过万费。我们是周五周六周天唱皮影，平时就干点零活。2008年张贤亮叫我去河南洛阳、郑州，山西王家大院、平遥古城考察了一回，十七天，回来就叫我给他写一个心得。我看人家河南开封有个皮影戏班子，把皮影戏唱成大戏呢。咱们也可以找一帮子人，把这个皮影团弄大一些，早先是我们三个人。张贤亮看了心得说，我给你三天时间，把人找齐，你这三天不用上班，你就骑上自行车找人去。我那时候爱唱戏，戏友多得很，我知道谁会敲会打、会拉会唱。我这心里早就有准了，我这三天就转着寻人。我们那时候没有电话呀，家家寻着叫着呢，说到影视城跟我唱戏走。人家问，一个月多少钱？我说钱我还没给你问呢。一问张贤亮主席，他说，你是头儿，你应该拿多一点，给他们说少一点。他们一天出去打工挣多少，你就给他们多少钱。我是七百，他们都给六百。之后，还给交养老保险，慢慢工资也涨了。

张：就是说，2008年派您到外面考察回来就建了一个皮影戏团。是吗？

王：对。再就没有干过零活，一直唱到去年才结束了。

张：去年，2019年结束的？

王：对。我们这一班子人不让唱了。我们这个叫民艺部，全部撤销，没有这个部门了。

张：民艺部撤销了？

王：嗯。这个班子原来二十六个人，有杂技、杂耍、民俗，现在就剩我们四个人了，再的人都打发了。

张：都让离开影视城了？

王：嗯。因为我是老员工，养老、医疗、住房公积金啥都交着呢。再一个，还查了我没有和人争吵过。这个也要查呢。查你有没有跟人发生过冲突，有没有占过公司啥便宜。最后说这人可以，就把我留下了。领导说，公司不养懒人，对你评价不好，就可以离开，给了补助就走。

张：那您现在留在影视城，一个月的工资是多少？

王：我原先拿四千三百块钱。在民艺部的时候是个头，管人着呢。现在把我调到维修组，每月拿三千一百块钱。到维修组还得好好干，不然的话就回去了。我在美术上也可以，画个装饰颜色啥的。皮影就得会搞雕刻，会画呢。人说这个人弄啥都可以，细心着呢，所以就留下了。

张：您从2002年进影视城待到现在？

王：对。我进去第五年开始买养老保险，今年就够十五年了。

张：真不错。那您是哪一年结的婚？

王：1986年。

张：那现在有几个孩子？

王：三个孩子，两男一女。

张：孩子都跟您学了没？

王：大儿子现在认可我这个东西。早先包括我老婆，我在家里一唱，或者在外头干活一唱，人家就骂。她听不懂我这个秦腔，说唱的和哭的一样难听。后来到这儿了，才不骂了。在老家的时候，一犁地啥的，我就开始唱，吼上个秦腔，我这胸膛就舒服了。老婆就骂开了，说你这是哭嘛？我说吼秦腔呢，咋能叫哭呢？你这不懂嘛！"反正你不要唱！"就是不支持唱。在家里也不能吹唢呐，不能唱。孩子也都不爱我这乐器呀。现在我大儿子说，其实呀，爸爸这个东西确实好着呢，我现在要学呢。我说那你开始学嘛。我女儿嗓子也好，我女儿也在学，也爱好这个东西，但只能唱，对乐器一窍不通。现在愁的是，年轻人让他学民族乐器，就算感兴趣，也不知道拉啥呢，心里没这个东西。我就让女儿先学葫芦丝，这是最好学的一个乐器。因为三十几岁了，指头硬了，让她把两个指头分开都分不开，还是要年轻时学呢。乐器这个东西，全靠手指往出弹音色呢。他们胡琴没学会，唱还可以。胡琴我估计三个孩子现在是学不会那个东西了，没有二三十年功夫，一两年拉出来啥都不是。因为弦乐错那么一点点，多来米发索拉西都（音符）不一样。

张：哦。二胡需要童子功，那得从小练习？

王：对。要从小学这个。我们那时候还不识谱，没人给你教简谱，就是硬听。那个多来米（123）就是硬听。老师说，你的耳音咋那么好，硬听的一点都不错。我说那硬听就跟你说话一样，它是卡死的，你根本就不能错。有的民间艺人拉就（只）拉，唱就（只）唱。我们皮影艺人是自己拉自己唱。这就是为啥我那时候要自己学好这个东西。当时，张贤亮的夫人聘请宁夏京剧团的石老师和侯老师来考我们，我们根本就不知道，正常演出。这是公司给定工资呢。那一天运气也算好，我们一块的有个人感冒了，嗓子哑了，我就到前面，他给我挑皮影子，我就连拉带唱。京剧团那个姓石的老

＋ 王绍西的祖传皮影（杨杰摄于2020年9月）

师和侯老师给我打了最高分，说是练出来的，没有二十年到三十年绝对到不了这个功夫。我的分数是全戏班子最高，就做了戏班子班长。他们考察完以后，把工资条条拿给办公室，办公室定谁拿多少。结果唯我拿最多，四千三百块，最低拿三千七百块，没有过四千的，反正是我最高。

张：真厉害！您的技艺最高，不仅会拉二胡，还会唱、会说，还会制作皮影吧？工艺很难吗？

王：我们这皮影制作有二十四道工序，选皮、勾皮、脱毛，把皮子弄透亮以后，以前叫熏样，现在用电脑一打，样子搁在上面一拓就能雕刻。雕刻成了以后一定要出汗，这个汗咋出呢？就要烧两片砖，温度控制到四十度到三十五度。太烫了，皮子放这上面，一下子就皱一起了。如果皮子不热的话，这个汗出不了，有天气变化，或暴晒的时候，它就卷了。天气潮的时候，它就耷拉下来。汗出好的话，不管是天阴下雨，我那皮子一直都那么硬朗，也再不会折了不会弯了。所以说出汗这个环节一定要弄好，温度要掌握好。处理好后，上颜色这些事都没有啥窍门，只要心灵手巧，心里爱啥颜色，多上一点也是无所谓的。

张：制作皮影很不容易呢。

王：其实，制作皮影也就是一通百通，很多皮影身子是多用，头不一样。那时候没有铅笔，点一根蜡或者一个煤油灯，箱子里都有底样呢，把底样拿油烟子拓印到皮子上一熏，熏黑的地方渗透不下去，就拿那个锥子，特别尖，根据那个黑边子勾边。那个皮子潮的时候，这都是手印。然后拿温开水，把毛巾弄湿拧干后，放到皮子中间，给皮子加潮，才能拿刀刻下去。不加潮，刀刻不下去，硬得很。人家勾那个线，皮子干的时候，勾的那个线，潮的时候笔线还在呢。但是，灯熏的那个东西就没了，就跟锥子勾的那个外线，线条是这么一个油印迹刻死的，不像现在电脑快，拓印到上面再雕刻，这就很简单了。那时候都是灯熏底样呢。就是说要唱朝戏，头天晚上就要把这个头部抓紧雕出来。

张：皮影表演里面，缺个头就补个头？

王：但是，有时候虽然皮影都是齐全的，就害怕到哪个村庄，有爱好者，或小娃娃给偷走了，就得抓紧雕刻出来，这底样都是在箱子里。

张：哦。您是随时都可以雕刻？

王：只要缺啥就可以雕。皮子全都是刻得这么大的小方方（比画），在书里面夹着呢。那都是皮子，上一面颜色以后，汗一出就渗在里面，就不会掉颜色了。

张：那您最擅长的表演曲目有哪些？

王：擅长的还是早先从老师父那里学会的传统剧目，就是《天官赐福》《刘海撒钱》，都是些神话剧。再就是一般剧目《金沙滩》《周仁回府》《窦娥冤》《刘备祭灵》等。反正这些都能唱。

张：大概计算过会唱的剧目有多少？

王：断断续续有二十几个吧。

张：经常表演的有哪些？

王：经常在周边表演的熟剧有七八个，《周仁回府》《花亭相会》《孙安动本》《西湖遗恨》等等。

张：现在都在哪儿表演？

王：最远就是内蒙古的包头、额济纳旗、左旗这几个地方。在宁夏就是永宁县、贺兰县，再就是咱们眼前的银川市。

张：固原、吴忠这些地方再没去吗？

王：固原去年叫呢，又走不开身。因为我现在还在上班之中，还不能抽空出去唱。去年固原希望签一个月合同呢，他们那有个文化大院，我没敢签。最后跟宁阳广场签了一个月，结果刚唱了三天，疫情就开始了，白签了。

张：哦，被疫情影响了。那现在有新创作的曲目吗？

王：没有。因为我们一班子人一直在影视城都是唱传统剧目，新剧目就得重新雕刻人物。再一个，唱段没人给咱们提供嘛。没有人提供新剧目，最创新的也就是《白毛女》，在影视城也演呢，自拉自唱，一帮子人连敲带打。我们不久前就在贺兰县，十个人，七个拉的、三个打的，加我十一个人，在贺兰县一个售楼部给唱了。

张：唱了多长时间？

王：唱了两个小时，费用四千块。

张：那你们唱的传统曲目，主要是以历史事件为主？

王：对对对！在传统剧本里选形象最好的人物，一般奸臣这些都不唱，都是善良人物、清正廉洁的人物，正能量的。

张：那么您现在用的这些皮影是自己做的，还是？

王：也有以前的，我给你们拿来看一下（取出来）。那时候，人物雕得比较粗糙，也有民国初期的。现在我有新雕下的。

张：还有民国初期的呢？

王：对。民国初期的这个很粗糙的，但是演出来的效果确实好。

张：民国初期的是谁做的？

王：啊？这我还不知道。

张：不知道谁刻的，但是皮影保留下来了？

├ 王绍西从师父手上传承下来的皮影戏箱
（本人供图）

王：嗯。皮影保留下来了，这都转了多少手了。

张：啥时候转到您手里了？

王：到我手里估计有二十年了，我都忘了。反正那时候，收这个很便宜，这一个人（皮影）在那时候才多少钱？五十块钱。

张：五十块钱买的？

王：按人（数）买来的，不过这个头多。

张：这边有这么多头啊！就是说，随时换头，身子是一样的？

王：嗯。就是把大小臣、将都分开。这个唱戏就唱个关口将领嘛，大臣就把大臣的衣裳穿上，头把帽子戴上，其他的百姓不管，百姓就是麻衣麻布。但是大臣，就要把衣裳给分开，大臣一般有穿蟒服的，蟒身上就有龙头、蟒头这一类的。但一般农民、县官这些就不一样，所以说这个头像多嘛。

张：民国初年的皮影现在有多少？

王：现在有三十来个人吧，有一百多个头。

张：您这老物件，分不分正反面？

王：这不分正反面。

张：您这可是难得呀。保留到现在太不容易了。保存方法是不是有点简陋？木箱子容易长虫子。

王：这个（皮影）虫不吃，箱子也是师父的。

张：还能留存这么多年？当时您把这一套都买了？花了多少钱？

王：一共花了三千块钱，那可是倾家荡产。一个新手扶（拖拉机），就让人家推走了。我买皮影时，别人骂我，说这个二杆子，一个好手扶让人家推去，弄了一堆烂牛皮。没办法，我就爱好这个嘛。有人说，你这乐器就花了好多钱吧？我这些乐器花了一两万块钱呢。

张：都是啥乐器啊？

王：这个乐器是我爷爷手里的，清朝时的。这是三弦。

张：这是蟒皮吗？

王：这蟒皮（三弦）是我爷爷买下的，一直在我哥哥跟前，我哥也会，后来我
　　哥去世了，也就落到我跟前了。这个是我十二岁时，我父亲给我买的（二
　　胡），上海乐器城的。那时间上海乐器造得好。这个二胡看上去不好，音
　　色可好得很。这个是我大哥，现在去世了，十几年前在西安十八块钱买的
　　一把胡胡（二胡）。这是我1981年买的，包产到户那一年，到现在都拿着呢。
　　这个胡胡也老了，别人给过八百块钱，说旧胡胡让他拿去，我说不卖。（指
　　另一把）这个给过五百块钱，我也说不卖。他的意思是看我这个东西旧了，
　　但是音好，我说我不卖。那上面还有两把新的，我都没有动用。那些新胡
　　胡的音就是不行，不如这些老的，买回来就那样放着，拉出来味道不行。
　　但是这些都经常拉着呢。

张：哎呀！您的这些可都是宝贝啊！

王：这是一把龙头板胡，三千六买的。

张：三千六百块？这是啥时候买的？

王：这个买来有七八年了，我小儿子在西安上大学时给我买的。这把是
　　一千二百块钱买的，高音板胡，拉歌剧用嘛，《白毛女》这些。这是个秦
　　腔板胡。这个叫低呐。这还有我收的杨老师的泥哇呜。那个板板拉着不行

了就自己换，这是一个桐木板板。

张：哦。乐器的板板不行了，还会自己换呢？

王：（幽默地）不掏钱嘛。

张：王老师真是多才多艺。还会木匠手艺呢。

王：要让别人换的话，换这一个头，光手工一百五十块钱，板板还不算，都算得二百块。我自己买了些工具，推刨子啥的，我是个木工嘛，这些东西随便就制作了。

张：让我看看，还有这么袖珍的刨子呢。

王：这些小东西（工具）只能我用，谁都不借给。有人来借，我说那不借，借了去给我把刀刃弄坏，就没办法再用了。

张：说明您的木工活相当可以啊。这儿还有一堆荣誉证书呢。这是宁夏回族自治区成立七十周年的书法摄影民间工艺作品展的获奖证书，应该是皮影人物的作品。这几年获得的荣誉真不少。请问您的皮影作品用的是什么材料？

王：主要是牛皮，它能透亮。

张：驴皮不用吗？

王：河北人用驴皮做皮影，咱们这儿牛很多，就拿牛皮做。

张：您现在只是表演，不销售皮影？

王：也销售，小玻璃框子装的那种。这种表演类的不销售，给多少钱都不卖。

张：这都是您的宝贝啊。

王：对。等到孙子手里看咋样呢，反正在我手里是不卖的。我这是收藏河北那边的皮影，驴皮做的，人的脸部形象跟咱们这边不一样。

张：这是您做的皮影摆件吧？可以出售吧？

王：按我们来说，牛皮是辟邪的，皮影摆件放在床头柜上，可以辟邪不做噩梦。牛气冲天，也有这么个意思。

张：一般都是哪些人买牛皮的皮影？

王：主要是咱们农村人。有人觉得这是纸的，牛皮能刻成这样不太相信，一问就走了。但说这个买上可以辟邪、牛气冲天、你很牛，就有人买。还有汉族人称牛是佛，驴是鬼嘛。

张：牛是佛，驴是鬼？还有这种说法。现在皮影有没有机器做的？

王：有呢。现在陕西有些皮影就是拿刻章用的激光制作的，不是雕刻，激光直接烧着呢。但是烧出来的东西，用手去摸有烧的边缘在，刀子刻的边缘是平的，这就可以区分了。

张：现在带徒情况咋样？

王：带徒现在就带着我女儿嘛。到哪里演出，就我们那一帮子老手。再就是宁夏一些老师，金凤区九中、丰登回民中学的几个老师，都来学这个东西，解燃眉之急，到外头比赛去。

张：哦。他们是学表演还是学制作？

王：学表演嘛。今年金凤区在叙利亚还是哪里文化交流，有两个老师选了皮影，有两个老师选的是美术，就来我这儿学了一个月。再就是宁夏大学的大学生写毕业论文，也来找我，他们多是学民俗的，到我身边问这问那。最近有些可能是宁夏民协的，都是些老妇人、老爷子要写书，也过来找我，跟我交流。

张：现在跟您学的人里，年轻人多还是年龄大的人多？

王：真正学的是年轻人，只不过就（只）学着能会演，不扎实学，能给把动作学规范就行了。但是丰登回民中学的那些学生学得扎实，他们还学唱腔，教了两段秦腔，这次把我推荐上去当评委嘛，学生唱了一折子秦腔，唱得确实好，还晋级了，金凤区也有一个唱秦腔的。

张：那您以后最想做的是啥事？

王：最想做的就是把我学到的东西都传下去。

张：那您觉得皮影戏发展到现在，还存在哪些问题？

王：现在问题就是，尽量要把传统的东西教给这些学的人，就像我女儿，要灌耳音，就跟我学的时候一样。至于秦腔是咋唱的，咋拐弯呢，路子咋走呢，把耳音灌上，就算她不识谱，伴奏出来多少能唱上。现在带学生，有些学生想学这个东西，一说先学什么、再学什么，他就会说这个太慢了，都在为钱着想。我说我学这个东西的时候，也没有想以后能挣上钱。我们现在挣的还是可以的，出去演一场，三四千呢。你一天打工才能挣多少？也就挣一百块钱。但是就我一个出去唱一场一千块钱，我比你打十天工还轻松。以后学会这个东西，你也能挣些钱的。

张：就现在的发展趋势，国家在保护着呢，会越来越重视的。

王：乐器这个东西确实不好弄，就按我们师父的话来说，多少要有一点天赋呢，没有一点天赋，就是硬学，咋都不行。还得要喜欢才行。

张：对。只要真心喜欢，就能学进去。那皮影戏都有哪些讲究？

王：唱皮影戏讲究多。皮影唱完回家不叫回家，叫"归笼"。

张：像小鸟似的出去了，晚上要飞回来？

王：上洗手间，我们那叫到茅房解手。茅坑也叫，茅房也叫。还有帽子不能叫帽子，叫"塞福套子"（音）。

张：这都是你们的行话吧？

王：对对对！还有账本，不叫账本，叫树头，大树的树。意思是说，一棵小树出去以后分散到各处去唱，今晚是哪个庄子，明晚是哪个庄子，上面给你写得清清楚楚。就跟咱们现在的定位一样，根据定位走就对了。到那时肯定唱，都是提前说好的。还有男女不能混合装，装了，你这个班子会吵架的。

张：皮影装盒子的时候还不能男女同装？

王：对，不能男女同装。在装箱时，先把女人放在箱底，把男的百姓放中间，把大神大将放在上面。最上面是神像，就是神话人物。中间位置就是皇上、大臣，下面是县官一类的，再下面就是百姓，最下面是女的。

张：从皮影的装箱上就能看到女性在旧社会的地位很低下。没想到皮影戏班子流传下来这么多讲究。

王：但是，如果这个箱子横着摆放的话，左面是最上，左面最大，就像咱们现在说的"男左女右"，把男的要放到左面去，把女的要放到右边去。皮影箱子到农村去，要两个人抬，不让女人看见。把箱子放好后就烧香、插香敬奉好。晚上戏开了以后，箱子就收里面去了。唱神戏时不要女人看，也就是给神演戏时不要女人看。这个神戏演完以后，女人可以进来看戏。

张：那现在还有这些讲究吗?

王：现在没有了。现在还讲究就没人看了。

张：明白了。谢谢王老师!

六盘山木版年画代表性传承人
任振斌　任晓辉

　　任振斌，1972年生，宁夏银川人，大专文化程度，2013年被认定为自治区级非物质文化遗产项目（六盘山木版年画）代表性传承人。

　　任晓辉，1968年生，宁夏银川人，初中文化程度，2017年被认定为自治区级非物质文化遗产项目（六盘山木版年画）代表性传承人。

综　述

　　木版年画是中国传统的民间艺术形式，已有一千多年的发展历史。年画往往与中国传统节日春节有着不可分割的联系，既满足了老百姓过年居家装饰的需求，也承载着人们迎祥纳福的美好愿望。固原市西吉县杨坊村的任氏家族，正是远近闻名的木版年画雕刻世家。据悉，早在清同治年间，任家就经营着木版年画商号"戎义兴"，时至今日，任振斌和姐姐任晓辉已是这门家传手艺的第六代传人。

　　任振斌，1972年出生，是家中七个孩子中的老六，也是最小的男孩。在任振斌出生前后几年，木版年画正面临被当作"四旧"破除的危险。任振斌的父母都是老实本分的农民，家中的年画刻板等工具已尘封多时。所幸改革开放后，乡村里张贴年画的民间习俗渐渐复苏，为了满足群众的需求，任振斌的父亲又重拾木版年画的制作技艺。

　　由于家中大哥不幸早逝，任振斌的二哥很早就替父母扛起了家庭的重担，仅仅读完小学，他就开始做些小生意补贴家用，其中也包括出售木版年画。二哥继承了父亲的手艺，能够独立制作木版年画，后来又把祖传的手艺教给了年幼的任振斌。对于当时还在上学的任振斌而言，寒假是既幸福又受罪。受罪是因为在数九隆冬季节，要帮二哥制作年画，还要到集市上去叫卖；而幸福正是这份辛苦的回报，卖年画赚来的钱可以改善生活，可以买些平时吃不到的好东西。任振斌在耳濡目染中学会了年画的制作，逐渐能够独立设计、雕刻、调色、

印制。小学三四年级时，任振斌就刻了雷锋像的年画带到学校，当时学校的老师们都难以置信是他刻出来的，直至看到了刻版，纷纷夸奖他做得好。任振斌中学年代，机印年画逐渐替代了手工木版年画。机印年画既美观且快速高效，成本相对较低，价格也比较便宜，这对于手工年画的销路是巨大的冲击。任振斌家的年画自然也就做得少、卖得少了。

任振斌高中毕业后参加了工作，一开始在中国建筑第三工程局当工人，由于有美术功底，后来又被调到工会办公室从事宣传工作。其间，任振斌跟随领导出差走访了多地，了解到外省很多景区都在宣传民间艺术、打造民俗项目。任振斌突发奇想，自己祖传的木版年画技艺是不是也可以借此宣传乃至传承呢？

2004年，任振斌辞职回到银川创业，恰好此时镇北堡西部影城正在挖掘民俗文化、推进非遗保护项目，已有一些非遗传承人、民间艺术家入驻影城。影城负责人张贤亮先生了解了任振斌的木版年画技艺后，鼓励他也到影城来发展，任振斌应邀在影城开了一家小工作室。后来任振斌邀请姐姐任晓辉和姐夫金占有，一起到影城来经营工作室，因为姐姐姐夫都具备制作年画的技艺，三人同心协力，凭借着祖传的木版年画技艺，支撑起了这个小小的年画店。

任振斌的姐姐任晓辉1968年出生，比任振斌大四岁。同样是受到家庭的影响，一步步走上了制作木版年画之路。任晓辉十几岁时，就跟着二哥印制年画以补贴家用。不过由于年画行当讲究男女有别，任晓辉起先并没有以此谋生的打算。20世纪90年代初任晓辉结婚，丈夫金占有家和任家一样，也有着制作木版年画的技艺和传统，两家因此结识并结亲。夫妇俩原先在工地上承包木工活，随着年纪增长，逐渐产生了离开工地到银川定居的想法。在弟弟任振斌的邀请下，夫妇俩带着三个儿子来到银川定居，儿子们进入银川的学校上学，夫妇俩来到影视城和弟弟一起打理年画店。金占有主要负责年画店的经营和年画印制工作，性格比较内敛的任晓辉便承担了雕刻木版的工作。任振斌认为，姐姐任晓辉要比自己更有耐心，因此刻版更加精细，雕刻技艺更为精巧。一幅年画的制作，往往先由任振斌设计图案，任晓辉雕刻木版，金占有印制，三人相辅相成、分工有序。

2009年，我国著名作家、艺术家冯骥才先生到宁夏进行民俗文化考察，在镇北堡西部影城参观了任振斌的工作室，对任氏年画的技艺和传承给予了充分的肯定和鼓励。任振斌由此才了解到非物质文化遗产的概念，开始尝试申报传承人。2013年，任振斌被认定为宁夏自治区级非物质文化遗产项目（六盘山木版年画）代表性传承人。2017年，任晓辉亦被认定为宁夏自治区级非物质文化遗产项目（六盘山木版年画）代表性传承人。

任振斌和任晓辉对宁夏地区木版年画的传承和发展起了非同寻常的作用。从前，木版年画的主题多为古代神话传说，如《秦琼敬德》《天官赐福》《刘海撒钱》等，任振斌则紧扣时代脉络，坚持与时俱进大胆创新，创作了《十二生肖》《宁夏风景》《六盘山民间传说》等多种主题的年画。与此同时，他在传统主题的基础上，加入当代年轻人喜闻乐见的元素，比如幸运花、幸运石等。2015年，银川文化馆举办了"任振斌木版年画、木活字印刷"汇报展览，展出八十余幅年画作品，具有百年传承的任氏年画技艺借此契机被介绍给了更多的人。同年10月，文化部外联局、宁夏文化厅邀请任振斌等宁夏非物质文化遗产传承人赴老挝参加文化交流活动，为此任振斌创作了《中国老挝·友谊合作》年画，再度赋予了年画新的形象和意义。2016年，任振斌在镇北堡创办了木版年画与木活字印刷综合传承基地，让游客们体验、参与到年画的刻版与印制过程中，再度加强了对传统木版年画的宣传。

任晓辉在经营打理年画店的同时，还陆续参加了2017年银川市清明节塞上风物系列非遗展、2020年宁夏黄河流域非遗作品创意大赛等多种活动，为木版年画的传承贡献着自己的力量。

木版年画在任振斌和任晓辉的努力下，得到了广泛的宣传。然而，让他们最发愁的是技艺传承问题。任振斌现在有两个徒弟，但都不是职业的木版年画制作者，他们同时还要兼顾自己的本职工作。他希望能招两个有美术功底或是美术院校毕业的学生，这样的徒弟容易入门，且有留在年画行当的可能。可喜的是，任振斌的高中生大儿子对父亲的木版年画技艺颇有兴趣，兴致勃勃地跟父亲说："等高考结束我也去干，把我的工牌也办上。"这让任振斌心中对木版年画的传承燃起了新的期待。

∟ 任振斌和体验木版年画的游客合影（本人供图）

访　谈

被访谈者：任振斌（自治区级非物质文化遗产代表性传承人）

访 谈 者：武宇林、杜丹

访谈时间：2022年1月4日

访谈地点：银川市漫葡小镇民俗文化街任振斌贺兰石工艺品店

访谈录音：杜丹

访谈整理：杜丹、武宇林

综述撰写：杜丹、武宇林

武：任老师好！您的门店不是在影视城吗？

任：（微笑）是的。那里有一个，这儿也开了一个。

武：哦。我早就知道您的名字及木版年画了。去年还跟宁夏非遗中心的调研
　　组去镇北堡影城参观过您的木版年画传承基地，也欣赏过您的作品，不
　　知道您这边还有一个门店。今天，是想进行一个比较详细的访谈。我们
　　北方民族大学非遗研究所和宁夏文化馆正在合作搞一个课题，就是对宁
　　夏前四批一百七十六名非遗传承人进行抢救性记录。固原卷已经出版了，
　　石嘴山卷马上出版，我们这是在做银川卷，您被访谈的内容也会收到书
　　里边。请您选一些自己满意的工作照、作品照片，还有获奖证书图片等，
　　通过微信发给我们。

任：好的。我回去找一下发给你们。

武：那下面我们就开始访谈。请问任老师是哪一年出生的？

任：我是1972年7月出生的，老家是宁夏西吉县吉强镇杨坊村，我们也叫杨坊城村。

武：西吉吉强镇，我去过呢。那儿还有唱花儿的一些歌手，民间艺术氛围还是很浓的吧？

任：就是的。

武：那您1972年出生的时候，父母都在做什么？

任：我出生的时候，父母都是农民。我对这个年画有印象，是在我小时候，1978年包产到户以后，我们家就又开始搞年画了。当时我哥、我姐、我父亲都在做这个，不过大部分都是我二哥在做，每年腊月他都会印好多，再拿到集市上去卖。

武：您最早接触木版年画是1978年改革开放以后，就是说，你们那里家家户户过年都要贴这些东西，有买年画的需求。您那时候也就是六七岁，家中兄弟姊妹几个？

任：一共七个，我是老六，三个姐姐、两个哥哥，还有个妹子。

武：家里父亲做这些吗？您是跟谁学的？

任：我基本上是看我二哥做，跟我二哥学的。我从小就看他们怎么做，我父亲也做，但他做得很少，解放以后年画这些就不太做了，因为我们家过去做的大部分都是门神嘛。西吉那边的人过年都喜欢贴门神，大家也就都做门神。可是解放以后那几年就不太做了，还有其他类似的一些，我父亲都能刻。不过，后来这些都被说是封建迷信嘛，他也就不刻了。他刻的那些旧东西，有的我们当时就烧了。

武：您跟着哪个哥哥学的？

任：我跟着二哥学的，我大哥年轻时就去世了。

武：哦。您二哥是哪一年出生的？上过学吗？

任：我二哥是属龙的，比我大十岁左右吧。他就上过小学。

武：任老师上学的情况？那时候家境怎么样？

任：我上了高中。我父亲解放以后到月亮山农牧场放牧，属于国营牧场。后来我大哥十八岁的时候，就去牧场顶替我父亲工作，父亲就回家了。可是，后来我大哥年纪轻轻地就去世了，我爸妈受的打击也比较大，家里生活挺困难的，我二哥就不上学了，我姐也不上学了，家里的重担就转交到我二哥身了。他小小年纪，就开始做生意，卖东西、卖年画什么的。

武：那么您二哥从多大开始搞木版年画的？

任：他可能是十几岁的时候吧。之前他也没接触过，因为包产到户之前，农村用这些用得比较少，我家从前的一些刻版，都被我父亲放在墙上的一个蜂窝里了。只有七套版，也不多，他把它们都给藏起来了。后来，政策慢慢地放宽了，允许门上贴年画了，他才敢拿出来，还告诉了我二哥，我二哥就首先学会了。

武：就是说，您二哥的木版年画手艺是父亲教会的，二哥又教会了您，基本上就是这样传承下来的。那您还记得那七个年画刻版大概是什么内容吗？

任：就是贴在大门上的《秦琼敬德》，上房门上贴的《天官赐福》《吉祥如意》，也就是主房门上。厨房里面贴《加官晋爵》《刘海撒钱》《灶神》《状元进宝》，厨房也叫耳房。

武：农村里贴年画还有这么多讲究呢。

任：就是的。厨房门上贴门神，里面还有灶神。厨房为啥要贴《加官晋爵》呢？因为画中的人物每人端个盘子，盘中放着官帽和酒爵。老百姓都喜欢把《加官晋爵》贴到厨房门上。还有就是《状元进宝》，要贴在年轻人住的房间门上。其他的房间，比如说仓库，就可以贴

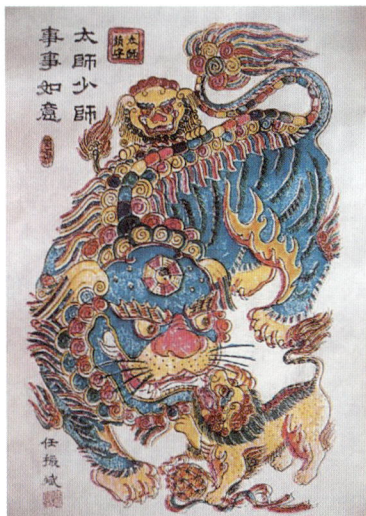

↑ 任振斌木版年画作品《事事如意》
（本人供图）

《刘海撒钱》。

武：《刘海撒钱》这些，都是老百姓特别喜欢的。

任：对啊。所以我给人家卖年画的时候，也要给人家介绍的。还有灶房的方向也有讲究，我们的《灶神》年画，它还是个活版的，那个灶神旁边有一只鸡，有一条狗。卖年画的时候，要问买主是东灶还是西灶？东灶要把狗牵到那边，西灶要把鸡牵到那边，这个鸡和狗是能活动的。每次我们印年画的时候要问清楚，给人家卖的时候，我们要印两沓。有的买主懂得，说他们家是东灶，要把这个狗放到东面。有的说他们家是西灶，要把鸡放到东面。

武：哦。还有这么多讲究呢。

杜：我以前见的门神，主要是大门上的比较多。就是说，比较讲究的人家，家里各个房门上都要贴一贴吗？

任：对！都要贴的。

武：全套的话需要多少张呢？

任：全套我记得就七种，就上面说的七种。

杜：全套是七种，但是根据家里有多少个门，决定买多少幅年画？

任：对对对！这个大门肯定就一个，主房肯定有，这两种都印得比较少。像《刘海撒钱》啊、《加官晋爵》啊，还有《状元进宝》这种的，印得就相对多一点。因为有的人就可以买两沓，各个房门都贴。这个《秦琼敬德》只在大门上贴，只需要一幅，其他门可能有很多个。还有那个《吉祥如意》，家里有老人的话，就给老人的房子贴上。

武：就是说，传统的木版年画到现在也是以这七幅为主，也是最重要的。那您能把这些图案的具体内容大概说一下吗？

任：《秦琼敬德》年画里就是一个秦琼、一个敬德，都骑着马。

武：人物服装、道具、手里拿的东西，包括画面构图基本上是固定的吧？您说到的《加官晋爵》托的是什么样的盘子？

任：他的托盘里面有酒杯（酒盅），爵就是酒爵的意思，也指那个酒杯，所以要贴厨房门上。盘子里还托着一项官帽，所以叫《加官晋爵》。

武：哦。都是用形象的东西赋予它美好的寓意。您说的《吉祥如意》的画面是什么？

任：《吉祥如意》就描绘了一个天官，民间都说"天官赐福"嘛。画面左面是天官赐福，手里拿了一个条幅，这样一竖开，有四个字。

杜：上面就写着"天官赐福"？

任：嗯。右面就是一个写着"吉祥如意"的条幅。

杜：那画面有如意之类的物件在上面吗？

任：（微笑）有呢。木版年画中会把中国传统的、吉祥的一些图案都加进去。就像如意呀、铜钱呀、祥云呀、美好祝福的葫芦呀。

杜：虽然各家做的不一样，但加的东西可能是大同小异？

任：对。就像这些传统门神，全国来说都是差不多的，稍微有一点变化，风格也不一样，总体差不多。

武：那好。咱们再回到您二哥每年都搞年画上。当时您还在上学吧？

任：是的。我当时在上学。

武：那么每到过年的时候，他在做，您就去主动帮忙？

任：是的。肯定要帮忙的，因为他一个人忙不过来嘛。特别是放寒假以后，感觉又幸福又受罪。

武：幸福在哪儿？受罪在哪儿？

任：幸福嘛，是说我哥生意好了，可以买好吃的，每次我家附近的人，他们都直接到我家来拿画，就能收到现金。我们自己也拿到集市上去卖，可是冻得很那时候，所以就开始受罪了呗。

武：特别是年前可能生意比较好吧？

任：对！年前生意比较好，也不是我们一家卖，有其他人也卖年货的，会介绍说，谁家有年画，他们就来我家批发，各样都拿一沓子。

武：嗯。年画是农村人家重要的年货之一，过年的气氛都要靠这些年画来烘托。

任：对。我们还做那个"云子"，现在不做了。香马云子，香马就是香表，（用手比画）就这么大的纸元宝。我们叫香表也叫纸钱，神马图案印到黄色的纸上面，做很多。云子是用黄色的纸做的，现在不见了。就像刻纸一样，图案刻在上面。云子有 A4 纸那么长，刻一个福字，旁边再刻上六个条条，上面刻些花，用凿子凿的花。

杜：这个云子是怎么用的？

任：这都是和年画一起配合着卖的，现在这个不做了。只是装在家里，年画一贴，再把这个香马云子在年画上面贴一个，家里的房檐上贴一个，装饰起来特别好看，因为显得比较神秘嘛。后来我研究了一下，那个东西肯定有种神话色彩，因为我看到《封神榜》中那些神仙拿着的法器上面都绑云子那样的花。不过现在已经不做了。

武：哦。应该是曾经流行过的木版年画装饰品。那么您是什么时候开始帮着二哥做这些呢？

任：我印象最深的，是上小学期间。那时，学习雷锋好榜样嘛，我就刻了一个雷锋像，老师怎么都不相信我能刻出来雷锋像。

武：雷锋像？这应该是您的第一幅木版年画作品。当时几年级？

任：（自豪地）对！也就是三四年级。我记得上学的时候，做的工艺品、画的画、刻的版画，老师都夸奖说特别好。我就是爱好嘛。

武：有老师的肯定和夸奖，就更自信了吧。那时候，边上学边学习刻版，手拿刻刀，自己构图，在木头上刻一些图案？

任：是的。那时就慢慢熟悉这个刻版的流程了。

武：那么您正式接触木版年画是啥时候？

任：其实，这种年画卖了几年就慢慢不景气了。因为那种机器油印的年画出来以后，我们家印的这些销量就马上少了。

武：是机器批量印刷的年画吧？

任：是的。而我们就是像现在这样的先用木板刻出来，再手工印刷的。

武：用的印刷原料是墨吗？

任：墨汁和水彩。

武：哦。那木板年画也需要套色，有红色、黑色吧？

任：嗯。我父亲那个时候还教给我们，红色用什么熬。我哥印画的时候都已经开始用品色了，也就是化学颜料。

杜：就是说，以前，父亲是自己制作颜料，但是到你们做的时候，就开始用化学品颜料了？

任：是的。我们在老家静宁的时候，父亲说当时用槐树的槐花啊，各种东西熬颜色。他带我们回老庄时，在我们老祖先住的屋子里，把土挖开，都是红色的、蓝色的颜料。他偶尔说一下，那个时候印画颜色都是自己熬制的，地面上土的那个颜色，肯定是谁不小心把颜色缸打翻了，留下了颜色。不过，我们也用锅底灰熬过黑色，先把锅底灰收集起来，然后磨得细细的，再把像小豆子一样的胶粒，也就是木工胶化成水，和锅底灰一搅和，拌成黏黏的，用手揉一揉就把它放起来，用的时候再化开。

武：自己用锅底黑灰和胶混合在一起，做成墨块。

任：是的。里面还要加些矾，熬胶之后把矾的干面面再掺到一起。我现在想肯定是固色剂，那时候听说，就是做粉条用的那个东西（矾）。

武：嗯。使用国画颜料画国画时，也会用到矾，起到纸面上固定色彩的作用。

任：对。后来我慢慢知道颜料中加矾加胶的原因了，那时候还不知道。

武：这些制作颜料的工艺都是跟您二哥学会的？

任：嗯。他做的时候我就看他咋做，慢慢我就知道了。

武：那么这样的时光大概有多久？

任：我们家卖年画最好的时候，也就那么三四年。后来就是机印的年画了。

武：机印年画占领了市场？

任：是的。机印年画更好看，油光纸印的年画卖得更快更好。后来我哥也印的少了，就去批发那个油光纸机印年画，我们也卖那个了。不过，我们每年还是印（木版年画）的，就是数量少了。有些老年人就喜欢老年画，有人专门还找着来买老年画，所以我们也会少量印一些。

武：那么现在您二哥还做吗？

任：现在这几年我二哥就没做了，他开始做别的生意啥的。他一直印到1997年吧。2000年以后也印，每年会少印一些。印上他也拿去卖，就是卖的少了。我们都拿到西吉县集镇上销售，现在还有固原一些地方。

杜：那像您的年画一张大概卖多少钱？

任：那个时候一张就几分钱，反正几毛钱就买一套。2020年时一张一块钱。

杜：那种机印的呢？

任：机印的我没问过，可能也就两三块钱。

杜：您的还便宜一点。

任：便宜点，可就是卖不动。我们就把年画和对联啥的加在一起卖。

武：任老师，请再说说您高中毕业以后做什么？

任：我高中毕业是1991年，因为我们家比较困难，就想出去挣点钱。结果中国建筑第三工程局到我们那儿招工，我就被招上了。后来才知道，是政府照顾我们这老少边穷地区的特别优惠政策。工作了两年，我感觉待遇条件特别好，公司是央企。人家先把我们招到武汉，领导问我说，想干什么？我就自告奋勇地说："我要刷油漆。"我从小对这个颜色特别喜欢。人家考虑后，觉得招去的高中生没几个，就给我分了个电工，电工是要学技术的，油漆工太简单了。电工干了几年，因为我喜欢写字画画，领导就把我调到工会办公室搞宣传，在墙上写大字，画安全帽。

∟ 任振斌木版年画作品《孺子牛》
（本人供图）

武：安全帽还要画，画什么？

任：那个时候，工地上安全帽的字和图案都是画上去的，不像现在都是喷绘。
也会在宣传板上画一个安全帽，画一个人的形象，下面写上"注意安全"。
也在墙上写满各种宣传安全的标语。后来广告喷绘出来了，我就写得少了，
开始搞设计，让人家喷绘出来。墙上那个大字还是要写的，用刷子写。

武：挺好的。从电工又转到文化宣传工作。干了几年？还是在武汉吗？

任：后来又转到郑州，干了六七年。到2004年，心想着要干点其他的就好了。
由于我做宣传，经常看到人家河南、湖北这些地方景区的民间文化艺术搞
得挺好，就想到在家乡也可以搞一搞（木版年画），又自由又能发挥自己
的特长。

武：您是看到景点上那些民间艺人展示才艺？

任：对。展示才艺。还有我们办公室报纸特别多，能经常看到报纸上也宣传民
间艺术。

武：就特别关注，也动心了。然后呢？

任：嗯。2004年，我就辞职回到宁夏银川了。

武：当时成家了吗？

任：成家了。2003年成家的，2004年就辞职回来了。在准备辞职前，我先到影
视城、西夏王陵都去转了一下，觉得影视城挺好的，已经有几个民间艺人
了，经营情况也还可以。我当时也没想自己经营，打算帮人设计一些工艺
品，放到景区销售。后来觉得这得投入好多钱，设计出来也不一定适合，
还不如自己干呢。影视城当时的负责人张贤亮对民间文化还是很重视的，
我找了他，把年画给他看了一下，又做了几个工艺品，葫芦和石头啥的拿
过去了。他一看就说："那行吧。你过来。"就给我安排了一个位置。

武：进入影视城，这是哪一年？

任：就到2006年后半年了，那一年影视城设想着要建一个北方小城镇，就开始
大量地招收一些民间艺人。

武：那您就算正式被招收进去了？发工资吗？

任：当时也没说要发工资，就说先进来，把自己的东西拿去卖，如果能卖就自己卖钱。如果卖不出去，不产生效益，他们就给发些工资。因为我从一开始就有效益，做的东西都能卖出去。

武：那还不错。从2006年下半年进入影视城到现在的情况怎么样？

任：这十几年来，一开始篆刻贺兰石印章、卖木版年画，也带人参观一下。到2006年，就有非物质文化遗产这种提法了，当时我也不懂。正式知道这个消息大概到2008年了，那一年，北京的冯骥才先生来到影视城，张贤亮陪同参观，转到我那里一看，说："嘿，你这里还有这种年画版？"我说："这是我们家祖上传下来的。"他说："你这个好！你们这个可以。"当时宁夏文化馆的领导好像也跟着，我不认识，反正跟了好多人呢。

武：冯骥才先生是我国非遗的领军人物，他的意思是您的木版年画可以成为非遗呢。

任：对！他当时说这个可以。还有一个年龄大一点的，也说这个可以。后来就有人建议我去文化馆报非遗项目。一开始说是老家在哪里，就赶快回哪儿去报。我老家在西吉，但家在银川，后来又迟了两年，直接到宁夏文化馆才算报上。因为，那个时候我就把全家人的户口都迁到银川了。

武：哦。那么您再说一下在影视城的运营情况。

任：运营情况还可以。特别是木版年画报成非遗项目以后，我信心特别高，开始和我姐、我姐夫大量地刻一些画版。

武：我印象中您那个木版年画的门店面积可大了。

任：是的，那是专门的一个门店，专门有个年画店。原来那个店小小的，我姐主要在那里招呼经营，因为我还经营着一个木活字印刷与贺兰石篆刻工艺品店。这几年就从报上非遗以后，我们家之前原来版比较少，主要就是那个门神版，还有其他一些版。我们三个人在没游客时，就开始刻木版，陆陆续续一直刻了那么十几年，刻了五六十套版，加上小的文创版七八十个，一共有一百多套版了。

武：这可是你们的财富啊！有版就能印刷销售了吧？

任：（欣慰地）对！在2015年的时候，我就在银川文化馆办过一个年画展览，展示了八十多幅年画。宁夏博物馆的李馆长，不知怎么也看到了，托人和我说，年画展结束后能不能到自治区博物馆也办一个展览。于是2016年在宁夏博物馆又办了一个月的年画展，准备了一个大画案，来了游客就给他现场印刷年画。

武：真好！观众可以现场体验印制木版年画，不仅效果好，宣传力度也很大。

任：就是的。宣传力度比较大，在这个过程中，我们的那个影视城的年画店一直也开着，就是效益一直不太好。

杜：您在影视城里一幅卖多少钱？

任：影视城里一幅十块到二十块，不好卖。因为我们的品种比较少，大都是门神，只有过年的时候贴。可是，现在人们的住宅装修也高大上了，在现代家门上贴一个门神不太搭配，只需要贴个福字就行了。所以木版年画就卖不出去，只能卖给一些搞工艺的、美术的老师和学生。

武：时代发展了，古老的民间艺术的实用价值在向资料价值转变。

任：嗯。2018年影视城突然想找些好的项目进行合作，让游客来体验，首先就考虑到我这个年画，一下子就腾了一个大房子，就是我们现在使用的特别大的那个店，这是我和影视城合作搞的。怎么合作呢？游客来体验印刷年画，我们来指导。

杜：游客印出一幅年画要花多长时间？

任：大部分游客印一幅也就三四分钟。

武：也是用油滚子吗？

任：嗯。本来我们用的是水墨印刷，但游客很多印不过来时，为了快，也只能用油滚子滚。后来我们就还是用水墨印，印得比较慢。就这个现在效益还是可以的。

杜：有朋友来宁夏我就带着到影视城转一圈，但好像从来都没有转到过自己能印年画的门店。

武：影视城太大，有时会转不到。这个门店有的，我进去过，游客还可以根据自己的属相选择年画印刷。您现在版多了吧？

任：对。我最开始在我哥收集的那些老版基础上，再整理添补一下。有的版不全了，就给补全。有的只有一幅，再补成一对。年画的特点它一般都是一对一对的。我和我姐刻了十几年。我姐任晓辉她现在不在银川，在西吉，一会儿我会说说她的情况，你们就不用再跑到西吉去找她了。她的资料都在我这里，前两年还在经营我们的年画店，但是最近她回西吉去抱孙子了。

武：好的。姐姐也是自治区级非遗传承人，你们是同一个项目，待会儿就请您给介绍了。您刚才说到运营得还不错，还刻了七八十个版，搞了两次个展，很有成就啊。那么您参展及获奖情况怎么样？

任：（自豪地）那是2017年吧，我还到北京去外交部展示过木版年画呢。是跟着宁夏文化部门去宣传宁夏的非物质文化遗产，当时去了好几个非遗传承人，有剪纸的、刺绣的，这些美术类的，那以后又参加了好几个宣传活动。

武：北京去了多长时间？

任：去了三天。前年还参加了全国的木版年画新年画新风尚展览，给我发了入展证书。那是2019年牛年，当时我送了一幅牛的年画，生肖都是单幅的。我喜欢刻瑞兽，刻的老虎是一对，狮子是一对，麒麟也是一对，还有凤凰的图案。

武：总之，这么多年来，还是取得了很多成就。那么您在带徒弟这方面呢？

任：我带了两个徒弟，一个就是我侄子，他现在都三十多岁了，可以独立完成印刷印画，但让他刻版还有一定难度，不过也在学。另外还有一个，两个徒弟年龄差不多，还都正在学呢。但是他们都不太稳定，这也是我最发愁的地方。收徒弟是最发愁的，因为他们的基础比较弱，不容易上手，也不是专业搞这个，还要忙自己的人生，做生意啥的。我现在就想着，怎么能够和职业技术学校联系一下，招几个美术专业的学生。原来招徒弟都不给工资的，光管个吃。我如果招徒弟，会给发工资，就是不高，但肯定和外面打工收入差不多，就看这样能不能招上徒弟。

武：这是一个好想法。另外，有的非遗传承人在宁夏职业技术学院有工作室，给学生进行技艺教学，可以考虑一下的。

任：嗯。前两天我去跟他们联系了一下，说到了想招徒弟，老师也热情地登记了，说以后会给我安排课程。我还问，能不能在学校搞个年画展？他说行呢，现在有疫情。先让我做个方案出来，给领导拿过去看一下。

武：这个思路不错啊！

任：我的目的就是看能不能招到徒弟，在学校学习工艺美术的学生，学这个容易，容易上手，他们学会了，对以后的发展也有好处。没有基础的，从一开始入门就很难，好不容易把他教会了，他又不干了，转行了。我之前教了几个就转行了。

杜：任老师，您能说一下木板版画的制作流程吗？

任：做一幅年画，首先要设计。我开始用我哥收藏的一些老的画版，也刻传统的画版。后来感觉传统的不能大众化，就设计了一套生肖年画，拿出去展示，全国的同行说我这个年画好。以我设计生肖年画为例说一下，首先要突出主题，比如一个生肖，就要把中国传统的与生肖有关的吉祥图案都尽量给它设计到里面。我设计的生肖还加入了一些现代元素，就是现在人说的，属鼠的吉祥花朵是什么，幸运宝石是什么，我设计的时候，就把这些都融到里面，传统的图案也放一些。比如象征发财的宝葫芦、铜钱，还有辟邪的物件，这些都结合到里面。

武：就是把现代元素和传统吉祥图案结合到一起？

任：对。结合在一起。做一幅年画先要设计一个画稿，在纸上把这个画稿设计好，然后做一个线版，也就是黑色的版，这是第一个版，就像我们线描的版一样。

┤ 任振斌在精心刻版（本人供图）

武：明白了。线条的线，线版，相当于图案白描线条的刻版。

任：对，对。先把白描线条勾出来，再按照线条刻那个木版。

武：一般多大尺寸？

任：一般都是三十公分左右，原来做的都是小的。现在我们生肖年画做得比较
　　大，我的目的是给人家拿去装饰房间的，所以设计的版面比较大，都是40
　　公分×60公分左右的。我把画稿设计出来以后，就把它反贴在木版上面就
　　开始刻。这个木版刻出来，先印上四五张（墨线版）出来，就开始设计颜
　　色。哪一块是黄色的，哪一块是红色的，叶子部分是绿色的。要考虑到每
　　个版块的颜色要设计得比较均匀，因为这个墨线板我们都设计得比较饱满，
　　整块版面都有线条，那刻色版的时候也要考虑到这个，不能把黄色都设计
　　到这一块，要比较均匀地铺满，这样方便印刷。

武：每一种颜色刻一块版面？

任：对。

武：那墨板呢？是一个完整的图案轮廓线吧？在轮廓线上面，如果设计的是彩
　　色年画，就根据需要，再设计红色版、黄色版、绿色版？

任：对，是这样的。设计色版的时候还要有主次，确定主版。比如说，是黄
　　色多一点，还是红色多一点。如果黄色集中到这一块，周围就装饰点黄
　　色的东西。第一是为了不浪费这个版，第二是好印刷，这样画面就感觉

比较丰富。

武：一般是几种颜色？

任：三色，最少三种颜色。颜色再多了的时候，就加个单独的紫色，一套版套出来，就会显示五颜六色的色彩。

武：那已经很丰富了。

任：对。还有叠加的颜色就更丰富了。比如说黄色和蓝色的叠加。

杜：就成了绿色。哦？还要考虑到叠加？

任：是的。还要考虑到叠加，红色和黄色叠加，又会增加一层颜色，那就是橘红色。有时候根据那个画面，还会增加一个水红版，就是两种红，一个是大红色，另一个是粉红色，我们叫水红。紫色版要专门增加。

武：挺不容易，一层一层要刻版，再一遍一遍印出来，一幅彩色木版年画有好多程序呢。

杜：是把年画放在一个颜色的版上印一遍，然后再换另一个颜色版？

任：对对对！再来一遍。

武：印年画的纸是白色宣纸吗？生宣还是熟宣？

任：我们现在都用白色宣纸，熟宣。原来印画都用四川产的粉纸，那种纸现在没有了。不是粉色的，是比较绵软的白色的纸，我们叫粉纸。

杜：这么说，不同颜色的版，其实就是一个残缺的状态，它不是一个完整图案，它只是一部分颜色的那一块？

任：对对对！我这儿有版的，你们到后面来看一下就明白了。

杜：嗯。印完之后，客人马上就能拿走了？还是需要晾一会？

任：那要晾一会的。

杜：那让游客体验的时候，就几分钟？

任：嗯。游客体验就给他印一个墨线版。我们自己套一块版，也费好大事呢。

武：那要巧妙地、准确地都对上。

任：是的。要慢慢地摸，我们叫摸版。比如说，摸绿色的叶子在什么地方，把红色花再摸出来对好，印过了以后，把版取下来，我们印最少几十张，大批量印的时候一次要五十张。

杜：一张套色的年画，从开始印到最后全部干好了，大概要多长时间？

任：它是这样印的，比如说墨线版是二十张，刷刷刷就过去了，印好的放这里晾着，继续刷墨，前一个已经晾干了，下一个接着来。印过来后就用黄色的、红色的、蓝色的一遍一遍地印，是一个流水作业。

杜：我最后想问您，在最近的设计中，有没有游客们喜闻乐见、更加喜欢的比较现代的设计版？

任：做一套版周期比较慢，原来有些尝试，但效果都不太明显。我去年开始和我姐在刻一套《社会主义核心价值观》的年画。这套画还没有刻成，要十二套版呢。刻成了以后就让游客体验，想把脸谱和社会主义核心价值观结合起来，比如说"公正"就选的是包公。比如"诚信"，就选一个诚信的人物。去年大概刻了六幅线版，色版还没刻。

武：您现在这个门店是在做贺兰石雕刻吗？从刻木版又到刻石头了？

任：（微笑）嗯。我重点搞篆刻，贺兰石篆刻，别人加工好的石料，拿到我这儿来刻字。因为我在原单位时也喜欢这个，学过篆刻，还刻得很快，这也是我拿手的（技艺）。

武：真是多才多艺。那请再说说姐姐的情况，她是哪一年出生的？

任：我姐是1968年出生的，属猴的。她叫任晓辉，拂晓的晓，光辉的辉。

武：比您大四岁。她上过学吗？

任：上过学。上到初中。

武：她是多大接触木版年画的？

任：她也就十几岁吧就会印了，也刻一些，大家都没有太在意，也没有想到以后要以做年画为生。她也是因为受家庭的影响学会做这些的。

杜：当时你们是全家总动员一起做这个的吧？

任：对。当时在屋里把桌子摆开，大家都在印。

武：您家木版年画的传承都是以男性为主吧？女孩子参与得不多吧？

任：是的。女的还是少。不过印画都印的。但是女孩子印画的时候，不能印门
　　神，也不能印神像。

武：就是说，你们这个行当里面男女还是有别的。一般传男不传女。

任：对对对。我们当时虽说不传女，但女孩子一般不印那些门神、灶神，对我
　　们来说灶神就是财神。不过，后来也不太讲究了。

武：哦？灶神和财神是一回事。请您再接着讲一下您姐姐和姐夫搞年画的情况。

任：我姐她会做，我姐夫也会做。我姐夫当年经常到我们家来拿年画之类的，
　　他们两人就认识了，后来大人委托亲戚做媒。我姐夫叫金占有，他们家原
　　来也是印年画、卖年画的，大家都认识，也比较熟悉。

武：当时您姐姐在农村成家以后还做这个吗？

任：成家以后她就不做了，我姐夫当时在建筑工地做活，他们要做更赚钱的。
　　我姐夫因为会木工，在工地承包一点活。他也是跟着别人干活，会木工技
　　术，能打那种传统的木柜。

武：那么后来为什么以木版年画为主业了？

任：后来他们家孩子都长大了，我姐夫在工地上也干不动了嘛。那时候，我在
　　影视城不是有个年画店嘛，就说："要么你们来吧，孩子也可以到银川上
　　学。"所以他们就带着孩子到银川来上学了。

武：几个孩子？哪一年来的？

任：三个，都是男孩，2012年都带过来了。我说姐夫："反正你在工地上也干不
　　动了，就在这里看年画店吧。"我姐夫就开始在影视城经营年画店。他也能
　　刻，重点是印，他印得比较好，我和我姐刻的画版都是由我姐夫来印的。

武：您姐姐和姐夫2012年来的时候孩子都多大？

任：2012年的时候，十七八岁左右吧。后来两个儿子考上大学了。

武：那么他们来以后一起经营年画店，效益也还行吧？

任：效益也还行，能维持生活，孩子们上学的花销也都够呢。

武：您让姐姐和姐夫来到影视城，共同经营年画店，把孩子们都培养成了大学
生，很了不起！那么关于您姐姐还有哪些值得记录的事情？

任：就是当时在西吉报传承人的时候，我姐夫积极地去申报，成了西吉县非遗
传承人，他特别喜欢这一行，大概是2013年吧。我姐那时候没报。又过了
几年，我姐夫得了个病，他就走了（去世了）。他对这个年画积极得很，
他印得特别好。原来我姐夫在店里印，我姐坐在家里刻，因为我姐不善于
跟人交流，不爱说话。

武：姐姐是哪一年评的传承人？

任：具体哪一年？反正比我晚。应该是2017年。

武：您觉得姐姐刻的木版有什么特点吗？

任：我姐刻木版刻得很细，她比我刻得还细，我有时候坐不住，她就能坐住。

武：她也很喜欢，是吧？她的主要代表作都有哪些？

任：她不会设计，她就喜欢刻，她就刻得好，都是我设计好她刻。

武：相辅相成，您是会设计，她是会刻，你们是互补。

任：我姐夫他印得好，他能坐住。我姐夫他能整天坐到那里印，我姐能整天坐
那里刻。

杜：你们三人真是黄金搭档，各有所长，形成了完整的流水作业。

⊣ 任晓辉潜心刻版（本人供图）

任：嗯。我就是负责设计，因为我平时还要做些生意。

武：您姐姐现在正在享天伦之乐呢。

任：嗯。我想她把孙子抱大之后，有时间还会刻的。孙子今年春天才出生。

杜：您姐姐和孙子现在都在西吉老家吗？

任：对。姐姐回老家了，因为儿媳妇在老家。

任：他们觉得在那边住一段时间比较舒服自在。等孩子长大上学了，还会回银川的。

武：挺好的。请任老师自己总结一下，通过木版年画，对您和姐姐的人生有什么样的改变？还是很有影响的吧？木版年画不光是传承了祖上留下来的手艺，对你们姐弟两家人的生活也有很大改善吧？您自己的孩子是什么情况？

任：是的。我家两个儿子，大儿子我尽量把他叫来学，原来主要是暑假，或者有时间就把他带过来。他今年要参加高考了，所以就没叫过来。小儿子上小学呢。

武：两个儿子对木版年画有没有兴趣？

任：小小的时候挺感兴趣的。

杜：多大年龄能够比较安全地学习刻木版？有啥危险吗？

任：学刻版，必须得到一定的年龄，得有劲，能抓住刀。现在我大儿子面临高考，我这几天给收拾屋子呢。他说："爸爸你把我的工牌也办上，暑假了，我高考结束，我也去干。"所以，现在我就重点让他先安心学习，也不着急让他做这个。等他考完大学以后，就准备给他安排时间学习。

武：儿子要是考上大学，如果会木版年画的技艺，到大学里也能才艺展示，也算一技之长嘛。

任：嗯。好的。

武：那今天就谈到这里。谢谢！

山花儿代表性传承人
金文忠

　　金文忠，1973年生，宁夏银川人，大专文化程度。2013年被
认定为自治区级非物质文化遗产项目（山花儿）代表性传承人。

综　述

　　金文忠1973年出生于银川市。父亲当年是一名知青，在宁夏银川南梁农场插队，金文忠就出生在这里，长大后在农场子弟学校接受了中小学教育。后来，金文忠考取南梁职业高中，又通过自学英语，取得了大专文凭。学校毕业后，金文忠选择了专职导游的行业。面对全新的职业生涯，金文忠对自己有了更高的追求。入行几年，金文忠就参加了宁夏导游大赛，且因为所具备的英语技能而有所斩获。2006年，金文忠经过了层层选拔，代表宁夏队参加了全国导游大赛，最终荣获全国第十一名，还得到了国务院总理的亲切接见。

　　金文忠十分热爱导游这个行业，由于自身的努力及取得的一个个荣誉，让他信心百倍，更加积极地投身于导游工作。作为宁夏的导游，宣传本地的旅游产品，是导游工作中最为寻常的一个环节，金文忠对此有着自己的独特理解。在2000年千禧年初，宁夏作为国内旅游产业起步较晚的地区之一，相比于一些旅游胜地，还没有形成自己的旅游特色名片。几乎所有第一次来宁夏的游客，都会问金文忠一个问题，"宁夏的特色是什么？"这也让金文忠深深地陷入了思考：除了带领游客去宁夏的景点，还有什么能让游客更直观、更切身地体会到宁夏的风土人情呢？

　　因为导游的工作性质，金文忠常常会来到六盘山景区，正是在这里，他听说了王洛宾拜师五朵梅的故事，了解到"宁夏花儿"这一极具宁夏特色的民歌形式。花儿是西北地区高腔民歌的一种，几百年来，广泛流传在西北人民群众之中。而宁夏花儿既有西北山歌的粗犷豪迈，又有江南小调的悠扬流畅。相传，著名音乐家王洛宾先生正是在六盘山地区，听到了当地妇女五朵梅所唱的花儿，从此与西北民歌艺术结下了不解之缘。这深刻地启发了金文忠——如果能在和游客相处的期间，随时随地为他们演唱一首花儿，不就是展示宁夏特色的最好方法吗？

金文忠天生有着一副好嗓子。在上中学时，他就踊跃报名全国青年歌手电视大奖赛的宁夏预赛，演唱了《敢问路在何方》，还受到了宁夏著名音乐家潘振声的夸奖。热爱文艺、热爱唱歌的他，自然而然对宁夏花儿充满了兴趣和向往。因为工作和兴趣的双重契机，2006年金文忠正式开始研习花儿，他师承宁夏国家级非物质文化遗产代表性传承人海原县花儿名歌手马生林老师，并多次专程拜访宁夏花儿名歌手马汉东老师和张建军老师等人，深入系统地学习花儿的演唱技巧及相关知识。

学习花儿演唱以来，金文忠时常会到宁夏的各个特色餐厅，如银川市德隆楼、老毛手抓等食客众多的餐厅为游客进行演唱。他利用带领游客用餐之便，在餐厅演唱宁夏花儿民歌、宣传宁夏方言，这也逐渐定型为金文忠工作的一部分。以前的宁夏餐厅大都演唱蒙古族草原歌曲助兴，而金文忠则是第一个把宁夏本地花儿民歌演唱到餐厅的歌手。这样独特的表演形式充分锻炼了金文忠的演唱实力，也正是这段经历，让金文忠结识了当时宁夏文化馆的馆长。在馆长的鼓励下，金文忠开始参加各种花儿大赛。2008年荣获花儿大赛宁夏赛区原生态组第一名。同年参加中国西部民歌（花儿）歌会，演唱了《上去高山望平川》等花儿民歌，一举获得银奖。这是他学习花儿仅仅两年取得的成绩，由此也证明了他的天赋和不懈的努力。

2008年第二十九届奥运会和第十三届残奥会在北京隆重开幕，金文忠有幸和宁夏多位艺术家、非遗传承人一起，代表宁夏参加了北京奥林匹克公园的"中国故事·祥云小屋"展演活动，并获得个人贡献奖。在展示宁夏民俗文化及非遗期间，金文忠既承担花儿联唱任务，又承担节目主持人工作，其英语特长也

∟　金文忠在西部沙漠导游途中（本人供图）

发挥了作用。他用英语主持的节目，无疑为外国友人了解中国文化及宁夏文化
提供了很大帮助。在奥运会上，金文忠还代表宁夏演出了节目，与谭晶、呼斯
乐等知名歌手同台献艺，一起演唱宁夏花儿，让宁夏花儿走上了更大的舞台。

　　奥运会展演活动结束归来，金文忠一边勤勤恳恳地继续着导游的工作，
一边热心地向来自全国乃至全世界的游客宣传宁夏花儿。2010年参加上海世
博会演出活动，获个人贡献奖。2011年参加由甘、宁、青三省（区）电台共
同举办的原生态花儿大赛，获个人奖第三名。2013年，被认定为宁夏自治区
级非物质文化遗产传承人后，金文忠更是以传承花儿为己任，积极参与宁夏
文化厅举办的各类培训、讲座，主动和青海、甘肃等地的花儿传承人进行交
流，并努力把宁夏花儿引入导游培训的课堂，渴望让更多同行、更多年轻人
了解花儿、喜欢花儿。

　　可是传承并非一件容易的事。宁夏花儿作为一种高腔民歌，对嗓子的先天
条件具有一定要求，更何况还需要对这门艺术的热爱情怀。面对困境，金文忠
认为，花儿作为民歌的一种，最重要的就是即兴发挥的乐趣，可以适当地把嗓
音条件放宽。正如金文忠所言："哪怕你唱不上去，但是你把那个味道唱出来

了就对了……"金文忠能唱的传统花儿有二十多首，除此以外，全是他即兴发挥、自编自唱的作品。在和游客相处的过程中，金文忠也会教客人们唱一些简单的花儿唱段，如此互动的相处模式，往往能起到很不错的宣传效果。"让宁夏的导游去学花儿，不管你唱得好不好，还是你会不会唱，还是跑调也好，最起码你要了解一下。"金文忠想，全宁夏带团的导游有几千人，如果每个人都能在带团的时候讲述甚至演唱宁夏花儿，无疑是对这种民间艺术最好的宣传和传承。除此以外，金文忠还希望有朝一日能尝试用英语演唱花儿，毕竟"民族的就是世界的"，他想把宁夏花儿推介到更广阔的天地。

访 谈

被访谈者：金文忠（自治区级非物质文化遗产传承人）

访 谈 者：武宇林、杜丹

访谈时间：2021年1月3日

访谈地点：银川市金凤区某咖啡店

访谈录音：杜丹

访谈整理：杜丹、武宇林

综述撰写：杜丹、武宇林

武：金老师好！我们北方民族大学非遗研究所和宁夏文化馆受宁夏文旅厅的委
托，在实施一个项目，对宁夏前四批一百七十六名非遗传承人进行抢救性
记录，您也是其中之一。

金：好的。本来想请你们去家里谈，我家也不太好找，就约到这个小咖啡店里
了，有点冷，不好意思。

武：没关系的。请问您是哪年出生的？

金：我是1973年出生的。

武：老家是哪里？

金：我老家就银川的。

武：出生的时候，父母是做什么的？

金：我父亲是知青，母亲是农民。我老爹也是宁夏银川人，他是当知青到了南

梁农场的，所以我出生在南梁农场。

武：家里兄弟姐妹有几个？

金：兄弟姐妹六个，四个女的，俩男的，我排行老五，男的里是老大。

武：那么六个兄弟姐妹小时候都上学了吗？南梁农场应该有职工子弟学校吧？

金：对！都上学了。是职工子弟学校。不过，像我主要还是自学出来的，我家弟弟上了大学，我姐上的是高中，我是大专学历。

武：那也很不错啊。后来上哪个学校？

金：我先上的是南梁农场的职高，最后在外面考了大专，学了英语，我自己考的英语。

武：很不简单，靠自学能把英语学出来。那学完英语以后呢？

金：我学出来以后就进旅游行业工作了。我从2001年开始接触旅游，从2004年开始正式成为一名专职导游，一直到现在。我工作单位是新文化国际旅行社，简称"新文化国旅"。

武：以前都没听过"新文化国旅"这个名字，就知道有中旅、国旅。

金：对。现在这个名字很响的，新文化也很出名，在咱们宁夏全区都很有影响呢！（自豪地）我从2004年底一直干到现在，这都十八年了。

武：您在这个旅行社工作，跟唱花儿有什么联系吗？

金：（肯定地）有联系啊！因为我个人觉得，在每个旅行团我都要介绍宁夏，因为我们要宣传宁夏的旅游产品，这是我们导游的责任和义务。所以我每次在宣传时，肯定会把宁夏的文化带进去。那最有特色的就是花儿了，肯定给每个团都必须介绍，在每一个团都必须要唱花儿，突出这一特色。

武：好呀，好呀！

金：我就是要把花儿介绍给全国各地的朋友们。现在有疫情，以前没有疫情的话，宁夏旅游的客源不仅是咱们国内各地的，还有港澳、台湾等地区的，我们都经常接待呢。我又是地接，又是专业领队，也算是咱们宁夏第一批专业领队。是2004年第一批的专业领队，一直到现在。

武：哦。金老师还是导游行业的骨干呢。那么，您最早接触花儿是多大的时候？是什么契机？

金：其实我接触花儿跟旅游这个行业都是有关系的。起初不接触旅游，是不太知道咱们宁夏花儿的。后来干了旅游业，才接触到了花儿。因为我们经常会带游客去宁夏南部山区，去固原六盘山，自然也就了解到了五朵梅的故事、王洛宾的故事。当年，是王洛宾发现整理了五朵梅的花儿。可以通过王洛宾介绍五朵梅，宁夏有这样的元素，所以才去进一步接触和学习花儿的。

武：大概是什么时候？

金：我学的时候，应该是2005年开始接触，2006年开始正式学的。那时候已经当导游了。

武：就是说，这也是导游工作的需要，加上自己感兴趣，所以也就有学习的动力了？

金：（兴奋地）是的，是的！

杜：那您好有天赋啊！不仅学成了，现在还成了花儿传承人了。

金：（认真地）花儿不好学，我在学花儿上，下了很大的功夫呢！

杜：您那时候大概多大年纪？

金：我今年四十八岁了，学花儿那阵子应该是三十三岁。

武：2006年，我们刚好在宁夏教育厅的支持下，搞了一个宁夏首届中小学音乐骨干教师花儿培训班。

金：我没赶上这个培训班，2006年我其实才开始学嘛。

武：您最早听过谁唱？

金：我想想看，最早是听张建军老师、马生林老师、安宇歌老师。马生林老师是我的老师，我还去过马生林家、马汉东家，我都去过好几次呢。2008年电视台还采访过我，给我做了视频。我经常去马生林老师家、马汉东老师家、张建军老师家，张建军就是咱们盐池的花儿歌手。几位老师家里条件都很差，我每次去的时候，都会带些大米，带点钱。后来安老师告诉我，你带米就行了。

武：就是说，从金老师开始从事旅游工作时，就发现要宣传宁夏自然离不开花儿？

金：没错，没错！我觉得好多客人都问："你们宁夏有什么特色？"除了一些景点，那就没有别的什么特色了。

武：哦。另外，金老师之所以能唱花儿，是不是从小就喜爱文艺，有唱歌的天赋？

金：（微笑）应该是吧。我还是咱们中国第一届 CCTV 歌手大奖赛的参与者呢。我当时在上学，就已经参加了。

武：哪一年？

金：那是1989年，我都记不清了，上中学的时候。反正我觉得那次应该是咱们中国的第一届歌手大奖赛，我当时就参加宁夏赛区的比赛了。

武：当时唱的哪首歌？

金：我当时唱的是《敢问路在何方》，当时有个评委叫潘振声。

武：是宁夏有名的音乐家，创作过不少歌曲呢。

金：对，对！"春天在哪里呀？春天在哪里？"就是他创作的。当时他是评委。我那时候又没有伴奏，条件比较差，稀里糊涂地就上台去唱了，中学生嘛。我印象很深的，唱完之后，潘老师把我叫到旁边，问我是哪里的、多大了。他说："你现在还小，但勇气很可嘉！"还说我是童声，挺不错。问我是跟谁学的，我说我没老师，就是看电视怎么唱，就怎么模仿唱的。那是我第一次参赛，也就是比较喜欢唱歌嘛。喜欢文艺这方面。

杜：就是说，您的嗓音不错，天赋条件很好？

金：（微笑）我个人觉得还行吧。

杜：您是2013被评定为山花儿传承人的吧？应该是第三批。才学了七年，就评上传承人了。

金：嗯。我在2008年那年，咱们宁夏举办西北花儿歌手大奖赛时，我代表宁夏队参赛。当时参赛的两首歌曲，一首是花儿《上去高山望平川》，另一首《牛唠唠调》，也就是宁夏的黄河号子。当时我获得了银奖。

杜：您学了两年之后就获奖了？

金：（喜悦地）对。我个人是首次参加花儿大赛。

武：当时参赛的都有哪些老师？

金：当时参赛的好多人，马汉东老师，还有安（宇歌）老师也都参赛。反正当
　　时稀里糊涂地就得了个银奖。

杜：那您也是技压群雄啦！

金：获奖后，2008年就随着宁夏文化厅的人去北京参加了奥运会和残奥会，跟
　　安宇歌老师他们一起，在奥运会中国故事祥云小屋代表咱们宁夏去宣传，
　　唱宁夏的花儿。我们宁夏去了一批传承人。

武：金老师参加过这么大的场合呢！那在奥运会上是怎么唱的？在什么样的场
　　合下……

金：在奥运会上，还跟明星同台演唱过，跟谭晶，跟呼斯乐，跟……其实我还
　　有照片，都忘了还跟谁唱了，反正是跟明星同台演唱过。

武：那么反响怎么样？

金：当时，我不知道有什么反响，反正底下都是人，主要是一些运动员。

杜：您在祥云小屋里是怎么表演的？

金：我不仅要演唱，还要主持节目，我还要用英语去介绍主持。

杜：您能很专业地使用英语吗？

金：（微笑）也谈不上专业不专业，反正观众能听懂就行了。是吧？

武：那您的英语是在哪儿学的？

金：我英语是自学的，然后又考了证。反正稀里糊涂就考过了。呵呵！

武：考导游可能也需要外语吧？

金：对！挺有用的。我参加宁夏导游大赛的时候，应该是第二届还是第三届，
　　有点记不清了，也或许是第一届。初赛时我用英语展现了一下，然后就进
　　入了决赛，后来还成为优秀导游，最后成为全国优秀导游。2006年代表宁

夏去参加全国导游大赛，获得第十一名。我们还去了人民大会堂，受到总理的亲切接见。那年咱们宁夏有三个人去参加全国导游大赛，我是其中一个。我们都先经过层层选拔，才去参加全国比赛的。

杜：那就是说，您在导游专业领域总是在不断地攀登。

金：（谦虚地）我就是喜欢学习嘛。那阵还没有成家，所以就努力学习各种东西。

武：那您到现在会唱的花儿有多少首？

金：我会唱的花儿应该不下二十首。最主要的还是要即兴发挥，我觉得有时候会即兴发挥才是最重要的。

武：说的是。能够为客人即兴编词唱花儿，才能吸引人。要靠编，要不哪儿来的客人呢。

金：（赞成地）对！我觉得花儿最重要的是要即兴演唱。

武：那您即兴编出来那些花儿歌词收集了没有？

金：我倒是没有收集。不过，前段时间，宁夏广播电台的人说北京需要一个广播剧，当时给我了一个信息，我就按照他的意思，即兴发挥编了一些，在我的另外一个手机上。

武：那回头请给我们发过来，可以记录下来。因为这是咱们宁夏有史以来第一次做非遗传承人的抢救性记录，所以要尽量把传承人的闪光点都载入史册。

杜：您有什么曲谱吗？这类的都可以。

武：还有您自己原创的，或者是改编的一些花儿，请给我们提供一些。另外，您不是也经常参加演出嘛，有哪些精彩的演出照片也请发过来。

金：行呢。其实我做了一些自己的资料，而且非常完整。

杜：还有获奖的资料，或者您做导游时的照片。

武：您跟游客在一起就更好了。

金：我倒是有给客人唱花儿的照片，我当时在旅游团里做介绍，也有在团里唱花儿的视频。（拿出手机，打开小视频）你们看，这个就是我。

武：您这是在旅游车上吧？

金：（微笑）对！就是在旅游车上。

武：您还会吹笛子呢！真是多才多艺啊！

金：有时候会给客人展演一下嘛。其实每个团上，我都会给客人唱花儿，这也
　　是我的工作嘛。我觉得要是从宣传的角度来讲，就是要给别人宣传宁夏的
　　东西。因为我接待的大多是外地的客人。

武：请统计一下，您大概先后接待过多少游客？

杜：从您当导游这个职业开始算。

金：那我就说个保守的数字，我带团十多年，每个团就算二十人，每年接三十
　　个团，共六百人，或五百人，这都快二十年了。多少人了？

武：哇，那就上万人了？

金：实际上还不止这个数字呢！

武：就是说，只要有游客，差不多每次都会说到宁夏的花儿民歌？

金：对呀！每次都会谈到宁夏的花儿。

武：那么游客对您唱的花儿，或者介绍的花儿，他们有什么样的反响呢？

金：你们看我这个视频，就是我正给客人讲呢，还教他们唱花儿。

武：是吗？您还教给外地游客唱花儿？说明游客挺感兴趣的。

金：（兴奋地）对对对！

武：您都给游客教过哪些花儿？

金：教简单一些的，就像是《上去高山望平川》《园子里的绿韭菜》，这都是比较
　　有代表性的。或者就即兴发挥，其实我唱歌本身就是即兴发挥，告诉游客为
　　什么叫花儿，为什么民歌就是要即兴去演唱，也不一定要固定的曲子，怎么
　　去定调唱。花儿歌手的最高境界，就是一种即兴发挥。

武：那您接待的肯定也有外国游客吧？那您用英语唱过花儿吗？

金：（遗憾地）没有。我觉得有点难，用英语唱花儿太难了。

武：如果有兴趣，以后我可以给您提供英语花儿歌词的书。

金：（惊讶地）是吗？

武：嗯。有位英国女教授是我在日本留学时的好朋友，她和北方民族大学的几位英语教师合作，从我的《中国花儿通论》著作中选了两百首花儿民歌，都翻译成英文了，现在正在英国出版呢。到时候，您可以看着现成的英文花儿歌词唱出来。包括《园子里的绿韭菜》也有，而且应该算是很标准的英语歌词呢。

金：我觉得可以试试。因为我本身也有英语的底子嘛。

武：应该没问题。那年，有个来自美国的研究中国花儿民歌的女教授，通过北京中国社会科学院的朋友给我打来电话，要来考察宁夏花儿，我们北方民族大学就组织了一个座谈会，宁夏的花儿歌手现场唱了花儿，是用汉语唱的。假如您会唱英语的花儿，日后肯定会发挥作用的。

金：嗯。这个可以去试一下，没必要去拒绝。

武：有好多英文歌曲，不也是变成汉语的了吗？咱们也可以把汉语的花儿变成英文歌曲。建议金老师把它作为今后的一个努力方向。

金：嗯。可以尝试，可以尝试。因为我觉得花儿就是民族的东西嘛。越是民族的，越是世界的。那就应该让大家去了解。

武：好的。那我们继续聊您如何把导游工作和花儿相结合的情况。

金：其实我每个团，只要上团，肯定会给客人介绍花儿的。而且我还有一件很自豪的事，我特别自豪，那就是我是咱们宁夏第一个去餐厅宣传宁夏花儿的歌手。十几年前，2008年的时候，我就给宁夏文化馆馆长说了，我是第一个在餐厅宣传宁夏花儿的。

杜：在餐厅宣传花儿？

金：对啊！当时宁夏有旅游餐厅，专门接待各地游客。但各个餐厅就是没有宁夏的歌手，我是第一个，2007年、2008年，那两年我就一直在宁夏餐厅唱歌、唱花儿。各个餐厅之间来回跑，主要是"德隆楼""全聚德""老毛手抓"这三家。

武：这三家可是宁夏银川市最有名的特色餐厅了。您是那些餐厅里的花儿歌手？

金：（自豪地）对！我是宁夏第一个。

武：这还真是挺新鲜的呢。

杜：那以前餐厅里都唱什么？

金：以前都是唱蒙古族的草原歌曲。那个做烤鸭的"全聚德"餐厅，我是第一个去唱宁夏花儿的。我又是咋被宁夏文化馆的馆长认识的呢？就是因为有一次在餐厅唱花儿，唱完花儿以后，就有人把我引荐给馆长了。我忘了当时是谁引荐的，应该和安宇歌老师有关吧。后来安老师把我叫到文化馆，第一次试唱就是在靳馆长的办公室。靳馆长听了，说："行！你要不去参加一下花儿大赛？"后来，我们就慢慢地熟了，又参加了各种比赛，还有2010年的上海世博会展演活动，还随宁夏文化厅组织的代表团去广西参加大赛等等。

武：金老师参加了很多次大赛，也获得了很多的奖项吧？

金：银奖是最高的，再就是优秀奖。

武：那也不简单了，而且您的起步还是比较晚的。

金：是的。我起步晚。再说我还是银川市的，又不是南部山区的。

武：对。南部山区花儿民歌比较流行，基础好。银川市的能唱出来很不容易呢。那么这个过程中，也成家了吧？

金：对。我2009年成家了。

武：成家以后，夫人对您唱花儿支持吗？

金：她不会反对的。这是个人的爱好嘛。

武：2009年，当时她知道您会唱花儿吗？

金：她知道呢。我这人其实很低调，在单位也很低调，包括我获奖，被中央电视台、宁夏电视台采访等，很多同事都不知道。我自己还录了很多歌曲，同事全都不知道，他们只知道我会唱花儿，但具体情况并不知道。

武：那金老师要经常出去演出，家人理解吗？

金：（欣慰地）能理解。

武：有孩子吗？也培养唱花儿吗？

金：（喜悦地）有个女儿，也会唱呢。我这手机里就有女儿唱花儿的视频。

武：女儿也算是您的小传承人了。多大开始唱的？

金：我女儿很小的时候，就稀里糊涂地模仿我唱歌呢。

武：真是有什么样的父母，就有什么样的孩子。那女儿在学校里演出过没有？

金：没有，好像在学校没有演出过。

武：请再说说带徒弟的情况怎么样？

金：两位老师，我一直在给我们的导游，包括老导游和新来的导游做培训，教他们唱宁夏的花儿。我们新文化国旅董事长霍焕平先生、总经理高淑萍女士，两位老总对我的花儿培训工作特别支持，还把花儿纳入每年导游培训课程，也把花儿推广到行程当中，让来宁夏的外地客人真实体验非物质文化遗产花儿的魅力，倡导把花儿融入旅游研学当中。我是从前年开始搞培训的，但当时我在培训的时候，没有去录视频，还没有这个意识。但我现在培训时，就知道要录视频了。包括每年中层开会，还要给党员培训，我肯定要去做这个事情，要给导游专门培训唱宁夏的花儿，因为我觉得特别有必要。武老师刚才的问话特别精髓，我说句心里话，我愿意免费教，来找我学就行，但实际上没有人来找。

武：他们还没有这个意识，没有积极性。

金：（难过地）对。花儿虽说是难学，其实只要你肯学，只要你想学，能模仿声音就行了。只要你肯模仿，稍微再加点勤奋努力，花儿不是不可以学的，我当时学就是这样的。我每次都会动员大家："你们谁愿意学来找我。请放心，我不收费，免费教你们，没问题的。"

武：有没有感兴趣的导游？

金：也有过。但是有的导游因为工作变动等原因，离开宁夏了。

武：但不管怎样，金老师做了一件非常有意义的事，在宁夏导游中宣介、普及花儿民歌。

金：（自豪地）对，对！这是肯定的。我现在每年开春就开始设想每次带团一定要唱宁夏的花儿。当年导游同事都知道，我当时穿着民族服装在沙湖景区唱花儿，还在中卫沙坡头景区甚至在青海湖景区唱花儿。我当年还在青海互助县唱过，那里不是有花儿表演嘛。有的导游还说："金文忠在互助舞台上一唱花儿，那些人都不敢唱了。"他们的印象很深，当年曾鼓动我："宁夏的金导来个花儿，你一唱他们就不唱了！"当时，我们就在青海的日月山景区，在海拔三千多米的日月山上我唱花儿，可惜那会儿没录视频的意识和条件，要录下来是很有说服力的。说句心里话，我只要带团，不管什么团，一定会有花儿的。

武：您印象最深的和花儿有关系的是哪个团？还能记得吗？

金：我觉得印象最深的是北京的一个团，有位大哥也能唱宁夏花儿，还挺棒的。他告诉我，他听过内蒙古的呼麦，很好听。当时，我对呼麦并不太了解。他还讲到了马头琴和长调。所以，我后来还学了一些长调、呼麦。我学呼麦下了不少工夫，我真的会呼麦，是自己学会的。

武：北京的客人吗？

金：是的。这位北京的客人给我讲了呼麦，结果我就自己学了呼麦。

武：当时也交流了花儿，您也唱给他听？

金：对，也唱给他。

武：那他是怎么评价的呢？

金：我觉得他对宁夏还是不太了解。从旅游的角度来讲，宁夏旅游属于起步比较晚的，所以还需要宣传。我今年带贵州的团走延安，是八天团，从宁夏银川出发到延安转一大圈，然后又回到银川。贵州人也会唱歌嘛，我就把宁夏的花儿先唱出来，站上去展现以后，接着大家就开始 PK，把他们贵州少数民族的苗歌拿出来。就是这样，所以说就是要宣传嘛。我是非常自信地面向全国各地的游客介绍宁夏。

杜：您自信是觉得它具有自己的地域文化特色？

金：（赞同地）对、对、对！我特别自信，说实话，让我去唱，让我去宣传，

十 金文忠和蒙古族歌手合影
（本人供图）

那是绝对能做到的。

武：您觉得搞了这么多年导游，花儿在导游工作中发挥了什么样的作用？

金：我们的领导，在前天开会讲话时，还专门提到了这一点，要让我们导游一定要有才艺。我们新文化国旅的老总特别重视这个，他自己也学了泥哇呜，还学了口琴。他要让我们的员工必须要懂才艺。所以，武老师，您说我们这个花儿是不是特别重要？

武：你们旅行社的领导真不错！那今后在传承方面有什么设想吗？

金：我就想，要是每年开春的时候，为导游进行花儿培训，我们宁夏导游有很多。

武：您打算把宁夏的导游都列入培训计划？

金：（自信地）没错，我有这个想法，旅行社领导也很支持。应该让宁夏的导游都去学学花儿，不管唱得好不好，最起码得了解一下。

武：宁夏有多少个旅行社？

金：宁夏现在几百家吧。

武：几百家？那导游呢？

金：据我所知，宁夏每年带团的导游不下一千人。而且导游的宣传力度多大啊！一个人带一个团，一传十，十传百，真是这样。

杜：那学花儿演唱的门槛高吗？就个人天赋条件而言，让大家都来试，这个嗓音都行吗？

金：对于唱花儿的问题，我个人觉得只要喜欢，门槛哪怕再高，也能学得会。

杜：不会有什么唱不上去的高音之类的？感觉花儿的调子都好高呀。

金：我觉得不会，有的人嗓子是先天的，有的人是后天的，只要努力，有兴趣，还是可以学会的。

武：有道理。我经常去采访各地花儿歌手，在青海，人们特别喜欢花儿，分"听家子"和"唱家子"。有位青海花儿传承人告诉我，作为听众"听家子"，一般有三个要求，第一个是听歌手的嗓音；第二个是听味道；第三个就是听歌词。就是说，各有侧重就行，有些人嗓音不高，但能唱出味道，或唱的歌词好，那也行呢。

金：（赞同地）对啊！唱的有味道，或者把歌词编得好一些。尤其味道很重要，一定要有那种感觉，哪怕你唱不上去，但你把那个味道唱出来了，听众也就满足了。

武：对的。有味道的花儿，也会让听众满意，也挺陶醉的。歌词也是很重要的，比如青海花儿打擂台的时候，拼的就是方言歌词，当地老百姓特别喜欢听方言的歌词，感觉很亲切，很过瘾。金老师跟青海、甘肃的花儿歌手都有交流吗？

金：交流过，都认识呢。像那个索南孙斌，我们都很熟的。

武：哦。他是青海非常有名的一位花儿歌手。

杜：您有没有到高校开过讲座？

金：以前宁夏文化馆倒是给了我好几次机会。可是，因为我的旅游工作的性质，夏天忙着地接，冬天出任领队，有时还要跑国外。如果不是疫情的话，你们访谈就会找不到我。我前几年不是去沙特麦加，要么就是台湾或者其他地方。一到冬天，根本就找不到我。宁夏文化馆现在电话也不打了，因为知道我太忙了，我要带团，也不敢随便答应。不过，我参加过两次培训，武老师给我们上课的时候我也参加过呢。

武：对。前几年在宁夏艺术职业技术学院办过花儿传承人培训班，那是文化部委托办的。

金：还有一次是在文化厅，我也参加过，所以说我认识您。

武：我们再说说您打算培训导游的设想，特别好。咱们宁夏有上千人的导游，队伍不小呢。既然你们老总那么重视，可以搞一个才艺大赛，把您的花儿在导游面前做一个展示。

金：嗯。我今年在做培训的时候，有一门课，就是教给他们怎么去唱花儿。因为导游就是要介绍宁夏的东西嘛。外地客人来以后，经常会问："你会不会唱宁夏的民歌？"宁夏民歌不就是花儿吗？

杜：您觉得好比大学里音乐系的学生，如果他会唱花儿，毕业后对未来的职业发展会有好处吗？

金：我觉得要是当导游确实有好处，一定能把花儿用上。

杜：其实您应该去大学去教给旅游管理专业的学生们唱花儿。

武：这个想法不错。我们北方民族大学就有旅游管理专业，有些学生的就业方向就是导游，您可以跟那边联系一下。

金：可我不认识啊。

武：可以请杜老师帮助引荐一下。

金：能引荐一下就太好了。我今年先给导游们去宣传一下，要教他们怎么去尝试，只要唱出来就行。我们传唱花儿，无非就是让大家知道宁夏有花儿。

武：关于您要面向导游群体教唱花儿，建议您可以做一些花儿的改编，根据咱们宁夏的特色，编上几首花儿，选些适合导游唱的曲调，应该是可行的。

杜：您如果有一些改编的花儿作品，我们可以收录进书里。

武：下面请金老师唱上一首花儿吧。让我们有个印象，也需要听一听，可以把歌词记下来。唱一个拿手的，或者当导游时唱的歌颂宁夏这一类的。

金：我唱个《上去高山望平川》吧。其实更多的时候，是跟客人互动即兴发挥的。

武：行呢。能唱《上去高山望平川》就相当不错了，这是一首有一定难度的花儿。

金：嗯。这首花儿是非常经典的，作为一名花儿歌手，我觉得这首歌是一定要会唱的。

武：但是没有一定的嗓子，还是唱不了。

金：这首花儿确实是考验水平的，所以说它比较有代表性。

武：那好，就请金老师一展歌喉。

金：（征得咖啡店店长同意后，在餐桌前起立，现场演唱《上去高山望平川》）

武：（欣赏地）不错、不错！您获银奖唱的是哪一首民歌？

金：银奖的歌曲是《牛唠唠调》。这是咱们宁夏的黄河花儿号子。

武：请再给我们唱一唱。

金：（演唱《牛唠唠调》）

武：您这嗓子真的很不错！对了，您还没说笛子是啥时候练的？

金：我的笛子以前是考过六级的。

武：笛子都考六级了，不简单。是小时候吗？自学的吗？

金：对！也是自己学的。然后去北京跟着老师学了一段，可以吹六级的专业曲子。

杜：您的学习精神真的是太令人钦佩了，什么都学，还都能学精。

金：现在我有时给游客唱花儿，有时吹笛子，也可以吹和宁夏相关的一些曲调。

武：真好！今天就谢谢您了！

剪纸代表性传承人
陆梦蝶

　　陆梦蝶，1973年生，宁夏银川人，大专文化程度。2013年被认定为自治区级非物质文化遗产项目（剪纸）代表性传承人。

综　述

　　1973年，陆梦蝶出生于银川市永宁县的一个普通农民家庭，父亲是宁夏人，母亲是陕西人，家中有兄弟姐妹五个，陆梦蝶排行老大。儿时的陆梦蝶和同龄的孩子一样，活泼好动，爱跑爱跳，恰如其名"梦蝶"，如梦似幻、自由飞舞。但是不幸却在陆梦蝶十五岁时悄悄降临，这一年，她因为化脓性关节炎不得不休学。此后，陆梦蝶又陆续患上了左眼虹膜睫状体炎、强直性脊柱炎、红斑狼疮等多种疾病，请假、住院、休学成为常态，她只能断断续续上课，总算完成了高中课程。好在经过顽强拼搏，陆梦蝶考取了天津轻工业学院（2002年更名为天津科技大学）乳品工艺专业。上大学期间，在和疾病抗争中，陆梦蝶辗转反复于医院和学校之间，最终在学校老师和同学们的帮助下，顺利完成了学业。大专毕业后，她进入银川市乳品厂工作，并走进了婚姻的殿堂。

　　天有不测风云。本以为大专毕业走上工作岗位，就能迎来崭新美好的生活，可是命运再次无情地捉弄了她。1999年，陆梦蝶由于红斑狼疮，股骨头坏死，不得已动了手术。术后一年不到，因为受寒，全身关节变形而导致瘫痪。2002年，陆梦蝶又遭遇离婚，结束了四年的婚姻。2003年，由于国企改制，陆梦蝶被迫下岗，成了失业人员。在短短的三年里，陆梦蝶经历了瘫痪、离婚、失业的三重沉重打击。那时的她，只能躺在床上，一动也不能动，是那么的无助、无奈、沮丧，几乎失去了生活的勇气。

　　然而，性格顽强坚韧的陆梦蝶不甘心命运的摆布，内心深处如同彩蝶飞舞

⊥　陆梦蝶剪纸作品《岩画时代》（本人供图）

般的梦幻犹存。她经过一段时间的自我调整，接受了现实，想方设法让自己"动起来"。在父母的精心照料下，经过一年的刻苦训练，陆梦蝶终于能够拄拐行走。继而，她动起了自食其力的念头，首先想到的是写作和剪纸。她觉得写作离自己最近，还可以获得稿费。于是，她克服身体上的病痛，陆续写下几百万字的书稿，迄今为止已出版《偶是农民》《梦随蝶舞》《水晶绿》《幸运情书》等五部书籍，并成为宁夏作协会员。不仅写作，她还想到了剪纸。陆梦蝶的母亲是陕西人，擅长剪纸，姥姥及太姥姥也都是剪纸高手。母亲嫁到银川后，把陕西那边的剪纸技艺也带了过来，逢年过节，会在家里的方格窗户纸上贴满红彤彤的剪纸。耳濡目染之下，陆梦蝶少年时期就学会了简单的剪纸技艺，时常剪些花花草草，用于班级墙报等美化装饰。她还用剪纸图案装饰自己的作业本。儿时的剪纸爱好，不承想成为她日后战胜病魔的神丹妙药及心灵鸡汤。

　　2004年，她正式开始了民间剪纸的实践探索。那年，陆梦蝶在前往北京访友的途中，途经河北省蔚县，在那里她欣赏到了大名鼎鼎的蔚县剪纸。蔚县剪纸源于明代，在清代末年发生巨大改革，由"剪"变"刻"，并开始染色，是国内别具一格的套色剪纸。看着已成规模甚至开始商业化的蔚县剪纸，陆梦蝶大受启发，回家之后，她就重拾了剪纸技艺。一开始，陆梦蝶的手由于关节严重变形，根本拿不了剪刀。但由于她的顽强坚持，终究克服了困难，剪出了一幅又一幅惟妙惟肖的剪纸图案。在她与疾病抗争的日子里，要么奋笔疾书，抒发自己对生活的所思所想；要么拿起剪刀，用民间剪纸刻画对美好生活的追求与向往，并把剪纸用作书中的插图。她很快发现，小小的剪纸竟能带给她幸福感。如她感言："恰恰是剪纸这一小爱好，在我最落魄的时候给了我希望。写作是需要情感付出的，是情绪化的，而且会把人带入这种情绪化。但是剪纸它能带给我平静和安宁，剪纸给我的是一种心灵上的治愈，我觉得这是艺术疗愈的一种方式。"

　　陆梦蝶病情稍有好转，就想着要为家乡人做点实事。她在村里开办了一家"田野书舍"，为村民提供阅读、娱乐休闲的环境。还为小学生们辅导数学、英语作业，为妇女们传授剪纸技艺，让家乡人分享她的读书、写书及剪纸的快乐。也正是农家书屋的影响力，让她的剪纸才能为人所知。2004年10月，陆梦蝶的三十多幅剪纸作品被永宁县宁和家园选中，喷绘于一面围墙，形成了很好的美化装饰效果，她也因此获得了一些酬金。这是陆梦蝶第一次通过剪纸获得的经济收入，让她对自立自强更加充满了信心和勇气，也更加努力钻研剪纸技艺。

└ 陆梦蝶参加银川市良田镇助残志愿服务活动（本人供图）

随着她的剪纸技艺不断精进娴熟，她先后创作了大量作品，多幅作品入选各种展览并获得奖励。2008年，陆梦蝶为迎接北京奥运会，昼夜不停地剪了六千多只蝴蝶，从中精选出两千零八只，组成了精美的图案在北京奥林匹克公园"祥云小屋"的宁夏非遗展中展出，她用自己的剪纸语言，为2008奥运会献上了一份特殊而美好的祝福。同年，为庆祝宁夏回族自治区成立五十周年，陆梦蝶创作了《和谐宁夏　塞上江南》剪纸作品，一举夺得第四届国际剪纸艺术展金奖。2009年，陆梦蝶又获得中国鱼文化剪纸大赛银奖。2010年，陆梦蝶参加上海世博会，代表宁夏残疾人在生命阳光馆进行了剪纸展演。2013年，陆梦蝶被认定为自治区级非遗项目（剪纸）代表性传承人。

陆梦蝶在被认定为自治区级非遗传承人之前，就开始了剪纸技艺的传承活动，经常应邀前往永宁县的一些学校、银川市回民一小、宝湖中学等中小学校进行剪纸教学活动。并应邀为一些村镇、社区的残疾人传授剪纸技艺，还在网上指导愿意学剪纸的人，甚至还为一些身居海外的华裔女性教剪纸，让她们表达对祖国传统文化的热爱之情。陆梦蝶尽自己所能，为民间剪纸的传承作了突出的贡献。

陆梦蝶自从全身心投入剪纸艺术以来，被剪纸艺术深深吸引，并经常思考剪纸的相关问题。她认为，剪纸能传承这么多年，比起登上大雅之堂，它的生命力更在民间。会写字的人写春联，没有上过学、习过字的人可以用剪纸的图案来解读和表达中国汉语言，给一个抽象的概念以具体的形象，传统剪纸里面包含的才是真正的中华文化。剪纸图案团花就是一种平衡、对称、秩序感的美，包括它象征的团圆、圆满，都是我们中华文明追求的一种文化信仰。还比如《福在眼前》图案，是蝙蝠衔着两枚钱币，它通过谐音把抽象概念的汉语字符具象化为蝙蝠、钱币这样具体的物的图案，很有哲学意味，即把眼前的事做好了，明天自然会是好的。正是对剪纸的深刻理解，陆梦蝶经历了从传统到创新，又回到传统的剪纸道路，极力守正创新，坚持正确的民间剪纸传承方向。

　　陆梦蝶的人生可谓跌宕起伏、命运多舛。成人后的陆梦蝶虽然未能像一只梦中的蝴蝶体态轻盈地自由飞翔，但她有幸和民间剪纸结缘，在她生命的低谷，是神奇的剪纸艺术所蕴含的喜庆美好带给她勇气、力量和希望。她深入剪纸的世界中，获得了心灵的宁静和恬淡，变得阳光、乐观、热忱。她高洁的人格将如梦中之蝶，永远翩翩起舞，咏唱生命的赞歌。

访　谈

被访谈者：陆梦蝶（自治区级非物质文化遗产代表性传承人）

访 谈 者：武宇林、杜丹

访谈时间：2022年1月6日

访谈地点：银川市某居民小区陆梦蝶家

访谈录音：杜丹

访谈整理：杜丹、武宇林

综述撰稿：杜丹、武宇林

武：陆老师好！久闻您的名字了。您的住房不大，但是充满了剪纸的艺术气息，
墙上到处都是剪纸作品。

陆：（微笑）反正就是我一个人嘛，能住人就行，剪纸也随便贴。小客厅都堆
满了我出的书，房子小了点，就请你们将就着坐下，我坐凳子。

武：没关系。那我们就开始吧。请问陆老师是哪一年、在哪儿出生的？

陆：1973年，在宁夏永宁县胜利乡出生的。

武：请说说家庭情况。

陆：我妈妈是陕西人，爸爸是宁夏人，父母都是农民。

武：家里姊妹几个？

陆：姊妹五个，我是老大，下面还有三个妹妹和一个弟弟。

武：1973年那时候应该教育情况还不错，全都上学了？

陆：对。我跟我大妹是大专毕业，其他的都是初中。

武：好的。那您是从多大开始接触剪纸的？您刚才说妈妈是陕西人，是不是会剪纸？

陆：（微笑）对。我妈妈、姥姥，还有我那个太姥姥，她们在那边剪纸都挺有名的。小的时候，农村的窗子都是那种木格窗子，中间糊的白纸，到了快过年的时候，会把旧的纸撕掉，然后贴新的白纸。我记得我妈就贴那个红色剪纸，有的是我妈剪的，有的是我妈从老家带回来的。因为我家经济状况也不是很好，屋子里黑咕隆咚的，我印象特别深。农村的屋子不是有那个门槛嘛，很高。可能因为我小，屋子也黑，一跨过门槛，就像掉到一个坑里头。我就觉得，贴上那个窗花之后特别美。我家窗户面东，光透过来特别好看，那是在我上学之前。那时，我就跟我妈学了一点剪纸。后来上学了，剪纸就作为班级活动手抄报的一个装饰。因为我喜欢写写画画，初中的时候，人家的笔记本都特别漂亮，我家里条件不好，就用五分钱一张的大白纸（裁了）订一个本子，再剪上一点小花花、小动物什么的贴到上面。我上完大专，工作了三年之后（2000年）就病瘫了。

武：您这是属于家族遗传病吗？

陆：（平静地）对。有一点遗传，爸爸有这个病。

武：您父亲还健在？

陆：在，今年已经七十二岁了。

武：那您是什么时候发病的？

陆：我十五岁第一次发病。医生说我的病挺多的。十五岁以后，陆陆续续各种先天免疫缺陷、类风湿、强直性脊柱炎、骨关节炎、红斑狼疮等。因为红斑狼疮的并发症，这个左眼睛看不到了。只有一只眼睛能看到，但也老出毛病，所以现在我也不太剪纸了。

武：您从十五岁到现在，这几十年就这么坚持过来了？

陆：也不是。十五岁是第一次发病，我上学期间，病重的时候就住医院，要不就在家待着，好一些了就去上学了，一直上到大专。我那个学校现在叫天津科技大学，食品专业，是乳制品方面的。但实际上，我在学校待的时间并不多，要不就在医院，要不就在宿舍待着，不过考试都能过。1996年我大专毕业以后，就到银川市乳品厂工作。三年之后，病越来越重，2000年开始病瘫的。

武：那您上大专的时候还坚持剪纸吗？

陆：偶尔，一直有这个习惯，但也就是搞一些小活动的时候，没有当个正经的事儿去做，就是个小爱好，真正去做是2004年。如果没有这个病的话，我可能是不会去做这个的。我很感谢剪纸，这是一个奇迹。2000年我病瘫了，当时二十七岁，结婚三四年了，没孩子，（自嘲地）等于是被离婚了。然后，国企改制，直接解除劳动合同，失业了，没有工资，也没有社保。当时，我遇到病瘫、失业、离婚这么三件大事，人生的一个大坎儿。

武：那可怎么办？

陆：我就回农村了，起居什么的都是我父母照顾。有半年，我是一动也不能动的，后面我开始写作，从写作就慢慢地找到了一点希望。

武：您是写小说吗？

陆：有小说，（指小客厅一角）就是那边堆放的那些书，书里面的插图都是我的剪纸。从写作开始，2004年又正式开始做这个剪纸。因为我当时病瘫的时候，是一动也不能动的，离我最近的就是写作。

武：那时候手能拿笔吗？

陆：这中间就有一个锻炼的过程。让我妈把我这个手就这样捏起来，然后放到背后压着，然后再放出来，慢慢就能捏笔写字了。一开始肌无力，包括我现在手的力量都不行，前几年还能剪个五六层，现在就能剪个两层，所以我也不太干了，费工不出活。

武：（指着装裱好的一幅剪纸作品）那像这么精细的剪纸……

陆：特别费眼、费神，这都是前几年的作品。我是2004年开始做剪纸的，那年

10月份，永宁县宁和家园的那个围墙，用了我三十多幅剪纸图案，喷绘到墙上，挣了一千九百多块钱呢。

武：是不是觉得特别自信，能自食其力了？

陆：（喜悦地）对对对！因为这个东西你不跟经济挂钩的话，有的时候很难走出去。我上学的时候，一个是那个时候国家也不是很重视这方面，再一个就还是需要宣传的。现在都是玻璃窗了，谁也不愿意去贴，贴上黏得想弄掉也很麻烦。现在剪纸这个路也不是很好走的，它依附存在的条件，黄土地的那种氛围没有了。

武：嗯。那您2004年到现在也都十多年了，在这个过程中，剪的最多的是什么时候？最具有代表性的作品有哪些？

陆：应当都是2015年之前的作品，黄金十年，2004年到2014年。后面因为我的病，加上2016年遇到车祸，颈椎受伤。当时是去良田镇一所学校做励志报告，前面几次是去教剪纸，那一次是教了一点剪纸，然后讲我的一些经历。当时，我好好坐在车里面，后面拉水泥的车追尾了，把我那个车就撞到树上了，我坐副驾座，血哗一下就从我头上流下来了。也怪我没系安全带，医生说你没死就算命大了，可能我的骨头脆，没有造成太严重的后果，背了一个支架，又躺了半年，我以为我都起不来了。那时候我腿弯不过来，当时行动比现在要困难得多，当时困难的是下肢，换了四个假关节，炎症就跑上面来了，现在变成手不灵活了。

武：您经历的人生磨难真的是太多了。

陆：（坚强地）对。一开始我是模仿我妈，还有我姥姥她们那边拿来的剪纸，后面就是创新。现在我又回头再看咱们老的、最初的一些剪纸，我就在想，咱们传承的究竟是什么东西？一段时间我光顾着创新了，现在我觉得可能更多的是传承一种中华民间传统美术的美学和哲学。你看它最初的团花（图案）就是一种平衡、对称、秩序感的美，包括它象征的团圆、圆满，都是我们中华文明追求的一种文化信仰。这大概就是我剪纸的一个过程，从传统到创新，又回到传统，从剪到现在，剪得少想得多。还比如"福在眼前"图案，是蝙蝠衔着两枚钱币，它通过谐音把抽象概念的汉语字符具象化为蝙蝠、钱币这样具体的物的图案，而"福在眼前"又很有哲学的意味，把眼前的事做好了，明天自然会是好的，我很认同。还有"百年好合"、对称的"喜"字，都蕴含着哲学和美学。传承了这么多年，国家一直提倡传承人也水涨船高，学校也把剪纸当作一门课程。我教孩子的时候，一般从对折剪纸开始，也给他们讲对称的概念，让他们能很直观地联系别的知识，比如数学的对称轴。我喜欢教他们团花，就像万花筒，你随便剪，只要不剪断了，每个图案都不一样，而且在拆开之前，你并不知道这个结果，随意性很高，这也是一种哲学的意味。我一方面从数学、几何这种概念性、空间性来讲，另一方面就是从千变万化这种哲学性来给小孩子们讲。

武：陆老师对剪纸的感悟很深。您都到过哪些学校？

陆：挺多的呢。永宁县的一些学校，银川市回民一小、宝湖中学等等。

武：都是他们上门来请您的吗？从哪一年开始的？

陆：（微笑）对对。从二〇〇几年吧。永宁那边大概就是2006、2007年开始的。

┤ 陆梦蝶剪纸作品《农家书屋》
（本人供图）

武：陆老师是哪一批传承人？

陆：我是2013年第三批，也都八年了。去学校讲课主要是评上传承人之前去的，2013年评上传承人，2014年我就看病，2015年就是残联的活动。我基本上就是在学校，还有残联这块活动。

武：残联也请您去培训？

陆：残联我主要是参加比赛，搞培训我的身体受不了，一培训就是一周，不像社区和学校就一下午。

武：就是说，陆老师不仅到学校去搞剪纸传承，还到社区，您做了很多公益活动呢。有什么感想吗？

陆：我觉得它（剪纸）本身就属于民间的东西，还是要走入到民间去。从我自身来说，如果我没有遇到这些倒霉的事，剪纸可能也就是一个小爱好。但是恰恰是这种小爱好，在我最落魄的时候给了我希望。我从写作到剪纸，写作是需要情感付出的、情绪化的，而且会把人带入这种情绪化。但是剪纸它能带给我平静和安宁。我有时候就想，我能活到现在，还好有剪纸。如果仅仅是写作的话，我可能会深陷糟糕的情绪里出不来，就像演员入戏。我经常用一年来写作，在写作的过程中会构思一些剪纸。另外一年以剪纸为主，构思写作为辅，实现一种不断的转换。因为我经常吃药，心脏也不是特别好，拿剪刀的时候，手其实都是抖的，所以我感触特别深。剪完纸之后，除了疼，整个人都平静下来了。残疾人做剪纸，人家手好的，有更多的商业出路。但是对于我这种有慢性病的人来说，剪纸给我的是一种心灵上的治愈，我觉得这是艺术疗愈的一种方式。我也试过其他颜色的剪纸，但我发现咱们这个红色的剪纸，能最大限度地给人美的感觉，冲淡身体上的不舒服。我觉得写作是一个无中生有的过程，把看不见摸不着的感情变成文字；而剪纸恰恰是一个剪辑删除的过程，把整张纸中不需要的部分剥离掉，重新构成美的图案。从我自身经历看，我觉得剪纸可能有一种祝福性。

⊥ 陆梦蝶剪纸作品《团花彩妆》（本人供图）

武：对。民俗文化专家给剪纸总结了两个特点：一是意象艺术，把人的脑海里写意画一样的想象，都能够信手表现出来；二是吉祥艺术，很多艺术形式都要表现喜怒哀乐，但剪纸它只表现喜庆美好，也就是您说的这种祝福性。无论生活怎么苦痛，它传递的都是喜悦、勇气、力量、希望，能够激励人。

陆：（赞同地）对！我觉得剪纸能传承这么多年，比起登大雅之堂，它的生命力更在民间。会写字的人写春联，咱们不会写字的人剪窗花。没有上过学、习过字的人也可以用剪纸的图案来解读和表达中国汉语言，给了一个抽象的概念以具体的形象。剪纸的表意更多一点，画面表现力其实不如绘画，但现在很多剪纸的创新就是往绘画方向走。

武：有一些专家对这个剪纸绘画不是很支持的，觉得就是把绘画变成剪纸而已，它已经没有那个传统文化符号的寓意和内涵了。

陆：我现在就经常想，咱们传承的到底是个什么？领导派任务要紧跟时代潮流。但我最近反思，传统剪纸里面包含的才是真正的中华文化，我们以前可能光奔着创新去了，把老祖宗的东西都丢没了。

武：能意识到就非常好。陆老师，您的名字特别美，梦蝶，我看有些报道也说您特别喜欢剪蝴蝶，那您以前剪过多少只蝴蝶？有这样的大作品吗？

陆：总共可能有五六千只吧。把各种剪法都尝试过了，那是2008年，拼贴画那样做了两幅。一幅是为宁夏五十大庆做的"和谐宁夏　塞上江南"，还有一幅是给奥运会做的。根据我的名字，再加上我也喜欢那种对称，所以就决定剪蝴蝶，感觉寄托了我的梦想。当时因为电脑不是特别普及，我请去蝴蝶基地的朋友收集、拍摄了好多蝴蝶的照片，洗出来有两三百张，给我寄了一沓子。

武：只要您坚持就会有人为您坚持。

陆：剪纸相关的两件事，我记得特别清楚。一个是2006年的时候，我眼睛又出问题了，面朝上躺下以后，里面磨得特别疼，疼得我都没法睡觉。当时我还在农村，我就让我爸爸给我换上200瓦的灯泡，趴下以后，眼睛就不咋磨了，我就在晚上剪蝴蝶，我觉得这是一种美的磨砺。还有一件事就是2004年去河北蔚县，我当时拄着拐杖一个人去的。坐火车从张家口下来转大巴到蔚县，进去遛了一圈。他们那有套色剪纸，我到那儿才发现，剪纸是可以产业化的。他们整个庄子全都在做剪纸，他们是刻纸，一刻一摞子。

⊥ 陆梦蝶教小朋友剪纸（本人供图）

我当时很震惊，那么多剪纸我也背不动，只是尽可能地装在眼睛里、记在心里。这次学习之旅让我印象深刻，这个剪纸给我带来了希望。

武：您刚才拍照的时候，选了一个"福"字拿在手中。还说很感谢剪纸，正因为剪纸，让自己延长了生命，也让自己的生命有了质量。

陆：（沉醉地）是这样的。你看我遇到的事情，这个疾病，说不生气都是假的。因为我并不是从小就这样的，这让我失去了很多东西。这时候，心里其实是很疯狂的。我本来自己就很有想法，所以这些我不能承受。特别对一个爱美的女孩子，变成快一百八十斤、奇形怪状的一个怪物，我不能接受。后来，我可能把心里对美的追求，下意识地投入到剪纸当中了。

武：我看刚才您门上有"邻里关照"的字样，是指住在周围的朋友吗？

陆：他们是社会公益组织，我购买了残联的服务项目。要是靠我自己的话，我可能没这么悠闲。因为我这身体不行，一天都忙于做饭了。他们中午是给送饭的，上门送到家里头。早饭和晚饭就自己简单解决一下。我当时为啥弄剪纸？一个是从小弄，另外这个剪纸它便宜，它能深入百姓家，也是因为它便宜。

武：对对对。门槛低，谁都能学。它的原材料廉价，过去，就连贫苦百姓也能买得起，有张纸就可以创作。像油画，可能条件不好的老百姓就学不起。

陆：书法、绘画，无论是中国画还是外国画，它们其实都属于另一个阶层的，跟民间是两回事，和普通老百姓实际上是没有多大关系的。老百姓可能是不起眼，但是他们也有艺术的创造力和审美。

武：陆老师说的有道理。那有没有来跟您学剪纸的学生？

陆：有呢。以前主要是我妹妹、亲戚、村里人来学。现在，只要你愿意来学，都可以。一部分是学生，一部分是退休的人，也有社区的，还有一部分是在网上学的，甚至还有一些外国妈妈、华裔，她们嫁给外国人了，但是对祖国的传统文化还是很有情结的。我跟她们说，你看这个农妇都能剪纸，你肯定也能行。

武：她们是怎么通过网上找到您的呢？

陆：我也不知道。我自己在网上发一些东西（剪纸），"喜马拉雅"里面我有过一段时间播音，说了一些剪纸的内容。还有我的书里面，也有剪纸这方面的东西。反正就是经常能遇到这种情况（和我联系）。因为现在微信很方便，途径特别多。只要别人愿意跟我学，我也不敢说教，就是跟人家说一点，希望他们能喜欢剪纸。有人就是先买我的书，然后在网上找到了我。

武：您出版了多少本书？大概一共有多少万字？

陆：作品写的就多了，有几百万字。出版的就这五本。

武：五本书销售情况怎么样？

陆：《梦随蝶舞》是最好的，主要那本做了宣传。后面病情反反复复，也顾不上这些了。

武：放到农家书屋里面了吗？

陆：2013年农家书屋拆迁了，拆迁之后就交给村上了。疫情以前情况也还好，老去学校做兼职报告什么的。现在，因为我身体原因，打不了疫苗，活动也很难开展。

武：除非上网课。

陆：剪纸上网课，我觉得教不了什么，学生听不听、做不做你也不知道。

杜：陆老师，您是怎么被发现成为传承人的？

陆：我在村子里面办了一个农家书屋，教过一些剪纸。一开始想通过写作赚稿费自食其力，不能老靠父母。2002年，第一次赚了稿费，我爸就给我买个电脑让我写作。2003年的时候，我在村里办了一个农家书屋，叫"田野书舍"，因为在农村，来的人不多。为了吸引人来看书，我就教孩子们英语和数学，教妇女剪纸、做丝绒花，还有一些流行的东西。教农民用电脑，网上查询资料，弄设施农业农村信息化的项目。农家书屋里面，我也挂了一些剪纸作品，可能名气就传出去了，永宁县就请我做那个围墙（剪纸喷绘），然后文化馆的工作人员就来找我了。

杜：您能说一下剪纸工艺它的一般技艺流程吗？

陆：我尝试过的，就是剪刀剪纸、刻刀刻纸，还有彩贴，就是彩色剪纸、贴纸。从工具上面来说，分剪刀、刻刀这两种；从形式上面来说，分单色剪纸，就是我们最常见的红色剪纸，还有彩色的。彩色的一种是染色剪纸，就是白色纸剪出来再涂上颜色。还有一种是彩贴，就是把彩纸按照你所想要的图案贴成一幅画。做彩贴的话，我一般先剪一个大的轮廓，再剪彩色的小图形，用胶水贴到上面。

杜：那剪纸的时候，是要把这个图先画在纸上？

陆：对。如果是设计的话，你必须经过很多次的实验，怎么样才能达到你最想要的美的概念。除非是很简单，你也剪得很熟练的图案，比如说蝴蝶，我不用画，拿起纸和剪刀就能剪一个。但是要有一定的意味和水准的话，还是需要设计的。先用铅笔画出来，再尝试着剪。我教初级剪纸的时候，我就会跟他们说，你在网上找个图，黑白打印下来，这是最简单的。把白的部分用订书机订住，先剪小面积的，从中间往外延剪。一般都是几层剪纸，因为一层除非是厚纸，否则容易破。

武：陆老师为传承民间剪纸做了很多努力，我们都很敬佩您。

陆：其实，作为残疾人，我觉得学好剪纸就是多了个一技之长，它是能够进行销售、能赚钱的。另外一方面，就是这种艺术疗愈，让我自己走出来了，所以也希望能把这个推广出去。我觉得静下心来去做一件事，很多心理的问题都能缓解。现在人好多都有心理问题，尤其是好多青少年，应该给他们来点艺术疗愈。

杜：而且我觉得剪纸在疗愈的过程中，它在传递正能量，因为它的内涵都是积极的。

陆：嗯。咱们中国人就是红色崇拜的一个民族，你剪个红色的"福"字，把烦恼什么的都剪掉，让它们随风而逝，留下的是你所想要的一种美好的祝福。你就想一想，你要留下什么？

武：您刚才说得特别好，剪纸就是剪福气。中国人喜好红色，看看这个红彤彤的剪纸，就会看到希望，让人增加勇气。我们也期望剪纸能够走进大学校园，让剪纸帮助有些精神抑郁的学生走出困境。

陆：剪纸更多的是专注跟投入，那个过程中，心是非常非常静的。剪纸给了我心灵慰藉，我现在经常静下心来，思考传承要往哪个方向走，是迎合所谓的国际化、市场化，还是深层挖掘传统剪纸里的美学和哲学。

武：看上去陆老师有些累了。今天辛苦陆老师跟我们说了这么久的话。谢谢！请多保重！

山花儿代表性传承人
撒丽娜

撒丽娜，1986年生，宁夏海原县人。2013年被认定为自治区级非物质文化遗产项目（山花儿）代表性传承人。

综　述

　　撒丽娜的家乡海原县，是宁夏山花儿的主要流传地区之一，这里有着厚重的花儿民歌的群众基础。20世纪80年代以来，这里相继涌现出了一批优秀的花儿歌手，如马汉东，自20世纪80年代起活跃在宁夏及西北地区的花儿歌坛上，90年代曾代表宁夏农民歌手，把花儿唱到了日本。还有妥燕、李海军、罗建华等一批在全国有影响的青年花儿歌手，分别在全国各类花儿歌手大赛中获过奖。中央电视台音乐频道《民歌·中国》栏目曾多次播放过海原花儿歌手演唱的花儿，并获得全国最佳作品奖。撒丽娜是近年脱颖而出的花儿新秀，她和马汉东、妥燕、李海军合作的花儿联唱《花儿的家乡》，也曾亮相宁夏春节联欢晚会。

　　在"花儿之乡"海原县长大的撒丽娜，从小就酷爱文艺，喜好唱歌跳舞。2002年初中毕业后，十六岁的撒丽娜考入宁夏固原民族师范学校，选择了舞蹈专业，系统地研习了各种民族民间舞蹈，并接受了音乐基础教育，会唱歌，还会拉手风琴，多才多艺。毕业之际，她以优异的成绩考入海原县文工团，成为了一名专职演员。在此后的几年演艺生涯中，她师从本团老一辈花儿知名歌手马汉东学习原生态花儿及宴席曲的演唱，加上她的艺术天分和勤奋，很快掌握了演唱原生态花儿的技巧，成为了一名花儿歌唱演员，开始在宁夏的歌坛上崭露头角。她曾在海原县文工团编排的花儿歌舞剧《大山的女儿》中扮演女孩儿索菲燕，也曾担任花儿大型歌舞剧《回乡婚礼》五幕引子部分的花儿歌唱演员。在海原县文工团工作期间，撒丽娜被宁夏回族自治区团委推荐为第十六届共青团全国代表大会的代表，2008年6月赴京参加全国团代会。2008年9月，她以出众的艺术才华考入宁夏交通厅文工团，同时担任宁夏公路局石嘴山分局沙湖收费站收费员。她曾参加过宁夏交通厅承办的"清凉广场文化之夜""军民共建晚会"等大型演出活动，也参加过宁夏交通系统的各地慰问演出活动，充分展示了她的花儿演唱才艺。2010年大年三十晚上，撒丽娜和马伊黑牙（花儿歌手）演唱的男女声对唱《妹妹的山丹花儿开》花儿民歌，亮相中央电视台春节晚会，向全国人民展示了宁夏花儿的艺术魅力。撒丽娜也曾在第七届"中国西部民歌（花儿）大赛"中获铜奖，在第九届"中国西部民歌（花儿）大赛"中获金奖，在首届"西北花儿王"大赛中获金奖，成为了宁夏乃至西北花儿歌坛上的一颗璀璨的新星。为了提升自己的演唱水平和技巧，2010年撒丽娜进入宁夏大学音乐学院学习声乐专业，实现了她的大学梦，也为今后的花儿演艺事业夯实了基础。2013年我国第八个文化遗产日之际，宁夏公布了第三批五十六名自治区级非物质文化遗产项目代表性传承人，二十七岁的撒丽娜也名列其中，成为宁夏最年轻的自治区级非遗项目代表性传承人。

笔者2007年在宁夏海原县观看了花儿歌舞剧《大山的女儿》，在舞台上第一次见到了扮演索菲燕的撒丽娜，她那年二十一岁。2013年8月，笔者前去甘肃临夏参加第三届全国花儿研讨会暨中国西部花儿艺术节时，在从银川开往兰州的火车上与撒丽娜不期而遇，她是宁夏参赛的原生态花儿歌手代表之一。在接下来的艺术节上，笔者再次观赏了撒丽娜在舞台上和她的搭档张平对唱花儿民歌的出色表演。等他俩演出结束后，笔者对撒丽娜进行了专访。

2014年4月，笔者应邀到北京参加宁夏文化厅举办的"宁夏（北京）音乐汇研讨会"，曾在宁夏工作过的在京老一辈音乐家及宁夏的相关专家学者共二十多人参会。研讨会上，撒丽娜作为宁夏花儿歌手代表，为与会者演唱了原生态花儿，颇获好评，使得笔者对撒丽娜也有了更多的了解。撒丽娜告诉笔者，目前她作为自由职业者，也作为民间艺人，可以随时参加宁夏区内外的各种演艺活动，尽情地演唱喜爱的花儿民歌。

├ 2018年撒丽娜为银川市金凤区
第四小学传授花儿（本人供图）

　　2021年1月，由于疫情原因，课题组成员武宇林通过微信对撒丽娜的近况进行了追踪采访。撒丽娜作为自治区级非遗传承人，一直在认真履行自己的职责，于2014年9月在银川市西夏区创办了一所花儿艺术学校，以传承非遗、唱响宁夏花儿为努力方向，面向周边青少年开设特色花儿公益课程，进行短期和长期固定免费课程。同时，撒丽娜积极开展花儿进校园活动，经常带着PPT课件和花儿音视频资料，来到银川市多所中小学教授花儿公益课程，有三千多人次的中小学学生参加了学习。她还开展花儿进社区活动，先后为上千人教唱花儿，让周边社区的群众也有学习花儿民歌的机会。还多次带领学生们到校园和社区进行非遗展演活动，让校园学生及社区百姓能够欣赏花儿歌舞。2017年，撒丽娜为宁夏贫困地区录制了非遗花儿云课堂视频资料。2019年以来，在宁夏总工会开办花儿公益课堂，为传承花儿尽心竭力。

　　近年来，撒丽娜在花儿歌坛也取得了突出成绩。2015年在广西宜州举办的"刘三姐杯"全国山歌邀请赛上获得最佳演唱奖；2015年全国春节电视文艺晚会上获得最佳演唱奖；参加了2015年中国网络春晚、2016年中国城市春晚；2017年参加了中国西北音乐节，获得熊猫奖一等奖；参加了2017年全国少数民族春晚及宁夏大型文艺晚会；2017年在第二季中国民歌大会上演唱花儿；2019年参加第十三届中国少数民族运动会民族大联欢演出。还多次参加央视综艺节目"开

⊥ 撒丽娜带领花儿艺术学校学生参加2018年宁夏百姓春晚（本人供图）

门大吉""出彩中国人""王者归来""欢乐中国行"等，也多次参加宁夏代表团赴香港、台湾等多地进行的非遗推广展演。撒丽娜演唱花儿十多年，于2020年出版发行了个人花儿专辑《花开少年来》，录有其代表曲目《拔了麦子拔胡麻》《眼泪花儿把心淹了》等十三首经典作品，既有民间传统的原生态花儿，也不乏有着时尚元素的流行摇滚花儿。

撒丽娜还努力创编一些花儿歌舞，带领学生们参加各类非遗展演及相关比赛，多达上百场次，被中央电视台、宁夏电视台、银川电视台及社会各媒体多次报道及专访。学生们的花儿歌舞《幸福花儿开》2019年1月上了"丝路明珠·魅力银川"第二届银川百姓春晚；《四季花儿开》节目参加了2019年西北青少年文艺展演，获得优秀节目奖和优秀编导奖。2020年，撒丽娜带领学生们参加了全国少数民族"六一"晚会，获得优秀组织奖。撒丽娜的花儿艺术学校的李沐子等多名学生还把花儿唱到了中央电视台，向全国人民展示了花儿民歌的魅力。李沐子还为电视连续剧《山海情》配音，童声演唱花儿《眼泪花儿把心淹了》。

2015年，撒丽娜在银川市金凤区的悦海新天地楼宇社区又开办了一处花儿传承基地。2019年，该社区以"非遗进商圈"为契机，设置了专门的花儿教室和花儿工作室，撒丽娜在社区的支持下，积极组织花儿教学，为辖区居民、企业职工提供学习和交流花儿文化的平台，经常组织花儿进商圈文艺演出。撒丽娜计划未来五年，一是通过艺术教育形式，争取每年完成上千人的花儿培训目标。二是编创花儿歌舞节目，争取每年向万名观众进行展演。三是以花儿非遗传承基地为载体，搜集整理民间留存的花儿资料。四是加强和银川市各中小学的项目合作，进行研学教育、非遗演出交流等。五是把花儿传承和宁夏全域文化旅游事业相结合，借助其传承基地的优势，创作出花儿的好音乐、好舞蹈，以多类型演艺节目及推广形式，为建设新宁夏作出贡献。

⊥ 2017年撒丽娜为贫困地区录制非遗花儿云课堂视频资料（本人供图）

访　谈（一）

被访谈者：撒丽娜（自治区级非物质文化遗产代表性传承人）

访 谈 者：武宇林、韩宏

访谈时间：2013年8月25日

访谈地点：甘肃临夏市河州花儿艺术苑

访谈录音：韩宏

访谈整理：王瑞、武宇林

综述撰写：武宇林

武：撒丽娜，你好！前几年就看过你的演唱。你是我们宁夏的花儿新秀，不光是人年轻漂亮，花儿也唱得特别好。今天总算有机会可以好好谈谈了。我们现在就开始采访吧！主要想了解一下你的个人成长经历。

撒：好的。武老师问什么，我就说什么。

武：那好。你是哪一年出生的？

撒：我是1986年7月22日出生的。

武：真年轻！是八〇后非遗传承人。那你出生在什么地方？

撒：我的老家是宁夏海原县，被称为宁夏花儿的故乡。我出生在海原县郑旗乡的一个小山村里，那是我奶奶家，我一岁时就跟着爸爸搬离了那里。

武：哦。看你的皮肤白皙光洁，长相也很像南方女孩儿，没想到就是咱们宁夏南部山区海原县的。我去过海原县郑旗乡，那里到处都是黄土大山、沟壑，干旱缺水，自然条件比较差。

撒：（微笑）对对对！就是的。我的老家还不在郑旗乡上，还要往山里面走呢！那个地名叫黑沟梁，山路十八弯走上去的。我小时候没什么印象，因为一岁就离开那里了。后来，我上学之后，经常回老家去看我奶奶爷爷，需要步行走十几里路呢！

武：哦，真够远的。你家姊妹几个？

撒：我家姊妹四个，我是老大。下面还有一个弟弟、两个妹妹。

武：父母当时都在干什么？

撒：我父亲是单位职工，在交通部门工作，母亲是家庭主妇。

武：就是说，你们家是亦工亦农的家庭，父亲挣工资养活全家，母亲料理家务，照顾孩子、务农。

撒：对，就是这样子的。

武：那你上学的情况怎么样？

撒：我们家搬了好几次。最开始是搬到同心县的一个乡上，也属于海原县管辖，因为我爸的工作调到那里了。我上学也就跟着爸爸的调动不停地转学。上到小学四年级，我又转学到了固原的黑城镇，那里有一个宋庆龄基金会资助的辽坡小学，是全部免费的，而且教育环境挺好，师资力量也挺强的。但是，这所学校只接收当地的学生。当时，我姑父就在黑城，他说："要不你来这里上学吧！"为了能够上那所小学，我还把名字给改了，随姑父姓杨，改名叫杨丽。呵呵！那时候，我上四年级，上到五年级就小学毕业了。当时，小学还是五年制。后来，我又到海原上了初中，因为那时我们家又搬到了海原县城。我在海原女中上的初中，在学校里我就爱唱歌、爱跳舞。不过，我以前唱歌比较少，主要是跳舞，我是舞蹈演员出身嘛！

武：是吗？撒丽娜学过舞蹈？难怪呢！刚才你在舞台上的演唱中，一招一式不难看出你的舞蹈基本功。

撒：现在不行了，呵呵！我后来唱歌、唱花儿，纯粹是半路出家嘛！

武：真的？那说明你很有歌唱天赋，你的花儿唱得非常不错啊！你的家乡在南部山区，也一直在那里上学和生活，那你周围有没有会唱花儿的人呢？

撒：我那时可能比较小吧，一直在学校上学，真是没有机会接触到外面会唱花儿的人。我唱花儿是从2005年才正式开始的。

武：那就是说，你唱花儿的时间并不长，也就八年多。是什么契机让你选择了学唱花儿的呢？

撒：我上初中的时候，曾听过有人唱花儿。但是，那时候还小，不太喜欢听花儿，感觉那都是老年人唱的，比较土，也听不懂歌词。我后来到宁夏固原民族师范上学，当时，我选修的是舞蹈专业。

武：那是哪一年？

撒：2002年，我上完初中以后，又考上了固原师范，选择了舞蹈专业，从属于艺术系。

武：你那时才十六岁，在师范学校的舞蹈专业都学什么呢？

撒：主要是舞蹈基本功、民族民间舞蹈、各种各样的舞蹈组合。因为我们的培养方向是未来的小学老师嘛，将来要从事小学的音乐舞蹈教育。可是，我们家一直反对我搞这个舞蹈专业。

武：为啥呀？

撒：因为我们家人的观念比较传统嘛！我上小学时，唱唱跳跳家人都不管。可我上初中后，学校那时候经常有舞蹈演出，我就得上台跳舞，还是领舞、编舞，有时放假也忙的回不了家。所以，家里人就特别反对。有几次，我家人还追到学校把我给拽回来了呢！

武：家人不支持你跳舞，你要学舞蹈还挺不容易的。那后来上师范时，怎么又选择了舞蹈专业呢？

撒：是这样的。家里人为啥同意我上师范呢？是因为当时我的文化课不是特别好。他们要让我上警校。可我执意要上师范，我说毕业出来还可以当小学音乐老师嘛！这样，家里人才同意我上师范学习舞蹈了。结果我师范毕业以后，国家已经不再包分配工作了。有些单位也不好考，进不去。那时候，考试要的是大专文凭，而我只是中专文凭。所以嘛，正好赶上海原县文工团招聘演员，我就去报考了。当时，我还没有毕业，差几天就是毕业典礼。结果，我考上了海原县文工团（后来叫歌舞团）。

武：真好！还没毕业就找到了工作，说明你的学习成绩是很优秀的。是当舞蹈演员吗？

撒：对！是海原县文工团的舞蹈演员。当时考试的时候，要求你有什么才艺都可以展示。于是，我就又唱又跳，还表演了拉手风琴呢！这些都是在学校里学的。呵呵。他们一看，我表演得挺好，就把我给招进去了。当时文工团的人说，招进去的演员都是有编制的，可结果是合同制的。

武：那你在文工团干了几年？

撒：一干就是三年。

武：那这三年里，你开始学习花儿？

撒：对！自从我进了文工团，才开始正式学习花儿的。因为，当时我是舞蹈演员，虽然我的舞跳得好，但是我个子小，感觉不会有发展前途。当时，团里的人觉得我的嗓子也很好，嗓音嘹亮，很有发展潜力。结果，他们就动员我学唱花儿。我们文工团里的马汉东是我的老师，他当时正好也缺一个女搭档，我就和马汉东老师开始搭档，向他学习唱花儿了。从那以后，我就开始慢慢练习唱花儿，一直到现在。可以说，从2005年我才真正走上了唱花儿之路。

武：明白了。马汉东老师可是我们宁夏的资深花儿歌手之一了，在西北地区也非常有名。你运气真好，刚一起步，就遇见了非常好的启蒙老师。你唱花儿的时间不长，能取得不小的进步，主要原因是什么呢？

撒：遇上好老师是一方面，还有就是环境的影响，大家的鼓励吧！另外，和我的音乐感觉也有一定关系吧。我从小就爱唱歌、爱跳舞。到文工团后，我渐渐喜欢上了花儿，所以就愿意主动地去学。

武：小时候是因为没有机会接触花儿，不是很喜欢。在文工团的环境影响下，喜爱上了花儿。那你最开始和马汉东老师学习的是哪首花儿？

撒：我记得我最早学习的是一首宴席曲《父母好比江河水》，是男女声对唱，这首宴席曲不算花儿民歌。马老师曾经问我："你为什么不唱花儿呢？"而且，那时候团里确实也没有女歌手，他就鼓励我，让我跟他学唱花儿。

武：宴席曲《父母好比江河水》的歌词你还记得吗？

撒：那我唱一下吧："父母亲呐，好比个呀江河里的一只船呀……"呵呵！后面的歌词有点忘了。

武：你唱得真好听！就是说，先是唱宴席曲，又慢慢喜欢上了花儿，接下来就开始跟着马汉东老师学习。

撒：对！从那以后就慢慢开始唱，反复练习，越学越多，再上台演出。就是这样的。

武：一学会就马上登台演出了？

撒：嗯，因为独唱演员毕竟缺嘛！那时候，县上开晚会时，我既是独唱演员，也是群舞演员，在台上又唱又跳。一首歌唱完，马上跑到后台换好舞蹈服装，再上台跳舞。我那时候，舞蹈跳得也还行，文工团也不想让我停止跳舞，没办法，还得跳嘛！

武：你都跳的哪些舞蹈呢？

撒：主要是民族舞，藏族舞、蒙古族舞、扇子舞、手帕舞等。但是，海原文工团本来就叫花儿艺术团，唱花儿的机会居多。

武：你在海原文工团工作的三年中，参加过很多次演出吧？

撒：对！我们那时候演出特别多，我还没有从师范毕业，连毕业典礼都没有顾得上参加，就被团里派出去演出了。那时候，刚好是"五一"的旅游旺季，我们文工团被派到中卫市的五星级旅游景区沙坡头驻演一周，要天天演、天天演，我那时候都寂寞得哭了。因为我刚进团，一个人都不认识嘛。同学们都去参加毕业典礼，就我参加不了。我在沙坡头连续演出了一周，都快受不了了。最后，慢慢和大家都熟悉了，这才好一些。

武：对，海原县隶属中卫市，到了旅游旺季，你们文工团可不是要发挥重要作用了嘛。也难怪，你那时才十八岁嘛。在文工团逐渐熟悉以后，也就慢慢喜欢上了演艺生活？

撒：是的。我觉得吧，自己也就适合干这一行，还是挺喜欢的。

武：那你最喜欢唱的花儿都有哪些呢？

撒：很多曲令我都喜欢。

武：今天的半决赛中，你们俩唱的是哪个曲令呢？

撒：《妹妹的山丹花开》。前面的引子是用了河州大令《上去高山望平川》的曲调，中间是《妹妹的山丹花开》。

武：你俩的对唱组合挺好的，发挥得很不错呀！

撒：谢谢！我们俩也搭档好几年了。

武：你们俩在舞台上感觉特别般配，年龄也相当。

撒：呵呵！其实我年龄比他大，但大家感觉我的长相显得小一点吧！

武：嗯，你看上去也就是十七八岁吧！

撒：哈哈哈……我都快二十八岁啦！

武：撒丽娜长得特别甜美，也毕竟练过舞蹈，在舞台上的举手投足都很有艺术感，总体感觉挺好的。

撒：谢谢武老师夸奖！

武：撒丽娜能歌善舞，形象又好，观众也十分认可，你也喜欢演艺事业，那后来为什么离开了海原文工团呢？

撒：我觉得，海原文工团虽然是一个专业团体，我在那里也能学到花儿民歌，但它是一个县级文工团，毕竟是在宁夏南部山区嘛，发展的机会还是很少的。我想，如果走出来，对我还是有帮助。最后，也是由于我经常外出参加演出，家里人不是很支持，经常和我闹矛盾嘛，才离开文工团的。

武：家人的观念是什么呢？

撒：他们的观念一是因为我的工作岗位不是编制内的，是签合同的，就让我别干了。二是因为我的舞蹈服装。我有时候跳舞穿的是抹胸的、露背的舞蹈服，他们觉得太暴露了。我们家人在穿衣服方面观念比较传统，他们认为唱花儿还行，穿得比较严实嘛。可我只要一穿那种比较暴露肢体的舞蹈服装，家人就特别不高兴，他们觉得很难看！就因为这些原因，家人就不让我干了。

武：哦，是家里人不支持你在县文工团工作。那后来呢？

撒：因为家里人不让我干了，我只好辞职回家呗。当时天天待在家里，很烦，因为工作的事总是和家人吵架。这时，恰好有一个机会，宁夏交通厅文工团要招人。这是多么好的一个机会啊！这可是很多人都梦寐以求的工作。为了不让我的家人老为我生气，我也想换个生活环境，于是我就赶忙去报考。结果，我的考试成绩还不错，幸运地考进了交通厅文工团。其实，在这之前，我参加过全国共青团代表大会，而且是和宁夏交通厅文工团的团委书记一起去北京参加代表大会的。他那时候就对我印象挺好的，还建议我去他们文工团去工作，但我当时并不知道他们团要招人。

武：就是说，到北京参加全国共青团代表大会也算是你去交通厅文工团的一个契机吧。那这次的全国团代会是哪一年？哪一届？

撒：是第十六届全国共青团代表大会，2008年6月，在北京人民大会堂召开的。

武：真了不起！那你当时是作为哪个界别的代表参加全国团代会的呢？

撒：我那时还在海原县文工团，海原县团委把我推荐到中卫市，中卫市又把我推荐到自治区团委。我前后参加了中卫市、宁夏回族自治区的团代表大会。最后，是自治区团委把我推荐到全国团代会的。当时为了体现民族特色，需要挑选一名回族女青年，而且是会唱花儿的，所以就选中了我。我觉得特别荣幸，这次也是我的一个机会。

武：的确。你因为2008年参加全国团代会，认识了交通厅的团委书记，他也发现了你这个艺术人才，给了你建议。

撒：嗯。不过，当时他就这么一说，我也就这么一听，一说而过，没有在意。说实话，我进交通厅文工团纯属偶然。当时，我们海原县文工团的另一个女孩子得到了交通厅招人信息，她打算报考，是在网上公开报名的。我说："那我也报名试试！"也就跟着报了名。我是抱着试一试的心态去参加考试的。考试时，我又是跳舞，又是唱歌，评委觉得我多才多艺，就招上了。结果，进去之后才知道，原来，这就是交通厅文工团啊。呵呵！

武：说明撒丽娜还真是多才多艺，每次考试都能顺利过关。那是2008年吧？

撒：对！我是2008年9月1日进交通厅文工团的。呵呵！

武：从那时候起，你就来到银川市工作了？

撒：对！到银川市了！从那时起，我就离开了海原县，离开了生活多年的南部山区。

武：来到了银川市，又是一个转折。舞台更大了，天地也更宽广了。

撒：嗯，我被分配到宁夏公路管理局石嘴山分局沙湖收费站当收费员。连续上四天班，再休息四天。那时候，我刚到银川，居无定所，到处打游击战。我的同学中有在银川的，我就借住在同学那里。但是，有时候同学也忙嘛，不能老去打搅。最后没办法，我就在银川租了房子。为了节省，每到休息四天的时候，我就跟别人合租共用，其他时间就到收费站上班。

武：就是说，宁夏交通厅文工团是业余的，你们属于兼职文工团员。没有演出任务时，平时还是要正常上班的。是高速公路收费站工作人员吧？

撒：是的。不过，在银川的演出机会还是挺多的。原来我在海原文工团时，也经常到银川来演出，认识了很多演艺界的朋友。他们一有演出机会，总会叫我。但是，我在海原时，路太远了，单程就得好几个小时，叫了也来不了啊。我到了银川以后，演艺界的朋友一个电话，我随叫随到。这样，我的演出机会就多了。在我休息的几天时间里，只要有人打电话，我都去参加演出。这不仅奠定了我在文艺界的人脉，我的歌唱才艺也能得到提高。

武：真不错！那你在沙湖收费站工作了多长时间？

撒：我是2008年9月份进去的，2010年七八月份辞职的。

武：为什么才干了两年就又辞职了？

撒：我觉得太累了。因为要上夜班，而且交通厅文工团的演出机会也不多，一年就演那么一两次。我晚上一上夜班，白天就睡不着。实在熬不住了，长期失眠受不了。可那时候，家里人不同意我辞职。到2010年，我结婚了，我老公支持我辞职，家人也就没有话说，我就辞了。其实，我辞职时没有和家里人说，我偷偷辞的。我说我请长假了，过了一年我才和我妈说的。我把道理讲清楚了，她也就释然了。

武：那你和你丈夫是怎么认识的呢？

撒：相亲认识的呗！（笑）我是二十二岁进入交通厅文工团的，我妈着急嘛，天天电话催啊、催啊，还找人介绍让我去相亲。相一个不行，相一个不行。

武：哦。主要是母亲催促你的婚事？

撒：对啊！毕竟我这年龄在海原的回民中就算是年龄大可还没有结婚的女子了。当然在银川确实还不算大。有时候就是缘分还没有到，想找一个合适的对象也挺难的。最后，到了2009年5月份，我妈又让我去相亲，我就去了。见了他之后，第一感觉还不错，我就坐在那里，和他敞开了谈。因为他老家也是海原嘛！海原人的思想比较传统。他说，他不喜欢他的老婆抛头露面去唱歌跳舞。可我跟他坦白："你和我相处，就必须得支持我的事业，你不能影响我唱歌！如果不同意的话，我们就不要继续下去了！"他感觉我这个人特别豪爽，性格也特别好，也就同意了。我也觉得他还行。结果，我们俩认识几个月就订婚了，相处的时间不长，2010年就结婚了。也算把家里人的一个心愿了结了吧！呵呵！

武：撒丽娜对歌唱事业如此热爱，也赢得了你丈夫的理解。真好！他是做什么工作的？

撒：他是外企公司的职员。他对花儿可是一窍不通。（笑）

武：他虽然以前对花儿没有什么接触，但只要你喜欢，他就会支持吧？

撒：嗯。因为他没有认识我之前，认为搞文艺的女孩往往收不住心，他这么一个平凡人怎么能找那么一个多才多艺的女孩呢？搞文艺工作的女孩经常去外面演出，会不放心的。但是，认识我以后，他的看法转变了。我老公有一点特别好，他决定的事情任何人都改变不了。当初，他们家就有人反对，他的朋友也劝他别找我了，说："她能看上你什么呀？"但是，其实我这个人就喜欢平淡，找老公，不一定要找有钱的。只要两个人感觉好，人要好，这才是第一位的。我就觉得他人很好而且有主见，最终，事实证明了这一点。他的朋友目睹了这一切，都说这真是不错的选择。因为我不单在外面唱歌，我在家也料理得很不错哦。呵呵！我做的一手好饭，他的朋友们都特别羡慕。说他找到这样一个上得了厅堂、下得了厨房，还长得那么漂亮的姑娘。我老公也觉得他还真是找对人了。

武：（笑）你们都找对人了，挺幸福的嘛！你平时都会做什么菜啊？

撒：基本的家常饭菜我都会做。包子、饺子、油香、馓子全都会！

武：哦，这些当地传统面食的制作都挺难的呢。是跟母亲学会的吧？

撒：对！我妈在我小时候就老让我学做饭。我那时候上中学，放学回家后，我妈不做饭，就让我做。我说："你咋不做？那么懒！"她说："不是我懒，我是让你学东西。"看来，我妈说的是对的。

武：你母亲真是看得远，是为了女儿将来的幸福着想。那你母亲又是个什么样的女性呢？好像你的生活当中，母亲对你的影响挺大的？

撒：是的。我妈妈手巧，茶饭特别好。就是思想很传统，我现在到外面演出，她都特别反对。我爸其实不反对我唱歌，他认为只要唱出一片天地，唱出名堂，就是成功的！他说过："你去北京，去找宋祖英吧。你向她拜师学艺吧！"他其实挺喜欢我唱歌的，但他不喜欢我跳舞。所以，从那以后，我就再没有跳过舞。

武：你后来只是唱歌，不再跳舞，也算是尊重了父母的建议。

撒：对！毕竟老家人的想法不一样。我把交通厅的工作辞了以后，就准备在家生孩子了。有时只是接一些外面的演出任务，再也没有参加工作。回老家时，家里人都会问："你干什么工作呢？"当时我已经辞职了，可还没有和他们说明，只好说还在交通厅文工团工作。老家人也会问我妈："这个丫头现在干嘛呢？"每当问起这些问题时，我会选择沉默，我妈总是替我圆场。

武：我记得前几天到兰州下火车后，我们一起坐汽车去临夏的路上，你说起过装烤瓷牙的事，好像你母亲也反对。又是怎么回事呢？

撒：是这么回事。前两年我不是有一颗牙掉了吗，想补一颗烤瓷牙。可我妈说："不能镶死牙（拔不下来的那种），可以镶活牙（可以取下来的那种）。"

武：第一次听说还有这样的讲究。那穿衣服方面还有什么讲究吗？

撒：特别讲究！领子大的衣服都不行。

武：你现在的穿着其实挺严实的嘛！

撒：我现在基本上都不穿短袖和短裤了，因为穿的太露了不好。我妈说："穿那么露，又不防晒，夏天穿长裤长袖还防晒呢。衣服把皮肤包住，还晒不黑。"我说："也对。"呵呵！

武：你母亲对你太关心了。咱们再谈谈你参加春晚的事吧！

撒：那时，我还在交通厅文工团。据说上面给宁夏歌舞团下达了一个选拔春晚节目的文件，说是中央电视台要找一男一女两位唱花儿的歌手。他们的要求很严格：歌手的年龄要小一点，长相要好一点。虽然唱的是农村的花儿，但是，长相要像城里人。有一天，宁夏歌舞团的闫青霞老师给我打来电话，她说："有这么一个机会，要上中央电视台的春晚。"问我有没有兴趣。我说："当然有啦！"我当时很激动，但不敢相信这是真的。她又告诉我说，中央电视台已经在西北各地找了一圈，有些女歌手唱得特别好，但就是有点年龄大了。男歌手已经找到了，他叫马伊黑牙，年龄小，人也长得很帅气，还需要找一个和他搭配协调、长得秀气的年轻女歌手。闫老师就想到了我，让我去试一下，看我能不能和他唱到一起。结果一试，还不错。然后，就把我的照片给中央电视台发去了。中央电视台的人看了很满意，就让我俩去录像，我们把整首花儿民歌录制好，发给了他们，央视觉得挺好的。就是这首《尕妹门前浪三浪》的花儿。

武：那是2010年春晚吧？

撒：对！就是2010年春晚。

武：说说你们当时录节目的情况好吗？

撒：（笑）我们俩是坐飞机去北京参加集中彩排的。宁夏交通厅的领导也非常支持我，因为本单位的职工要上春晚了，多高兴的事啊！我们上飞机前，还给我送了鲜花。厅里两位领导送我们去北京，一起等了十多天。因为那时候节目还没有敲定，央视的人说，一些节目随时有可能会被减掉，即使明天是大年三十，今天二十九，都有这个可能发生。

武：那最后没有被删掉吧？

撒：没有啊！我们的那个节目是那年春节联欢晚会的第十三个节目《和谐大家园》，是一个少数民族歌曲联唱嘛。舞台上，各民族的演员都穿着少数民族服装，表演各民族的歌舞，我们俩唱了一首宁夏山花儿，就这样上了中央电视台的春节晚会。

武：你和马伊黑牙对唱的花儿《尕妹门前浪三浪》的歌词你记得吗？

撒：嗯。歌词大概是："尕妹妹的大门上浪三浪，心儿里跳得慌，想看我的尕妹妹的好模样，山丹红花开呀。听说我的尕妹妹病下了，阿哥莫急坏，称上了些冰糖者看你来呀妹妹，山丹红花开呀。开不开的个山丹花连根拔上来，把把甭损坏，送给我的尕妹妹两个鬓间戴呀妹妹，山丹红花开呀。我把你心疼着我把你爱，生死不分开，一天我呢个三趟者看你来呀妹妹，山丹红花开呀。"不过，春晚上的节目单名称是《妹妹的山丹花儿开》。

武：哦。这是一首传统的爱情花儿，还反映了西北当地民俗呢。比如买冰糖看望生病的尕妹妹。歌词全都是宁夏方言，特别有乡土气息。真了不起！把花儿唱到了中央春节晚会上，既是西北花儿的荣耀，也是你人生中的辉煌啊！

撒：呵呵！对啊！好多人都想上春晚，多难啊！我就觉得那年我运气特别好！交通部的《交通文化》杂志上还登了我上春晚的文章和照片呢！

武：真棒！除过上春晚，你还参加过哪些重要的演出活动？

撒：那之后，我还参加过一些大型演出活动。比如，咱们海原文工团演出的大型花儿歌舞剧《乡村婚礼》，最前面有一段花儿引子联唱。它是一部歌舞剧，主要以舞蹈为主，但每场剧目前面都有花儿民歌做引子，我就参加其中的花儿演唱。之前，我还参加过我们海原文工团的花儿歌舞剧《大山的女儿》，我扮演的是索菲燕。其实，我还挺喜欢演戏的，我觉得我演戏还是不错的。（笑）

武：你们海原县文工团挺不简单的，现在已经归属中卫市歌舞团了。说到这两部花儿歌舞剧，在区内外很有影响，都在北京演过。两部剧我都看过，没想到撒丽娜在《乡村婚礼》中唱花儿引子，只可惜不露面，只在幕后唱，观众看不到。你说你在《大山的女儿》中扮演索菲燕？

撒：是的。剧中的索菲燕是个十五六岁的女孩儿，生活特别贫困，还到校门口捡破烂，被马姨（马素贞）救助，替她交学费，供养她吃住，最后考上了南开大学。

武：对！有印象。我是2007年到海原县剧院去看的这部剧，当时是观摩演出，宁夏回族自治区党委宣传部的领导也去看了。之后，在晚餐会上还座谈了呢。当时我们应该见过面了。撒丽娜还真是多面手，戏演得也不错啊！

撒：谢谢武老师还记得我演的角色。

武：撒丽娜还参加过哪些花儿比赛活动？

撒：我还参加了在咱们宁夏举办的中国西部民歌（花儿）大赛，拿过一个金奖。一共参加过两次，第七届是铜奖，第九届是金奖。

武：祝贺你！前几年我参加过一次在宁夏风情园举办的中国西部民歌（花儿）大赛的开幕式，看到从外省来了很多歌手。从1998年以来，由咱们宁夏回族自治区牵头创办的中国西部民歌（花儿）歌会每年办一届，在全国的影响还挺大的。每年来参会的歌手都是各省（市、区）文化部门选拔来的，代表了当地民歌和花儿的最高水平。从电视上看，歌会每年的开幕式和颁奖晚会都特别隆重，宁夏的领导也挺重视的，好像每年都出席。第九届中国西部民歌（花儿）歌会是2011年，全国有十多个省区代表队参赛，好几百个歌手中你能脱颖而出得金奖，太了不起了！

撒：哪里呀！我还得继续努力呢！

武：那好，我们就先谈到这里。祝你的花儿事业红红火火！

访　谈（二）

被访谈者：撒丽娜（自治区级非物质文化遗产代表性传承人）

访　谈　者：武宇林

访谈时间：2021年1月29日

访谈地点：银川市

武：撒丽娜好！离上次采访一转眼七年多了，这期间肯定有不少新情况。由于
　　新冠疫情，不方便见面，咱们就利用微信进行一个补充访谈吧。记得前年
　　冬天参加宁夏非遗中心的非遗传承基地调研活动，还参观了你在西夏区创
　　办的花儿学校及非遗传承基地呢。当时听了你的汇报，感觉前些年你主要
　　是花儿演出活动突出，而近年来不光是自身的演出活动，在培养青少年进
　　行花儿传承方面很有特色，也很有成效，尤其是花儿艺术学校的创办应该
　　是个亮点。请谈谈它的创办情况吧。

撒：好的。我是2014年9月开办自己的花儿艺术学校的，位于银川市西夏区，学
　　校占地面积四百平方米，这里也是花儿的传承基地嘛。

武：花儿学校的主要宗旨及教学内容是什么？

撒：办学目的主要是让想学习花儿的孩子都有机会了解花儿、学习花儿。由我
　　组织教学，开设特色花儿公益课程。花儿学校开办以来，以传承非遗、唱
　　响宁夏花儿为目的，进行短期和长期固定免费课程，通过现场学唱花儿和
　　花儿理论知识的学习，培养孩子们对花儿的兴趣和认知。

⊥ 2019年撒丽娜在宁夏总工会开办花儿公益课堂（本人供图）

武：你们也走出去进行花儿进校园活动吗？

撒：是的。我会利用 PPT 课件和花儿音视频资料到学校进行现场教学。近几年我坚持在银川市多所中小学开展花儿公益课程，惠及学生有三千多人次呢。看到孩子们很热爱唱花儿，我也很欣慰。不仅是花儿进校园，也进社区呢。让学生和周边社区的百姓都有学习花儿民歌的机会。我先后为上千人教唱过花儿呢。对了，我从2019年开始在自治区总工会开办花儿公益课堂，两年了，2019年办了三期，2020年办了两期，一共五期，今年3月份还会继续办下去。

武：真不错！那你们花儿艺术学校的学生还参加一些社会演出活动吗？

撒：对！除了上课学习，我经常带学生们参加各类非遗展演及相关比赛。也创作一些花儿歌舞，在全区乃至全国各大舞台上进行展演。先后带领传唱人登台演出达上百场次，被中央电视台、宁夏电视台、银川电视台及社会各界媒体多次报道及专访。我多次带领学生们到社区进行非遗展演活动，让社区百姓也有机会欣赏花儿歌舞。近几年，我的多名学生唱着花儿登上中央电视台，向全国人民展示花儿民歌的魅力。

2019年撒丽娜在宁夏春晚
演唱花儿（本人供图）

武：是吗？撒丽娜这几年为花儿的传承做了很多努力呢。也获得不少奖励吧？

撒：嗯。是的。这几年我本人及学生们参加各类文艺展演及比赛，获得了很多
　　奖项。2011年第九届中国西部民歌（花儿）歌会获得金奖之后，在首届西
　　北花儿王大赛上获得金奖。2015年刘三姐山歌全国邀请赛上获得最佳演唱
　　奖，在2015年全国春节电视文艺晚会获得最佳演唱奖，还参加了2015年中
　　国网络春晚、2016年中国城市春晚。2017年参加了中国西北音乐节，获得
　　熊猫奖一等奖；参加了2017年全国少数民族春晚及宁夏大型文艺晚会、第
　　二季中国民歌大会山花儿演唱。2019年参加了第十三届中国少数民族运动
　　会民族大联欢演出。还多次参加了央视综艺节目"开门大吉""出彩中国
　　人""王者归来""欢乐中国行"等。也多次参加宁夏代表团赴香港、台湾
　　等多地进行非遗推广展演。另外，我们花儿艺术学校的歌舞表演也获过奖，
　　2016年获银川市少儿艺术节才艺大赛特别组织奖，2017年获银川市少儿艺
　　术节展演优秀组织奖。我们学校还是2017年第三届中国西北百姓民间春晚
　　签约单位呢。另外，我2017年还为贫困地区录制了非遗项目花儿云课堂视
　　频资料。

武：太了不起了！撒丽娜老师为花儿的传承作出了很大贡献。你们师生为宁夏也

争得了很多荣誉啊！那撒丽娜老师的花儿演唱代表作曲目主要有哪些呢？

撒：代表曲目有《拔了麦子拔胡麻》《眼泪花儿把心淹了》等。

武：哦。都是富有宁夏地域特色的花儿民歌。撒丽娜老师唱花儿的年头也不短
　　了，记得是从2005年开始唱的，也有十多年了，出专辑了吗？

撒：是的。2020年出版发行了个人花儿专辑《花开少年来》，也是我的第一张
　　花儿音乐专辑，里面选取了十三首经典作品，既有民间传统的原生态花儿，
　　又有时尚创新的流行摇滚花儿。希望通过多种音乐元素的融入和不同风格
　　的展示，让更多的听众和音乐爱好者能感受到花儿的魅力，了解西北的花
　　儿及中国民间音乐的特色文化。

武：祝贺！宁夏出花儿专辑的歌手不多，可喜可贺！请再说说你们花儿艺术学
　　校孩子们的情况。

撒：我们的孩子们也很不错啊！表演的花儿歌舞《幸福花儿开》参加了2019年
　　1月25日的"丝路明珠·魅力银川"第二届银川百姓春晚，我们学校还被
　　评为优秀组织单位。学生们的《四季花儿开》节目参加了2019年西北青少
　　年文艺展演，获得优秀节目奖和优秀编导奖。2020年我带领学生们参加了
　　全国少数民族六一晚会，获得优秀组织奖。

撒丽娜带学生参加2021星耀丝路
宁夏青少儿春晚（本人供图）

武：真好！那你们学校里有唱花儿比较出色的学生吗？

撒：有呢！三年前，九岁的女学生李沐子唱着花儿登上了央视音乐频道呢！她为全国观众传唱宁夏花儿，还被评为"最美银川人"和乐于助人的优秀少年。对了，今年十二岁的李沐子还为正在热播的电视剧《山海情》配音了呢。其中的童声花儿演唱《眼泪花儿把心淹了》，就是她唱的。

武：太好了！撒丽娜老师培养出了这么优秀的花儿传人。真好！你们的花儿艺术学校只有西夏区的那个教学点吗？

撒：另外还有一个花儿传承基地，是在银川市金凤区，位于上海西路街道悦海新天地楼宇社区，是2019年我争取在那里设立的。这里也是宁夏首家楼宇社区，社区以商业综合体为依托，涵盖一所学校、两个居民小区、七栋公寓、两栋写字楼。这个社区以"党建搭台、服务唱戏"为理念，为辖区居民、企业职工提供学习和交流的文化平台，设置了党群驿站、图书阅览室、文体娱乐室、群团工作室、花儿工作室等十二个功能室。2019年社区以"非遗进商圈"为载体，设置了专门的花儿教室和花儿工作室，满足了周边居民、学生和企业员工学习花儿的需求。我们开展了花儿进楼宇的传承活动，组建"花儿·悦之声"合唱团，团员主要由企业职工组成。还有花儿进商圈活动，根据相关节日，开展花儿进商圈的文艺演出，对商圈上班族青年和周围社区居民进行花儿知识普及。目前，社区内有固定的花儿教室和花儿工作室，展示有花儿简介及传承资料供大家阅览。花儿课程进行得也很顺利，教室能容纳学员四十人，每周上两次课，每次九十分钟左右，有花儿演唱视频教学及花儿教唱和花儿表演等多种教学方式。总之，希望通过社区设立的传承点，把花儿的传承做得更好。

武：那今后还有什么更远大的设想吗？

撒：嗯。未来五年，我们一是想通过艺术教育的形式，进行培训宣传，每年预计对千人进行花儿的培训宣传。二是花儿节目的编创和交流演出，计划每年向万名观众进行宣传展示。三是通过花儿非遗传承基地，搜集整理民间

留存的资料。四是加强和银川市各中小学的项目合作，进行研学教育、非
遗演出、演艺节目编创等。五是把花儿传承和宁夏全域文化旅游事业结合
起来，借助本基地的优势，创作出花儿的好音乐、好舞蹈，以多类型演艺
节目及推广形式，推进宁夏地域特色文化与旅游高度融合。

武：未来的五年规划真不错！相信撒丽娜老师会在花儿歌坛及传承领域作出更
加辉煌的成绩！

附录

妹妹的花儿开 ①

马　杰　杨怀玲

　　2010年元旦刚过，宁夏回族自治区各大媒体就在竞相传播着一则喜讯：自治区的一对青年演员将唱着花儿走进中央电视台虎年春节联欢晚会，这也是二十二年后宁夏人再一次闯入春晚。而对于宁夏交通运输系统的职工们来说，这则消息又有了更加特殊的含义，因为唱着花儿走进春晚的这位女歌手就在他们中间，她就是宁夏公路管理局石嘴山分局沙湖收费站的收费员撒丽娜。

　　"撒丽娜能上央视春晚，代表我们向全国人民拜年，展示公路收费员的形象，我们打心眼里感到自豪！"沙湖收费站的监控员范晓晖骄傲地说，激动之情溢于言表。宁夏公路管理局人事教育处的冯联侠打趣道："今年的央视春晚一定更有看头了，因为有我们的花儿妹妹在演出。"1月28日，撒丽娜赴京彩排，宁夏交通运输厅纪委书记田贵强和公路管理局党委副书记杨宗仁专程到机场为她送行，并叮嘱她要好好排练、好好演出，为宁夏人争光、为交通人添彩。撒丽娜手捧着领导们送来的鲜花，心中饱含着幸福、喜悦和感激。

花儿妹妹的花儿缘

　　花儿是流传在陕西、甘肃、宁夏、青海、新疆以及中亚部分地区的一种民歌。宁夏花儿之乡海原，地处宁南山区，归中卫市管辖，具有悠久的历史，自古就是包括羌、鲜卑、党项、回、满、汉等在内的华夏诸民族生息繁衍集聚之地，文化多元融合，人文资源和自然景观丰富而独特。乾隆年间，海原知县朱亨衍为了繁荣地方经济与文化，还就此民俗风情举办过一个"花儿会"，并作诗一首，

---

① 原载《中国公路文化》，见中国公路网 2010 年 3 月 23 日。

其中有一句写道："花事成功酒数杯"，被收录在地方史料《盐茶厅备遗》的艺文志中。海原也是花儿的故乡。2008年5月，宁夏山花儿被列为首批国家级非物质文化遗产保护项目。

撒丽娜就是一个生长在花儿之乡海原，听着、唱着花儿长大的女孩。从宁夏固原民族师范学校毕业后，能歌善舞的她进入了海原县歌舞团，开始学习表演花儿。一次偶然的机会，撒丽娜与宁夏著名的花儿歌手马汉东同台演唱了一曲《宴席曲》，得到了观众的普遍好评，这也为她日后演唱花儿增添了信心。

花儿在宁夏当地的民间流传甚广，但舞台演出却不多，在全国的影响更是微乎其微。如何使花儿既保持民族特色，又走向更大的舞台？撒丽娜曾有过一番思考，那就是要唱出大家都能听懂的原生态花儿来。

2008年9月，撒丽娜被宁夏公路管理局招录，分配在石嘴山分局沙湖收费站，成为一名收费员。由于文艺功底深厚，她很快就被宁夏交通业余文工团吸收为演员。在文工团里，由撒丽娜演唱的花儿成为宁夏交通人的骄傲，不论是"广场文化之夜""军民共建晚会"，还是不定期赴全区、市、县的慰问演出，她的花儿都深深吸引着观众。渐渐地，撒丽娜成为了远近闻名的花儿新秀，多次参加区内外的花儿大赛并获奖。

醉是那花儿绽放时

无论是对艺术的追求，还是对本职工作的探索，撒丽娜始终恪守着那份执着与认真。2008年12月，那时她刚来沙湖收费站三个月，有一次分局收费科来站里稽查，发现撒丽娜在使用文明用语时，开始声音较洪亮，后来逐渐变小，稽查人员当即对她提出了批评。下班后的班组会上，撒丽娜哭着说她当时正感冒，身体实在不舒服，以后在文明用语的使用上一定注意改进。从那以后，撒丽娜无论什么时候当班，都能保证给司乘人员送去响亮、亲切的文明用语。

此外，她还在工作中积极发挥自己的特长。2009年春节，站里编排的舞蹈《花儿》参加石嘴山分局的春节文艺会演，荣获三等奖。在撒丽娜的心中一直有个愿望，那就是通过自己的努力，把动听的花儿唱出去，让更多人了解花儿、喜欢花儿。为此，她每天都在工作之余抽空吊嗓子、坚持训练。2009年11月，中央电视台星光大道剧组赴宁夏挑选节目，撒丽娜积极参与，从宁夏赛区脱颖而出，可惜在之后的北京赛区中遭到淘汰。然而，她毫不气馁，反而很感激这次经历，她说："虽然最终我没被选上，但却积累了不少登台和比赛的经验，受益匪浅！"

幸运之神总会光顾那些有准备又永不言弃的人。2010年，中央电视台春晚剧组经过三次审查，最终锁定宁夏花儿，并要求选送原生态歌手进行表演。何谓"原生态"？用歌手们自己的话来说，就是用最纯净、最原始的声音去歌唱，就像山里人对着空旷的大山唱山歌一样。于是，宁夏回族自治区便向春晚剧组推荐了撒丽娜和马伊黑牙两名原生态花儿新人。

2010年1月28日，撒丽娜和马伊黑牙进京参加央视彩排。一开始他们被安排住在五棵松附近，后来导演得知他们是回民，就特意将他们调到牛街，与维吾尔族同胞同吃同住，专车接送，连每天中午排练时吃的盒饭都是从牛街专门送来的清真餐。在排练中，撒丽娜和马伊黑牙练得比谁都认真，一丝不苟，导演对他俩赞赏有加，同时对他们表演时的动作、表情等都十分满意，基本没有作什么改动。撒丽娜和马伊黑牙虽然年纪小，却都有丰富的舞台经验。谁知临近大年三十的时候，两人突然都感冒了，直播彩排表演时也有些紧张。导演却对他们很有信心，笑着鼓励他俩："不碍事的，大胆上吧，肯定没问题！"

撒丽娜在京排练期间，中央机关还特意从央视春晚剧组抽调了个别节目，为中纪委、中宣部、民航局等单位进行了四场慰问演出。由撒丽娜和马伊黑牙所演绎的宁夏花儿民歌有幸被选中参加了表演，并获得了很高的评价。在场的许多观众都对宁夏的花儿表示出浓厚的兴趣，纷纷称赞他俩人靓歌更美。

宁夏花儿惊艳春晚大舞台

撒丽娜和马伊黑牙此次带去的花儿《妹妹的山丹花儿开》，被安排在今年中央电视台春节联欢晚会第十三个节目《和谐大家园》中，是继开场舞之后第二个出现众多演员的节目。舞台上,一百多名演员身着少数民族服装翩翩起舞。无论是荡着秋千歌唱,还是在半空中骑着木马放歌,这组西部民歌大联唱的演员们的出场方式都非常特别。《妹妹的山丹花儿开》是这个节目中第四个出场的,时长约一分十秒。马伊黑牙用宁夏方言唱出的花儿,表达了羊倌在高山上俯望着遍地的羊群、心中思念着心爱的姑娘时最淳朴的感情;而身穿黄色演出服的撒丽娜,小巧、温柔,与马伊黑牙站在一起,两人举手投足间透着一股默契与和谐。马伊黑牙和撒丽娜演唱时所穿的服装均由宁夏歌舞团为他俩量身定做。演出中,布景舞蹈的动作以夸张的方式表现出小伙子热烈追求心爱姑娘的急切之情。这一布景在彩排时一直高度保密,直到晚会直播当晚才与全国观众见面。动听的歌声和新颖的舞台效果,赢得了观众的热烈掌声,大伙纷纷评价这个节目独具匠心、幽默风趣,乡土风情跃然于荧屏。

除夕之夜,撒丽娜在春晚的大舞台上尽情放歌,远在宁夏的同事们一个个也忙活得不亦乐乎。得知撒丽娜要上春晚的消息后,同事们对今年的晚会特别关注,尤其是《和谐大家园》这个节目,大伙两眼紧盯着电视屏幕,生怕错过了时间。在与亲朋好友拜年聊天时,同事们也都会自豪地说起,我们单位的收费员撒丽娜还上春晚了呢!

演出结束后,撒丽娜从北京归来,同事们围着她调侃:"哟,春晚的大腕儿回来了!"撒丽娜连忙道:"快别这么说,我就是一个普通的收费员,唱花儿比我强的人多的是。也就是机缘凑巧,给了我这次机会。关键是宁夏的花儿有魅力,真得感谢宁夏交通业余文工团锻炼和培养了我。"节后第三天,撒丽娜应邀参加了宁夏公路管理局《养路工之歌》《路政员之歌》《收费员之歌》创作研讨会。会上,她谈到了自己对音乐、对花儿、对公路文化和行业歌曲的认识与感触。通过此次春晚之行,她认识到自己与优秀歌手的差距还很大,十分渴望能有机会进修深造,系统地学习声乐和唱腔,提高自己的演唱水平。同时她还表示,要多多寻找机会参加一些全国性的大赛,借助各种平台唱出最优美、最动听的宁夏花儿。

贺兰砚制作技艺代表性传承人
石　飚

　　石飚，1968年出生，宁夏银川人。2015年被认定为自治区级非物质文化遗产项目（贺兰砚制作技艺）代表性传承人。

综　述

石飚，1968年出生于辽宁沈阳，父亲是地质工作者。石飚十岁时，因父亲工作调动，全家迁至阿拉善左旗（当时隶属宁夏回族自治区，1979年划归内蒙古自治区管辖）。1983年，父亲调到宁夏地质矿产调查研究所工作，全家因此定居宁夏银川。

石飚打出生起，就注定与石头有缘。童年时期在跟随搞地质的父亲东奔西走的岁月里，就与石头结下了不解之缘，不知不觉对石头有了一种别样的热爱之情。父亲石贵安十分热爱所从事的地质工作，敬业勤奋，热爱艺术，心灵手巧。石飚母亲去世得比较早，父亲担负起了抚养几个儿女的重任，对石飚兄弟姐妹几人要求非常严格，同时也照顾得细致入微。父亲会织毛衣、打家具、绘画，会雕刻贺兰砚，也曾获得过宝玉石拼贴画专利，会用左旗戈壁滩出产的彩石玛瑙、碧玉等石材，拼贴出花鸟、动物和人物等形象。由于原材料颗粒小，颜色自然鲜亮，远看如同油画一般，五彩缤纷，极具艺术观赏性。父亲的多才多艺及其艺术素养，都给了石飚以潜移默化的影响。

1983年全家人在银川落户之后，石飚进入银川十四中学习。1985年考入地矿部张家口地质技校（现为西北机电学院），学习钳工专业。1988年技校毕业，石飚进入宁夏地质矿产调查研究所工作，正值该所创办了一个贺兰石玉雕厂，新入职的他被分配到该厂，正式接触到了贺兰砚雕刻。

该厂创办初期，聘请了宁夏贺兰砚雕刻艺术世家闫家砚第三代传人闫子洋

┤ 石飚贺兰砚作品《百鸟朝凤》
（本人供图）

进行技术指导，石飚也因此有机会师从闫子洋老师学习传统制砚方法，有幸成为闫老师的弟子之一。闫家砚已有一百多年的传承历史，代代相传至今。但早期一般仅限于家族内部传承，遵循"传内不传外"的祖训。但闫子洋老师打破旧规，无私地收徒传艺，对在厂里收下的几位徒弟耐心指导，手把手地传授技艺。当时，闫老师每个月还有刻砚的生产任务，不能将所有时间精力用于带徒传艺。因此，渐渐喜欢上贺兰砚雕刻的石飚，总是利用下班时间，来到近邻的闫老师家中，虚心向老师请教，翻阅老师家珍贵的藏书、古今名画及图谱，如《芥子园画传》等。闫子洋老师为人宽厚大度，正直善良，总是热情教导弟子，诲人不倦，循循善诱。石飚从闫老师那里不仅学到了贺兰砚的雕刻技艺，也学到了高贵的品德修养。原本，石飚觉得自己学的是钳工专业，搞贺兰石雕刻是不务正业，也曾有过调动工作的心思。但在他跟随闫老师学艺的过程中，渐渐被闫老师的人品及其精湛的贺兰砚雕刻技艺吸引，越来越喜爱上了这个行业，最终放弃了工作调动，坚定地选择了贺兰砚雕刻行业，一干就是几十年。学习贺兰砚雕刻的过程是辛苦而枯燥的。采料、选料、切料、磨章、刻章……石飚从最基础的工作做起，虽都是一些粗活累活，但他却乐在其中。他慢慢地领悟到，曾经的钳工专业学习，其实和贺兰砚雕刻有着相同之处，它们都是手工技艺，需要同样的精益求精。石飚逐步接触了自制雕刻工具、雕花、刻砚等相对复杂的工艺，学习逐步深入。

　　石飚在跟随师傅闫子洋认真钻研传统雕刻技艺的基础上，有意识地提升自己的艺术修养，使自身的贺兰砚雕刻技艺日臻完善。如石飚所感悟："刻刀都是一样的，材料也是一样的。不一样的是知识，是自己脑子里的东西。光有技艺不行，没有文化底蕴，创作这方面肯定要差很多。"为了不断提升自身的文化素养，提高创作水平，石飚先后在西北民族大学、清华大学进修工艺美术，同时勤学苦练书法、绘画，加深自己的文化底蕴，尽力弥补在艺术理论、艺术创作方面的欠缺与不足。经过多年的刻苦学习、努力探求，石飚逐渐形成了自己的艺术风格。他的作品师古而不拘古，继承传统又能突破传统，善于吸收端砚、歙砚，以及竹雕、牙雕等艺术表现手法，博采众家之长，兼收并蓄，刀法遒劲，深、透、镂、点、线、面完美结合。他尤其擅长俏色技艺雕刻，提出"舍彩、去糙、存精、取意"的雕刻理念，作品妙境幽深、韵秀古朴。代表作品有《九羊启泰凤归图》《龙凤呈祥》《塞上江南》《爱莲说砚》《远古》等。其中一部分作品，被宁夏回族自治区人民政府作为纪念品、祝贺礼品赠送给澳门特区政府及内蒙古、新疆和西藏等地。他的作品题材独特，寓意深刻，屡获业内人士褒奖。一件件精美的作品见证着石飚高超的技艺，印证着他这一路走来所付出的努力。随着他的雕刻作品在全国的不断展露，他在砚雕领域声名日盛，2007年被宁夏回族自治区人民政府授予"宁夏一级工艺美术大师"称号，2012年获得"中国

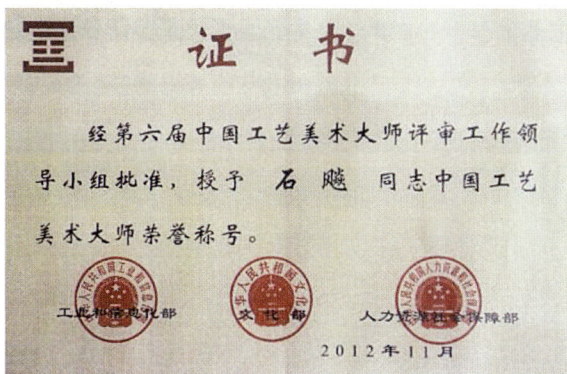

卜 石飚"中国工艺美术大师"证书
　（本人供图）

工艺美术大师"荣誉称号，2017年被认定为自治区级非物质文化遗产项目（贺兰砚制作技艺）代表性传承人。

石飚深深热爱着贺兰石雕刻事业，2008年创办了石飚工作室，2010年创办了银川大匠良工砚艺工贸有限公司，先后收徒二十余人，时常组织徒弟研讨雕刻技艺。其团队创作了很多佳作，得到了同行及有关部门的高度认可。石飚积极参加省内外行业评比活动，在活动中多次获得大奖，为本行业赢得了荣誉。同时，他还担负起了中国传统砚文化研究会的相关工作，努力收集整理贺兰砚的贵重史料，系统梳理了贺兰砚的历史、制作方法、制作工艺流程、地域特点等。由他主持编辑的《中华砚文化汇典·砚种卷：贺兰砚》即将付梓，这将是一部珍贵的贺兰砚发展史书。

一方石、一把刀。三十余年来，石飚始终专注贺兰砚。这些承载着自然灵性、沉淀着漫长岁月的贺兰石，因他的技巧与心血倾注，焕发出独特的生命力与美。他坚守与传承的是手工技艺，更是对民族、对艺术、对自然的爱与崇敬。

⊥ 石飚贺兰砚作品《远古》（本人供图）

访 谈

被访谈者：石飚（自治区级非物质文化遗产代表性传承人）

访 谈 者：马慧玲、崔娜、杨杰

访谈时间：2019年4月11日

访谈地点：银川文化城石飚工作室

录音整理：田琳、杜丹、武宇林

综述撰写：杜丹、武宇林

马：石老师好！您是哪一年出生的？

石：我是1968年11月出生的，属猴。

马：祖籍是哪里？

石：辽宁沈阳。

马：哪一年到宁夏的？

石：因为父亲的工作调动，我家1978年到了阿拉善左旗，当时，左旗还归宁夏
（管辖）。因为地矿局有个第三地质大队，1983年，宁夏所有的野外队都收
回来了，我父亲那个单位叫地调所。

马：您家就安在宁夏银川了？那时候您在上初中吧？

石：是的。我家从此就安在银川了。我当时上银川十四中，中学毕业后，上了
河北张家口技工学校，全称叫地矿部张家口地质技工学校，学的是钳工，
上了三年。

∟ 课题组访谈石飚（杨杰摄于2019年4月）

马：那应该是什么学历？

石：中技技工，相当于现在中专学校。现在叫西北机电学院。

马：您父母呢？

石：父母都已经过世了，父亲叫石贵安，之前就在地矿局工作，一直到退休。母亲叫董忠贞，母亲去世得很早，1978年我十岁的时候，在左旗去世的。

马：家里还有兄弟姐妹吗？

石：姊妹四个，有个姐姐，还有哥、有妹。

马：兄弟姐妹里面，还有人做砚台吗？

石：现在就我在做，我哥哥以前做过，姐姐妹妹都在上班。

马：您做砚台是受父亲在地矿局的影响吗？还是什么机缘？跟谁学的？

石：我属于地矿部的定向招生，1988年8月毕业回来，作为地矿子弟来到地调所上班，全称叫"地质矿产调查研究所"。一进单位，那阵搞"三产"（第三产业），当时办了一个贺兰石玉雕厂。这里边，就有我的老师闫子洋老师，闫老师那会是单位聘请来办这个厂的。当时还包含首饰加工、贺兰岩石雕刻，因为我专业不对口，我学的钳工，一开始还不愿意。人家就说，现在只有这个工作机会。所以我就只能进这个厂，跟着闫老师学起来了。当时厂子人也不多，七八个人。

马：一开始跟闫老师学雕刻技艺，主要是玉石还是贺兰砚？

石：贺兰砚。当时办的就叫"贺兰石玉雕厂"，因为请来的师傅就是闫老师一个人，还有闫老师的弟弟、闫老师的妹夫，我们叫"三闫"。

马：闫森林的父亲是闫子江吧？

石：对。闫子洋是弟弟，闫子江是哥哥。还有闫老师的弟弟闫子海、妹夫王金玉，他们都是闫家砚的第三代传人。

马：你们真幸运，直接跟着闫家砚的传人学艺。闫子洋算是你们的师父吗？

石：嗯。那阵我们进去以后，单位正好请了师父，他们在做，我们这几个二十几岁刚毕业的年轻人就跟着学呗。

马：刚开始怎么学？

石：刚开始，因为闫老师自己还有每个月要做几方砚台的任务，不单单是带这些人。我们刚接触贺兰砚，先从切料开始。1988年建厂的时候，基本上没有贺兰砚雕刻的地方，所以我们还跟着上山去采过料。在贺兰山小口子租的房子，石料放在库房里，我们从那边再装车往回拉。拉到车间以后就开始切料，闫老师给画了，告诉我们怎么切怎么弄，开始就是磨章类的粗活。后来有时候看闫老师雕花好看，我们也想学，他也想教。我们就从打錾子、做工具开始。生个小土炉子，我们去废品收购站找一些冷拔丝，还有自行车的座环，弹簧盘好的，还有沙发的一些零部件，用来做工具。

马：工具都是自己做的？

石：对，自己打，那阵没有现成的东西（工具）。最后拿小火炉烧红，铁钎一穿，钳子拉直就掐一截截，再拿小錾子一点点加工。这样一步一步，闫老师教什么，我们就跟着做什么。有时候也怕耽误师父工作，毕竟还有任务嘛。闫老师一个月可能开八百块钱，我到单位时三十六块钱。我们有时候刻个啥，整个啥，你要一问，他都给你细心指导，哪个地方怎么做。还有他手里的一些绘画资料、书籍，我们也会拿来翻一翻、看一看。就那么一步一步，从磨章子、雕刻章，最后做砚台，从1988年起一直干下来了。中途单位又有岗位了，问我调不调，我说已经喜欢上这个了，干这个觉得挺好的，最终还是没有走。但现在想想，学校学的那些东西和制作贺兰砚有一些相同的地方，也能用得到，钳工也是手艺活嘛。最后决定跟着闫老师干吧。

马：闫老师当时带多少徒弟？

石：前前后后一共五六个，我是其中一个。217厂隔了两年以后，他们也成立了一个贺兰石雕刻厂，那边有个小伙子也受过闫老师的指导。闫老师到我们单位后，住单位宿舍，和我家就隔一道墙，都是一个家属楼，有时候，晚上我还过去，坐着看一看，聊聊天。那时虽然年轻，但对老师那些画谱挺感兴趣的，当时也买不着太好的书籍。他那有一些中国古今名画，还是老版本的，《芥子园画传》之类，以前我们到书店好像都没有。现在要买都很容易。

马：那时候都是从师父那儿看到的？

石：对对对！闫老师教得细心，性格也好，有时候我做的不行，他还给你上刀，动一动，整一整。

马：就是手把手地教？

石：是这样的。

马：闫家砚的传承谱系非常清晰，一般是家族传承，传内不传外。闫老师带这些徒弟都是外姓的，在给你们教授过程中，有什么区别对待吗？

石：没有。我们学这个，就是师父领进门的。其实该教的他都给我们说了，其他要靠自己感悟了。从老师的作品里能看到啥、能学到啥，这个全靠自己。刻刀都是一样的，材料也是一样的，不一样的是知识，是你脑子里的东西。

马：说的是。那您从事这个工作跟父亲的影响有关系吗？

石：我母亲去世得早，所以我们小时候所有的衣服啥的都是父亲给做的，他手巧，毛衣什么的也会织。我们家以前做家具，都是请木匠来到家里来做，

卜 石飚作品《池趣》
（本人供图）

床头上的画都是他自己画的。当时父亲有个实用新型发明专利：宝玉石拼贴画。因为他有本职工作，我们也有自己的事，他也就业余做了一些。沈阳有一次开会，展销过一些。但后来，这个就一直没人接着干。可能是时间过长，也有时效性，后面就没有得到保护。后续左旗有很多人也在做。父亲的选材，是左旗戈壁滩的彩石玛瑙、碧玉，五彩缤纷，颜色非常鲜艳，拼贴出来的一些花鸟、动物和人物，在家里还保存有几幅，当时都是父亲亲手做的。

马：最后都做成艺术作品了？

石：对！它非常好看，因为自然色也非常鲜亮。它是小颗粒的，远看就跟油画效果似的，色彩搭配非常好。后期我做砚台时候，他也雕过十几个砚。做工艺这块，我觉得父亲对我的影响还是有的。再一个就是，从小父亲对我们子女管得也比较严，毕竟母亲去世早，一个人带我们四个也确实不容易。

马：您父亲后来也雕过一段时间砚台？

石：雕过。我们这个厂子是西夏区贺兰砚雕刻最早的，其他厂子都是因为有了我们这个，才逐渐开的。

马：请问您是哪一年结婚的？

石：我1998年结婚的，三十岁的时候。

马：媳妇是？

石：她以前有工作，成家以后，我这个工作比较忙，她基本上就再没干。

马：你们有孩子吧？

石：有一个，1999年出生的，上大学了。

马：学什么专业？

石：法学。

马：孩子对您的贺兰砚感兴趣吗？

石：没兴趣。我也想激发她的兴趣，但是年轻人，她又是个女孩子，我希望她作为爱好搞一搞，也提过。我说，你看这么多东西，你以后起码要了解，要留下一些东西。但是我又觉得不能要求多了，要她干这行，入行肯定不可能。我希望她有这个爱好，未来或许能做一做相关的事情，比如推广经营。不过，孩子学习也好，还要出国，有自己的规划。

马：年轻人有年轻人的规划。那您现在带徒弟吗？

石：现在带了七个徒弟。

马：您还比较满意吧？

石：我觉得这么多年吧，都是磨合出来的，互相之间也是他选我、我选他，这样才能确定。收徒弟的时候，还搞了非遗的收徒仪式呢。

马：他们一直在跟您学？

石：有三个基本上在一直我这儿。最早我也办过小厂，也生产砚台。后来，从外地过来的几个，在这儿也干了十几年了。他们来学，也是对我各方面的认可，我对他们从手艺、人品各个方面觉得没问题才收为徒弟的。有的人来了，双方不能认可，那就不行。

马：您收徒除了手艺，人品也很看重，选徒弟也是有标准的？

石：对对对！我觉得是这样的，手艺传承先从人品开始，后续这个路才能走得远，走得正。

马：您这个标准有没有受到闫老师的影响？

石：也有。闫家这家人都非常正直、无私，对这个行业，传了很多东西，确实
　　没有藏私。有一些东西也没有过多地去争去抢，比较大度。比如，评国家
　　级大师，闫老师主动放弃了。我们平时接触得也多，后来闫老师不在我们
　　单位干了，过年过节，我还不时地去他家里看一看。有需要砚台的，我们
　　也领着去他家里看。总体上我觉得闫老师为人很忠厚。

马：应该说闫老师对您不仅仅是技艺上指导，他的为人处世、道德品质也影响
　　了您。关于贺兰砚的制作工序，闫森林老师我们采录过。我想听听从闫子
　　洋老师传授技艺给您，到现在这么多年，这个技艺有没有什么发展变化？
　　或者您的心得体会？

石：关于传承我是这样看的，因为现在要保护的可能就是手工技艺。有些东西，
　　就是从师父那儿学来的，要把它的一些方法，一些技艺能够保持得住。在
　　这个基础上，自己有一些新的东西能融入进去。基本上我们现在还在坚守
　　这块。因为后续工具的发展，还有市场的冲击，我们有的时候也想尝试一
　　些新的工具。但最后觉得不管工具什么样，手艺上的东西还是一定要延续

卜　石飚作品《渊明爱菊》
（本人供图）

下去的。现在我带这些徒弟，我一再要求说，不管你现在使用啥，但你要把制作的这个过程，那种手工制作的技艺，一定要掌握得住。现在好多学手艺的，基本上就是画了图，拿电动工具在那一磨就成了，几乎已经没有以前的技艺了。我要求徒弟一定要手工能够制作，你这个手艺一定要有，该保存的你一定要保存得住。别说今天停电了，活就干不成了。我们过去没电的时候一样干的，基本上不依靠电。用电的时候，可能就是切材料。最早没有那种条件，都靠手工。现在用电把它切出来坯子，剩下就开始手工制作。这个程序虽说慢，但它包含的这个技艺各个方面都不是说机器能做的。现在机器放在那儿，电脑一输入程序，人就不管了，二十四小时你睡觉，电脑还在工作呢，第二天起来什么都雕好了，但那个东西就不像老手艺那么好。

马：那现在机器做的这些，对市场也有一些冲击？

石：也有。早几年好销的时候，做出来就能卖。手工的慢，你着急做不出来，人家机器做出来的就挣钱了。像我们做手艺的，一年能保证十方砚这个量就已经很可以了。基本一个月去构思和选料，你做的东西不是一个快销品，是有保存价值的艺术品。那就不能都一个样，要有一些自己的思想，自己的东西在里面。从思考到创作完成，可能就需要一定的时间，一年十二个月，再有点别的事情，就能做十方砚。

马：实际上，从师父那里传承的是技艺创作，还需要各方面的一些积累吧？

石：对！技艺掌握以后，后续就是你自己的创作。现在不是都挺注重文化这块吗？自己也发现光有技艺不行，没有文化底蕴，创作这方面肯定要差很多。所以行业里现在也都意识到要交流。像我这也是后期在美术方面又补的，上了西北民大两年美术，清华大学也进修过。

马：西北民大上的是啥？

石：西北民族大学跟宁夏大学联合办了一个工艺美术自考班，教学点在宁大，上两年，等于把欠缺的补充一下。学完之后，我又买了一些理论书籍，各个方面也不断地在补，现在也在学书法、绘画。我们所能做的，就是能守得住老师教的东西，再在这个上面有点发挥，但又不能偏得太远，尽量就保持这种传统的一些东西在里边。

马：您这些年做的作品里面有没有特别满意的？利用原材料石头的造型，又根据这个增加了寓意，巧夺天工，最后自己看着不错，业界反映也很好的作品？

石：那个也有。大一点的就是当时澳门回归，宁夏政府送澳门的作品，是我给做的，叫《九羊启泰凤归图》。这个作品是当时宁夏政府下达的任务，到我们公司把我招回去专门雕刻的。

马：那是哪一年？

石：1999年。一米见方的一块料，当时料已经选好了，设计图是任振江老师做的，雕刻是我和王毅。因为面积大，两个人同时干，还得分工，你这半我那半。它的题材内容里有一只凤凰，又有岩羊，一个大岩羊，背景上八个小岩羊，四周刻着攀爬的枸杞树。我们两个人做了六个多月。这里边那些内容，比如枸杞树，我们从没雕过的，以前涉及不到这些内容。最后就跑到枸杞园，折枝看叶子、看果子。还有岩羊也没雕过。我当时雕了凤凰，岩羊我雕了一部分，枸杞也雕了一些，还有后面的文字，纪念意义什么的。后来还有宁夏政府送内蒙古六十大庆的、新疆五十大庆的。

马：内蒙古六十大庆的时候，雕的是哪幅作品？

石：是《塞上风情》，我设计的，也是一米多大。宁夏政府当时找过来，确定内容就是黄河，还有羊皮筏子，咱们宁夏标志性的东西，还有一些芦苇，远景刻的是贺兰山。新疆那个砚，做了一个类似丝绸之路的天池。还有西藏四十周年大庆，当时做了个《龙凤呈祥》。后来给上海东西部合作，我们也送了一些。因为政府需要接待各方面，我当时也算有个小厂，政府对我们的技术比较信任，有时候领导也过来看看工艺流程。

马：您开了一个什么厂？

石：我成立了公司，银川大匠良工砚艺工贸有限公司。

马：现在还在?

石：这公司还在，厂就在最早地调所那个院里。后来随着城市的搬迁，我们搬
　　了好几回。最后在银川市郊区的丰登镇，当时有家农民土地流转，有一亩
　　五分地，我们就建了个加工厂，一直在做。

马：厂里多少人?

石：厂里多的时候十来个。因为人多了负担太重，手工艺品手工费太高。人员
　　有外边来的，有当地的，还有培训出来的。

马：主要是根据订单做?

石：自己也做，有一些东西就是不能闲着，反正有订单的就做订的，没有订的，
　　那就自己拿一块材料做点啥。每一块料我心里都有数，这个要雕啥，那个
　　要雕啥，交给谁就开始雕。

马：您的作品有没有申请过专利或者注册商标?

┤ 石飚作品《祈福》（本人供图）

石：这方面意识差。照我想，每一块石头都是不一样的，我们拿来一块石头先相石，因材施艺，没有固定的。你要说专利可能有固定形式，那我把一个形状、一个花纹申请了，那也很难复刻。再一个就是，贺兰石最大的优点就是俏色。每一个砚台的颜色都不一样，它的生命就在俏色，最好要把这个俏色体现出来。个人来说，自己做得好一点，申报国家大师的时候，我专门为这个花精力准备，从选料，从雕刻，从设计方面，也是我所有手艺的一个充分展示。当时报了三件作品，报评第六届工艺美术大师，那年全国七十八个，好多省都没有，我们宁夏能达到这种成绩的就我一个。从1979年开始，五年一届，现在总人数也不多。我报的作品结合了地域文化，一看就是宁夏的，把贺兰石的俏色通过这三件作品比较好地展现出来了。当时那是国家八部委联合搞的，对于我们这个行业来说，这个称号应该是最高的了。

马：那么您评上国大师，包括后来评上非遗传承人，对您的生活、您的工作，还有您的各个方面有一些什么影响吗？

石：或多或少是有一些，但是不明显。不像南方，因为我们后期有一些文博会，各方面都能碰面交流，人家地方上有一些政策，这个重视程度就不一样。像我们这么多年，政府好像没有对我们的政策。再一个好像因为地域性，这个发展来说也慢。但我们觉得生在这儿也没办法。好多时候，朋友还说，你可以去比如景德镇，因为我们这个雕刻手艺，在紫砂壶上、瓷器上也能用得到。也有人找过来合作，他烧我刻，完了（利润）一分。或者他负责销，你给他刻，要落款，他认你这个。但我也不想去，虽说比上不足，但我们在宁夏来说，我们知足了。

马：是这样啊。实际上那样也能挣上钱，但是跟您坚守的贺兰砚就有距离了？

石：那个就是做别的了。我们转雕玉其实也行呢。

马：您现在做的这些作品，一年可能有十方左右的砚台，都是您手工做的？

石：手工制作。很多人也认这个。

马：那么您现在有公司，一个方面在做，另外一方面也搞经营和销售，那这个砚台最初的购买人群和现在的购买人群发生了一些变化吧？

石：八几年的时候，我们刚开始那会儿在单位，单位也有门店销售，那阵还是以礼品为主，还牵扯不到个人收藏，那价格一般人又接受不了。因为贺兰石的材料、制作工艺要求高，造成它的价格一直很高，相对端砚、歙砚来说，它的价格都比较高。

马：比端砚、歙砚的价格还要高？

石：端砚、歙砚好的没法比，它那个价格更高。但是普通的那种，因为它那个产业已经形成很好的产业链了，哪个环节的费用都比较低。而贺兰石制作，等于是从切料，从选料，自始至终都得自己干，要做好多无用功。随随便便做个砚台就花两天时间，要雕花了就不一样。但这两天时间没人给你干，还得你干，这个成本下不来。前几年好一点，主要还是礼品。这两年这个市场需求少了，政府在调控。也有喜欢收藏的人，但人家要求高，你的东西得入眼，人得看得上。我现在有些舍不得卖，自己还留了一部分，不能做商品都给销售了，自己或多或少还积攒了一部分，以后还有些想法。

马：您这个公司经营这么多年，觉得最困难的问题是什么？

石：就目前这种情况吧，已经没有那么大的市场支撑了。好多做传承手艺这块的，都遇到这个困难。还有就是收徒弟的问题，我收了，但好多人都收不到徒弟。我这个活能达到独立刻东西起码要经过三到五年，那这段时间，徒弟的生活咋办？市场好了，我们可以发工资，市场不好了，徒弟可能就要转行干别的了。

马：好多人员就是这样流失了。

石：再一个就是，销售这块你跟不上，没有市场，做的东西没有地方去销售。昨天我还去艺校（宁夏艺术职业学院）开了会，他们说，学生上三年学雕刻，一共就干五十多天，其余都是别的课。学生毕业以后，他这个手艺根本达不到能拿去卖的标准，就更没有市场，然后肯定也转行了。现在人都少，一个人（师父）带一个两个人，基本上都是这种结构，不像以前，有的能带十几二十个。现在都不敢多带，多了又成负担，少了有的时候活干不过来。

马：您作为手艺人，坚守到现在，那肯定将来也想一直把它做下去，传承下去。那对将来有什么期望吗？

石：因为文化研究会（宁夏砚文化研究会）的工作我也在做，做这个毕竟都三十多年了，也想为这个行业作一点贡献。近几年对贺兰砚史料的收集，还有其他的相关研究，我们也做了一些工作。关于贺兰石，我现在手里做一本书，是北京中华砚文化研究会的任务。

马：您现在正在写一本书？

石：这个已经写好了，《中华砚文化汇典》，全国所有的砚台、砚种都有。宁夏就是贺兰砚，写完我就要交给人家了，等于是完成这么个任务。大概整理出了四万多字吧，赏析的图片也有一部分。我在贺兰砚老砚台这方面，也收藏了四五十方，这个能为后续做贺兰砚研究发挥作用。闫家砚我们现在说传承有一百多年了，那贺兰砚的历史有三百多年，在这之前的那两百年

卜 石飚作品《听涛》
（本人供图）

是谁在干？我们就要找那些根源。再一个就是，我现在从史料里查找到的，就是雍正年间对贺兰砚的记载，比乾隆年还要早。这是我一个朋友，在编书过程中，在《四库全书》里查找到关于贺兰砚的记载，作者是清朝的一个文官。还有近代的一些，比如宋庆龄和贺兰砚有关的史实，以后等我都给整理出来，就会写在里边。

马：相当于贺兰砚的发展史了？

石：对。这本书包含了贺兰砚的历史、制作方法、制作工艺流程、地域的一些特点等等。反正要传承的，我也希望留下一点有价值的东西。

马：现在您已经交了吗？

石：还没有，今年我们就得提交，手稿、文字性的东西还在我手里。

马：您把这本书的电子版也给我们一份，下一步我们申请经费的时候，把这个书给列进去，出这一本书很不容易呢。

石：其实，我个人也想出一本。这个东西我以前也没搞过，花了很大精力查找。他们有专门编砚史的，里边的内容会广一些。我只要发现有跟我们相关的，基本上就搜集到一起。但文字整理并不专业，还有图片编辑，主要是照片。

马：您在找资料的过程中，我们非遗中心可以帮助协调相关单位，因为个人有时候人家不一定给。

石：谢谢！古代的材料，比如乾隆、嘉庆这些都是去图书馆查的，也买了一点。还有就是口述史，我就和人家聊，那个年代大概啥情况、哪些厂在哪、怎么变迁。还有一些是我自己了解的，就整理成文字。反正传承这块，因为我毕竟是传承人。我们这行的传承人要一步一步培养，不像剪纸很快就能上手。贺兰砚要真学，周期太长了。简单的方法也有，我画好了，把这个东西交给徒弟，告诉他别出这个线，打磨就行了。但这样的传承学不到手艺和知识，真的传承是要花功夫的。

马：对。很多传承人需要政府相关部门有一定的政策支持，保护民间文化艺术。我们这次实际上就是做口述史，也会征求传承人的想法。我还有个问题，您的贺兰砚制作技艺或作品，从传承传统发展到现在，有什么独到之处？让人一看就知道是石老师做的。

石：学雕刻是个过程，一开始肯定是从好多师父那里学来的重复的东西，这段时间会一直保持那种风格和形式结构。后面通过外出交流，把一些骨雕、牙雕、竹雕的方法融入砚台里面，有些图案相同，但是雕刻工艺不一样。我曾尝试过用竹雕雕皮的手法雕贺兰石。这个过程需要不断摸索，不可能一下子就达到很高的程度。近几年，总体上我感觉自己创作的东西多一些，像以前做过一些以宁夏的黄河石为主题的，就是石子型，我觉得它那个浑圆的程度可以做那种造型的俏色雕。上次创作过一套《黄河情》，全是黄河石，它那个形状也挺随意的，我把它做成了一组，主砚是一个大一点的石头，那个笔架是三个小石头挨着的，还有小印纽，也是个小黄河石，圆圆的，还有一个就是镇尺，也是几个石头连在一起的。我想依托咱们宁夏风光、物产为主题，但也不单单是这点，还体现了俏色，上面雕的小草丛、小青蛙是绿色的，这紫色的底，绿色的东西在上面飘着，有小草草、树叶，在上面卷的那种搭配的。去年因为以前喜欢收石头，对太湖石多少有一点感觉，现在就是做一些《米芾拜石》这种系列的。因为米芾也是一个对石头特别喜爱的人，他见石头就拜了。再一个太湖石玲珑剔透的那种感觉特别好，结合外形做一些砚台上的创作。我们现在就想贺兰石不能老跟在别人后边，贺兰石也有好多的题材。以前贺兰石老是跟在别人后面，比如雕工，端砚有了以后，你贺兰石也有了，别的砚种有了，贺兰石也有了。我们现在做的，就是我们做出来的，别人没有。虽说在西北，但我也做南方的石头，有一些创意。上次做出来那种小一点的，也是成组，像园林一样的那种，不单单摆在那，还有陈列方式，还要配一些景致搭配的东西，组合性的。韩国、东南亚那边的人，他们就很注意外围的造型，造型有时候比石头还贵。但我们现在都是码在那一排一排的，我就想营造一种那种的感觉，创作方面就想有些突破，想做一些新东西。

马：石老师的想法很好，一直在追求创新发展。真不错！今天就谢谢石老师了！

剪纸代表性传承人
张云仙

　　张云仙，1964年出生于宁夏盐池县，大学文化程度。1996年以来在银川二中任教。2017年被认定为自治区级非物质文化遗产项目（剪纸）代表性传承人。

综 述

张云仙，1964年出生于宁夏盐池县。早年，盐池农村一直保留着剪纸、刺绣、贴窗花的传统习俗。张云仙的姥姥单位英和母亲张万桂都十分擅长剪纸刺绣，给了儿时的张云仙很大影响。在张云仙的幼年记忆中，每逢喜迎春节的腊月时节，姥姥、妈妈、姨姨们就会坐在炕头剪窗花，红纸银剪映照着女人和孩子们的笑脸，在她们灵巧的双手下，《羊羔跪乳》《老鼠娶亲》《兔子吃白菜》等一幅幅生动的剪纸图案跃然闪现在眼前。在张云仙看来，这些剪纸是那么生动有趣，令人爱不释手。此时的张云仙，会情不自禁地依偎在姥姥和母亲身旁，聚精会神地观看她们剪纸，不知不觉对民间剪纸产生了浓厚的兴趣。当时的长辈们并没有给孩子传授剪纸技艺的意识，张云仙就只能眼巴巴地在旁边认真端详，一见到母亲放下剪刀，便迫不及待地上手剪了起来。一来二去，张云仙居然自学了一些剪纸技艺。妈妈也发现自己的女儿小小年纪居然也能剪一些窗花了，从此，便把家中过年剪窗花的任务交给张云仙。除姥姥和母亲，父亲对张云仙的剪纸艺术也有着深远影响。父亲张树林是宁夏回族自治区文史专家库的专家成员，编辑出版过不少文史著作。他自幼爱好绘画，虽未从事美术专业，但在生活中从未放下画笔。他画技高超，非常擅长将生活场景创作成鲜活的画作。儿时的张云仙，会经常给父亲描述村子里发生的事情，比如某青年当兵入伍，披红戴花，生产队还组织文艺节目演出欢送。父亲则根据她关于演节目的描述，描绘出一幅幅画面作为张云仙的剪纸图样。父亲擅画，张云仙会剪，父

丨 张云仙剪纸作品《四时吉祥》
（本人供图）

女间配合默契。正因如此，她家的窗花总是独一无二。父亲对张云仙剪纸的帮助和支持，使她对剪纸艺术愈发热爱。

1980年，张云仙考入宁夏大学。四年后大学毕业，进入盐池二中任教。1996年，张云仙从盐池二中调入银川二中，任高中部物理老师。2001年，银川二中校长杨静在教工大会上提出，为了促进学生全面发展，学校要开发教师资源，为学生开展校本课程。于是，张云仙自告奋勇尝试开设校本课程，把民间剪纸率先引进了该校初中部的课堂，这是银川二中有史以来第一次开设这门课程。张云仙在高中部担任物理教师的同时，兼任初中部校本课程剪纸教师。让校方始料未及的是，剪纸课程的开设，深受学生们的喜爱。于是，这门课一开就再也没有停下来，直到2014年张云仙退休，她教过的初中部学生已过万人。银川二中的剪纸课程延续至今，形式愈加丰富多彩，开办社团、成立兴趣小组、举办师生作品展及非遗进校园艺术节等，让越来越多的学生喜欢上了剪纸这门技艺。如今，银川二中已经被列为自治区非遗项目（剪纸）传承基地，剪纸已经成为银川市第二中学的一门特色展示课程，也是该校美育教育特色品牌，成为宁夏非遗文化进校园的典范。

张云仙自接触剪纸技艺以来，一直对剪纸情有独钟，深耕不辍。经过多年的研学积累和探索，张云仙的剪纸技艺日益精湛，对于剪纸的内涵及创作都有着深刻的理解。从构图、固定图样、剪制作品、装裱……剪纸的每一个步骤都极其讲究。张云仙认为，剪纸的关键是文化素养。作为一位剪纸艺人，只有深爱传统文化，拥有深厚的文化知识、文化素养，作品才会有内涵、有生命力。张云仙的剪纸创作将追求传统文化内涵放在首位，其作品构图简练概括、饱满均衡，能够表现出回转流动的生命力。张云仙剪纸题材宽泛，擅长剪制各类动物、花卉及人物，特别是她创作的人物剪纸，往往贯穿有故事情节，观赏性极强。从事剪纸几十年来，她用心创作了大量的佳作。2006年，为庆祝盐池县解放七十周年，她设计创作了《王贵与李香香》系列剪纸，被盐池县作为礼品外送贵宾。她的主要代表作还有《天下黄河富宁夏》《室上大吉》《丝路故事》《生态奏鸣曲》《闽宁协作助力腾飞》，以及疫情期间创作的《保卫家园》《护佑家园》等。2016年，张云仙举办了"银川市塞上风物系列非遗展示·张云仙剪纸展"。

张云仙作为一名高中教师，在做好本职教学工作的同时，在剪纸技艺传承方面也作出了突出贡献。不仅长年在银川二中开设剪纸课程，培养了大批孩子的剪纸兴趣，也精心培养了几名优秀的剪纸徒弟。王丽、牛红霞、金红桃、李静、全绍芳、赵建萍、潘淑芳等人，先后跟随张云仙学习剪纸艺术。为了让几位有灵气的徒弟早日成材，张云仙将自己的技艺倾囊相授，徒弟们进步显著，学有所成，在剪纸文化的传播方面已经能够独当一面，分别活跃在银川二中、银川

⊥ 张云仙作品《生态奏鸣曲》（本人供图）

⊥ 课题组成员访谈张云仙（杨杰摄于2019年4月）

景博学校小学部、兴庆区第七小学、兴庆区第二十五小学、银川市中关村中学等剪纸课堂上。他们薪火相传，把民间剪纸的种子撒满校园，让更多的学生领略传统剪纸艺术的魅力。

在多年传承剪纸技艺的过程中，张云仙总结出了很多经验及方法，能够根据不同的传承对象因材施教。比如，对于学校的学生而言，将剪纸作为一门系统课程进行教学，依托教材安排教学进度，循序渐进，环环相扣，步步深入；对于社区的老人，则从剪"双喜"等简单易学的脱稿纹样开始，让老人们在短时间内出成果，获得成就感，从而对剪纸产生兴趣；对于培养剪纸传承人，加强传统文化的教学的同时，加强剪刻等基本技能的教学，打牢基础，真正掌握传统的剪纸技艺，同时培养创新能力。为了更好地传承剪纸文化，张云仙根据多年的剪纸教学经验，先后编写出版了《剪纸应用教程》《张云仙剪纸》《剪纸》等著作。

2014年，张云仙从银川二中退休，但从未停下传承剪纸的步伐。反之，她认为自己的剪纸之路才刚刚开始。她在银川景博学校继续开设剪纸课程，将景博小学打造为又一个剪纸项目的非遗传承基地。2017年，张云仙被认定为自治区级非物质文化遗产项目（剪纸）代表性传承人。2019年起，张云仙在宁夏工人文化宫的"宁工学堂"和宁夏老年大学担任剪纸教师，将剪纸技艺教授给越来越多的剪纸爱好者。同时，她积极探索剪纸的多样表现形式，比如将剪纸和舞台服装相结合，让静态的民间剪纸华丽转身为有动感的舞台视觉艺术。近年来，张云仙还随同文化部门的访问团，远赴美国、德国、马来西亚等地，为海外华裔华侨的孩子们教授中华民族的剪纸艺术，在国际上弘扬了我国的剪纸文化，也充分实现了自身的价值。

访　谈

被访谈者：张云仙（自治区级非物质文化遗产代表性传承人）

访 谈 者：马慧玲、崔娜、杨杰

访谈时间：2019年4月11日

访谈地点：银川市张云仙家

录音整理：田琳、杜丹、武宇林

综述撰写：杜丹、武宇林

马：张老师好！请问您的出生年月？

张：1964年正月。属龙。

马：祖籍是哪里？

张：我的祖上是陕北神木。但是从我爷爷起，就已经到宁夏了。所以我一直填
　　写的籍贯是宁夏，出生在盐池县。

马：啥时候到银川的？

张：1996年，我从盐池二中调到银川二中，是从银川二中退休的。

马：那您的学历？

张：大学本科，我是宁夏大学毕业的。1980年恢复高考，第四届物理系。我是
　　从高中部物理教师岗位上退休的。

马：请说说家里的基本情况，父母和兄弟姐妹。

张：我妈妈叫张万桂，是家庭主妇，她身体不好，常年有病。我是老大，母亲

在生我之前，大冬天下雪感冒咳嗽，引起肺病。当时医疗条件差，就落下了病根，一直有肺病，所以没能工作，母亲刚还不到七十岁就去世了。我爸爸叫张树林，是自治区文史专家库的专家成员，《马鸿逵传》的第一作者，我四叔张树彬是第二作者。

马：姊妹几个？

张：四个，我下面是弟弟，还有俩妹妹。

马：你们家族中就您在做剪纸吗？

张：就我在做剪纸。

马：您是啥时候接触的剪纸？或者是受谁的影响？

张：小学之前，我们家乡那边，盐池县农村都贴窗花。我姥姥、我妈、我姨全都会剪，我从小就看她们剪。

马：姥姥的名字你还记得吗？

张：记得，单位英，我姥姥2012年才去世的，活到九十岁呢。

马：她们剪的都是些什么（图案）？

张：都是那种小窗花，小羊羔跪着哺乳、兔子吃白菜、老鼠娶亲，动物比较多。还有古代的戏剧人物等。

马：也就是根据长期积累在脑子里面的形象，想到什么就剪出来？

张：是的。有的剪纸我印象比较深，像母鸡，有的是母鸡孵蛋，有的母鸡身下带一堆小鸡娃，那些东西很有趣味。

马：那您是啥时候开始剪的？

张：我爸喜欢画，他画得很好，他说过，如果不是生活所迫，他应该是去画画了。那个时候，家里的木头箱子、柜子、端饭盘子，全都被他画上了油漆画。我那时候看他画，我妈剪纸、刺绣。我爸经常给我妈画刺绣、剪纸的图案，我们家的剪纸跟别人家都不一样，我们想剪什么，就让我爸画出来。从那个时候，我就喜欢上了剪纸。那时候大人都没有教小孩子的意思，他们只嫌你烦，你要站得远远地看。我等着她们一走开，剪刀一放下，就赶快剪。我没上小学之前，我妈看我能剪了，就把剪窗花的这个事交给我了。我那时候经常给我爸描述村子里有一些啥事，他就给我画花样。我印象深的一件事，有一年春节的时候，我有一个堂哥去当兵，当时当兵特别光荣，带个大红花，骑着马，生产队给他演节目，吹笛子的，拉二胡的，跳舞的。我回来就给我爸东比画西比画，我爸就给我画出了演节目的一个个角色，一个窗格一幅，我们家那年的窗花就是那场节目。我印象深的，还有村子里演节目：老两口学《毛选》（《毛泽东选集》）。我看到回来之后，就给我爸描述，我爸就画了左边老头子、右边老婆子，两个人翻着毛选在那学习。我爸都是拿毛笔画，他晚上画了，我早上起来就开始剪。

马：那阵儿您有多大？

张：我那阵还没上小学，大概六七岁吧。上了小学之后，我有一本大厚书，叫《东方红》，我用这本书夹着我的剪纸花样，剪了满满一本，一直到我上大学。我那会儿上的盐池的中学，学制很短，初中两年，高中两年，十六周岁就去宁夏大学上学。一到过节，我们班里搞活动，我爱显摆，就给班里窗户贴上大大的两只蝴蝶，还一只和一只连着。再后来就一直到工作都十来年了，只要在哪儿一看到剪纸，就喜欢得不行。我的家里人他们也知道我对这个东西很在乎。我有一个表弟，现任北京林业大学水土保持学院的副院长，他在西北林业大学上大学的时候，还给我买回来好多陕西的小窗花，给了我好多资料。我上大学上了一学期回去，我那一本《东方红》书就丢了，我又哭又跳的。又过了很多年，二妹才说，她抱出去和别的小孩换了沙包了，我小时候的剪纸资料，就这么给我毁了，特别可惜。后来表弟从西安给我买了一些剪纸，我特别感动。到了2001年，银川二中杨静校长一开大会就说，要给学生开校本课程，那会儿非遗概念还没提出来。有一天，我和杨校长在老二中西边湖滨街的菜市场巷子碰见了，我问她，啥叫校本课程。她就跟我讲了。我说，那我喜欢剪纸，可以开课吗？她说，咱们下学期正好招初中呢，你给咱们开着试试。我这一开就一直没放手，

⊥ 张云仙作品《闽宁协作　助力腾飞》（本人供图）

高中部教物理，初中部教剪纸，剪纸课就一直坚持到现在。

马：这么多年您大概带了多少学生？

张：前两年报传承人的时候统计过，把学生名单也调了出来，那会儿教过有两百个教学班，一万多名学生。这几年就再没统计了。

马：不管学生将来是不是从事这门手艺，对他们来说也是一种影响和熏陶。您有学剪纸的亲传弟子吗？

张：（欣慰地）有呢！

马：他们能把您的这些技艺全部掌握吗？

张：那还有差距。

马：徒弟们年龄都多大？

张：比较大的，年龄四十刚过。

马：那还年轻力壮。您参加工作以后就在学校？

张：对。我参加工作以后，一共就两个单位，在盐池二中工作了十二年，到银川二中又工作了十八年，到五十周岁时我就办退休了。我今年才到退休年龄，但是现在已经退了五年了。

马：工作了三十年。您是哪一年结婚的？

张：1986年。

马：儿子做什么工作？

张：儿子在银川，大学毕业，现在自己干呢。儿子现在对我的这件事就很在意了，他认为可以搞教育产业。

马：有这方面的意向？

张：特别有，他这两天在杭州，想搞课程开发。

马：这个想法很不错。那您爱人支持您的剪纸吗？

张：他不反对我干啥，但有时候他也烦，因为我老把屋子搞得不像样子。呵呵！

马：您爱人怎么称呼？

张：马锦玉，贺兰一中的语文教师。现在还没退休呢。

马：我们捋一下您的讲述，剪纸手艺最早应该是来自姥姥？

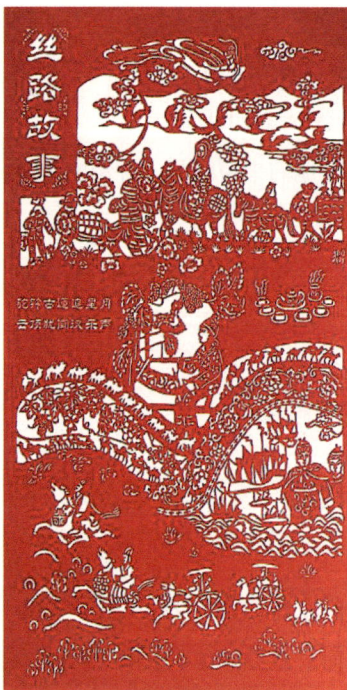

⌐ 张云仙作品《丝路故事》（本人供图）　⌐ 张云仙作品《天下黄河富宁夏》（本人供图）

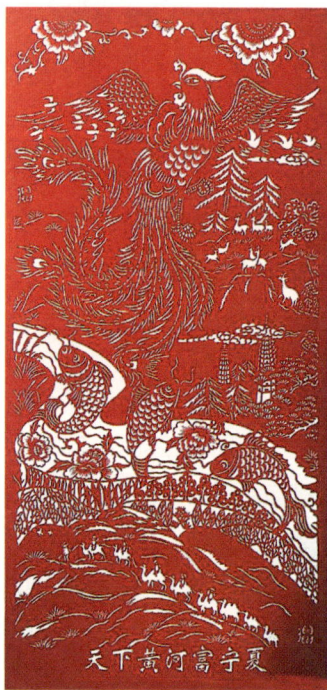

张：对！我姥姥的母亲也会，虽然我没见过她。在盐池那个地方，家里女人很
   多都会剪纸、会刺绣。

马：除了家里人，姥姥、妈妈、爸爸的影响，还有没有其他影响？

张：主要还是家里人。我感觉我对刺绣、剪纸这些艺术门类的兴趣特别浓厚。
   后来剪纸氛围淡了，中间那些年，好像都不太见着剪纸了。但是，如果看
   到电视上的剪纸，就爱得不行那种感觉。2001年说开课的事，我都还记着。
   我家里买电脑买得早，就下载了好多剪纸。另外受我爸爸的影响，很喜欢
   传统文化，就想挖掘剪纸的理论啊、历史啊。

马：您还出了一本剪纸教材吧？

张：一共是两本。

马：哦。当时怎么想起要出这两本书？

张：最先是我2001年开课，教学过程中就发现需要教材。2004年我就出了一本
   校本教材，那时编辑得挺浅显的，就是校内用的。当时杨静校长领着我去
   伏兆娥老师那里买了一些剪纸，出到教材上，书上用了伏老师的一些东西，
   还用了银川十中退休老师胡希曾的一些作品，他是我们最早一届剪纸学会
   的会长，是美术老师，剪得特别好。老人特别热情，给我提供剪纸，后来
   老人因胃癌去世了。我第一本校本教材上基本上选的是伏老师和胡希曾老
   师的东西。胡老师有个箱子，里头整齐地摞着他的剪纸。他每次都说："我
   死了以后，给我儿子，这可就是一笔财富。"但是他去世了之后，这些剪
   纸就不见了，不知道在谁手上。后来我出去参赛的时候，就抱着我的教材，
   抱着我们学生的作品。那时候，我们学校开这门课确实是走在全国最前面
   的，评委都特别褒奖。我记得当时有一位领导说，我们校长是"登高而呼，
   立声高远"。甘肃有一位大专学校的老师擅长剪纸，比较实在，跟我建立
   了联系后，说我那本书太浅薄了，我受到很大震动，后来就又下大功夫编
   写《剪纸应用教程》。

马：剪纸的材料一般都是红纸吗？

张：不全是，现在用的宣纸，颜色可多了。我们小的时候，剪窗花都是用蜡光纸，各种颜色的。现在用宣纸，颜色也很多，红色、绿色、蓝色都有。我也用红绒布纸，结实，适合于这种室内挂贴，有韧性。

马：还有别的材料吗？

张：其实剪纸可以说只要是纸都行。现在拓宽一点，人家还有用树叶子、金箔银箔，把它镂空了做。现在有人也用树叶子剪个人像、生肖都是有的。我教学生用的是彩色复印纸，便宜，而且一袋一袋各种颜色的，你买几包，一共花上二十块钱，剪起来禁得住浪费。

马：那您的这些剪纸作品的材料，包括宣纸什么的都是自己购买的？

张：对。

马：您觉得哪种材料剪纸最好？

张：从作品展示来说，目前还是宣纸。只不过宣纸的品种也分好多种，质量差异比较大。银川一般买不到很好的宣纸，我们现在都在网店里购买，有各种颜色，我柜子里头各种颜色的纸，一买就是各色一刀。

马：您现在用的宣纸材料和小时候用的蜡光纸，材料完全不一样了？

张：不一样了。

马：那剪出来效果、留存的时间，这些都不一样吧？

张：都不一样。宣纸不掉色，蜡光纸颜色鲜艳，适合剪窗花。到目前为止，要是搞一个传统的窗子，贴些窗花的话，那还是要用蜡光纸。

马：剪纸主要是用剪刀，还用什么？

张：现在刻刀用的就很多了，大的作品，现在大家刻的比较多，纯粹剪的人极少。原因就是大的作品拉来拉去的，手还要蹭上去够着剪，不方便。摁着刻的话，自然就很轻松。我现在现场展示都是剪，创作大作品就多数是刻出来的。课堂上都是剪刀，剪刀剪纸跟刻刀做剪纸，感觉差异比较大。因为剪刀剪起来，剪纸人觉得心情好得很，而且剪出来的灵动性也好。

马：那像您完成一幅作品，工序都有什么？

张：现在大的作品要构图，先画出来——银川市文化馆马上又开一个剪纸提高班，让我们去给代课，主要讲构图内容——白纸画出来，中间是彩色纸，最底下还要再衬一层白纸保护它，用订书机固定。上下两层白纸，中间是彩纸。现在偷懒用订书机固定，传统的固定的方法是用纸捻子，我们小的时候用小麻纸做纸捻子。我们剪纸人有一种说法，谁要不知道纸捻子，就不要说他是传统手工。到现在为止，这个纸捻子的固定方法其实是最好的，因为它穿进去，摩擦力大，上下一摁。有的人还细致，再用锤子敲两下，它就能把多层纸固定得特别好，订书针还有点滑，有人用针线在图案周围缝一圈固定纸张也是可以的。

马：固定好以后呢？

张：固定好就开始剪了。一般剪一幅作品有顺序，从上往下，从左往右挨着镂空剪。但是太大的镂空一般是留到最后剪，因为把它剪了以后，就没有拉劲。先把小的细密的都剪完，大的镂空放到最后。大的一剪完，这幅作品就该收尾了。作品出来以后，下一步就是装裱。

马：你们现在都采取什么方法装裱？

张：最常见的一种是装框子，还有一种是裱轴。我那个柜子里有好多裱轴作品。

马：做好剪纸最关键的是哪一步？

张：文化素养。我理解，创作剪纸时传统文化的内容一定要懂的比较多。比如构图，文化素养决定你的构图要做成什么样的。因为从传统上讲，有一种说法，"出图必有意，意必吉祥"。就是说，一定是有意思的、有寓意的，不是说想弄什么就弄什么。

马：那您的作品主要风格是什么？大多有什么寓意？

张：这些年我的作品首先就是追求传统文化内涵。像那些团花寓意团团圆圆、幸福美满、富贵吉祥，"牛踩蛇，年年发"民间寓意发财，还有石榴寓意多子，桃寓意多寿，还有龙凤、如意、兔子吃白菜等，传统意义的剪纸构图特别直白。像我教学生上剪纸课，一开头，先教他们剪萝卜，剪白菜。

　　紧接着，由萝卜白菜构成团花。我就跟他们说，你每学一个元素，到时候都有意义。萝卜和白菜放在一块就是清清白白；兔子吃白菜，就有兔子吃百财的寓意。如果说是系列的或者大型的剪纸，我都是讲故事。比如《王贵与李香香》，我妹妹在盐池县文化馆工作，盐池县解放七十周年庆之际，盐池县领导通过我妹妹嘱咐我创作《王贵与李香香》剪纸。《王贵与李香香》是诗人李季于盐池解放前期在盐池县工作时创作的长篇叙事诗。因当时诗人李季已离世，盐池县准备从北京请李季的夫人和儿子来。就让我剪一套八幅，他们装册子作为礼品。我就给创作了一套，就是讲故事，大概讲穷人家的孩子王贵与李香香相爱结婚，王贵当兵，崔二爷骚扰李香香，红军打回来，夫妻终于得以团圆。再比如我的剪纸《丝路故事》，反映发生在古丝路上的一些典型故事。我最近做的一幅四尺整张的大作品，是我前一阶段在贺兰县参观一个生态农场产生了灵感，决定做这幅剪纸，叫《生态奏鸣曲》。

马：是保护生态的内容？

张：它是一个生态农场，就是在种植的水稻田里，放上螃蟹、鸭子、鱼等动物给稻子提供有机肥料，生态互惠。还有西瓜地里放的是蚂蚁、壁虎等。

马："水土最优良，鱼鸭虾蟹香。有机肥料好，稻田品芬芳。"嗯，写得不错！

张：配了个顺口溜。

马：实际上这就是一个自然和生态最好的生命共同体，自然的互补，我们保护了自然，自然也反哺了我们，让我们生活的环境更美好。

张：我最近就在赶做这幅作品，现在开始交作品了。看过（这幅作品）的家里人和朋友都说特别好。

马：您的创作能力还挺强。一般拿到一个主题会先做什么？

张：我会先构思，找资料。如果有人让我剪一个什么主题，我就会和他聊，问问他这个剪纸是想做什么，我理解了，图就出来了。之前宁夏交通学校要个礼品剪纸，关于闽宁协作的题材。中间这一部分，我就剪了女子双手捧起相连的心，托起展翅飞翔的雄鹰，寓意祝福宁夏如雄鹰腾飞。画面的左边有宁夏的两大旅游名片，贺兰山和黄河，贺兰山上的岩画、岩羊……画面的右边部分则是厦门的标志性建筑和民族英雄郑成功的高大雕像，右下边是大海的景象，既交代了福建的地理位置，又和左边的黄河相呼应。

马：了解了创作目标，以及一些文化内涵，然后心中就开始构图了？

张：对！一定要从某一个点展开。这幅作品还给了我一个启发，上面的字我去电脑部打印出来，发现不好看。我现在剪字，都要请书法家给我写。

马：这个很重要，字好不好看会影响整体的作品。

张：刚才那个生态的作品，我找了个书法家写字，他特别高兴，我做他的字，他特别给面子，说我做出来的比他写出来的好看，灵动。

马：这么多年剪纸，您觉得特别满意的是哪幅？

张：小时候的都不在了。就说这些年，评价比较高的是在全国工艺美术大展上的银奖作品——《天下黄河富宁夏》。有个美术老师笑着说，这鱼的个头比黄河还宽，鱼跃起来还比黄河的宽度高出那么多。这正是传统剪纸的构图特点和魅力所在。

马：艺术化的东西嘛。

张：剪纸构图跟西方绘画在构思及方法方面都有很大的区别。

马：剪纸就是要突出什么，有时候跟实际比例有一些反差。

张：现在好多初学剪纸的人都说："我不会画画，没有学过美术。"我对他们说，你要学剪纸，一定是先学剪纸，再学剪纸构图，不要去学美术。学美术专业的人，如果搞剪纸，在剪纸构图时实际还存在一个思维方法的转换。

马：今年在上海艺术节上，宁夏表演的那个《王贵与李香香》剧目非常好，宁夏文化厅想弄个宣传画册或者什么，要是能采取这种剪纸形式多漂亮啊！我给他们推荐推荐。一个优秀的剧目，文化的体现应该从方方面面，不仅仅是舞台上，从它的宣传等各个方面都能有一种文化的体现，那就更美了。再补充一个问题，刚才提到您的徒弟，当时收徒时是不是也有一定的要求？

张：一开始主要就是他们要喜欢。

马：首先是感兴趣？

张：对。最早是李静，她就是特别喜欢，在这方面的悟性好得很。那年兴庆区搞和谐杯比赛，我给她指导，她剪的是一个男的在吹泥哇呜、女的在弹口弦。因为她见过杨达吾德（泥哇呜传承人），就画了一个戴眼镜的人，看着就有灵气。还有就是金红桃，当时在景博当保安，天天看着我去上课，有一天突然问我可不可以教她剪纸，她的娘家在内蒙古，说她想学了剪纸回去教他们老家的孩子，我特别感动。牛红霞，人特别聪明，灵透得很。她先是全国各地打听老师，要学剪纸，其实她家里妈妈也会剪，但她觉得还要找更好的师父。她先去北京找到一个老师，但待不了那么长时间。她回来之后就找到我，跟我学。跟我学习过剪纸的学员有很多。王丽是美院毕业的，热爱剪纸，在银川二中既教美术，又带剪纸兴趣班，很有建树。现在银川二中的剪纸传承基地就是由王丽负责。仝绍芳、赵建萍等，她们都在各个中小学教剪纸。潘淑芳则在宁夏老年大学综合系做班主任。

马：张老师的传承还是做得非常好。您主要用什么方法教他们？

张：教学也是分人群和场合。对于学校的学生来说剪纸就是一门课程，有教材，每一节课都有进度安排，循序渐进，环环相扣。有的人不理解，还以为就是弄个样子来剪，其实真的是环环相扣，一步一步的。如果说是给老年人搞一次活动，就两个小时之内，那上来了就先剪双喜字，双喜字剪纸折起来容易，方法容易教会，而且很实用。然后就教他们剪桃心双喜，短时间内即可完成。如果是带徒弟的话呢，从入剪刀方法开始。我教剪刀剪法时是有章法的：左手拿纸，拇指和中指正对捏紧纸张，右手拿剪刀，剪刀口岔开，然后用剪刀尖垂直于纸面正对左手中指，晃动手腕。当你左手中指有感觉的时候，剪刀尖是刚刚顶破纸张，剪刀尖即将透出但还没有出来。剪刀尖其实越尖越好，一般都怕尖剪刀伤手，其实呢，方法只要正确掌握，剪刀就是越尖越好。你的中指是顶紧的，剪刀尖刚刚在要出去还没有出去、即将出去时，左手中指就有感觉了。所以左手手指是扎不到的。然后剪刀倒向纸面，夹住纸，同时左手中指往上顶（帮助剪刀夹住纸张），剪刀尖一点点剪，然后左手就可以离开得远一些了。左手转纸，右手剪纸，就这一套剪法，其实都特别有章法。

马：因材施教。

张：对。你要看他学多长时间，你要教会他啥。

马：你觉得剪纸最难的是什么？

张：最难的就是创作。其实现在宁夏剪纸的风气可浓了，会剪纸的人多得很。但很多人都是拿别人的样子去剪，认为剪出来就是自己的，这个问题特别严重。要是参加比赛，或者出书，一旦把别人的东西放上去到处流传，特别丢人。原先我编教材的时候，把全国各地的剪纸都看了，我基本熟悉作品的出处，是哪的人剪的。有些人，把（20世纪）60年代那些老艺术家发表在报纸上、书上的原创小作品剪出来，说是自己家留下来的。这种做法是不懂得原创与临摹的区别。

马：还是要尊重原创，尊重这些创作者。

张：是的。去年冬天宁夏文化馆办了个剪纸班，三个月，我教他们，学员进步很大，一展示作品，都挺高兴的。这些学员就要求再开提高班，让老师教创作，马上就开这个班。

马：您在传承这方面做得挺好的。那您觉得在传承的过程中，主要问题在哪儿？

张：我觉得最迫切的是传承人群对传统文化的领会。像我有幅作品，刻画的是家门前这边一棵树，那边一棵树，其实树上的果子都有讲究的。一棵树上结了石榴（多子），另一棵树上结着桃子（长寿）和佛手（福气），懂的人就知道寓意在哪儿。传统文化的底子一定是要有的，要懂。我有一次在生肖头上剪了个万字纹，有搞剪纸的人就说这是法西斯（图案），我就要给他纠正，这是中国传统文化的万字纹，长得像而已，但不搭界。那万字纹很有寓意，我们小时候，我妈就用"万字不断头"纹样纳鞋面儿。现在我们传承人对传统文化懂得还是偏少，不利于传承，我就很着急。第二个就是关于作品的抄袭。我要教给他们的是艺术的东西，跟咱们学语言其实都是一个道理。你学文字一笔一画，然后组成字，再组成词，造句写作文。剪纸剪月牙、剪锯齿、剪某个元素，像山水云，怎么去表现它们，怎么表现动物，怎么装饰，一点一点深入，最后是创作。可以说是由词造句，一幅作品相当于一篇文章。我那幅《生态奏鸣曲》，思路也是故事似的，我叔叔的评论文章就写了几千字。你要把你的构思通过一些小的元素串联体现出来。

马：优秀的传统文化一定要好好传承下来，首先要了解认识它，然后才能去理解体会它。

张：是的。从小孩子到大学生直到老年人，剪纸都有很多要讲的内容，要针对不同的人给他讲。对于小孩子，就可以让他们认识传统符号。比如讲盘长纹，每一届学生我一问这是个啥，有的说是"中国结"，有的说是"中国联通"。我就会讲这个是盘长纹，中国结是依据它的寓意搞成的吉祥物，中国联通是把盘长纹注册成中国联通的 logo 了，寓意祝福联通事业永久发达。我们（有些）传承人也都叫的是中国结，还有方胜纹什么的，干脆不认识。所以我觉着传承人首先得把传统文化的学习真得重视起来。

马：对。作为非遗剪纸项目传承人，这个责任也很重的。

张：是的。我为啥喜欢在学校上课，德育教育就是点点滴滴的渗透。我给学生讲，老师教给你这些，其他课程能学到吗？回去考爸爸妈妈，看他们知道吗？我就哄着他们高高兴兴地认识了一些东西。

马：评定为自治区级传承人以后，对您的生活、工作各方面有没有一些影响？

张：那是有影响的。首先对于我个人来说，社交面和知识面都扩大很多，学校那个环境是很拘谨的，剪纸让我走出来了。再一个就是我本身对传统文化理解得比较多，我喜欢到更大的平台上分享我的理解，我觉得很有意义。能让更多人认可你，你走得越高，领头的机会越多。我感觉就相当于正能量的传播一样，能更好地发挥自己的作用。

马：说得非常好。张老师，您觉得对年轻人进行剪纸的传统文化传承有什么重要意义吗？

张：剪纸首先能让人静下来，修身养性，不浮躁，有学生就和我说过。现在这个社会本来就浮躁，近几年又好一些，前些年社会浮躁得不得了。我一直强调，文化的东西要从根上去挖，只有从根上去了解，了解源头、了解来龙去脉。年轻人首先让他意识到，要了解、接受一些传统文化的东西，我们要用自己的行动去影响孩子们。

马：您现在退休了，但是还有自己喜欢做的事情，这是您向往的生活吗？

张：（喜悦地）是的。那天我去装裱，想让装裱的人带带我徒弟，让他学会装裱就方便一点。人家装裱的人说："麻烦死了，你还准备弄多久？"我说，我觉着刚刚开始。我感觉我一直在学，一直在到处看，现在才真正有了点积淀，才准备释放出来。

马：应该说是厚积薄发的时候到了，是事业的高峰吧？

张：对。工作上退休了，但是剪纸我觉得才刚开始。

马：您现在身体也好，我觉得您非常开朗，爱笑，这也跟您从事剪纸艺术有关系吧。在社会中得到大家的认可和尊重，把我们的手艺传承好，自己有获得感，别人也有幸福感。谢谢张老师！

麻编代表性传承人
张 璟

　　张璟，1967年11月出生，本科学历，宁夏银川市人。宁夏一级工艺美术大师，2017年被认定为自治区级非物质文化遗产项目（麻编）代表性传承人。

综 述

张璟的祖籍为山西碛口，在黄河之畔，曾是商贸古镇。其太姥姥在此开过"德盛苑"和"万兴店"两家商号，经营过棉麻物品，如麻袋、麻绳、麻衣、麻鞋等，也有着麻编的不凡手艺。

早年，姥姥带着母亲来到宁夏吴忠安家落户，也把祖传的麻编手艺带到了这里。黄河同样滋润着宁夏大地，不乏麻植物的生长。她的姥姥和母亲都非常喜欢麻，更是麻编巧手，会在家中卧室等房间挂上一束束"麻皮子"，只要有空，她们便会抽出一把来搓成麻绳，即兴编出耐看又耐用的各种生活物品。母亲还能利用塑料牙刷把等材料制作钩针，用麻绳钩织物品。母亲退休后，曾在吴忠市两所老年大学教授手工编织中国结等技艺。在如此的家庭环境熏陶下，张璟自然而然传承了家族麻编的基因，自幼年起就对钩织、编织手工艺产生了浓厚的兴趣。加之她小时候经常在农村的麻地里玩耍，对麻有着一种特别的亲近感。在她的意识里，麻是神圣的，且浑身是宝，用它制作的衣物等不仅透气性好，还具有灭菌消炎的功效。

张璟深深热爱着麻编艺术，作为家族中的第四代麻编传人，在这条民间艺术道路上执着地追求了四十多年。为了提高自身的艺术素养，20世纪80年代，她先后在中专及青岛科技大学求学，系统地学习绘画美术知识。大学毕业后，进入吴忠市文化馆工作，一干就是二十多年。1993年以来，她专注于麻编的探索。"刚开始，为了编出一个鱼鳍，张璟用了六十根麻线，一根编上去，感觉

⊥ 银川市美术馆内的张璟麻编展厅（武宇林摄于2019年12月）

不好，拆掉，再编一根上去，还不好，再拆掉。从早上9点一直做到晚上11点，家里打了十几个电话催她吃饭，她都没回去，而是把自己关在工作室里，坐在一堆麻绳、麻线中构思。最终雕好后，她才发现自己满身都是麻线头，右手食指被绳线勒出了一条深深的血印。"[1] 凭着勤学苦练、敏于思考，张璟终于熟练地掌握了麻编技艺，能够凭借自己的一双巧手，让一团团杂乱无序的麻绳、麻线，脱胎换骨变成各种生活用品和精美的艺术品。

　　张璟于2006年调任吴忠市宣传文化中心主任，任职的四年里，她以保护民间艺术为己任，开拓进取，创立了"民族艺术研发中心"，除自己的麻编之外，还积极物色当地民间的刺绣、剪纸和泥塑等民间艺人，将其吸收到研发中心工作，把非遗传承的工作做得风生水起，得到了上级部门的高度肯定，也迎来了中央领导人的视察参观。然而，由于行政事务工作忙碌，她无暇从事自己喜爱的麻编专业。为了坚守充满艺术魅力的麻编传统艺术，张璟急流勇退，于2010年毅然辞去吴忠市宣传文化中心主任的职务，调入银川市美术馆，成为一名普通的专职美术工作者。在这里，她潜心麻编的艺术创作，放飞自己的麻编梦想，

---

[1] 清华大学两岸发展研究院：《微纪录：两岸守艺人·宁夏麻编》，搜狐网，2020.07.30

随心所欲地创作各种各样的麻编生活用品及艺术品，赋予一根根麻绳生机和活力，通过缕缕的麻绳及麻线与心灵沟通，麻编技艺也炉火纯青。我们来到银川市美术馆采访张璟时，看到这里开设有"非物质文化遗产扶贫工坊"，有几位员工正在进行麻编手工作业。旁边是一个很大的展厅，一个个展柜上摆满了琳琅满目的麻编作品，有实用简朴的日常生活用品，如杯垫、钥匙包、手包、地垫、凉帽等；有麻编艺术小摆件，如小毛驴、小骆驼、小羊、小熊、小乌龟等，憨态可掬、古朴生动；还有装饰在墙壁上的艺术挂件，如贺兰山岩画麻绳绣品、抽象人物造型等。"她的作品传承了中国古老的打结、缠扣、盘绕、缝制、钩挑等编织技法，表现宁夏优秀地域文化等主题，记录当地民俗文化、社会变迁，用麻所特有的肌理要素，营造出强烈的视觉冲击力，代表作品有《孔子》《回娘家》《纳鞋底》等。作品先后获宁夏第一、二、三届群众文化岗位技能大赛金奖，第九届中国工艺美术博览会铜奖，2016 年中国（昆明）官渡第六届全国非遗联展麻编类金奖。作品被多家美术馆及收藏机构收藏。"① 张璟创作的麻编作品于2020年代表宁夏特色文化入围中国国际进口博览会，其本人被宁夏妇联

⊥ 张璟为乡村非遗扶贫麻编制作培训班举行开班仪式（本人供图）

---

① 宁夏文化馆数字公共服务平台：https://www.nxggwh.cn/nx/user_peopleDetail/21483。

授予"宁夏巾帼创业之星"称号。近年来，张璟还跟随相关团体，出访了日本、美国、法国、德国、葡萄牙、比利时、巴基斯坦、斐济等国家，展示自己的麻编作品，和各国民众进行文化交流活动，《斐济时报》还做了专访报道。

张璟作为自治区级非遗传承人，有着强烈的责任心。在她事业有成之时，不忘帮助银川市兴庆区月牙湖乡及掌政乡的村民们"手艺脱贫"。月牙湖乡滨河家园四村是宁夏生态移民安置村之一，有不少村民来自贫困的南部山区。村里的年轻人外出务工，留下老人、残疾人及照顾小孩的妇女。2017年张璟及其团队响应市政府的号召，承担了月牙湖乡的扶贫项目，来到村里开始了"手艺扶贫"的征程。他们在乡上和村上的协助下，把村里的老人和残疾人及留守妇女动员起来参加麻编培训。张璟耐心地从麻绳的搓捻、打结、盘绕、编辫等基础编织技法着手，再到钩织、缝合、麻绣技艺的提升，循循善诱。经过她手把手地进行指导与示范，村民们慢慢地可以编出简单成形的零部件，张璟以计件制的方式进行收购，让村民们得到收益，她再将这些半成品带回工作室进行加工合成。手艺扶贫的道路十分艰辛，一开始有些村民有抵触情绪，担心学会了手艺，乡村政府就不再管他们的生活费，也得不到低保了，宁可待在家里无所事事，也不愿出来学手艺。张璟及其团队凭借着麻一般的韧性与坚守，从树立村民积极向上的进取心开始，努力改变村民们的精神面貌，让他们从抵触到热爱麻编，从等靠要到自食其力，不仅使村民思想发生了转变，"炕头经济"也得以实现，同时也促进了非遗麻编技艺的传承。正如张璟所愿："精神、文化上带来的满足比经济效益更高、更珍贵，乡亲们在掌握一门技艺的同时，坚定了自力更生的生活信念，这是花钱买不来的。"[①] 几年来，张璟团队扎根月牙湖乡移民村进行"手艺扶贫"的探索，现今已初见成效，基本形成了一条从乡村农户到美术馆工坊的麻编产业链，制作出了不少产品。张璟将这些带着温度与

---

① 张瀚允：《人物廊巴鸟的守望——访宁夏非遗项目麻编技艺代表性传承人张璟》，人民资讯，
　2021.3.24。

情感的产品带到国内外各个展销会上，受到了人们的青睐，从此有了不少麻编产品的订单。如文化部对外文化中心向张璟的巴鸟麻编工作室订购了骆驼、岩画系列的包包等麻编产品，要作为赠送各国友人的伴手礼。张璟设计的三款麻编手工产品于2019年入选文旅部"文化中国礼"采购清单项目。张璟的麻编作品还被作为地方特色旅游商品引入银川河东机场及宁夏各地旅游景区销售。在非遗传承方面，张璟不仅致力于银川市兴庆区月牙湖乡和掌政乡农村学员的麻编培训，还在吴忠市青铜峡市等地带徒三十多人，并努力推进吴忠市第十一小学的非遗麻编进校园活动，让数千名小学生接触到了麻编的传统技艺。

　　张璟的工作室名曰"巴鸟麻编工作室"，是因为她崇尚巴鸟的执着精神，即一生只认定一种颜色——蓝色——来筑巢。她也正如一只信念坚定而不知疲惫的巴鸟，正在为一生钟爱的麻编事业而忙碌奋斗着。

⊥ 张璟的麻编制品《玩偶》(武宇林摄于2019年12月)

访 谈

被访谈者：张璟（自治区级非物质文化遗产代表性传承人）

访 谈 者：武宇林、王瑞

访谈时间：2019年12月3日

访谈地点：银川市金凤区银川美术馆

访谈录音：王瑞

访谈整理：王瑞、武宇林

综述撰写：王瑞、武宇林

武：张老师好！非常感谢张老师今天能挤出时间接受我们的访谈。

张：（微笑）哎呀！我都不好意思了。王瑞老师已经联系我好多次了。

武：没事的。我们知道您特别忙，出访任务也多。我们这个课题组其他该访谈
的都已经进行过了，所以不得不来找您采访。首先，谢谢张老师今年六月
份给我提供图片。当时是国家侨办安排的一个活动"海外红烛故乡行"，
也就是美国、英国、日本等十多个海外华文学校的校长来我们宁夏进行非
遗之旅，宁夏外办安排我做一个非遗讲座。所以，我事先向一些相关非遗
传承人搜集了图片，包括您的作品，准备了PPT。结果，讲座宣传效果挺
好的，海外华文学校的负责人对我们宁夏的非遗表示了极大的兴趣。也谢
谢张老师的支持！那我们就直接进入正题，开始访谈吧。请张老师先自我
介绍一下。

张：我叫张璟，1967年11月出生，文化程度是本科。

武：请张老师说说是怎么接触到麻编的？

张：其实，我传承的也就是家里面传下来的一些东西。我太姥姥那一代，是山西碛口古镇的。

武：您家祖籍是山西？

张：嗯。是的。我的老家山西碛口那个地方非常美。听我妈讲，我太姥姥那个年代，在街上开了两个商号，一个叫"德盛苑"，另一个叫"万兴店"。碛口本来就是一个商贸古镇嘛。黄河就在那里，算是水上交通要道，街道紧挨着黄河，要是黄河一涨水，就会把街道给淹了。我妈说她小时候，碛口古镇的黄河水因为有落差，觉得水的声音特别响，就是因为河床里有像台阶一样的东西嘛。现在都炸平了，过去都有的。过去的人要坐船从那个碛口划过去，船要是翻了，人就没了，很危险的。当时，有些人从水路上过来，有内蒙古等地来的，都是在碛口这个地方歇歇脚，所以那个地方的商号特别多。

武：就是说，以前山西碛口是个商贸古道。那当时的商客都具体做什么生意呢？

张：其中就有像麻呀、棉呀，还有手工制作的东西，比如装东西的麻袋，还有人们穿的麻质衣服。过去的妇女为什么要在河边洗衣服？还要用那个棒槌敲呢？因为麻质的衣服一浸泡在水里就很硬，根本搓揉不动。其实甘肃那一带也都有麻，我们在黄山展出的时候，甘肃的陶燕老师比我年龄大一些，一看见我这个麻布就说："你这个东西我太熟悉了。我们小时候都穿过呢！"就是用麻纤维织的麻布，再做成衣服。那个时候，还用麻绳纳鞋底，做布鞋。当时太姥姥的"万兴店"和"德馨苑"就做这些，当然也经营一些别的东西。后来一直延续到我姥姥那一代，大概是20世纪50年代。

武：再后来，张老师就把家族的麻编手艺传统给传承下来了？

张：嗯。我女儿也是传承人呢。她叫曲相宜，"淡妆浓抹总相宜"的那两个字。她这两天回来了，还在外面上学着呢。她学的是工业设计，1995年出生的。

┤ 张璟和女儿曲相宜合影
（武宇林摄于2019年12月）

武：哦。好年轻呀。在哪个大学？

张：（欣慰地）现在在英国呢。她先是在北京理工大学学的工业设计，我的好
　　多设计都是女儿做呢，包括一些产品都是她的设计。

武：真好！女儿将成为张老师的传承人。你们家族的麻编技艺一代一代传承下
　　来，从太姥姥开始一直到您的女儿，已经是第五代了吧？请继续说说姥姥
　　的情况。

张：是的。已经有第五代传人了。姥姥那一代就带我妈来到了宁夏，听我妈说，
　　她过去被叫作"财主家的女儿。"

武：那就是说，姥姥家还是大户人家呢？

张：就是这样的，因为勤奋，也善于经营嘛。但是那个时候，正因为如此，赶
　　上政治运动，就被撵出来了。当时姥姥带着我妈来到宁夏，然后就一直定
　　居在这里了。我很小的时候，奶奶家在吴忠买了一个平房的院子，有三间
　　屋子，一间客厅，卧室就是那个炕。

武：对对！过去宁夏人都睡的是炕。

张：我记得就在那个卧室和客厅挂着一捆捆麻皮子，姥姥一闲了就抽出来一把

子，老家叫"布料"，把那个麻皮子搓成麻绳，随手编一些实用的生活用品。小的时候，吃完饭了，我就在姥姥家玩耍，剪子呀、针线呀都放在一个篮子里头，我从小就喜欢摆弄这些。我还会拿过去一个本子，在上面画各种东西。我在90年代末还写过一篇怀念我姥姥的文章，在报纸上登过，提到姥姥是怎么做麻编手工的。正是在她的熏陶下，我耳濡目染。我妈退休了以后也做麻编，之前没顾上。她曾在吴忠两所老年大学当教师，一个是吴忠市老年大学，还有一个是工业局劳动大学。

武：是教麻编手工艺吗？

张：嗯。她还教剪纸，也教给学生用红绳子编中国结什么的，凡是手工，她都教呢。

武：说明母亲的手也很巧。

张：嗯，很巧。我姥姥的心灵手巧传给了母亲，就这样一代一代传了下来。到我这儿，其实在我很小的时候，就会编织一些东西。比方说，我可以用那个钩针钩织一些物件。现在的钩针都是买现成的，包括我去德国展示麻编非遗产品、进行民间特色文化交流时买的钩针都是比较好的。可以说，德国的编织工具是最好的。但是，我母亲那个年代，钩针这样的编织工具全是自己手工制作的。

武：哦？连钩针都能自己做出来？

张：（自豪地）对！我妈给我做的钩针，我记得特别清楚。我妈现在已经不在了，记得她过去就用那个彩色塑料牙刷的把儿给我制作钩针，把那个大别针弯成一个勾，再放在火上烫，烫热后镶嵌到牙刷把里面，最早的钩针就是这样做成的。到后来，我不是要用粗麻线编织一些东西嘛，用的也是我妈制作的钩针。当时，我们吴忠有个衣料厂，现在也不在了。她在衣料厂制作了三个不锈钢的钩针，两头都带钩，一头大，一头小，那都是我妈给做的。我用的好多工具，也是我妈给做的。包括我姥姥用的那个纺锤，宁夏这边叫"轮车子"，也都是自己制作。我们老家是用一块骨头或者木头制作，可以转起来。

武：嗯。记得宁夏过去有不少人会用羊毛捻线，用纺锤一转，捻出毛线来，可以编织羊毛袜子、羊毛手套什么的。

张：（微笑）对对对！也都是可以的。那个时候的编织工具都是自己做嘛。哪像现在，啥都是买现成的。

武：确实。那您小时候一直上学吗？

张：嗯。一直上学，后来还学过美术，当时是在青岛的一所学校，现在叫青岛科技大学，是四年制的，我1986年上的。原来它是个中专学校，后来成本科了，我又去学了。

武：就等于是二次入学？从中专到大学本科？

张：嗯。二次入学。大学毕业后就参加工作了，在吴忠市文化馆，干了二十多年呢。到2005年或2006年，把我分在宣传文化中心当主任，在那里大概负责了四年。可是，这四年来，我觉得太分心了，把专业都给耽误了。这么多年来，我一直都在搞麻编嘛。有时我还画画，经常通宵达旦，因为白天单位的事情特别特别多嘛，大事小情，整个单位的事都要管。记得那时，有位管文化的中央领导要来宁夏视察，上面派人来吴忠市踩点，说是全市十几个文化中心就数我那个做得最好，决定要去我们那儿看看。好在哪儿呢？主要是我有一些创新的东西。比方说，市里有些文化中心还都不知道非遗是怎么回事的时候，我已经在单位成立了"民族艺术研发中心"。这里除了我的麻编，我还在吴忠街上发现了一位卖绣花鞋垫子的民间艺人，是个陕北人。我就请这位艺人来研发中心工作，现在成了吴忠市绣花剪纸方面的名人，她到现在都非常感激我，说我是她生命中的贵人，是我把她引到这条道路上的。还有吴忠做泥塑的一位艺人，也是我发现了他，把他安排到文化中心的民间艺术研发工作室。

武：张老师真是伯乐，发现并成全了吴忠当地不少民间艺人呢。而且，那时候就有这个远见。

卜 张璟的麻编制品《羊和小乌龟》
（武宇林摄于2019年12月）

张：（自信地）对啊！那个时候我就成立了"民族艺术研发中心"。所以上面踩点后，就觉得我们做得挺有新意的，中央领导人来参观时，让我去讲解的。后来，我们还在一楼办了一个展览，我的麻编展了二十多件，当时银川市还没有这些呢。银川市美术馆的人就问我："你愿不愿意来？"我说："可以呀！"我开始以为人家就是这么一说，可后来，也就真的调过来了，正好也有这样的机会嘛。当时，吴忠那边不放人，可我觉得再不往外调，就没有机会了，还是下决心过来了。麻编这个手艺我一直都在坚持着，现在就专门搞创作，就做麻编和版画这个事情。

武：哦。那您从吴忠宣传文化中心调到银川市美术馆是哪一年？

张：2010年3月份过来的。

武：到现在都九年多了，请说说过来以后的情况。

张：从那边过来了以后，就觉得有大把大把的时间可以用在我的专业上了。以前我在宣传文化中心的时候，行政工作太多，拿杯水放在那儿都没有时间喝。

武：那您过来要任什么职务吗？因为在吴忠是文化中心的负责人嘛。

张：没有，我之所以过来，就是一心想搞创作，就是这么简单，想法很单纯的。

武：看来张老师的确太喜欢这门艺术了。

张：（兴奋地）对对！就是喜欢！我把这个事情都坚持了四十多年了嘛，完全是对这个东西的喜爱。调到银川来，就是很单纯地想搞创作。不过呢，本来我有大量的时间从事麻编的艺术创作，可从2017年11月份接触扶贫工作以后，就简直忙得没有了自己的时间。

武：哦？张老师也搞手工技艺扶贫啊？我们采访过好几位剪纸刺绣的传承人，她们也都提到了扶贫的事情，应邀到农村搞剪纸、刺绣培训班，一批一批地培训学员，特别忙。

张：我跟她们还是有区别的，我就在一个地方跑了好几年。我觉得培训还不能撒胡椒面，就算培训两千人，有什么作用呢？一点作用都不起。因为你走了，当地群众还是那个样子。而且，有些民间的东西可能比你绣的还要好十多倍呢。我个人认为，需要建立一个产业链条。我们单位也有人下去当驻村书记，市文广局在下面也有扶贫点。我觉得做做扶贫的事也好嘛。当时还想着用一年时间，把这个产业链条给建立起来。结果都两年多了，都没有建立好，太费劲了！

武：张老师的想法很独特，考虑得也很长远，想做的是深层次的扶贫啊。具体地点在哪儿？

张：银川市兴庆区月牙湖乡滨河家园四村，离银川市十多公里吧。2017年开始到现在，也算是孵化园吧。我是这么想的，就算给那个地方的村民都教会麻编手艺了，就这么走人的话，可能任何扶贫的效果都没有，也达不到传承非遗的目的。所以，我的做法是，教完了以后，我继续往那个地方跑，要巩固住效果。就这样一跑跑了两年，这两年过程中，我不断跟他们交心、传授技术，不断地拿去材料让他们来加工。在这个学习的过程中，他们做的所有的不合格的半成品我都收了，收了很多，好多东西都是不能用的。但是呢，我这样收了以后，和他们建立了一种相互信赖的关系。

武：是吗？张老师真不容易，很执着，付出了很多，用心良苦。

张：嗯。好多人问我："你现在的扶贫产值一年有多少？一年营业额有多少？"我还没有到那一步呢。说实话，现在很多人接受采访的时候，吹牛吹那么大，采访完就在报纸上登，我觉得那是不负责任的。真正的扶贫，并不是一下两下就能完成的，要教会他们手艺，真的是要花精力和时间的。一年两年，甚至三年五年去做这件事情，可能六年七年以后才能见成效的。

武：那倒也是。张老师是不干则已，要干就要有成效，太有责任心了。功夫不负有心人，只要坚持下来，想必肯定会有好效果的。请再说说您的麻编作品好吗？

张：说起麻编作品，南方比如浙江什么的，一般会编帽子、包包等。我这儿的产品要更丰富一些。我们的麻编区分像金字塔一样，最底层是生活实用品，有地域特色的。难度稍高一点的，有骆驼呀、小毛驴呀、钥匙包呀，还有贺兰山岩画的二次创作。然后就是高端的艺术品了。大概就是分这么三层。我们现在呢，就是把传统技艺和现在的理念结合起来，这样才能胜出。包括我们现在制作的扶贫产品也是的，这样的元素结合得比较好，所以我们的产品在宁夏回族自治区的展览上获得了文创一等奖呢。

武：什么时候得的奖？

张：（欣喜地）就今年，是贺兰山岩画文创活动，应该是宁夏文化和旅游厅搞的，我们还拿了一个"传统文化振兴"奖。麻编作品在杭州也获过奖，总之是获了一些奖。

武：哦。您能具体介绍一下代表作吗？

张：代表作？像那个纳鞋底的作品，我叫它《赶集》，有一些骆驼、小毛驴，还有夫妇两人，在赶集途中休息，把这个场景通过麻编表现出来，获得了第十六届中国人口文化奖民间艺术品类优秀奖。

武：祝贺！作品中有几个人物、动物？

张：一共两个人物，男女主人公，还有一只小羊、几匹骆驼、几头毛驴。

武：相当于一个组画。那麻编人物的高度是多少？

张：三十多公分吧，不太大。

武：好的。除了这个代表作，还有什么？

张：还有《孔子》。

┤ 张璟及其麻编工坊员工

（武宇林摄于2019年12月）

武：哦？用麻编表现人物，很有难度吧？张老师的麻编种类大概有哪些？

张：种类啊？也就是生活实用品、文创产品、艺术品。具体有人物、动物、器物、生活中使用的物件，什么地垫啊、杯垫啊，这些我们都做呢。

武：我们刚才参观了银川美术馆里的麻编展厅，看到了张老师的很多麻编作品，真是开了眼界。旁边还有一个"非物质文化遗产扶贫工坊"，几位员工正在制作呢。这是哪一年成立的？

张：2017年以后我们就成立了，还有"非遗扶贫文创产品展示柜"呢。工坊员工多半是麻编传承人，有银川市级的，我是自治区级的嘛。

武：您作为自治区级非遗传承人，带着他们成长？

张：嗯。带着他们。其中有两个已经申报成功了。

武：真好！那你们这个工坊有多少人？

张：现在有二十几个人，加上扶贫村的人就更多了。现在都是"炕头经济"了，在家里就能做活儿。他们有些是从南部山区移民过来的，现在是生态移民村的村民。

武：张老师，那你们的麻编产品销路怎么样啊？

张：还行！我们的产品在银川河东机场、一些旅游景点也都在销售呢。

武：真不错！我们还想知道你们这个麻编原材料的情况。

张：主要是麻，我们做的麻编产品，主要是麻编技艺传承嘛。至于麻的原材料，我现在有个园子。过去也种过，但现在顾不上了，所以都是买现成的。

武：那现在市场上有卖的吗？

张：有呢！其实宁夏麻的质量非常好，在全国都能排上名次呢。

武：是吗？是过去小时候剥的那种麻秆吗？

张：（微笑）对对对！像我们这个年龄的人还有印象，像她们这些年轻一代可能就不知道了。过去其实太普遍了。

武：的确。记得小时候一到秋季，农村的人把成熟的麻秆在水里沤好晾干后，就分发给城边的居民家，大人小孩都会帮着剥出麻秆上的麻皮，是棕色的，可用来搓麻绳、纳鞋底、制作麻袋啥的。麻皮被收购了，剩下的白色麻秆可以留下来烧火。

张：对对！就是那样的。现在这个尼龙绳子啥的，就把过去的麻绳子代替了。所以现在麻也种得少了。小的时候，我们那个黄河两岸，我大姨家就住在那里，有大片大片的麻地。过去宁夏吴忠等地还有亚麻厂。现在咱们宁夏山区还有种麻的，麻能长一人多高呢。我那个园子里也种了一些，起码得让人知道它长得啥样子嘛。其实，在过去，麻是个离我们非常近的东西。

武：是的。过去太普遍了，人人皆知，生活中也离不了它。

张：其实，麻的浑身都是宝啊。麻籽儿还能榨油，山区人也吃那个麻籽儿（作为零食）。它也叫大麻，我们这边叫它海麻。在古代的时候，那些先祖们做宗教仪式也都要用麻的。这麻文化其实很深奥的，麻被认为是百邪不侵的圣物，邪恶的东西是到不了它跟前的，它是可以避邪的。所以，过去宗教仪式上穿的服装啥的就是用麻制作的，是觉得用这个东西可以和灵魂沟通。现在的人们是从环保健康的角度，选择穿亚麻的衣服，因为它透气。我从一个军人写的书上看到，说是作为军服，用汉麻的纤维做布料，还有药用价值，能够杀菌消炎，对伤口的愈合很好，所以在打仗的时候穿这个麻质衣服有一定的保护作用。麻这个材料真的是非常好的。

┤ 张璟的麻编制品《手包》
（武宇林摄于2019年12月）

武：是吗？今天真的是长见识了，对麻要刮目相看了。张老师刚才提到文旅部
　　对外文化中心的伴手礼？也算是你们产品的一个销路？

张：嗯。2018年他们选了一个骆驼，2019年选了一些包包，还有我们岩画系列
　　的一些包包，都是用麻编织出来的，也是我们的扶贫产品，也都是我给月
　　牙湖的村民教会以后他们做出来的半成品，我们又进行了后期合成。大概
　　入围的作品有三款，虽然不是太多，但是这对我们已经是非常大的鼓励了。
　　我觉得要让这个非遗传承下来，如果没有人来做这个事情，它就会灭绝的。

武：说的是。必须要有实用价值，要活态传承。

张：对！活态传承。所以说，传统的技艺要保留，但是也要和当代的东西结合
　　才能生存。不能说我就做这个古老的东西到最后都没人要，咋生存呢？连
　　自己都保不住，还带徒弟？谁跟你学呀？

武：嗯，这是个现实问题。就是说，通过文旅部，你们的产品已经走上国际了，
　　这让麻编传承人及村民们更有信心了，而且还有收益呢。张老师，请问给
　　移民村的村民们教麻编后，他们制作的麻编作品是您规定好的，还是他们
　　自行创作的？

张：他们创作不了。哎呀，最大的都八十岁了，咋创作呢？就是规定动作。这
　　个地方起多少针，多大尺寸，什么形状，尺寸由我来定，全都按照我们的
　　要求做。但这个技法我要给他们教会，怎么才能编成一个圆的扁的啥的。

还有就是，我有个徒弟在工作室，专门做前期后期的研发，村民们只给我们加工零部件，我们再收购过来进行合成。这样才能达到扶贫的效果呀。

武：你们出设计、出样品，然后给他们教技艺，村民只是按照规定动作，批量加工零部件、半成品？您给他们下订单？

张：对！由我们出设计，再对他们进行订单式的培训。

武：我在网上看到过关于您的专访，在那个扶贫村给村民发工资，还摁手印呢。

张：（微笑）嗯，是的。我们是计件制，他们做的多，收入就多，要不然不好掌握。村里的年轻人都出去打工了，一些年轻的媳妇子也想出去，但出不去，孩子才两三岁，要领孩子嘛。老人在家里床上躺着，还得照顾老人，像这样的妇女有空就来做。还有一些孤寡老人，年轻人出去了，老两口就来我这边做。还有一些残疾人也走不出去，就来我们这里做这件事情。反正这个事情我觉得它有意义，所以才坚持做下来了。

武：的确很有意义。那么当地接受麻编培训的老百姓是怎么看待这件事的？有什么评价吗？

张：（欣慰地）有呀！哎呀，有一段时间我去北京出差、学习，有好长时间没去。结果，我一去推开门，他们就"哗哗哗"地鼓掌呢！都说我回来了。

⊥ 张璟的生态移民村麻编培训班学员（本人供图）

武：说明大家都期盼张老师回来呢。

张：（欣慰地）嗯。他们都期盼我回来。

武：像他们中经过培训的，最多的能有多少收入？

张：最多的能拿到一千七八。有一些家里事多不常来的，二三百的也有，四五百的也有，七八百的也有。后来我在银川市兴庆区掌政镇也开了一个班，那边有人最多的一次拿到两千一百元呢。他们在家里干就行，材料我给他们提供。

武：那就是"炕头经济"了，不用出门就能赚到钱。

张：（兴奋地）对对对！他们就在家里面，不用到外头风吹日晒，就把这些事情干了，家人也照顾了。

武：那干这些的主要是年轻妇女吧？

张：不光是年轻妇女，还有老爷爷和老奶奶呢。多得很。

武：是吗？还真是有意义，让农村的这些闲散劳动力有事做，有经济收入。对社会有用了，还实现了自身价值，同时还传承了传统文化，这对新农村建设也非常好啊！

张：（笑）嗯，就是的。我觉得扶贫啊，给他们教会技能啥的，在我看来已经不是太重要了。重要的是，给他们传达一种精神。

武：是积极向上、热爱生活的精神吗？

张：是的。因为我们刚去的时候，这些村民的精神状态不是这样的。还有一些残疾人，根本就没有什么精气神。我给你们举个例子，有个小媳妇不到一米高，还是驼背。看我在给大家教，就是羡慕的那种眼神。我问她："喜欢吗？喜欢就来学呗。"她摇摇头。就在这时，进来一个五大三粗的男性哑巴，是她的丈夫。哎哟，凶得很，把她给拽走了。有人悄悄跟我说："赶紧让走，要不然就会打她的。"两口子走了以后，我问那些村民，这是为啥？村民说："张老师，他的意思是不让老婆在这儿学，说是要在这儿学会了，村上就不管了，乡上也不管了。他家现在还吃低保，还靠政府救济

卜　张璟的麻线绣品《贺兰山岩画·太阳神》
　　（武宇林摄于2019年12月）

着呢。"

武：原来是这样啊！有些困难户担心学会了麻编技艺、挣了钱，就会失去村上
　　乡上的救济，宁可等待，靠国家救济养活，也不愿自力更生？

张：嗯，是的。不仅是这两口子，很多村民也有这样的想法，他们都已经习惯
　　了等靠国家养活。他们觉得，反正我们就这样，国家也不会把我们撒下不
　　管的，就算啥都不干，也不会不管我们的。刚开始就是这样的。

武：张老师真的很不容易，不光是教手艺，首先要从改变村民的"等靠要"的
　　消极观念入手，这需要花很大力气的。

张：所以嘛，我就是想传达一种精神，引导他们靠自己的双手，才能真正改变
　　命运。而这种理念不是一天两天能够树立起来的，只有长久的坚持，才能
　　让他们的思想发生改变。是不是？

武：对！幸福是奋斗出来的。张老师，你们不光要教会他们麻编技能，还要教
　　会他们做人，坚定生活的信念，真的很了不起。那您今后有什么打算呢？

张：也没什么打算，就是先把眼前的事情做好，凭我的能力，能走到哪一步算
　　哪一步，实在走不下去了，那也没办法，我也尽力了。

武：哦。我们知道张老师近些年来，经常应邀到一些国家去展演麻编手工艺吧？

张：（微笑）是的。去了很多国家呢。我觉得这些年来，政府对非遗挺重视的，

当然，我们自己也在坚持。现在，环境也更好了。麻编呢，作为宁夏的一个特色民俗文化，有些部门有出访机会也就带上我去了，也是代表宁夏嘛。因为在外国人的眼里，怎么了解中国呢？就是要从生活的一些窗口联想，而我们的一些作品是有生活气息的，有生活、有故事，每一个作品都有故事的，我们带出去的，实际上都是中国的故事。

武：说的是。你们的麻编作品，也是外国人了解中国民俗文化的一个窗口。

张：是的。所以嘛，文旅部对外文化中心也向我们订货，作为给各国使馆友人的伴手礼。最近，我们还要把"巴鸟商标"换成他们要求的那种皮子商标。有一批订货马上到期了，我们在赶东西呢。

武：说明张老师的麻编在国外也很受欢迎的。那您走过哪些国家？

张：走过日本、美国、法国、德国、葡萄牙、比利时、巴基斯坦、斐济等。挺多的呢，没有细算过。

武：那张老师近些年来教过多少徒弟？

张：银川市兴庆区月牙湖乡移民村那边，培训了三百多人吧。吴忠市、青铜峡市小坝镇也都有我的徒弟，有三四十个人呢。

武：那跟您经常保持联系的有多少？

张：有二十多个，其中有两个申报了市级非遗传承人。

武：真好！您的徒弟里面以女性为主吗？

张：嗯，以女性为主。不过，月牙湖乡那边男的也挺多的，还有拄拐杖的残疾人没办法出去干活，也在我这儿。

武：那残疾人有多少？

张：残疾人有十来个吧。

武：张老师是在做公益善事啊。真不错！帮助他们重拾生活的信心和勇气，还能获得实实在在的经济收益。

张：就是的。我干麻编这个事情是出于喜爱。但是贫困村的村民是见到效益才愿意做的，不见效益是不愿意干的。但话又说回来，他们如果愿意用这个挣钱，不也是在传承吗？

武：没错，也算是达到了传承的目的。

张：只要他在做这个事情，也许在做的过程中，儿女回来一看："哎，这个我
　　也可以做。"

武：对呀！还可以影响到下一代。很多民间艺术都是这么一代一代自然传承下
　　去的。

张：浙江那边的非遗传承有好多种方式，工厂中传承也是一种。假如现在没有
　　这个生产性传承，是没人跟你来弄这个事情的。首先，他要挣钱，要养活
　　自己啊。

武：对！生产性传承，还有学校教育传承，都是很好的传承方式。那张老师的
　　麻编进校园了吗？

张：是的。麻编已经进校园了，是吴忠市十一小，已经列入学校的校本课程了，
　　有两千多名学生在学呢。他们还送给我校本课程的教材，都在吴忠我那个
　　基地的展柜里面放着呢。哎哟！时间差不多了，我要去装箱子呢。一会儿
　　要坐飞机去深圳参加一个展会，有些麻编作品要打包装箱子，挺麻烦的。
　　你们有啥不明白的，请在微信里给我留言，我抽空给你们回复。

武：好的，好的。今天已经非常感谢了！

贺兰砚制作技艺代表性传承人
张向东

　　张向东，1968年出生，宁夏银川人，国家级工艺美术大师。2017年被认定为自治区级非物质文化遗产项目（贺兰砚制作技艺）代表性传承人。

综 述

张向东，1968年出生于宁夏银川市，祖籍安徽歙县。其父1958年从部队转业支宁来到宁夏银川市，在当地公检法系统工作，直到退休。张向东作为家中四个孩子中唯一的男孩，少年时期回到歙县老家陪伴已经退休的爷爷安度晚年；也曾在擅长书法的外公身边帮其研墨，练习过一段时间的书法，接触过外公的一方荷叶形砚台，对之爱不释手，甚至梦想将来外公把这方砚台传给他。初次结识歙砚，就给童年的张向东留下了终生难忘的美好印象。儿时的张向东对学校的文化课学习不感兴趣，只上到初二。在新安江边长大的他感兴趣的是摸鱼捞虾。他的动手能力也很强，能够利用修补渔船的桐油、生石灰，将山上的树根做成根雕假山，还会把江边的田螺粘到一起，制作高塔，有着与生俱来的想象力和创造力。

1985年，张向东十八岁时，被父亲接回银川参加工作。在橡胶厂工作四年后，终因不满足于平稳安逸的工薪生活，又回到家乡歙县寻找新的发展机遇。此时，其妹因高考落榜，代替他陪伴爷爷，同时开了一家售卖歙砚的小店。就在张向东到店里帮助妹妹打理生意期间，他发现歙砚的销路很可观，也十分喜欢这些雕刻精致的砚台，便买了些雕刻工具，有空也试着刻一下。没想到妹妹大加赞赏，并介绍他跟随几位歙砚雕刻师父学艺，从此他走上了砚台雕刻的人生之路。1991年，他回到银川完婚，之后又回到歙县，孜孜不倦地继续学习与探索歙砚的各种雕刻技艺。1992年以来，他曾经师从歙砚雕刻大师方建成等学习砚台雕刻技艺，博采众长，较为系统地掌握了歙砚中的山水、人物、动物、

┤ 张向东作品《竹林七贤》
（本人供图）

景物等雕刻方法及其构图设计理念。他在歙县一学就是十一年，还开了歙砚销售店铺，自产自销，运营顺畅，得心应手。

　　然而，2001年，为了和家人团聚，张向东还是选择了回银川发展，他转让了在歙县辛苦奋斗开设的店铺，结束了两地奔波的生活，再次回到宁夏银川，开始了砚台雕刻创业的新征途。一开始，由于资金缺乏，只能租赁鼓楼商场某摊位的一个拐角，售卖自己雕刻的砚台。然而，"酒香不怕巷子深"，张向东的砚台承袭了徽派砚台雕刻技法，并善于将歙砚的雕刻技法及意境构图与本地贺兰石优质而奇特的石料肌理有机结合，改变了贺兰砚原先缺乏山水写意、花鸟人物的创作模式，开创和形成了一套全新的贺兰砚手工雕刻技法。而且，张向东雕刻的贺兰砚创作视野开阔，能够以画入砚、以诗入砚，追求意境。再加之精益求精、一丝不苟的砚台打磨技巧，他所制作的很多砚台技艺精良、独具匠心、造型美观、意境深邃，令人耳目一新，很多顾客慕名而来。张向东认为一方砚台，三分构思、四分雕刻、三分打磨，尤其重视打磨工序，追求尽善尽美。精湛的技艺让他赢得了口碑，也为他带来了经济效益，更让他在宁夏贺兰砚制作的舞台上占据了一席之地。现如今，张向东有自己的贺兰砚工作室以及贺兰砚专卖店，并培养了四名得力徒弟，共同进行着贺兰砚的雕刻研制。

　　三十多年来，张向东潜心钻研歙砚及贺兰砚的技艺，深谙南北方文化艺术的差异，并努力将二者融会贯通，形成了自己独特的艺术风格。主要作品有《竹林七贤》《山居》《事事如意》《海上生明月》《渔歌晚唱》《多子多福》《耕耘》《安居乐业》《梦在江南》等。诸多作品在各种展览中获得殊荣，并被各地博物馆收藏。其中，2003年创作雕刻的随形砚《连年有余》、2004年创作雕刻的贺兰石屏风《九旺百福图》赢得业界一致好评；2006年作品《山居》《平湖秋月》《金陵十二钗》在首届宁夏工艺美术大师作品评选中荣获一等奖，张向东被评定为宁夏工艺美术大师；《山水砚》荣获第三届中原艺术博览会金奖；2013年作品《新安揽胜》获得第一届宁夏创意大赛二等奖，后被南昌工学院收藏；作品《山水》荣获2014年"宁港杯"创意设计精品大赛最佳创意设计奖；作品《山居》被中国国家博物馆永久收藏；作品《事事如意》被宁夏贺兰砚博物馆收藏；作品《西心探秋》被中国文房四宝精粹（深圳）博览馆永久收藏。2007年，由国家发改委、文化部、人事部等九部委组成的中国工艺美术大师评审工作领导小组批准，授予张向东"中国工艺美术大师"荣誉称号。

2017年，张向东被认定为宁夏自治区级非物质文化遗产（贺兰砚制作技艺）代表性传承人。

多年来，他致力于中国名砚歙砚文化风格与贺兰砚雕琢艺术风格的相互借鉴融合，从而扩展了贺兰砚的载体及艺术表现形式，丰富了贺兰砚的品种，使宁夏贺兰砚的艺术、实用、工艺、收藏价值都得以显著提升，影响和带动了贺兰砚制作技艺全新的创作方向，极大地提升了贺兰砚在全国砚台工艺美术领域的声望，为宁夏贺兰砚的传承与发展作出了卓越的贡献。

张向东现为宁夏一级工艺美术师，宁夏工艺美术协会会长，银川市高精尖缺人才。作为宁夏自治区级非物质文化遗产（贺兰砚制作技艺）代表性传承人，他时刻牢记自己的使命，正致力于贺兰砚雕刻优秀新人的培养与挖掘。

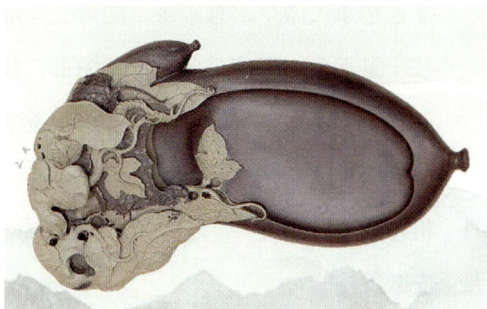

⊢ 张向东作品《多子多福》
（本人供图）

访　谈

被访谈者：张向东（自治区级非物质文化遗产代表性传承人）

访 谈 者：马慧玲、崔娜、杨杰

访谈时间：2019年4月17日

访谈地点：银川市西夏区军马场张向东大师工作室

访谈录音：杨杰

访谈整理：田瑞、武宇林

综述撰稿：张洁、武宇林

马：张老师好！实际上我们也很熟悉嘛。

张：是啊。你是宁夏文化馆的马馆长。

马：对。这位是我们文化馆创研室的崔娜老师，还有银川市非遗中心的杨杰老
　　师。我们这次是要完成宁夏非遗传承人口述实录课题，对自治区级以上的
　　非遗传承人做个信息采录，随后会整理出书。共有一百多位传承人，准备
　　按宁夏五个地级市，分为五卷图书，我是负责银川卷的。访谈的形式是问
　　答式，问啥说啥，涉及作品的内容，您就展开了说。请问您是哪年出生的？

张：1968年7月。

马：祖籍是哪里？

张：安徽歙县。

马：歙县啊？那就是产歙砚的地方。上学的经历呢？

张：在老家念到初二，初二之后高中没上，就回到宁夏。1985年的时候。

马：回到宁夏？您以前在宁夏待过吗？

张：嗯。原来在宁夏待过几年，因为我父亲是五几年来支宁的。

马：哦。那您是在宁夏出生的？

张：对，我是在宁夏出生的。我父亲在上海当兵后，1958年转业到宁夏，他是干部。

马：他转业到哪个单位？

张：银川新城公安分局。

马：您父亲怎么称呼？

张：张承佑。

马：母亲呢？

张：我母亲叫方瑞珠，去世比较早。当年我父亲来宁夏以后，就把我母亲也带来了，参加了工作。我父亲一直在公检法系统工作，快退休的前几年，在西夏区纬四路办事处当书记，在那里退的休。1985年我回到银川，本来是要当兵，我母亲刚从老家被接回宁夏，就不让我走了。之前我在老家待了十一二年，为啥呢？我爷爷是一个人，已经退休了，爷爷是歙县茶厂最老的一批员工，是八级工，一直让我在老家陪着他。看我十七八岁也该工作了，父亲就把我带回银川了。回来后，在银川橡胶厂争取了个招工指标，这是最后一批正式工的指标，叫检验指标。我在橡胶厂干了四年，从1985年到1990年吧，拿了三年的厂级先进。那会儿从农村出来的娃娃可能比较能干嘛。

马：那会儿具体是什么工作？

张：橡胶厂的四车间流化工，开吊车的。后来想想，哎呀，当工人没出息，我死活就不想干，就跟我爸说我不干了。他说："你好好的工作为啥不干呢？"我1990年左右还回过老家，我有个妹妹，高中毕业大学没考上，我1985年来宁夏，她就照顾我爷爷去了，同时在老家经营歙砚。她有个店，我去她那儿看过，发现她特别忙。我看着歙砚特别好，很喜欢这个东西，还帮着她经营。这期间，自己买点刻刀，有空雕刻着玩。我记得特别清楚，第一方小砚台，我做了个小孩的脚丫子，卖了六十块钱！哎呀！这还能挣钱？我那会儿的工资，在1990年才拿一百零几块，我这一方砚台就卖了六十多块钱。这个生意好啊！能挣钱！我妹妹就说："那你想干，就得正儿八经地拜个师父去学一学。"我第一个师父姓王，跟我同年。学了差不多一个月，他说："哎呀！我教不了你。"第二个师父呢，叫王耀，就住在我们家店隔壁。我说："你给我画一下。"他说："行。我给你画。"他画个梅花，我就做个梅花。我妹一看，说："哎呀！哥，你这个做得挺不错的。干脆就去方建成那里去学，他是个大师呢。"可方大师说他不收徒弟。我妹跟他关系特别好，请他把我带一带。当时方建成怎么说呢？"你哥想来我就教，想学我就带。但不把他列到我正式的徒弟里。"反正是个徒弟他也认。后来，我说："师父，您认不认我这个徒弟？"他说："认认认！"前前后后，我还跟着陈思路师父学过，他是雕山水的，又学了几年。在老家又待了十一年。

马：这个期间就一直在学习雕砚台？

张：对。一直在学（雕）砚台，还经营砚台，我自己还开了个小店。我是1991年回来的，在宁夏结的婚，结完婚我又回去。媳妇当时在电力修造厂，没事就请假回老家侍上一两个月再回宁夏，她也这么陆陆续续地过了十一年。2001年为啥又回到宁夏了呢？媳妇的电力修造厂问她要不要买断工龄？她问我，我说买断算了。你买断之后到歙县，我有这个手艺，最起码能养家糊口，你站站店、带带孩子。她不愿意去，因为北方人去了南方生活不习惯，夏天热得要死，冬天冻得要命，房间没有暖气。那我怎么办呢？商量来商量去，我说，那就来宁夏吧。

马：当时父母都在宁夏吗？

张：嗯，父母都在这里。银川新城东站有一个姓张的师傅，开了一个砚台店，里面全卖的是龙凤砚。我就进去问一下："这一方大砚台多少钱？"他说要五千元。我心想，妈呀！这么贵啊？我们歙县这么大的砚台也不敢要五千块钱的。而且，雕得一般般，全是龙和凤，山水的、人物的都见不着，素砚根本就没有。我觉得我的水平回来在银川，不是生意更好做？2001年就跟媳妇商量好，把老家的店，包括货物能送人的送人，能卖的卖。我当时送掉了八十多方歙砚，就带了一万块钱现金回到了宁夏。没有贺兰石怎么办？就托这个买两块，托那个买两块。那时候最好的贺兰石应该四千块钱一吨，我买了一吨半。当时一个月只能做三到五方砚台，因为是纯手工的，我用机器特别少。

马：是您一个人在做？

张：对。我一个人在做，不够卖，做一个卖一个。那会儿在鼓楼，上午拿到店里，下午就没了，我们家砚台特别好卖。我一看没办法，第二年从师兄那里借了两个徒弟来，他们还没有出徒，一般三年才出徒。他们是才干了一年半到两年的徒弟，我说我借来，工资我来发。师兄说行，等于你的徒弟了，我先帮你带了一年多。我带着两个徒弟回来，还有自己带的两个，一共四个徒弟。当时（厂房）在双渠口十一队，每个月的产量在十二至十三方砚台左右。

马：每个月？

张：对。每个月我们四五个人干活，平均两三天就出一方砚台，但还是不够卖。

马：当时应该销路比较好？

张：（肯定地）销路好。而且我们家纯手工的东西，不像他们的机雕作品，打磨得特别粗糙，不太会打磨。我们家每一方砚台出门的时候，打磨关必须过，过不了是不让出门的。一直坚持到现在，我们家还是这样。那天我们评审的时候，有个副会长开玩笑说："会长，你能不能把打磨的技术公开一下？给我们协会所有做贺兰砚的都教一教。"我说："那不行，这是我的专利。"

这是开玩笑的话，实际上打磨得不行，还是他们的功夫没下到，程序都是一样的，要把功夫下到。一方砚台按十分来算，设计是三分，制作雕刻是四分，打磨是三分。

马：哦？打磨跟设计同样重要？

张：是的。设计好了，还要雕得好。我们带一个徒弟，像这种（砚台）雕工，（学习）一年半就能雕成这个样子。但（学习）一年半的时间设计不出来，学设计有可能要花五年。跟着我学五年以后，他把这种理念掌握住了，还有构思、布局掌握好了，设计就到位了。打磨那是花时间的，一般来说，像这种砚台，我们家打磨，基本上要三天。但在别人那里，可能一天就结束了。我们要磨三天，从粗到细，再到最后上光。

崔：这要多少遍？

张：一遍一遍地，不走回头路。比如说，它不平，就要把它擀平。（展示）这是最初的油石，油石是用来擀平的。最后砂纸是用来上光的，光泽是用砂纸打磨出来的。

马：砂纸打磨出来的？是不是打磨得越多，就越有光泽？

张：嗯。打得越多就越亮、越细腻，打磨的当中还有好多诀窍呢。磨磨粗的，又磨磨细的，就走回头路了。我们从来不这样干，一遍一遍地过。小徒弟进来，不管你会干不会干，先要打磨三个月，天天就是打磨，手指都磨出血来了。因为砂纸和油石是有缓冲的，你拿得再紧都要缓冲的，三天下来手指就磨破了。

马：不能戴手套吗？

张：不能。因为你要用手摸石头，光不光都要用手摸的，戴上手套摸不出来的。

马：一边打磨，一边用手感觉石头的细腻？

张：对！哪个地方磨得不够，哪个地方多打磨一下。

马：一边磨一边感受哪个地方还不够，要多磨一下。怪不得不能戴手套呢。

张：所以两三个月下来，手就都出血了，尽量要把砂纸抓紧一点再来磨。等会

卜 张向东作品《连年有余》
（本人供图）

儿示范给你看。这就是我从师父那里学来的（技艺），打磨必须要到位。还有这个线条，它这个线条不算最好的线条。我们所谓线条就是这样一条线，你刚刚摸的素砚，闭着眼睛摸它是一条线，没有一点点坑坑洼洼。

马：很流畅的？

张：对，非常流畅，素砚就要有素砚的样子。

马：那您学做砚台是从做素砚开始的吗？

张：不，我是从雕花开始的，山水人物。素砚呢，就是我刚讲到的王耀师父，做素砚在全国数一数二，现在人在北京呢。

马：这个人做素砚好厉害啊！那年龄多大呢？

张：年龄跟我一样。

马：这么年轻？

张：我们老家学手艺十二三岁就开始了，有的都不上初中了，个子才这么一点点。像那种普通桌子，他都够不着，坐凳子要垫上的。王耀十四五岁的时候就开始学的。

马：您家里兄弟姐妹有几个？刚才说有一个妹妹。

张：我们姊妹四个，三个女孩，一个男孩。我是老二。

马：那你们家现在只有您在从事雕刻，您那个妹妹还在做吗？

张：我妹妹一直在搞经营，她不会雕刻，现在做徽派建筑呢。把农村老房子或者要倒的房子花钱买回来，然后插一根梁。只要有老料就买料，把房子组装起来。然后再拆掉放在库房里，给北京这样的大城市做园林、做景观。

马：已经不做歙砚了？

张：不做了，早就不做了，已经有十几年了。

马：您学砚台雕刻和老家有一定关系，您觉得和小时候的一些经历有关系吗？和在老家陪爷爷有没有关系？

张：其实我爷爷文化水平特别低。

马：爷爷的名字还记得吗？

张：张贵华。我外公的名字叫方平安，他写字特别好。我从小爱打鱼摸虾，我们老家是新安江，刚好在江边上。我不爱学习，前面认识的字第二天就忘。我外公就很生气，我外公的毛笔字是一流的，他去世时应该是六级书法家，从小就逼着我写毛笔字。外公的太极拳也打得特别好。你不学咋办呢？我外公就逼着我给他磨墨，天天在那里磨、磨、磨。有一天给他磨墨，就看见一方砚台是个荷叶，就特别喜欢，想着啥时候外公能把这方砚台传给我，这多好呢！

马：那时候大概多大？

张：八九岁的时候。我们老家不是在江边上嘛，那时候渔船每年都要维修，它中间要打那个桐油的石灰，石灰过一段时间就凝固了，摔地上都摔不烂。我就把桐油要点来，山上还有树根或者其他的东西，就把它粘上，做个小假山、小根雕，我从小就爱折腾这些东西。我还会一个更好玩的，南方有那个螺蛳是长螺蛳，也就是田螺，是长的，把二个面一磨，就跟塔一样，拿桐油往石头上一粘，就是个塔。我小时候就爱干这种事，做得还特别好。我后来学砚台学得比较快，跟小时候的那种经历也是有关系的，所以才走上做砚台的这条道路。

马：小时候的这种经历也算是一种熏陶。您是1985年回到宁夏的，正式制砚呢？

张：正式做砚台是1990年。

马：1990年又到歙县学做砚。后来回到宁夏一边制砚一边经营，开店了吗？

张：2001年回来没有开店，因为没有东西卖。后来自己做了点，2002年租了一个摊位的拐角，使用面积是一小部分，承担一千块钱的房租。有人说我傻着呢，在最里头的拐角也卖不掉，还给人家一千块钱房租。我说不怕，一个月做一方砚台就够房租了。我在鼓楼卖了一方砚台，最贵卖了两万七千块钱呢。

马：好酒不怕巷子深。

张：（喜悦地）当时把整个楼的人都给轰动了。那方砚我记得很清楚，是《竹林七贤》，来了两拨人，一波四个、一波三个，跟我讨价还价，最后谈拢了，两万七千块钱成交，七个人全坐在那儿开始笑了。后来才知道，就算三万他们也要的。

马：那方砚台做了多久？

张：做了将近一个月。可惜没有留下照片。（比画）这么大的大平彩料，厚彩，彩特别得厚。那个竹子我雕了四层下去，七个人物，《竹林七贤》。第二天我就买了辆摩托车，2003年啊，一辆大阳摩托车七千八百块钱，我就买了一辆天天骑。呵呵！

马：够拉风的。（大家都笑了）

张：一方砚台卖出去，确实是特别的棒。到了2006年评宁夏工艺美术大师的时候，有个朋友给我打电话，说在报纸上看到这个消息，说咱们宁夏首次工艺美术大师评选，你参加吧！我那会儿在南方，赶快坐火车往回赶，返回来后就差两天。当时宁夏轻纺工业局主管这事的工作人员说，要拿来最好的作品参评。当时我住的房子吊柜里，藏了一方《山居》，一般都不拿出来。我把《山居》拿出来，然后把《平湖秋月》拿出来，还有《十二金钗》。因为我当时想的是，《山居》是人物加山水，上面有三个老头，《平湖秋月》纯纯的山水设计，《十二金钗》是纯人物，山水、人物就都有了，就拿到轻纺工业局去报名。主管工作人员一看，问我："你拿什么来的？"我说砚台，她说你打开我看看，一打开全部都看傻了。

马：他们从来没见过这么精美的东西？

张：嗯。他们说："你还能雕出来这么漂亮的东西？"我是南方人，那时候确实看着小小的，像个小孩儿。她问我："你叫啥？"我说叫张向东。又问："你跟谁学的？"我说我是从歙县学回来的。人家就说："来来来，把表填一下。"填完之后，她就喊龙飞局长："龙局，龙局，快来，给你看看几方好砚！"这几方砚台雕得漂亮，那就参评吧。宁夏首届工艺美术大师评审前三名我一个人拿了，国家还来了两三个评委，一共七个评委，是盲评，也是给条子的形式，你想给谁条子就给谁，但不知道是谁的作品。盲评完了后汇总，前三名都是我。后来就第一名保留，第二名放第三，第三名放第五名，就把这个结果产生出来了。后来他们给我说："你也太能了，前三名都拿到了。"那时候还不知道什么是国家级的、省级的大师。后来第五届中国工艺美术大师评选，这是中国工艺美术界至高荣誉，给咱们宁夏十个名额去参评，其中九个是搞砚台的。不过，去的人里就评上我一个。宁夏发改委的一个人还说："你牛，就评上了你一个。"

马：不简单，评上了"国大师"。2000年左右，是砚台销路最好的时候吗？

十　张向东作品《山居图》
（本人供图）

张：不是。应该在2003年左右，一直到前两年，销量是最大的时候。现在的砚台滞销，也有那时候的质量问题，有一些粗制滥造的作品。

马：贺兰砚也算是宁夏的特产之一呢。

张：那时候可能生产量太大了，导致贺兰砚的生产、销量现在都到了低谷，好多人把宁夏的贺兰砚不当回事。有一次在轻纺厅，山东工艺美术协会会长在会上就很明确地表了个态："你们贺兰砚工艺不行。"我当时就急了，因为我去的时候带着一个照相机，存了很多贺兰砚的照片。我说："你不要说咱们宁夏的贺兰砚工艺不行，你只是看到一些粗制滥造的东西，没有看到我们宁夏工艺美术大师的精品，我就是其中的一位。你不要想得那么简单，你自己翻着看。"他看完了之后，立马拿了个东西拷贝，把我的资料全拷贝走了。都拷贝走无所谓，这是宁夏的，能代表宁夏工艺最好的东西。

马：那时候确实是市场需求比较旺盛的时候。

张：那太旺盛了，用打磨机打磨一下，抹点油就能直接卖。尤其是我听说好多来开会的，包括在宾馆里住的人，给送礼品（砚台），人家打开之后都不要，因为做得太粗糙了。

马：张老师，我们现在聊几个基本的问题。大家都知道贺兰砚制作主要用的是贺兰山的石头，那么您觉得什么样的石材最好？

张：贺兰石的材质，首先作为砚台的原材料，它的发墨程度不亚于端砚和歙砚，它有它的长处。歙砚讲究是自然的纹理，端砚讲究眼和金丝银线，咱们贺兰石这里头全能体现。贺兰砚有眼也有金丝银线。

马：你们说的"眼"是什么意思？

张：（指着一个砚台中的某个位置）这个就叫"眼"，就是这一个点点。这个眼还分活眼和死眼，活眼就是眼中还有一个眼，就叫活眼，还有金丝银线，我都见过。贺兰石什么样的材质是最好的呢？色彩纯正，黑就是黑，绿就是绿，不要有杂质。为了审美好一点，我们把贺兰石的红也用上去了，它可以用在表面，我们在制作这个表皮的时候，用好了非常不错。比如说这方砚，用得就比较好，它有一种泼墨的感觉，有动感还有层次。

马：这第一层就全用上了？

张：对。一层两层三层四层，有动感色彩还要丰富，就像中国的工笔画，上过彩了一样。

马：包括这一块，有呼应的那种感觉。

张：嗯。所以我们贺兰石质地最好的就是纯，绿的就是纯绿的。

马：看上去纯净。

张：干净是最好的石态。

马：从一开始到现在，您制砚的这些工具是您自己做的还是？

张：都是自己打的。

马：自己打的？是根据自己的需要？

张：对。根据我自己的需要，我需要什么样的形状，就打磨成什么样。当时我们在歙县的时候，有专人加工工具，但是它是毛的（毛坯），他不给你磨出造型，回来自己再一次加工。到银川来了以后，就没有这种工匠了。我自己买的木工铲子，把铲子用绞磨机磨平一点，就一点合金钢，去电焊铺让他们拿铜焊条帮我焊上去。

马：都是按您的需求做出来的？

张：对。回来我再把它的形状打磨出来。现在的雕刀可以买到，网上就可以。

马：您的雕刻风格，包括砚台上的人物、山水，是不是跟您原来学歙砚有一些关联？

张：完全是歙砚的风格。歙砚风格不像河北人的风格，河北人风格是深浮雕，我们是浅浮雕，讲究层次，层次一定要鲜明。歙砚就是浅浮雕加一点深浮雕。

马：您到宁夏后，也看到一些贺兰石雕刻家族，比如像闫森林，还有一些其他人。和宁夏传统制砚相比，您觉得自己的作品和他们的作品最大的不同和特点是什么？

张：闫家砚我第一次接触的时候，感觉有点像我们徽州的砖雕，它是圆雕的一种形式，在门楼上镶嵌的砖雕是圆润粗犷的，因为你不能像砚台一样近距离地观察，要远一点就有点圆润的感觉。后来我问过闫老师："您有没有追寻过闫家砚到底是从哪里流传过来的？"后来跟闫老师也探讨过这件事，有可能是江浙一带的老艺人把这个技艺带过来，然后传给他们家人的。而歙砚，也就是我现在的雕刻风格，跟闫家砚完完全全是两种风格，闫家砚就是刚刚说的，有点像砖雕，圆润，比较憨厚、粗犷，就跟北方人的性格是一样的。南方的呢，小巧玲珑、精致，还有就是特别通透，它们是两种风格。

马：从您学歙砚技艺，再到宁夏开始用贺兰石做贺兰砚，我们刚才也看到了您的许多精致的作品，那最满意的是哪一件，最能代表您的水平？从各个方面，包括技艺、构图等讲一讲。

张：我的这些作品各有各的长处，但一定要把这个石头用到极致。像《百富图》《年年有余》都是我去年的作品，把这个石头用到极致了，没有浪费掉一点的石头，这是我最欣慰的事情。能把贺兰石用得多好，我不敢说。我最大的一个短板就是，贺兰石里的那种"块彩"，我们叫"疙瘩彩"，都不大，你要想把它清干净，底子是很难清的。可是，有时候闫家就有把这个东西清干净的本事。他设计的理念和我不一样，我们要如果平淡的就是平淡，要透就透到底，色彩分明，大概就是我的长处，以浅浮雕为主。有时候我遇到"疙瘩彩"头疼得很。我用平彩用得最好。

马：您现在的作品，寓意都特别好，像《百福图》《连年有余》，每次设计这些作品的时候，都会提前构思吗？

张：《百福图》的图案我琢磨了五年，不敢下手。我们遇到一块好材料是不轻易动手的。有时候一块石头能放满三年，就像这块已经放了四年了。

马：一直在琢磨？

张：嗯。这是一层铁锈红。

马：哦？这是铁锈红？好像贺兰石很少见这种铁锈红色。

张：你们看侧面这么厚的一层啊。这块石头我已经放了好几年了。

崔：不知道该做成什么样子？

张：嗯。大概有一个题材，但现在还没（考虑）成熟。

崔：（指着石头上的图案）这个是您画上去的？

张：对。当时想做一个葡萄架子，因为这个红色像葡萄嘛。后来觉得这个不成熟，
　　我就没有做。想要更好一点，更有文化品位。

马：这个石头是切了一下吧？还是原来就这样？

张：不不不，这块石头很大，我为了要这个造型。

马：哦，先把这个造型给取下来了。

张：对。取下来后就放着，我就开始琢磨了，大概有一个构思，但还不成熟。
　　就包括那方砚台也是个铁锈红，当时是做坏了，后来我没想动。我想过段
　　时间，把它改一个《敦煌飞天》。这两个色是一样的。做完了以后有那种
　　年代感，非常沧桑的感觉。所以我之后一定要改掉它，包括这块石头一直
　　都在琢磨，一放好几年了。

马：这块石头下面全是"眼"，对吧？

张：对的，全是"眼"，而且是"活眼"。这个边上还有一层过渡色。

马：有过渡色的就是"活眼"？

张：不，它里面有个点就是"活眼"。这个还有过渡色，这块石头特别好。

崔：反面也可以做个造型？

张：作为砚台反面，我们可以开个池子，这叫"扶手"，就这样拿上它掉不了，
　　落款还要落在里面，多少年都抹不掉。要是在平面上落款的话，用着用着
　　就磨没了。

马：看了您这么多作品，可以说每一件作品的构图、想法都是您自己一个人完
　　成的？

张：是这样的。我也带徒弟，最大的徒弟已经带了十三年了。

卜　张向东作品《安居乐业》
（本人供图）

马：徒弟一开始就是先仿照您的样子做。

张：不不不，不仿照，我画出来。因为他们现在都是十几年的徒弟，他们也都
　　会画，我就拿个铅笔，造型大概给他画一下，他们就能完完全全理解我的
　　意思。

马：能完全理解您的意思的徒弟现在有几个？

张：两个，一个十一年，一个十三年。

马：哦，那跟您学习的时间已经很长了。

张：是的，他们还是小孩子的时候就跟着我学。我现在拿铅笔在石头一画，这
　　边一棵松树，那边一个桥，勾一下就可以了。我不可能像原来带小徒弟那
　　样，一笔一笔画得特别清晰，然后小徒弟看着我画的稿子去雕刻。他们现
　　在完全不用了，不过，每一块石头（砚台）都是我设计的。

马：那就是说，雕刻的过程也是创作的过程？

张：对，我还是要看的。为什么我爱玩鸽子呢？鸽子能把我拴到家里。我原来
　　出去钓鱼，整天不在家，他们干啥我也看不着。我现在天天待在家里，自
　　己干干活，也看看他们干，哪里不对了立马就改。有时候我也不能说完全
　　是正确的，可能这块石头做下去会有变化，在变化当中再慢慢地修改出来，
　　这才是佳作。

马：您这些年，尤其是2007年被评为"国大师"，后来又被认定为非遗传承人，

这些对您有什么影响，或者给您带来什么变化吗？

张：影响还是有的，我今天去非遗中心开会还想着呢。在传承这一方面，我的希望是多带点好徒弟，只是感觉现在行情不好。我去年带了个小女孩，过完年来的，在我这儿包吃包住，一个月一千块钱的工资，但肯定也不够花。她的东西做得非常棒，她说："师父，我出去先干几个月，6月份等师兄他们来了，我再回来干活。"她也特别喜欢这个。有时候想着，在传承这方面，我们是有难度的，带不上徒弟。我昨天去文旅厅开会，和苏州来的人对接相关事情，他们有三十多个学生毕业了。我问他们老师："你们有多少学生毕业以后想干这行？"他说没有一个想干这行的。这就面临以后传承脱节的问题。在别的省市，可能给徒弟还有些补贴，促进非遗嘛。最起码他能养活自己，才能静下心来学手艺。对吧？所以我跟徒弟这样说："你现在二十三岁，你到我这个年龄，四十岁的时候，宁夏做砚台的没几个了，在宁夏本土的真没几个人。你看现在学手艺的，宁夏本土的二十来岁的就两三个人，到时候你在宁夏不就是老大吗？"

马：您也一直在鼓励徒弟。

张：是啊！这是好事儿，手艺学到了全是你的，谁想抢都抢不走的。你想干，拿起雕刀你就能挣钱，这样多好啊。就这样一直劝说，她还在坚持学着呢。的确在非遗传承人培养上很头疼，我是希望多带几个好徒弟，能把这个传承下去。

马：那您收徒弟的时候，对他们有什么要求吗？

张：我的要求，首先如果你不会画，能坐下来就行了，不会我可以教你嘛。能把屁股坐在凳子上，耐着心思学这些，这是其一。每天我给你纸和笔，我的书多，我翻出一棵松树，你每天晚上必须把松树画好，画得不好，我第二天可以告诉你哪个地方不对。这一年多下来，他素描没问题了，拿个东西就可以画出来，对着书上的图案，可以画到石头上了，这就是他绘画的基本功，做砚台中线条的基本功有个一年半就没什么太大问题了。我带徒弟都这样带着呢。

马：对徒弟品德上有没有一些要求？

张：首先一点不要撒谎，会就是会，不会就是不会。学徒干活的时候，石头"咣当"一下掉地上摔成两截了，大家都傻眼了，不敢吭声，害怕师父责骂。那时候的石头，说不值钱吧也值钱，也是用钱买的啊。现在有时候徒弟也做坏东西，我就问是咋做坏了，你告诉我是你的方法不对或者石头本身就有水分（不是真货）？一定要告诉我怎么坏了，怎么回事，我看看东西是不是那样坏的，我是不会骂你的。还是要鼓励，教他们正确的用刀方法。

马：从这几年的经营及市场的情况，您觉得最大的问题是什么？

张：最大的困难还是销量。

崔：您这里本来是不愁销量的吧？

马：您这两年销量也下来了？原来可是"酒香不怕巷子深"的呀？

张：现在啊，要的人也是有的。

马：一般都是哪些人需要？

张：有的是自己喜爱，想收藏的。有的是作为朋友之间，比如我去上海看朋友，带方小砚台作为礼品。原来我们的销售还是以机关单位比较多嘛，现在机关单位几乎就没有了。现在不仅东西要好，价格还要便宜。现在人们的消费非常理性，就这么大的东西，最好的就卖一千块钱。我说一千块钱工钱都不够。人家会说，那你再找个小一点的吧。昨天也是朋友介绍来的，需要两方这么大的，（比画）说是要两千块钱一个的。哎呀，把我都愁得啊，找不出来合适的，最后勉勉强强找了两个拿走了。就刚刚那个荷叶的（砚台），他看上了，说要给孩子拿来写字用。我跟他说那个不太好，又找了两个。现在消费者还是有，就是没有原来那么多了，店里现在销量是很少的。

马：您现在还有店铺？

张：还有呢。在西塔那里，我媳妇在那里看着呢。

马：那你们家有孩子吗？多大了？

张：有个女儿。二十五岁了，上学出来后，已经上班几年了，是供电局的聘用
　　人员。

马：那女儿对贺兰砚有没有兴趣？

张：原来我带过她，十岁左右。那会儿住在双渠口顾家桥，每到礼拜六、礼拜天，
　　就把她带去车间里，我说你就玩儿，随便折腾，没关系的，就想给她培养
　　培养兴趣。可是女儿玩之后手脏了，洗完了就不去了，说不好玩，到现在
　　一听说砚台就摇头。我一直想带，她不跟我学。我还带过外甥朱家宝，初
　　中毕业了，高中没有考上，在银川带了他一年。可能是在舅舅跟前不太好
　　管理，我太严了一点，一年多后就不想学了。外甥说，你要想让我学，我
　　就回老家去学。你不也是从老家学来的吗？哎，这主意不错。我就在老家
　　找我的师兄，他的手艺现在在我们当地也是排前十位了。我给他打了电话，
　　把这事说了一下。我师兄说，你外甥就跟我外甥一样的，想来我就带。可
　　待了三个月，跑回来了，说不学了。

马：这行还是很辛苦吧？

张：哎，主要是这个孩子他坐不住。后来我说，家宝你自己想干吗？他说要当兵。

马：这是圆您年轻时的梦呢。

张：他现在在吴忠当兵，是武警。那天还和我说，等他当兵回来还想学呢。我
　　说你想通了还是忽悠舅舅呢？他说我要找不到好工作，继续跟你学。我说
　　那很好啊。

马：说不定他过上几年，思想就转变过来了，那个时候他就稳定了。

张：他基本功有了，已经学了一年半了，自己再要喜欢，上手很快的。

马：而且还有一些社会阅历了。

张：嗯。现在给他们领导开车呢。是二级士官。

马：您觉得你们这个手艺最难的是什么？刚才说到一方砚台，构图三分，雕刻
　　四分，打磨三分。那您觉得哪个方面最难？

张：我感觉还是构图，主要是自己平时要多看多学，是知识的一个积累。我这个人两个东西记不住，一个是数字，一个是人名。我什么能记住呢？一个是物，一个是景，还有就是记事。二十年前的事都记得，你说的啥我说的啥，你买走我什么样的砚台，我到现在脑子都清清楚楚。还有就是记景，我在哪一天看了个什么，能记住，十年也忘不了，有点像照相机。呵呵！二十五年前在歙县的事情，我都记得特别清楚。我有一方砚台卖给了上海海关的一个人。那天晚上我洗澡去了，南方热嘛，就穿个大裤衩，光着膀子在卷闸门，我拉了一半时，后面有人喊，你是老板吗？我说是啊。他说，能到你店里看一下吗？我就套件衣服，又把门拉开，他跟我聊了半个小时，买走了一套《丹凤朝阳》，给了一千多块钱。有些好的东西、自己喜欢的东西，永远会把它记住的。有一块石头是我原来商场的一个同事上山捡的，说是破石头，想要扔了。我拿来看了一下，说你先别扔，哪天我给你做个好东西出来。对，就是这块石头（展示石头），谁看谁都说是个破石头，我说不一定。要利用这个"眼"，把这里磨平，另一边也磨平，坯子就出来了。我们就做个《举杯邀明月》，这里开个"池"，稍微锯掉一点。构思就是经常要看，看了还要记住。我们那会在老家的时候，街上有二三十家店，一到晚上自己店一关门，就家家户户去看，跟老板聊天，都是同行也都熟。看什么呢？看别人的手法，看别人的构思。但你不要模仿别人的，在别人的基础上，我看这一块石头雕得没我想得那么好，我可以在这个基础上添加点东西进去，再加上东西，就变成你自己的了，互相学习才能进步嘛。

马：（指着一方砚台）这个作品值得细看，尤其是人物。

张：这个是《独钓寒江雪》，是我五年前卖掉的一方砚台，后来人家（拿来）让给做个底托儿，我一直忙着没来得及做呢。

马：五年前这方砚台能卖多少钱啊？

张：三千多块钱。因为这个是纯黑的嘛。

崔：纯黑的要贵一些吗？

张：实际上当时纯黑的不值钱，现在慢慢地理性了，要实用为主了。慢慢就贵一些了，这块石头很好，你们看，手感多棒。

马：那您怎么看雕刻？雕刻其实就是技艺吧？

张：雕刻也是很主要的东西。雕刻有一年半的基本功，就能雕出来了。在雕刻当中，需要添加东西，这也是构思的一部分。雕刻的基本功学好了，刀法才干净，没有基本功，刀法是不干净的，雕出来的作品，刀印子特别多。在雕刻中，雕亭台楼阁不注意会雕坏的，这些都是基本功，一定要耐心。打磨是要靠时间的。

马：为什么要靠时间呢？不是要磨十二次或二十次吗？

张：不不不。不是那个概念。

马：那是怎么打磨呢？请给我们详细地讲一下打磨的过程。

张：打磨，首先一点线条要做得起来，你才能磨得起来。线条不是磨出来的，而是做出来的，就是要先把线条做到位。实际上我们自己做完了之后，心中都有数的。你别看这个小素砚很简单吧，你摸这个线条，几乎没有坑坑洼洼的。

马：对。摸起来很流畅。

张：这是拿圆刀做出来的，做完了的地方才要打磨。

马：打磨完了以后这么流畅。那最初刚雕刻出来时，是不是还有些粗糙？

张：可能有坑坑洼洼的情况。

马：是不是贺兰石本身材质就比较细腻，但还是要靠打磨让手感或者观感更好？

张：对的。这是必须的。这方砚台是没打过蜡的，打完之后是黑色，就是因为它上面有一层石粉。石粉是水洗不掉的，一干了还是有点发白。你这样摸，摸上去还有一点像刀（拉手）。

马：对对对，刮手。

张：可是你反方向摸，一点也不拉手。这是什么道理你知道吗？舔笔呀。舔笔
　　锋的时候，都能把笔提起来。

马：哦。原来这个地方还有这些讲究。那这些就要靠打磨了？

张：对，打磨的功力，还有方式方法、技巧。在银川，能把这个掌握的没几个
　　人，不是完完全全没有，是没有几个人。

马：这也是一个制砚的细节吧。

崔：这方砚台这里是不是舔笔锋的地方（指着一个砚台）？

张：这种砚台主要不是拿来用的，以观赏为主，要求就没有那么高，不像那一
　　方主要是用来用的。你摸这儿一圈儿，哪个地方都是很锋利的，像刀一样。
　　可是你反着摸，不拉手，这就是能把笔锋舔出来的原因。

马：您可是真正的手艺人啊。哎，一双手像是有好多伤呢。

张：（有些不好意思）这个伤现在就不说了。这不这两天开会嘛，就买了点棒
　　棒油抹着呢。平时……哎呀。（大家笑）所以，真正一方好的砚台讲究特
　　别多，我们家有一套独特的打磨办法。

马：打磨工具大家用的都是一样的？

张：工具，怎么说呢，在我回来之前，宁夏人不会用油石，都用的是布砂，不
　　会用水砂。砂纸也是有讲究的，我用的都是纯进口砂纸。

马：为什么要用这种砂纸？

张：这种的沙粒均匀。

马：那打磨出来，也就比较均匀？

张：再一个，打磨的手法也很讲究的，给你一块油石让你打磨，你就不知道怎
　　么去磨。你学过，你就会。我可以给你们演示一下。

　　（移动摄像机，拍摄演示场面）

张：你们看，打磨一个砚台，那讲究就很多了，给我的徒弟也总是在教呢。

马：这就是油石？

张：对，这个就是油石。油石也有好多标准，这是八十目的，还分粗细，这个

是二百三十目的。

马：什么叫"目"？

张：颗粒粗细的单位是"目"，这个是一千目的。

马：它就更细了？

张：对，更细。比如像刚才那方素砚，我们同行当中是不说的，今天可以给你们说。磨的过程中要顺时针，或者是逆时针，如果没有顺序，永远也磨不平。手感很重要，你这样顺着磨，会越来越平。如果你磨过来倒过去，手感肯定不好。

马：就要一直顺着磨？

张：对。这样就越来越细腻，这是一个诀窍。

马：那使用这些工具，有没有一个顺序？

张：先用粗的磨，然后是细的。（依次展示各种工具）最后才是细砂纸。磨完之后手感就特别地棒。

马：这可完全是纯手工呀，一点都不能偷懒。

张：这是纯手工的，机器代替不了。

马：那像这些地方（狭窄）要怎么磨呀？

张：刚要说到这里了。我们把一千目的油石锯成小小的条条，比这个再窄一点都可以用。我需要什么造型，就在上面画上。等我去拿老花镜。

马：您这（眼睛）花得也太早了吧。

张：哎呀！我四十五岁左右就花了。

崔：经常用眼睛就花得快。

张：你们看，仔细看，这上面有细细的刀痕，就要用这种细油石（示范）打磨。

马：哦，就像橡皮擦一样，一点一点地磨，把刀痕磨掉。

张：对，磨掉。这样才能感觉特别干净。因为前面说过油石是磨平的，把砂纸叠成小尖尖，给它们磨光（演示打磨过程）。你们看这个地方和这里是两个色，已经有光泽了，把刀痕还有坑坑洼洼的地方都磨掉了。

马：那如果雕刻特别细腻的地方肯定更费力。我觉得在设计、雕刻、打磨里，
　　打磨应该是难度最大的吧？

张：难度占三成。

马：到最后越是细节的地方越要耐心？

张：对，一定要耐心，细节不能错。像这方砚台就是磨过，然后才雕的。

马：先要磨过？

张：因为这是一条鱼，鱼身上都有鱼鳞，就不能再磨了，再磨会把身上的线条
　　都磨没了。所以有些作品是龙，龙鳞看着特别粗，就是因为雕完之后再磨
　　不了了。你看这个多细腻光滑，就是要磨完再雕。

马：哎呀！这真的是一个需要细心的活，就刚才那么一点点地打磨，就要用那
　　么多工具。

张：这只是一个小小的示范，如果真正开始磨，可能时间还要更长。

马：有刀痕的这些地方全部都要磨掉？

张：全部都要磨掉。一方砚台干净不干净要看整体。

马：那磨的过程中会不会把线条磨掉。

张：这个不会磨掉的，那里要一直保持。

（大家继续参观）

马：哎呀！这真是细活，和绣花的工艺差不多呢。

马：歙砚是不是也用油石？

张：我们也用呀。我学的时候已经用了，因为歙县的砚厂成立的时间比较
　　长，建厂之后那些工匠就琢磨什么样的方法最好。我这把刻刀已经跟了我
　　二十五年了。

马：这把刻刀是你自己做的？

张：这个是木工的錾子，把它打平了，然后再焊上去，自己再磨。你看这个东
　　西（展示另一件工具）是"车"出来的，这是一个借力的工具。（展示工
　　具用法）

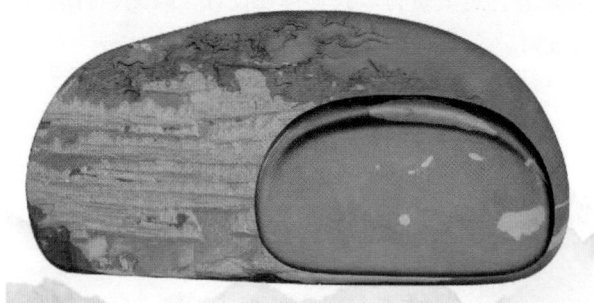

马：是借用手臂的力量？

崔：要没有这个借力工具，岂不是常年都在损伤自己的胳膊关节？

张：嗯。我们小时候当学徒天天这样，胳膊这里总是紫的，不让你用一点机器，就是不停地敲（展示），敲一层，搞一层。

马：什么叫搞一层？

张：就是用铲子把它搞平，一层一层的。

马：哦，先敲，然后再用铲子弄平。贺兰砚的这项技艺这么好，在您这里可以说得到了进一步传承、发展、创新。您把歙砚的一些风格带到宁夏，和贺兰砚融合到一起了。

张：的确歙砚风格和闫家砚传统风格融合到一起了，现在市场上大部分的贺兰砚风格都在往歙砚上靠。为什么呢？原来那种风格、雕刻技法落后了，慢慢地落伍了。我没有说闫家的东西不好，闫家的贺兰砚的确代表了一个时代，是一个时代的符号。真正闫家的东西，我看到有几家精品，挺喜欢的。其实这就是南北方的文化风格，很明显的风格差异。现在人的审美水平比较高，歙砚讲究的是意境、雕工，意境占第一位，刚才很多砚台我能给你说出名字来，就是意境的一种体现。我在外面开会总是说，一端二歙三贺兰。（大家笑）你们谁也别和我争。事实就是这样，贺兰砚在全国砚台中就排第三位。都问我为什么这么排名？贺兰砚的国大师三个，安徽的歙砚才两个，广东肇庆五个，我不敢和你们媲美，歙砚是我的祖宗，是我的父

母，我不跟歙砚争老二，我跟任何砚台争老三没问题。这帮人有时候的确
也信服。

马：确实有些比较重要的场合，需要我们的国大师发声嘛。

张：有时候，他们也说贺兰砚排老六、老七的。最早的排序是端砚、歙砚、陶砚、
承砚。

马：我特别赞赏张老师的一点，就是他实际上已把宁夏当成家乡了，经常为贺
兰砚发声，提高了贺兰砚在业界的声望，包括文化部的一些专家对贺兰砚
也认可和喜爱。

张：我们出去一说，也是很牛的，我们有三个国大师，一个国传（国家级非遗
传承人），对吧？你们一个省市才几个？不过他们的传承人比我们多。国
家级传承人两个，大师两个。为什么前几年贺兰砚在全国的名气没有这
么大，那会儿雕刻水平比起端砚、歙砚来，确实太差了。端砚的历史是
一千七百年，歙砚是一千八百年，所以贺兰砚的文化底蕴没办法跟他们比。
贺兰砚的现有资料考证也就三百年吧？不知道马馆长去过安徽黄山吗？

马：还没有。

张：（陶醉地）馆长有机会一定到那里去看看，到处都是文化。我们老家的文
化传统，在哪个拐角都能看着。一进家门，有一幅中堂、一张八仙桌，这
也是一种文化。雕梁画栋，徽派有四绝：砖雕、木雕、石雕、根雕，徽州
到处都有，那里的文化底蕴太深了，在那里待待，就能体会到，到处都是
文化。水都是文化，因为山的倒影就像一幅山水画。

马：嗯。也是因为那种环境，造就了许多文化产品。最后一个问题，您喜欢并
坚守着这份手艺，也希望能够传承、发展、发扬光大，那在这方面还有一
些什么打算？

张：哎呀！我的打算多了。想把我的个人贺兰砚馆开好，这是其一。其二就是
多带几个好徒弟，我少干，让他们多干点活。

马：现在的那两个跟了十几年的徒弟，能学到您的多少？

张：大概百分之九十吧。我觉得剩下的百分之十，也许他们永远学不到。因为有一些理念是没有办法学的。我学师父最多学了百分之六十五，方建成是个无冕之王，歙砚第一人，也是个奇人，他也是过目不忘。2015年左右，内蒙古鄂尔多斯市东胜区的一个老板请他去做两方砚台，四川攀枝花的石料，有两米多大，他待了三天，设计了三个稿子，老板都没有看上。两方砚台加工费是一百六十万元呢！到了第五天他给我打电话，问我在哪儿呢？我说在银川呢。他又问银川离东胜有多远？我当时也不知道，就问了一下，说五百多公里。他说你能来一趟吗？我说行，然后就开车去了。在我们老家有个规矩，见师父要下跪的。那时候开春，地下还有点冰碴和水，我见到师父，扑通就跪到水里头了。师父看见我跪，他也要跪，我就把他给搀起来扶到屋子里。我问师父怎么回事，他说有个老板把他从老家邀请来，他带了三个徒弟做这两块石头，可设计了几个方案人家都不同意。我说南北方的文化差异很大的，你设计南方的题材他看不上，把稿子给我看一下。稿子看完了之后，第一个稿子我建议做个《敦煌飞天》，攀枝花的石头上面有好多"眼"，可以把这些"眼"全部做成仙鹤的眼睛，飞天在上，底下全是鹤。哎呀，有二三十只鹤，老板一看就通过了。第二块石头带着尖尖子，造型不太好。我师父想把那个尖尖去掉，我说你去了干什么呀？东胜是什么地方？成吉思汗，那是大汗呀！你把这里做个马头，然后把马头甩到最大的拐角上，底下再雕个大大的人物，然后开个大大的池子。我师父一看高兴了，站在石头上跳开舞了。他是个光头，一米六七，抱着一个紫砂壶就跳开舞了。我待了两天回来了，这就是南北的差异，师父他们用了一个月挣了一百六十万元回家了。

马：师父对您的评价怎么样？尤其是您把歙砚的好多技艺放到了贺兰砚上。您的很多贺兰砚作品他看过吗？

张：他看过，评价特别好。有位老师写过很多书，到了安徽，跟方建成聊天，他就会说到贺兰砚有个张向东很厉害的，那个是我徒弟，比我牛，现在已

经是"国大师"了。哎哟！我说我再是"国大师"，首先也是你徒弟。我
评上"国大师"以后，有人去宁夏发改委告我，自治区发改委就委托安徽
省发改委，又转到黄山市发改委，找方建成了解情况。他说张向东本来就
是我徒弟，你们有什么事情就说。发改委一说事情的原委，我师父就把我
从头夸到尾。师父的一些理念，他的激情，一般人是达不到的。

马：从事艺术方面确实是个全才。

张：他是一个画工，寥寥几笔就把女性的那种美全能表现出来，我有两三件他
　　的作品。这个是安徽马鞍山太白书画院院长给我写的，那个名也是他题的。
　　这个是南京市书画院的朋友的作品（展示书画作品）。

马：我刚才看了这些书法和绘画，感觉贺兰砚这门手艺，是不是和书法、绘画
　　也是相通的？平时也要练练？

张：那是必须的。做砚一定要把字刻好，一定要会练书法。

马：您应该还可以吧，从小跟外公练字。

张：哎呀！我不行。我只会拿笔，不会写字。原来练的时候，还在下面拴铜钱钱，
　　练两分钟就瞌睡得不行了。（拿照片）这个就是我外公，九十三岁去世的。

马：真好！外公很长寿。那今天咱们就先谈到这里。谢谢了！

泥塑代表性传承人
王永红

王永红，1968年3月出生于宁夏原陶乐县，祖籍陕西，大学文化程度，现为贺兰一中美术教师。2017年被认定为第四批自治区级非物质文化遗产项目（泥塑）代表性传承人。

综　述

　　王永红的祖籍陕西朝邑县（今朝邑镇），位于黄河之滨，自古以来自然生态良好，土地肥沃，风调雨顺，农业发达。富足的生活孕育了多姿多彩的民俗文化及众多的民间艺人。当地一直延续着泥塑的传统文化，农村中很多人都会利用黄河滩地的胶泥制作"泥耍货"，即小泥人、小动物、小摆件等，拿到街头巷尾或庙会上出售，以贴补家用。祖辈生活在这里的王永红爷爷辈中就不乏泥塑能人，她的叔父也继承了家族的泥塑技艺。1957年，国家兴修三峡水库之时，王永红的爷爷、父亲及叔叔全家人随着全村人的迁徙，来到了宁夏原陶乐县农村定居，直到如今。

　　王永红的叔父王新榜是她走上泥塑之路的启蒙教师。王新榜深得长辈泥塑技艺的真传，十分擅长传统的彩塑，而且还会玻璃画、木雕、烙画等。儿时的王永红被这位多才多艺的叔父深深吸引，总是形影不离地跟在其后，向他学习绘画、捏泥人、烙画等各种民间技艺。正是叔父这位心灵手巧、"无所不能"的民间艺人的言传身教，让王永红很早就接触并深深喜爱上了泥塑等民间艺术，在日积月累的学习模仿之中也练就了童子功，为日后从事泥塑事业奠定了良好的基础。

　　王永红自十五岁起立志学习美术，师从叔父刻苦学艺、努力备考。1986年她如愿考入宁夏师专美术系，1989年师专美术专业毕业，被分配到陶乐二中，成为一名中学美术教师。在这所农村中学，她一干就是十五年。在美术教师的

┤ 王永红的泥塑作品《村落》
　（本人供图）

平凡岗位上，她针对农村学生经济条件较差，缺乏绘画材料的实际情况，因地制宜，利用学校离黄河滩近、可以就地取材的便利条件，创造性地将泥塑成功地引入美术教学课堂，不仅丰富了农村中学的美术教学内容，也成就了自身的泥塑创作事业。2004年陶乐撤县，陶乐二中也不复存在，王永红又来到贺兰县一中继续担任美术老师，她把情有独钟的泥塑也带到了这里的美术教学中，为中学生们组建了泥塑兴趣小组，带领孩子们在泥塑的艺术殿堂中遨游。在年复一年的泥塑教学过程中，王永红渐渐熟练地掌握了泥塑的选土、取土、练泥、搭骨架、上泥、烧制等全套工艺流程，还在实践中摸索出了泥土中掺入棉花、纸浆以增加泥巴韧性的方法，以及用废旧报纸或草绳、蒲草代替木料搭建泥塑骨架的有效而环保的好方法。而且，她在家传"王氏泥塑"的基础上，充分利用自己所学专业之长，创造性地实现了传统的彩塑向素色泥塑的转型。王永红"多年来潜心传统泥塑研究，大胆创新，形成了特色鲜明的个人艺术风格，得到社会各界的认同。"① 王永红热爱泥塑，陶醉于一丝不苟的手作。"手作是怎样一种美，旁无一物的寂静，思无杂念的守持，一双手是一切美的源头。"她喜欢这几句诗，因为恰如自己的心境。多年来，她埋头钻研泥塑，经她之手，"一块泥，幻化众生之相；一团火，烧出精气之神。"

----

① 宁夏文化馆数字公共服务平台：https://www.nxggwh.cn/nx/user_peopleDetail/21474。

有耕耘就有收获。三十多年来，王永红一方面在中学校园里兢兢业业进行着学生的美术教学及泥塑教学活动，另一方面认真思考并探索传统泥塑技艺的传承与发展。她所在的贺兰县一中被命名为"银川市非遗项目王氏泥塑传承保护基地"，她更是不负使命，努力引导学生学习泥塑技艺，传承与普及民间泥塑传统文化。本职工作之余，她精心创作了一批主题鲜明、丰富多彩、乡土气息浓郁的素色泥塑人物。其泥人作品"以现实生活为题材，人物形象生动，形态各异，风格古拙，大粗大美，具有浓厚的生活气息。2006 年至今，她以"一个村子的故事"为主题共创作了六百多件泥塑作品，反映二十世纪六七十年代农村的民风民俗，以及儿时的农村生活场景。代表作品有《一个村子的故事》《高粱地》《赶集》《开脸》《痛快》等。最值得称道的是《一个村子的故事》泥塑系列作品，其中有《村落》《山里娃》《独木桥》《村长》《回娘家》《喜脉》《掀花花》《媒婆》等不同的人物场景，这些人物造型清新独特，表情丰富逼真，形象生动质朴，活灵活现地展示了朴实无华而又绚丽多彩的乡村生活，反映了乡村百姓淳朴、乐观、豁达、幽默的精神风貌，深受广大群众的喜爱。

王永红的泥塑作品传承了陕西地区的传统彩塑技艺，同时也结合了宁夏的地域特征及风土人情，创造性地塑造出了土香土色的别具风格的素色泥塑。近年来，她的泥塑作品得到了多方面的好评和认可，在中国银川第二届镇北堡西部影城非物质文化遗产博览会上，她的作品荣获金奖。其泥塑作品还作为宁夏特色旅游产品，成为宁夏政府对外文化交流的民俗文化礼品之一，曾被赠与埃及前总理伊萨姆·沙拉夫。近年来，王永红带着她的泥塑作品，应邀参加了上海世博会、深圳文博会、"开放的中国：从宁夏到世界"外交全球推介活动及北京民族文化宫的展览活动等。王永红作为国家侨办遴选的美术教师，曾到毛里求斯、马来西亚、印尼、韩国等国家的华文学校，向海外华侨传播中国传统民间文化艺术，其高超的泥塑技艺博得了海外华侨师生的高度评价和赞扬。

如今，在银川市非遗中心、贺兰县文联的大力支持下，贺兰县建设了文创基地，其内开设有"乐陶泥人艺术馆"及王永红泥塑工作室。她非常珍惜党和政府给予自己的如此优越的创作环境，马不停蹄地奔波于学校和文创基地之间，在完成当日的泥塑教学活动后，总是赶到文创基地，废寝忘食地工作至很晚。近些年来，她还研发了颇具特色的泥塑模具，以半脱模与分塑相结合的方法，批量生产个性鲜明、精美灵巧、憨态可掬的小泥人文创产品，以满足市场的需求。王永红多年来持之以恒勤奋钻研探索，以其精湛的泥塑技艺取得了骄人的成果，在传承泥塑民间艺术方面作出了突出贡献。2017年，王永红荣获"贺兰县文化名人"荣誉称号，并担任贺兰县政协委员。年富力强的王永红正在为更好地传承民间泥塑而勤奋工作、砥砺前行。

访　谈

被访谈者：王永红（自治区级非物质文化遗产代表性传承人）

访 谈 者：武宇林、张萍、王瑞

访谈时间：2019年11月1日

访谈地点：贺兰县一中

访谈录音：张萍、王瑞

访谈整理：张萍、武宇林

综述撰写：张萍、武宇林

武：王老师好！你们贺兰一中建得好漂亮啊！校园很大呀！

王：你们好！是的。咱们到那边的教学楼五楼吧，就是没有电梯，还得爬楼梯呢。

武：没事的。（进入五层的泥塑工作室）你们的泥塑教室好大呀！看来学校对王老师的泥塑教学非常支持。刚才在走廊的墙上还看到"银川市级非遗项目王氏泥塑传承保护基地"的牌子呢，是2014年颁发的。

王：（微笑）就是的，我这里也是非遗项目泥塑的传承点嘛。泥塑教学场地挺大的，不仅有大的工作台面，四周还可以摆放一些泥塑作品。就是楼层比较高一些，往上搬泥挺费劲的。另外，校园的另一座楼房的一楼还给了一间房子，里面放有练泥机用来练泥，还有烧制作品的小电窑呢！另外，在贺兰文创基地，还有我的泥塑作品展厅，挺漂亮的呢。这边结束后，我们可以过去看看，不太远。

武：真不错！泥塑的一系列配套设施挺齐全的呢。那我们先抓紧时间访谈，然后去展厅参观吧。请王老师自我介绍一下好吗？

王：好的。我是1968年3月出生的，祖籍陕西，是陕西省朝邑县人。

武：那王老师家又是什么时候来到宁夏的呢？

王：1957年国家建设三门峡水库时，我家移民到了宁夏。因为那时要修建大水库，我们整个村子都搬迁出来了，整体迁移到了宁夏陶乐县。当时我爷爷、父亲、叔叔们，全家都迁过来了。

武：全村人都迁过来了？那时王老师还没有出生。全家人迁到陶乐县以后是种田吗？

王：是的。没来之前，我爷爷全家就是农民嘛。那时候，我们那个地方特别富足，很多人都会做小泥人、小摆件，可以拿出去卖钱的。"八百里秦川"就在那儿，还有"天下粮仓"的美称呢（自豪地）。

武：是吗？是从"八百里秦川"来的呀？那里是陕西关中平原，自古以来自然环境好，风调雨顺，土地肥沃，农业发达，也是中华文明的发祥地呢。

王：对啊！可是到宁夏以后，那就是另外一个天地了。在泥塑方面，宁夏人基本上都是不做这个的。赶上后来的"破四旧"，那时候谁还去塑像呀。人

┤　王永红在贺兰文创基地
　　（武宇林摄于2019年11月）

们首先都要去种地，维持生活嘛。

武：那倒也是。陕西历史悠久，人民生活富足，喜爱这些个民间艺术的人也多。那你家里也有人会做泥塑吧？

王：（微笑）是的。我爷爷的弟弟就是做泥塑的，平时塑个人像什么的，手艺可好了！逢年过节做一些泥耍货，那里卖泥耍货的人可多着呢！

武：说明当地有泥塑民俗文化的根基和传统。对了，什么是"泥耍货"？

王：也就是一些小动物，十二生肖呀、小泥人呀、小摆件呀，赶庙会的时候能卖钱呢。

武：哦。应该就是用泥制作的五颜六色的小猫小狗啥的，也是早年小孩子们的玩具。"泥耍货"还挺形象的。那么王老师的泥塑手艺是和爷爷的弟弟学的吗？

王：不是，我是跟着叔叔学的。我叔叔从小跟我爷爷的弟弟学会了泥塑，他还会烙画和木雕呢。我楼底下还有烙画作品，就是跟他学着烙的。

武：叔叔是你的启蒙老师？他是哪一年出生的？叫什么名字？

王：是的。叔叔叫王新榜，1938年出生的。那个时候，他就爱捣鼓这些民间艺术，今天画个玻璃画，明天捏个泥人。

武：那王老师是多大开始跟着叔叔学的？

王：应该是我三四年级，1978、1979年的时候，我叔叔又从陕西过来了，他带了一个旧旧的照相机，还会拍照。有时候，他还会在钢笔上用刀子刻上字，或刻只鸡啊、猫啊、狗啊，再擦点金粉，然后拿到我们学校门口，两三毛钱卖给学生，整天在学校门口转着卖。有时候也打个临工，给别人画个布景啥的，啥都干，啥能来钱就干啥，就是那种民间艺人嘛。

武：属于那种心灵手巧的人。那叔叔念过书吗？

王：我爸是高小毕业，他（叔叔）估计也就是个小学文化水平。但是他有艺术天赋，什么都是一看就会，又喜好。

武：所以让小时候的你特别佩服，在三四年级，也就是八九岁的时候就开始跟他学了？

王：（微笑）对对！就是的。那时候，我一天到晚跟他在一起，他刻个钢笔，我也跟着刻。过去的钢笔简单得很嘛，就用刀子在钢笔上刻个鸡啊，刻个老虎啊，然后用金粉这么一擦，上面就有个纹样，挺好看的。尤其黑钢笔上刻的可好看了。不知道武老师见过没有？

武：见过。小时候都用吸墨水的黑杆钢笔写字，可以在那上面刻个名字什么的，那时候挺流行的呢。

王：对啊！刻个名字，钢笔就不容易丢嘛。我叔叔有一段时间就蹲在学校门口给别人刻钢笔。有时候也给别人家具上画个什么的，那时候家具上好像是用油漆画的。

武：是的。当时还有油漆匠，专门给家具上油漆或画画。

王：叔叔有时还给别人家的橱柜上画个玻璃画，也不光捏泥塑，其他的也都弄呢。总之，干的都是技术活。

武：早年在家里的五斗橱柜上，会镶一块玻璃，上面再画个牡丹花什么的，在农村可流行了，花花绿绿的好看着呢。尤其结婚的时候都得用上这些手艺呢。

王：对啊！他一个民间艺人，什么都弄，都能弄得像模像样，我就特服气他。

武：王老师刚才说，还跟叔叔学了烙画，是在木头上烙吗？

王：嗯。有在木头上烙的，也有在五合板上烙的。2005年，他还没去世的时候，我去他那儿一看，我说："你怎么又搞了一堆烙画呢？"就拿了些回来。我也试着烙，不过我的那个烙画是在纸上烙的。

武：所谓的烙画，是在五合板或三合板上，用烙铁烫出个图案吧？烙出来以后，颜色是棕色的，而木头是浅黄色的，还挺漂亮的呢。那么，叔叔对王老师的泥塑技艺影响大吗？

王：（肯定地）是的，影响可大了。反正他会啥，我就跟着学啥。他捏泥人，我也跟着捏。叔叔是2007年去世的，应该是六十九岁。

武：哦。叔叔去世的时候，留下了一些作品吧？

王：留了一些，都是他晚年的作品。那时候，干别的活也干不动了，就拿起过去的爱好来玩一玩嘛。他陕西老家那里作品多，还有一部分泥塑呢。

武：父亲一共弟兄几个？

王：我父亲弟兄六个，我大伯是个当兵的，我二伯在石嘴山煤矿，已经去世了。我父亲是老三，我这个做泥塑的是四叔，还有个五叔去年去世了，六叔是民间郎中也就是中医。

武：你四叔跟随家人1957年来宁夏后中间又回去了吗？

王：是的。当时条件特别差，移民来了水土不服。牛、马这些大牲口也都赶了过来，也是水土不服，牛羊一个一个跟着死掉了。而且，月牙湖那边都是沙地嘛，那时候不像现在有先进的滴灌技术，当时灌溉渗漏得特别厉害，地也不好种，又遇上三年经济困难，赶上低标准，日子实在不好过，我四叔、五叔就回陕西去了。

武：回去后就一直在陕西吗？

王：到了20世纪80年代，我父亲又把四叔迁了过来，他在这边又生活了一段时间。后来老了又回去了。

武：王老师去老家看过叔叔吗？

王：看过。2005年，那之前我一直没有回过老家。我一回到朝邑，就感觉好亲切啊！哪儿都想去看看，寻寻根，也终于看到了那个"天下粮仓"。四叔给我介绍，说这里靠近黄河滩，20世纪50年代可富足呢，每家都有自行车，"天下粮仓"的照片就是在这儿拍下的。

武：哦。那父亲在这边做什么工作呢？

王：以前在县委工作，他是高小毕业的。当时，陕西朝邑的移民来到宁夏陶乐的月牙湖地区，然后就是（给这些移民）办小学，我父亲就是最早把这个月牙湖移民学校给办起来的人。20世纪50年代高小毕业就算是有文化了，也算是知识分子，就让他办了。他办了那个移民小学，再后来，移民陆陆续续都回去了，我爸就到了县上，在公社当文书，干着干着，最后就有职业了，他也就再没回去。

武：父亲留在了宁夏陶乐县，王老师也就出生在了这里。请再说说四叔的泥塑。

王：我四叔一直摆弄他的泥塑，后来遇上"文化大革命"，当时"破四旧"，在六七十年代泥塑基本上就停了，那会儿他也不可能再去塑像啥的，没办法重操旧业。我四叔当时的作品都是彩塑。他到晚年的时候，就剩这点爱好了，有空了就在那里塑一塑。你们看，这一组就是他的彩塑作品（指着几尊小型人像彩塑），这都是后来我向他要来的，很珍贵的，现在能保存下来的这些东西越来越少了。那时候，我也跟着他塑了好多呢。你们看，那些都是我十几岁的作品（指给我们看）。

武：好的。叔叔的这些作品基本上是彩塑？

王：嗯。早年他塑的多是彩塑，后来是戏剧人物，那时候他也塑素色的。有的扔的扔、丢的丢，留下的不多。早年，他搞泥塑主要是为了生活，能卖点钱。晚年，他搞泥塑是作为爱好，塑着把玩，他也就这个爱好嘛。

武：请问叔叔的这个人物作品塑的是？

王：这个是张生嘛。

武：是戏剧《西厢记》的人物吧。那王老师十几岁时塑的这个人物作品是谁呢？

王：（微笑）哎呀！这个是我过去塑的哪个才女？（想了想）应该是班昭，这是画报上剪的图样，就照着塑了，那个时候都是彩色塑像。

武：哦。好精致。班昭可是东汉时期著名史学家班固的妹妹，大才女，陕西人，博学高才。那这个塑的是侍女吧？

王：嗯。那时候塑着玩嘛。当时十几岁，就喜欢琢磨这些古代美女嘛。

武：那这个作品呢？

王：这是我叔叔的，塑的是秦香莲嘛！

武：秦香莲？特别是中老年人都耳熟能详的一个传统戏剧人物。

王：对！秦香莲是戏曲人物。叔叔过去就喜欢塑这些人物摆件，他塑的跟我现

└ 王永红及叔父早年的彩塑作品《古装戏剧人物》(武宇林摄于2019年11月)

在塑的风格还不一样，是吧？我现在塑的都以现实生活为主。但是我小时候就爱画美女，喜欢在手绢上画个美女啥的。刚开始玩塑像的时候，也是喜欢那种古代的侍女类题材。

武：感觉你们那时候都比较注重彩色，三分塑七分彩。

王：是的。我跟着四叔最初学到的就是彩塑，比如我十五岁时塑的东西。叔叔虽然后来也塑一些素色的东西，但他的跟我的还是不一样。

武：嗯。王老师十五岁时就开始学彩塑，那时候还正在上中学吧？

王：对，正在上中学。那时为了备考美术专业，就一直跟着叔叔一起画画，他画个美女，我也画个美女；他画个关公、画个钟馗，我也学着画，反正就是民间艺人爱画的那些个东西嘛。后来，看他捏泥人，我也就跟着一起学，我最喜欢捏泥人了。呵呵！

武：这些个人物摆件虽然不大，但也还是讲究人体比例和姿态的呢。

王：是的。这就是三分塑七分彩嘛。那时候传统的泥塑，还就是过去寺庙塑像的那种方式，首先必须得扎骨架，用铁丝做成骨架。

武：王老师早期的作品里能看出叔叔的影子，挺写实的。叔叔塑的这几个人物，有好多年了吧？能保存下来很不容易呢。

王：是的。我那次回老家的时候，看见在桌子上摆着呢，就要了几件拿回来了。

不过，他后来的作品风格，有了很大的变化，开始夸张了。

武：王老师现在的作品也有夸张的成分，把叔叔的这个风格传承下来了？

王：是的。但我毕竟是学过专业，里面还有专业的东西呢。

武：的确。尽管夸张但感觉非常有度，恰到好处，能体现出美术功底。那王老师在哪所学校学的美术专业？

王：我在陶乐上完小学、中学后，又到银川师专上了美术系，是1986年上的师专，学了三年，大专毕业。

武：那美术专业大专毕业出来以后呢？

王：我1989年毕业那年，银川师专就从贺兰搬到教育学院（银川）去了，一个多月后就毕业了，紧接着就当老师了。我母亲也是银川师范毕业的，她说三年换了三个地方，最早在银川商城旁边的一中，然后是宁夏大学附近的贺兰山宾馆，第三年搬到西马营（银川中山公园前身）那边。刚入校的时候有一百名幼师学生，后来遇上三年经济困难，都饿得回家了，没有坚持下来。最后幼师毕业时只剩下三十多名学生。

武：哦。王老师的母亲也是有文化的，过去上学多难啊。

王：是的。我姥姥是陕北人，也是迁居到陶乐县的嘛。我母亲是1961年上的幼师，她是1942年出生的。

┤ 王永红的泥塑作品《童年》
（武宇林摄于2019年11月）

武：真不错，你们母女都上的是师范。那你在师专上美术专业时，主要学什么？

王：我们什么都学，素描、国画、油画。因为是师范专业嘛，教学目的不是让学精，而是学得比较全面，但都学的是皮毛，到教师岗位上能教学生就行了。其实还要看自己的悟性呢。到工作岗位上，更多的还是靠自己的钻研嘛。我那时候选修的油画。

武：选修的油画属于西画，就得画素描什么的，怎么又捏起泥人了呢？

王：我毕业后，被分到陶乐二中当了中学教师，那是个农村中学，当时的中学课本里头就有泥塑课呢。当时，学生的绘画材料匮乏得很，陶乐那个地方自然条件不好，经济不富足，农村娃娃们有时候就从家里带点馍馍、咸菜和辣椒就那么吃一周，连灶（学生食堂）都上不起。这些孩子都想上美术课，但是他们没有绘画材料啊。教学有所限制。后来有一次，我们学校拉了一些黄土垫操场，那些黄土黏糊糊的，学生娃娃们在泥堆上坐成一排都在玩泥呢。这可能就是农村娃娃的天性，他们小时候就在沟里泥里玩惯了嘛。

武：的确，农村娃娃们对泥土有那种天然的情愫。

王：当时我也跟学生一起玩泥，因为我喜欢和孩子们在一起。就在玩泥的过程中，我发现这儿的泥黏黏的，非常适合泥塑。我就想上美术课的时候应该用这个泥来教学，把它带到课堂上，这不就是最好的材料吗？得天独厚的呀！当地沟里边全是这种黄土。

武：这多好呀！王老师的泥塑原材料主要是黄河滩地的黏土吧？你们家离黄河很近吗？

王：我们家离黄河骑自行车十分钟就到了。在黄河边上挖地、挖菜窖啥的，一米以下就是黄胶泥。后来，我给学生上泥塑课时，就使用这种黄胶泥。这么一来，我也越发有兴趣了，在学校一个库房里堆满了挖来的黄胶泥，然后我就开始跟学生一起做泥塑。有一次学校盖楼房挖地基，下面全是黄胶泥，我和学生们就拿着袋子跑过去装了好多，都存起来。当时我带学生做泥塑，多亏有这样的环境。而且，我发现这里的泥土和我们陕西朝邑的那

└ 王永红的泥塑作品《庄户人》（武宇林摄于2019年11月）

种泥土是一样的呀！朝邑也是在黄河边儿嘛。

武：对啊！两地都在黄河边上，土质应该差不多，王老师和黄河真有缘分啊。

王：是的。我想我叔叔当年做泥塑的要货，肯定也是因为泥土能够保障。

武：的确如此。没有就地取材、充足方便的原材料，农村人做泥塑也不现实。那边应该也是这种黄胶泥吧？

王：对！叔叔都是在黄河边取土的，三峡水库就是在黄河边上修的，都是共同的泥土。那时候，他肯定看见泥就很亲切，也会随手挖出来捏嘛。如果不是迁到黄河边，没有那个便利的黄胶泥土的话，他肯定也想不起来捏。

武：这就是一种缘分，从陕西朝邑的黄河边又来到了宁夏陶乐的黄河边，割不断的黄土情。王老师发现了能够用来泥塑的黄胶泥，把它引入到美术课堂上，带着学生一起做泥塑，多好啊！要是城市学校，或许有的学生及家长还会嫌泥土脏啊。你们那里恰巧是乡村中学，孩子们本身就喜欢玩泥土，有很好的根基，再因势利导，不仅成就了泥塑课、泥塑传承，也自然而然成就了王老师的泥塑事业。

王：（欣慰地）就是的。我一直在用心教学生，用心地捏泥塑。

武：那王老师的泥塑作品需要烧制吗？

王：当时还没烧。后来我弄些清漆给泥塑作品上了色，为了永久地保存嘛！

武：哦。上一层清漆后，就有点陶瓷的质感了。

王：嗯。我叔叔过去那些东西留不下来，就是因为没有上清漆来保存。后来他那几个塑像也是上了清漆的。

武：看来给泥塑作品上层清漆，是个不错的保存方法呢。陕西的泥塑是不是彩色的比较多？

王：对对！大多是彩塑的，也有素色的，不上颜色。

武：那王老师从十五岁开始备考开始就跟着叔叔捏泥活儿，父母支持吗？

王：父母觉得跟学美术有关，肯定支持了。再说了，我们陶乐比较偏远，又不像在银川市，既没有人教，又没处去报培训班，有个民间艺人能跟着学就很不错了。

武：也是。王老师姊妹几个？

王：我们姊妹三个，我排行老二，还有个弟弟，弟弟现在跟我一起捏泥人呢。他捏得挺好的。

武：是王老师带出来的吧？

王：嗯，我带着他。昨天我应该去厦门参加展览，多亏有他，不然我就得亲自去厦门参加文博会，我这儿活忙得很。

武：多好啊！姐弟两人一起搞泥塑，相互照应。姊妹中还有人做这个吗？

王：我上面是个哥哥，他不做。我哥哥和弟弟都是高中毕业，哥哥工作了。弟弟1975年出生，那时没有好好上学，做了几年生意，可他的腿不太好，干别的都不方便。我看他挺辛苦的，就让他过来帮忙，现在跟我学了十多年了。

武：真是个好姐姐，成了弟弟的引路人。不仅让他有了一份职业，也培养了一位民间泥塑艺术的传承人。多好啊！那么王老师在陶乐二中当了多少年老师？

王：一共十五年，2004年陶乐撤县以后，陶乐二中也就撤掉了嘛！2005年我就到贺兰一中当老师了。

武：在陶乐二中那些年，王老师主要是在美术课上教学生搞泥塑吗？

王：那时候追求升学率嘛，学校让好好上美术课，能够带出几个美术生，捏泥人就是依托美术课捎带着嘛。上泥塑课的时候，给学生做一些简单的动物之类，美术组搞展览时，和学生做的那些泥塑作品被放到展厅里展一展。不像现在的一中有专门的工作室和传承基地，每学期我都要上泥塑课，要带学生们一起捏泥人。

武：那王老师在美术课的泥塑教学过程中，前前后后大约有多少孩子接触到了泥塑？

王：我没算过，但是美术老师应该是学校里所有老师中带学生最多的。

武：也是，差不多每个学生都能接触到，真是有很多呢。其中有没有对泥塑特别感兴趣的学生？

王：当时是应试教育嘛，学生感兴趣的都是以升学为主嘛。但也有考上美术院校的，只是雕塑不考。统考的有素描、色彩、速写三门，有的大学美术专业考试也没有创作了。我们过去上师专还考过创作和白描呢。

武：王老师接受过美术专业教育，而且一直在给学生上美术课，技艺是越来越熟练，制作出来的这些泥塑作品感觉很有乡土气息，也接地气。那是什么时候开始创作的？

王：我从2006年就开始以这种原色（泥土色）创作了。以前是做彩塑，我觉得做彩塑的人太多，我叔叔也是做彩塑的，偶尔做个素色的。我有时就琢磨，觉得那个素色的好像比彩塑更有味道。因为它毕竟把泥土的原色给呈现出来了。中国的彩塑太多了，看着都没有新鲜感了。人们一说起泥塑，都知道著名的泥人张啊、惠山泥塑呀，还有南方的石湾泥塑啊，这些全是彩塑。尤其是泥人张的彩塑工艺，一般人是达不到的。我正因为生长在宁夏的黄河边嘛，还是想着以黄河的泥土来把泥塑的原色给表现出来。

武：哦。选择素色泥塑也是经过思考的。那么王老师的素色泥塑作品的问世，或为人所知是个什么样的契机？

王：在我做了好些素色泥塑作品之后，有一次我去参观大学时的一位老师办的画展，碰见了以前在银川师专认识的郭震乾老师，1988年我们曾一起去青岛写生。那时他已经是宁夏美协副主席了，我请他看我的泥塑图片。他说："你现在不画画了，搞这个东西啦？"我告诉他，正在跟学生一起做泥塑，觉得搞泥塑挺快乐的。他说："你这个挺好的，好好做，有机会展一展。"2009年在宁夏展览馆举办了"宁夏首届旅游产品展示会"，郭震乾老师就给我打电话，让我带着泥塑展一展，还给我提供了一张桌子，上面摆上了我的那些素色泥塑作品。那时候，人们都看惯了彩塑的，好像没见过这种素色的，都感到特别新奇，感兴趣的人特别多。郭震乾老师调侃说："把你的泥塑弄到这儿来展出，弄坏了。"我说："咋了？"他说："人都看你的泥塑去了，也不看我们的画儿了。哈哈哈！"

武：哦？结果是喧宾夺主了？

王：（笑）他就是这个意思。我说："我表现的都是民俗的东西，老百姓能看得懂。你们画的都太专业了，老百姓看不懂嘛。"

武：嗯。美术作品是阳春白雪，王老师的泥塑是下里巴人，乡土气息浓厚，风格完全不一样嘛。

王：对啊！老百姓来看展览，那肯定是喜欢泥塑，不喜欢那些个油画国画，是吧？老百姓又不理解那些个东西，他们肯定觉得这些泥娃娃好玩呗。

武：王老师的主要作品都有哪些？是什么样的泥娃娃？为什么会这么受欢迎？

王：我的泥塑作品主要是农村题材，因为特别熟悉嘛。比如《一个村子的故事》，以村里的各种人物场景为原型，制作了一系列泥塑作品。其中有《村落》《高粱地》《独木桥》《赶集》《开脸》《山里娃》《村长》《回娘家》《喜脉》《媒婆》《庄户人》等。

武：一听就感觉特别质朴，而且很有情趣，都是农村中司空见惯的人物场景和民风民俗，难怪受到群众的喜爱呢。很想早点儿欣赏到这些土香土色的泥

王永红的泥塑作品《开脸》
（武宇林摄于2019年11月）

塑作品呢。

王：（微笑）行呢！在贺兰文创基地里面开设有一个"乐陶泥人艺术馆"，我的主要作品都陈设在那里。待会儿带你们过去看一下。

武：好的，我们这边的访谈结束后，一定要去参观。也就是说，以2009年的"宁夏首届旅游产品展示会"为契机，王老师的泥塑作品为人们所知，有了名气，以后有什么展览都会被通知参展，紧跟着一个接一个开始参加各种展览了？

王：（欣慰地）是的。2009年和2010年，我跟宁夏一些艺人老师一起去参加了上海世博会，一共有二十三位非遗传承人去了。其实那时候我还不是非遗传承人呢，还不知道啥叫非遗传承人。我觉得自己有工作，他们都没工作嘛。民间艺人要靠这个吃饭，我们有工作的人也就不感兴趣嘛，总想着和民间艺人是不一样的。其实我做这个泥塑，纯粹是野路子出身嘛！呵呵！

武：哪里啊！它是实实在在的民间艺术的一个种类。而且王老师是从长辈那里传承下来的手艺。

王：我虽然是搞专业的，但捏泥人方面，在师专学习的时候，并没有老师教过泥塑，我的泥塑的确来自民间。后来呢，到了2011年，宁夏非遗中心让我跟着出国展览，因为我的作品在国外很受欢迎的。那时，非遗中心的领导建议我申报非遗传承人，要不然以后的出国活动就不便通知参加了。我这才申报了，2017年自治区级非遗传承人批了下来。

武：那多好啊！王老师完全符合非遗传承人条件的，有三代人的传承谱系，叔叔跟着爷爷的弟弟学会，叔叔又是你的师父，泥塑技艺是一辈一辈传下来的。那2017年成为非遗传承人以后，参加非遗展出活动就更多了吧？先后都去过哪些国家？

王：最早去的是迪拜，还有毛里求斯、韩国、马来西亚、印尼。韩国、马来西亚和印尼是侨办组织的中华文化大乐园交流活动。参加这个中华文化大乐园活动的人员，都是侨办从美术老师中层层选拔出来的，仅讲课就讲了好几次呢。选拔出来的美术老师到国外的华人华侨小学任课，一般都是十五天，组织开展剪纸、泥塑、武术等这些民间的东西。所以，要求必须得是老师，一般的非遗传承人还不行，要能讲出这些民间文化的特色特点来，目的是让海外华侨儿女们不要忘了中华民族的根。

武：这是在海外弘扬中华优秀传统文化呢！太有意义了！

王：就是的。要让他们了解我们中华文化的传统、民间艺术。

武：你们这是走出去推介中华文化，我国侨办还开展请进来的类似活动呢。今年6月份，国家侨办搞了一个"海外红烛故乡行·宁夏非遗之旅"活动，组织了海外十几所华文学校的校长、负责人来到宁夏专门考察非遗活动，有美国的、英国的、日本的、马来西亚等等。一共十天时间，第一天安排我做了一个"宁夏非遗概述"的讲座，通过PPT介绍了宁夏的民间剪纸、刺绣、泥塑等非遗种类，也包括王老师的泥塑图片。海外华文学校的校长们听得津津有味，特别感兴趣，说他们从网上根本找不到这么生动的图片资料，讲座内容太好了，从头到尾一直都在拿手机拍照。最后还希望我把PPT给他们留下，说要带到海外去，给本校的师生做宣传。我说没问题，大家都高兴地鼓掌。王老师你们到海外，面对面地和那里的华侨师生交流，肯定特受欢迎。

王：对啊！不光是泥塑，我还展示了剪纸呢。

武：王老师太厉害了！还会剪纸呢？

王：是的。因为我们陕西老家来的移民中会剪纸的人也多呢。我也就学会了剪纸，剪了好多呢。我那时候还喜欢农民画，喜欢剪纸，简直就喜欢得不得了，就喜欢这些民间艺术。

武：在我们国家，陕北的民间剪纸是很有名的，陕西也是剪纸大省呢。

王：是啊。我姥姥就是陕北人，陕北很多人都会民间剪纸的手艺呢，我还知道那个纸样是怎么熏出来的，用油灯的油烟熏纸样，熏出来是个黑纸样。那时候没有复写纸，纸样熏出来以后，就弄到红纸上拓剪。我小时候就跟着那些民间艺人剪纸，就是乡村的民间艺人。想要有这个天分，从小就得先接触民间艺术，我学美术其实就是从接触民间艺术开始的。

武：民间艺术和美术都是相通的。那王老师的泥塑和剪纸作品在国外展出的时候，包括讲课，在海外有什么样的反响呢？

王：（兴奋地）反响挺大的呢！那些华侨小孩都特别感兴趣，但是他们语言不通，还不会说汉语，华侨老师就给简单介绍，我们上一节课是两个小时，比起那些小一点的孩子，大一点的小孩更感兴趣，下课以后，这些大一点的孩子还会继续追着老师问，希望我们能再多做一会儿。在韩国的时候，那些学生可能是初中生吧，他们追着我们，说："老师，你给我们再教一会儿吧，我们的作品还没做完呢。"

武：哦？海外的华侨孩子们还挺感兴趣的。说明艺术是没有国界的。另外，王老师是不是觉得特别自豪？也是为国争光嘛。

王：（喜悦地）是的。我们还到了印尼，那边也是华侨小学，有些小学生还会汉语呢。但是也有一部分孩子不会说汉语，他们就用手比画。有一位小男孩戴着个耳蜗，听力不是特别好，他跟在我屁股后面，没完没了"嘟嘟嘟"地给我说，可我啥都听不懂。他就着急地跳开了嘛。孩子们就是感兴趣，有时候下课了，还有小孩把我的后腰抱住，问这问那的。

武：好可爱呀！说明华侨小孩子都真心喜欢中华文化啊！

王：是的。这些小孩都听他们父母说过，知道自己是华人，跟我们是一个祖先，

卜 王永红的泥塑作品《童趣》
（本人供图）

　　所以那些华侨小孩对我们可亲切了。

武：王老师的这些海外教学经历很珍贵，也很有意义。那王老师从事泥塑这行
　　几十年了，丈夫一定特别理解、特别支持吧？

王：（微笑）嗯。支持呢。他是个语文老师。

武：真好！王老师一弄起这个来，肯定特别投入，没早没晚的，也顾不上家了。

王：呵呵！那就是痴迷嘛！刚开始做的时候，还没有练泥机，我要把土从楼底
　　下一直背到五楼上，就要在这五楼上砸泥呢。挺辛苦！ 2005年到贺兰一中
　　后，我就搬到这个楼上了。最初还让学生帮忙背土，后来我自己每天抱一
　　块泥就上来了。

武：王老师到贺兰一中后，就又把这个泥塑带到美术课堂上了吧？还是专门开
　　设泥塑课了？

王：以前我在陶乐二中的时候，就跟学生一起做泥塑呢。到这边以后，因为泥
　　塑不适合普及性的教学，它不像剪纸，老师拿一把剪刀，给学生再发上几
　　十把剪刀，一张纸就可以了。泥塑要是带到课堂上，那下节课就没法上了，
　　学生们会把泥摔到黑板上呀、墙上呀，教室到处都会是泥巴。所以我开办
　　了个泥塑兴趣小组，地点就是我的这个工作室。我每天早晨签到后，就去
　　文创基地创作，下午回来上三节课，晚上又去文创基地，每天晚上我收工

都十点多了，然后骑自行车回家。

武：文创基地不在学校？一天要几个地方来回跑？

王：是的。我现在感觉上年纪了，泥巴重，大块的也弄不到楼上了。在上面做好后，再拎着下去烧，烧完以后又得拎上来，再把颜色上好。展览的时候，展一次再拎着下去一次，展完了，再拎上来，累人得很呀。

武：好辛苦啊！文创基地是什么时候创建的？

王：去年（2018年）政协提案后，贺兰县文联帮助建起来的"贺兰文创基地"，里面有好几个非遗种类呢。

武：说明当地文化部门还是挺重视非遗传承的。王老师的这些泥塑作品基本是泥巴的颜色，偶尔也使用一些相近的色吧？

王：嗯。我的作品一开始也上色，延续传统的彩塑先上粉再上彩的方法。后来我尽量保持泥土的颜色。你们看，这个泥塑人物的衣服啦、裤子啦、帽子啦，还有头发啦，只上了一点点色。

武：就是说，在不违背泥土主色的原则下，上一些淡彩？

王：嗯，上一层淡彩，尽量保持泥土的质朴感。我当时申请非遗传承人的时候，就知道既然是非遗，就不能改变以前古老的传统。我就想我这个泥塑是传统的，但又改动了一下颜色，于是纠结这是不是传统的呢？如果一味地继承传统，这个泥塑还有发展吗？

武：我认为既要继承传统，也得有所创新。在坚守传统风格基调的前提下，还要与时俱进，要符合现在人们的审美，不能说一成不变就是传统。

王：如果想传承下去的话，肯定要回归生活，让人们能够接受和喜欢，那才能传承下去。要不然哪有年轻人愿意去学，又怎么传承？这么说对吧？

武：对！王老师的这个泥塑是本土化的东西，也很有地域特色。

王：嗯。正因为有宁夏的地方特色，所以我的泥人文创产品在深圳那边卖得特别好。

武：就这种的泥塑作品大概卖多少钱？

王：那种大的一对是八百八十元，小的一对是六百八十元。

武：哦。深圳那边常见的是彩塑吧？

王：是的。那边常见的有石湾彩塑，就是石湾佛山的，接近于瓷的那种上釉的
彩塑，当地人见到的泥人张的泥塑作品多，惠山的多，咱北方的泥塑应该
都是寺庙里面的多，都是彩塑，像我这种黄土色的淳朴的泥塑不多见。

武：那这种泥塑能保存多长时间？

王：我这个泥塑能永久保存，因为都烧成陶了呀！因为泥塑在制作时骨架是硬
的嘛。铁丝也是硬的，晾干的过程中泥巴一收缩，铁丝骨架不可能收缩。
那么这个泥塑人物就在脖子处、胳膊处老断，然后就要不停地反复修复。
修复完了以后还要上粉打磨，再上彩。后来呢，我觉得不利于保存，我就
上了一层透明的油漆，这都二十多年过去了，还都保存下来了，要不然早
就没了。

武：可以洗吗？怕不怕摔？

王：可以洗。但肯定怕摔呀！像紫砂那么好的东西都能摔碎呢，这个也是一
样的。

武：有烧坏的吗？会不会烧变形？

王：有烧坏的，但不会变形。都是经过八百度高温烧制的，烧成陶制品了。像
这种陶的东西在古代也有，秦始皇的兵马俑、西汉陶俑也都是这么烧成的，
大多是陪葬品。泥塑不烧不利于保存，山东好多地方也是把泥塑烧成陶，
陶是可以永久保存的。

武：原来如此。请再介绍一下泥塑的原材料，怎么选土、取土？

王：一般都是我亲自去选土、取土，每次要雇一辆大卡车，一次选取四五吨土，
拉回来倒在学校专门的库房里，然后就可以练泥了。刚开始我们在陶乐兵
沟景区附近的黄河边选土、取土。那时候，河岸一塌就有一层一层积淀的
土，那个土质黏性好，但是取土比较危险。后来兴修滨河新区时推山推土，
推出来的黄土特别好，土质特别干净，不用选也不用自己挖，直接一块一

块抱上车就行，回来用水一泡就可以用了。这几年滨河新区建好了，路也修完了，很难在那一片找土了。

武：选土、取土想必很费事吧？要到处走，跑来跑去找适合的泥土呢。

王：是的啊！现在又到灵武水洞沟景区附近取土，水洞沟这边和滨河那边的土质还不一样，土的矿物质含量不同，烧出来的颜色也不一样。有的烧出来是红色的，有的烧出来是白色的。并不是添加了什么，其实就是泥土的原色。青铜峡的泥颜色比较红，每个地方都有差别。固原的土的颜色也不一样，烧出来的作品颜色都有不同。土质不同，有的含矿物质多，颜色就深。再后来就是到青铜峡黄河边选土、取土，那边就要买土了，一车土需要几百块钱，毕竟要用大型挖掘机挖土嘛！

武：就是说，现在用土越来越不容易了，还需要花钱买土呢。

王：是的。因为不可能自己去挖嘛。黄河周围山坡上的土质最好，必须借助挖掘机挖，山上有专门卖红胶泥土的地方呢。

武：不管怎么样，只要守着黄河，泥塑的原料还是能得到的。

王：是的。我们宁夏黄河边的黏土是非常好的。

武：好的。王老师提到的练泥机是怎么回事？

王：最早泥塑用的泥都是用传统的手工方法搞出来的，现在改用机器了。传统

┤ 王永红的泥塑作品《憨娃》

（本人供图）

泥塑的程序中，首先是制作泥巴，要在泥巴里掺上棉花，因为棉花丝有韧性，缠绕到泥里有黏合作用，能加强黏性，不容易开裂。在陶乐时我最早用纸浆，纸浆黏性特别好，纸纤维比棉花更细，揉碎后滑滑的、黏黏的，加到泥里面，那个韧性比棉花或者单纯用泥巴好多了，这是我在反复实践中发现的。

武：哦，这是王老师制作泥巴的宝贵经验。也就是说，过去是手工和泥，掺入棉花或纸张，加工成有韧性的泥巴。而现在这道工序变成机械化了，可以由练泥机加工泥巴了。那在用泥巴捏之前必须先做骨架吗？

王：对的。无论传统的还是现代的陶塑，必须先做骨架，要扎铁丝或木头骨架。不过，传统泥塑有许多弊病。就是它用硬质的材料，扎出来的骨架是硬的，没有伸缩性，容易开裂。因为骨架上的泥巴一干，体积就会收缩。骨架如果是硬铁丝做的，虽然不会跟着泥巴收缩，但泥巴会出现许多细小的裂纹，导致泥塑开裂。后来，我想把它烧成陶，试着在骨架里添加一些韧性的东西，于是就想到了报纸，用报纸扎成人形，然后裹上泥，也能竖起来烧制。因为报纸一方面能起到支撑作用，另一方面有韧性，能连接胳膊、腿呀，使这些地方不容易断裂。单纯用泥巴的话这些地方特别容易断裂。而且由于韧性强，晾干以后，骨架上的泥巴收缩，报纸也跟着收缩，整体就不会开裂了。

武：这真是了不起的发现！全是自己摸索出来的？

王：（自豪地）对！但必须在做好的泥塑上面扎些眼，不扎眼的话，在烧制过程中报纸就会化成灰。这时泥塑里面的腔体是空的，空的肯定有气体，气体遇到热量就会膨胀，然后就会炸裂。在上面扎上气眼，比方在不显眼的地方，或者底座下，或者屁股后面，或者胳膊下面，隔着泥巴扎上小眼，扎到报纸上。

武：是透过泥巴扎到报纸层吗？

王：对对！里面如果有膨胀的空气就会顺着气眼排出来了，就不会炸裂了，然后就能完整地烧制出来了。

武：还真是实践出真知啊！好办法！而且成本很低。那现在都在用报纸做骨架吗？报纸是干的还是湿的？

王：嗯。现在一直用报纸，报纸是干的。有的报纸质地比较细腻，但有些报纸脆得很，韧性也不好，拧不成绳子。同样是报纸，有些一拧就断了。《银川晚报》小版报纸的纸张韧性就挺好的，捏不烂，拧不断，现在就用它。

武：骨架直接用报纸，里面不需要木头之类的支撑吗？

王：不用，千人千面的，没有重复。不过，如果不想让它开裂，也可以用蒲草或草绳做骨架。以前传统的都是用木棍和铁丝做的骨架，像早年的寺庙塑像都是用木棍，这些材料支撑效果好，但容易开裂。我叔叔过去做小摆件都用草绳，草绳、蒲草有韧性不容易开裂。所以，我就想到了用报纸。用报纸做骨架可以完整塑出一个作品。

武：王老师真是青出于蓝而胜于蓝，在叔叔的基础上又有所创新发展。而且是废物利用，既环保，又经济，能够降低泥塑成本。那塑好后，又怎么办？

王：塑好后，直接晾干。冬天需要一两个月晾晒，夏天时间能短一些。最后是烧制，变成陶制品。

武：明白了。请问王老师的这些批量的泥塑文创小产品是怎么做成的？

王：采用分塑脱模的方法。分塑的是头，模具是我自己创作的，两个模具对到一起就可以脱出大概形状。然后塑脖子，头也有另外的模具。然后再加工手部等细节之处，比如头发、耳朵、小辫辫、衣服、领子等。有时候用半模具，衣服，就擀上泥片给穿上。其实作品还是半脱模的，是脱模与分塑相结合的，参照兵马俑的做法，兵马俑的盔甲是用模具，头是分塑的，全都没有重复。这个方法，一是相对节约时间成本，二是利于批量生产投入市场。如果要自己从头到尾做的话，一个泥塑按工艺流程要做几天呢。累人得很。但现在投入市场的普遍都用全脱模具，就是市场上卖的那种十几块钱的树脂的那种，直接脱出来完整的塑像。

武：相比较，王老师的半脱模与分塑相结合的方法，其中有手工创作的成分，能够体现个性化，并不是千人一面，还是很有艺术价值的。那这些半脱模的模具又是咋做出来的呢？

王：模具是用石膏做的，自己手工做出来的，每个模具都要设计细节、机理纹样等，比如动作、形象、笑脸、形状，还有衣服、头饰、配饰样式等。是要花费心思和投入精力的脑力劳动，但是省很多成本呢。

武：现在泥塑文创产品的市场怎么样？

王：刚起步，现在银川河东机场贵宾厅给了专门的平台，只摆放我的泥塑和张璟的麻编作品，正在陆陆续续地卖呢。去年在航站楼卖得还可以。

武：那挺好的。今天王老师给我们介绍了走上泥塑艺术之路的经历、传承脉络，泥塑的原材料、工艺流程等，让我们也长见识了。非常感谢王老师！访谈就先进行到这里，下面想请王老师带我们去参观你的练泥机、电窑，还有贺兰文创基地的乐陶泥人艺术馆。

王：好啊！那我们下楼去一个一个参观吧。

∟ 王永红的泥塑作品《乡趣》(本人供图)

贺兰砚制作技艺代表性传承人
郝延强

郝延强，1973年出生，陕西省清涧县人，1986年定居宁夏银川市。大学本科学历，中国工美行业艺术大师。2017年被认定为自治区级非物质文化遗产项目（贺兰砚制作技艺）代表性传承人。

综　述

　　郝延强，1973年出生，陕西省清涧县人。郝氏家族是清涧石雕世家，至今已有一百多年的传承历史。其曾祖父郝荣华石雕技艺精湛，在陕西清涧石雕界享有盛名。祖父郝增银、叔父郝占元也一直从事石雕行当。郝延强的家乡是个石头居多的地方，在他的儿时记忆中，目之所及处都是成堆的石头，以及雕刻精美的石狮、石桥等石雕作品。童年的耳濡目染，使得他对石雕及砚雕有着与生俱来的兴趣。

　　1986年，郝延强小学五年级时，随家人从陕北迁至宁夏银川市定居。初中毕业后考入职业高中学习汽车修理专业。郝延强家中兄妹三人，小妹郝银霞1993年进入石雕工厂后开始了贺兰石的雕刻学习，有时候她会把石头带回家练习雕刻小型印章。以此为契机，郝延强从那时起，就对贺兰石雕刻产生了极大的兴趣，忍不住拿起刻刀，也尝试着刻起了印章，从而接触到贺兰石雕刻。1991、1992年在职高读书期间，郝延强还会把石头带到学校，为同学刻印章赚些工费。1992年职高毕业，郝延强一时难以找到理想的工作。1995年小妹所在公司招工，郝延强便进入宁夏文化开发公司下设的宁夏乾元珍品有限公司工作。公司里有专门从天津和河南等地聘请的玉雕师父，负责给年轻人传授雕刻技术。经过近一年的学习实践，郝延强学到了一定的贺兰砚雕刻技艺。

　　1996年，郝延强离开宁夏乾元珍品有限公司，开始了贺兰石雕刻创业之旅。最初，郝延强的小作坊设在西夏公园一个五六平方米的小花房，在这里一干

┤ 郝延强作品《雨露荷美》套砚
（本人供图）

就是五六年。郝延强一有机会就跟外面的老师请教，更多时候，他则是在思考琢磨、苦练雕刻技艺。创业期间，小妹一直与他并肩前行，兄妹俩相互探讨、切磋雕刻技艺，石雕小作坊也经营得风生水起。1998年，正值宁夏回族自治区成立四十周年，贺兰砚作为体现宁夏特色的文化产品之一，需求量大增。这一年，郝延强和妹妹雕刻的砚台售出了近三百方，赚到了贺兰石雕刻的第一桶金，这让兄妹俩对贺兰砚雕刻充满了信心。1999年，兄妹俩在西塔创办了"郝氏艺品设计制作中心"，后更名为"郝氏砚阁"，制作并售卖贺兰砚，是同行中开设店面较早的。

从踏上贺兰石雕刻艺术之路以来，郝延强几十年如一日，兢兢业业，勤勤恳恳，对技艺精益求精，创作出了很多优秀的砚台作品，并形成了独特的艺术风格。其主要作品有《如日中天》《塞上江南》《如意砚》《蛙声砚》《荷花砚》《宁夏风光》《仿古砚》《井田砚》《师恩砚》《鱼悦莲丰》《雨露荷美》套砚等。其中，《如日中天》砚于2016年被宁夏博物馆收藏。郝延强十分注重探究贺兰砚雕刻的特色。在他看来，相石、设计、粗雕、细雕、抛光打磨、包装等是制作石砚的基本流程，各地相差不大。他更关注的是天然象形石的创作，探究如何做到"天人合一"，即在创作砚台构思时，实现"天工"与"人工"的完美结合。在多年的思考与实践中，他在民间传统砚雕技法上积极创新，并结合贺兰石本身的豆绿、深紫两色叠加的"俏彩"这一特色，形成灵动飘逸的个性化风格。贺兰石砚台及贺兰石壶的雕刻与操作是他的强项。在砚台制作上，他更偏重选择能够体现宁夏地域特色的题材。从2000年开始，郝延强开始潜心研究荷花砚的创作，以凸显郝氏贺兰砚的特色。以往的石砚雕刻在创作荷花主题时较多采用花苞的形象，而郝延强设计的荷花砚，则较多采用开花绽放的样式。这对石材的要求更高，不仅要色彩合适，石料也要干净。郝延强在荷花创作与雕刻中不断探索，致力于体现荷花砚的美和变，越来越注重花瓣、花秆、残荷等细节及多角度的活灵活现的雕刻。近年力作《雨露荷花》套砚可谓其荷花砚技艺集大成的成果体现，由《雨露砚台》《荷花镇尺》（一对）、《残荷笔筒》、《青荷笔洗》、《莲藕笔舔》、《荷叶滴水》、《藕叶印章》、《枯莲镇子》共九件组成。作品采用上好的宁夏贺兰石制作而成，绿彩浸润紫石肌理，绿彩露珠点缀，色彩鲜亮，石质细腻、温润，是难得的贺兰砚佳作，2018年入选宁夏六十大庆展览。如今，荷花砚已经成为郝氏贺兰砚的一张靓丽名片，广受欢迎。2018年"郝氏牌"贺兰石砚被中国文房四宝协会授予"国之宝·中国十大名砚"称号。不仅是贺兰砚，郝延强还掌握了贺兰石壶雕刻制作的独特技艺。他所精心雕刻制作的贺兰石壶，不但水不会从壶口倒流，而且，由于壶身轻薄精巧，加之壶口和把手的平衡角

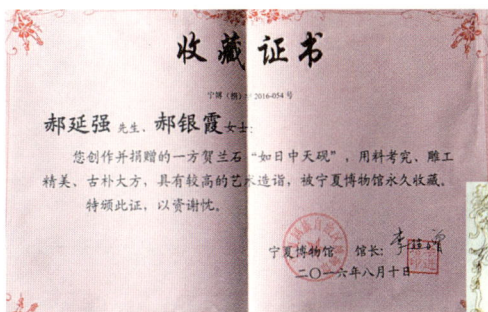

∟ 郝延强兄妹作品收藏证书（本人供图）

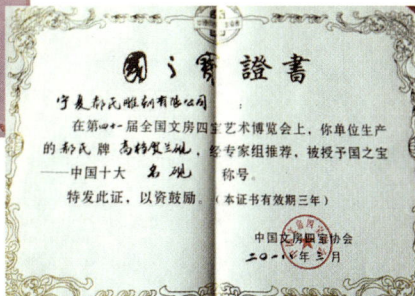

∟ 郝氏砚台"国之宝"证书（本人供图）

度精准，能使打开壶盖的石壶漂浮在水面上而不会栽倒。可谓独门绝技。

郝延强从事贺兰石雕刻以来，一直注重自身内在功力的修炼及文化理论素养的提升。他虚心好学，遍访名师，不断提升雕刻技艺。1995年，他师从宁夏工艺美术大师刘阿宝雕刻贺兰石砚台，1997年通过自学考试考入西北民族大学工艺美术系继续深造，成为本行业中为数不多的获得本科学历者。1999年，郝延强创建郝氏砚阁，专事贺兰石砚台设计雕刻。同时，郝延强积极参加文化部非遗司组织的各种活动及相关展览。他曾去清华大学、工信部等交流学习，不断开阔视野。随着不断的学习与提升，郝延强获得了行业内外越来越多人们的认可与赞赏。2007年郝延强创建"塞上雕刻工作室"，同年被评为"宁夏工艺美术大师"；2014年成为陕北郝氏家族第四代传承人，同年远涉"中国砚都"肇庆叩拜砚坛泰斗、亚太地区手工艺大师黎铿为师，努力提升雕刻技艺；2015年郝延强成立了郝氏雕刻有限公司；2017年获得"中国工美行业艺术大师"称号，同年被认定为自治区级非物质文化遗产项目（贺兰砚雕刻技艺）代表性传承人。现任中国文房四宝协会标准化委员会委员，宁夏回族自治区文史研究馆研究员。

郝延强在贺兰砚雕刻技艺传承方面也作出了积极的贡献。几十年来，郝延强先后教授过两百余名学生，其中，贺兰砚雕刻技艺精湛、能够独立从事石砚雕刻创作的十余人。郝延强在培养贺兰砚新人上不遗余力，努力将自身多年习

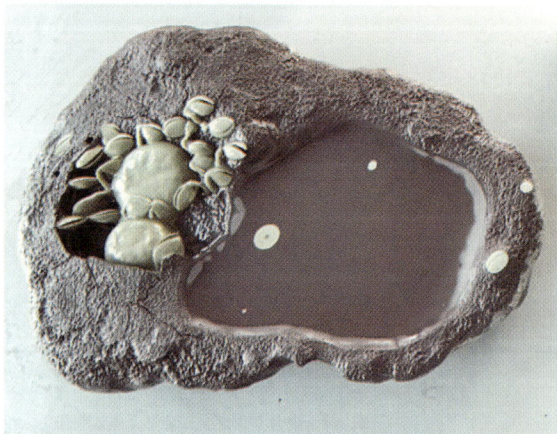

⊣ 郝延强作品《如意砚》
　（本人供图）

卜 郝延强作品《荷花砚》
（本人供图）

得的贺兰砚制作传统手工雕刻技艺传授给年轻一代。他培养出来的徒弟传统手工技艺扎实，尤其是荷花砚雕刻技艺，大有青出于蓝而胜于蓝的趋势。同时，郝延强积极推进校企合作，2010年与宁夏职业技术学院合作，开创了学校拓展教育实践、企业补充人才、学生创业创收的"三赢"工学模式。郝延强全程参与宁夏职业技术学院贺兰砚雕刻专业的设置过程，其雕刻工作室成为该专业第一届毕业生的实习基地，并为近十位毕业生提供了就业岗位。2014年，郝延强的"塞上雕刻工作室"被命名为"银川市级贺兰砚制作技艺传承保护基地"。2017年，郝氏雕刻有限公司被命名为"宁夏贺兰砚制作技艺保护传承基地"和"宁夏旅游商品研发基地"，2020年该公司被命名为"宁夏文化馆贺兰砚制作技艺分馆"并挂牌；同年，郝延强入选"中国非遗年度人物"候选名单。

郝延强头脑灵活，思路清晰，善于与时俱进。在近年来砚台市场不景气的情况下，他努力研究市场的走向，在贺兰砚延伸产品方面进行大胆的探索。他积极响应文化和旅游部"非遗要创新，要延伸当下，见人见物见生活"的号召，积极研究市场需求，在制作贺兰砚的同时，也设计创作贺兰石壶、笔筒、印章、手把件、名片砚（小型砚）、摆件等文创产品，不断丰富贺兰石雕刻产品，满足市场的需求，促使贺兰石雕刻作品走进人们的生活。他还进行研学游的尝试，组织小规模的贺兰石雕刻制作体验活动，进一步拓宽贺兰石雕刻作品的营销方向。近几年，郝延强又将目光投向了旅游产品的研发，积极探索非遗进景区的路径与方案。

"岁月失语，惟石能言。"贺兰砚是宁夏的文化名片之一。郝延强用一把刻刀赋予了每一方砚台独特的神韵与美，传承着这片古老土地孕育出的独特文化。尽管在贺兰砚传承中还面临着传承人培养难、市场营销难等困境，但郝延强依旧带着徒弟们继续在贺兰砚雕刻领域努力耕耘，尽心竭力传承着这一古老的民间技艺。

访　谈

被访谈者：郝延强（自治区级非物质文化遗产代表性传承人）

访 谈 者：马慧玲、崔娜、杨杰

访谈时间：2019年4月9日

访谈地点：银川市文化艺术馆会议室

文本整理：罗杰、杜丹、武宇林

综述撰写：杜丹、武宇林

马：郝老师，您是哪一年出生的？

郝：1973年2月。实际上我是1972年的。当时户口从老家转过来的时候，转成
　　1973年了，也就没改，因为改起来很麻烦。

马：那您的属相？

郝：我现在只能按身份证，1973年2月，属鼠的。

马：祖籍呢？

郝：祖籍是陕西清涧县，陕北榆林那边，以前叫寨沟乡。现在农村不是人都出
　　来以后（村庄）就合并了嘛，实际上是解家沟乡。

马：那您父母兄弟姐妹现在是什么情况？

郝：我母亲现在在银川，父亲在我很小的时候就去世了。我最早姓贺，后来到
　　了宁夏以后，随我继父姓，改姓郝了。我父亲叫贺学慧，母亲叫黄东芳。
　　我是家里老大，还有两个妹妹。我大妹妹在西夏公园上班，小妹和我一起

在做砚台，基本上是在西塔那边。我们现在销售展示分两部分，一个是西塔的利民街126号和131号两个店，再一个就是银川文化城这边，二期五区七栋103和104。我一般是在文化城。去年6月份之前呢，我们工作室主要是在西夏区军马厂。后来考虑环保各方面，我们改成手工。今年我们在春节后开工以后，基本上就在（文化城）这边。因为都是手工，在三楼做。

马：您继父叫什么？

郝：我继父叫郝光源。

马：你们家是什么时候到宁夏来的？

郝：我妹和我妈先来的，她们应该是1985年，我是1986年。来宁夏都三十多年了。

马：那就是十几岁来的。您在那边上学上到几年级？

郝：上到小学五年级吧。我们那里农村是五年制的，到了这边城市是六年制。我过来之后本身应该毕业了，但是农村教学水平低，我转过来就参加了一次考试。在我们老家，我学习还是全班第一，挺好的。但是到银川的学校一考试，就考了个语文，考了个数学，我一慌，啥都不会了。你想，农村的小孩突然间来到城市，我小的时候只去过县城，而且只在不到十岁的时候去过一次。所以说，我对城市是非常陌生的，就没考好。当时分数很低，就没毕业，也没上六年级，又从五年级念。所以我小学多念了一年多，念了差不多七年。我家那时候住得离老党委不远，就在贺兰山宾馆对面那个小区，上学也比较远，在那里上了一年半。

马：初中是在哪儿上的？

郝：初中是十六中，就在老党委的后面。

马：那初中上完以后呢？

郝：初中上完以后，因为家里条件不太好，就上了职高，在八里桥，我现在都找不着八里桥在哪儿了。那会儿我学的专业是汽车修理。1992年在职高上学（毕业）以后，一会儿找这个工作，一会儿找那个工作，不过都没干长。

职高自由的时间比较多，我们那会儿是住校。我妹实际上做砚台这一块比我早。她是1993年正式被工厂招工，但是她实际上在这之前就接触了。

马：那您是什么时候开始接触的？

郝：我是1991、1992年那个时期接触贺兰石的，就像我们现在旅游区卖的，包括店面现在卖的章，一个方章上面一个人头像。她（妹妹）刻的时候老带回家，我有时候就带一个两个也在学校刻，当时工费还是很高的，一个五块钱。

马：您是从学刻章开始的？

郝：对。现在很多学徒工开始的时候也都是刻这个。

马：谁教您的？

郝：一开始还真没人教，自学。因为它那个（技法）很死板的，就是按线条照着刻。职高毕业以后呢，找工作很难。1995年，刚好我妹这个厂子又招工，我就进了厂子。

马：这个厂子叫什么名字？

郝：记不太清楚了，最早好像是叫宁夏文化开发公司，大概就是新华街那个位置。这个公司当时包含的内容非常多，里面有一个分公司叫宁夏乾元珍品有限公司，当时是在开发区。我在那个公司待了不到一年，1996年的时候，我又回家开始自己干。在公司那时候，有好几个师父带我们，从天津特种工艺厂请的师父，特种工艺主要是做玉雕。还有河南的师父，当时就是把玉雕的这一套（方法）拿过来做砚台。那时候，学徒工主要学的基本上都是小的，就是印章、小方章，现在外面各个商店都能看到。砚台最小的就是最简单的葫芦砚，一个大葫芦上面有几个叶子，或者再做几个小葫芦。1996年回来以后，因为我家在西夏区，我继父原来是西夏公园的职工，我就开始在西夏公园门外面干。又给了我们一套平房，有院子啥的，房子也比较多。当时西夏公园里面有一个花房，五六平方米吧，花房旁边有一个像温室放东西的小房子，我就给西夏公园领导说好，在那里面干了五六年吧。

马：边做边售卖吗？

郝：那会还没有，那会儿就是光售卖。

马：是您自己在那琢磨着做还是有老师给指点？

郝：那会有时候在外面见着了老师，就让给指点指点，平时还是自己做。我是1996年回去的，最忙的那年是1998年，宁夏回族自治区成立四十周年。当时我们自治区接待处用这个礼品（贺兰石刻作品）。再加上四十大庆筹备委员会有好几个采购小组也在购买。我在砚台上淘了第一桶金，1998年四十大庆这一年，我和我妹两人做了有差不多三百方砚台。

马：在西夏公园的时候，妹妹已经跟您一块做了？

郝：对。最早就是在1996年到1998年这个阶段，咱们银川市卖砚台的店面非常少，有那么几家都是卖古董的，设了一两个柜台卖一些砚台。那会儿我们都是做好五六方或者三四方（砚台），用买菜的编织筐装好以后就骑自行车到老城，送给这些店面去卖。1998年四十大庆，两百多方砚台全部卖掉以后，就有了一点积蓄，计划开个店面。1999年，我们在西塔东南角斜对过开了第一个店面，最早那上面是个茶楼，后来改成最早的宁夏古玩城，现在的古玩城挪到那边菜市场二楼了。当时我们租的是三楼，那会儿为啥敢开店，因为开店成本是很低的，五百块钱的租金，我只租了一个拐角的阳台，一次交三个月的房租。当时我手里好的、坏的砚台有四十来个。我们的店面在同行业里面都是开得比较早的，到今年已经二十一年了。

马：您这主要是摸索着学习，再有几个老师给指导。那您家除了你们兄妹，其他人或周边的人还有没有做砚的？

郝：不是做砚，后来我在申报非遗传承人过程中，因为我没回老家，就通过我叔叔查过，我曾祖父贺荣华是做石雕的，他做清涧石雕是很有名气的。小的时候呢，我们实际上家里面也看到过，也就是耳濡目染，但是具体没有从事过，因为那会儿小，十几岁。清涧石雕最典型的就是石狮，就是咱们门口摆的石头狮子雕刻。还有像圈窑洞呀、做石槽呀，还有泥塑呀，这些都有。曾祖父我肯定是没见过，我爷爷会石雕，叔叔也会，但是不多。

马：就是说，在雕刻方面，您还是有一些家族传承影响的?

郝：对。不过只是见过这些，从小家里有这些东西嘛。我们老家本身就是一个石头很多的地方，比如说，农具啊、石桥啊、窑洞啊，但是石雕我没怎么搞过，主要是搞砚台。

马：刚才说到了1998年，您的第一桶金是和妹妹一起赚的，实际上妹妹比您学得早，那你们俩在制作过程中是不是也经常切磋交流、不断提升?

郝：是这样的。以前招工只认合同，她正儿八经签合同是1993年，但是实际上在没签合同之前，还有两年（就已经在学习石刻），她学得比我应该早两年。

马：那在技艺上呢?

郝：她的事业做得好些，也有一些代表作，像我们给博物馆捐赠的那个砚台，她就给了十几种。

马：您有哪些代表作?

郝：最早1995年的时候，我做的石壶，贺兰石壶，拿石头做，就像紫砂壶那样。再一个就是实用的砚台。因为老家的石雕是追求立体感的。石雕它不分色彩，石头从上到下一个色，但是我们贺兰石的话，基本上不管谁雕，他肯

卜　郝延强作品《宁夏风光》
（本人供图）

定是俏彩第一。再就是根据材料，有的人喜欢规矩的，我用的料就是比较规矩的，规矩的这种（石料）浪费大。（我做的）就是规矩的、立体感的、实用的这种砚台。

马：那您有没有采过石头？

郝：没有直接采过，但是知道这个情况。每年外地都要来一些同行呀，或者是一些专家呀，有时候要带他们上山，就知道这是怎么回事。但是具体的没有采，因为现在禁采了。我们有时候也带工具，比如说拍个照片啊，或者是电视台采访啊，都有这个过程。实际上那边的材料，一个就是把料撬下来，再就是往下来背。

马：您有没有总结过您的工艺与传统的工艺的一些区别？您认为自己在做贺兰砚方面有哪些独特的地方？

郝：一个是俏彩，就是要利用好石材的色彩。因为我们的原材料贺兰石本身色彩比较鲜明，你必须要达到俏彩。再一个方面就是内容，我比较偏向于做跟宁夏有关的一些东西。比如说，我们最近就在给西夏陵做文创，就是含有宁夏元素的或者地方文化的这一类东西。还有就是技艺延伸，除了砚台之外，做石壶啊、笔筒啊、印章啊。特别是这两年，砚台的销量逐年下降，真正增加的是文创这一块，类似于手把件这一类。比如说十年前，我们销售的七成不是砚台，而是摆件，就是贺兰石做的一些东西，用的人本身比较少一些。

马：摆件您也做吗？

郝：摆件的话，我们分很多人做，我也做一部分。

马：这个创意是从哪儿来的？

郝：创意肯定是以我为主的啊。我们工作室近十几年主要做的一个最有特点的东西就是荷花砚，这是我们的特点，已经二十年了，差不多从2000年开始的。

马：你们的荷花砚有什么特点？

郝：一是俏彩这一块，那肯定拿绿的做就更鲜艳一点。荷花做的要求跟其他的不一样，它对石材要求高，要干净。再就是整体开的效果，一般很多做的花呢，就是花苞之类的多，我们是做花开放的比较多。我们现在延伸到印章上面、手把件上面，小的这些都在做。

马：还是在考虑对接市场吧？

郝：可以这么讲。比如说，我要参加一个评审，我所做的东西是针对评委，还是针对市场，它是不一样的。针对市场的东西，首先要好看，让人喜欢才能说价值多少，人不喜欢的话是不行的。那么针对评审的话，首先它的定位是实用，因为你做的是砚，砚是拿来用的，不是光拿来看的。当然现在的砚越来越像艺术品、工艺品，逐渐美化了。真正的砚，就挖个池，挖双池。现在为啥有那么多雕花，就是为了提升艺术价值。我们现在也做很多宁夏文化元素的，比如岩画相关的。不过我现在的想法就是把岩画提炼一下，把太阳神刻上去，那是初级阶段。我们现在搞研学、体验这一块，有人来学的话，我们首选岩画，岩画对于初级刻的人来说，他刻的可能越难看还越像岩画，把这个门槛先落到最低。

马：你们也在做研学游吗？

郝：因为地方有限，只针对高端的客户周末来，剩下的我们再给他做完。

马：这也是个好办法。

郝：这是营销的方向，也是未来发展的方向。

马：所以您和传统是有一些区别的，主要是对接市场，做一些延伸品。您是哪一年结婚的？

郝：2014年。

马：媳妇是做什么的？

郝：她原来学的是财经，最早她在深圳上班，结婚以后她就回到这边，现在主要管营销，包括网络销售、微信联络啥的。

马：真是个贤内助。她怎么称呼呢？

郝：赵曼曼。

马：有小孩吗？多大了？

郝：有一个男孩，五岁，上幼儿园呢。

马：那您以后想不想让他学贺兰砚雕刻？

郝：很难。我的想法他不一定能实现。但是呢，我觉得他不管将来是不是干这个，必须要懂这个。能干是更好的，因为我们现在传承人越来越少。

马：您现在做的过程中，他会过来看吗？

郝：基本都是捣乱。你拿刀子刻着，有的关键部位，他捣乱，你就刻坏了。因为他毕竟不懂。现在一般情况下就是，我要弄的时候，旁边放一个无关紧要的石头，你爱怎么玩就怎么玩。不光是刻，他有时候就喜欢把那个面面铲下来玩。最早在影视城开展会他就去，那会儿才两三岁。

马：您有没有带过徒弟？

郝：徒弟带的就多了，但是正儿八经现在在行业里干活的，有十来个人。

马：您觉得这些徒弟里面，有几个人能把您的技艺学得比较到位？

郝：这几个都可以。我工作室这一块现在有四个，出去了几个，现在最起码有五六个肯定是没问题的。但是就荷花砚这一块，他们现在做的比我做得好，因为他们干的时间比我长，我现在很多时间不是我的，我说了不算，明天干啥去，我也不知道。所以他们做这一块做得好，荷花砚这一块肯定是传承下去了。但是石壶这一块，他们弄不了，最难的是打眼，还有就是里面掏，外形好弄，它是在外面操纵的。难的是里面这一部分，壶一定要按水流方向走，不能倒流，这个跟打眼的角度和粗细有直接的关系，这一根针打下去在什么地方，要根据角度判断下去在哪儿，你必须知道。包括我们买的很多瓷壶，一倒水就滴，那壶都是不对的，壶是不可以倒流的，倒流的那都是废壶。很多人买的壶都是那样，包括紫砂壶那些。你买的时候，看它很简单，倒水的时候马上收回来，它要收慢了，它可能就倒流，这个壶就失败了。我现在做的壶，最好的就是不带盖子的时候，你打一盆水，我可以（把壶）放到水上漂起来。

马：那是什么原理？

郝：一个是薄，再一个就是壶嘴这个地方的重量和壶把的重量是平衡的，不会
　　栽倒。我们现在有一款壶就可以在水上漂。

马：确实做得好的话，石壶的制作技艺也可以申报一个项目。

郝：本来就包括在里面，做套砚里面，做那个水滴啥的，它就是壶，包括壶里
　　面掏的这种工艺，跟做笔筒的掏法是一样的。它是文玩的延伸。

马：我们宁夏做这个贺兰砚都是按照传统的工序来的。您的工序有没有什么区
　　别，或者不同的地方？

郝：我们买过来石头以后，先是相石。相石就是看石头，分析石头这个彩啊、
　　纹理结构。再就是初步的设计，第一步设计的初稿出来以后，就要切割定
　　型。定型以后就开始粗加工，粗加工之后再细雕。砚雕一般不是按图走的，
　　它在雕的过程中要不停地变化。加工完了之后一般要落款啊，或者铭文啊。
　　下一步就是抛光，抛光以后就是装盒，基本上全国都是这个程序，哪个地
　　方的砚台它都是这样。

马：有什么特别的吗？

郝：要说到特别的话，我们可能就是特别关注这种天然象形石，如何做天人合
　　一，它绝对是独一无二的。

马：您现在的作品里面有这种天人合一的吗？

郝：有几个，比如去年做过一套《雨露荷美》九件套荷花套砚，它那个石材是
　　我们贺兰石里面最稀缺的绿彩上面又有绿点的这种，就像露珠落到上面一
　　样，所以起了这个名字。去年我们不是自治区六十大庆嘛，当时这是送去
　　六十大庆会展中心的一套，展了几个月。

马：您当时拿到这块石头以后，是怎么构思的？

郝：因为做了差不多二十年的荷花，做它的美和变。最早之前，我们做的荷花
　　秆就是一根粉条似的，我现在给它定位叫钢丝，很硬。那会儿美术各方面

也不懂，反正上面有多少个花，就要上去多少根杆。现在更写实了，比如荷花秆上不是有那个小刺嘛，都要做出来，不停进步，不停变化。我们现在只要见到好的石头，首先看能不能往荷花这一块靠。因为我们主要是做荷花砚台，不合适才去做别的。工作室这几年主要精力就放在这上面，而且荷花还是非常受欢迎的。刚才说到《雨露荷美》，它的这个材料呢非常像露珠，在贺兰石里面这个材料特别特别少，非常稀缺。一般的贺兰石深紫色上面有绿点，或者豆绿上面有绿点。

马：您是怎么看出来的？

郝：从侧面看有几个点，分析完了以后，把一个面分析出来，这就是相石的经验。我们认为贺兰石的结构就跟木头一样，它是绝对有规律可循的。贺兰石里面最难弄的、最高端的、比较难掌握的是花彩，就是这个石头绿彩进去以后，它叽里拐弯长那种比较简单的是平彩的，再复杂一点就是多层彩的，存在一个层次感。再一个挑战大的就是象形的，你比如说，它有一点像什么，你再做另一个给它配上。

马：发现这些材料之后，构思了多久才做出来？

郝：一个是构思，再一个当时做一套九件的话，材料不好找，同行我求了三个人，我记得谁手里可能有哪一块，比如说那个拿回来可以做一个笔筒呢，还是可以做一个笔洗。我就想办法，去了以后硬求着他，我再拿一块别的给他换，或者给他多少钱，先把那个弄回来，一套凑完前后下来实际上有两个多月了，但是那个效果还是可以的。现在这一套放起来了，将来作为馆藏呀，或者做宣传，它是一个实品。

马：雕刻工具是自己做的还是买的？

郝：我们的工具分几部分，一部分的工具就是买来的那种工具。再一部分工具也有改制的。比如说，这个地方需要一个特殊刀子，就自己改改（工具）。工具买回来都是粗的，以后要重新处理的，一般一把刻刀处理好都在两个小时以上，就是冷磨冷处理。

马：有没有您自己手工做出来的？

郝：以前自己手工做，现在已经不做了，以前什么都试过。现在我们改装工具，就比如说，买了铜管以后呢，能做那种硬的工具。那种磨头用废了以后，把那个磨头做成刀头，因为它那个工具很小，它可以做到一毫米以内，有些细的地方就需要这种特殊的刀。你在做的过程中，肯定要改工具的，要不改工具的话就费工，要不然的话就是现有的工具完成不了这个事。

马：一开始是为了生计，后来当成事业在做。贺兰砚制作应该成了您生活、生命中非常重要的一个部分了？

郝：对。我们现在改不了行了，肯定一直要把这个干下去。在干的过程中，我们逐渐喜欢这个行业，因为喜欢它，所以提高这些技艺。

马：都做了哪些事情？

郝：要做的事就比较多了。一个是我们自身的学习，我上自考，我是1997年上的，西北民族学院工艺美术系。后来呢，因为十几年前生意太好，根本就没有时间。

马：拿上毕业证了吗？

郝：拿上了。

马：那您现在就是大学学历？

郝：对。我们这个行业大学学历的人不多。

马：对啊。

郝：不管自考也罢，应届也罢，非常少，主要是参加全国高考的很少。

马：西北民族大学工艺美术系毕业。真不错！

郝：后来再要学的话，像我们去年非遗司组织的活动那就多了，清华呀、工信部啊。还有一个就是拜师，当年在厂子里师父教过。2014年我还拜过广东肇庆的砚雕大师，他是亚太地区手工艺大师，我们行业里面应该是第一个，中国工艺美术大师黎铿。再一个就是现在的相关展览、展销会之类的。学习有自己学的、培训的，还有各方面的展会，还有一个就是校企合作。我

2010年就跟宁夏职业技术学院联系，他们最早以前有一个贺兰砚雕刻的专业，后来改成旅游商品了。当时成立这个专业的时候，我是去跟他们从头到尾开会。有一个论证，各方面开过两三次会。他们第一届毕业生就是在我那儿实习的，我那儿是他们的实习实训基地。第一批毕业生十七个人，实习完了以后留了有一半，后来呢，这些人又都不行了，我说你们就改行吧，因为他们不适合搞这个，现在就有两个（在搞砚雕）。

马：您那个工艺美术大师称号是省级的还是国家级的？

郝：我是宁夏第一届2007年的，是宁夏省级工艺美术大师，国家的那个是2017年评的，是中国工美行业艺术大师。

马：这个和工艺美术大师不一样吗？

郝：不一样。一个是中国工艺美术大师，一个是中国工美行业艺术大师，跟砚台有关的。还有一个是中国文房四宝制砚艺术大师，我没有这个，没有参加，这个是文房四宝协会评的。有制砚艺术大师，还有制印艺术大师。刚才说的那个中国工美行业艺术大师是中国工艺美术协会评的，中国工艺美术大师呢是中国轻工业联合会评的。

马：实际上这些都是作为一种认证或者认定？

郝：对。我们这个行业里面主要分三个方面来定位这个人，有的人有好几个称号，有的人只有一个。一个是国字号，国大师；再一个是传承人，就是国传还是省传，非物质文化遗产代表性传承人；还有一个称号就是工艺师，现在分的是高级、中级、初级。目前来讲呢，越来越值钱的是代表性传承人。

马：我觉得您现在这个工作室做得比较好，有的传承人传统手艺这块比较突出，您的工作室经营得比较有特色，也比较稳定。

郝：我主要是弄这个。

马：您现在这个销售情况怎么样？

郝：这两年的话，基本上就持平吧，没什么利润，但是肯定得有发展。

马：都是面向哪里销售？

郝：从2014年以后，全部是个人，基本上分本地人和外省人。

马：那您现在还有个工作室作坊，有多少人？

郝：工作室在军马厂，我们内线徒弟连我就五六个人在做，外面加工的人有十个八个，实际上我现在养活的有十几二十个人。五六个是天天在我这儿，月月要发钱的，外面加工的就是临时的。我这个徒弟跟别人的不一样，别人是拜师干啥，我不弄那个，我这是从他什么都不懂、什么都不会，一步一步带出来的，实际上我带过的人可不止一百二百人，但最后只有十个，成功率很低。

马：工作室内线的五到六个人都是什么年龄？

郝："九〇后"有两个，其余都是"八〇后"，现在还没有"〇〇后"。

马：他们每个月收入能有多少？

郝：差一点的话，实际上给到的钱就是四千，其他的就比如说吃饭了，实际上我花掉的可不止四千。

马：那您家还包食宿吗？

郝：吃饭管，有交通费。我们现在搬到文化城，他们在西夏区住，每次过来他们有车嘛，费用是我出的。实际上的话，最低的现在应该有四千多五千块钱，高的话有七八千块钱了。

马：您的工作室做出来这些作品都是纯手工的吗？

郝：基本上算是纯手工，但是材料的切割、挖池这种粗加工也用机器，但用的很少，细致的都是手工，现在机器的东西卖不掉。

马：那么在经营管理和开拓市场方面，您觉得现在遇到最大的问题是啥？

郝：现在遇到最大的困难还是销售，这个东西做出来，不管好与不好，关键是要把它销售掉，变成钱，你才能去做更好的。我们这个行当比较特殊，我给你打一个比方吧，我做了一个网站，我把不好的东西放上去，那么别人会说，你这个工作室也罢，公司也罢，没有实力，或者你这个人没有实力。要是我把好的放上去，我就成了做样品的，因为现在知识产权保护这一块并没有达到那一步，放上去就有人模仿。

马：那您为什么不申请？

郝：也有买我们的荷花砚的，他会去弄。专利申请比较慢，外观设计专利。今年我马上开始做这个旅游商品研发，我肯定要做这个事情。

马：之前您所有的作品都没有申请过？

郝：都没有申请。但是贺兰石壶，我们在1995年的时候就申报了专利。那个现在做的人少，再一个销售比较弱一点。我们现在有一个高端的微信群，全国的人都有，我要求一个星期只发一次东西，图片你老发感觉是做广告的。一个星期发一次的话，就是在不行的情况下也能卖掉一个，如果好的情况，微信一次不是能发九个图片嘛，好的情况下我们遇见过一个人把九个都买了，说白了就像是一对一推送。我们销售宣传这一块存在一个最大的弊端是啥？非常传统，我的那个店面，你来了就来，你不来就不来了吧。还有很多的店面，你进去以后，没看见好砚台，你就认为这个店面没有好东西，但是放起来很正常啊。所以说，你所看到的东西不一定能够代表宁夏的贺兰砚雕刻水平。我们特别高兴的是，现在文化和旅游合并。那天有一个领导还提起要让我们非遗进景区，让我们去一线，很多客户是能买得了好东西的，但是没见着他怎么买？所以西夏陵直接弄了一个景区，把过去的东西全部打乱。我那天去他们那儿，他们要打造一个品牌，说就需要我们这样的人。完了以后做几款东西，申请外观设计专利。2017年我无意之中申报成功这个旅游商品研发基地，把"郝氏"还有"郝氏砚"注册了商标。再加上当时别人还给了一点钱，我要是再不做出个样子来，人家一旦要说我，我就交不了差了。旅游商品这一块，再加上别的延伸的东西，文化和旅游部的要求也是非遗要创新，要延伸当下，见人见物见生活。我们就在往生活方面延伸，比如说你做砚台他不需要，要是抽烟的人，你给他做个烟灰缸他就需要啊。今年主要弄的话，可能就是一个名片砚，就名片这么大，定位叫手把砚或者名片砚，或者是叫宁夏名片。我最近正在作图，我基本上一天先做一两个吧，宁夏元素比较浓厚的这种，什么硒砂瓜这些全部都做。

马：这些年购买贺兰砚的人都是哪些人？

郝：一个是私人收藏的，收藏各种砚台，他来之前现在可以百度嘛，他就知道谁怎么回事，他就来找，我一个月遇一两回，就是坐飞机来买个砚台，我请他吃顿饭，他就回了。

马：专门找你？

郝：专门来找我的啊。再就是送礼的，比如说你是宁夏人，你要走北京呢，还是走上海呢，你老给拿枸杞也不行，就拿一些别的，像砚台。还有就是比如学生毕业了，给老师送个小纪念品呀，或者是纪念留念，这两年兴同学聚会啊、战友聚会啊，一人发一个纪念品。还有比如说公司庆典呀，我最近跟好几个红酒的公司在谈，私人定制公司的一个名片，你爱怎么发就怎么发，但是这个东西我不销。这两年我们宁夏红酒越来越好了，刚好前两年我们做了一个西夏古瓶。2008年汶川地震以后，我们立马推出一款平安瓶，哦，也叫一支笔瓶。现在不是都喜欢当一把手嘛，上面只能插一支笔，我库存还有两百多，其实我还挺发愁那批货的，刚好有一个搞红酒的，他们就要全部订购，作为他们公司的礼品。

马：还有岩画。

郝：我刚说的，最初学的章子就是这个。岩画还有这种瓶，这是好一点的了，上次领导来的时候说看看非遗，我就弄了。

马：您这个现在还在吗？

郝：在。原来我也参加过很多次培训，当然我一直就有一个困惑，上次专家就给我解释清楚了。就是贺兰砚制作技艺现在不是一直让我们创新吗？什么叫创新？创新的最好的办法，就是把贺兰砚技艺嫁接到别的上面，就是少做砚台，多做别的。我就问他，假设我现在做笔筒，笔筒不是砚吧？但是它属于文玩轻工这类文玩的延伸。他给我的解释就是，只要你把贺兰石制

└ 课题组成员访谈郝延强（杨杰摄于2019年4月）

作的这种技艺在传承过程中不受外界影响所做出来的东西，它就算国家的非物质文化遗产项目。我原来困惑的，比如说我现在做了笔筒了，你说我做的不是国家级项目了。反正现在销售这一块，包括市场上的需求这一块，五花八门变化特别大。不过也有好的地方，以前他买的石头拿来让我们加工的也特别多。现在呢，沟通起来非常方便，你说你要一个什么东西，我这有一块石头，材料状态就拍（图片）给你了，尺寸旁边放一把尺子你就知道了。内容在做的这个过程中，就可以直接对接，因为咱们现在有微信呢，不是可以发视频和照片嘛，就很清楚了。我要是打电话给你描述的话，这个东西可能一个小时我都描述不清楚，但是照片的话，就比较清楚了。我觉得实际上说白了，就是你要做别人需要的东西，你看我给徒弟的说法就是，你做出来这个东西，自己很喜欢，舍不得给人，那肯定就是做好了。这就是很简单的检验办法。

马：好啊！时代确实在进步。

郝：我还在想，咱们能不能通过政府行为先在景区取得资格，比如说，就给我一块地方。

马：看来您已经有想法了。希望能够在非遗进景区方面有新的作为。

郝：好的。我会继续努力的。

银川市非物质文化遗产代表性传承人一览表

区县	姓名	级别	性别	民族	出生年份	项目名称	认定时间
兴庆区	闫森林	国家级	男	汉族	1952年	贺兰砚制作技艺	2012年
	杨华祥	国家级	男	回族	1952年	汤瓶八诊疗法	2012年
	王 樑	自治区级	男	回族	1962年	鱼尾剑	2010年
	陈梅荣	自治区级	女	汉族	1946年	贺兰砚制作技艺	2010年
	刘旭晨	自治区级	男	汉族	1959年	汤瓶八诊疗法	2010年
	唐 祥	自治区级	男	汉族	1957年	山花儿	2013年
	李凤琴	自治区级	女	汉族	1967年	刺绣	2013年
	张云仙	自治区级	女	汉族	1964年	剪纸	2017年
金凤区	安宇歌	国家级	女	回族	1957年	民间乐器·口弦	2018年
	景国孝	自治区级	男	回族	1941年	民间乐器·咪咪	2010年
	徐明智	自治区级	男	汉族	1954年	宁夏小曲	2010年
	张树林	自治区级	男	汉族	1948年	杂技·飞叉	2010年
	撒丽娜	自治区级	女	回族	1986年	山花儿	2013年
	金文忠	自治区级	男	回族	1973年	山花儿	2013年
	陈公东	自治区级	男	汉族	1947—2014年	宁夏小曲	2013年
	杨国强	自治区级	男	汉族	1939年	魔术·仙人摘豆	2013年
	陆梦蝶	自治区级	女	汉族	1973年	剪纸	2013年
	任振斌	自治区级	男	汉族	1972年	六盘山木版年画	2013年
	石 飚	自治区级	男	汉族	1968年	贺兰砚制作技艺	2015年
	张 璟	自治区级	女	汉族	1967年	麻编	2017年
	任晓辉	自治区级	女	汉族	1968年	六盘山木版年画	2017年

续表

区县	姓名	级别	性别	民族	出生年份	项目名称	认定时间
西夏区	丁和平	国家级	男	回族	1957年	滩羊皮鞣制工艺（二毛皮制作技艺）	2018年
	赵桂琴	自治区级	女	汉族	1962年	刺绣	2008年
	赵福朝	自治区级	男	回族	1950年	山花儿	2010年
	洪秀梅	自治区级	女	回族	1953年	剪纸	2010年
	王玉成	自治区级	男	汉族	1952年	擀毡	2010年
	马学军	自治区级	男	回族	1982年	山花儿	2013年
	王绍西	自治区级	男	汉族	1965年	皮影戏	2013年
	于包包	自治区级	女	回族	1961年	刺绣	2013年
	张向东	自治区级	男	汉族	1968年	贺兰砚制作技艺	2017年
	郝延强	自治区级	男	汉族	1973年	贺兰砚制作技艺	2017年
贺兰县	张进绪	自治区级	男	汉族	1942—2010年	皮影戏	2008年
	王德贤	自治区级	男	土族	1940年	山花儿	2013年
	王永红	自治区级	女	汉族	1968年	泥塑	2017年
永宁县	丁跃成	国家级	男	回族	1953年	滩羊皮鞣制工艺（二毛皮制作技艺）	2018年
灵武市	马兰花	国家级	女	回族	1937—2018年	民间乐器·口弦	2008年
	马义珍	自治区级	男	回族	1964年	口弦制作技艺	2010年
	释耀正	自治区级	男	汉族	1964年	马鞍山甘露寺佛教音乐	2010年
	唐世俊	自治区级	男	汉族	1950年	羊羔酒酿造技艺	2010年
	唐震	自治区级	男	汉族	1976年	羊羔酒酿造技艺	2017年

合计：40人

后 记

　　《宁夏非物质文化遗产代表性传承人口述实录·银川卷》(简称《银川卷》)是北方民族大学非物质文化遗产研究所与宁夏文化馆合作开展的"宁夏176名非遗代表性传承人研究"项目成果之一。该项目始于2018年,主要研究对象为宁夏前四批自治区级(含国家级)一百七十六名非遗传承人,研究成果为系列丛书五部:《宁夏非物质文化遗产代表性传承人口述实录》银川卷、吴忠卷、中卫卷、石嘴山卷和固原卷。

　　2018年10月项目正式启动以来,五个子课题组齐头并进,深入宁夏各市、县、乡(镇),对非遗传承人展开了全面的访谈记录。由于2020年初以来受新冠肺炎疫情的长时间影响,以及子课题组负责人变动等情况,《银川卷》的完成尤为艰难,可谓一波三折,完成过程如同马拉松接力赛,接力棒几经转手,费尽周折。

　　2018年课题实施之初,《银川卷》的课题组负责人为宁夏文化馆原馆长马慧玲,她也是本课题立项的主要倡导者之一。在前期的酝酿策划阶段,马慧玲积极配合北方民族大学非遗研究所,主动牵线搭桥,努力争取宁夏文化和旅游厅的支持,最终促成了北方民族大学和宁夏文化馆的合作及研究课题的成功立项。作为《银川卷》的负责人,马慧玲干劲十足,在文化馆日常工作繁忙的情况下,拨冗亲自带领课题组成员崔娜、杨杰、张洁等,在2019年上半年,先后完成了七位传承人的实地访谈调研:民间乐器咪咪代表性传承人景国孝,宁夏小曲代表性传承人徐明智,剪纸代表性传承人张云仙,贺兰砚制作技艺代表性传承人闫森林、石飚、张向东、郝延强。然而，就在马慧玲积极推进项目进展时，其工作岗位发生了变动，调任宁夏艺术职业学院副院长。起初，马慧玲出于对本课题的高度责任心，以及对非遗工作的情怀，并不打算放下子课题组的工作，很想挤出时间继续完成《银川卷》的访谈调研等一系列工作。但由于初到新的领导岗位，需要全身心地应对，由不得她分心再兼顾其他工作。但课题的进展不容长时间等待，为此，经沟通协商，马慧玲推荐银川市非遗保护中心副主任张洁接替《银川卷》子课题组长职责。

张洁接手《银川卷》工作以来，在尽职尽责完成好本职工作的同时，努力推进课题进展，充分利用疫情缓解间隙，于2020年9月至2021年5月，带领课题组成员杨杰、梁庆、田瑞、宋萍，先后对滩羊皮鞣制工艺（二毛皮制作技艺）代表性传承人丁和平，皮影戏代表性传承人张进绪、王绍西，刺绣代表性传承人赵桂琴、洪秀梅、于包包，宁夏小曲代表性传承人陈公东共八位传承人进行了访谈记录。但是，银川市作为自治区首府，其非遗工作量之大可想而知，张洁分身无术，心有余而力不足。繁重的本职工作已经让她筋疲力尽，几乎无暇顾及课题推进了。鉴于张洁的实际困难，2021年下半年，项目负责人经与张洁商议，决定由北方民族大学非遗研究所课题组接手剩余的二十多位传承人的访谈及《银川卷》的后期文本编辑工作。

北方民族大学非遗研究所课题组2018年10月以来先后完成了固原市五十八名非遗传承人和石嘴山市二十名非遗传承人的实地访谈记录及文本编辑，于2010年底出版了八十多万字的《宁夏非物质文化遗产传承人口述实录·固原卷》（上下册），2021年底出版了四十多万字的《宁夏非物质文化遗产传承人口述实录·石嘴山卷》。2021年7月以来，又接手了《银川卷》剩余传承人的调研及文本整理编辑工作。首先根据张洁提供的传承人名单及联系方式，主动与传承人对接，制订访谈计划。北方民族大学杜丹为《银川卷》课题组新成员，作为大学教师，她有自己的教学科研本职工作，并要服从学校疫情期间的管控要求，不到期末课程结束不得离校。终于等到12月初得到允许，课题组成员武宇林、杜丹抓紧时机，立刻对非遗传承人杨华祥和刘旭晨进行了访谈。2022年元旦假日刚过，在冰天雪地中，二人又赶赴银川市镇北堡乡村、老城区，以及灵武市、永宁县，先后对擀毡传承人王玉成、贺兰砚制作技艺传承人陈梅荣、山花儿传承人金文忠、六盘山木板年画传承人任振斌及任晓辉、刺绣传承人李凤琴、羊羔酒酿制技艺传承人唐世俊和唐震、民间乐器口弦传承人马义珍及马兰花、二毛皮制作技艺传承人丁跃成、剪纸传承人陆梦蝶、杂技传承人张树林、鱼尾剑传承人王樑等共十六人进行了访谈记录。其中，杜丹独立完成了对王樑的访谈。加上课题组负责人武宇林等2013年以来陆续完成的山花儿传承人撒丽娜、唐祥、马学军、赵福朝，口弦传承人安宇歌，王氏泥塑传承人王永红，麻编传承人张璟等七位继承人的访谈记录，至此，《银川卷》非遗传承人前期田野调查工作基本完成。后期的文本整理花费了近一年的时间。值得提及的是，银川市非遗中心副主任马炳元、张洁等于十四年前的2008年就完成了魔术仙人摘豆代表性传承人杨国强和宁夏小曲代表性传承人陈公东两位高龄传承人的访谈记录，银川市文化馆认真保存了两位传承人弥足珍贵的原始访谈资料及图片，此次派上了用场，整理后正式纳入本书之中，充实了《银川卷》的内容，并使得《银川卷》增添了历史的厚重感和史料价值。当年主持访谈的马炳元老师及传承人陈公东都已去世，不禁令人唏嘘，无比惋惜，也深感及时抢救记录非遗传承人资料的重要意义。本卷中共有三位去世的非遗传承人：国家级非遗项目（口弦）代表性传承人马兰花、自治区级非遗项目（皮影戏）代表性传承人张进绪、自治区级非遗项目（宁夏小曲）代表性传承人陈公东，他们的艺术经历、作品及传承贡献都得以记录在册，值得欣慰。

银川市前四批自治区级以上非遗传承人共四十人，其中六名为国家级非遗传承人（详见书后附录《银川市非遗传承人一览表》），也是五市中国家级传承人数最多的市之一。本书抢救性记录传承人三十八名，其中的马学军已经和父亲马成福同时被记录于固原卷上册，另两位杨华祥、刘旭晨因特殊原因未在本卷收录，另外一位释耀正因特殊原因未能进行采访。

《银川卷》尽管三次更换子课题负责人，历经曲折，终归还是圆满完成了全市前四批非遗传承人的口述记录及文本工作。本成果可谓众人的心血、集体智慧的结晶，参与成员达二十多人：宁夏文化馆马慧玲、崔娜、杨杰、季妍等，银川市文化馆马炳元、张洁、梁庆、杨杰、田瑞等，银川市文艺研究室李国强，西夏区文化馆宋萍，贺兰县文化馆贾刚，宁夏教科所韩宏，北方民族大学武宇林、杜丹、王瑞、卫力勤、李小凤、支继丹、卢晓雨、田琳、牟瑞、罗杰、周怡等。从访谈、录音、摄影、摄像到录音文本整理、综述撰写、编辑修改、内容编排，课题相关人员为之付出了辛勤的劳动。本课题组成员是本项目子课题组中人数最多的，二十多位课题组成员之间未必相识，但热爱非遗、保护非遗的家国情怀是相通的。正因如此，大家精诚合作、众志成城，历经四年之久，至2022年金秋十月，圆满地完成了实属不易的《银川卷》书稿。

本卷涉及的非遗项目门类颇多、绚丽多彩，其中的贺兰砚制作技艺、宁夏武术鱼尾剑、宁夏小曲、杂技飞叉、魔术仙人摘豆、六盘山木版年画、麻编、口弦、羊羔酒酿造技艺、王氏泥塑等都是银川市乃至宁夏所独有的，使得《银川卷》的内容格外丰富多彩、异彩纷呈。

《银川卷》共计六十多万字，插入彩图二百二十多幅。原计划《银川卷》为一部书，但实际完成的书稿字数及体量，远远超出前期规划，故根据实际情况改编为上下两册。全书图文并茂，首次记录了银川地区众多非遗传承人精彩的人生、精湛的技艺、精美的艺术作品，将成为银川地区民俗文化永久性的厚重的珍贵历史资料。

《银川卷》即将付梓之际，由衷感谢宁夏文化和旅游厅、北方民族大学及宁夏文化馆在财力、人力等方面的大力支持。感谢本书的第一任子课题负责人马慧玲，不仅全力以赴协助本课题的立项，而且启动了《银川卷》的前期采录工作，率先完成了七位传承人的访谈。感谢本书的第二任子课题负责人张洁，竭尽全力主持完成了八位非遗传承人的采录及几位传承人的综述初稿撰写，并积极协助后续访谈，及时提供资料，完成了许多相关的琐碎工作。也感谢北方民族大学杜丹老师，在《银川卷》举步维艰的时刻，挺身而出，知难而上，一边担负繁重的教学科研工作，一边挤出时间，不畏寒冬，赴永宁县和灵武市及银川市各地，踊跃参与《银川卷》传承人的实地采录，并积极承担了后期大量的访谈录音整理及文本综述初稿的撰写工作，还自始至终担负课题组外出调研的车辆租赁、财务报销、后勤保障等工作。感谢上述为该书付出努力、作出贡献的每一位成员。还要感谢银川市广大非遗代表性传承人及各级文化馆工作人员的热情配合。感谢北方民族大学学报编辑李小凤老师对书稿的认真审阅修改。感谢宁夏人民教育出版社贾珊珊和宁夏人民出版社闫金萍等老师认真负责的编辑工作。

北方民族大学　武宇林

2022年10月